THE TESTAMENTS OF THE TWELVE PATRIARCHS

A Critical Edition of the Greek Text

BY

M. DE JONGE

IN COOPERATION WITH

H.W. HOLLANDER · H.J. DE JONGE · TH. KORTEWEG

LEIDEN
E. J. BRILL
1978

Published with financial support from the Netherlands
Organization for the Advancement of Pure Research (Z.W.O.)

ISBN 90 04 05826 5

CONTENTS

PREFACE

The preparation of this edition started twenty years ago, after K. Aland and W.C. van Unnik encouraged me to undertake it in a conversation at the meeting of the *Studiorum Novi Testamenti Societas* at Zeist (the Netherlands) in September 1956.

Little progress was made in the period 1957-1962 during which, as a minister in the Dutch Reformed Church, I could devote little time to scholarly work in general and this edition in particular. My appointment as lecturer in the Theological Faculty of the University of Groningen in September 1962 gave new opportunities. The first result was *Testamenta XII Patriarcharum* edited according to Cambridge University Library MS Ff 1.24 fol. 203a-261b with short notes (*Ps.V.T.Gr.* I), Leiden 1964. A limited number of manuscripts was collated during that period, but it was not until after my appointment as professor for New Testament and Early Christian Literature in the University of Leiden in 1966, that a real begin could be made.

In the summer of 1967 the Netherlands Organisation for the Advancement of Pure Research (Z.W.O.), which had already given a subsidy for editorial expenses at an earlier stage, decided to subsidize the appointment of an assistant for work on the *Testaments*. H.J. de Jonge fulfilled that function from 1967 till 1970. In this period nearly all the preparatory work for the constitution of the text was done. A second edition of what I prefer to call the *editio minima* was also prepared with a new introduction incorporating the material discovered since 1964. It appeared in 1970. H.J. de Jonge devoted much attention to the history of the manuscripts and the relationships between them, and continued to do so after 1970 when he was appointed lecturer in the Theological Faculty of the University of Amsterdam. His work on the *stemma codicum*, laid down in his article "Die Textüberlieferung der Testamente der zwölf Patriarchen" *Z.N.W.* 63 (1972), pp. 27-44 was of basic importance for the preparation of the edition.

H.J. de Jonge was succeeded by Th. Korteweg, first as Z.W.O.-assistant, later in a similar capacity in the service of the Theological Faculty at Leiden (1970-1975). He was later joined by H.W. Hollander (1971-1974). They worked on the constitution of the text, and establishing the critical apparatus plus Appendix I in close cooperation with the editor. In very many instances the text printed in this edition is based on the unanimous judgment of all three of those involved in its constitution. In a number of cases where no consensus could be reached, the final decision was taken by the editor.

The share of H.J. de Jonge, Th. Korteweg and H.W. Hollander in the preparation of this edition as well as the final responsibility of the editor, are, I hope, adequately expressed on the title-page. I also wish to mention the contributions of these three young scholars (amongst which the reprinted article of H.J. de Jonge just mentioned) to M. de Jonge (ed.), *Studies on the Testaments of the Twelve Patriarchs*. Text and Interpretation (*St.V.T.Ps.* 3), Leiden 1975, the second part of which (pp. 45-179) deals with text-critical matters.

The final editorial work on this book was carried out in 1976-1977 by H.W. Hollander, who also devoted much care to the description of the Greek manuscripts in the Introduction and to the Index of Words. Th. Korteweg, then lecturer in the Theological Faculty of the Free University in Amsterdam, carefully considered the many problems connected with orthography and punctuation. Others assisted in this work for longer or shorter periods: J.C. Korteweg, J.M. Sneep and in particular J. Nauta who helped to collate the manuscripts h and j after new microfilms from Sinai had become available, and did much typing and checking in the last stages of the preparation of the work.

With regard to the ancient versions I wish to acknowledge the help received from E. Turdeanu, Paris, (and at a later stage also from H.E. Gaylord) for the Slavic versions, and from M.E. Stone, Jerusalem, in matters concerning the Armenian version. The Leiden group was in regular correspondence with Dr. Stone during the period 1974-1977; he put a number of texts and translations at my disposal which were used for Appendix II and he kindly checked that appendix and the section on the Armenian witnesses in the Introduction. In July and August 1975 he was able to work on the Armenian version in Leiden thanks to a grant of the Netherlands Organisation for the Advancement of Pure Research (Z.W.O.).

Many others have, at one time or another, supplied information and given advice. Our gratitude to a number of them has been expressed on page XIX of *Testamenta XII Patriarcharum*, Leiden

²1970. Here I wish to mention in particular the librarians who sent microfilms or photographs and to thank them for their cooperation. The *Kommission für Spätantike Religionsgeschichte* of the *Deutsche Akademie der Wissenschaften* zu Berlin (J. Irmscher and K. Treu and their colleagues; now *Zentralinstitut für Alte Geschichte und Archäologie, Akademie der Wissenschaften der DDR*), the *Institut de recherche et d'histoire des textes* in Paris (particularly M. Richard † and J. Paramelle), A. Hultgård in Uppsala and M. Beit-Arié in Jerusalem rendered valuable assistance in securing microfilms or photographs of manuscripts which were not easily accessible.

The Netherlands Organisation for the Advancement of Pure Research (Z.W.O.) gave a generous subvention towards the cost of publication of this volume.

This edition is meant to replace that by R.H. Charles after seventy years. His edition as well as that by R. Sinker (1869, Appendix 1879) were constantly used during the preparation of the present work. Text-critical work like this is always a continuation of the work of others, and it is only brought to a temporary conclusion with the publication of an edition.

Leiden, 1 September 1977   M. DE JONGE
Theologisch Instituut
Rapenburg 59

A. DESCRIPTION OF WITNESSES

1. The Greek Manuscripts

a Oxford, Bodleian Library, Barocci, 133, ff. 182 r. - 205 v., of the late 13th century, say about 1270. Paper. *C.* 25,5 × 15,5 cm.; area occupied by writing *c.* 22 × 12 cm. One column of 32 to 38 lines on each page. Besides the *Testaments*, which are written by one hand, the codex contains a number of other treatises written by different hands. The *Testaments* are preceded by *Quaestiones de diversis cum responsis ex S.S. Patribus variis, scil. Isaaco, Basilio, Macario, Gregorio, Theodoreto, Cyrillo, Damasceno, et Maximo* (f. 179), and are followed by *Anonymi commentariolus in prophetas minores* (f. 206). The text of the *Testaments* shows a large number of omissions: apart from smaller *lacunae* like T.D. III 1 καὶ γὰρ — ψυχή; T.G. III 3 ὅτι τὸ μῖσος — Ἰωσήφ; T.A. VII 3 θεὸς — ὑποκρινόμενος; T.Jos. II 6 ἐν βραχεῖ — διαβούλιον; T.B. VI 4 τὸ ἀγαθὸν — ψεῦδος; IX 1 καὶ ἀνανεώσεσθε — στρήνους and several *homoioteleuta*, it omits entire verses and even chapters: T.L. II 4-5; T.Jud. XX; XXIV 5 - XXV 5; T.D. IV 6-7; V 2 καὶ οὐ μὴ κατισχύσῃ — VI 7; T.N. II 3 τρίτον τριχός — II 7; IV 4-5; T.G. VI 3 — VII 6; T.A. II 2-4; T.Jos. IV 1; XVII 7 καὶ πᾶσα μαλακία — XVII 8; XVIII 3-4; XX 1 ὑμῶν[1] — XX 3; T.B. IV 5; V 5; VI 6 ψυχὴν αὐτοῦ — VI 7; VII 5; XI 5; and, together with *efchij*, T.Z. VI 4-6; VI 7 παντὶ ἀνθρώπῳ — ἐξαρκῶν; VII 1 - VIII 3 and some phrases in VIII 4.5.6; IX 5. According to R. Sinker, 'the title of the whole treatise, and the names of some of the Patriarchs in the headings to the several *Testaments* are in red'. There is a small number of corrections, which do not seem to come from another hand. Under the colophon at the end of the *Testaments*, there is a short text of 4½ lines containing three lexical notes which, however, do not clearly refer to any passage in the *Testaments*. According to Sinker, the manuscript 'came among the Barocci MSS. brought from Venice in 1629, and presented to the University by its Chancellor, the Earl of Pembroke' (p. IX). A note at the end of the codex caused J.E. Grabe (*Spicilegium S.S. Patrum ut et haereticorum*, I, Oxford 1698, p. 336) to infer that the MS had been written in 1268, a theory taken over by F.J.A. Hort (*Catalogue of the MSS....in the Library of the*

University of Cambridge, II, Cambridge 1857, p. 315), but, according to Sinker, 'this appears to be merely a note transferring a date from the reckoning A.M., which is referred to in the text, to the reckoning A.D., nor is this a solitary instance . . .' (p. X, n. 1). In the codex itself, the date of 1263 is found on f. 21, and Dr. N.G. Wilson (Lincoln College, Oxford) who—together with Dr. R.W. Hunt (keeper of Western Manuscripts of the Bodleian Library)— examined the MS at our request, came to the conclusion that it 'is of the late 13th century, say about 1270'. H.O. Coxe's theory that the MS is of the 14th century, is, therefore, clearly wrong. Sinker mentions two copies: *a*) 'A small quarto on paper, in the Bodleian Library (MS Smith. 117), of the latter part of the 17th century' and *b*) 'A small quarto on paper, of the latter part of the 17th century, in the Library of Emmanuel College, Cambridge, to which it was bequeathed by Archbishop Sancroft, whose name it bears on the fly-leaf' (pp. X-XI).

Literature: Henricus O. Coxe, *Catalogi Codicum Manuscriptorum Bibliothecae Bodleianae Pars Prima*, Oxonii 1853, col. 232-5; J.M. Vorstman, 'Een nieuwe uitgave van de Testamenten der Twaalf Patriarchen', *Godgeleerde Bijdragen* 40 (1866), pp. 957-8; R. Sinker, *Testamenta XII Patriarcharum*, Cambridge 1869, pp. IX-XI; R.H. Charles, *The Greek Versions of the Testaments of the Twelve Patriarchs*, Oxford 1908, (reprint Oxford/Darmstadt ³1966), pp. IX-X.

b Cambridge, University Library, Ff. I.24, ff. 203 r. - 261 v., of the late 10th century. Parchment. *C.* 24,5 × 19,5 cm.; area occupied by writing *c.* 15,5 × 13 cm. Two columns of *c.* 15,5 × 5,5 cm., each of 20 lines a page. The *Testaments* are written by one hand and form the last part of the codex. They are preceded by the *Two Books of Chronicles* (ff. 1 r. - 103 v.), the *Commonitorium* of Josephus Christianus (ff. 104 r. - 196 r.), an *Enigma* of the Emperor Leo [VI, the Philosopher?] (ff. 196 r. - 197 r.), and a *Poem on the Rich Man and Lazarus* (ff. 197 r. - 198 r.), whereas f. 198 v. is blank, and ff. 199 - 202 contain a modern index to the whole volume, by the same hand which wrote the note 'hic liber script. per eum qui scripsit psalterium parvum Grecum' on a fly-leaf at the beginning. The regularity of the script, one of the characteristics of this MS, is due to lineation, which is clearly visible in the codex. In the text of the *Testaments*, the initials and titles are usually written in red ink (Hort, p. 313; Sinker, p. VII). We find *in margine* a small number of notes, partly in the scribe's hand and partly in other hands. They are meant either as corrections or as glosses to the text (so at T.R. VI 8; T.S. VI 7; T.L. II 10; IV 1). Although 'Grosseteste has made notes throughout the codex' (S.H. Thomson, p. 29), his hand is not found in the part that is occupied by the *Testaments*. It seems that John Basingstoke, Archdeacon of Leicester, discovered the manuscript in the library of Michel Choniates, metropolitan of Athens, at Athens (*c.* 1200). At his instigation, Robert Grosseteste, bishop of Lincoln, sent to Greece for it and other manuscripts, obtained possession of it (*c.* 1241) and used it as the basis for a Latin translation of the *Testaments* (see below p. **XXX**). After his death, the volume belonged to the library of the Friars Minors in Oxford. Later, Matth. Parker, Archbishop of Canterbury, († 1575), who had rescued the MS from a monastery at Canterbury, was the owner of the codex, which bears his name on f. 1 r. Since 1575, it has belonged to the Cambridge University Library. According to Sinker, there are three copies: *a*) 'A folio on paper, of about the year 1700, made for Abednego Seller, and now in the University Library of Cambridge, belonging to, though not bound up with, the Volume of Seller papers [Oo. VI. 91, 8]'; *b*) 'A folio on paper, apparently of the latter part of the 17th century, in the Gale Collection in the Library of Trinity College, Cambridge [O. 4. 24]'; *c*) 'A quarto on paper, ff. 130, of the latter part of the 17th century, in the Library of Queen's College, Oxford [214]' (pp. VIII-IX).

> *Literature*: *A Catalogue of the Manuscripts preserved in the Library of the University of Cambridge*), II, Cambridge 1857, pp. 313-15 (the article is written by F.J.A. Hort, see also the correction of the date in the 'Corrigenda', p. [A7]: for 'VIIth' read 'Xth'; J.M. Vorstman, *op. cit.*, pp. 956-7; R. Sinker, *op. cit.*, pp. VI-IX; R.H. Charles, *op. cit.*, p. X; S.H. Thomson, *The Writings of Robert Grosseteste, Bishop of Lincoln 1235-1253*, Cambridge 1940, pp. 22; 29; 42; H.J. de Jonge, 'La bibliothèque de Michel Choniatès et la tradition occidentale des Testaments des XII Patriarches', in: M. de Jonge (ed.), *Studies on the Testaments of the Twelve Patriarchs*, Leiden 1975, pp. 97-106; idem, 'Additional notes on the history of MSS. Venice Bibl. Marc. Gr. 494 (k) and Cambridge Univ. Libr. Ff. 1.24 (b)', *ibidem*, pp. 111-15.

c Città del Vaticano, Biblioteca Apostolica Vaticana, Cod. Graecus 731, ff. 97 r. - 166 v., of the 13th century. Paper. *C.* 17,2 × 12,5 cm. One column of 24-26 lines on each page (two columns are found on some pages elsewhere in the codex). The *Testaments*, which were written by one hand, are preceded by *Apophthegmata Patrum* and *preces nocturnae ex officio desumptae* and are followed by *S. Athanasii*

Alexandrini de Melchisedech. In spatiis vacuis ff. 166 v. - 167 r.,
we find a letter of John of Raitho to John Climacus (M. 88, 624-5).
There are a number of omissions in the text of the *Testaments*:
apart from *lacunae* through *hmt.* and smaller omissions, it omits
T.L. XVII 5-6; T.Z. I 7 πολλὰ — II 1 'Ιωσήφ²; T.B. XI 2 φῶς
γνώσεως — XII 4; together with the New Greek translation T.B.
IX 5 ἔγνων — X 1; X 10; together with *h(i?)j* T.G. II 3 τριάκοντα
— II 4; together with *hij* T.L. XII 4 αὐτὸς — XII 7; XIII 2;
T.Jud. III 4; VI 1-2; T.Z. IV 4; and together with *eafhij* T.Z.
VI 4-6; VI 7 παντὶ ἀνθρώπῳ — ἐξαρκῶν; VII 1 - VIII 3 and some
other small phrases in VIII 4.5.6; IX 5. In one instance we find *in
margine* a correction on the text (at T.Jud. III 2) by the scribe's
hand, in another a rather obscure phrase (at T.Jud. III) written
by another hand and several times the gloss περὶ χριστοῦ (at T.L.
IV 1; X 2; XVI 3; XVIII 2; T.Jud. XXIV 1; T.I. VII 7; T.D. V 10;
T.N. VIII 2; T.G. VIII 1; T.A. VII 3; T.Jos. XIX 3(8); T.B. III 8;
IX 2), which also occurs three times in the text itself (at T.R. VI 8;
T.S. VI 5; L.Z. IX 8). All these come from the scribe's hand. The
manuscript consists of four parts (ff. 1-96; ff. 97-166; ff. 167-172;
ff. 173-193) which are bound up into one codex. A subscription on
f. 93 r. fixes the date at 1235 A.D. and mentions the name Θεμέλιος
ὁ φέγγος. This note, however, seems to belong to the first part of
the codex only, 'and the writing of this dated fragment is not the
same as, though very similar to, the writing of the Testaments'
(Sinker, *Appendix*, p. 1). It is certain that from 1518 onwards, the
codex belonged to the Vatican library, since the inventory drawn
up under Leo X in 1518 mentions it explicitly: '*885*.173. Sanctorum
patrum sententie et collationes. Testamentum XII patriarcharum
. . . Officium ecclesiasticum imperfectum, ex pap⁰ in una tabula'
(see further the inventory of 1533, where it is mentioned under
no. 802; that of 1539 (?) under Paul III, no. 730). On the other
hand, there seem to be good grounds to assume that the manuscript
belonged to the library from at least *c.* 1450, since the inventory
of Cosme de Montserrat drawn up under Nicholas V in 1455-58
seems to refer to it: '160. Item unum volumen de media forma,
copertum de corio nigro tantum; quod volumen intitulatur *Col-
lationes sanctorum patrum*' (see further the inventory of 1475,
under no. 729; that of 1481, no. 789; that of 1484, no. 762). More-
over, we find on f. 1 of the codex the note *Collati<ones s.> P<a-
trum>*, very probably written by John Tortelli d'Arezzo, who

became librarian of the Vatican library in 1449 and who was the predecessor of Cosme de Montserrat. We may, therefore, assume that the codex was brought to Rome in or before the time of John Tortelli after one of the many journeys and expeditions to the East.

> *Literature*: Robertus Devreesse, *Codices Vaticani Graeci*, III, *codd. 604-866*, Bibliotheca Vaticana 1950, pp. 236-7; J.M. Vorstman, *op. cit.*, pp. 958-60; R. Sinker, *Testamenta XII Patriarcharum. Appendix*, Cambridge 1879, pp. 1-2; R.H. Charles, *op. cit.*, p. X; Alexander Turyn, *Codices Graeci Vaticani Saeculis XIII et XIV Scripti Annorumque Notis Instructi*, in Civitate Vaticana 1964, pp. 11; 34; tab. 8; tab. 162 d (where we find a photograph of the colophon on f. 93 r.); Robert Devreesse, *Le fonds grec de la bibliothèque Vaticane des origines à Paul V*, Città del Vaticano 1965, pp. 23; 76; 116; 148; 234; 309; 359; 458; Paul Canart e Vittorio Peri, *Sussidi Bibliografici Per I Manoscritti Greci della Biblioteca Vaticana*, Città del Vaticano 1970, p. 476.

d Città del Vaticano, Biblioteca Apostolica Vaticana, Cod. Graecus 1238, ff. 350 r. - 379 v., of the end of the 12th century. Parchment (the manuscript is partly on paper, partly on parchment). *C.* 31 × 20,5 cm.; area occupied by writing *c.* 29 × 19 cm. One column of 33 - 41 lines on each page. The *Testaments*, which are written by one hand, form the last part of the manuscript and are preceded by the *Octateuch* (f. 10), *I-IV Kings* (f. 232 r.), a part of *II Paralipomena* (f. 331), and the *Testament of Job* (f. 340). Apart from omissions caused by *hmt.*, there are only a very few *lacunae* in the text of the *Testaments*: T.D. III 5; and, together with *m*, T.Jos. IX 3; whereas T.Jos. IX 4 ποσάκις — προσευχομένου has been altered after VIII 5, a verse of which a part has been omitted. Besides the extensive glosses dating from the 15th century (Fm*d*, see below), we find *in margine* a number of different hands: that of the scribe himself, who tried to correct some mistakes, added the note τοῦ χριστοῦ about 28 times at more or less Christological passages, and made some other small additions and remarks; a later and more cursive hand, that added small glosses at T.R. I 10; II 2; III 3.4.10; and one or more obscure hands that are responsible for the remarks at T.R. III 12; T.S. VII 2; T.L. XII 3. Above the general title of the *Testaments*, we find the note βίβλος λε[υ]πτῆς γενέσεως, which is one of the titles of the Book of Jubilees. The colophon at the end of the text (f. 379 v.) mentions the date 1195 (ϛψγ΄) and contains the following note: + ἡμέρᾳ ϛ΄ εἰς τὰς ϛ΄ τοῦ δεκεμβρίου μηνὸς ἐκοιμήθ<η> ὁ δοῦλος τοῦ θεοῦ Βίκτωρ ἐπίσκοπος τοῦ Παλαιοκάστρου ἰνδ. ιδ΄ ἔτους, ϛωθ΄ (= 1300). This makes clear that the MS comes

b

from Παλαιόκαστρον in Calabria (now Caulonia). In later times, the codex belonged to Antonio Carafa, cardinal and prefect of the Vatican library († 1591), whose inscription and arms are found *in margine infer.* on f. 1, and who left it to the Pontifical Library together with other manuscripts.

Literature: Gérard Garitte, 'Deux manuscrits italo-grecs (Vat. gr. 1238 et Barber. gr. 475)', *Miscellanea Giovanni Mercati*, III (*Studi e Testi* 123), Città del Vaticano 1946, pp. 16-40, esp. 16-30; P. Batiffol, in *Bulletin critique* 10 (1889), pp. 113-14; idem, *L'abbaye de Rossano*, Paris 1891, pp. XXXII; 167; R.H. Charles, *op. cit.*, pp. X-XI; A. Rahlfs, *Septuaginta Studien*, III, Göttingen 1911, pp. 35-43; idem, *Verzeichnis der griechischen Handschriften des Alten Testaments, für das Septuaginta-Unternehmen aufgestellt* (*Nachr. v.d. Kön. Ges. d. Wiss. zu Gött., Phil.-hist. Klasse*, Beiheft) Berlin 1914, pp. 261-2; Kirsopp Lake and Silva Lake, *Dated Greek Minuscule Manuscripts to the year 1200*, VIII (Manuscripts in Rome, part II), Boston, Mass. 1937, p. 15 and plate 600 with a reproduction of the colophon on f. 379 v.); idem, *Indices, Volumes I-X*, Boston, Mass. 1945, p. XXXIV; F. Dölger, in *Byz. Zeitschrift* 40 (1940), p. 123; Robert Devreesse, *Introduction à l'étude des manuscrits grecs*, Paris 1954, pp. 142; 308; idem, *Les manuscrits grecs de l'Italie méridionale*, Città del Vaticano 1955, pp. 18; 19; 40; Paul Canart e Vittorio Peri, *op. cit.*, pp. 560-1; H.J. de Jonge, 'Les fragments marginaux dans le MS. d des Testaments des XII Patriarches', *J.S.J.* 2 (1971), pp. 19-20 (= *Studies*. . ., pp. 87-88).

Fm^d This siglum is used to indicate four rather long *marginalia* in MS *d*, which are certainly not from the hand of the scribe of *d*, but from another, later hand, very probably of the second half or the end of the 15th century. They consist of extracts from the *Testaments*, the textual form of which is closely related to, but not dependent on that of *d*. The four *marginalia* are found on f. 352 r. (*marg. super.*): T.R. VI 8 αὐτὸς — καί¹; θυσίας — κύριος; VI 11 ὅτι — VI 12; on f. 362 v. (*marg. super.*): T.Jud. XXIII 5 καὶ ἐπισκέψηται — ἐλέει; XXIV 1 καὶ ἀναστήσεται — XXIV 2; on f. 371 v. (*marg. infer.*): T.G. VII 7; VIII 1 τιμήσωσιν — ᾽Ισραήλ; and on f. 373 r. (*marg. infer.*): T.A. VII 2 ὁ ὕψιστος — VII 3 πίνων; VII 3 οὕτως — VII 4. They are all prophetic and Christological passages. The first words of the four passages are also given in a Latin translation, clearly by the same hand. Investigation of these *marginalia* has proved that the selection and the length of these glosses are determined by the Latin recension of the *Testaments* occuring in Vincent de Beauvais's *Speculum historiale*, which is a shorter recension of Grosseteste's Latin translation.

Literature: H.J. de Jonge. 'Les fragments . . .', *J.S.J.* 2 (1971), pp. 19-28 (= *Studies*. . ., pp. 87-96).

e Athos, Monastery of Koutloumous, Cod. 39 (catal. no. 3108), ff. 198 r. - 229 r., of the 11th century. Parchment. Two columns, each of 40 lines a page. The *Testaments*, which are written by one hand, are preceded by panegyrical treatises of church-fathers, and directly by 'Αντιόχου μοναχοῦ 'Ηθικοὶ λόγοι ρλ'; they are followed by Gen. XLVIII 8 - L 26, the first and fourth books of *Maccabees* and the book of *Esdras*. As in *b*, there is lineation, owing to which the script is very clear and regular. The MS is most interesting, since the text of the *Testaments* contains three large additions. The first is a prayer of Levi, found in T.L. II 3 after ἀδικία; the second deals with all kinds of priestly ordinances, and occurs after T.L. XVIII 2; the third (in T.A. VII 2, after τῆς γῆς) seems to be part of a Christian compilation, dealing with God's answers to man's prayers, with questions and answers about the words δόλος, κακοήθεια and ἐφευρεταὶ κακῶν (cf. Rom. I 30), with some 'definitions of the Fathers', and finally with an exposition of the doctrine of the Trinity. The first two additions are extremely important, as they run parallel in part to Aramaic fragments found in the Cairo Genizah and at Qumran. The third, however, does not seem to have any real connection with the text of the *Testaments*, and was very probably inserted in the codex in the wrong place. It is obviously the last part of a compilation written by and for monks and had been copied by the scribe who also copied the *Testaments*. Up to T.Jud. IX 8, the scribe corrected the text very carefully, which can be deduced from the numerous *marginalia* which clearly come from his hand. From T.Jud. IX 8 onwards, we do not find any note *in margine*, except at T.D. I 1-2, where some obscure sigla occur which may have to do with the chronological data in the *Testaments*, and which are from another hand. Strikingly, the scribe has copied the text more carefully from about T.Jud. IX 8 onwards, very probably because he had found so many mistakes in the first part. Together with *afchij*, there are some omissions in the text of the *Testaments*: T.Z. VI 4-6; VI 7 παντὶ ἀνθρώπῳ — ἐξαρκῶν; VII 1 - VIII 3 and a few small phrases in T.Z. VIII 4.5.6; IX 5.

Literature: Spyr. P. Lambros, *Catalogue of the Greek Manuscripts on Mount Athos* I, Cambridge 1895 = Amsterdam 1966, p. 278; R.H. Charles, *op. cit.*, p. XI; J.T. Milik, 'Le Testament de Lévi en araméen. Fragment de la grotte 4 de Qumrân (Pl. IV)', *R.B.* 62 (1955), pp. 398-406; M. de Jonge, *Testamenta XII Patriarchorum. Edited according to Cambridge University Library MS Ff I.24 fol. 203a-261b*, Leiden ²1970, pp. XII; XIV-XV.

f Paris, Bibliothèque Nationale, Fonds grec 2658 (= Fontebl. - Reg. 2915), ff. 1 v. - 71 v., of the 11th century. Parchment. *C*. 20 × 15 cm.; area occupied by writing *c*. 15 × 10 cm. One column of 23 lines on each page. The *Testaments*, which are written by one hand, are preceded by a list of Old Testament names, including those of the twelve Patriarchs, together with their meanings (f. 1 r.), and are followed by the *Testament of Job* (f. 72 r.), some fragments '*ad morum doctrinam pertinentia*' and *Anastasii Sinaitae quaestiones et responsiones de varii argumenti rebus*, 'fine mutae' (f. 98 r.). The script is beautiful and, due to lineation, very regular (as *b* and *e*). The scribe adds the meaning of the proper name after the title of each testament; moreover, like the scribe of *m*, he mentions the number of years that the patriarch lived at the end of each testament. Apart from a number of small *lacunae*, the MS omits—together with *e a c h i j*—T.Z. VI 4-6; VI 7 παντὶ ἀνθρώπῳ — ἐξαρκῶν; VII 1 - VIII 3 and a few small phrases in T.Z. VIII 4.5.6; IX 5. It does not give the full text of T.B. XII 2-4, but a short recension, which made it possible to end at the bottom of the page and to start writing the *Testament of Job* on the next folio. There is also a copy of this MS at Paris: it is known as no. 938 and dates from the 16th century.

> *Literature*: *Catalogus Codicum Manuscriptorum Bibliothecae Regiae*, II, Parisiis 1740, p. 535; Henri Omont, *Inventaire sommaire des manuscrits grecs de la Bibliothèque Nationale*, 3ⁱᵉᵐᵉ partie, Paris 1888, p. 20; R.H. Charles, *op. cit.*, p. XI; M. de Jonge, *The Testaments of the Twelve Patriarchs. A Study of their Text, Composition and Origin*, Assen ²1976, p. 135, n. 15.

g Patmos, Monastery of John the Theologian, MS 411, ff. 178 r. - 220 v., of the 15th century. Paper. Large quarto. Two columns, each of 28 lines a page. The *Testaments* which form the last part of the codex, are preceded by Genesis (from VIII 13; obviously, the first part of Genesis has been lost), Exodus, Leviticus, Numbers, and Deuteronomy. In the codex, three hands can be distinguished: one is responsible for the writing of the Pentateuch, and the other two for the *Testaments*; one wrote ff. 178 r. - 219 v., and the other the last folio (f. 220 r. - v.) in a cursive hand which seems to be later (and, perhaps, of the 17th century). It is characteristic of this MS that many sentences and passages have been abbreviated, like T.R. II 2 - III 9; T.Jud. III 9; T.N. II 2-8, in particular at the beginning and end of some testaments (so in T.R. I 4-5.10; T.S. I 1-2; T.L. I 2; T.I. VII 9 καὶ³ — αἰώνιον; T.Z. I 1-3; T.D. VII 2-3; T.N. I 2-5;

T.B. XII 3-4). Moreover, sometimes even entire passages are omitted: T.S. VIII 2 καί² — IX 1; T.L. XI 1 - XII 4; XII 7; T.Jud. XI 5; T.I. I 2 ἐν — II 5; T.Z. II 7 ὤν — II 8; III 8; T.N. I 6 καί¹ — I 12; T.Jos. XVII 1; XX 3. On f. 221 r., the last folio, we find the name of Νικολὸς Σιγάλας, who was probably an owner of the codex.

Literature: Joh. Sakkelion, Πατμιακὴ Βιβλιοθήκη. . ., Athens 1890, p. 183; Constantin Tischendorf, *Aus dem heiligen Lande*, Leipzig 1862, p. 341; J.M. Vorstman, *op. cit.*, p. 964; R. Sinker, *op. cit. Appendix*, pp. 2-3; R.H. Charles, *op. cit.*, p. XI; A. Rahlfs, *Verzeichnis der griechischen Handschriften des Alten Testaments, für das Septuaginta-Unternehmen aufgestellt* (*Nachr. v. d. Kön. Ges. d. Wiss. z. Gött., Phil.-hist. Klasse,* Beiheft) Berlin 1914, p. 219; A.E. Brooke - N. McLean, *The Old Testament in Greek*, I, *The Octateuch*, Cambridge 1917, Preface to the Octateuch, p. XI.

h　Mount Sinai, Monastery of St. Catharine, Cod. Graecus 547 (Gardthausen) = 770 (Kamil), ff. 1 r. - 70 r., of the 17th century. Paper. *C*. 14,5 × 10,5 cm.; area occupied by writing *c*. 10,5 × 6,5 cm. One column of 17 lines on each page (on f. 1 r., however, 13 lines and on f. 70 r. five lines). The *Testaments* have been written by one hand. As in the case of *j* (and *i*?), the MS is incomplete, and ends with T.Jos. XV 7. As in *i* and *j*, the text of the *Testaments* is introduced as follows: Ἰωάννου τοῦ ποτὲ ἑβραίου εἴδησις τῶν διαθηκῶν τῶν ιβ′ υἱῶν τοῦ πατριάρχου Ἰακὼβ μεταφρασθεῖσα ἀπὸ ἰουδαϊκῶν διαλέκτου εἰς ἑλληνικήν. There are a number of omissions in the text: together with *eafcij*, it omits T.Z. VI 4-6; VI 7 παντὶ ἀνθρώπῳ — ἐξαρκῶν; VII 1 - VIII 3 and some small phrases in T.Z. VIII 4.5.6; IX 5; together with *cij*, it omits T.L. XII 4 αὐτὸς — XII 7; XIII 2; T.Jud. III 4; VI 1-2; T.Z. IV 4; together with *c*(*i*?)*j*, it omits T.G. II 3 τριάκοντα — II 4; whereas—together with *cij*—it abbreviates T.Jud. X 2-5 and gives a completely different text in T.Jud. XII 6-10. The addition περὶ τοῦ χριστοῦ occurs nine times, the first *in margine*, the others *in textu*: ad T.S. VI 5; T.L. XVIII 2; T.Jud. XXIV 1 (+ πῶς μέλλει γεννηθῆναι); T.I. VII 7; T.Z. IX 8; T.D. V 10; T.N. VIII 2; T.G. VIII 1; T.A. VII 3. *In margine*, there are some notes, often introduced by the word ἴσως and mostly intended as corrections. They are written in ink of a different colour, the same that is used for the addition περὶ τοῦ χριστοῦ and the titles of the testaments. The *marginalia* seem to have been written by one hand, very probably that of the scribe himself.

Literature: V. Gardthausen, *Catalogus Codicum Graecorum Sinaiticorum*, Oxonii 1886, p. 132; R.H. Charles, *op. cit.*, pp. XI-XII; רשימת סקר של כתבי היד בספרנית מנזר סט· קתרינה, סני, Jerusalem 1968, p. 3; Murad Kamil, *Catalogue of All Manuscripts in the Monastery of St. Catharine on Mount Sinai*, Wiesbaden 1970, p. 92.

i   Mount Sinai, Monastery of St. Catharine, pressmark unknown, ff. 1 r. - 38 r., 'not earlier than the seventeenth century' (Charles). One column of 20-23 lines on each page. This manuscript was discovered in 1906 and photographed by Mrs. Gibson, but only in part, since 'her camera broke down' at T.A. VII 6 καὶ φυλήν. The photographs belong to the Bodleian Library at Oxford (MS Facs. d. 18). Unfortunately, some negatives are lacking; 'they were either lost or proved to be failures' (Charles): f. 32 v. (T.N. VIII 2 γὰρ — IX 2 ψυχῆς); 33 v. (T.G. I 9 ἤθελην — IV 1 ποιεῖ); 34 v. (T.G. V 3 καταγινωσκόμενος — VI 2 πνεῦμα); 36 v. (T.A. I 7 καὶ ἐκριζοῖ — II 7); 37 v. (T.A. IV 5 - VI 3 πάσαις ἐντο-). Some other negatives are very difficult to read, partly because of the quality of the photographs, and partly because two folio's were photographed on the same negative on two occasions. In the text, two hands can be distinguished, one on ff. 1 r. - 19 v., and another on from ff. 20 r. (*i.e.* from T.Jud. XXI 5 ὑπέρ σε) to the end. For *lacunae* and omissions in the text, see above *ad h*; the scribe has also omitted T.Jud. VII 9. As in *h* (and *j*), we find the addition περὶ τοῦ χριστοῦ several times, always *in textu*: *ad* T.S. VI 5; T.L. XVIII 2; T.Jud. XXIV 1 (+ πῶς μέλλει γεννηθῆναι); T.I. VII 7; (T.Z. IX 8?;) T.D. V 10; T.G. VIII 1; T.A. VII 3. In contrast with *h*, *i* has no notes *in margine*. The peculiar introduction to the *Testaments*, however, which is found in *h* (and *j*), occurs in this MS also.

       Literature: Charles, *op. cit.*, p. XII.

j   Mount Sinai, Monastery of St. Catharine, Cod.Graecus 2170 = 608 (Kamil, serial number), ff. 8 r. - 88 r., of the 18th century. Paper. *C.* 14 × 10 cm.; area occupied by writing *c.* 11,5 × 7 cm. One column of 17 lines on each page (on f. 8 r., however, 13 lines). The text of the *Testaments*, which was written by one hand, is followed by Christian, and for the greater part, liturgical treatises. As in *h* (and *i*?), the text is incomplete and comes to an end with T.Jos. XV 7. We find the same peculiar introduction as in *h* and *i*, and the same omissions as in *h* (see above). The phrase περὶ τοῦ χριστοῦ is added nine times, always *in textu*, at the same places as in *h* (see above). On f. 88 r., at the end of the text of the *Testaments*, the word τέλος is found *in margine*. The MS was written by a monk called Parthenios, as can be deduced from the two colophons. On f. 1 r., we read: τὸ παρὸν ὑπάρχ<ει> κἀμοῦ Παρθενίου ἱερομονάχου Σιναΐτου. οὐαὶ (MS υι) ὁποῖος τὸ ἀποξενώσει (MS -όσι) ἃς ἔχῃ οὐδέτι ποτάς (sic). 'Ανδριάνος. And on f. 110 v.: τέλος καὶ τῷ θεῷ δόξα. ταύτην τὴν βίβλον ἀπάντες ὅσοι λαβόντες (MS λαβῶν) ταῖς χερσὶ καὶ τὸν (MS τῶν) θεὸν ὑμνούντων ἐν προθύμῳ καρδίᾳ (MS καρδίαν). δέησιν ποιεῖτε ὑπὲρ ἐμοῦ Παρθενοίου ἱεροδιακόνου Κιπρέου τοῦ ταύτην γράψαντος. ὅπως (MS ὅπος) με ῥύσει καὶ σώσει (MS σῶσι) ἐκ τῶν δεινῶν καὶ πολλῶν μου περιστάσεων.

Literature: רשימת סקר של כתבי היד בספריית מנזר סט. קתרונה, סיני, Jerusalem 1968, p. 48; Murad Kamil, *Catalogue of All Manuscripts in the Monastery of St. Catharine on Mount Sinai*, Wiesbaden 1970, p. 86.

k   Venice, Biblioteca Nazionale di S. Marco, Cod. Gr. Z. 494 (= 331), ff. 263 r. - 264 v., from the middle of the 13th century. Paper. C. 43 × 28,5 cm. Two columns, each of 50 lines a page. The *Testaments*, which were written by one hand, are preceded by *Catena in Evangelium Lucae*, treatises of the church fathers and immediately by the commentary on the Apocalypse by Andrew of Caesarea; they are followed by *Hymni* of Symeon the New Theologian and other Christian texts. One of the curious features of this MS is its handwriting: it is extremely contracted, and, therefore, sometimes very difficult to read. Another is that the MS does not give the full text of the *Testaments*, but extracts; the scribe was obviously interested only in the more or less Christological passages. On these grounds, he omitted T.R. I; III 9 διδάσκω — V 4; VI 1 καὶ εἰ — VI 3; VI 5 καὶ — VI 6; VI 10 - VII 2; T.S. I-II; IV 1 - VI 5 ἐνδοξασθήσεται; VI 7 τότε — αὐτοῦ; VII 3 - IX 1; T.L. I 1 - II 3 'Αβελμαούλ; V 4; VI-VII; IX 2 καὶ οὐκ — XIII 9; XVII 1 - XVIII 1; T.Jud. I 1 - XXI 6; XXIII 3 καὶ κύνας — XXIII 5; XXV 2 - XXVI 3 (4); T.I. I 1 - VII 9; T.Z. I 1 - VII 4; VIII 4 ἐμὲ — IX 7; X 6 ὕπνῳ — X 7; T.D. I 1 - V 7 ἐν πᾶσι; VI 2-3; VI 5; VI 10; VII 2-3; T.N. I 1 - VIII 2 ὑμῶν; VIII 4-9; IX; T.G. I 1 - VII 6; VIII 3-5; T.A. I 1 - VII 1; VIII (1-)2; T.Jos. I 1 - XVIII 4; XX 3; XX 5-6; T.B. I 1 - VIII 1 οὖν; X 1-3; X 10 γενόμενοι — κύριον; XI 1; XII 2 καὶ ἔθηκαν — XII 4. At the end of the *Testaments*, there is a peculiar addition about the antichrist. The scribe has given numbers to each of the testaments (from α' to ιβ'), which are found *in margine*. There are a number of other *marginalia*, partly in the scribe's hand and partly in that of another. They all are headings indicating the subject of the passages at the beginning of which they occur, like περὶ τοῦ χριστοῦ etc. On f. 1 r., there is the following inscription: ἡ βίβλος αὕτη τῆς μονῆς τοῦ προδρόμου τῆς κειμένης ἔγγιστα (MS ἔγκηστα) τῆς ’Αετίου· ἀρχαϊκὴ δὲ τῇ μονῇ κλῆσις Πέτρα. This implies that the MS has belonged to the library of the monastery Prodromos-Petra at Constantinople, which was founded c. 500 A.D. In the 15th century, it was in the possession of cardinal Bessarion, who came from Constantinople to Italy in 1438, and who presented his large library to the city of Venice in 1468 to form the basis of a public library.

> *Literature*: A.M. Zanetti and A. Bongiovanni, *Graeca D. Marci Bibliotheca codicum manuscriptorum per titulos digesta...*, Venice 1740, pp. 258-9; M.R. James, 'The Venice extracts from the Testaments of the Twelve Patriarchs', *J.Th.St.* 28 (1927), pp. 337-48; Ἑλένη Δ. Κακουλίδη, " Ἡ βιβλιοθήκη τῆς μονῆς Προδρόμου-Πέτρας στὴν Κωνσταντινούπολη", Ἑλληνικά 21 (1968), pp. 12-13; 32; H.J. de Jonge, 'Additional notes on the history of MSS. Venice Bibl. Marc. Gr. 494 (*k*) and Cambridge Univ. Libr. Ff. 1.24 (*b*)', *Studies...*, pp. 107-11.

l   Athos, Library of the Laura, Laura I 48 (cat. no. 1132), ff. 204 r. - 276 r., of the 16th-17th centuries. Paper. *C.* 22 × 14 cm.; area occupied by writing *c.* 16 × 9 cm. One column of 20 lines on each page (except on the first and last page and on folios where we find the end of a testament and the beginning of the next one). The text of the *Testaments*, which was written by one hand, is preceded by a number of treatises by church fathers, and directly by Θεοδώρου ἡγουμένου τῶν Στουδίου καὶ ὁμολογητοῦ Λόγος εἰς τὴν προσκύνησιν τοῦ τιμίου καὶ ζωοποιοῦ σταυροῦ (f. 197 r.); it is followed by Βασιλείου τοῦ μεγάλου πῶς δεῖ κοσμεῖσθαι τὸν μοναχόν (f. 277 r.), extracts from the Old Testament, the Apocalypse of John and other writings; f. 276 v. gives a colophon concerning the *Testaments* (see *critical apparatus*, at the end of the text of the *Testaments*). Besides some omissions through *hmt.* and small lacunae, the MS omits T.D. V 5; T.G. III 2-3; T.A. II 1-4.10; IV 2 - V 1; T.B. II 4-5; VIII 2; XII 4. *In margine*, we find a number of notes, which are all intended as corrections of the text, except *ad* T.B. XI 2, where a marginal gloss explains that the passage in question refers to Paul. The *marginalia* are all written by the scribe of the text proper. There is a copy of this MS: Athos, Library of the Laura, Laura K 116 (cat. no. 1403), ff. 266 r. - 283 r., of the 16th-17th centuries. Paper. *C.* 22 × 15 cm. One column of 45 lines on each page. The text of the *Testaments*, which was written by one hand, is preceded by Λόγος περὶ τῆς ὀρθοδόξου πίστεως καὶ κατὰ 'Αρειανῶν, Εὐνομιανῶν καὶ λοιπῶν (f. 247 r.), and—like the text of the *Testaments* in *l*—followed by τοῦ μεγάλου Βασιλείου πῶς δεῖ κοσμεῖσθαι τὸν μοναχόν. Other Christian treatises also are found in both *l* and its copy. There occur a number of corrections *in margine*, and the reference to Paul *ad* T.B. XI 2 is present. All *marginalia* seem to be written by the scribe himself. According to a colophon on f. 438 r., the MS was written by a certain Neophytus, a monk who lived on Mount Athos.

> *Literature*: Spyridon-Sophronios Eustratiades, *Catalogue of the Greek Manuscripts in the Library of the Laura on Mount Athos* (*Harv. Theol. St.* XII), Cambridge 1925, pp. 183-4; 242-3; Chr. Burchard, 'Neues zur Überlieferung der Testamente der zwölf Patriarchen', *N.T.S.* 12 (1965-6), pp. 245-7; A. Hultgård, *Croyances messianiques des Test. XII Patr. Critique textuelle et commentaire des passages messianiques*, diss. Uppsala 1971, pp. 1-4; H.W. Hollander, 'The relationship between MS. Athos Laura I 48 (*l*) and MS. Athos Laura K 116', *Studies...*, pp. 116-19.

m   Ankara, Library of the Turkish Society of History (Türk Tarih Kurumu), MS Gr. 60 (Fonds du Syllogos), pp. 339-482, of the beginning of the second half of the 16th century. Paper. *C.* 21 × 15 cm. One column of 20 lines on each page, except on p. 382 and 416, where we find 19 lines. The text of the *Testaments*, which was written by one hand, is preceded by a 'récit relatif à l'origine de l'écriture' (pp. 334-9) and followed by 'textes divers relatifs à l'histoire ancienne des Hébreux' (pp. 483-643) (Moraux, p. 97). The codex also includes the *Testament of Abraham* (pp. 267-321). As in *f*, we find in this MS a reference to the number of years that the patriarch lived at the end of each testament. There are a great number of *lacunae* and omissions, in some cases of one or more verses, but in other cases even of entire chapters: T.S. V 4 καὶ — VI 1 ἁμαρτίας; VI 2 καὶ⁵ — VI 5 ἐνδοξασθήσεται; VIII 3 - IX 1 πένθους; T.L. III 9-10; XV 2 ἐν αὐτοῖς — XIX 5 (instead of this passage, we find the text of T.S. VI 1 τῶν ψυχῶν ὑμῶν — VIII 2, which has been transferred to the end of T.L.); T.Jud. III 8 - IX 5 (II 3 καὶ πᾶν — III 7 is strongly abbreviated); XV 1-3(5); XVII 2-3 κύριος; XVII 6 - XVIII 6; XX 3 καὶ² — XXIII 5; XXV 5 καὶ¹ — χαρᾶ; T.I. V 5; T.Z. II 9 ἕως — III 5; III 6 ὑπελύθησαν — III 7 αὐτοῦ; IV 5 περισχισάμενος — IV 13; VI 5.7-8; VII 3; VIII 4 - IX 7; T.D. I 5; I 6 Καίγε — I 7 πνευμάτων; I 9 τὸ — 'Ισραήλ; II 2 - III 5 θυμός; IV 2 τὸ διαβούλιον — αὐτοῦ²; IV 4 καὶ² — IV 5; V 2 - VI 7;

T.N. III 2 - IV 5; VIII 5-6; T.G. II 1 ὅτι² — II 4; III 2 - III 3 φθονεῖ; IV 1 ὅτι — IV 4; V 3 οὐχ — V 4 ἀνδρός; V 7 καί⁴ — V 11; VI 5 - VI 6 ἐλεγχόμενος; VII 1 'Εάν — λυπεῖσθε; T.A. I 5 ἡμῶν — II 1; IV 3-5; VI 3 καί¹ — καταπαύοντες; VII 2 καί² — ἄχρηστον; VII 4 μὴ — VII 6; T.Jos. I 6 ἐν ἀσθενείᾳ — III 8 ἠγνόουν; IX 3 (together with *d*); X 4; XVII 8 ἀλλ' ἤμην — XX 6; T.B. IV 4 τὸν¹ — IV 5; V 1 καί² — θλιβομένοις; V 2 καί² — VI 4 οἶδεν; VIII 2 οὐ — IX 1 βραχύ; IX 1 ὅτι — X 1; X 3 καί² — XII 1 εἶπεν (instead of this passage, there occurs a brief messianic or 'Christian' passage). From the end of T.Jos. onwards, there are four notes *in margine* written by a different, cursive and modern hand. They are all intended as explanations of scarcely legible words or parts of words. On p. 321, we find the brief note παπὰ 'Αγγελὶς τάγραψυ. The hand of 'father Angelis', however, is clearly different from that of the scribe of the codex, so that the latter's name still remains unknown. The MS was offered to the 'Syllogos' (ὁ ἐν Κωνσταντινου-πόλει 'Ελληνικὸς Φιλολογικὸς Σύλλογος) by S.A. Manasseides (ὁ δημοδιδάσκαλος Σ.Α. Μανασσείδης ὁ ἐξ Αἴνου) in 1890. After the war between the Greeks and the Turks in 1921-22, the possessions of the 'Syllogos' — like those of other philhellenic societies in Constantinople — were captured by the Turks (1923?). In 1932, the authorities gave the most important part of the library of the 'Syllogos' (*inter alia*, all the manuscripts!) to the Türk Tarih Kurumu.

Literature: Δ.Μ. Σάρρος, 'Κατάλογος τῶν χειρογράφων τοῦ ἐν Κωνσταν-τινουπόλει 'Ελληνικοῦ Φιλολογικοῦ Συλλόγου', 'Επετηρὶς 'Εταιρείας Βυζαν-τινῶν Σπουδῶν, ἔτος Η', 'Αθῆναι 1931, pp. 173-7; Paul Moraux, *Biblio-thèque de la Société Turque d'Histoire, Catalogue des Manuscrits grecs (Fonds du Syllogos)* (*Türk Tarih Kurumu Yayınlarından XII. Seri, no. 4*), Ankara 1964, pp. 93-99; Δ. Σάρρου, Παλαιογραφικὸν "Ερανον, Περιόδικον 'Ελ. Φιλολ. Κ/πόλεως, ΛΓ' (1914), p. 68.

n   Athos, Monastery of Vatopedi, Cod. 659, ff. 42 r. - v.; 47 r. - 48 r., of the 14th century. Paper. *C*. 29 × 19 (or 20,5) cm. This MS gives only two fragments of the *Testaments*, coming from the same source and written by one hand. The first passage, T.L. III 1-10 ἁμαρτάνουσι, is found on ff. 42 r. - v. *in margine* (one column of 33-38 lines). It is interesting that while writing the text the scribe reserved some space in order to add large *scholia in margine* (from his model?). Sometimes, as here on ff. 42 r. - v., he actually did add some *marginalia*, but in other places he does not seem to have had the opportunity to do so. In any case, these *scholia* are meant as a kind of commentary on the text. The codex, which is no. 2305 in the list of New Testament minuscule codices, includes extracts from Chrysostomus, and Basilius, a treatise of Hyppolytus, some works of Maximus Confessor, Psellus' commentary on the Song of Songs, the Apocalypse of John and the commentary on it by Andrew of Caesarea and other texts. On ff. 41 v. - 45 r., we find the tale of Aphroditianus from *De Rebus in Perside gestis* (edited by E. Bratke, *Das sogenannte Religionsgespräch am Hof der Sasaniden* (*T.U.*, *Neue Folge* IV 3), Leipzig 1899). The fragment of T.L. that deals with the three heavens (according to the α-recension to which *n* clearly belongs) is introduced by the sentence: εὗρον ἐν διαθήκῃ Λευὶ τοῦ πατριάρχου περὶ τῶν τριῶν οὐρανῶν ὧν ἔδειξεν αὐτῷ ὁ ἄγγελος κυρίου τάδε ῥητῶς λέγων. It seems to have been added *in margine* in order to explain the following sentence from *De Rebus* . . . : . . . ὁ τοῦ ἀνάρχου τεκτονάρχου παῖς, συνάναρχος λόγος καὶ ὁ υἱός· ὃς τὸν τρισύστατον ἐξ οὐκ ὄντων ὄροφον ἐτεκτόνησε πανσόφοις τέχναις, καὶ ὁ ταύτην τὴν τρικάτοικον τῶν οὐρανῶν λόγῳ πήξας στεγότιδα . . . (cf. Bratke p. 12, ll. 18-20). The second fragment of the *Testaments*, T.R. III 6 μεθ' ἧς — V 7 γίγαντας, is found on ff. 47 r. - 48 r. *in textu* (one column of 20-29 lines), starting at the top of f. 47 r. and ending in the middle of f. 48 r. The rest of this folio is blank, like ff. 45 v. - 46 v. preceding our fragment, and f. 48 v., which follows it. Obviously, the fragment has an isolated place in the MS. It is, therefore, very likely that the first pages of T.R. had been lost and were replaced by blank pages when the codex was bound. It is noteworthy that the Serbian version also ends with T.R. V 7 γίγαντας omitting the rest of T.R.; moreover from a textcritical point of view, there is a close relationship between this version and *n* (see below, p. **XXXVIII**).

> *Literature*: Eustratiades, S. and (Father) Arcadios, *Catalogue of the Greek Manuscripts in the Library of the Monastery of Vatopedi on Mt. Athos* (*Harv. Theol. St. XI*), Cambridge 1924, p. 132; Joseph Schmid, *Studien zur Geschichte des griechischen Apokalypse-Textes*, I, München 1956, pp. 83-84; H.J. de Jonge, 'Die Textüberlieferung der Testamente der zwölf Patriarchen', *Studies. . .*, pp. 60-61.

2. *Versions*

a. *The Armenian Version* (A)

The Armenian Version is known in numerous MSS. In 1969 Chr. Burchard published a list of 45 MSS, two of which were in the

Convent of St. James in Jerusalem. In the same year M.E. Stone published the Armenian text of the Testament of Levi on the basis of eight MSS in this Jerusalem library. Later, two manuscripts were found in New Julfa (Isfahan); one of these turned out to be already known under another name. Finally, in 1975, an additional four manuscripts were found in the Treasury of the Armenian Patriarchate in Jerusalem. They bring the total number of known MSS to 56, but it should be borne in mind that the existence of Burchard's nos. 23 and 24 has not been demonstrated and that nos. 27, 32 and 35 are apparently lost. The most up-to-date survey of the material is given by Stone in 'The Armenian Version of the Testaments of the Twelve Patriarchs: Selection of Manuscripts', *Sion* 49 (1975), pp. 207-14 and in 'New Evidence for the Armenian Version of the Testaments of the Twelve Patriarchs', *R.B.* 84 (1977), pp. 94-107.

A satisfactory edition of the Armenian version does not yet exist. The edition made by S. Yovsēpʻianc' in 1896 is based on only five MSS; in R.H. Charles's edition of the Greek Testaments twelve MSS are mentioned, nine of which were actually used. Preliminary studies of the new MS-material have led to the conclusion that a new edition is urgently needed. In 1970 Stone undertook the preparation of an *editio minor* on the basis of a limited number of representative Armenian MSS. (See his articles in *Sion* 44 and *Proceedings...*) To that purpose he studied a number of sample passages in 29 MSS, among them all the earlier ones (i.e. those dating before the seventeenth century). The results he published in *Sion* 49. In his article 'New Evidence...' he supplemented his earlier findings on the basis of collations of the sample passages in all remaining MSS.

In these two publications Stone distinguishes between four types of text:

a) That found in Z = MS Erevan, Matenadaran 1500, 1282-83 C.E.
b) That found in M = Jerusalem, Armenian Patriarchate 1925, 1269 C.E. and V = MS Erevan, Matenadaran 353, 1317 C.E.
c) β, a type of text already distinguished by Charles. The following MSS proved to be the potentially most important witnesses for this type of text which may be divided into two subgroups:
   ca) L = Vienna, Nationalbibl. Arm. 11, before 1608 C.E.
   cb) X = Erevan, Matenadaran 346, 1390 and 1400 C.E. and Bb = Venice, Mechitarist 280, 1418-1422 C.E.

d) α, again a type of text already distinguished by Charles. It will be represented in the *editio minor* by three MSS, each representing a different subgroup of α:

K = Vienna, Mechitarist 128, 1388 C.E.
S = Jerusalem, Armenian Patriarchate 939, 1621 C.E.
W = Vienna, Mechitarist 705, 1403 C.E.

In addition one further MS will be consulted in cases where part of α alone seems to preserve an original reading:

B = Venice, Mechitarist 679, fifteenth century; it is nearest to W.

In the new edition the readings of all these MSS will be considered in accordance with their intrinsic merit. It should be remarked that each of these text-types occasionally stands alone in preserving readings agreeing with those found in Greek. The text of the new edition will be based upon Z, into the text of which readings from other text-types will be introduced in those cases where they are indubitably superior.

For the present Greek edition we have been able to use (in addition to material contained in the publications by Chr. Burchard and A. Hultgård, listed below) Stone's preliminary edition of the Testament of Levi and his sample edition of the Testament of Joseph published in 1975. Moreover Stone kindly put at our disposal a similar critical text of the Testament of Issachar and of T.Z. VI-X, with apparatus and translation, as well as a great number of individual Armenian readings.

In 'The Greek Testaments of the Twelve Patriarchs and the Armenian Version', written in the autumn of 1974 and published as Chapter VIII in *Studies on the Testaments of the Twelve Patriarchs* in 1975, M. de Jonge attempted to determine the relationship between the Armenian version, its Greek *Vorlage* and the other extant witnesses. Later research did not alter the conclusion reached there, i.e. that it was neither necessary nor advisable to delay the Greek edition until a new Armenian edition appeared. It was decided not to include Armenian evidence in the apparatus, but to refer to A in a number of cases where its evidence had proved important for the constitution of the text. A list of these cases, with the Armenian readings, is given in Appendix II together with collations of the readings of the Armenian version in the Testaments of Levi, Issachar, Zebulun (VI-X) and Joseph against the Greek text of the edition. This material will help the reader form his own judgment concerning the Armenian version.

Literature: S. Yovsēpʿianc̣ʿ, *Tʿangaran hin ew nor naxneac̣ʿ* I, *Ankanon girkʿ hin ktakaranac̣ʿ*, Venice 1896, pp. 27-151; R.H. Charles, *The Greek Versions of the Testaments of the Twelve Patriarchs*, Oxford 1908 (reprint Oxford/Darmstadt ³1966), pp. XII-XVIII; Chr. Burchard, 'Zur armenischen Überlieferung der Testamente der Zwölf Patriarchen' in *Studien zu den Testamenten der Zwölf Patriarchen* (*B.Z.N.W.* 36), Berlin 1969, pp. 1-29; A. Hultgård, *Croyances messianiques des Test. XII Patr.*, diss. Uppsala 1971; M. de Jonge, 'The Greek Testaments of the Twelve Patriarchs and the Armenian Version' in M. de Jonge (ed.), *Studies on the Testaments of the Twelve Patriarchs*, Leiden 1975, pp. 120-39; M.E. Stone, *The Testament of Levi*. A First Study of the Armenian MSS of the Testaments of the XII Patriarchs in the Convent of St. James, Jerusalem 1969; idem, 'The Jerusalem Manuscripts of the Testaments of the Twelve Patriarchs: Samples of text', *Sion* 44 (1970), pp. 1-6; idem, 'Methodological Issues in the Study of the Text of the Apocrypha and Pseudepigrapha' in *Proceedings of the Fifth World Congress of Jewish Studies 3-11 August 1969*, Jerusalem 1971, pp. 211-17; idem, *The Armenian Version of the Testament of Joseph*. Introduction, critical edition and translation, *S.B.L. Texts and Translations series* no 6 (Pseudepigrapha Series no 5), Missoula 1975; idem, 'The Armenian Version of the Testaments of the Twelve Patriarchs: Selection of Manuscripts', *Sion* 49 (1975), pp. 207-14; idem, 'New Evidence for the Armenian Version of the Testaments of the Twelve Patriarchs', *R.B.* 84 (1977), pp. 94-107.

b. *The New Greek Version* (Ngr)

In 1964, Chr. Burchard discovered and examined a New Greek version of the *Testaments*, found in one MS, belonging to the Biblioteca Academiei Republicii Populare Române, Bukarest (Cod. Gr. 508 [341]). It is a paper MS of *c.* 20 × 14 cm., having one column of about 20 lines on each page, and dating from the 18th century. The text of the *Testaments* forms the greatest part of the codex (ff. 7 r. - 120 r.) and is preceded by a *Testament of Jacob* only, an abbreviated paraphrase of Gen. XLVII 29 - XLIX 27 (ff. 1 r. - 5 r.); ff. 5 v. - 6 v. are blank. One of the peculiarities of this version is that it expands the text in many places. We find a great number of (mostly brief) additions, which usually fit well in the context but which can easily be distinguished by comparison with the (old) Greek text.

This version proves to have been based on a MS which was closely related to the common ancestor of *hij*, and is, therefore, text-critically of secondary importance. There is, however, one exception. Since the text of *h* and *j* comes to an end with T.Jos. XV 7 and the text of *i* is not available from T.A. VII 6 end (see above, pp. XIX-XXI), the New Greek version can give information about the common ancestor of Ngr and *hij*, where *hij* are lacking. Ngr itself omits, however, T.Jos. XVI 1 - T.B. I 5 σφόδρα (except the title of T.B.) and T.B. XI 2 ἀκούων — XII 4, so that only the remaining part, T.B. I 5 - XI 2 ἀγαπητὸς κυρίου, is of importance for the constitution of the Greek text. In the present edition, we have made use of the information it gives in these chapters (see below, p. XXXVIII).

> *Literature*: Chr. Burchard, 'Neues zur Überlieferung der Testamente der zwölf Patriarchen', *N.T.S.* 12 (1965-1966), pp. 245-58, esp. 247-58.

c. *Other Versions*

The Slavonic Version

There is no critical edition of the Slavonic version. According to E. Turdeanu, 'Les Testaments des Douze Patriarches en slave', *J.S.J.* 1 (1970), pp. 148-84 the best single witness is Moscow, Historical Archives, MS no. 279-658. It is only known from the variants mentioned in N.S. Tichonravov's edition of the long recension of the Slavonic version on pp. 146-232 of his book *Pamjatniki otrečennoj russkoj literatury*, I, St. Petersburg 1863, based on another MS of the long recension. Two further MSS of the long recension are known; one has been partly published, the other in its entirety (for further details see E. Turdeanu, *op. cit.*, pp. 150-8).

Turdeanu mentions three MSS of a short recension, two of which were used by Tichonravov in his edition of this recension on pp. 96-145 of the volume just mentioned. A third was published independently (*op. cit.* pp. 166-7). A list of as yet unused MSS is given by A.I. Jacimirskij, *Bibliografičeskij obzor apokrifov v južno-slavjanskoj i russkoj pis'mennosti*, I, Petrograd 1921, pp. 144-65.

For the work on the present edition Dr. Turdeanu kindly supplied full collations of the available material for the Testaments of Reuben and Zebulun. H.E. Gaylord subsequently checked a number of further potentially important instances (see H.E. Gaylord, jr. and Th. Korteweg, 'The Slavic Versions', *Studies. . .*, pp. 140-3. On the basis of this evidence it was decided not to wait for nor to insist upon a critical edition of this version (see further below, p. XXXVII).

The Serbian Version

On pp. 181-4 of his 'Les Testaments des Douze Patriarches en slave', mentioned in the section on the Slavonic version, E. Turdeanu has drawn attention to a Serbian translation of T.R. I-V, published by M. Speranskij in 1901. It is an independent translation, younger than the other slavic version, and not necessarily part of a complete translation of the *Testaments* in Serbian (see also § 1 above, on MS *n*, pp. XXIV-XXV).

The Latin Version

Robert Grosseteste who had Cambridge Univ. Libr. MS Ff. 1.24 (= *b*) brought to England (see § 1 above, on MS *b*, pp. XII-XIII) rendered the Greek text of the *Testaments* found in this codex into Latin with the help of Nicholas the Greek. This translation was very popular; numerous manuscripts and printed editions are known and it was, in turn, translated into a great number of vernacular languages.

Vincent de Beauvais inserted extracts of this latin version of the *Testaments* in his *Speculum historiale*. These extracts have also been copied independently from this work (see H.J. de Jonge, *Studies* ..., pp. 91f., and § 1 above, on Fm*^d*, p. XVI).

A list of MSS of the Latin version is given by S.H. Thomson, *The Writings of Robert Grosseteste, Bishop of Lincoln 1235-1253*, Cambridge 1940, pp. 42-44 (and supplementary information by H.J. de Jonge in *Studies*. . ., p. 91 n. 1 and p. 105 n. 43). On editions of the Latin translation and of translations dependent on the Latin, see R. Sinker, *A Descriptive Catalogue of the Editions of the Printed Text of the Versions of the Testamenta XII Patriarcharum*, Cambridge 1910. On Robert Grosseteste's connection with the *Testaments* see H.J. de Jonge, 'La bibliothèque de Michel Choniatès et la tradition occidentale des Testaments des XII Patriarches', *Studies*. . ., pp. 97-106 and the literature mentioned there.

3. References to the Testaments of the Twelve Patriarchs in early Christian Literature

There are only few certain references to and no explicit quotations from the *Testaments* in Christian sources dating from the period before the oldest manuscripts.

Origen mentions the *Testaments* and refers to T.R. II-III in one of his homilies on Joshua (*In Librum Iesu Nave Homilia* XV.6 ed. W. Baehrens, *G.C.S, Origenes*, VII 2, Leipzig 1921, compare A. Jaubert, *Origène, Homélies sur Josué, S.C.* 71, Paris 1960): 'Sed et in aliquo quodam libello, qui appellatur testamentum duodecim patriarcharum, quamvis non habeatur in canone, talem tamen quendam invenimus sensum, quod per singulos peccantes singuli satanae intelligi debeant'.

Jerome refers to T.N. II 8 in a similar way in *Tractatus de Psalmo XV* (ed. G. Morin, *Anecdota Maredsolana* III, 3, Oxoniae 1903, pp. 22-23, now in *C.C.L.* LXXVIII, Turnholti 1958, p. 376): 'In Libro quoque Patriarcharum, licet inter apocryphos computetur, ita inveni, ut quomodo fel ad iracundiam, sic renes ad calliditatem et ad astutiam sint creati. Πανουργία autem id est calliditas, ut vel in bonam vel in malam partem accipiatur . . .'.

The *Testaments* occur under the title Πατριάρχαι in the anonymous list of Sixty Books, the so-called Synopsis of Athanasius and the Stichometry of Nicephorus—see Th. Zahn, *Geschichte des neutestamentlichen Kanons*, II 1, Erlangen und Leipzig 1890, pp. 290-2, 315-17 and 297-301 respectively. In the Stichometry the number of στίχοι is given as 5100. This number, if correctly transmitted, is surprisingly high; the *Testaments* as we know them would run to ± 2600 στίχοι. So far no explanation of this considerable difference has been given—see also H.J. de Jonge, 'The earliest traceable stage of the textual tradition of the Testaments of the Twelve Patriarchs', *Studies. . .*, p. 66.

A list of books is found on f. 370 r. of Erevan, Matenadaran MS 1500, an autograph of the Armenian author Mechitar of Ayrivank᾽ (written between 1271 and 1285), and in the *Chronicle* of the same author. It mentions our document as 'The XII Patriarchs'. According to M.E. Stone in his article 'Armenian Canon Lists III —The lists of Mechitar of Ayrivank᾽ (*c.* 1285 C.E.)', *H.Th.R.* 69 (1976), pp. 289-300, this list is closely related to the list of Sixty Books, as, in fact, Zahn had already noted (*Forschungen zur Geschichte des N.T. Kanons, V*, Erlangen und Leipzig 1893, I. Paralipomena, 4. "Ueber einige armenische Verzeichnisse kanonischer und apokrypher Bücher", pp. 109-57). In *Z.A.W.* 31 (1911), pp. 230-5 W. Lüdtke mentions a Slavonic index of apocryphal books known in six recensions (one of them is Serbian), also clearly related to the list of Sixty Books. Four of the recensions mention the *Testaments*, three of them as 'The Patriarchs', one as 'The Testaments of the Patriarchs'.

Mechitar of Ayrivank᾽ gives yet another, more extensive list, in his *Chronicle* and in the colophon to the MS mentioned above (only known in a later copy). This list is attributed by Mechitar himself to John the Deacon of Hałbat, an Armenian writer of the eleventh century (1044/5-1129); it seems to have been very important to him. Stone comments: 'Mechitar of Ayrivankʿ himself, in Erevan 1500, not only transcribed this list, but himself copied out this 'complete theological library' in one volume, omitting, however, certain writings which he did not possess in Armenian'. John the Deacon's list goes back ultimately to non-Armenian sources. It calls our book 'The Testaments of the Patriarchs'.

Zahn, followed by A.-M. Denis in his *Introduction aux pseudépigraphes grecs d'Ancien Testament* (*St.V.T.Gr.* I), Leiden 1970, pp. XI-XVI, is of the opinion that the three Greek lists, together with the first Armenian and Slavonic ones, go back to an original, probably written in Palestine between 400-450 (*Forschungen*, V, pp. 137-42). The second Armenian list is thought by Zahn to go back to a catalogue written between 500-550 (*Forschungen*, V, pp. 148-57).

B. *THE CONSTITUTION OF THE TEXT AND THE RELATIONSHIPS BETWEEN THE VARIOUS TEXTUAL WITNESSES*

In a number of articles collected in *Studies on the Testaments of the Twelve Patriarchs* an account is given of the considerations based on the detailed analysis of very many individual readings which led to an attempt to sketch the history of the transmission of the text and to define the genealogical relationships between the various witnesses—within the limits, of course, of the evidence available. The reader may be referred here to H.J. de Jonge, 'Die Textüberlieferung der Testamente der zwölf Patriarchen', *Studies* . . ., chapter II and his 'The earliest traceable stage of the textual tradition of the Testaments of the Twelve Patriarchs', *Studies*. . ., chapter III, and to Th. Korteweg, 'Further observations on the transmission of the text', *Studies*. . ., chapter XI. Information on the versions is given in M. de Jonge, 'The Greek Testaments of the Twelve Patriarchs and the Armenian version', *Studies*. . ., chapter

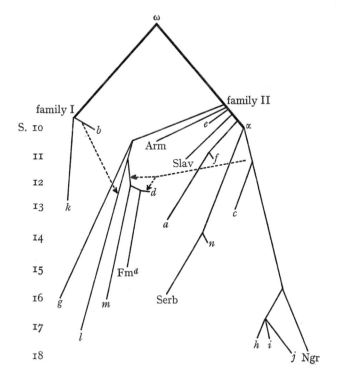

VIII, and in H.E. Gaylord, Jr. and Th. Korteweg, 'The Slavic versions', *Studies*. . ., chapter IX. The results of the various investigations were summed up by M. de Jonge in a short article, 'The new editio maior', *Studies*. . ., chapter XII, and were represented graphically in the stemma given in *Studies*. . ., chapter III (a revised version of an earlier one, see chapter II).

This stemma is reproduced here; MS *j* which only came to our notice after the *Studies*-volume had been published, has been inserted in the appropriate place. An exposition of some of the arguments, which led to the theory concerning the relationships between the witnesses reflected in it, follows. The implications for the constitution of the text will become evident in the course of this exposition. For a fuller presentation of the evidence the reader is referred to the contributions to *Studies*. . . just mentioned.

I.   MSS *bk* form a family, I, distinct from all other witnesses, which can be shown to belong to a second family, family II. Since *k* gives only extracts of the text there are not many conjunctive errors of *bk contra omnes alios*, but the following may be mentioned:

T.L. IV 4 υἱοὶ αὐτοῦ   *bk*] (τοῦ) υἱοῦ αὐτοῦ *omn. al.*
T.D. VI 6 ὄπισθε ποιοῦντα *b*; changed to
        ἔμπροσθεν ποιούντων in *k*] ἐπὶ (τὰ) ἔθνη ποιοῦντα *omn. al.*
Not conclusive, but nevertheless remarkable, is the omission of τὰ ἔθνη πληθυνθήσονται — τῆς ἱερωσύνης αὐτοῦ through *hmt.* in T.L. XVIII 9 found in both *b* and *k*.

H.J. de Jonge is of the opinion that family I goes back to an independent transliteration from uncial into minuscule—see his 'The earliest traceable stage. . .', *Studies*. . ., chapter III.

b cannot be dependent on *k* since *k* dates from the 13th century whereas *b* is of the 10th, and *k* gives only extracts of the text. On the other hand, *k* cannot be dependent on *b* because of some disjunctive errors in *b*:

T.R. III 6 δολοληψίας   *b*] δωροληψίας *kdme* (+ ἢ προσωποληψίας *dm*)
                 δοσοληψίας *lafnchij* (*g defic.*)
T.Z. X 1, where *b* adds ὑμῶν after ἀπολείπω against *kldeafchij* (*gm defic.*)
T.B. XI 2 ἀπ' αὐτοῦ   *ba*] ἀπ' αὐτῶν *klgdef* (*mchij defic.*)

(see H. J. de Jonge, 'Die Textüberlieferung. . .', *Studies*. . ., chapter II, no. 2 and 3).

b and *k* are, therefore, independent witnesses to the text of family I. It is clear that, given the fragmentary nature of *k*, it is very often impossible to tell whether one is dealing with the reading of family I or with that of *b* only.

2.   Conjunctive errors of all witnesses against *bk* are, again, not numerous, because in many cases where *bk* and *gldmeafchij* differ the secondary nature of the non-*bk* reading cannot be established beyond any doubt. In his 'Further observations. . .', *Studies. . .*, chapter XI, Th. Korteweg rightly emphasizes the caution with which one should proceed. He mentions as probable conjunctive errors:

T.Jud. XXV 2   ἐλαία   *bA*(!)] ἡ σελήνη *gldmefchij* (*ka defic.*)
T.G. IV 3   πταίσῃ *b*   ] πέσῃ *gldeaf* (*kmchij defic.*)
T.A. IV 4   στόμα *b*   ] σῶμα *gdeafchij* (*klm defic.*)

To this may perhaps be added:

T.Z. III 5 (τὸ ὑπόδημα) Ἰωσήφ *b*] ὃ ἐφόρεσαν κατὰ Ἰωσὴφ τοῦ ἀδελφοῦ αὐτῶν *leafc* cf. *g* (*kdmhij defic.*)

Since family II is a comparatively large and composite family (see below), it is obviously not always possible to reconstruct its hyparchetype.

3.   For the constitution of the text a comparison of the hyparchetypes of family I and family II is essential. In cases where either the hyparchetype of family I or that of family II is clearly to be preferred, or where a third reading may be supposed that can explain both, there is no problem. There proved to be, however, a great number of cases where comparison does not lead to a definite decision in favour of a reading of one of the two families or a conjecture. *In all such cases the text of family I is given in the text and the other reading(s) in the apparatus.* In Appendix I a list of instances is given where the (hypothetical) archetypes of family I and family II differ, with the indication of the editor's preference, where appropriate. *Consequently the reader will be able to decide where family I (= often* b) *is followed because its text was considered superior, and where it is followed because the alternative text is not clearly better.*

4.   In family II a number of subfamilies can be distinguished. The first of these is *gldm* (plus Fm[d]). This is a very complex family because there is clearly secondary influence from *b* on *l*, and from *chij* on *dm*. This means that in a number of cases only *gdm* or *gl* represent the family. For details the reader should consult Th.

Korteweg's 'Further observations. . .', *Studies*. . ., chapter XI, reacting to earlier observations in H.J. de Jonge's 'Die Textüberlieferung . . .', *Studies*. . ., chapter II, nos. 5-12. Of the conjunctive secondary readings mentioned by Th. Korteweg we may single out the following:

T.A. VI 6   παρακαλέσει *b*; παραμυθεῖται *eaf*; καὶ
εἰσφέρει *chij*   ]παρακαλοῦντα *gldm*

T.Jos. XIV 2 φυλακισθῆναί με *b*; ἡμᾶς φυλακισθῆναι
l; φυλαχθῆναι ἡμᾶς *eaf*; φυλαχθῆναί
με *chj*   ]ἐν (< *d*) φυλακῇ βληθῆναι ἡμᾶς *gdm*

T.B. I 2   φιλήσας *omn. al.* (but καταφιλήσας
c)   ]καλέσας *gldm* cf. T.D.
I 2; T.Jos. I 1

It is clear that the complexity of the relationships within the family does not always make it easy to determine the reading of the common ancestor of the family.

5. Disjunctive errors in *eafchij* which exclude the possibility that *gldm* are dependent on *eafchij* are frequent. A few of them may be mentioned here:

T.L. III 2 ἀνόμων *gldm*   ] ἀν$\overline{ων}$ *eafnchij*
T.L. XV 3 θεωροῦντες *gm* ὁρῶντες *ld*] μισοῦντες *eafchij*
eafchij omit a number of passages in T.Z. VI 4-6. 7; VII 1 - VIII 3; VIII 4.6; IX 5.6.8.

On these variants see H.J. de Jonge, 'Die Textüberlieferung. . .', *Studies*. . ., chapter II, no. 13 and (especially on the problem of the long and the short text in T.Z.) M. de Jonge, 'Textual criticism and the analysis of the composition of the Testament of Zebulun', *Studies*. . ., chapter X.

6. In all these cases *gldm* are supported by *b*(*k*). In the first two cases also by the Armenian version, which does, however, *not* have the long text in T.Z. This seems to determine the place of A in the stemma—see M. de Jonge, 'The Greek Testaments of the Twelve Patriarchs and the Armenian Version', *Studies*. . ., Chapter VIII. In this article and in Th. Korteweg's 'Further observations. . .', *Studies*. . ., chapter XI, a number of interesting instances are recorded, where *gldm* and A presuppose a common reading which seems to go back to the hyparchetype of family II (see also the lists of variants in T.R. IV 4; T.N. V 8; T.B. VII 4 given in Appendix II A).

7. *e* and *af* stand sometimes, together with the remaining witnesses, over against *gldm* (A)—see under 5 above. On the other hand the remaining Greek witnesses plus Serb and Ngr constitute another subfamily—see under 9 below. There is no evidence that *e* and *af* form a subfamily of their own; they rather represent the subsequent stages in the development of the text of family II. On this matter see H.J. de Jonge's arguments in his 'Die Textüberlieferung. . .', *Studies*. . ., chapter II, nos. 14, 15, 19 and 20.

The possibility that *afchij* are dependent on *e* is excluded by the omission of T.L. XVIII 5 τοῦ προσώπου — 6 ναοῦ τῆς δόξης in *e* only, and the large additions in *e* at T.L. II 3; V 2 and XVIII 2, recorded on p. XVII above.

There are also disjunctive errors which exclude the possibility that *e* is dependent on *afchij*, e.g.:

T.R. IV 6	ὄλεθρος	*omn. al.*] βόθρος	*afn* Serb *chij* Nrg
T.L. VIII 15	ἄφραστος	*omn. al.*] ἀγαπητή	*afchij* Ngr
T.L. VIII 17	φυλαχθήσεται	*omn. al.*] ληφθήσεται	*afchij* Ngr

8. The Slavonic version has to be situated between *e* and *af*. For detailed arguments see H.E. Gaylord, Jr. and Th. Korteweg in 'The Slavic versions', *Studies*. . ., chapter IX, together with H.J. de Jonge, 'Die Textüberlieferung. . .', *Studies*. . ., chapter II, nos. 16-18, using evidence provided by E. Turdeanu (see also E. Turdeanu, 'Les Testaments des Douze Patriarches en slave', *J.S.J.* I, 1970, pp. 148-84).

Comparison of the text of T.R. and T.Z. in this version with that of *e*, *a* and *f* showed that it scarcely yields any new evidence and that it is, therefore, of very limited value for the reconstruction of the text. For this reason the readings of S are not given in the apparatus of this edition.

9. The remaining witnesses constitute a subfamily. H.J. de Jonge, 'Die Textüberlieferung. . .', *Studies*. . ., chapter II, no. 21, mentions as conjunctive errors the omission of ἀπὸ τοῦ Βελιάρ in T.R. II 2; of τὸ ὄγδοον πνεῦμα in T.R. III 7 and of the words ἵνα — κυρίου in T.R. IV 4. We should also note the omission of παρὰ τῷ Βελιάρ in T.R. IV 7 and the addition of an extra καὶ πρόσκομμα τῷ Βελιάρ at the end of this verse. In all these cases *j* joins the witnesses enumerated by H.J. de Jonge.

Of these witnesses *c*, *h* and *i* constituted Charles's family α (see his edition, pp. XIX-XXII). To these should now be added *n*, Serb and Ngr, as H.J. de Jonge has shown in the article just mentioned, nos. 21-29, 35, 36. He has made clear that there are three groups within this subfamily, namely *n* Serb, *c* and *h i* Ngr. To the third *j* should now be added.

The fragmentary Greek witness *n* and the equally fragmentary Serbian translation are narrowly related. On this, and on the relation of this group in the subfamily with the others, see H.J. de Jonge, *ad loc.*, nos. 21, 22, 23, 35, 36. The readings of Serb are not mentioned in the apparatus. The relations between *h*, *i* and Ngr were described by Chr. Burchard in his article 'Neues zur Überlieferung der Testamente der zwölf Patriarchen', *N.T.S.*, 12 (1965-1966), pp. 245-58, and H.J. de Jonge, *ad loc.*, nos. 24-26. Of importance is the fact that Ngr is extant for the greater part of T.B. where we lack the evidence of *h*, *i* and *j*. Ngr-variants are not given in the apparatus, but they have been taken into account in T.B.; here the siglum c^+ is used where *c*-readings have the support of Ngr.

The exact place of the recently discovered manuscript *j* in the tradition of the text must be described in detail. H.J. de Jonge, *ad loc.*, no. 24, mentions three disjunctive errors of *c* against *h i* Ngr in T.R. I 4, T.Z. II 8 and IX 5, which exclude the possibility that *h i* Ngr are dependent on *c*. In all these instances *j* joins *h*(*i*) Ngr and preserves a text lost in *c*. For reasons of age *c* cannot be dependent on *h i* plus *j* and Ngr. H.J. de Jonge, *ad loc.*, no. 25, mentions three examples of conjunctive errors of *h i* and Ngr against *c* in T.Z. II 5, IV 1 and IX 8; in all three cases *j* gives the same text as *h i*.

Again, for reasons of age *h i* and *j* cannot be dependent on Ngr. As disjunctive errors of *h i* against Ngr, excluding the possibility that Ngr is dependent on *h i*, H.J. de Jonge, *ad loc.*, no. 26, mentions the omission by *hmt.* in *h i* of καὶ ὁ κύριος ἐπέδυσεν αὐτοὺς τὸ ὑπόδημα ὃ ἐφόρεσαν κατὰ Ἰωσὴφ τοῦ ἀδελφοῦ αὐτῶν in T.Z. III 5 (*c et alii*, see under 2 above), which must have been known to Ngr. The phrase is also omitted by *j*, which increases the probability that the common ancestor of *h*, *i* and *j* omitted it, and makes it unlikely that the individual MSS suffered from the same mechanical mistake (a possibility rightly mentioned by H.J. de Jonge). Another case may be T.R. VI 8, where Ngr reads ἀρχιερέως with *b l d e a f c* (ἀρχιερέων in *k*, cf. Fm^d) against ἀρχιερέα in *h i j* (and *m*); but here

Ngr may have corrected an obvious error in *hij*. Finally, there is T.S. VI 6 εἰς καταπάτησιν *omn. al.*] εἰς καταπάτημα *l*; εἰς κατάπαυσιν *hij*, whereas Ngr reads νὰ τὰ καταπατοῦσιν ὡς δυνατά, clearly against *hij* with all the other MSS.

In numerous other cases *j* sides with *h* and *i*. As for the relations between *h*, *i* and *j* we may make the following remarks: *h* omits κυρίου — ἔπιον in T.R. I 9-10, because of *hmt.* (comp. H.J. de Jonge, *ad loc.*, no. 27); *i* and *j* preserve this text and can, therefore, not be dependent on *h*. Further, *i* omits οὐδὲ — ὑμῶν in T.R. IV 11 through *hmt.*, whereas *h* and *j* have this passage. Consequently *h* and *j* cannot be dependent on *i* (comp. H.J. de Jonge, *ad loc.*, no. 28). Finally, *j* omits ἐδόξασεν — κτήνη in T.S. IV 6, whereas *hi* have the text (with ἐδίδαξεν for ἐδόξασεν), which shows that they cannot be dependent on *j*. Convincing conjunctive errors between either *h* and *i*, *h* and *j* or *i* and *j* cannot be found, so that our conclusion must be that *h*, *i* and *j* go back independently to one common ancestor closely related to, but not identical with, the Greek *Vorlage* of Ngr.

In textual criticism there is no escape from subjective evaluation of a great number of individual variants and in every case internal criticism should have the last word. Theories on relationships represented in a stemma should never lead to mechanical application of certain rules. Yet a consistent search for strict evidence, pointing to or excluding genealogical relationships (conjunctive and disjunctive errors), and the observation of regular patterns in the sharing of clearly secondary readings, is an indispensable help. If in one instance no decision can be made, the combined evidence of a number of carefully selected passages may be conclusive. As long as one keeps in mind that a stemma never presents more than an incomplete picture of the most prominent relationships within the available evidence one may use it as a significant tool in the difficult process of the constitution of an ancient text like that of the *Testaments of the Twelve Patriarchs*.

Differences with R.H. Charles's edition of 1908, and M. de Jonge's edition of MS b with select apparatus of 1964 (²1970)

The present edition differs from the preceding critical edition, R.H. Charles, *The Greek Versions of the Testaments of the Twelve*

Patriarchs edited from nine MSS. together with the variants of the Armenian and Slavonic versions and some Hebrew fragments, Oxford 1908, in many respects.

1.   More Greek witnesses have been used: *j, k, l, m, n* and also Fm^d.

2.   The number of Armenian witnesses has shown such a spectacular increase that a new edition is now necessary. In the meantime Armenian readings have been used with great caution; a number of them are quoted in the apparatus (see Appendix II A), a list of Armenian variants in the Testaments of Levi, Issachar, Zebulun (chapter VI-X) and Joseph is given in Appendix II B. Recent studies in connection with the new Armenian edition and the present Greek edition have shown that A is of considerably less importance than Charles assumed.

3.   The Serbian and New Greek versions have been studied. The Serbian readings are not mentioned in the apparatus; the new evidence in Ngr has been used to clarify the importance of the *c*-readings in T.B.

4.   The Slavonic version has been studied anew, and the decision taken not to incorporate its readings in the apparatus.

5.   The editor of the present text differs from Charles at many points in his view of the history of the transmission of the text and its implications for the reconstruction of the Greek text. This is immediately clear when one compares the genealogical table given by Charles on p. XXII of his edition and the stemma presented above. Charles's family α = *chi* has had to be expanded to *chij* Ngr *n* Serb. The existence of his family β could not be substantiated. The manuscripts belonging to it are now found in family I and subfamily *gldm*, while of the remaining witnesses A, *e, af*, S only *a* and *f* show a family relationship. The main division is no longer that between β and α, but between family I and family II.

6.   The various Hebrew and Aramaic texts printed in Appendices I-III of Charles's edition are not incorporated in the present edition. Nor is any of the new Qumran material related to the *Testaments* given. A new critical edition of the Genizah- and Qumran fragments is being prepared by J.T. Milik for the series *Studia in V.T. Pseudepigrapha*.

The present edition differs from the *editio minima* M. de Jonge, *Testamenta XII Patriarcharum* edited according to Cambridge University Library MS Ff 1.24 fol. 203a-261b (*Ps.V.T.Gr.* I), 1964 (²1970), in that it is a critical edition, whilst the earlier book was merely a diplomatic edition of MS *b* together with a number of variants taken from Charles's edition. The introduction to the second edition of the *editio minima* gives information on new evidence available in December 1969; the text, however, is a reprint of that of 1964 with minor corrections*.

* S. Agourides recently published the *Testaments* in his volume ΤΑ ΑΠΟ-ΚΡΥΦΑ ΤΗΣ ΠΑΛΑΙΑΣ ΔΙΑΘΗΚΗΣ, part I, Athens 1973, pp. 163-260. He gives the text of *e*, and adds variants from *l* and its copy, MS Athos, Laura K 116.

C. *THE PRESENT EDITION*

1. *Orthography, Punctuation, Accentuation*

In establishing the spelling to be used it has proved impossible to apply rigid rules throughout. On the whole the policy adopted has been the one recommended by Blass-Debrunner to the editor of the New Testament: keeping as close as possible to Attic use and not paying too much regard to the pecularities of the MSS (*Grammatik des neutestamentlichen Griechisch*, Gottingen ¹²1965, p. 18). "If this is true for the NT", P. Walters has written, "it is still truer for the LXX". (*The Text of the Septuagint*. Its Corruptions and their Emendation, Cambridge 1973, p. 27). One could add: and for writings like our *Testaments*. Accordingly the reader will not find in this edition spellings like ταμειον (instead of ταμιεῖον), υγεια (instead of ὑγίεια) not to mention the many purely itacistic errors with which the MSS, of course, abound. Mainly because of the arguments provided by Walters even μεῖξις was adopted in T.L. XIV 6; T.Jud. XIV 3 against all manuscript evidence (*The Text. . .*, p. 31, cf. p. 97). On the other hand it seemed going too far to change e.g. a form like ψύγει (T.B. VIII 3) back into ψύχει. Only with some hesitation was it decided to print διδόντες (as if from διδούς) in T.Jud. IX 8 and not δίδοντες (from δίδων), although διαδίδων is certain in T.B. XI 1 (contrast διδούς in vs. 2).

With regard to the proper names this edition limits itself more strictly to expunging only itacistic and other manifest errors, while adhering to the tradition of the manuscripts wherever this was not clearly impossible. So one will find e.g. ʽΡουβήμ, not ʽΡουβήν (although this spelling is closer to the Hebrew רְאוּבֵן), ʼΙσαχάρ, not ʼΙσσαχάρ (which is closer to the Hebrew יִשָּׂשכָר). On the other hand Λία has been changed into Λεία, Νεφθαλείμ into Νεφθαλίμ etc. Names with an initial aspirate in Hebrew have been provided with a spiritus asper in Greek (e.g. ῞Αβελ, ῞Εμμωρ, ῞Ιρας etc.). Inconsistencies like the spelling of תַּפּוּחַ as Ταφουέ in T.Jud. III 2 and Θαφφού in V 6 were left as they are, likewise יְהוּדָה appears as ʼΙουδά as well as ʼΙούδας. Attention may be drawn to the spelling Λομνί for לִמְנִי in T.L. XII 1. The LXX seems to have Λοβενί only, but Λομνά is attested there for the place-name לְמְנָה as well as Λοβενά and Λοβνά.

As will be readily understood it often proved rather difficult to find an entirely satisfactory punctuation, since for many difficulties of interpretation up till now no adequate solution has been found. An obvious example is T.L. XIV 4. On the other hand it is hoped that in many cases the structure of the sentence has been made clearer as e.g. that of T.A. VII 3, where a slight change in the verse-division also seemed advisable.

The verse-division is that of the edition of R.H. Charles. In T.Jos. XIX, where Charles accepted a number of verses taken from the Armenian version as genuine, the verse-division has been adjusted, but Charles's verse-numbers are added in brackets. The same applies to his verse-division in the long addition in e at T.L. XVIII 2. In e's addition at T.L. II 3 the verse-numbers between brackets are those suggested by J.T. Milik in his "Le Testament de Lévi en araméen", R.B. 62 (1955), pp. 398-406.

With regard to accents few particulars need to be noted. In the first place the different treatment of the imperative εἰπέ on the one hand and of ἴδε, λάβε on the other is not the result of inconsistency (cf. P. Walters, The Text. . ., p. 100). Secondly the unusual accentuation of Δέβορρα and ῾Ρέβεκκα (J.W. Wevers in his new edition of Genesis, Septuaginta, Vetus Testamentum Graecum Auctoritate Academiae Scientiarum Gottingensis editum, Vol. I, Genesis, Göttingen 1974, prints Δεββωρά and ῾Ρεβέκκα respectively) was adopted on the strength of such Greek analogies as Κίλισσα, Μύλιττα, Πρίσκιλλα and Σίβυλλα; compare also the treatment of Γόμορρα as fem.sing. as which it certainly has to be regarded sometimes. Finally attention is drawn to the fact that proper names without parallel and of completely uncertain derivation have been left unaccentuated.

2. The Critical Apparatus

In the critical apparatus the Greek witnesses are, if possible, listed in the order bk gld Fm^{d}m eaf nchij, suggested by our stemma. If a manuscript is not mentioned in the apparatus, it follows the reading given in the text. Purely orthographical variants have been omitted. Great care has been taken to give the evidence clearly and objectively in order to enable all readers to form their own judgment about the available variants, and to reconstruct a text differing from the present one, if they wish to.

All major omissions in the individual manuscripts are not only mentioned in the apparatus, but also recorded in section A § 1 of this Introduction. One should bear in mind the fragmentary nature of k and n, and realize that i is still imperfectly known; the siglum of this manuscript is frequently followed by a question-mark and put within brackets, to indicate that the i-text was available but not clearly legible.

On the (very limited) use of A and Ngr see sections A § 2a and A § 2b, as well as B (sub 9), and on the non-use of the Slavonic and Serbian versions see sections A § 2c and B (sub 8 and 9).

3. *Sigla, Abbreviations, Signs Used in the Critical Apparatus*

a	Oxford, Bodleian Library, Barocci. 133, ff. 182 r. - 205 v., of the late 13th century
b	Cambridge, University Library, Ff. I.24, ff. 203 r. - 261 v., of the late 10th century
c	Città del Vaticano, Biblioteca Apostolica Vaticana, Cod. Graecus 731, ff. 97 r. - 166 v., of the 13th century
c^+	c having the support of Ngr in passages where the evidence of hij is missing
d	Città del Vaticano, Biblioteca Apostolica Vaticana, Cod. Graecus 1238, ff. 350 r. - 379 v., of the end of the 12th century
Fm^d	four rather long marginalia in d (on ff. 352 r.; 362 v.; 371 v.; 373 r.), of the second half or the end of the 15th century
e	Athos, Monastery of Koutloumous, Cod. 39 (catal. no. 3108), ff. 198 r. - 229 r., of the 11th century
f	Paris, Bibliothèque Nationale, Fonds grec 2658 (= Fontebl. - Reg. 2915), ff. 1 v. - 71 v., of the 11th century
g	Patmos, Monastery of John the Theologian, MS 411, ff. 178 r. - 220 v., of the 15th century
h	Mount Sinai, Monastery of St. Catharine, Cod. Graecus 547 (Gardthausen) = 770 (Kamil), ff. 1 r. - 70 r., of the 17th century
i	Mount Sinai, Monastery of St. Catharine, pressmark unknown, ff. 1 r. - 38 r., not earlier than the 17th century
j	Mount Sinai, Monastery of St. Catharine, Cod. Graecus

	2170 = 608 (Kamil, serial number), ff. 8 r. - 88 r., of the 18th century
k	Venice, Biblioteca Nazionale di S. Marco, Cod. Graecus Z. 494 (= 331), ff. 263 r. - 264 v., from the middle of the 13th century
l	Athos, Library of the Laura, Laura I 48 (cat. no. 1132), ff. 204 r. - 276 r., of the 16th-17th centuries
m	Ankara, Library of the Turkish Society of History (Türk Tarih Kurumu), MS Graecus 60 (Fonds du Syllogos), pp. 339-482, of the beginning of the second half of the 16th century
n	Athos, Monastery of Vatopedi, Cod. 659, ff. 42 r. - v.; 47 r. - 48 r., of the 14th century
A	the Armenian Version
MS, MSS	Manuscript, Manuscripts
add.	addit (ur), addunt (ur)
cap., capp.	capitulum, capitula
cf.	confer
h.l.	hoc loco
hmt.	homoioteleuton
in marg.	in margine
in marg. infer.	in margine inferiore
in marg. super.	in margine superiore
om.	omittit (ur), omittunt (ur)
tit.	titulus
tit. gener.	titulus generalis
v.	vide
v.i.	vide infra
v.s.	vide supra
vs., vss.	versus
+	adds
<	omits
∾	transposes
<>	words so enclosed are supplied by the editor
[ ]	words so enclosed are to be deleted
†...†	words so enclosed are corrupt
(. . .)	illegible
?	uncertain

ΔΙΑΘΗΚΑΙ
ΤΩΝ ΔΩΔΕΚΑ ΠΑΤΡΙΑΡΧΩΝ
ΤΩΝ ΥΙΩΝ ΙΑΚΩΒ

ΔΙΑΘΗΚΗ ΡΟΥΒΗΜ
ΠΕΡΙ ΕΝΝΟΙΩΝ

I. Ἀντίγραφον διαθήκης Ῥουβήμ, ὅσα ἐνετείλατο τοῖς υἱοῖς αὐτοῦ πρὶν ἢ ἀποθανεῖν αὐτόν, ἐν ἑκατοστῷ εἰκοστῷ πέμπτῳ ἔτει τῆς ζωῆς αὐτοῦ. 2. μετὰ ἔτη δύο τῆς τελευτῆς Ἰωσὴφ ἀρρωστοῦντι συνήχθησαν ἐπισκέψασθαι αὐτὸν οἱ υἱοὶ καὶ υἱοὶ τῶν υἱῶν αὐτοῦ. 3. καὶ εἶπεν

tit. gener.: om. *k l e* Διαθῆκαι τῶν ιβ' πατριαρχῶν τῶν (< *d h i j*) υἱῶν Ἰακὼβ (+ τοῦ πατριάρχου *c h i j*) *b d c h i j* Διαθῆκαι τῶν υἱῶν Ἰακὼβ ἤγουν τῶν δώδεκα πατριαρχῶν *g* Διαθήκη τῶν ιβ' πατριαρχῶν τοὺς υἱοὺς Ἰακὼβ *m* Αἱ διαθῆκαι τῶν ιβ' πατριαρχῶν πρὸς τοὺς υἱοὺς αὐτῶν *a* Διαθῆκαι σὺν θεῷ τῶν ιβ' υἱῶν τοῦ Ἰακὼβ *f*
tit.: om. *a* Διαθήκη Ῥουβὴμ περὶ ἐννοιῶν (+ Ῥουβὴμ υἱὸς πρωτότοκος Ἰακὼβ καὶ Λείας. α' *e* + ἑρμηνεύεται Ῥουβὴμ πνεῦμα θεοῦ *f*) *b e f* Ἀπὸ διαθήκης ἀντιγράφου τοῦ πατριάρχου Ῥουβὴμ υἱοῦ Ἰακὼβ *k* Διαθήκη Ῥουβ<ήμ> *g* Διαθήκη Ῥουβὴμ περὶ ἀγνείας καὶ φιλαργυρίας *a'* Διαθήκη Ῥουβὴμ (+ α' υἱοῦ *d*) περὶ ἀγνοίας (+ τῶν ιβ' φυλῶν τοῦ Ἰσραὴλ *m*) *d m* Διαθήκη Ῥουβὴμ τοῦ πρωτοτόκου (πρώτου *i*) υἱοῦ Ἰακὼβ (τοῦ — Ἰακὼβ < *c*) καὶ Λείας *c h i j*

I. cap. I om. *k* sed add. ἐξ ὧν εἶπεν ἀποθνήσκων τοῖς ἀδελφοῖς καὶ τοῖς υἱοῖς αὐτοῦ λέγων
1 ἀντιγράφων διαθέσεις *m* ἀντίγραφα

διαθήκης *a* ἀντίγραφον διαθήκην *h i j*
τοὺς υἱούς *g*
πρὶν — αὐτόν < *m*
πρὶν ἤ] πρίν *b i j* πρὸ τοῦ *l d*
ἀποθάνῃ *g*
αὐτόν + ἀρρωστήσαντος γὰρ αὐτοῦ *l d m* (v.i.) + ἐκάλεσε τοὺς υἱοὺς *i*
ἐν + τῷ *g l d m i*
ρι' *g* ἑκατοστῷ πέμπτῳ *l*
2 μετά + δέ *g*
δύο ἔτη ∞ *l m*
δύο τῆς < *g*
Ἰωσήφ + τοῦ ἀδελφοῦ αὐτοῦ *l d m c h i j*
ἀρρωστοῦντι — αὐτοῦ] ἀρρωστῶν οὗτος συνῆξε τοὺς υἱοὺς αὐτοῦ καὶ τοὺς υἱοὺς τῶν υἱῶν αὐτῶν *g* ἀρρωστοῦντι < *l d m* (v.s.) + Ῥουβὴμ *a f* ἀρρωστήσαντος Ῥουβὴμ *c h i j*
συνήχθησαν + οἱ ἀδελφοὶ αὐτοῦ *d* (v.i.)
οἱ — αὐτοῦ < *d*
οἱ (< *c i*) υἱοὶ + αὐτοῦ *l m f c h i j*
καὶ — αὐτοῦ < *m*
οἱ υἱοί[2] *l e a f c h i j*
3 καί[1] + προσκαλεσάμενος τοὺς υἱοὺς αὐτοῦ *d*

αὐτοῖς· Τεκνία μου, ἐγὼ ἀποθνήσκω καὶ πορεύομαι ὁδὸν πατέρων μου.
4. καὶ ἰδὼν ἐκεῖ Ἰούδαν καὶ Γὰδ καὶ Ἀσήρ, τοὺς ἀδελφοὺς αὐτοῦ,
εἶπεν αὐτοῖς· Ἀναστήσατέ με, ἀδελφοί, ὅπως εἴπω τοῖς ἀδελφοῖς μου
καὶ τοῖς τέκνοις μου ὅσα ἔχω ἐν τῇ καρδίᾳ μου κρυπτά· ἐκλιπὼν γὰρ
ἐγώ εἰμι ἀπὸ τοῦ νῦν. 5. καὶ ἀναστὰς κατεφίλησεν αὐτοὺς καὶ
κλαύσας εἶπεν· Ἀκούσατε, ἀδελφοί μου, ἐνωτίσασθε Ρουβήμ τοῦ
πατρὸς ὑμῶν, ὅσα ἐντέλλομαι ὑμῖν. 6. καὶ ἰδοὺ ἐπιμαρτύρομαι ὑμῖν
τὸν θεὸν τοῦ οὐρανοῦ σήμερον τοῦ μὴ πορευθῆναι ἐν ἀγνοίᾳ νεότητος καὶ
πορνείᾳ, ἐν ᾗ ἐξεχύθην ἐγὼ καὶ ἐμίανα τὴν κοίτην τοῦ πατρός μου
Ἰακώβ. 7. λέγω γὰρ ὑμῖν ὅτι ἐνέπληξέ με πληγὴν μεγάλην ἐν ταῖς
λαγῶσί μου ἐπὶ μῆνας ἑπτά· καὶ εἰ μὴ Ἰακὼβ ὁ πατὴρ ἡμῶν προσηύξατο
περὶ ἐμοῦ πρὸς κύριον, ὅτι ἤθελε κύριος ἀνελεῖν με. 8. ἤμην γὰρ ἐτῶν

αὐτοῖς + (ἀναστήσατέ με, ἀδελφοί
  μου, καὶ λέξω ὑμῖν d) γνωστὸν
  ἔστω ὑμῖν (ὑμ. ἔστω ∾ d m) l d m
τέκνα l d m e a f h (i?)
ὅτι ἐγώ l d m ἰδοὺ ἐγώ c h i j
τὴν ὁδόν d
τῶν πατέρων g l d m e c h (i?) j
4 καὶ¹ — εἶπεν (vs. 5) < g
καὶ¹ — μου²] ταῦτα εἰπὼν ἀνεστέ-
  ναξα καὶ εἶπεν· Ἀκούσατε, ἀδελ-
  φοί μου καὶ τέκνα μου d
ταῦτα εἰπὼν καὶ περιβλεψάμενος καὶ
  ἰδών l m ἰδὼν δέ a f c h i j
Γὰδ καὶ Ἀσὴρ καὶ Ἰούδαν ∾ e
ἀδελφοί + μου l m e < c h (i?) j
τοῖς ἀδελφοῖς μου] ὑμῖν l m
καὶ⁴ — μου² < a
ἐν τῇ καρδίᾳ μου ἔχω ∾ l
ἰδοὺ γὰρ ἐκλείπω ἀπὸ τοῦ νῦν ἐγώ
  a f h (i?) j < c
ἐκλείπων l d ἐκλείπω m e
ἐγώ < l d m
εἰμι < m ἰδού e
5 καὶ ἀναστάς] προσκλαύσας d (v.i.)
κλαύσας < d c h (i?) j
εἶπεν + αὐτοῖς c h (i?) j
ἀκούσατε — ἐνωτίσασθε] ἀλλὰ ἀκού-
  σατε g
ἀδελφοί μου + καὶ τέκνα μου καὶ
  l m τέκνα μου καὶ d ἀδελφοὶ καὶ
  υἱοί μου c h (i?) j
τοὺς λόγους Ρουβήμ d υἱοὶ Ρου-
  βήμ f
ὅσα + ἐγώ e a f c καὶ ὅσα ἐγώ
  h (i?) j

ὑμῖν < g
6 καὶ¹ — ὑμῖν < c h (i?) j
καὶ¹ < g l d m
ἐπιμαρτυροῦμαι m
ὑμῖν < d
οὐρανοῦ + καὶ τῆς γῆς c h (i?) j
σήμερον] προτίθημι ὑμῖν c
τοῦ μὴ (< m) πορευθῆναι + ὑμᾶς
  l m ὅπως μὴ πορευθῆτε c h i j
νεότητος] ἐν νεότητι ὑμῖν l + ὑμῶν
  d m
καὶ²] ἐν l d m
ἐν ᾗ < d
τὴν < c h j
Ἰακὼβ τοῦ πατρός μου ∾ l d m
7 γάρ] δέ c h i j
ἔπληξε g l d m e f c h i j ἐξέπληξε a
με¹ + κύριος d
πληγῇ μεγάλῃ l a c h i j + ὁ θεός e
ἐπὶ ταῖς λαγῶσι g l d m e ἐπὶ τῆς
  λαγόνος a f c h i j
ἐπί] ἕως c h i j
ὁ πατήρ μου Ἰακώβ (< g d m) ∾
  g d m e c h i j
ηὔξατο g e
πρὸς κύριον περὶ ἐμοῦ ∾ g l a πρὸς
  κύριον h i j
ὅτι² < g l d m a c h i j
ἠθέλησεν g
ἀνελεῖν με κύριος ὁ θεὸς ἡμῶν ∾ l
κύριος + ὁ θεός d
8 γάρ] δέ g l d m

τριάκοντα ὅτε ἔπραξα τὸ πονηρὸν ἐνώπιον κυρίου καὶ ἑπτὰ μῆνας ἐμαλακίσθην ἕως θανάτου. 9. καὶ ἐν προαιρέσει ψυχῆς μου ἑπτὰ ἔτη μετενόησα ἐνώπιον κυρίου· 10. οἶνον καὶ σίκερα οὐκ ἔπιον καὶ κρέας οὐκ εἰσῆλθεν εἰς τὸ στόμα μου καὶ πᾶν ἄρτον ἐπιθυμίας οὐκ ἐγευσάμην, πενθῶν ἐπὶ τῇ ἁμαρτίᾳ μου, μεγάλη γὰρ ἦν· καὶ οὐ μὴ γένηται ἐν τῷ Ἰσραὴλ οὕτως.

II. Καὶ νῦν ἀκούσατέ μου, τέκνα, ἃ εἶδον περὶ τῶν ἑπτὰ πνευμάτων τῆς πλάνης ἐν τῇ μετανοίᾳ μου. 2. ἑπτὰ πνεύματα ἐδόθη κατὰ τοῦ ἀνθρώπου ἀπὸ τοῦ Βελιὰρ καὶ αὐτά εἰσι κεφαλὴ τῶν ἔργων τοῦ νεωτερισμοῦ· 3. καὶ ἑπτὰ πνεύματα ἐδόθη αὐτῷ ἐπὶ τῆς κτίσεως, τοῦ εἶναι ἐν αὐτοῖς πᾶν ἔργον ἀνθρώπου. 4. πρῶτον πνεῦμα ζωῆς, μεθ' ἧς ἡ σύστασις κτίζεται· δεύτερον πνεῦμα ὁράσεως, μεθ' ἧς γίνεται ἐπιθυμία· 5. τρίτον πνεῦμα ἀκοῆς, μεθ' ἧς δίδοται διδασκαλία· τέταρτον πνεῦμα

ὅταν h i j
κύριον l + καὶ τοῦ πατρός μου c h i j
  et in marg. Ἰακώβ h
μῆνας ἑπτὰ ἐμαλακίσθην ∞ g ἐμαλ.
μῆνας ἑπτὰ ∞ c h i j
9 καί + μετὰ τοῦτο c h i j
κυρίου — ἔπιον (vs. 10) < h sed in
  marg. (ad ἐνώπιον) ἴσως· κυρίου
10 in marg. ἄρτος ἐπιθυμίας d
καὶ οἶνον c
κρέα g d m f c h i j
ἦλθεν m
ἐν τῷ στόματι (τὸ στόμα g) g m c h
  i j
πάντα g l d m e a f
ἐπιθυμίας ἄρτον ∞ l ἄρτον ἐπι-
  θυμίων c
ἔφαγον c
πενθῶν — ἦν] μεγάλη γὰρ ἦν ἡ
  ἁμαρτία μου καὶ ἐπίφοβος l
καὶ (ἀλλ' c h i j) ἤμην πενθῶν
  d c h i j
μεγάλη — οὕτως < g
ὅτι μεγάλη m
καὶ[4] — γένηται] οἵα (+ μοι h i j)
  μὴ γένηται l h i j καὶ οὐ μηνη m
  οἵα οὐ γέγονεν c
ἐν < m
τῷ < l d e a f c h i j
Ἰλημ c

II. 1 καὶ νῦν < k (v.s.)
νῦν < d

ἀκούσατέ — τέκνα < g τέκνα μ. ἀκ.
  ∞ m
ἀδελφοὶ καὶ τέκνα k + μου (+ καὶ
  διηγήσομαι ὑμῖν c) c h i j
ἃ — μου[2] < h i j
οἶδα m
ἑπτά < g l
διανοίᾳ k
2 II 2 - III 9 om. g sed add. ἀρκεῖ
  μοι εἰς διδασκαλίαν ὑμῶν
  in marg. περὶ τῶν ἑπτὰ πνευμάτων
  κατὰ τοῦ ἀνθρώπου d
ἑπτά + οὖν c h i j
ἐδόθησαν d m e
κατὰ — ἀνθρ.] τῷ ἀνθρώπῳ l
ἀπὸ — αὐτῷ (vs. 3) < l
παρὰ — τοῦ Βελιὰρ k ὑπὸ τ. Β. d m <
  c h i j
εἰσι ταῦτα ∞ k ταῦτα εἰσι d m c h i j
αἱ (< f) κεφαλαί f c h i j
3 ἕτερα ἑπτὰ c h i j
ἐδόθησαν d
ἐπὶ τῆς κτίσεως αὐτῷ ∞ c
αὐτῷ] τῷ ἀνθρώπῳ k
ἐπί] ὑπό m
κτίσεως + παρὰ τοῦ κτίστου k
τοῦ — ὁράσεως (vs. 4) < c h i j
4 σύστασις + τοῦ ἀνθρώπου d m
  κίνησις e a f
πνεῦμα[2] < k
ἧς[2]] οὗ k
5 δίδοται] γίνεται b k a c h i j

4 ΔΙΑΘΗΚΗ ΡΟΥΒΗΜ

ὀσφρήσεως, μεθ' ἧς ἐστι γεῦσις δεδομένη εἰς συνολκὴν ἀέρος καὶ πνοῆς· 6. πέμπτον πνεῦμα λαλιᾶς, μεθ' ἧς γίνεται γνῶσις· 7. ἕκτον πνεῦμα γεύσεως, μεθ' ἧς γίνεται βρῶσις βρωτῶν καὶ ποτῶν, καὶ ἰσχὺς ἐν αὐτοῖς κτίζεται· ὅτι ἐν βρώμασίν ἐστιν ἡ ὑπόστασις τῆς ἰσχύος· 8. ἕβδομον πνεῦμα σπορᾶς καὶ συνουσίας, μεθ' ἧς συνεισέρχεται διὰ τῆς φιληδονίας ἡ ἁμαρτία· 9. διὰ τοῦτο ἔσχατόν ἐστι τῆς κτίσεως καὶ πρῶτον τῆς νεότητος, ὅτι ἀγνοίας πεπλήρωται καὶ αὕτη τὸν νεώτερον ὁδηγεῖ ὡς τυφλὸν ἐπὶ βόθρον καὶ ὡς κτῆνος ἐπὶ κρημνόν.

III. Ἐπὶ πᾶσι τούτοις ὄγδοον πνεῦμα τοῦ ὕπνου ἐστί, μεθ' οὗ ἐκτίσθη ἔκστασις φύσεως καὶ εἰκὼν τοῦ θανάτου. 2. τούτοις τοῖς πνεύμασι συμμίγνυται τὸ πνεῦμα τῆς πλάνης. 3. πρῶτον τὸ τῆς πορνείας ἐν τῇ φύσει καὶ ταῖς αἰσθήσεσιν ἔγκειται· δεύτερον πνεῦμα ἀπληστίας ἐν τῇ γαστρί· 4. τρίτον πνεῦμα μάχης ἐν τῷ ἥπατι καὶ

ἐστὶ γεῦσις] εὐωδία d εὐθύς ἐστι
γεῦσις m ἐστὶν ἡ γεῦσις e a f
γίνονται (γίνεται i) γεύσεις c i
γίνεται γεῦσις h j
διδομένη l d m f διδομέναι c h j
δεδομέναι i
εἰς ὁλκήν a f c h i j
ἀναπνοῆς c h i j
6 λαλιᾶς — πνεῦμα (vs. 7) < h i j
γνῶσις — γίνεται (vs. 7) < l
ἡ γνῶσις d m
7 μεθ' οὗ k
γίνονται βρώσεις h j
βρῶσις < k ἡ βρῶσις m
βροτῶν καὶ πόσις (ποτῶν l) l d m
βρωμάτων τε καὶ ποτῶν (πομάτων
a c h i j) e a f c h i j
αὐτῇ d αὐτῷ m e a f c h i j
ὅτι — ἐστιν] ἤτοι τῆς βρώσεώς τε
καὶ πόσεως k
8 ἕκτον l h i j (v.s.)
σπορᾶς] πορνείας l
συνουσιασμοῦ l d m
μεθ' οὗ k
συνέρχεται l d m a f γίνεται e συνέρ-
χονται c h i j (v.i.)
ἡ ἁμαρτία] ἁμαρτίαι c h i j
9 διὰ τοῦτο + καί (sive οὖν ?) d
ἔσχατα m
ὅλης κτίσεως l
πρώτης νεότητος m
πρῶτος d

ἀγνείας k
νεωτερισμόν l d m e a f
ὡς[1]] ὥσπερ c h i j
τυφλῶν ἐπὶ βορβόρων m
κρημνῶν m

III. 1 καὶ ἐπί e a f
πᾶσι < m + δέ c h i j
ἕβδομον l h i j (v.s.) < d m τό c
ἐστὶ πν. τ. ὕπν. ∽ k
πνεῦμα + τό l d h i j
ἐστί < h i j
μεθ' ὧν c
ἐσκοτίσθη a
ἔκστασις φύσεως] ἑκάστῳ φύσις l
ἡ ἔκστασις c
2 ἐν τούτοις οὖν l
τοῖς < j
συμμίγνυνται l a h j
τὰ πνεύματα l e a f c h i j
3 in marg. ἔτι περὶ πνευμάτων d
καὶ πρῶτον h i j
τό + πνεῦμα d
πορνείας + πνεῦμα l m e a f (v.i.)
c h i j πονηρίας d f
ἐν ταῖς l d m a
δύο πνεύματα c
ἀπληστίας ἐναντίας m ἀπληστία c
ἐν γαστρί a f γαστρός c h i j
4 πνεῦμα[1] < c h i j
μάχης < l
καί[1] + ἐν l d c h i j

τῇ χολῇ· τέταρτον πνεῦμα ἀρεσκείας καὶ μαγγανείας, ἵνα διὰ περιεργίας
ὡραῖος ὠφθῇ· 5. πέμπτον πνεῦμα ὑπερηφανίας, ἵνα καυχᾶται καὶ
μεγαλοφρονῇ· ἕκτον πνεῦμα ψεύδους, ἐν ἀπωλείᾳ καὶ ζήλῳ, τοῦ πλάττειν
λόγους καὶ κρύπτειν λόγους αὐτοῦ ἀπὸ γένους καὶ οἰκείων· 6. ἕβδομον
πνεῦμα ἀδικίας μεθ' ἧς κλοπὴ καὶ γριπίσματα, ἵνα ποιήσῃ φιληδονίαν
καρδίας αὐτοῦ· ἡ γὰρ ἀδικία συνεργεῖ τοῖς λοιποῖς πνεύμασι διὰ τῆς
δωροληψίας. 7. ἐπὶ πᾶσι τούτοις τὸ πνεῦμα τοῦ ὕπνου, τὸ ὄγδοον
πνεῦμα, συνάπτεται πλάνη καὶ φαντασίᾳ. 8. καὶ οὕτως ἀπόλλυται πᾶς
νεώτερος, σκοτίζων τὸν νοῦν ἀπὸ τῆς ἀληθείας καὶ μὴ συνίων ἐν τῷ
νόμῳ τοῦ θεοῦ μήτε ὑπακούων νουθεσίας πατέρων αὐτοῦ, ὥσπερ κἀγὼ
ἔπαθον ἐν τῷ νεωτερισμῷ μου. 9. καὶ νῦν, τέκνα, τὴν ἀλήθειαν

χηλῇ *m*
in marg. (ad τέταρτον) κατὰ τοῦ
 ὕπνου *d*
αὐταρεσκείας *d m*
διά] δή *d* < *h i j*
περιεργασίας *d m*
ὡραίως *e* < *h i j*
ὠφθῇ] φανῇ *m*
5 ἵνα] καί *m* < *i*
καυχᾶται] κινῇται *b k*
μεγαλύνεται ἐπί τε φρονήσει καὶ
 ἰσχύει *k* μεγάλα φρονῇ *l*
ἕκτον πνεῦμα < *c*
ψεύδους — ζήλῳ] ζήλους καὶ ψεύδους
 k
ψεῦδος *e i*
ἀπωλείᾳ] απηλειαν *h i j*
πλάττειν — αὐτοῦ] πλάττειν λόγους
 αὐτοῦ *b* πλατὺν εἶναι αὐτόν *k*
 κρύπτειν λόγους ἀληθεῖς καὶ πλάτ-
 τειν λόγους αὐτοῦ *l* κρύπτειν
 λόγους καὶ πράττειν (πλατειναι *m*)
 αὐτοὺς ὡς *d m* πλάττειν λόγους *c*
ἀπὸ — οἰκείων < *c*
ἀπό] ἐκ *k*
γένους] συγγενῶν αὐτοῦ *h i j*
οἰκείων] οἴκου καὶ πλούτου *k* τῶν
 οἰκείων *d m*
6 πνεῦμα] -ατα *m*
ἀδικία *c*
μεθ' οὖ *k* καί *c*
κλοπὴ — αὐτοῦ] καὶ κλοπῆς *l*
ὡς κλοπῆς *d* καὶ κλοπαί *e* κλοπαί
 a f c h i j
γριπίσματα] ἁρπαγῆς *d* χρεματη-
 σματος *m*
ποιήσῃ] ἐμπλήσῃ *n c h i j*

ἀδικία + αὐτοῦ *d m*
συνεργεῖται *a*
δολοληψίας *b* δοσοληψίας *l a f n c h*
 i j + ἢ προσωποληψίας *d m*
7 ἐπί] ἐν *d*
πᾶσι + δέ *n c h i j*
τὸ[1] — πνεῦμα[2]] ὄγδοόν ἐστι πνεῦμα
 τοῦ ὕπνου μεθ' οὖ *k* (v.i.) τὸ
 ὄγδοον πνεῦμα *l* τὸ πνεῦμα τοῦ
 ὕπνου *n c h i j*
τὸ πνεῦμα] τῷ πνεύματι *d m*
συνέπεται *e*
πλάνη καὶ φαντασία *k* (v.s.) τῷ
 ὕπνῳ πλάνη καὶ φαντασία *l* τῆς
 πλάνης καὶ τῆς φαντασίας *d m* ὅ
 (ᾧ *e h i j*) ἐστι πλάνη καὶ φαν-
 τασία (πλ. κ. φαντ.] πνεῦμα *f*)
 e a f n c h i j
8 ἀπολεῖ πάντας νεωτέρους *m*
σκοτιζόμενος *l* σκορπίζων *c*
νοῦν + αὐτοῦ (-ή *j*) *n c h i j*
μή < *c*
ἐν[1] — ὑπακούων < *l*
ἐν[1]] ἐπί *k*
μηδέ *d m*
εἰσακούων *d* ἀκούων *c h i j*
νομοθεσίας *n* νουθεσίαν *c i*
αὐτῶν *m*
ὥσπερ — μου < *k*
ἅπερ *m* ὡς *a f n c* < *h i j*
ἐγώ *m n*
νεοτερονομου *m*
μου < *f*
9 τέκνα + διδάσκω ὑμᾶς *l* (v.i.)
 τέκνα (τεκνία *m*) + μου *d m e n*
 c h i j

ἀγαπήσατε καὶ αὕτη φυλάξει ὑμᾶς. διδάσκω ὑμᾶς, ἀκούσατε Ῥουβὴμ
τοῦ πατρὸς ὑμῶν. 10. μὴ προσέχετε ἐν ὄψει γυναικὸς μηδὲ ἰδιάζετε
μετὰ θηλείας ὑπάνδρου μηδὲ περιεργάζεσθε πρᾶξιν γυναικῶν. 11. εἰ
μὴ γὰρ εἶδον ἐγὼ Βάλλαν λουομένην ἐν σκεπεινῷ τόπῳ, οὐκ ἐνέπιπτον
εἰς τὴν ἀνομίαν τὴν μεγάλην. 12. συλλαβοῦσα γὰρ ἡ διάνοιά μου τὴν
γυναικείαν γύμνωσιν, οὐκ εἴασέ με ὑπνῶσαι ἕως οὗ ἔπραξα τὸ βδέλυγμα.
13. ἀπόντος γὰρ Ἰακὼβ τοῦ πατρὸς ἡμῶν πρὸς Ἰσαὰκ τὸν πατέρα
αὐτοῦ, ὄντων ἡμῶν ἐν Γάδερ, πλησίον Ἐφραθὰ οἴκου Βηθλέεμ, Βάλλα
ἦν μεθύουσα καὶ κοιμωμένη ἀκάλυφος κατέκειτο ἐν τῷ κοιτῶνι· 14.
κἀγὼ εἰσελθὼν καὶ ἰδὼν τὴν γύμνωσιν αὐτῆς ἔπραξα τὴν ἀσέβειαν, καὶ
καταλιπὼν αὐτὴν κοιμωμένην ἐξῆλθον. 15. καὶ εὐθέως ἄγγελος τοῦ

ἀγαπᾶτε k c h i j
αὕτη — ὑμᾶς[1]] αὐτὴν (αὕτη h j)
    φυλάξατε h i j
ὑμᾶς[1]] ἡμᾶς m
διδάσκω — ὑμῶν et III 10 - V 4
    om. k
διδάσκω ὑμᾶς < l (v.s.) d m (v.i.)
    a f n c h i j
ἀκούσατε + τέκνα l + λόγους
    e a f n c h i j
ὑμῶν + καὶ ἐνωτίσασθε ἃ διδάσκω
    ὑμᾶς d m
10 in marg. κατὰ τῶν γυναικῶν d
    καὶ μή h i j
εἰς ὄψιν γυναικός (γυναικείαν a f n)
    g l d m e a f n ὄψει γυναικείᾳ c h
    i j
μηδέ[1]] καὶ μή l μήτε d m a f n c h i j
ἰδιάζετε] πλησιάζετε g -σθε d συν-
    δυάζετε n c h i j
μετὰ — περιεργάζεσθε < h i j
μηδέ[2]] μήτε g d μήτι m μὴ a f
πρᾶξιν] ποτε πρόσωπον g πράξεις
    l d e ὄψιν c h i j
γυναικός g
11 ἐγώ < a
ἐν — τόπῳ < g
σκοτεινῷ m i
ἂν (< e) ἔπιπτον d m e f n c h i j
ἀνομίαν + ἐκείνην d + ταύτην e
μεγάλην + ἐκείνην m
12 ἕως οὗ < i
οὗ < g l f h j

βδέλυγμα] ἀσέβημα l + ἐνώπιον
    κυρίου d m
13 ἀπόντος — ἀσέβειαν (vs. 14)] τοῦ
    πατρὸς γὰρ Ἰακὼβ ἐν τῷ οἴκῳ μὴ
    παρόντος εὗρον Βάλλαν μεθύονταν
    (sic) καὶ κοιμωμένην. εἰσελθὼν
    ἔπραξα τὴν ἀσέβειαν μετ᾿ αὐτῆς g
ὑπόντος m ἀπιόντος n c h i j
τοῦ πατρὸς ἡμῶν Ἰακώβ ∾ l
Ἰακὼβ τοῦ] τοῦ Ἰακὼβ καί h i j
ἡμῶν[1]] μου m n c h i j
Γάδ d
πλησίων m e + τοῦ a
οἴκου] καί l d m e ἐν a f n c h i j
καί (< n c) ἦν ἡ Βάλλα ∾ n c h i j
μεθυσθεῖσα n c h i j
καί + ἦν n c h i j
καί (< l e c h i j) ἀκάλυπτος (— ὡς
    e a + καί l) l e a f c h i j ἀκαλη-
    πτα d ἀκατάληπτος m n
κατέκειτο] κατ᾿ ἐκείνῳ m < n c h i j
κοιτῶνι + αὐτῆς n c h i j
14 εἰσελθὼν οὖν ἐγὼ καὶ θεασάμενος
    n c h i j
ἀσέβειαν + μὴ αἰσθανθείσης (στα-
    θείσης n) αὐτῆς n c h i j
ἐξῆλθον κοιμωμένην + αὐτῆς ∾ n
    ἀπῆλθον i
15 καὶ εὐθέως] εὐθέως δὲ ἅμα τὸ
    πρᾶξαί με τὴν ἀνομίαν ταύτην d m
    καὶ εὐθύς a
ὁ ἄγγελος g
τοῦ < g l d m a

θεοῦ ἀπεκάλυψε τῷ πατρί μου Ἰακὼβ περὶ τῆς ἀσεβείας μου· καὶ ἐλθὼν
ἐπένθει ἐπ᾽ ἐμοί, μηκέτι ἁψάμενος αὐτῆς.

IV. Μὴ οὖν προσέχετε κάλλος γυναικῶν μηδὲ ἐννοεῖσθε τάς πράξεις
αὐτῶν· ἀλλὰ πορεύεσθε ἐν ἁπλότητι καρδίας, ἐν φόβῳ κυρίου καὶ
μοχθοῦντες ἐν ἔργοις, καὶ ἀποπλανώμενοι ἐν γράμμασι καὶ ἐν τοῖς
ποιμνίοις ὑμῶν, ἕως ὁ κύριος δῴη ὑμῖν σύζυγον ἣν αὐτὸς θέλει, ἵνα μὴ
πάθητε ὡς κἀγώ. 2. ἄχρι τελευτῆς τοῦ πατρὸς ἡμῶν οὐκ εἶχον
παρρησίαν ἀτενίσαι εἰς πρόσωπον Ἰακὼβ ἢ λαλῆσαί τινι τῶν ἀδελφῶν,
διὰ τοὺς ὀνειδισμούς. 3. καὶ ἕως νῦν ἡ συνείδησίς μου συνέχει με περὶ
τῆς ἁμαρτίας μου. 4. καίγε παρεκάλεσέ με ὁ πατήρ μου, ὅτι ηὔξατο
περὶ ἐμοῦ πρὸς κύριον ἵνα παρέλθῃ ἀπ᾽ ἐμοῦ ἡ ὀργὴ κυρίου, καθὼς

κυρίου g d m a
μου¹ < d
Ἰακώβ < n c h i j
εὐθέως ἐλθὼν ὁ πατήρ μου l
ἐπένθησε n c h i j
ἐπ᾽ ἐμέ a ἐμέ f < c με h i j
μηκέτι] μή f
ἀψ. αὐτήν g αὐτῆς ἀψ. ∾ n c h i j

IV. 1 προσέχετε + τέκνα μου
(< c) d m n c h i j
κάλλει d m e a f
γυναικός g
μηδὲ — αὐτῶν < d
εἰς τὰς πρ. c
ἐν¹ < a f
θεοῦ g a
καί¹ < g
μοχθοῦνται m
ἐπ᾽ ἔργοις l + καλοῖς c
καί² — γράμμασι < c
ἀποπλανώμενοι < n h i j
ἐπὶ τοῖς ποιμν. l
ἕως + οὗ g d m n c h i j
δῴη (δωσει m) ὁ (< c) κύριος ∾ m c
ὁ < g
δώσει l δωει d e
σύζυγον — κἀγώ] συζύγωσιν. αὐτὸς
γὰρ οὐ βούλεται πλανηθῆναί τινα
ὡς κἀμέ l εἰς τὸ ἐπισκέψασθαι
ἡμᾶς g
συζύγους εἰς γυναῖκας ἃς αὐτὸς
θελήσει d
ὁ αὐτὸς θελήσει m

ἀπατηθῆτε e ἀποθάνητε n h i j
ἐγώ m
2 (λέγω γὰρ ὑμῖν d m) ὅτι ἄχρι
g l d m e a f n c h i j
τῆς τελευτῆς g n c h i j
ἡμῶν] μου (+ Ἰακώβ l d) g l d n
c h i j + Ἰακὼβ m
παρρησίαν (παρουσίαν m) + τοῦ d m
Ἰακὼβ πρόσωπον αὐτοῦ g τὸ πρ.
αὐτοῦ l d m n c h i j τὸ πρ. τοῦ
πατρὸς Ἰακώβ e
τινι τῶν ἀδελφῶν + μου d m e c h i j
τοῖς ἀδελφοῖς μου n
διά] περί g
ὀνειδισμούς + αὐτῶν n c i j +
αὐτοῦ h
3 καὶ — μου¹ < e
ἀλλὰ καί d m
τοῦ νῦν d a
συνησις (pro σύνεσις ?) d
μου¹ + τέκνα l
συνέχειν e ἐλέγχει h i j
ἁμαρτίας] ἀσεβείας n c h i j
μου² < m
4 καὶ ἐλέησέν με ὁ πατήρ μου
βλέπων με συμπεπτωκότα g
καίγε + πολλά n c h i j
με < n c h i j
ὅτι] καί g d n c h i j
ἵνα — κυρίου < n c h i j
ἀπέλθῃ g l
τοῦ θεοῦ ἡ ὀργή ∾ g ἡ ὀργὴ τοῦ
θεοῦ e
καθὼς + καί c

ἔδειξέ μοι κύριος. ἀπὸ τότε μετανοῶν παρεφυλαξάμην καὶ οὐχ ἥμαρτον.
5. διὰ τοῦτο, τέκνα μου, φυλάξασθε πάντα ὅσα ἐντέλλομαι ὑμῖν, καὶ οὐ
μὴ ἁμαρτήσητε. 6. ὄλεθρος γὰρ ψυχῆς ἐστιν ἡ πορνεία, χωρίζουσα
θεοῦ καὶ προσεγγίζουσα τοῖς εἰδώλοις, ὅτι αὕτη ἐστὶ πλανῶσα τὸν νοῦν
καὶ τὴν διάνοιαν, καὶ κατάγει νεανίσκους εἰς ᾅδην οὐκ ἐν καιρῷ αὐτῶν.
7. καὶ γὰρ πολλοὺς ἀπώλεσεν ἡ πορνεία· ὅτι κἂν ᾖ τις γέρων ἢ εὐγενής,
ὄνειδος αὐτὸν ποιεῖ καὶ γέλωτα παρὰ τῷ Βελιὰρ καὶ τοῖς υἱοῖς τῶν
ἀνθρώπων. 8. ἐπειδὴ γὰρ ἐφύλαξεν ἑαυτὸν Ἰωσὴφ ἀπὸ πάσης
γυναικὸς καὶ τὰς ἐννοίας ἐκαθάρισεν ἀπὸ πάσης πορνείας, εὗρε χάριν
ἐνώπιον κυρίου καὶ ἀνθρώπων. 9. καὶ γὰρ πολλὰ ἐποίησεν αὐτῷ ἡ
Αἰγυπτία, καὶ μάγους παρεκάλεσε, καὶ φάρμακα αὐτῷ προσήνεγκεν,
καὶ οὐκ ἐδέξατο τὸ διαβούλιον τῆς ψυχῆς αὐτοῦ ἐπιθυμίαν πονηράν.

ἔδειξέ μοι] ἐμαλάκισέ με d ἐδίδαξέ
  με n
αὐτὸς ὁ κύριος g m < l ὁ κύριος c
καὶ ἀπό g ἀπὸ δέ n c h i j
μετανοῶν (cf. A)] οὖν b τέκνα μου m
ἕως ἐννοιῶν e a f n ἕως νῦν c h i j
ἐφυλαξάμην c
5 τοῦτο + οὖν c h i j
τέκνα (τεκνία g n) μου + λέγω ὑμῖν
  (παρακαλῶ ὑμᾶς g) g l n c h i j
  post ὑμῖν ∾ d m
φυλάξασθε — ὑμῖν] φυλάξατε ἀπὸ
  πάντων τῶν ἐναντίων l
φυλάξατε g d m e a f n c h i j
ὅσα πάντα ∾ d ὅσα e
ἐνετειλάμην e
ἁμάρτητε g l d m e a f c h i j
6 ὄλεθρος (βόθρος a f n c h i j) γὰρ
  ἐστι ψυχῆς ∾ g a f n c h i j
ψυχῆς < d
ἡ ἁμαρτία ἡ διὰ (ἡ διά < n c h i j)
  τῆς πορνείας e a f n c h i j
ἀπὸ θεοῦ g l d m n c h i j
τῷ Βελιὰρ d
τοῖς < g
ἡ πλανῶσα d e a f n c h i j
καὶ² — διάν.] τῆς διανοίας g
κατάγουσα (-ν d) d m
οὐκ] οὖν j
αὐτῷ m
7 εἴ τις γέρων ὤν g γέρων ᾖ τις ∾ d
  m n c h i j
ἢ εὐγενής + εἴη g κἂν εὐγενής
  (+ κἂν πλούσιος κἂν πένης
  n c h i j) d n c h i j

ὀνειδισμὸν ἑαυτῷ ποιεῖ (φέρει n c h i j)
  a f n c h i j
αὐτῶν g ἑαυτόν l d e ἑαυτῷ m
καὶ γέλωτα < a f n c h i j
γελῶντας m
παρὰ — ἀνθρώπων] παρὰ τοὺς υἱοὺς
  (τοῖς υἱοῖς n) τῶν ἀνθρώπων καὶ
  πρόσκομμα τῷ Βελιὰρ n c h i j
περὶ τοῦ Βελιὰρ m παρὰ τοῦ (τόν f)
  Βελιὰρ e f
8 ἐπειδὴ — γυναικός] ἠκούσατε γὰρ
  περὶ (+ τοῦ n h i j) Ἰωσήφ, πῶς
  ἐφύλαξεν ἑαυτὸν ἀπὸ γυναικός
  n c h i j
γὰρ ἐφ.] παρεφύλαξεν l
ὁ Ἰωσὴφ l
καὶ¹ — πορνείας post ἀνθρώπων ∾ e
ἐκαθάρισεν < h i j
πορνείας] πονηρίας m + καὶ n c h i j
  (τοῦ n) θεοῦ n c h i j
9 ἐκάλεσε m προσεκάλεσε n c h i j
φαρμάκους l
προσήνεγκεν αὐτῷ ∾ g αὐτῷ
  (-τῶν m) διάφορα (< l) προσ-
  ήνεγκε (ἐπήνεγκε d) πρὸς φίλτρον
  αὐτῆς (+ τοῦ l) διεγεῖραι τοῦτο
  (< l -ν d) βουλομένη (< l -ς d)
  l d m
αὐτῷ² + φιλημάτων e αὐτοῦ h i j
καὶ⁴ — ἐδέξατο < l
καὶ⁴ + αὐτός n c h i j
τό < c
αὐτοῦ τῆς ψυχῆς ∾ h i j
ἡ ἐπιθυμίαν n c h i j

10. διὰ τοῦτο ὁ θεὸς τῶν πατέρων μου ἐρρύσατο αὐτὸν ἀπὸ παντὸς ὁρατοῦ καὶ κεκρυμμένου θανάτου. 11. ἐὰν γὰρ μὴ κατισχύσῃ ἡ πορνεία τὴν ἔννοιαν, οὐδὲ Βελιὰρ κατισχύσει ὑμῶν.

V. Πονηραί εἰσιν αἱ γυναῖκες, τέκνα μου, ὅτι μὴ ἔχουσαι ἐξουσίαν ἢ δύναμιν ἐπὶ τὸν ἄνθρωπον, δολιεύονται ἐν σχήμασι, πῶς αὐτὸν πρὸς αὑτὰς ἐπισπάσονται· 2. καὶ ὃν διὰ δυνάμεως οὐκ ἰσχύει καταγωνίσασθαι, τοῦτον δι᾽ ἀπάτης καταγωνίζεται. 3. ὅτι καίγε περὶ αὐτῶν εἶπέ μοι ὁ ἄγγελος τοῦ θεοῦ, καὶ ἐδίδαξέ με ὅτι αἱ γυναῖκες ἡττῶνται τῷ πνεύματι τῆς πορνείας ὑπὲρ τὸν ἄνθρωπον, καὶ ἐν καρδίᾳ μηχανῶνται κατὰ τῶν ἀνθρώπων, καὶ διὰ τῆς κοσμήσεως πλανῶσιν αὐτῶν πρῶτον τὰς διανοίας,

10 τοῦτο + οὖν c h i j
μου] ἡμῶν n h i j ὑμῶν c
αὐτόν + κυρίως e
παντός] πάσης κακίας m
ἀοράτου l d m πονηροῦ (+ πρά-
γματος i) n c h i j
καί < g l d c h i j
11 ἡ — ἔννοιαν] πορνεία καὶ τῆς
καρδίας ὑμῶν g
τὴν ἔννοιαν + ὑμῶν l e f n h i j ἐν
ταῖς ψυχαῖς ἡμῶν καὶ ἐν τῇ
διανοίᾳ d m τῆς ἐννοίας a +
ἡμῶν c
οὐδὲ — ὑμῶν < i
καὶ ὁ Βελιὰρ οὐ l οὐδὲ ὁ Βελιάρ
d m e a f n c h j
δύναται κατισχῦσαι n c h j
ὑμῶν + σωθήσεσθε l ἡμῖν m

V. 1 πονηραί + γάρ c h i j
τεκνία g
ὅτι μὴ (οὐκ l) ἔχουσιν g l καὶ ἐν τῷ
μὴ ἔχειν αὐτάς (αὐτούς c αὐταῖς
h i j) n c h i j
δύναμιν καὶ ἐξουσίαν ∽ g
ἐπί] πρός g
τῶν ἀνθρώπων l d τὸν ἄνδρα n c h i j
ἐν σχήμασι] μὲν πρότερον καὶ
μηχανῶνται l + πάντα τρόπον
(παντὸς τρόπου m) ἐπινοούμεναι
d m
ὅπως d m n c h i j
αὐτόν] αὐτούς l d m
πρός] ἐπ᾽ a
αὑτάς] ἑαυτάς l d m e f n c h i j

περισπάσονται g
2 καί < h i j
ὃν τινων d m
δυνάμεως] τοῦ (< n) σχήματος
n c h i j
οὐ κατισχύει g οὐκ ἰσχύουσι (κατ-
ισχύσουσι d ἰσχύσουσι m) l d m e n
οὐκ ἴσχυον c h i j
καταγοητεύσασθαι n c h i j
τούτων d
διὰ τῆς ματαίας καὶ κενῆς ἀπάτης
d m
καταγωνίζονται l d m f n c h i j
ἡττῶσιν e
3 καίγε] γάρ g καί d m
με] μοι ἀκούσατε g + οὕτως
εἰπών d m
ὅτι[2] < g + καίγε c
αἱ < h i j
πλέον ἡττῶνται ὑπὲρ τὸν ἄνθρωπον
ἐν τῷ πνεύματι (MS περί) τῆς
πορνείας ∽ g
τὸ πνεῦμα m f τῷ πάθει e
πορνείας] πονηρίας f
ὑπὲρ (περί m) τοὺς ἄνδρας d m ὑπὲρ
τὸν ἄνδρα n c h i j
ἐν καρδίᾳ] διὰ τοῦτο g
κατὰ τοῦ ἀνθρώπου g κατ᾽ αὐτῶν l
καί[3] < c
διά[1] ... καὶ διά[2]] διὰ μέν ... διὰ
δέ l d m
πρῶτον αὐτῶν ∽ g αὐτῶν πρός m
αὐτὸν πρῶτον a αὐτῶν n c h i j
διανοίας + αἰχμαλωτίζουσαι a

καὶ διὰ τοῦ βλέμματος τὸν ἰὸν ἐνσπείρουσι, καὶ τότε τῷ ἔργῳ αἰχμαλωτί-
ζουσιν· 4. οὐ γὰρ δύναται γυνὴ ἄνθρωπον βιάσασθαι. 5. φεύγετε
οὖν τὴν πορνείαν, τέκνα μου, καὶ προστάσσετε ταῖς γυναιξὶν ὑμῶν καὶ
ταῖς θυγατράσιν ἵνα μὴ κοσμῶνται τὰς κεφαλὰς καὶ τὰς ὄψεις αὐτῶν,
ὅτι πᾶσα γυνὴ δολιευομένη ἐν τούτοις εἰς κόλασιν τοῦ αἰῶνος τετήρηται.
6. οὕτως γὰρ ἔθελξαν τοὺς ἐγρηγόρους πρὸ τοῦ κατακλυσμοῦ· κἀκεῖνοι
συνεχῶς ὁρῶντες αὐτὰς ἐγένοντο ἐν ἐπιθυμίᾳ ἀλλήλων, καὶ συνέλαβον
τῇ διανοίᾳ τὴν πρᾶξιν, καὶ μετεσχηματίζοντο εἰς ἀνθρώπους, καὶ ἐν τῇ
συνουσίᾳ τῶν ἀνδρῶν αὐτῶν συνεφαίνοντο αὐταῖς· 7. κἀκεῖναι
ἐπιθυμοῦσαι τῇ διανοίᾳ τὰς φαντασίας αὐτῶν ἔτεκον γίγαντας. ἐφαίνοντο
γὰρ αὐταῖς οἱ ἐγρήγοροι ἕως τοῦ οὐρανοῦ φθάνοντες.

τὸν υἱόν *m*
ἐπισπείρουσι *d* σπείρουσι *m* ἐν-
σπείρουσαι *a f*
καὶ[5] — αἰχμαλωτίζουσιν < *d*
τὸ ἔργον *g m a f n* εἰς ἔργον *l*
ἔργον *h i j*
αἰχμαλωτίζουσιν + αὐτούς *e* < *a*
4 γάρ < *h i j*
ἄνθρωπον βιάσασθαι] ἄνδρα (< *n*)
βιάσαι εἰς πρόσωπον (+ ἄνδρα *n*),
ἀλλ᾽ ἐν σχήμασι πορνικοῖς (+ καὶ
βλέμμασι σατανικοῖς *n*) τοῦτον
πανουργεύεται (καταπανουργεύον-
ται *n*) *n c h i j*
5 φεύγετε οὖν] λοιπόν (+ τέκνα
μου *h i j*) φεύγετε *n c h i j*
τέκνα μου (< *g*), τὴν πορνείαν ∾ *g*
n c τὴν πορνείαν *h i j* (v.s.)
προστάσσετε δὲ καὶ ∾ *g* καὶ
ἐντέλλεσθε *d*
ὑμῶν] ἡμῶν *n*
καὶ ταῖς θυγ. + ὑμῶν *k d e c* < *g f*
κοσμήσωσι *e* κοσμῶσι *n c h i j*
κεφαλάς + αὐτῶν *c h i j*
αὐτῶν + πρὸς ἀπάτην (+ τῆς *l d*
ἀπάντησιν τῆς *m*) διανοίας *g l d*
m e a f n πρὸς ἀπάτην διανοίας
c h i j
διότι *n*
σκολιευομένη *k* δουλωμένη *n*
ἐν] ἑνός *c*
τοῦ αἰῶνος] αἰωνίαν *d m n h i* αἰώ-
νιον *c j*
τηρεῖται *k*
6 γάρ < *g*

τούς + δέ *h* + τε *j*
γρηγοροῦντας *m* + τούς *c h i j*
ἐκεῖνοι γάρ *l d m n c h i j*
ὁρῶντες συνεχῶς ∾ *c*
αὐτάς] τὰς γυναῖκας *c*
ἐπεγίνετο *e*
ἐν[1] < *g e* καὶ ἐν *n c h j*
ἀλλήλων] μετ᾽ αὐτῶν *g* ἀλλήλοις *e*
συνελάβοντο *l* συλλαβόντες *d m*
τῇ διανοίᾳ] ἰδίαν *l* τὴν (τῇ *j*) διά-
νοιαν *m j*
τῇ πράξει *g* καὶ τὴν πρᾶξιν *i*
καὶ[2] — αὐταῖς < *l*
καὶ[2] < *d m n c h i j*
μετεσχ. + γάρ *n c h i j*
ἀνθρώπους] ἄνδρας *n* ἄνδρα *c h i j*
αὐτῶν] τῶν *d*
συνεφέροντο *k* συνευφραίνοντο (-νόν-
των *d) d m*
αὐταῖς] αὐτοῖς *d*
7 κἀκεῖνοι *b* + δέ (+ μή *n*)
n c h i j
ἐπεθύμουν *l*
τὰς διανοίας *g* + αὐτῶν *l* < *d* τὴν
(τῇ *j*) διάνοιαν *m j*
καὶ φαντασίας *g* τῆς φαντασίας
a f n c h i j
τοὺς γίγαντας ἔτικτον ∾ *k*
καὶ ἔτεκον *l* ἔτικτον *e*
εὐφραίνοντο *m*
αὐταῖς < *g* αὐτοῖς *f*
ἐγρήγ. + ἐκεῖνοι *g* ἐν ἐγρηγόρσει *l*
ἕως — οὐρανοῦ] ὡς ἄνθρωποι *l*
φθάνοντες + καὶ ὡραῖοι σφόδρα *k*
ῥαίνοντες *d*

VI. Φυλάσσεσθε οὖν ἀπὸ τῆς πορνείας· καὶ εἰ θέλετε καθαρεύειν τῇ διανοίᾳ, φυλάσσετε τὰς αἰσθήσεις ἀπὸ πάσης θηλείας. 2. κἀκείναις δὲ ἐντείλασθε μὴ συνδυάζειν ἀνθρώποις, ἵνα καὶ αὐταὶ καθαρεύωσι τῇ διανοίᾳ. 3. αἱ γὰρ συνεχεῖς συντυχίαι, κἂν μὴ πραχθῇ τὸ ἀσέβημα, αὐταῖς μέν ἐστι νόσος ἀνίατος, ἡμῖν δὲ ὄνειδος τοῦ Βελιὰρ αἰώνιον· 4. ὅτι ἡ πορνεία οὔτε σύνεσιν οὔτε εὐσέβειαν ἔχει ἐν ἑαυτῇ, καὶ πᾶς ζῆλος κατοικεῖ ἐν τῇ ἐπιθυμίᾳ αὐτῆς. 5. διὰ τοῦτο ζηλώσετε τοὺς υἱοὺς Λευί, καὶ ζητήσετε ὑψωθῆναι ὑπὲρ αὐτούς, ἀλλ᾽ οὐ δυνήσεσθε. 6. ὁ γὰρ θεὸς ποιήσει τὴν ἐκδίκησιν αὐτῶν, καὶ ἀποθανεῖσθε θανάτῳ πονηρῷ. 7. τῷ γὰρ Λευὶ ἔδωκε κύριος τὴν ἀρχὴν καὶ τῷ Ἰούδᾳ, μετ᾽

VI. 1 φυλάξασθε d m e a f φυλάξατε c h i j
οὖν + τέκνα g + ἑαυτόν (-τῶν i) h i j
τῆς < g
καὶ — αἰώνιον (vs. 3) om. k
καί < l
εἰ — καθαρεύειν] ἔστε καθαρεύοντες c h i j
εἰ] ἐάν e
καθαροὶ εἶναι e + ἐν a
τὴν διάνοιαν m
φυλάσσεσθε g l φυλάξασθε e a f φυλάξατε καί c h i j
αἰσθήσεις + ὑμῶν d m a f c h i j
ἀπό] ἐπί d
πάσης < c h i j
θηλείας] φιλίας g γυναικῶν c
2 κἀκείνας g f c h i j
δέ < d m
ἐντέλλεσθε (ἐντελεσθε g) g c h i j παραγγέλλετε e
συνδιάγειν h i j
ἀνδράσιν l c h i j
καθαρεύουσαι τῇ διανοίᾳ εἰρήνην ἔχωσιν d
καθαραί εἰσιν e
τὴν διάνοιαν m
3 ἐν γὰρ ταῖς συνεχεῖς συντυχίαις e
συνεχεῖς < d
κἄν] καί m
προαχθῇ g δεχθῇ c
σέβημα m
αὐτοῖς g ἐν αὐταῖς l
το ασενοσος m

ὑμῖν g l e a h i j
ὄνειδος τοῦ Βελιάρ] εἰς ὄλεθρον τῷ (< h i j) Βελιὰρ καὶ ὄνειδος c h i j παρὰ τοῦ Βελιάρ d περὶ τὸν Βελιάρ m
4 ὅτι ἡ] ἡ γάρ k ὅτι πᾶσα c
ἑαυτῇ] αὐτῇ m h i j
καί] ἀλλά k h i j
πρὸς ζῆλον c
οἰκεῖ f
ἐν αὐτῇ, ἤτοι ἐν τῇ ἐπιθυμίᾳ καὶ ἡδονῇ αὐτῆς k
5 τοῦτο + οἶδα ὅτι d + οὖν λέγω ὑμῖν c h i j
ζηλώσατε b k g m c h i j ζηλοῦτε d τοῖς υἱοῖς l
τοῦ Λ. c h i j
καὶ — πονηρῷ (vs. 6) < k
ζητήσατε b e h i j ζητεῖτε d c ζηλωσα m
αὐτῶν c h i j
οὐκ ἰσχύσητε (-σατε h i j) c h i j
6 κύριος g
ποιεῖ c h i j
καὶ ἀποθ. + ὑμεῖς g ὑμεῖς δὲ ἀποθανεῖσθε l c h i j
θανάτῳ πονηρῷ] πονηρῶς l
7 ἔδωκε] ἕνεκεν m
ὁ κύριος k f ὁ θεός l e a c h i j + ὁ θεός d m
ἀρχήν] χάριν d
τὸν Ἰούδαν m
μετ᾽ αὐτῶν — Ἰωσήφ < k
μετ᾽ αὐτόν g l a μετ᾽ αὐτῷ d μετ᾽ αὐτοῦ e f c h i j

αὐτῶν κάμοὶ καὶ Δὰν καὶ Ἰωσήφ, τοῦ εἶναι εἰς ἄρχοντας. 8. διὰ τοῦτο ἐντέλλομαι ὑμῖν ἀκούειν τοῦ Λευί, ὅτι αὐτὸς γνώσεται νόμον κυρίου, καὶ διαστελεῖ εἰς κρίσιν καὶ θυσίας ὑπὲρ παντὸς Ἰσραήλ, μέχρι τελειώσεως χρόνων ἀρχιερέως χριστοῦ, ὃν εἶπε κύριος. 9. ὁρκῶ ὑμᾶς τὸν θεὸν τοῦ οὐρανοῦ ποιῆσαι ἀλήθειαν ἕκαστος πρὸς τὸν πλησίον αὐτοῦ καὶ ἀγάπην ἕκαστος πρὸς τὸν ἀδελφὸν αὐτοῦ· 10. καὶ πρὸς τὸν Λευὶ ἐγγίσατε ἐν ταπεινώσει καρδίας, ἵνα δέξησθε εὐλογίαν ἐκ τοῦ στόματος αὐτοῦ. 11. αὐτὸς γὰρ εὐλογήσει τὸν Ἰσραὴλ καὶ τὸν Ἰούδαν· ὅτι ἐν αὐτῷ ἐξελέξατο κύριος βασιλεῦσαι πάντων τῶν λαῶν. 12. καὶ προσκυνήσατε τῷ σπέρματι αὐτοῦ, ὅτι ὑπὲρ ἡμῶν ἀποθανεῖται ἐν πολέμοις ὁρατοῖς καὶ ἀοράτοις καὶ ἔσται ἐν ὑμῖν βασιλεὺς αἰώνων.

ἐμοὶ δέ *d m c h i j* καὶ ἐμοί *e*
καὶ τῷ (< *m*) Ἰωσήφ καὶ Δάν
   ∞ *d m* καὶ τῷ Δὰν (Γάδ *c*) καὶ
   τῷ (< *h i j*) Ἰωσήφ *c h i j*
εἰς] ἐπί *b k*
8 in marg. προφητεία περὶ χριστοῦ *b*
   et in textu add. (ante vs. 8)
   περὶ χριστοῦ *c*
καὶ διά *m*
τοῦτο + οὖν *c*
τῷ Λ. *l d a* ἐν τῷ Λ. *m*
τὸν νόμον *l*
θεοῦ *c h i j*
διατελεῖ *g h i j*
εἰς < *l d m*
καὶ² — παντός] ἐν *l*
θύσει *g* θυσίαν *d* Fm*ᵈ m* θυσιάσει
   e c h i j θυμιάσει *a f*
πάντας τοῦ Ἰσρ. *m* τοῦ Ἰσρ. *c h i j*
τῶν χρόνων Fm*ᵈ*
ἀρχιερέως χριστοῦ *k* ἀρχιερέως
   (-έα *m*) κυρίου χριστοῦ (< *d m*)
   l d m τῶν ἀρχόντων καὶ ἀρχιερέων
   θεοῦ Fm*ᵈ* ἀρχιερέα χριστοῦ *h i j*
ὃν *m e f*
εἶπε < Fm*ᵈ*
ὁ κύριος *k f c h i j*
9 ὑμᾶς + τεκνία μου *l*
οὐρανοῦ + καὶ τῆς γῆς *c*
ποιεῖτε *k* τοῦ λαλεῖν *c* τοῦ ποιεῖν *h i j*
ἕκ. πρ. τ. πλ. αὐτ. ἀλήθειαν + καὶ
   σῴζεσθε ∞ *k* et om. καὶ —
VII. 2 οἱ πατέρες αὐτοῦ
ἕκαστον¹ *a*
μετὰ τοῦ πλ. *e*
καὶ — αὐτοῦ² < *b* ἀγάπην ἐχέτω *d*

καὶ ἕκαστος πρ. τ. ἀδ. αὐτ.
   ἀγάπην ἐχέτω *m*
ἀγάπην + ἐχέτω ὁμοίως *g* < *l* +
   ἔχειν *c h i j*
ἕκαστον² *a f*
μετὰ τοῦ ἀδ. *e*
αὐτοῦ] ἑαυτοῦ *l*
10 ἐγγίσατε δὲ (< *m*) καὶ πρὸς τὸν
   Λ. ∞ *d m*
καρδίας + ὑμῶν *g d m c h i j*
δέξησθε] λάβητε *l*
τοῦ < *l e a f*
11 γάρ < *d*
διότι *d* Fm*ᵈ m*
ἐξ αὐτοῦ *l* αὐτόν *d* Fm*ᵈ m*
κύριος ἐξελέξατο ∞ Fm*ᵈ*
ἐξελ.] εὐλογεῖ σοι *m*
ὁ κύριος *f h i j*
βασιλέα *l* βασιλεύειν *e a f c h i j*
πάντων λαῶν *d* Fm*ᵈ a* πάντα τὸν
   λαόν *f* ἐνώπιον παντὸς τοῦ λαοῦ *c*
   ἐπὶ παντὸς λαοῦ *h i j*
12 προσκυνήσετε (-σητε *c*) *g e a f c*
   προσκυνήσουσι *l* προσκυνῆσαι *d*
   Fm*ᵈ*
τὸ σπέρμα *g e a f c h i j* τὸν υἱόν *l*
ὑπὲρ — ἀποθαν. < *d*
ὑπὲρ ὑμῶν Fm*ᵈ m e f h i j*
ἐν¹ — ἀοράτοις < *l*
ὁρατοῖς + τε *d* Fm*ᵈ*
ἐν ὑμῖν ἔσται ∞ *c h i j*
ἐν ὑμῖν < *l* ἐν ἡμῖν *d* Fm*ᵈ m*
αἰώνιος *d* Fm*ᵈ m c h i j* et add.
   quis noscet legem domini et
   sacrificia pro omni israel (cf.
   VI. 8) Fm*ᵈ*

VII. Καὶ ἀπέθανε Ῥουβήμ, ἐντειλάμενος τοῖς υἱοῖς αὐτοῦ. 2. καὶ ἔθεντο αὐτὸν ἐν σορῷ, ἕως ὅτε ἀνενέγκαντες αὐτὸν ἐξ Αἰγύπτου ἔθαψαν ἐν Χεβρών, ἐν τῷ σπηλαίῳ τῷ διπλῷ, ὅπου οἱ πατέρες αὐτοῦ.

VII. 1 καὶ ἐντειλάμενος Ῥουβήμ
τοὺς υἱοὺς αὐτοῦ ἀπέθανε ∾ g
ταῦτα ἐντειλάμενος Ῥουβήμ τοῖς
υἱοῖς αὐτοῦ ἐτελεύτησε, πρεσβύτης
καὶ πλήρης ἡμερῶν ὑπάρχων ἐτῶν
ρκε΄ d m
αὐτοῦ + ταῦτα a f c h i j
2 καὶ ἔθεντο] κατέθεντο (-ετο d)
δέ d m
τῷ σορῷ (σῷ h j sed in marg.
σορῷ h) h i j
ἕως ὅτε] ἕως g ἕως ἂν l ἕως οὗ d m
ἕως ὅτου a καί c
ἐξενέγκοντες g c
ἔθαψαν + αὐτόν d m c h i j
ἐν²] εἰς l + σορῷ e

Χεβρών + καί e
τῷ¹ < g
τὸ διπλοῦν g e < c h i j
ὅπου — πατέρες] μετὰ τῶν πατέρων
l ὅπου ὁ πατήρ a f h i j μετὰ τοῦ
πατρός c
ὅπου + καί d m
αὐτοῦ] αὐτῶν g + κατετέθησαν d
+ ἐτάφησαν m
in fine add. τῷ δὲ θεῷ ἡμῶν ἡ δόξα
εἰς τ<οὺς αἰῶνας> d τῷ δὲ θεῷ
ἡμῶν πρέπει δόξα εἰς τοὺς αἰῶνας
τῶν αἰώνων· ἀμήν. υἱὸς Ἰακὼβ α΄
καὶ υἱὸς Λείας α΄· ἔζησεν ἔτη
ρκε΄ m Ῥουβήμ υἱὸς Ἰακὼβ α΄,
υἱὸς Λείας α΄· ἔζησεν ἔτη ρκε΄ f

ΔΙΑΘΗΚΗ ΣΥΜΕΩΝ

ΠΕΡΙ ΦΘΟΝΟΥ

I. Ἀντίγραφον λόγων Συμεών, ἃ ἐλάλησε τοῖς υἱοῖς αὐτοῦ πρὸ τοῦ θανεῖν αὐτόν, ἑκατοστῷ εἰκοστῷ ἔτει τῆς ζωῆς αὐτοῦ, ἐν ᾧ ἔτει ἀπέθανεν Ἰωσήφ. 2. ἦλθον γὰρ ἐπισκέψασθαι αὐτὸν ἀρρωστοῦντα, καὶ ἐνισχύσας ἐκάθισε καὶ κατεφίλησεν αὐτοὺς καὶ εἶπεν αὐτοῖς·

II. Ἀκούσατε, τέκνα, ἀκούσατε Συμεὼν τοῦ πατρὸς ὑμῶν, ὅσα ἔχω ἐν τῇ καρδίᾳ μου. 2. ἐγὼ ἐγεννήθην ἐξ Ἰακὼβ τοῦ πατρός μου υἱὸς δεύτερος, καὶ Λεία ἡ μήτηρ μου ἐκάλεσέ με Συμεῶνα, ὅτι ἤκουσε κύριος τῆς δεήσεως αὐτῆς. 3. δυνατὸς ἐγενόμην σφόδρα, οὐκ ἐδειλίασα πρᾶξιν οὐδὲ ἐφοβήθην ἀπὸ παντὸς πράγματος. 4. ἡ γὰρ καρδία μου ἦν σκληρὰ καὶ τὰ ἥπατά μου ἀκίνητα καὶ τὰ σπλάγχνα μου ἀσυμπαθῆ· 5. ὅτι

tit.: Διαθήκη Συμεών (+ β' *b g m* + υἱοῦ Ἰακὼβ καὶ Λείας δεύτερα *d*) περὶ φθόνου (+ Συμεὼν υἱὸς Ἰακὼβ καὶ Λείας β' *e*) *b g l d m e f* Ἀντιγράφου β' διαθήκη Συμεὼν περὶ φθόνου *k* Συμεὼν *a* Διαθήκη Συμεὼν τοῦ δευτέρου υἱοῦ Ἰακὼβ καὶ Λείας *c h i j*
I. capp. I - II om. *k* sed add. φησὶ γάρ

1 ἀντίγραφον λόγων] διαθήκη *c* ἀντίγραφα *a*
λόγων] διαθήκης *d m e*
ἅ] ὅσα *l d m e* ὧν *a*
τοὺς υἱούς *g*
πρὸ — αὐτοῦ[2] < *d c h i j*
θανεῖν] ἀποθανεῖν *g l m e a f*
αὐτόν < *f*
ἐν τῷ ἑκατοστῷ ἔτει καὶ κε' *g* ἐν (+ ἔτει *m*) ἑκατοστῷ εἰκοστῷ (< *l*) ἔτει *l m a f*
ἐν — αὐτοῖς (vs. 2)] ἀρρωστήσας ἐκάλεσεν αὐτοὺς καὶ φησί *g*
ἐν — Ἰωσήφ < *l*
ἔτει ᾧ ∽ *e* ᾧ χρόνῳ *c h i j*
ἐτελεύτησεν *d*
Ἰωσήφ + ὁ ἀδελφὸς αὐτοῦ *d c h i j*
2 ἦλθον — ἀρρωστοῦντα] ἀρρωστήσας προσκαλεσάμενος τοὺς υἱοὺς αὐτοῦ *d* ἀρρωστοῦντος (-τι *f* + τοῦ *c*)

Συμεὼν ἦλθον ἐπισκέψασθαι αὐτὸν οἱ υἱοὶ αὐτοῦ *a f c h i j*
γάρ < *m*
ἀρρωστοῦντος *m* + οἱ υἱοὶ αὐτοῦ *e*
καί[2] < *j*
κατεφίλησεν — αὐτοῖς] καταφιλήσας αὐτοὺς εἶπεν *h i j*
αὐτοῖς < *l d m e a f c*

II. 1 ἀκούσατε[1] — ἀκούσατε[2]] τεκνία (τέκνα *d*) μου, ἀκούσατε (+ μου *d*) *g d m* ἀκούσατέ μου *l* ἀκούσατε (+ μου *h i j*), τέκνα (+ μου *c h i j*) *e c h i j*
ὑμῶν + καὶ ἀναγγελῶ ὑμῖν *c h i j*
ἐπὶ καρδίας *e*
μου + κρυπτά *d m*
2 υἱὸς δεύτερος τῷ πατρί μου ∽ *c* δεύτερος υἱὸς τοῦ πατρός μου ∽ *h i j*
δεύτερος υἱός ∽ *e*
καὶ Λεία] Λεία τοίνυν (την *m*) *d m* καί *a*
3 δυνατός + γάρ *c h i j*
ἐγενήθην *l*
πρᾶξιν] παράταξιν *l* πᾶσαν πρᾶξιν *d m* πρᾶξαι *e*
ἀπό] ἐπί *l*
παντός + τινην *m*
4 ἡ καρδία μου καί *m* ἀσυμπάθητα *l m e*
5 ὅτι + δέ *l* ἐπειδή *c h i j*

καὶ ἡ ἀνδρεία ἀπὸ ὑψίστου δέδοται τοῖς ἀνθρώποις ἐν ψυχαῖς καὶ ἐν σώμασιν. 6. καὶ ἐν τῷ καιρῷ ἐκείνῳ ἐζήλωσα τὸν Ἰωσήφ, ὅτι ἠγάπα αὐτὸν ὁ πατὴρ ἡμῶν· 7. καὶ ἐστήρισα ἐπ' αὐτὸν τὰ ἥπατά μου τοῦ ἀνελεῖν αὐτόν, ὅτι ὁ ἄρχων τῆς πλάνης, ἀποστείλας τὸ πνεῦμα τοῦ ζήλου, ἐτύφλωσέ μου τὸν νοῦν, μὴ προσέχειν αὐτῷ ὡς ἀδελφῷ καὶ μὴ φείσασθαι Ἰακὼβ τοῦ πατρός μου. 8. ἀλλ' ὁ θεὸς αὐτοῦ καὶ ὁ θεὸς τῶν πατέρων αὐτοῦ, ἀποστείλας τὸν ἄγγελον αὐτοῦ, ἐρρύσατο αὐτὸν ἐκ τῶν χειρῶν μου. 9. ὡς γὰρ ἐγὼ ἐπορεύθην ἐν Σικίμοις, ἐνέγκαι ἄλειμμα τοῖς ποιμνίοις, καὶ Ῥουβὴμ εἰς Δωθάϊμ, ὅπου τὰ ἐγχρήζοντα ἡμῖν καὶ πᾶσα ἡ ἀπόθεσις, Ἰούδας ὁ ἀδελφὸς ἡμῶν ἐπώλησεν αὐτὸν τοῖς Ἰσμαηλίταις. 10. καὶ ἐλθὼν Ῥουβὴμ ἐλυπήθη· ἤθελε γὰρ αὐτὸν διασῶσαι πρὸς τὸν

ἀνδρεία + μου h i j
ἀπό] ἕως g παρά d
δίδοται l d m e f c h i j
ἀνθρώποις] υἱοῖς τῶν ἀνθρώπων e
ἐν σώμασιν] σώμασιν l c h i j σώματα m
6 καὶ — ἐκείνῳ] ἐν τῷ καιρῷ οὖν ἐκείνῳ τῆς νεότητος ἐν ᾧ e a f ἐν γὰρ τῷ καιρῷ τῆς νεότητός μου πολλά c h i j
ἐκείνῳ] ἐν ᾧ l
ἐζημίωσα h i j
τόν] τῷ b
ὅτι] ἐν φθόνῳ, διότι d m
ἠγαπᾶτο αὐτὸς τῷ πατρί a
ἡμῶν] μου παρὰ παντός (πάντας h j) c h i j
7 καί¹ < l
ἔστησα g ἐσκλήρυνα d ἐτήρησα m ἐστήριξα a f c h i j
ἐπ' < c ὑπ' h i j
τοῦ¹] ὥστε c h i j
ὅτι ὁ] ὁ γάρ d m
πλάνης + σατᾶν (σατανᾶ m) d m
ἀποστείλας < g καί c h i j
ζήλους e f
μὴ (τοῦ μή l d m) προσέχειν αὐτὸν (αὐτῷ l d) ὡς ἀδελφόν (ἀδελφῷ μου d) g l d m
καί² — μου³ < g
καὶ μή] μηδέ d m c h i j
φείσασθαι] φ σασθαι et in marg. ἴσως· φοβεῖσθαι h
τοῦ πατρός (τῷ πατρί c) μου (< j)
Ἰακὼβ ∽ c h i j
μου³] ἡμῶν d m

8 ἀλλ'] καί l
αὐτοῦ¹ — θεός² < g l d
αὐτοῦ²] μου l d ἡμῶν c h i j
ἀποστείλας — αὐτοῦ³ < d ἀπέστειλε (ἀποστείλας m) τὸν ἄγγελον αὐτοῦ καί m c h i j
ἐρρύσατο — μου] ἐκ τῶν χειρῶν μου ἐξείλατο a
9 γάρ] καί h i j
ἐπορεύθην] ἀπῆλθον e
εἰς Σ. g < c
ἐνέγκειν g ἤνεγκα m h i j
ἀλείμματα l d m
τοῖς (τῆς m) ποιμνῆς g m
Ῥουβήμ + ὁ ἀδελφὸς ἡμῶν l
εἰς Θολαιδα l καὶ Δ. c < h
ὅπου τὰ ἐγχειρίζοντα ἡμῖν καὶ πᾶσαν ἀπόθεσιν εἴχομεν l ὅπου (ἤνεγκε c) τὰ χρήζοντα ἡμῖν καὶ πᾶσα ἡ ἀπόθεσις ἦν c h i j
τὰ ἐγχειρίζοντα ἦν ἡμῖν g ἦν τὰ χρειώδη ἡμῶν d m ἦν τὰ ἐγχρήζοντα ἡμῖν e
πᾶσα < e
Ἰούδας + δέ f c
ἡμῶν] μου c h i j
10 ἐλθὼν Ῥ. + ὁ ἀδελφὸς ἡμῶν l + καὶ μὴ εὑρὼν αὐτόν d m ἐλθὼν (< c) Ῥ. (ὁ Ῥ. c) καὶ (< c) ἀκούσας ταῦτα c h i j
ἐλυπήθη + σφόδρα g d
ὅτι ἤθελε m ἦλθε e
αὐτὸν διασῶσαι m διασῶσαι αὐτόν ∽ e αὐτόν (< h i j) διασωθῆναι a f h i j αὐτὸν ἀπαγαγεῖν c

πατέρα. 11. ἐγὼ δὲ ὠργίσθην πρὸς τὸν Ἰούδαν ὅτι ζῶντα αὐτὸν ἀπέλυσε· καὶ ἐποίησα μῆνας πέντε ὀργιζόμενος αὐτῷ ἐπὶ τῷ λόγῳ τούτῳ. 12. καίγε συνεπόδισέ με ὁ θεὸς καὶ ἐκώλυσεν ἀπ' ἐμοῦ δρᾶσιν χειρῶν· ὅτι ἡ χείρ μου ἡ δεξιὰ ἡμίξηρος ἦν ἐπὶ ἡμέρας ἑπτά. 13. καὶ ἔγνων, τέκνα, ὅτι περὶ Ἰωσὴφ τοῦτό μοι συνέβη· καὶ μετανοήσας ἔκλαυσα, καὶ ηὐξάμην κυρίῳ ἵνα ἀποκατασταθῶ καὶ ἀπόσχωμαι ἀπὸ παντὸς μολυσμοῦ καὶ φθόνου καὶ ἀπὸ πάσης ἀφροσύνης. 14. ἔγνων γὰρ ὅτι πονηρὸν πρᾶγμα ἐνεθυμήθην ἐνώπιον κυρίου καὶ Ἰακὼβ τοῦ πατρός μου διὰ Ἰωσὴφ τὸν ἀδελφόν μου, φθονήσας αὐτῷ.

III.   Καὶ νῦν, τέκνα μου, φυλάξασθε ἀπὸ τῶν πνευμάτων τῆς πλάνης καὶ τοῦ φθόνου.   2.   καὶ γὰρ ὁ φθόνος κυριεύει πάσης τῆς διανοίας τοῦ ἀνθρώπου καὶ οὐκ ἀφίησιν αὐτὸν οὔτε φαγεῖν οὔτε πιεῖν οὔτε ποιῆσαί τι

πατέρα + αὐτοῦ d
11 δέ] γάρ g + ταῦτα ἀκούσας c h i j
    ἐπὶ τὸν (< d m a f) Ἰούδαν (+
    σφόδρα c h i j) g d m a f c h i j
    πρὸς Ἰούδαν l e
    διότι d
    αὐτὸν ἀπέλυσε] ἀπέλασε m
    μῆνας] ἡμέρας m
    αὐτῷ] αὐτόν g m ἐπ' αὐτόν c h i j
    ἐπὶ — τούτῳ < b a f c h i j ἐπὶ
    τοῦτο g περὶ τούτου, διότι ἐβου-
    λόμην ἐγὼ ἀποκτεῖναι αὐτόν d
12 συνεπόδισέ με] συνεπώλησε g
    ὁ (< g l d m e a f) κύριος g l d m e
    a f c h i j
    δρᾶσιν χειρῶν ἀπ' ἐμοῦ ∽ c h i j
    ἀπόδρασιν m
    χειρῶν + μου g
    ὅτι] λέγω γὰρ ὑμῖν ὅτι d m
    ἡμίξηρος (ξηρός m) ἐγένετο (γέγονεν
    c h i j) d m c h i j ἦν ἡμίξηρος
    ∽ e
    ἐν ἡμέραις l
    ἑπτά] ἑξήκοντα (εξηντα m ξ' e a)
    m e a f
13 ἔγνων] ἐγώ m
    τέκνα (τεκνία m) + μου d m e
    περὶ Ἰωσὴφ] διὰ Ἰωσὴφ τὸν ἀδελφόν
    μου d m
    τοῦτο (τοῦ m) συνέβη μοι ∽ l m μοι
    τοῦτο συνέβη ∽ e
    ἔκλαυσα < m
    κυρίῳ < l + τῷ θεῷ d m c h i j

ἀποκαταστήσῃ τὴν χεῖρά μου b
    κατασταθῶ g ἐὰν (< m) ἀπο-
    κατασταθῇ (ἀπομετασταθῇ m) ἡ
    χεῖρ μου ὡς τὸ πρότερον ὑγιῆς
    (ὑγιῆς ὡς τὸ πρ. ∽ m) d m ἀπο-
    κατασταθῇ ἡ χεῖρ μου c h i j
    καί[4] < d m
    ἀπόσχωνται m ἀπόσχω (ἀποστῶ
    h i j) c h i j
    μολυσμοῦ + σαρκός g
    πάσης] παντός i
14 καί < g
    ἐν Ἰακὼβ τῷ πατρί μου c h i j
    Ἰακώβ] ἐνώπιον οἴκου d
    μου[1] < b
    περὶ Ἰωσὴφ τοῦ ἀδελφοῦ μου g διὰ
    (+ τόν l) Ἰωσὴφ τὸν ἀδελφὸν
    ἡμῶν l e a f
    φθονήσας (φονεύσας l) αὐτόν (+ τῇ
    προαιρέσει l + ἀδίκως d m) g l d
    m h i j

III.   1 τεκνία g
    μου < b c + ἀκούσατέ μου καί c h i j
    τοῦ πνεύματος c h i j
2 καί[1] — φθόνος < m
    καὶ γάρ] ὅτι l
    πάσαις ταῖς διανοίαις k πάσας τὰς
    διανοίας g h i j
    ἀφίουσιν e
    ἀγαθόν τι ποιῆσαι ∽ l
    τι] τό a f

ἀγαθόν· 3. πάντοτε ὑποβάλλει ἀνελεῖν τὸν φθονούμενον· καὶ ὁ μὲν φθονούμενος πάντοτε ἀνθεῖ, ὁ δὲ φθονῶν μαραίνεται. 4. δύο ἔτη ἡμερῶν ἐν φόβῳ κυρίου ἐκάκωσα ἐν νηστείᾳ τὴν ψυχήν μου· καὶ ἔγνων ὅτι ἡ λύσις τοῦ φθόνου διὰ φόβου θεοῦ γίνεται. 5. ἐάν τις ἐπὶ κύριον καταφύγῃ, ἀποτρέχει τὸ πονηρὸν πνεῦμα ἀπ' αὐτοῦ, καὶ γίνεται ἡ διάνοια κούφη· 6. καὶ λοιπὸν συμπαθεῖ τῷ φθονουμένῳ, καὶ οὐ καταγινώσκει τῶν ἀγαπώντων αὐτόν, καὶ οὕτως παύεται τοῦ φθόνου.

IV. Καὶ ἦν ἐρωτῶν ὁ πατὴρ περὶ ἐμοῦ, ὅτι ἑώρα με σκυθρωπόν, καὶ ἔλεγον· Τὰ ἥπατά μου κακοῦμαι ἐγώ. 2. ἐπένθουν γὰρ παρὰ πάντας, ὅτι ἐγὼ ἤμην αἴτιος τῆς πράσεως Ἰωσήφ. 3. καὶ ὅτε κατέβημεν εἰς

---

3 πάντοτε¹ + γάρ k ἀλλὰ πάντοτε l d m e a f c h i j
ὑποβάλλει ἀνελεῖν] ὑποβάλλων πρός g
ὑποβάλλει + τῷ φθονοῦντι ἀνθρώπῳ d
ἀνελεῖν — ἀνθεῖ < m
μέν < l
ὁ δὲ φθονῶν] τὸν φθόνον m
φθονῶν] φθονούμενος k
4 δύο — λύσις] ἔχετε φόβον θεοῦ· ἡ γὰρ λήθη k
δύο + οὖν c h i j
ἐν φόβῳ κυρίου ἡμερῶν ∽ g < c
ἡμερῶν < l
ἐκάκωσα (-σεν m) τὴν ψυχήν μου ἐν νηστείᾳ ∽ m a f c h i j
ἐν νηστείᾳ < l
ἡ < a f
φόβου θεοῦ] φόβον θεοῦ (κυρίου g l) k g l c φόβου κυρίου θεοῦ d m
ἐγγίνεται g
5 ἐάν + γάρ g l d m e a f c h i j
καταφεύγῃ a
ἀποτρέχει — πνεῦμα] τὸ πονηρὸν πνεῦμα φεύγει d
πνεῦμα + τοῦ φθόνου k
διάνοια + τοῦ ἀνθρώπου g
κούφη] ἀπὸ τοῦ κακοῦ l
6 συμπαθῶν c
τὸν φθονούμενον l m
καὶ² — αὐτόν] καὶ (< a f) συγγινώσκει τοῖς ἀγαπῶσι αὐτόν (αὐτῷ i αὐτοῦ j) e a f c h i j
οὐ] οὐκέτι d m
τοὺς ἀγαπῶντας l

καὶ οὕτως] οὗτος i

IV. capp. IV, V et VI 1-5 ἐνδοξασθήσεται om. k
1 καὶ¹ — σκυθρωπόν] βλέπων δὲ ὁ πατήρ μου τότε ἐμὲ σκυθρωπὸν ἠρώτα περὶ ἐμοῦ g
καὶ ἦν ἐρωτῶν ὁ πατήρ μου (ὁ πατήρ μου ἐρωτῶν ∽ l) περὶ ἐμοῦ (+ ἐν τῷ κακοῦσθαί με l) l d m ἦν δὲ ὁ πατήρ μου ἐρωτῶν περὶ ἐμοῦ ∽ c h i j
ἦν + οὖν e
ἑώρακέ με (< d) d m f c h i j
σκυθρωπόν + ὄντα e
ἐγὼ ἔλεγον αὐτῷ (ἔλεγον αὐτῷ ἐγώ ∽ m) ὅτι d m + ἐγὼ (αὐτῷ c) ὅτι c h i j
κακοῦμαι ἐγώ] κακοῦμαι (+ καὶ διὰ τοῦτό εἰμι σκυθρωπός d m) g d m κακοῦσθαι ἐγώ l ὀγκοῦμαι c κακῶσαι h i j
2 ἐπένθουν — Ἰωσήφ] ἐγὼ γὰρ ἀεὶ ἐπένθουν ὡς ὢν αἴτιος τοῦ κακοῦ g (v.s.)
καὶ ἐπένθουν γάρ (< l) l m ἐπένθουν e
παρὰ πάντας] πάντοτε d m (v.i.) παρὰ πάντα a
ὁ αἴτιος f
τῆς πράσεως (κακώσεως l) τοῦ Ἰωσήφ l a f h i j παρὰ πάντας εἰς τὸν Ἰωσήφ d παρὰ πάντα τῆς πράσεως τοῦ Ἰωσήφ m
3 ὅτε — ἔδησε] ὡς εἰς Αἴγυπτον ἐδήλωσε g

2

Αἴγυπτον καὶ ἔδησέ με ὡς κατάσκοπον, ἔγνων ὅτι δικαίως πάσχω, καὶ οὐκ ἐλυπούμην. 4. Ἰωσὴφ δὲ ἦν ἀνὴρ ἀγαθὸς καὶ ἔχων πνεῦμα θεοῦ ἐν ἑαυτῷ, εὔσπλαγχνος καὶ ἐλεήμων, οὐκ ἐμνησικάκησέ μοι, ἀλλὰ καὶ ἠγάπησέ με, ὡς τοὺς ἄλλους ἀδελφούς. 5. φυλάξασθε οὖν, τέκνα μου, ἀπὸ παντὸς ζήλου καὶ φθόνου, καὶ πορεύεσθε ἐν ἁπλότητι ψυχῆς καὶ ἐν ἀγαθῇ καρδίᾳ, ἐννοοῦντες τὸν πατράδελφον ὑμῶν, ἵνα δῴη καὶ ὑμῖν ὁ θεὸς χάριν καὶ δόξαν καὶ εὐλογίαν ἐπὶ τὰς κεφαλὰς ὑμῶν, καθὼς εἴδετε ἐν αὐτῷ. 6. πάσας τὰς ἡμέρας οὐκ ὠνείδισεν ἡμᾶς περὶ τοῦ λόγου τούτου, ἀλλ' ἠγάπησεν ἡμᾶς ὡς τὴν ψυχὴν αὐτοῦ, καὶ ὑπὲρ τοὺς υἱοὺς αὐτοῦ ἐδόξασεν ἡμᾶς, καὶ πλοῦτον καὶ κτήνη καὶ καρποὺς πᾶσιν ἡμῖν ἐχαρίσατο. 7. καὶ ὑμεῖς οὖν, τέκνα μου ἀγαπητά, ἀγαπήσατε ἕκαστος

καί² < l
ἔδησε] ἔδεισε f εἶδε c
με] μοι h i j
καὶ ἔγνων l e
πάσχω < l
ἐλυπήθην g + ἐπὶ τοῦτο l
4 Ἰωσὴφ δέ + ἐπειδή d διὰ Ἰωσὴφ
  δὲ ἐπί m
ἀγαθὸς ἀνήρ ∾ c h i j
ἀνήρ < a f
καί¹ < g
πνεῦμα θεοῦ ἔχων ∾ e
ἑαυτῷ + καί l αὐτῷ (+ καί d m)
  d m a f c h i j
ἐλεήμων + καί l a + ὑπάρχων c h i j
οὐκ] οὐ γάρ g
μοι — ἠγάπησε < m
μοι] με (+ πότε g) g l a f c h i j
καί³] μᾶλλον g < l e f c h i j
ὡς — ἀδελφούς] σὺν τοῖς ἀδελφοῖς
  μου c h i j
ἀδελφούς + αὐτοῦ e f
5 vs. 5 post vs. 6 ∾ g
οὖν, τέκνα μου + καὶ ὑμεῖς g d οὖν
  (καί m) ὑμεῖς, τέκνα μου m c
ἀπό] ἐπί d
φθόνου + καθὼς καὶ αὐτὸς Ἰωσὴφ
  ὁ πατράδελφος (+ ἡμῶν d)
  ἐφύλαξεν ἑαυτόν d m
ψυχῆς < a f καρδίας c h i j
καί³ — ὑμῶν¹ < c h i j
ἐννοοῦντες — ὑμῶν¹ < a
ἐννοοῦντες + τὸν (< g f) Ἰωσήφ
  g l f
τὸν — ὑμῶν¹ + καθὼς οἴδατε ἐν
  αὐτῷ l τὸ ἀμνησίκακον αὐτοῦ·

καὶ καθὼς οἴδατε ἐν αὐτῷ, οὕτω
καὶ ὑμεῖς ποιεῖτε πάσας τὰς
ἡμέρας τῆς ζωῆς ὑμῶν d m (v.i.)
  + Ἰωσήφ e
δῷ g l a f h j δωει m δώσει e δοη i
ὑμῖν — θεός] ἐφ' ὑμᾶς l ὑμῖν κύριος
  ὁ θεός d m
ἐπὶ — ὑμῶν² < g
καθώς] καθ' ὅ f
εἴδετε — ἡμέρας (vs. 6)] δέδωκε καὶ
  ἐν αὐτῷ, τεκνία μου, πάσας τὰς
  ἡμέρας τῆς ζωῆς αὐτοῦ d m (v.s.)
οἴδατε ἐν αὐτῷ l εἴδετε ἐν Ἰωσήφ
  c h i j
6 καὶ πάσας e a f h i j
ἡμέρας + ὅτι l + ἀλλ' c
λόγου] πράγματος c h i j
τούτου] τῆς κακώσεως αὐτοῦ l
ἀλλ' — αὐτοῦ¹ < g
ἀλλ'] ἀλλὰ μᾶλλον d m
ἑαυτοῦ ψυχήν ∾ c
ὑπέρ] περί m ἐπί i
αὐτοῦ² + καί b
ἐδόξασεν — κτήνη < j
ἐδόξασεν] ἐδίδαξεν h i
καρπόν c h i j
πᾶσιν — ἐχαρίσατο] ἡμῖν ἐχαρίσατο
  d m ἐχαρίσατο πᾶσιν (< c h i j)
  ἡμῖν (ἡμᾶς h i j) ∾ a f c h i j
7 καί¹ — ἀγαπητά < g
καί¹ < l
οὖν < e a f c h i j
μου < h j
ἀγαπητά < l d m e a f c h i j
ἀγαπᾶτε g

τὸν ἀδελφὸν αὐτοῦ ἐν ἀγαθῇ καρδίᾳ, καὶ ἀποστήσατε ἀφ' ὑμῶν τὸ πνεῦμα τοῦ φθόνου· 8. ὅτι ἀγριοῖ τοῦτο τὴν ψυχὴν καὶ φθείρει τὸ σῶμα, ὀργήν καὶ πόλεμον παρέχει τῷ διαβουλίῳ, καὶ εἰς αἵματα παροξύνει, καὶ εἰς ἔκστασιν ἄγει τὴν διάνοιαν, καὶ οὐκ ἐᾷ τὴν σύνεσιν ἐν ἀνθρώποις ἐνεργεῖν· ἀλλὰ καὶ τὸν ὕπνον ἀφαιρεῖ, καὶ κλόνον παρέχει τῇ ψυχῇ καὶ τρόμον τῷ σώματι· 9. ὅτι καίγε ἐν ὕπνῳ τις ζῆλος κακίας αὐτὸν φαντάζων κατεσθίει, καὶ ἐν πνεύμασι πονηροῖς διαταράσσει τὴν ψυχὴν αὐτοῦ, καὶ ἐκθροεῖσθαι τὸ σῶμα ποιεῖ, καὶ ἐν ταραχῇ διυπνίζεσθαι τὸν νοῦν, καὶ ὡς πνεῦμα πονηρὸν καὶ ἰοβόλον ἔχων, οὕτως φαίνεται τοῖς ἀνθρώποις.

V. Διὰ τοῦτο Ἰωσὴφ ἦν ὡραῖος τῷ εἴδει καὶ καλὸς τῇ ὄψει, ὅτι

ἀδελφόν] πλησίον d
αὐτοῦ] ὑμῶν a f
ἀποστήσεται g l c h i j
φθόνου] ζήλου e
8 ὅτι < g ὡς h i j
τοῦτο ἀγριοῖ ∽ l
τούτου m τούτων f
τὴν ψυχήν] τῇ ψυχῇ h i j
καὶ¹ — ὀργήν < d
σῶμα + καί g l m
ὀργὴν καί] κινεῖν m
τὸ διαβούλιον (+ τῆς καρδίας m)
   b g l d m τῷ διαβόλῳ c h i j
αἵμα d
τὴν διάνοιαν ἄγει ∽ d
καὶ⁵ — ἀφαιρεῖ < c h i j
ἐᾷ] ατα m
σύνεσιν] συνείδησιν g
ἐν — ἐνεργεῖν] ὑπονοῆσαι ἐναργῆ l
ἐν < b
ἐνεργεῖν] εἰρηνεύειν g
ἀλλὰ — ἀφαιρεῖ < a f
ἀλλὰ + πάντα ἀβούλως (-ει m) καὶ
   ἀσκόπως (-ει m) πράττει d m
καὶ τὸν ὕπνον ἀφαιρεῖται g ἀφαιρεῖ-
   ται δέ (+ καὶ τὸν ὕπνον m) d m
κλοιόν d κλόνῳ m
τῇ ψυχῇ] τὴν ψυχήν (+ καὶ τὸν
   ὕπνον d) g d m h i j
τρόμῳ g m
σώματι] στόματι g h i j
9 καίγε < g καί m c γε a f h i j
τις — κατεσθίει] ὁ ζῆλος τῆς κακίας
   αὐτὸν φαντάζων κατεσθίει g ὁ
   ζῆλος κακίας φαντάζει l ζῆλος τις
   (ζήλῳ τάς m) φαντάζων αὐτὸν

κακίαν (κακίας m) σφοδρῶς κατ-
   εσθίει d m ζῆλον κακίας αὐτὸν
   φαντάζεται c
αὐτόν < h i j
φαντάζουσα b e a f h i j
καὶ¹ — πνεύμασι] φαντάσμασιν m
ἐν² < c h i j
πονηροῖς] πονηρίας g
αὐτοῦ < l
τὸ — ποιεῖ] τῷ σώματι εἴ h i j
ἐν ταχὺ τὸν νοῦν διυπνίζεσθαι ∽ l
διυπνίζει c
ὥσπερ d m ἐν a ἔν f
καὶ ἰοβόλον] ασμολην g ἰοβόλον l
ἔχων — ἀνθρώποις] οὗτος φαίνεται
   ἔχων τοῖς ἀνθρώποις ∽ a
ἔχων < c h i j
οὕτως] οὗτος i j
φαίνεται — ἀνθρώποις] ὁ τοιοῦτος
   τοῖς ἀνθρώποις ἐπιφαίνεται l + ὁ
   τῷ τὸν φθόνον ἁλισκόμενος πνεύ-
   ματι ὡς ἄνθρωπος d φαίνεται διὰ
   τοῦ φθόνου ἁλισκόμενος πνεύματι
   ἄνθρωπος τοῖς ἀνθρώποις m

V. 1 διὰ + γάρ l
ἦν Ἰωσήφ ∽ d m
ὁ Ἰωσήφ h i j
ὡραῖος] ὡς ναιος c
τῷ — καλός < g
τῇ ὄψει] τῷ προσώπῳ d
ὅτι οὐκ ἐνῴκει ἐν αὐτῷ (ἐν αὐτῷ οὐκ
   ἐνῴκει ∽ l) οὐδὲν πονηρόν (πο-
   νηρὸν οὐδέν ∽ g) g l e ὅτι (διότι
   d m) οὐκ ἐνοίκησεν (ἐνίκησεν
   d m c ἐκίνησεν h i j) αὐτῷ (ἐν

οὐκ ἐνοίκησεν ἐν αὐτῷ οὐδὲν πονηρόν· ἐκ γὰρ ταραχῆς τοῦ πνεύματος
τὸ πρόσωπον δηλοῖ. 2. καὶ νῦν, τέκνα μου, ἀγαθύνατε τὰς καρδίας
ὑμῶν ἐνώπιον κυρίου, καὶ εὐθύνατε τὰς ὁδοὺς ὑμῶν ἐνώπιον τῶν ἀνθρώπων,
καὶ ἔσεσθε εὑρίσκοντες χάριν ἐνώπιον θεοῦ καὶ ἀνθρώπων. 3. καὶ
φυλάσσεσθε τοῦ μὴ πορνεύειν· ὅτι ἡ πορνεία μήτηρ ἐστὶ πάντων τῶν
κακῶν, χωρίζουσα θεοῦ καὶ προσεγγίζουσα τῷ Βελιάρ. 4. ἑώρακα
γὰρ ἐν χαρακτῆρι γραφῆς Ἐνὼχ ὅτι υἱοὶ ὑμῶν μεθ' ὑμῶν ἐν πορνείᾳ
φθαρήσονται, καὶ ἐν Λευὶ ἀδικήσουσιν ἐν ῥομφαίᾳ. 5. ἀλλ' οὐ δυνή-
σονται πρὸς Λευί, ὅτι πόλεμον κυρίου πολεμήσει, καὶ νικήσει πᾶσαν
παρεμβολὴν ὑμῶν, 6. καὶ ἔσονται ὀλιγοστοὶ ἐπιμεριζόμενοι ἐν τῷ
Λευὶ καὶ Ἰούδᾳ, καὶ οὐκ ἔσται ἐξ ὑμῶν εἰς ἡγεμονίαν, καθὼς καὶ ὁ
πατήρ μου Ἰακὼβ προεφήτευσεν ἐν εὐλογίαις.

VI. Ἰδοὺ προείρηκα ὑμῖν πάντα, ὅπως δικαιωθῶ ἀπὸ τῆς ἁμαρτίας

αὐτῷ *d* εἰς αὐτόν *c h i j*) οὐδὲν
(< *d*) πονηρόν *d m a f c h i j*
ἐν γὰρ ταραχῇ (ταραχῆς *m*) *d m*
τῆς ταραχῆς *c h i j*
2 καὶ¹ — καὶ² < *l*
μου < *a*
ἀγαθύνετε *g*
εὐθύνατε — ἐνώπιον² < *c*
εὐθύνατε + οὖν *l*
τῶν] κυρίου (θεοῦ *h i j*) καὶ *l h i j*
< *m*
καὶ³ — ἀνθρώπων² < *g l d m*
ἐνώπιον³ — ἀνθρώπων²] παρὰ θεοῦ
καὶ ἀνθρώποις *e*
θεοῦ] κυρίου *c h i j*
3 καὶ¹ — πορνεύειν] φυλάξασθε οὖν
ἀπὸ τῆς πορνείας *c h i j*
φυλάξασθε *e*
πάντων τῶν κακῶν ἐστὶ μήτηρ ∽ *l*
μήτηρ] μεῖζον *g*
πάντων < *c h i j*
καὶ (< *l d c h i j*) χωρίζουσα (+
μέν *l*) ἀπὸ τοῦ (< *l h i j*) *l d m*
c h i j ἀποστερίζουσα *e*
θεῷ *g f*
ἐγγίζουσα *d*
τοῦ Βελιάρ *e* τῷ διαβόλῳ *c*
4 μὲν γάρ *m* + ἐγώ *c h i j*
γραφῆς] γραφίδι *c h i j*
οἱ (< *l*) υἱοὶ ὑμῶν (< *g*) μεθ' ὑμᾶς
(ἧς *d* ἡμᾶς *m*) *g l d m e a f* οἱ υἱοὶ
ὑμῶν *c h i j*
ἐν πορνείᾳ] ἡ πορνεία *d*
καὶ — ἁμαρτίας (VI 1) om. et

VI 1 τῶν ψυχῶν ὑμῶν — VIII 2
post T.L. XV 2 βδέλυγμα ∽ *m*
(VIII 3 — IX 1 πένθους om. *m*,
v.i.)
ἐν Λευί] ἐν ἐλέει *g* ἐπὶ τῷ Λευί *l* τοῖς
υἱοῖς Λευί *c h i j*
5 δυνήσονται πρός] ἐπισχύσουσι τῷ *l*
δυνήσεται *d*
Λευί + ἀντιστῆναι *c h i j*
πολεμῶν κύριος πολεμήσει *l*
πᾶσαν < *a*
παρεμβολήν] προσβολήν *c*
6 ἐπιμεριζόμενοι ὀλιγοστοί ∽ *l*
ὀλίγωροι *d*
μεριζόμενοι *a*
ἐν τῷ (ἐν τ.] ἐπί *f*) Λευὶ καὶ ἐν τῷ
Ἰούδᾳ *a f c h i j*
οὐκ < *b*
ἐστιν ἐξ ὑμῶν τις (+ ὑμῶν *c*) εἰς
ἡγεμονίαν (εἰς ἡγ.] αἱμονεις *j*)
c h i j
μου Ἰακώβ] Ἰακώβ *g e a f* ἡμῶν
l c h i j
ἐπροεφήτευσεν εὐλογίαις περὶ Λευὶ
καὶ Ἰουδά *d* ἐν εὐλογίαις ἐπρο-
εφήτευσεν ∽ *e*
ταῖς εὐλογίαις *c h i j*

VI. 1 εἴρηκα *c h i j*
ὑμῖν] ὑμῶν *i*
πάντα < *l* ταῦτα *h i j*
δικαιῶ *h i j*
ἀπό] ἐπί *d*
τῆς] πάσης *e*

τῶν ψυχῶν ὑμῶν. 2. ἐὰν δὲ ἀφέλητε ἀφ' ὑμῶν τὸν φθόνον καὶ πᾶσαν σκληροτραχηλίαν, ὡς ῥόδον ἀνθήσει τὰ ὀστᾶ μου ἐν Ἰσραὴλ καὶ ὡς κρίνον ἡ σάρξ μου ἐν Ἰακώβ, καὶ ἔσται ἡ ὀσμή μου ὡς ὀσμὴ Λιβάνου, καὶ πληθυνθήσονται ὡς κέδροι ἅγιοι ἐξ ἐμοῦ ἕως αἰῶνος, καὶ οἱ κλάδοι αὐτῶν ἕως εἰς μακρὰν ἔσονται. 3. τότε ἀπολεῖται σπέρμα Χανάαν καὶ ἐγκατάλειμμα οὐκ ἔσται τῷ Ἀμαλήκ, καὶ ἀπολοῦνται πάντες οἱ Καππάδοκες καὶ πάντες οἱ Χετταῖοι ἐξολοθρευθήσονται. 4. τότε ἐκλείψει ἡ γῆ Χὰμ καὶ πᾶς ὁ λαὸς ἀπολεῖται. τότε καταπαύσει ἡ γῆ πᾶσα ἀπὸ ταραχῆς καὶ πᾶσα ἡ ὑπ' οὐρανὸν ἀπὸ πολέμου. 5. τότε Σὴμ ἐνδοξασθήσεται, ὅτι κύριος ὁ θεὸς μέγας τοῦ Ἰσραήλ, φαινόμενος ἐπὶ γῆς ὡς ἄνθρωπος καὶ σῴζων ἐν αὐτῷ τὸν Ἀδάμ. 6. τότε δοθήσονται πάντα τὰ πνεύματα τῆς πλάνης εἰς καταπάτησιν, καὶ ἄνθρωποι βασιλεύσουσι τῶν πονηρῶν πνευμάτων. 7. τότε ἀναστήσομαι ἐν εὐφροσύνῃ, καὶ

τῶν ψυχῶν < c h i j
2 ἀφέλησθε c h i j
ἀφ' — πᾶσαν < l
σκληροτραχηλίαν + τότε d σκληρο-
  καρδίαν m c h i j
μου[1] < m
Ἰσραήλ] Ιηλμ m
ἡ σάρξ] οἱ υἱοί m
ἔστω g < l
ἡ[2] — Λιβάνου] ὡς (< d f h i j) ὀσμὴ
  Λιβάνου (+ ἡ εὐωδία μου d)
  d a f c h i j
μου[3]] κόσμου m
πληθυνθήσεται b πληθυνθήσεσθε e
ὡς κέδροι < c h i j
ἐξ ἐμοῦ < d
αἰῶνος] αἰώνας αἰώνων c h i j
καὶ[5] — ἐνδοξασθήσεται (vs. 5) om.
  m
οἱ κλάδοι] αἱ κοιλάδες h i j
ἕως[2] < l d c h i j
3 ἀπολεῖται] ἀπόλλυται c
τὸ σπέρμα g l d e a f c h i j
καὶ ἐγκατάλειμμα < h i j
ἐν τῷ Ἀ. c h i j
πάντες[1] < l
Καππαδόκαι a c h i j
Χετταῖοι + καὶ h i j
4 ἡ γῆ[1]] ἡ (< h) ψυχή h i j
λαός + αὐτοῦ l d
πᾶσα ἡ (< g) γῆ ∽ g l d e a f c h i j
ὑπ' οὐρανόν + καταπαύσει l ὑπ'
  οὐρανῶν e c υπουρανος h i j

ἀπὸ πολέμων g i j ἐπὶ πολέμου d
5 in marg. προφητεία (...) περὶ
  χριστοῦ· ζητήτεον δέ ἐ<στι> καὶ
  κατὰ αὗται αἱ διαθῆκαι k περὶ τοῦ
  χριστοῦ h in textu add. (ante
  vs. 5) περὶ (+ τοῦ i j) χριστοῦ
  c i j
τότε — ὅτι] καὶ ὅτε δοξασθήσεται g
Σήμ] σημεῖον e a f c h i j
μέγα τῷ Ἰσραήλ, ὅτι κύριος ὁ θεός
  ∽ c h i j
τοῦ Ἰσραὴλ μέγας ∽ k τοῦ Ἰσραήλ
  g + ἐστιν d m
τῷ Ἰσραήλ a
φαινόμενος] φθονούμενος g
γῆ k τῆς γῆς (+ ἥξει c h i j)
  g c h i j
ὡς ἄνθρωπος < a
σώσει h i j
αὐτῇ k d ἑαυτῷ l a f
6 δοθήσεται m c h i j
ἕως εἰς g
καταπάτημα l κατάπαυσιν h i j
ἄνθρωποι] πολλοὶ τῶν ἀνθρώπων k
  οἱ ἄνθρωποι g l d m e a f c h i j
βασιλεύουσι l + ἐπί d
πνευμάτων < e
7 in marg. προφητεία περὶ τῆς
  ἐνσάρκου οἰκονομίας b
τότε — αὐτοῦ < k
τότε] ὅτι m
ἀναστήσομαι + κἀγώ c + ἐγώ h i j

εὐλογήσω τὸν ὕψιστον ἐν τοῖς θαυμασίοις αὐτοῦ· ὅτι θεός, σῶμα λαβὼν καὶ συνεσθίων ἀνθρώποις, ἔσωσεν ἀνθρώπους.

VII. Καὶ νῦν, τεκνία μου, ὑπακούετε Λευὶ καὶ ἐν Ἰούδᾳ λυτρωθήσεσθε· καὶ μὴ ἐπαίρεσθε ἐπὶ τὰς δύο φυλὰς ταύτας, ὅτι ἐξ αὐτῶν ἀνατελεῖ ὑμῖν τὸ σωτήριον τοῦ θεοῦ. 2. ἀναστήσει γὰρ κύριος ἐκ τοῦ Λευὶ ὡς ἀρχιερέα καὶ ἐκ τοῦ Ἰούδα ὡς βασιλέα, θεὸν καὶ ἄνθρωπον. οὗτος σώσει πάντα τὰ ἔθνη καὶ τὸ γένος τοῦ Ἰσραήλ. 3. διὰ τοῦτο πάντα ταῦτα ἐντέλλομαι ὑμῖν, ἵνα καὶ ὑμεῖς ἐντείλησθε τοῖς τέκνοις ὑμῶν ὅπως φυλάξωσιν αὐτὰ εἰς τὰς γενεὰς αὐτῶν.

VIII. Καὶ συνετέλεσε Συμεὼν ἐντελλόμενος τοῖς υἱοῖς αὐτοῦ, καὶ ἐκοιμήθη μετὰ τῶν πατέρων αὐτοῦ ἑκατὸν εἴκοσιν ἐτῶν. 2. καὶ ἔθηκαν αὐτὸν ἐν θήκῃ ξύλων ἀσήπτων, τοῦ ἀναγαγεῖν τὰ ὀστᾶ αὐτοῦ ἐν Χεβρών.

ἐν²] ἐπί *g l d m e a f c h i j*
θεός < *g* ὁ θεός *l e a c h i j*
ἔσωσεν] σώσει *d m*
ἀνθρώπους] αὐτούς *a* αὐτόν *c h i j*

VII. 1 τέκνα *l d m e a f c h i j*
ὑπακούσετε *g l m* ὑπακούσατε *f h i j*
ἐπακούσατε *c*
τῷ Λ. *g d* τὸν Λ. *l m a* τοῦ Λ. *e f c h i j*
ἐν — λυτρωθήσεσθε] τοῦ Ἰουδά *c*
φυλάς] γενεάς *c h i j*
αὐτῶν] αὐτοῦ *e*
ὑμῖν < *l* ἡμῖν *d m f c*
in marg. (ad τὸ σωτήριον τοῦ θεοῦ) τοῦ χριστοῦ *d*
τό < *m*
2 ἀναστήσει γάρ] καὶ (< *a*) ἀναστήσει *d m a*
κύριος < *c* χάριν ὁ κύριος *i*
ἐκ¹ . . . καὶ ἐκ] ἐκ μέν . . . ἐκ δέ *d m*
τοῦ¹ < *l*
ὡς¹ < *g d m*
τὸν ἀρχιερέα *k*
Ἰουδά] θεοῦ *c*
ὡς² < *g d m*
in marg. (ad θεὸν καὶ ἄνθρωπον) θεὸν καὶ ἄνθρωπον *d*
καὶ θεόν *h i j*
καί² < *k*
οὗτος] οὕτως *b i*
3 VII 3 - IX 1 om. *k*
γνωστὸν οὖν (+ ὑμῖν *m*) ἔστω ὅτι διὰ τοῦτο *d m*
πάντα (< *g h i j* ταῦτα *e a f c*) ἐν-

τέλλομαι ὑμῖν *b g e a f c h i j* ἐντέλλομαι ὑμῖν πάντα ταῦτα (< *m*) ∽ *d m*
ἵνα] ὅπως *d m*
ἐντέλλησθε *g l c h i j* ἐντελεῖσθε *a*
ὅπως] ἵνα *l d m* οὕτως καί *h i j*
αὐτά] ταῦτα *l f*
εἰς — αὐτῶν < *l*
τάς < *e*

VIII. 1 καί¹] ὡς δέ *d m* (v.i.) καὶ ὡς *c* (v.i.)
Συμεών] Λευὶ τοὺς λόγους ὧν *m* ὁ Σ. *i*
υἱοῖς] τέκνοις *g a f h i j*
καὶ ἐκοιμήθη] ἐκοιμήθη (ἐξάρας τοὺς πόδας αὐτοῦ ἐκοιμήθη *d*) καὶ προσετέθη *d m* ἐκοιμήθη *c*
αὐτοῦ²] αὐτῶν *m*
ἑκατὸν — ἐτῶν] χρόνων ὑπάρχων ρκέ' *g* + ὢν *l* ὑπάρχων ἐτῶν ρκε' *d* ὑπάρχων δὲ ρκ' ἐτῶν *m* ἐτῶν ρκ' ∽ *e a f* ὢν ἐτῶν ρκ' *c* ἐτῶν ὢν ρκ' *h i j*
2 θήκη — ἀσήπτων] θήκη *g* ξυλίνη θήκη ἀσήπτῳ *d* ξύλῳ ἀσήπτων *m* θήκη ξυλίνη *c h i j*
τοῦ — Χεβρών] ἕως ἀνήγαγον αὐτὸν θάψαντες ἐν Χεβρὼν μετὰ τῶν πατέρων αὐτοῦ *g* ἕως τοῦ ἀναγαγεῖν (ἀγαγεῖν *m*) αὐτὸν (τὰ ὀστᾶ αὐτοῦ *m*) ἐν Χ. *d m* εἰς τὸ ἀναγαγεῖν (ἀγαγεῖν *h j*) αὐτὸν ἐν Χ. *c h i j*

καὶ ἀνήνεγκαν αὐτὰ ἐν πολέμῳ Αἰγυπτίων κρυφῇ. 3. τὰ γὰρ ὀστᾶ
Ἰωσὴφ ἐφύλαττον οἱ Αἰγύπτιοι ἐν τοῖς ταμιείοις τῶν βασιλείων.
4. ἔλεγον γὰρ αὐτοῖς οἱ ἐπαοιδοί ὅτι ἐν ἐξόδῳ ὀστῶν Ἰωσὴφ ἔσται ἐν
πάσῃ γῇ Αἰγύπτῳ σκότος καὶ γνόφος, καὶ πληγὴ μεγάλη σφόδρα τοῖς
Αἰγυπτίοις, ὥστε μετὰ λύχνου μὴ ἐπιγινώσκειν ἕκαστος τὸν ἀδελφὸν
αὐτοῦ.

IX. Καὶ ἔκλαυσαν υἱοὶ Συμεὼν τὸν πατέρα αὐτῶν κατὰ τὸν νόμον
τοῦ πένθους· καὶ ἦσαν εἰς Αἴγυπτον ἕως ἡμέρας ἐξόδου αὐτῶν ἀπ'
Αἰγύπτου ἐν χειρὶ Μωυσῆ.

καὶ ἀνήνεγκαν — IX 1 om. g
ἀνήνεγκαν] ἀνήγαγον e f c h i j
αὐτὸν ἐν πολέμῳ Αἰγ. κρυφῇ l αὐτὸν
    (τὰ ὀστᾶ αὐτοῦ d) ἐν πολέμῳ Αἰγ.
    ἐν κρυφῇ καὶ ἔθαψαν αὐτὸν ἐν τῷ
    σπηλαίῳ τῷ διπλῷ ὅπου (ὅτι m)
    καὶ οἱ πατέρες αὐτοῦ (αὐτῶν m)
    ἐτέθησαν (ἐφύλαττον m) d m
    αὐτὸν ἐν κρυφῇ τὰ ὀστᾶ c h i j
3 VIII 3 - IX 1 πένθους om. m (v.s.
    ad V 4)
ἐφύλαττον δὲ αὐτοῦ οἱ Αἰγύπτιοι τὰ
    ὀστᾶ Ἰωσὴφ ∾ d
τοῦ Ἰωσὴφ c h i j
ταμιείοις (μνήμασι c h i j) τῶν βασι-
    λέων d e a f c h i j
4 αὐτοῖς] τοῖς Αἰγυπτίοις l αὐτῶν d
    < h i j
τῶν (< l d e f) ὀστέων l d e f c h i j
ἐν πάσῃ τῇ γῇ Αἰγυπτίων ἔσται ∾ l
    ἔσται ἐν πάσῃ τῇ (< e) γῇ
    Αἰγύπτου (< c h i j) e a f c h i j
γῇ] τῇ b
σφόδρα < c h i j

λύχνων f λύχνον h j
μὴ + δύνασθαι d
ἕκαστον l a f
τῶν ἀδελφῶν f

IX.   1 καὶ ἔκλαυσαν] ἔκλαυσαν τοί-
    νυν d
οἱ υἱοί d e a f c h i j
κατὰ — πένθους < c h i j
πένθους + μ' ἡμέρας d
ἦσαν — Αἴγυπτον] ἐπέστρεψαν εἰς
    Αἴγυπτον καὶ ἦσαν ἐκεῖ d ἦσαν
    ἐκεῖ m
ἀπ' — Μωυσῆ < d
ἐξ Αἰγύπτου l e a f < c h i j
Μωυσῆ + καὶ Ἀαρών m Μωυσέως e
    in fine add. τῷ δὲ θεῷ ἡμῶν ἡ (< m)
    δόξα εἰς τοὺς αἰῶνας (+ ἀμήν.
    Συμεὼν υἱὸς Ἰακὼβ β', υἱὸς δὲ
    Λείας· ἔζησεν ἔτη ρκ', καὶ β'
    υἱὸς τῆς Λείας m) d m Συμεὼν
    υἱὸς Ἰακὼβ β', υἱὸς Λείας β'·
    ἔζησεν ἔτη ρκ' f

ΔΙΑΘΗΚΗ ΛΕΥΙ

ΠΕΡΙ ΙΕΡΩΣΥΝΗΣ ΚΑΙ ΥΠΕΡΗΦΑΝΙΑΣ

I. 'Αντίγραφον λόγων Λευί, ὅσα διέθετο τοῖς υἱοῖς αὐτοῦ πρὸ τῆς τελευτῆς αὐτοῦ, κατὰ πάντα ἃ ποιήσουσι καὶ ὅσα συναντήσει αὐτοῖς ἕως ἡμέρας κρίσεως. 2. ὑγιαίνων ἦν ὅτε ἐκάλεσεν αὐτοὺς πρὸς ἑαυτόν· ὤφθη γὰρ αὐτῷ ὅτι μέλλει ἀποθνήσκειν. καὶ ὅτε συνήχθησαν, εἶπε πρὸς αὐτούς·

II. Ἐγὼ Λευὶ ἐν Χαρρὰν συνελήφθην, καὶ ἐτέχθην ἐκεῖ, καὶ μετὰ ταῦτα ἦλθον σὺν τῷ πατρὶ εἰς Σίκιμα. 2. ἤμην δὲ νεώτερος, ὡσεὶ ἐτῶν εἴκοσιν, ὅτε ἐποίησα μετὰ Συμεὼν τὴν ἐκδίκησιν τῆς ἀδελφῆς ἡμῶν Δίνας ἀπὸ τοῦ Ἐμμώρ. 3. ὡς δὲ ἐποιμαίνομεν ἐν Ἀβελμαούλ, πνεῦμα συνέσεως κυρίου ἦλθεν ἐπ' ἐμέ, καὶ πάντας ἑώρων ἀνθρώπους ἀφανίσαντας

tit.: Διαθήκη Λευὶ (+ υἱὸς τρίτος Ἰακὼβ d + υἱοῦ Ἰακὼβ e) περὶ ἱερωσύνης καὶ ὑπερηφανίας (+ Λευὶ ἑρμηνεύεται ὑπὲρ ἐμοῦ μισθός f) b l d m e f Ἀντίγραφον γ' διαθήκης Λευί k Διαθήκη Λευὶ περὶ ἱερωσύνης γ' g Λευί a Διαθήκη Λευὶ τοῦ τρίτου υἱοῦ Ἰακὼβ καὶ Λείας c h i j

I. I 1 - II 3 Ἀβελμαούλ om. k
1 ἀντίγραφα a
λόγων] διαθήκης l d m
Λευί + τοῦ τρίτου υἱοῦ Ἰακὼβ καὶ Λείας h i j
ὅσα[1] — πάντα < h i j
πρὸ — αὐτοῦ[2] < b a c πρὸ τοῦ ἀποθανεῖν αὐτόν d m
πάντων m
ὅσα ποιήσουσι g + αὐτοί a
συναντήσεται αὐτοῖς (αὐτούς g) g d m
2 ὑγιαίνων + γάρ c h i j
πρὸς[1] — αὐτούς[2]] καὶ φησί g
ἑαυτόν] αὐτόν m
ὤφθη] ἀπεκαλύφθη d m c h i j
γάρ] δέ a f c h i j
καὶ ὅτε] ὅτε δέ a f

II. 1 τεκνία μου, ἐγὼ Λευί (< l + ὁ πατὴρ ἡμῶν d) l d m

συνελήφθην, καὶ ἐτέχθην] ἐγεννήθην c h i j
ἐκεῖ ἐτέχθην ∾ f
ἐκεῖ < g c h i j
καὶ[2] < g m
μετὰ ταῦτα < c h i j
ἦλθον] οἰκῶν g
πατρί + μου (ἡμῶν l + Ἰακὼβ m) l d m c h i j
ἐν Σικίμοις (-α e) d m e εἰς οικειμα h i j
2 δέ < m
νεώτερος < g
ὡσεί < g l a ὡς d m e f c h i j
ὅτε] καὶ τότε c h i j
τὴν ἐκδίκησιν μετὰ Συμεών ∾ c h i j
Συμεώνος m f
ἀπό] ἐπί d
τοῦ < e a f c h i j
3 δὲ ἐποιμαίνομεν] διεποίμαινον g δὲ ἐποίμαινον d m e a f c h i j
πνεῦμα κυρίου συνέσεως ἦλθεν ∾ i
συνέσεως < m
ἐπ' ἐμοί c
πάντας ἀνθρώπους ἐθεώρουν (ἑώρων a) ∾ d a πάντας ἐθεώρουν τοὺς ἀνθρώπους m ἐθεώρουν πάντας (< c) ἀνθρώπους ∾ c h i j
ἀφανεῖς ὄντας (ὄντας ἀφ. ∾ d) ἐν (< d m) τῇ ὁδῷ l d m
ἀφανίσαντος j

τὴν ὁδὸν αὐτῶν, καὶ ὅτι τείχη ᾠκοδόμησεν ἑαυτῇ ἡ ἀδικία, καὶ ἐπὶ πύργους ἡ ἀνομία κάθηται, 4. καὶ ἐλυπούμην περὶ τοῦ γένους τῶν υἱῶν τῶν ἀνθρώπων, καὶ ηὐξάμην κυρίῳ ὅπως σωθῶ. 5. τότε ἐπέπεσεν ἐπ' ἐμὲ ὕπνος, καὶ ἐθεασάμην ὄρος ὑψηλόν· τοῦτο ὄρος Ἀσπίδος ἐν

καὶ² — ἀδικία] καὶ ἐπὶ τοὺς (< c) τείχους ᾠκοδομεῖτο ἡ ἁμαρτία c h i < j
ὅτι τεῖχος d a f ὅτι m τείχη e
ἐν ἑαυτῇ g ἐν αὐτῇ (+ τῇ ὁδῷ d m) l d m ἑαυτῆς e < a f
ἀδικία] εὐδοκία g κακία e et e add.
(1) τότε ἐγὼ ἔπλυνα τὰ ἱμάτιά μου, καὶ καθαρίσας αὐτὰ ἐν ὕδατι καθαρῷ (2) καὶ ὅλος ἐλουσάμην ἐν ὕδατι ζῶντι· καὶ πάσας τὰς ὁδούς μου ἐποίησα εὐθείας. (3) τότε τοὺς ὀφθαλμούς μου καὶ τὸ πρόσωπόν μου ἦρα πρὸς τὸν οὐρανόν, καὶ τὸ στόμα μου ἤνοιξα καὶ ἐλάλησα, (4) καὶ τοὺς δακτύλους τῶν χειρῶν μου καὶ τὰς χεῖράς μου ἀνεπέτασα εἰς ἀλήθειαν κατέναντι τῶν ἁγίων. καὶ ηὐξάμην καὶ εἶπα· (5) Κύριε, γινώσκεις πάσας τὰς καρδίας, καὶ πάντας τοὺς διαλογισμοὺς ἐννοιῶν σὺ μόνος ἐπίστασαι. (6) καὶ νῦν τέκνα μου μετ' ἐμοῦ. καὶ δός μοι πάσας ὁδοὺς ἀληθείας· (7) μάκρυνον ἀπ' ἐμοῦ, κύριε, τὸ πνεῦμα τὸ ἄδικον καὶ διαλογισμὸν τὸν πονηρὸν (MS διαλογισμῶν τῶν πονηρῶν) καὶ πορνείαν, καὶ ὕβριν ἀπόστρεψον ἀπ' ἐμοῦ. (8) δειχθήτω μοι, δέσποτα, τὸ πνεῦμα τὸ ἅγιον, καὶ βουλὴν καὶ σοφίαν καὶ γνῶσιν καὶ ἰσχὺν δός μοι (9) ποιῆσαι τὰ (MS τό) ἀρέσκοντά σοι καὶ εὑρεῖν χάριν ἐνώπιόν σου καὶ αἰνεῖν τοὺς λόγους σου μετ' ἐμοῦ, κύριε· (10) καὶ μὴ κατισχυσάτω με πᾶς σατανᾶς πλανῆσαί με ἀπὸ τῆς ὁδοῦ σου. (11) καὶ ἐλέησόν με καὶ προσάγαγέ με εἶναί σου δοῦλος καὶ λατρεῦσαί σοι καλῶς. (12) τεῖχος εἰρήνης σου γενέσθαι κύκλῳ μου, καὶ σκέπη σου τῆς δυναστείας σκεπασάτω με ἀπὸ παντὸς κακοῦ. (13) παραδοὺς διὸ δὴ καὶ τὴν ἀνομίαν ἐξάλειφον ὑπο-

κάτωθεν τοῦ οὐρανοῦ, καὶ συντελέσαι τὴν ἀνομίαν ἀπὸ προσώπου τῆς γῆς (14) καθάρισον τὴν καρδίαν μου, δέσποτα, ἀπὸ πάσης ἀκαθαρσίας, καὶ προσάρωμαι πρός σε αὐτός· (15) καὶ μὴ ἀποστρέψῃς τὸ πρόσωπόν σου ἀπὸ τοῦ υἱοῦ παιδός σου Ἰακώβ. σύ, κύριε, εὐλόγησας τὸν Ἀβραὰμ πατέρα μου καὶ Σάρραν μητέρα μου, (16) καὶ εἶπας δοῦναι αὐτοῖς σπέρμα δίκαιον εὐλογημένον εἰς τοὺς αἰῶνας. (17) εἰσάκουσον δὲ καὶ τῆς φωνῆς τοῦ παιδός σου Λευὶ γενέσθαι σοι ἐγγύς, (18) καὶ μέτοχον ποίησον τοῖς λόγοις σου ποιεῖν κρίσιν ἀληθινὴν εἰς πάντα τὸν αἰῶνα, ἐμὲ καὶ τοὺς υἱούς μου εἰς πάσας τὰς γενεὰς τῶν αἰώνων· (19) καὶ μὴ ἀποστήσῃς τὸν υἱὸν τοῦ παιδός σου ἀπὸ τοῦ προσώπου σου πάσας τὰς ἡμέρας τοῦ αἰῶνος. καὶ ἐσιώπησα ἔτι δεόμενος.

τοὺς πύργους j
ἡ ἀνομία] ἀνομία g ἡ ἀδικία c h i j ἐκάθητο e c h i j
4 vss. 4-5 om. a
ἤμην λυπούμενος c h i j
ὑπὲρ τοῦ (< c h i j) g d m c h i j
υἱῶν τῶν < b k m e υἱῶν c
καὶ ταῦτα θεωρῶν καὶ (< d) ηὐξάμην κυρίῳ (πρὸς κύριον d) d m
τῷ κυρίῳ c h i j
ὅπως σωθῶ] σώσει με k πῶς σωθῶ h i j
5 τότε] καὶ g
ἔπεσεν g e ὑπέπεσε h i j
ἐπ' ἐμέ] με c μοι h i j
ἐν τῷ ὕπνῳ μου ἐθεασάμην k θεασάμενος m
τοῦτο — Ἀβελμαούλ] καὶ ἤμην ἐν αὐτῷ c h i j
τὸ ὄρος² g l m
Ἀσπίδων g

Ἀβελμαούλ. 6. καὶ ἰδοὺ ἠνεῴχθησαν οἱ οὐρανοί, καὶ ἄγγελος θεοῦ εἶπε πρός με· Λευί, εἴσελθε. 7. καὶ εἰσῆλθον ἐκ τοῦ πρώτου οὐρανοῦ εἰς τὸν δεύτερον, καὶ εἶδον ἐκεῖ ὕδωρ κρεμάμενον ἀνάμεσον τούτου κἀκείνου. 8. καὶ εἶδον τρίτον οὐρανὸν πολὺ φωτεινότερον καὶ φαιδρότερον παρὰ τοὺς δύο· καὶ γὰρ ὕψος ἦν ἐν αὐτῷ ἄπειρον. 9. καὶ εἶπον τῷ ἀγγέλῳ· Διατί οὕτως; καὶ εἶπεν ὁ ἄγγελος πρός με· Μὴ θαύμαζε ἐπὶ τούτοις, ἄλλους γὰρ τέσσαρας οὐρανοὺς ὄψει φαιδροτέρους καὶ ἀσυγκρίτους, ὅτε ἀνέλθῃς ἐκεῖ· 10. ὅτι σὺ ἐγγὺς κυρίου στήσῃ, καὶ λειτουργὸς αὐτοῦ ἔσῃ, καὶ μυστήρια αὐτοῦ ἐξαγγελεῖς τοῖς ἀνθρώποις, καὶ περὶ τοῦ μέλλοντος λυτροῦσθαι τὸν Ἰσραὴλ κηρύξεις· 11. καὶ διὰ σοῦ καὶ Ἰουδὰ ὀφθήσεται κύριος ἐν ἀνθρώποις, σῴζων ἐν αὐτοῖς πᾶν γένος ἀνθρώπων· 12. καὶ ἐκ μερίδος κυρίου ἡ ζωή σου, καὶ αὐτὸς ἔσται σου ἀγρός, ἀμπελών, καρποί, χρυσίον, ἀργύριον.

6 ad vss. 6-7 in marg. καινὰ περὶ
   οὐρανῶν καὶ ἀγγέλων· ἐν δὲ
   (τ . . .) καὶ μεταξὺ τῆς προφη-
   τείας περὶ χριστοῦ k
θεοῦ] κυρίου k l e c h i j
Λευί — με (vs. 9) < d
Λευί + Λευί c h i j
7 ἐκ — δεύτερον] εἰς τὸν πρῶτον
   οὐρανόν c h i j
ὕδωρ + πολύ c h i j
ἀνάμεσον — κἀκείνου < c h i j
ἀνάμεσον < l
τούτου κἀκείνου] τοῦτον καὶ κεί-
   μενον m
8 καὶ (< l) ἔτι εἶδον g l m e a f c h i j
τρίτον] δεύτερον c h i j
οὐρανόν < f
καὶ φαιδρότερον < b k a
ὑπὲρ (περί m) τοὺς δύο k l m < c h i j
γὰρ — ἄπειρον] ὕψος πνευμάτων τῶν
   ἀπείρων g
ἦν γὰρ καὶ ὕψος ∾ c h i j
ἐν < l
ἑαυτῷ h i j
ἄπυρον m
9 κύριε μου, διὰ τί οὕτως m τί ἐστι
   ταῦτα οὕτως c h i j
ὁ — με] μοι ὁ ἄγγελος ∾ c h i j
πρός με < g e
θαυμάζῃς d θαυμάσῃς m
ἐπὶ τοῦτο m περὶ τούτου (τούτων h j
   τοῦτο i) c h i j
ἄλλον γὰρ οὐρανὸν ὄψει φαιδρότερον
   καὶ ἀσύγκριτον c h i j

τέσσαρας οὐρανούς] οὐρανοὺς ὑπερ-
   άνω d
καί[3] < g
ἀσυγκριτωτέρους d ἀκλιτωτέρους m
ὅτε — ὅτι (vs. 10)] καὶ ἐν τῷ
   ἀνελθεῖν σε ἐκεῖ c h i j
ὅτε — ἐκεῖ < d
ὅταν a
ἀνέλθῃ k
10 in marg. περὶ τοῦ χριστοῦ b
λέγω (λέγει m) γάρ σοι ὅτι d m
σὺ — στήσῃ] ἵστασαι (εσωσε c)
   ἐγγὺς τοῦ κυρίου c h i j
σὺ ἐγγύς] σύνεγγυς b k l ἐγγύς d σὺ
   νικεις m
in marg. (ad αὐτοῦ[1]) τοῦ χριστοῦ d
αὐτοῦ[1]] αὐτῷ c
ἀνθρώποις] υἱοῖς τῶν ἀνθρώπων d m
μέλοντος i
11 τοῦ Ἰουδά c h i j
ἐν ἀνθρώποις] τοῖς (< d m) ἀνθρώ-
   ποις l d m c h i j
ἐν αὐτοῖς] ἐν (< g e a f) ἑαυτῷ
   g e a f c h i j < d
ἀνθρώπων] ἀνον h i ἀνινον j
12 ἔστω g
σου[2]] σοι g l d f c h i j
ἀγρὸς (ἀγροί a καρπός c h i j) καὶ
   ἀμπελών, (+ καί l c h i j) καρποί
   (καρπός c) g l d m e a f c h i j
χρυσίον καὶ ἀργύριον k g a c h i j
χρυσίου (+ καὶ ἀργυρίου d) l d
   < m

III. Ἄκουσον οὖν περὶ τῶν ἑπτὰ οὐρανῶν. ὁ κατώτερος διὰ τοῦτο στυγνότερός ἐστιν, ἐπειδὴ οὗτος ὁρᾷ πάσας ἀδικίας ἀνθρώπων. 2. ὁ δεύτερος ἔχει πῦρ, χιόνα, κρύσταλλον, ἕτοιμα εἰς ἡμέραν προστάγματος κυρίου ἐν τῇ δικαιοκρισίᾳ τοῦ θεοῦ· ἐν αὐτῷ εἰσι πάντα τὰ πνεύματα τῶν ἐπαγωγῶν εἰς ἐκδίκησιν τῶν ἀνόμων. 3. ἐν τῷ τρίτῳ εἰσὶν αἱ δυνάμεις τῶν παρεμβολῶν, οἱ ταχθέντες εἰς ἡμέραν κρίσεως ποιῆσαι ἐκδίκησιν ἐν τοῖς πνεύμασι τῆς πλάνης καὶ τοῦ Βελιάρ. οἱ δὲ εἰς τὸν τέταρτον ἐπάνω τούτων ἅγιοί εἰσιν· 4. ὅτι ἐν τῷ ἀνωτέρῳ πάντων καταλύει ἡ μεγάλη δόξα ἐν ἁγίῳ ἁγίων ὑπεράνω πάσης ἁγιότητος. 5. ἐν τῷ μετ' αὐτὸν οἱ ἄγγελοί εἰσι τοῦ προσώπου κυρίου, οἱ λει-

III. 1 οὖν < d n δή h j δέ i
ἑπτά] δειχθέντων σοι (< n) n c h i j
ὁ κατώτερος] πρῶτος k ὁ α' (πρῶτος οὗτος d) κατώτερος d m + οὐρανός n
διὰ τοῦτο + καί d ἰδοὺ καί m διὰ τί h i j
ἐστιν στυγνότερος ∽ k στυγνότερος l σοί (< n h i j) ἔστι στυγνός (δεινός h i j) ∽ n c h i j
οὗτος πάσας ἀδικίας ὑποφέρει ἀνθρώπων k
οὗτος < g l d m e a f n c h i j
ὁρᾷ] παρά b συνορᾷ g
πάσας (< d) τὰς ἀδικίας (κακίας l) τῶν ἀνθρώπων l d m e a f n c h i j
2 ὁ δεύτερος + οὐρανός m καί c h i j
ἔχει < m
πῦρ, χάλαζα, χιών e
κρύσταλλος g + χάλαζαν n καί κρύσταλλον c
ἕτοιμα] ἅτινα k ἠτοιμασμένα (-ένον n c) e n c h i j
εἰς προστάγματος ἡμέραν κυρίου ∽ g εἰς ἡμέρας (εἰσὶν ἐν ἡμέρᾳ d) προστάγματος κυρίου d m εἰς ἡμέραν κρίσεως n c h i j
τῇ < i
αὐτῷ + δέ d + γάρ (+ τῷ οὐρανῷ n) n c h i j
ἐπαγωγῶν] ἀπαγόντων l + μέν m τῶν ἀνόμων] ἀνόμων g τῶν ἀν̅ω̅ν̅ e a f n c h i j
3 ἐν¹ — εἰσίν¹] καὶ ἐν τῷ τρίτῳ οὐρανῷ g ἐν δὲ τῷ τρίτῳ οὐρανῷ εἰσιν m ἐν δὲ τῷ δευτέρῳ (+ οὐρανῷ n) εἰσίν n c h i j

παραβολῶν m
αἱ ταχθεῖσαι g d n ἐτάχθησαν m
κρίσιν j
κατὰ τῶν πνευμάτων l τοῖς πνεύμασι e a f c h i j
καί < m
οἱ² — εἰσιν²] ἐν δὲ τῷ τετάρτῳ ἐπάνω τούτου ἅγιοί εἰσιν k οἱ δὲ εἰς τὸν τέταρτον (+ οὐρανὸν ἐπάνω τούτου l) ἅγιοί εἰσιν g l εἰς τὸν τέταρτον δὲ οὐρανὸν (ἐν δὲ τῷ τετάρτῳ οὐρανῷ πάντες οἱ m) ἅγιοί εἰσιν d m καὶ ἐπ' αὐτούς (αὐτῷ n) εἰσιν οἱ ἅγιοι n c h i j
τέταρτον + οἱ e a f
4 ὅτι < n c h i j
ἐν δὲ τῷ ἀνωτέρῳ καὶ τρίτῳ πάντων οὐρανῷ n
ἀνωτέρῳ + δέ c h i j
πάντων + οὐρανῶν k
καταλύματι c
ἡ μεγάλη ἡ δόξα g μεγάλη (+ ἡ m) δόξα l d m c ἡ μεγάλη δόξα κυρίου n
ἐν² — ὑπεράνω] ὑπεράνω n h i j < c
πᾶσαν ἁγιότητα m
5 ἐν τῷ μετ' αὐτῶν (αὐτῷ g) g d e c h i j ἐν αὐτῷ γάρ l ἐν τῷ μετὰ ταῦτα m
αὐτόν + ε' k + δέ n
εἰσιν οἱ ἅγιοι ἄγγελοι πρὸ προσώπου κυρίου l οἱ (< d) ἄγγελοί εἰσι τοῦ κυρίου d m εἰσιν ἀρχάγγελοι (+ τοῦ προσώπου κυρίου n) n c h i j
οἱ¹ — εἰσι] εἰσιν ἄγγελοι ∽ k
οἱ² — καί < d οἱ λειτουργοῦντες εἰς πρόσωπον κυρίου m

τουργοῦντες καὶ ἐξιλασκόμενοι πρὸς κύριον ἐπὶ πάσαις ταῖς ἀγνοίαις
τῶν δικαίων. 6. προσφέρουσι δὲ κυρίῳ ὀσμὴν εὐωδίας λογικὴν καὶ
ἀναίμακτον προσφοράν. 7. ἐν δὲ τῷ ὑποκάτω εἰσὶν οἱ ἄγγελοι οἱ
φέροντες τὰς ἀποκρίσεις τοῖς ἀγγέλοις τοῦ προσώπου κυρίου. 8. ἐν
δὲ τῷ μετ' αὐτόν εἰσι θρόνοι, ἐξουσίαι, ἐν ᾧ ὕμνοι ἀεὶ τῷ θεῷ προσ-
φέρονται. 9. ὅταν οὖν ἐπιβλέψῃ κύριος ἐφ' ἡμᾶς πάντες ἡμεῖς
σαλευόμεθα· καὶ οἱ οὐρανοὶ καὶ ἡ γῆ καὶ αἱ ἄβυσσοι ἀπὸ προσώπου
τῆς μεγαλωσύνης αὐτοῦ σαλεύονται· 10. οἱ δὲ υἱοὶ τῶν ἀνθρώπων
ἐπὶ τούτοις ἀναισθητοῦντες ἁμαρτάνουσι καὶ παροργίζουσι τὸν ὕψιστον.

IV.   Νῦν οὖν γινώσκετε ὅτι ποιήσει κύριος κρίσιν ἐπὶ τοὺς υἱοὺς
τῶν ἀνθρώπων, ὅτι τῶν πετρῶν σχιζομένων, καὶ τοῦ ἡλίου σβεννυμένου,
καὶ τῶν ὑδάτων ξηραινομένων, καὶ τοῦ πυρὸς καταπτήσσοντος, καὶ
πάσης κτίσεως κλονουμένης, καὶ τῶν ἀοράτων πνευμάτων τηκομένων,

---

ἀγνοίαις — δικαίων] αἰτήσεσι τῶν
 δικαίων (ἐν ἀγνοίᾳ ἐσφαλμένων
 τοῖς δικαίοις d m) l d m ἡμέραις
 (ημε j) τῶν δικαίων h i j
6 προσφέρουσι δέ] καὶ προσφέρουσι l
 προσφέροντες c h i j
τῷ κυρίῳ l d c h i j
εὐωδίαν d n
τὴν λογικήν c λογικῆς (?) h λογικόν
 i j
προσφοράν < m θυσίαν n c h i j
7 ὑποκάτω] ζ' k + αὐτοῦ n
οἱ¹ — τοῖς < j
οἱ¹ < d n c h i
οἱ² < g
τάς < c h i
τοῦ ἀγγέλου k τῶν ἀγγέλων g
8 ἐν — αὐτόν] ἐν δὲ τῷ ζ' k ἐν δὲ
 τῷ μετ' αὐτῶν (μετὰ τούτων d)
 d e c καὶ μετ' αὐταῖς m ἐν δὲ τῷ
 (τῷ δέ ∽ i) μετ' αὐτῷ h i j
οἱ (< a c) θρόνοι, αἱ (καὶ a c)
 ἐξουσίαι g a c
ἀεὶ (οἱ n < h i j) ὕμνοι τῷ θεῷ
 προσφέρονται g e a f n h i j ἀεὶ
 ὑμνοῦσι (ὑμνεῖ m) τῷ θεῷ d m
 ἀεὶ ὕμνον τῷ θεῷ προσφέροντες c
προσφέρονται τῷ θεῷ ∽ l
9 vss. 9-10 om. m
κύριος + ὁ θεός d
πάντες — σαλευόμεθα] οἱ πάντες τρέ-
 μομεν n c h i j

οἱ οὐρανοί] οὐ μόνον ἡμεῖς ἀλλὰ καὶ
 οἱ οὐρανοί d ὁ οὐρανός n c h i j
ἡ ἄβυσσος c
αἱ < g e h i j
ἀπὸ — σαλεύονται] μὴ φέροντες τοῦ
 προσώπου αὐτοῦ καὶ τῆς μεγα-
 λωσύνης τῆς ὑπερβαλλούσης δόξης
 d
σαλεύονται < k σαλευθήσονται a f
10 οἱ δὲ ἅγιοι d οἵδε οἱ υἱοί i
ἐν τούτοις a f n c h i j
ἀναισθητοῦσι καὶ l

IV.   1 in marg. περὶ τῆς σταυρώ-
 σεως τοῦ χριστοῦ λέγ<εται> b
 προφητεία πάλιν περὶ χριστοῦ k
 τοῦ χριστοῦ d περὶ χριστοῦ c
οὖν] οὐ m
γίνωσκε g c h i j
ἐποίησεν m
ὁ κύριος i
τοῖς υἱοῖς g
καὶ ὅτι πετρῶν c ὅτι τῶν οὐρανῶν
 h i j
σβεσθέντος m σκοτιζομένου h i j
καὶ² < k
τῶν³ < c h i j
ξηραινομένων, καί] μὴ ἐξερχομένων l
καταπτίσσοντος k g
κτίσεως] γῆς l τῆς κτίσεως f c h i j
ἐπικλονουμένης l
πνευμάτων] κτισμάτων h i j
τηκομένων] πλανωμένων l

καὶ τοῦ ᾅδου σκυλευομένου ἐπὶ τῷ πάθει τοῦ ὑψίστου, οἱ ἄνθρωποι ἀπιστοῦντες ἐπιμενοῦσιν ἐν ταῖς ἀδικίαις· διὰ τοῦτο ἐν κολάσει κριθήσονται. 2. εἰσήκουσεν οὖν ὁ ὕψιστος τῆς προσευχῆς σου, τοῦ διελεῖν σε ἀπὸ τῆς ἀδικίας καὶ γενέσθαι αὐτῷ υἱὸν καὶ θεράποντα καὶ λειτουργὸν τοῦ προσώπου αὐτοῦ. 3. φῶς γνώσεως φωτεινὸν φωτιεῖς ἐν Ἰακώβ, καὶ ὡς ὁ ἥλιος ἔσῃ παντὶ σπέρματι Ἰσραήλ. 4. καὶ δοθήσεταί σοι εὐλογία καὶ παντὶ τῷ σπέρματί σου, ἕως ἐπισκέψηται κύριος πάντα τὰ ἔθνη ἐν σπλάγχνοις υἱοῦ αὐτοῦ ἕως αἰῶνος. πλὴν οἱ υἱοί σου ἐπιβαλοῦσι χεῖρας ἐπ' αὐτόν, τοῦ ἀποσκολοπίσαι αὐτόν. 5. καὶ διὰ τοῦτο δέδοταί σοι βουλὴ καὶ σύνεσις, τοῦ συνετίσαι τοὺς υἱούς σου περὶ αὐτοῦ· 6. ὅτι ὁ εὐλογῶν αὐτὸν εὐλογημένος ἔσται, οἱ δὲ καταρώμενοι αὐτὸν ἀπολοῦνται.

V. Καὶ ἤνοιξέ μοι ὁ ἄγγελος τὰς πύλας τοῦ οὐρανοῦ· καὶ εἶδον τὸν ναὸν τὸν ἅγιον, καὶ ἐπὶ θρόνου δόξης τὸν ὕψιστον. 2. καὶ εἶπέ μοι·

καί⁶ < b k l
σκυλλομένου a
ἐπὶ τὸ πάθος (+ τοῦ ἐμψύχου
  οἴκου l) g l ἐν τῷ πάθει d ἐπί m
ὑψίστου] χριστοῦ d
ἀπιστοῦντες] ἀπειθοῦντες l d m c h i j
ἐν¹ < g l e a f c h i j
κριθήσονται ἐν κολάσει ∾ l
τῇ κολάσει c h i j
2 εἰσήκουσεν γοῦν (δέ l) g l σου δὲ
  εἰσήκουσεν d
εὐχῆς c
διελθεῖν k ἐξελέσθαι l
τῆς² < c h i j
αὐτῷ < g αὐτοῦ l d m σεαυτῷ c
  σοι αὐτῷ h i j
υἱόν] παῖδα l
τοῦ προσώπου] πρὸ προσώπου g τῷ
  προσώπῳ d
3 ὅτι φῶς γνώσεως αὐτοῦ d m
φωτεινόν < m a c h i j
φωτιεῖ (+ σε l) l f c h i j φωτίσεις
  d m
τῷ Ἰακώβ c h i j
ὡσεί g
ὁ < g l m e c h i j
ἔσῃ (ἐν c h i j) παντὶ (φωτί c)
σπέρμα g c h i j
τῷ σπέρματί σου e
4 σοι < l
καὶ (ἐν l) παντὶ σπέρματί (τὸ
  σπέρμα g) b g l καὶ ἐπὶ τῷ σπέρ-
  ματι h i j

ἕως¹ < k + οὗ g d m
ἐπισκέψεσθαι l
υἱοῦ] υἱοί b k τοῦ υἱοῦ g d m et in
  marg. τοῦ χριστοῦ d
εἰς αἰῶνα (αἰῶνας l + αἰῶνος d m)
  g l d m e a f
πλὴν + οὖν h i j
σου² < m
ἐπιβάλλουσι l
χεῖρα e
ἐπ' αὐτόν < d + γε a
ἀνασκολοπίσαι g l d m e a f c h i j
5 δίδοταί σοι g f h i j σοι δέδοται
  (δοθήσεται m) ∾ d m
συνετίσαι + σε k
τοῖς υἱοῖς g
περὶ τούτου e a f c h i j
6 ὁ — ἔσται] οἱ εὐλογοῦντες αὐτὸν
  εὐλογημένοι c h i j
ὁ < m
εὐλογημένος ἔσται] εὐλογηθήσεται g
οἱ δέ] καὶ οἱ g l e a f c h i j

V. 1 ἐν τούτῳ ἤνοιξε c h i j
μοι < e
πύλας] θύρας m
τὸν¹ — ὕψιστον] τὸν ἅγιον καὶ (< c)
  ὕψιστον ἐπὶ θρόνου καθήμενον
  c h i j
τὸν¹ — ἅγιον] τὸν ἅγιον τῶν ἁγίων m
2 μοι] πρός με d

Λευί, σοὶ δέδωκα τὰς εὐλογίας τῆς ἱερατείας, ἕως οὗ ἐλθὼν παροικήσω ἐν μέσῳ τοῦ Ἰσραήλ. 3. τότε ὁ ἄγγελος ἤγαγέ με ἐπὶ τὴν γῆν, καὶ ἔδωκέ μοι ὅπλον καὶ ῥομφαίαν, καὶ εἶπε· Ποίησον ἐκδίκησιν ἐν Συχὲμ ὑπὲρ Δίνας, κἀγὼ ἔσομαι μετά σου, ὅτι κύριος ἀπέσταλκέ με. 4. καὶ συνετέλεσα τῷ καιρῷ ἐκείνῳ τοὺς υἱοὺς Ἐμμώρ, καθὼς γέγραπται ἐν ταῖς πλαξὶ τῶν οὐρανῶν. 5. εἶπον δὲ αὐτῷ· Δέομαι, κύριε, εἰπέ μοι τὸ ὄνομά σου, ἵνα ἐπικαλέσωμαί σε ἐν ἡμέρᾳ θλίψεως. 6. καὶ εἶπεν· Ἐγώ εἰμι ὁ ἄγγελος ὁ παραιτούμενος τὸ γένος Ἰσραήλ, τοῦ μὴ πατάξαι αὐτοὺς εἰς τέλος, ὅτι πᾶν πνεῦμα πονηρὸν εἰς αὐτὸν προσβάλλει. 7. καὶ μετὰ ταῦτα ὥσπερ ἔξυπνος γενόμενος εὐλόγησα τὸν ὕψιστον καὶ τὸν ἄγγελον τὸν παραιτούμενον τὸ γένος τοῦ Ἰσραὴλ καὶ πάντων τῶν δικαίων.

      VI.   Καὶ ὡς ἠρχόμην πρὸς τὸν πατέρα μου, εὗρον ἀσπίδα χαλ-

δέδωκα] δίδωμι *d m* δοθήσεται ἡ ἱερατεία καὶ τῷ σπέρματί σου τοῦ λειτουργεῖν τῷ ὑψίστῳ ἐν μέσῳ τῆς γῆς καὶ ἐξιλάσκεσθαί σε ἐπὶ ταῖς ἀγνοίαις τῆς γῆς· τότε ἔδωκεν *e* ἔδωκα *c h i j*
in marg. (ad τὰς — ἱερατείας) τοῦ χριστοῦ *d*
εὐλογίας τῆς < *c*
οὗ < *g m e a f c h i j*
κατοικήσω (-σαι *h i j*) *g e a f c h i j*
τοῦ < *m*
3 καὶ τότε *d* + ἐλθὼν *c*
ἄγγελος (+ ὁ συμπαρών μοι *d* + ὃς ἦν παρών μοι *m*) κατήγαγε (κατήγε *m*) *d m c i*
δέδωκε *a*
εἶπε + μοι *g d m e c h i j*
τὴν ἐκδίκησιν *m*
τῆς Δ. *g* + τῆς ἀδελφῆς σου *l d m c h i j*
κἀγώ] καὶ ἐγώ *e* ἐγώ *h i j*
ἀπέστειλε *d m a f c h i j*
4 vs. 4 om. *k*
συντελέσω *l*
τοῖς υἱοῖς *l*
ἐν πλαξὶ τῶν πατέρων *c h i j*
ἐν — πλαξὶ] πράξεσι *g*
5 δέομαι + σου *d m c h i j*
κύριε + μου *d m*
εἰπέ μοι] δίδαξόν με *c h i j*

ἵνα] καὶ *g*
ἐπικαλῶμαι *a f*
σε] σοι *g* < *c h i j*
θλίψεως + μου *e*
6 εἶπεν + μοί *e*
παραιτούμενος] παρεστάμενος *k* παριστάμενος *l* προϊστάμενος *d* παρεπόμενος *c h i j*
τοῦ γένους *l d c h i j*
τοῦ Ἰσραὴλ *g l d m a*
τοῦ — προσβάλλει < *d*
πατάξαι] ἀπολέσθαι *l*
εἰς[1] — προσβάλλει < *c h i j*
πᾶν < *a*
πρὸς αὐτόν *m* εἰς αὐτούς *a*
προβάλλει *k g m*
7 καὶ[1] — ταῦτα] μετὰ ταῦτα δέ (< *g*) *g d* μετὰ δὲ τὸ ταῦτα πάντα θεάσασθαί με *m*
ὥσπερ < *d a c h i j*
καὶ[2] — δικαίων < *c h i j*
τὸν παραιτούμενον] τοῦ προϊσταμένου *l* τὸν προασπίζοντα *d*
τοῦ γένους *b k l*
τοῦ < *k e a f*
πάντων — δικαίων] πάντα δίκαιον *e* πάντων *a f*

VI.   capp. VI - VII om. *k*
1 καὶ ἐγένετο ὡς *d m*

κἦν, διὸ καὶ τὸ ὄνομα τοῦ ὄρους Ἀσπίς, ὅ ἐστιν ἐγγὺς Γεβάλ, ἐκ δεξιῶν Ἀβιλά· 2. καὶ συνετήρουν τοὺς λόγους τούτους ἐν τῇ καρδίᾳ μου. 3. ἐγὼ συνεβούλευσα τῷ πατρί μου καὶ Ῥουβὴμ τῷ ἀδελφῷ μου, ἵνα εἴπῃ τοῖς υἱοῖς Ἐμμὼρ τοῦ περιτμηθῆναι αὐτούς, ὅτι ἐζήλωσα διὰ τὸ βδέλυγμα ὃ ἐποίησαν ἐν Ἰσραήλ. 4. κἀγὼ ἀνεῖλον τὸν Συχὲμ ἐν πρώτοις, καὶ Συμεὼν τὸν Ἐμμώρ. 5. καὶ μετὰ ταῦτα ἐλθόντες οἱ ἀδελφοὶ ἐπάταξαν τὴν πόλιν ἐν στόματι ῥομφαίας. 6. καὶ ἤκουσεν ὁ πατήρ, καὶ ὠργίσθη καὶ ἐλυπήθη, ὅτι κατεδέξαντο τὴν περιτομὴν καὶ μετὰ τοῦτο ἀπέθανον, καὶ ἐν ταῖς εὐλογίαις ἄλλως ἐποίησεν. 7. ἡμάρτομεν γάρ, ὅτι παρὰ γνώμην αὐτοῦ τοῦτο πεποιήκαμεν· καίγε ἐμαλακίσθη ἐν τῇ ἡμέρᾳ ἐκείνῃ. 8. ἀλλ' ἐγὼ εἶδον ὅτι ἀπόφασις θεοῦ ἦν εἰς κακὰ ἐπὶ Σίκιμα· διότι ἤθελον καὶ τὴν Σάρραν ποιῆσαι, ὃν τρόπον ἐποίησαν Δίναν τὴν ἀδελφὴν ἡμῶν· καὶ κύριος ἐκώλυσεν αὐτούς. 9. καὶ οὕτως

διό] ἐν ᾧ c h i j
καί² < g
ὄρους] τόπου l
Ἀσπίς + ἐκαλεῖτο d + καλεῖται m
  λέγεται Ἀσπίς c h i j
ὅ ἐστιν] ὅτι b
ἐγγύς] ἐγώ c h i j
τοῦ Γεβάλ d
ἐκ — Ἀβιλά < c h i j
Ἀβιμά g e a f Ἀμιβά l d m
2 καὶ — τούτους] τοὺς δὲ λόγους
  τούτους συνετήρουν ∾ l
τούτους < e
3 ἐγώ] μετὰ δὲ τοῦτο c h i j
τῷ Ῥ. c h i j
τὸν ἀδελφόν μου g d m < c h i j
ἵνα — υἱοῖς] ἐπὶ τοὺς υἱούς g
εἴπωσι a
περιματιθηναι m μὴ περιτμηθῆναι c
αὐτούς < d
ὅτι] ὃ ἔτι j
ἐζηλώσατο m
ἐποίησεν d ἐποίησα m
ἐν Ἰσραήλ] ἐπὶ τῇ ἀδελφῇ μου c h i j
4 καὶ εἰσελθὼν ἐγὼ ἐνεῖλον d
ἐν < m
καὶ Συμεών] ὁ δὲ Σ. ἀνεῖλε d
5 καὶ — ταῦτα] εἶθ' οὕτως g
ἀδελφοί + ἡμῶν l + μου d c h i j
πόλιν + πᾶσαν d + ἐκείνην c h i j
ῥομφαίας] μαχαίρας g d e a f c h i j
6 πατήρ + ἡμῶν l d m + μου ταῦτα
  c h i j

ὠργίσθη καί] ὀργισθεὶς c h i j
κατεδέξατο d m
μετὰ ταῦτα e a f < c h i j
καί⁵ — ἐποίησεν < d
ἄλλως ἐποίησεν] παρεῖδεν ἡμῖν c h i j
7 ἡμάρτομεν — πεποιήκαμεν] ὅτι
  ἡμάρτομεν παρὰ γνώμην αὐτοῦ l
ἡμάρτομεν — ὅτι] διότι ἡμάρτομεν,
  ἐπειδή c h i j
παρά] περὶ m
πεποίηκε τοῦτο ∾ a
ἐμαλακίσθ' g ἐμαλακίσθην l d m e a
  f h i j
ἐν] ἐπὶ ἐν m
8 εἶδον] οἶδα g
αποφανοις m
θεοῦ αὐτὴ ἦν (ἦν αὐτή ∾ m) d m
θεοῦ] κυρίου e
ἦν] ἐστίν g
κακόν l
ἐπὶ Σίκιμα < c h i j
διότι] ἰδού m
ἤθελον] ἦλθον l
καί¹] εἰς b < a
τῇ Σάρρα e + καὶ τὴν Ῥέβεκκαν
  c h i j
Δίνα τῇ ἀδελφῇ e
Δίναν < g τὴν Δ. c
ἡμῶν] μου h j
ὁ κύριος l e c h i j
9 οὕτως < a f c h i j

ἐδίωξαν Ἀβραὰμ τὸν πατέρα ἡμῶν ξένον ὄντα, καὶ κατεπάτησαν τὰ ποίμνια ὀγκούμενα ὄντα ἐπ᾽ αὐτόν, καὶ Ιεβλαε, τὸν οἰκογενῆ αὐτοῦ, σφόδρα αἰκίσαντο. 10. καίγε οὕτως ἐποίουν πάντας τοὺς ξένους, ἐν δυναστείᾳ ἁρπάζοντες τὰς γυναῖκας αὐτῶν καὶ ξενηλατοῦντες αὐτούς. 11. ἔφθασε δὲ ἡ ὀργὴ κυρίου ἐπ᾽ αὐτοὺς εἰς τέλος.

VII. Καὶ εἶπον τῷ πατρί· Μὴ ὀργίζου, κύριε, ὅτι ἐν σοὶ ἐξουδενώσει κύριος τοὺς Χαναναίους, καὶ δώσει τὴν γῆν αὐτῶν σοι καὶ τῷ σπέρματί σου μετὰ σε. 2. ἔσται γὰρ ἀπὸ σήμερον Σίκιμα λεγομένη πόλις ἀσυνέτων· ὅτι ὡσεί τις χλευάσαι μωρόν, οὕτως ἐχλευάσαμεν αὐτούς· 3. ὅτι καίγε ἀφροσύνην ἔπραξαν ἐν Ἰσραήλ, μιᾶναι τὴν ἀδελφὴν ἡμῶν. 4. καὶ λαβόντες ἐκεῖθεν τὴν ἀδελφὴν ἡμῶν, ἀπάραντες ἤλθομεν εἰς Βεθήλ.

VIII. Κἀκεῖ πάλιν εἶδον πρᾶγμα ὥσπερ τὸ πρότερον, μετὰ τὸ

τὸν Ἀβρ. *h i j*
καὶ² — αὐτόν < *g*
κατεπόνησαν *d m e a f c h i j*
ποίμνια + αὐτοῦ *d m*
ὀγκούμενον *m*
ἐπ᾽ αὐτόν < *c h i j*
καὶ³ — αἰκίσαντο < *l*
Ιεβλαε] Ηεβαλ καί *g* Γεβλαεν *d*
    Γαλα ἐν *m* Ηεβλαην *e* Ιεκβλαι *a*
    Ιεβλαην *f* Εβλαην *c* Ηεμβαλκην
    h j Ηεμβλακην *i*
αὐτοῦ < *d*
οἰκήσαντο *d m*
10 καίγε < *h i j*
πάντας καὶ τοὺς ξένους *m* πᾶσι τοῖς
    ξένοις *e a f c h i j*
ἁρπάζων + πάντας *m*
τὰς — αὐτῶν] τὰς γυναῖκας (ξένας
    a f c h i j) *g l e a f c h i j*
καὶ ξενηλατοῦντες (ξενηλατοιωντες *a*
    ἐξενηλάτουν *c h i j*) αὐτάς (< *g m*
    e a f) *g l m e a f c h i j* < *d*
11 ἔφθασε δέ] διὰ τοῦτο ἔφθασεν *d*
ἐπ᾽ (< *e a f c*) αὐτοὺς ἡ ὀργὴ κυρίου
    (τοῦ θεοῦ *c*) ∾ *g d m e a f c* ἡ
    ὀργὴ τοῦ θεοῦ *h i j*

VII. 1 εἶπον + ἐγώ *c h i j*
πατρί + μου *g l e a f* + μου Ἰακώβ
    d m c h i j
μὴ — κύριε < *c h i j*
κύριε + Ἰακώβ *g a f* + μου *d m* +
    μου Ἰακώβ *e*
κύριος + ὁ θεός *d m*

αὐτῷ *m*
σε] σου *m*
2 τῆς σήμερον *c h i j*
ἡ Σ. *c h i j*
συνετῶν *d*
ὥσπερ *d m*
χλευάσει μωρόν (σήμερον *l*) *g l e a f c*
    χλευάζει μωρόν *d m* χλευας σει-
    μερον *h j* χλευάσει μερον *i* in
    marg. ἴσως· ὅτι ὡς ἐχλεύασαν
    ἡμᾶς, οὕτως ἐχλευάσαμεν αὐτούς *h*
3 καίγε] γε καί *g* < *l*
ἔπραξεν *g*
μιάναντες (+ Δίναν *d m e a f*) *g l d*
    m e a f c h i j
ἡμῶν] μου *c h i j*
4 καὶ — ἡμῶν < *l d m a f c h i j*
ἐκεῖθεν < *g* + Δίναν *e*
ἀπάραντες < *g* + οὖν *l d m* ἐπ-
    άραντες (+ δέ *a* + οὖν *f*) *e a f* +
    δέ *c h i j*
ἤλθομεν εἰς < *d* ἦλθον εἰς *m*

VIII. 1 κἀκεῖ — ἑβδομήκοντα] καὶ
    μεθ᾽ ἡμέρας τινὰς ὄντος μου ἐν
    Βεθὴλ εἶδον πρᾶγμα ὥσπερ τὸ
    πρότερον *k*
κἀκεῖ] καί *e h i j*
πρᾶγμα ὥσπερ] ὅραμα ὡς *g l d m e*
    a f c h i j
τό¹ < *h i j*
τὸ ποιῆσαι + ἡμᾶς (ἐκεῖ *c* + ἐκεῖ
    e a f h i j) *l m e a f c h i j* < *d*

ποιῆσαι ἡμέρας ἑβδομήκοντα. 2. καὶ εἶδον ἑπτὰ ἀνθρώπους ἐν ἐσθῆτι λευκῇ, λέγοντάς μοι· Ἀναστὰς ἔνδυσαι τὴν στολὴν τῆς ἱερατείας καὶ τὸν στέφανον τῆς δικαιοσύνης καὶ τὸ λόγιον τῆς συνέσεως καὶ τὸν ποδήρη τῆς ἀληθείας καὶ τὸ πέταλον τῆς πίστεως καὶ τὴν μίτραν τοῦ σημείου καὶ τὸ ἐφοὺδ τῆς προφητείας. 3. καὶ εἷς ἕκαστος αὐτῶν ἕκαστον βαστάζοντες ἐπέθηκάν μοι καὶ εἶπαν· Ἀπὸ τοῦ νῦν γίνου εἰς ἱερέα κυρίου, σὺ καὶ τὸ σπέρμα σου ἕως αἰῶνος. 4. καὶ ὁ πρῶτος ἤλειψέ με ἐλαίῳ ἁγίῳ, καὶ ἔδωκέ μοι ῥάβδον κρίσεως. 5. ὁ δεύτερος ἔλουσέ με ὕδατι καθαρῷ, καὶ ἐψώμισέ με ἄρτον καὶ οἶνον, ἅγια ἁγίων, καὶ περιέθηκέ μοι στολὴν ἁγίαν καὶ ἔνδοξον. 6. ὁ τρίτος βυσσίνην με περιέβαλεν ὁμοίαν ἐφούδ. 7. ὁ τέταρτος ζώνην μοι περιέθηκεν ὁμοίαν πορφύρᾳ. 8. ὁ πέμπτος κλάδον μοι ἐλαίας ἔδωκε πιότητος.

2 ἀνθρώπους ἑπτά ∞ e
λέγοντάς μοι ἐν ἐσθῆτι λευκῇ ∞ c
ἐσθήσεσιν λευκαῖς f
λευκῇ] λαμπρᾷ d m e
λέγοντάς — καί²] φέροντές μοι e
λέγοντές μου h i j
ἀνάστα m
ἔνδυσον τήν (< g) g i
ἱερατείας] ἱερωσύνης l
τὸν λόγον e
τὸ πονδηρι h j τὸ πονδήριον i
πέταλον + τῆς ἀληθείας τε καί i
τοῦ σημείου] τοῦ σημέρου l τοῦ
    στηθίου a f τῆς κεφαλῆς c h i j
3 καί¹] ταῦτα εἰπόντες καὶ προσ-
    ελθόντες d m
εἷς < l
αὐτῶν (< d αὐτός m) βαστάζοντες
    (+ τὰς στολάς d m) l d m αὐτῶν
    βαστάζοντες ἦσαν καί c h i j
μοι + αὐτά (αὐτάς m) d m
καὶ εἶπαν + μοι d m c i j < h
καὶ ἀπό c
γένου l e c h i j ἔσῃ d m
εἷς < m
ἀρχιερέα k
κυρίου < c h i j
σὺ (καὶ σύ g σοι f) καὶ τῷ σπέρματι
    g d f
σύ < l
πᾶν τὸ σπέρμα c h i j
ἕως τοῦ αἰῶνος k l d m < c h i j
4 καί¹] τότε d m + ἔτι e a
ὁ + μέν h i j
ἤλειψέ με < f
με] μοι g h i j

ἁγίῳ ἐν ἐλαίῳ ∞ l ἔλαιον ἅγιον m
ἐν ἐλαίῳ ἁγίῳ e
χρίσεως e a f < c h i j
5 ὁ < k m καὶ ὁ c h i j
με¹ + ἐν g e μοι h i j
ἐψώμισε] ὕψωσεν l d m
με² < b l d h i j
ἄρτῳ καὶ οἴνῳ c
ἅγια ἁγίων] ἅγιον ἁγίων (< m)
    m h i j sed ἁγίων postea erasum
    est in h
παρέθηκε g
καὶ ἔνδοξον < m
καί⁴ < l
6 ὁ < k m + δέ c h i j
μοι περιέβαλεν l μοι (με m) περι-
    έθηκεν (+ στολὴν ἁγίαν m)
    m a f c h i j
ὅμοιος j
7 ὁ < k m + δέ c h i j
με περιέθηκεν g l e περιέθηκέν με
    ∞ m
μοι < a f
περιέθηκεν] περιέβαλεν a c h i j
ὅμοιος j
πορφυρίδι + καὶ ἐπλήρωσε τὰς
    χεῖράς μου θυμιάματος, ὥστε
    ἱερατεύειν με κυρίῳ g (v.i.)
    πορφύρας l d e a f c h i j πορφύ-
    ραν m
8 ὁ < k m
κλάδους g e
μοι ἔδωκεν ἐλαίας ∞ l ἐλαίας
    ἔδωκε μοι ∞ e
δέδωκε g
ποιότητος b k g d m c

9. ὁ ἕκτος στέφανόν μοι τῇ κεφαλῇ περιέθηκεν. 10. ὁ ἕβδομος
διάδημά μοι περιέθηκεν ἱερατείας. καὶ ἐπλήρωσαν τὰς χεῖράς μου
θυμιάματος, ὥστε ἱερατεύειν με κυρίῳ. 11. εἶπαν δὲ πρός με· Λευί,
εἰς τρεῖς ἀρχὰς διαιρεθήσεται τὸ σπέρμα σου, εἰς σημεῖον δόξης κυρίου
ἐπερχομένου· 12. καὶ ὁ πιστεύσας πρῶτος ἔσται· κλῆρος μέγας ὑπὲρ
αὐτὸν οὐ γενήσεται. 13. ὁ δεύτερος ἔσται ἐν ἱερωσύνῃ. 14. ὁ
τρίτος, ἐπικληθήσεται αὐτῷ ὄνομα καινόν, ὅτι βασιλεὺς ἐκ τοῦ Ἰουδὰ
ἀναστήσεται, καὶ ποιήσει ἱερατείαν νέαν, κατὰ τὸν τύπον τῶν ἐθνῶν, εἰς
πάντα τὰ ἔθνη. 15. ἡ δὲ παρουσία αὐτοῦ ἄφραστος, ὡς προφήτου
ὑψηλοῦ ἐκ σπέρματος Ἀβραὰμ πατρὸς ἡμῶν. 16. πᾶν ἐπιθυμητὸν ἐν
Ἰσραὴλ σοὶ ἔσται καὶ τῷ σπέρματί σου· καὶ ἔδεσθε πᾶν ὡραῖον ὁράσει,
καὶ τὴν τράπεζαν κυρίου διανεμήσεται τὸ σπέρμα σου, 17. καὶ ἐξ
αὐτῶν ἔσονται ἀρχιερεῖς καὶ κριταὶ καὶ γραμματεῖς· ὅτι ἐπὶ στόματος

9 ὁ < k m
μοι — κεφαλῇ] γὰρ κεφαλῆς g μου
   (μοι l) τὴν κεφαλήν l d m τῇ
   κεφαλῇ μου e
10 ὁ — ἱερατείας] ἱερατείας l d ἔχων
   δὲ καὶ βύσσον ὁ στέφανος m
ὁ < k καὶ ὁ h i j
μοι + τῇ κεφαλῇ b k
ἱερατείας περιέθηκεν ∽ g e a f c h i j
καὶ — κυρίῳ < g (v.s.)
καὶ ἐπλήρωσαν] ὁ (< m) ἕβδομος
   ἐπλήρωσε d m καὶ ἐπλήρωσε a f
   c h i j
τὴν χεῖρα l
θυμιάματος + μετὰ εὐχῆς m θυμια-
   μάτων h i j
με < a f
τῷ κυρίῳ k l + τῷ (καὶ i) θεῷ c h i j
11 εἶπαν δέ] λέγουσι δέ g l e a f καὶ
   λέγουσι d m c h i j
Λευί + Λευί g
διαιρεθήσεται] ἐπαινεθήσεται l
τῷ σπέρματι m
σου < k
ἐπερχομένης g ἐπαρχόμενοι m
12 καὶ ὁ πιστεύων l διὸ πιστεύσας m
   καὶ ἐπίστευσα a f καὶ (< c) ὁ
   c h i j
πρῶτος (< m) + οὗτος l d m
κλῆρος ἔσται ∽ g e a f c h i j
μέγας + καὶ d m c h i j καὶ μέγας
   a f

αὐτόν + ἕτερος d m
γενήσεται + ἕτερος c h i j
13 ὁ < k + δέ h i j
εἰς ἱερωσύνη l d m e
14 ὁ < k + δέ c καὶ ὁ h i j
ὅτι] ὁ m
in marg. (ad βασιλεύς) προφητεία
   περὶ χριστοῦ k τοῦ χριστοῦ d
κατὰ — ἐθνῶν < d
15 παρουσία] παρρησία e c
ἄφραστος + ἔσται d m ἀγαπητή
   (+ ἐστί c h i j) a f c h i j
προφήτου (προφήτην τοῦ m προφήτης
   e a f c h i j) ὑψίστου g l d m e a f
   c h i j
ἐκ — ἡμῶν < d
τοῦ πατρός k c h i j
ὑμῶν k g e f ἐθνῶν l
16 πᾶν¹ — Ἰσραήλ] ἐν Ἰερουσαλήμ g
πᾶν¹ + δέ k + οὖν c h i j
σου¹ + ἕως τοῦ αἰῶνος d
ἔδεσθε] φάγεσθε d m
ὡραῖον] ὄρνεον m
ἐν ὁράσει g c h i j
διανεμεῖται c h i j
17 οἱ ἀρχιερεῖς καὶ οἱ κριταὶ καί e
   ἱερεῖς καὶ (< a f) κριταὶ καί (<
   a f h i j) a f c h i j
καὶ² — γραμματεῖς < d
ὅτι] ὥστε e καί c h i j

αὐτῶν φυλαχθήσεται τὸ ἅγιον. 18. καὶ ἐξυπνισθεὶς συνῆκα ὅτι τοῦτο
ὅμοιον ἐκείνου ἐστίν. 19. καὶ ἔκρυψα καίγε τοῦτο ἐν τῇ καρδίᾳ μου,
καὶ οὐκ ἀνήγγειλα αὐτὸ παντὶ ἀνθρώπῳ ἐπὶ τῆς γῆς.
IX. Καὶ μεθ᾽ ἡμέρας δύο ἀνέβημεν ἐγὼ καὶ Ἰούδας πρὸς Ἰσαὰκ
μετὰ τοῦ πατρὸς ἡμῶν. 2. καὶ εὐλόγησέ με ὁ πατὴρ τοῦ πατρός μου
κατὰ πάντας τοὺς λόγους τῶν ὁράσεών μου ὧν εἶδον· καὶ οὐκ ἠθέλησε
πορευθῆναι μεθ᾽ ἡμῶν εἰς Βεθήλ. 3. ὡς δὲ ἤλθομεν εἰς Βεθήλ, εἶδεν
ὁ πατήρ μου Ἰακὼβ ἐν ὁράματι περὶ ἐμοῦ, ὅτι ἔσομαι αὐτοῖς εἰς ἱερέα
πρὸς τὸν θεόν. 4. καὶ ἀναστὰς τὸ πρωὶ ἀπεδεκάτωσε πάντα δι᾽ ἐμοῦ
τῷ κυρίῳ. 5. καὶ ἤλθομεν εἰς Χεβρὼν τοῦ καταλῦσαι· 6. καὶ
Ἰσαὰκ ἐκάλει με συνεχῶς, τοῦ ὑπομνῆσαί με νόμον κυρίου, καθὼς
ἔδειξέ μοι ὁ ἄγγελος τοῦ θεοῦ. 7. καὶ ἐδίδασκέ με νόμον ἱερωσύνης,
θυσιῶν, ὁλοκαυτωμάτων, ἀπαρχῶν, ἑκουσίων, σωτηρίων. 8. καὶ ἦν

αὐτῶν²] αὐτοῦ m
φυλαχθήσεται] ληφθήσεται a f c h i j
18 καὶ — συνῆκα < c ἐξυπνισθεὶς
   οὖν συνῆκα h i j
τοῦτο + ἐν τῇ καρδίᾳ μου m (v.i.)
ὅμοιον — ἐστίν] τὸ σημεῖον ἐκείνου
   ἐστὶν ὅμοιον g
ἐκείνου ἐστίν] τοῦ προτέρου ἐστίν k
   ἐστὶν ἐκείνου (ἐκεῖνος d τοῦ
   πρώτου ὀνείρου c h i j) ∾ l d m
   c h i j ἐκείνῳ ἐστίν a
19 καὶ¹ — μου < m (v.s.)
καὶ¹] καίγε d a < h i j
τοῦτο καίγε ∾ c
καίγε < k l a καί d j
τοῦτο] αὐτά l
τῇ < g
αὐτό < l
παντί] τινι c h (i?) j

IX. 1 καὶ μεθ᾽] μετὰ δέ d m
ἀνέβην g l d m a f c h i j ἀνέβαινον e
ἐγὼ — ἡμῶν] ἐγώ τε καὶ ὁ πατὴρ
   μου καὶ Ἰούδας πρὸς Ἰσαάκ k
μετὰ τοῦ πατρὸς ἡμῶν (+ Ἰακὼβ
   c h i j) πρὸς Ἰσαάκ (+ τὸν προ-
   πάτορα ἡμῶν c + τὸν πατέρα
   ἡμῶν h (i?) j) ∾ d c h (i?) j
τὸν πατέρα b
2 κατὰ — ὁράσεων] κατὰ τῶν ὁραμά-
   των c h i j
κατά] καί d μετά m
τῆς ὁράσεως g l

μου² < d c h i j
ὧν] ὡς g
καὶ² — Βεθήλ < k c h i j et IX 3 -
   XIII 9 om. k
3 ὡς — Βεθήλ < l d a f
ἦλθον e
εἶδε + δὲ καὶ l τότε εἶδε καὶ d
ὁ — Ἰακώβ] ὁ πατὴρ μου g ὁ πατὴρ
   ἡμῶν Ἰ. l Ἰ. ὁ πατήρ μου ∾ f
ἐν ὁράματι] ὅραμα a f c h i j
πρὸς — θεόν] τῷ θεῷ a f < c h i j
4 τὸ πρωί] ἀπὸ πρωί a f
ἐμέ l
5 καί + οὕτως c h i j
εἰς] ἐν d m
καταμεῖναι (+ ἐκεῖ c h i j) g l d m
   e a f c h i j
6 Ἰσαάκ + ὁ πατὴρ τοῦ πατρὸς
   ἡμῶν l ὁ Ἰ. c h i j
ἐκάλεσε m
ὑπνῶσαι m ὑπομνηματίσαι a f
με²] μοι l < d
νόμον] λόγον d m e
ἔδειξέ μοι] ἐδίδαξέ με (μοι d)
   l d m e a f
ὁ — θεοῦ] ὁ (< m) ἄγγελος κυρίου
   (< d c h i j) l d m a f c h i j
7 μοι d
ἱερωσύνης — σωτηρίων] θυσιῶν,
   ὁλοκαυτωμάτων, ἱερωσύνης, ἀπ-
   αρχᾶς g
ἱερατείας, θυσίαν, ὁλοκαυτώματα m
   σωτηρίου, ἑκουσίων ∾ l ἑκουσίου
   (-ίων i j), σωτηρίου c i j

καθ' ἑκάστην ἡμέραν συνετίζων με, καὶ εἰς ἐμὲ ἀσχολούμενος ἦν ἐνώπιον κυρίου. 9. καὶ ἔλεγεν· Πρόσεχε, τέκνον, ἀπὸ τοῦ πνεύματος τῆς πορνείας· τοῦτο γὰρ ἐνδελεχιεῖ, καὶ μέλλει διὰ τοῦ σπέρματός σου μιαίνειν τὰ ἅγια. 10. λάβε οὖν σεαυτῷ γυναῖκα, ἔτι νέος ὤν, μὴ ἔχουσαν μῶμον μηδὲ βεβηλωμένην μηδὲ ἀπὸ γένους ἀλλοφύλων ἢ ἐθνῶν. 11. καὶ πρὸ τοῦ εἰσελθεῖν εἰς τὰ ἅγια, λούου· καὶ ἐν τῷ θύειν, νίπτου· καὶ ἀπαρτίζων πάλιν τὴν θυσίαν, νίπτου. 12. δώδεκα δένδρων ἀεὶ ἐχόντων φύλλα ἄναγε κυρίῳ, ὡς κἀμὲ 'Αβραὰμ ἐδίδαξεν. 13. καὶ παντὸς ζῴου καθαροῦ καὶ πετεινοῦ καθαροῦ πρόσφερε θυσίαν κυρίῳ. 14. καὶ παντὸς πρωτογενήματος καὶ οἴνου πρόσφερε ἀπαρχάς. καὶ πᾶσαν θυσίαν ἅλατι ἁλιεῖς.

8 ἡμέραν < g d
συνετίζων — κυρίου] εἰς ἐμὲ ἀσχο-
λούμενος καὶ συνετίζων με ἐνώπιον
κυρίου g συνετίζων με καὶ ἀσχο-
λούμενος εἰς ἐμέ c h i j
ἐτίζων m
ἦν² < l e
κυρίου (< l) τοῦ θεοῦ l d m
9 καὶ ἔλεγε + μή b λέγων g + μοι
d m a κατέλεγε (ἔλεγε c h i j)
μοι f c h i j
προσχές f
τέκνον + μου l + σεαυτῷ e σεαυτῷ
a f c h i j
καὶ ἀπό f
πνεύματος] πατρός m
γάρ < e
ἐνδελεχεῖ g l d m e a f ἐνδελεχῇ ἐστίν
c h i j
μιαίνειν διὰ (ἀπό c) τοῦ σπέρματός
σου (< g μου c) ∾ g l d m e a f
c h i j
10 οὖν σε m σου οὖν e
εἰς γυναῖκα g
ἔτι] ὅτι g
μῶμον] νόμων m
μηδὲ βεβηλωμένην < g
μηδέ¹] μήτε a f c h i j
μηδέ²] μήτε g l d m e a f c h i j
γένων m
ἤ] καί e < c h i j
ἐθνῶν] ἐχθρῶν m
11 πρό < g
εἰσελθεῖν + σε d m e c h i j
θύειν + σε c h i j

νίπται . . . νίπται g
νίπτου¹] εἰς αὐτά a
καί³ — νίπτου² < d c h i j
τὴν θυσίαν πάλιν ∾ l m e
12 δώδεκα + οὖν c h i j
ἀεὶ ἐχόντων] ἀπεχόντων g ἀεὶ
ἔχοντα l ἐχόντων c h i j
ἀνάγαγε (+ τῷ m e a f c h i j)
κυρίῳ (+ καὶ πᾶσαν θυσίαν
ἅλατι ἁλιεῖς a) g l d m e a f c h i j
ὡς κἀμέ] καὶ ἐμέ e
ἐδίδαξεν 'Αβραάμ ∾ l
13 ἐκ παντός c h i j
καί² — καθαροῦ² < d m f
καθαροῦ² < c h i j
κυρίῳ] τῷ θεῷ g τῷ κυρίῳ d m e a f
αὐτῷ c i αὐτοῦ h j
14 παντός] πᾶν l
πρώτου γενήματος g d e πρωτογε-
νήματα m + σου a f c h i j et in
marg. ὡραῖον d
καὶ οἴνου (οἴνων a) πρόσφερε
ἀπαρχάς (+ θυσίαν a f) τῷ
(< f) κυρίῳ g e a f κρινοῦ (καὶ
οἴνου πρόσφερε d) κυρίῳ ἀπαρχάς
l d
ἀπαρχάς — πᾶσαν < m
ἀρχάς c
καί³ — ἁλιεῖς] εἰς θυσίαν κυρίῳ τῷ
θεῷ (τῷ κυρίῳ καὶ θεῷ ἡμῶν i)
c h i j
πᾶσαν + δέ d
ἁλατιεῖς d ἁλίσεις e

X. Νῦν οὖν φυλάξασθε ὅσα ἐντέλλομαι ὑμῖν, τέκνα· ὅτι ὅσα ἤκουσα παρὰ τῶν πατέρων μου, ἀνήγγειλα ὑμῖν. 2. ἀθῷός εἰμι ἀπὸ πάσης ἀσεβείας ὑμῶν καὶ παραβάσεως, ἣν ποιήσετε ἐπὶ συντελείᾳ τῶν αἰώνων εἰς τὸν σωτῆρα τοῦ κόσμου, ἀσεβοῦντες, πλανῶντες τὸν Ἰσραήλ, καὶ ἐπεγείροντες αὐτῷ κακὰ μεγάλα παρὰ κυρίου. 3. καὶ ἀνομήσετε σὺν τῷ Ἰσραήλ, ὥστε μὴ βαστάξαι τὴν Ἰερουσαλὴμ ἀπὸ προσώπου πονηρίας ὑμῶν, ἀλλὰ σχίσαι τὸ ἔνδυμα τοῦ ναοῦ, ὥστε μὴ κατακαλύπτειν ἀσχημοσύνην ὑμῶν. 4. καὶ διασπαρήσεσθε αἰχμάλωτοι ἐν τοῖς ἔθνεσι, καὶ ἔσεσθε εἰς ὀνειδισμόν, καὶ εἰς κατάραν, καὶ εἰς καταπάτημα. 5. ὁ γὰρ οἶκος, ὃν ἂν ἐκλέξηται κύριος, Ἰερουσαλὴμ κληθήσεται, καθὼς περιέχει βίβλος Ἑνὼχ τοῦ δικαίου.

XI. Ὅτε οὖν ἔλαβον γυναῖκα, ἤμην ἐτῶν εἰκοσιοκτώ, ᾗ ὄνομα

X. 1 νῦν οὖν + τέκνα μου m καὶ
  (+ τά c) νῦν c (h?) i j
φυλάξατε g l d m e a f c h i j
ὅσα¹ — ὑμῖν¹ < d
ὅσα¹] ὅσον l + ἐγώ a f c h i j
τέκνα — ὑμῖν² < m
τέκνα + μου l d h i j
ὅτι ὅσα] ἐπειδὴ ὅσα ἐγώ c h i j
μου] ἡμῶν l
ἀνήγγειλα] ἐντέλλομαι d
2 καὶ ἰδοὺ ἀθῷος c h i j
πάσης ἀνομίας (ἀδικίας d m) l d m
  τῆς ἀσεβείας c h i j
καὶ παραβάσεως ὑμῶν ∞ g
προβάσεως m παράβασιν j
ποιήσετε + ἥν j
τὴν συντελείαν m συντελείας e τῇ
  συντελείᾳ (-αν h j) c h i j
τοῦ αἰῶνος e
in marg. (ad τὸν σωτῆρα τοῦ
  κόσμου) τοῦ χριστοῦ d περὶ
  χριστοῦ et in textu add. (post
  κόσμου) χριστόν c
ἀσεβοῦντες] ἀθετοῦντες a < c h i j
πλανῶντες — Ἰσραήλ < e
πλανῶνται ... ἐπιγείρονται m
πλανῶντες < g
καὶ² — Ἰσραήλ (vs. 3) < h i j
αὐτόν g d m ἑαυτοῖς e ἐπ’ αὐτόν c
μεγάλα — κυρίου < l μεγάλα
  ἐπερχόμενα (ἀπερχόμενοι m) αὐτῷ
  παρὰ (περί m) κυρίου d m μεγάλα
  e μεγάλα παρὰ κυρίῳ a c
3 ἀνομήσει d
σύν] ἐν l c
ὥστε¹ — ὑμῶν¹ < c

δύνασθαι βαστάξαι d m
τήν < a f
πονηρίας] πορνείας l τῆς πονηρίας
  h i j
ὑμῶν¹] ἡμῶν m
ἀλλὰ σχίσετε (σχίσει f) g f σχισθή-
  σεται δέ l ἀλλὰ σχισθήσεται
  (συγχυθήσεται m) d m c h i j
ἔνδυμα] καταπέτασμα c h i j
ὥστε²] ὡς h i j
καλύπτειν g l d m e a f καλύψαι c h i j
τὴν ἀσχημοσύνην l c h i j
4 καί¹ + οὐ μόνον ταῦτα γενήσονται
  οὕτως, ἀλλὰ καὶ ὑμεῖς d m
διασπαρήσεσθε — ἔσεσθε] διασπα-
  ρεῖσθαι h i j
αἰχμάλωτοι < d
ἔσεσθε + ἐκεῖ g l d m e a f
ὀνειδισμόν — καταπάτημα] ὄνειδος,
  καὶ εἰς κατάραν ἐκεῖ c h i j
καὶ εἰς κατάραν < b g m καὶ
  κατάραν a
5 ἂν εξελεξηται b e ἐξελέξατο l
  ἐκλέξεται d i
κύριος < e
Ἰσραὴλ κληθήσεται (ἅγιον ἔσται d)
  d m < f
ἡ βίβλος g d m e c h i j

XI. cap. XI et XII 1-4 om. g
1 εἰκοσιοκτώ (εἴκοσι καὶ ὀκτώ f)
  ἐτῶν ἤμην ∞ l d m e a f ἐγὼ
  εἴκοσι καὶ ὀκτὼ ἐτῶν (χρόνων c)
  ὑπῆρχον c h i j
ᾗ ὄνομα] ἦν δὲ ὄνομα αὐτῆς e ἦν δὲ
  αὐτῇ ὄνομα c h i j

Μελχά. 2. καὶ συλλαβοῦσα ἔτεκε, καὶ ἐκάλεσε τὸ ὄνομα αὐτοῦ
Γηρσάμ· ὅτι ἐν τῇ γῇ ἡμῶν πάροικοι ἦμεν· Γηρσὰμ γὰρ παροικία
γράφεται. 3. εἶδον δὲ περὶ αὐτοῦ ὅτι οὐκ ἔσται ἐν πρώτῃ τάξει.
4. καὶ ὁ Καὰθ ἐγεννήθη τριακοστῷ πέμπτῳ ἔτει, πρὸς ἀνατολὰς ἡλίου.
5. εἶδον δὲ ἐν ὁράματι ὅτι μέσος ἐν ὑψηλοῖς ἵστατο πάσης τῆς συνα-
γωγῆς· 6. διὰ τοῦτο ἐκάλεσα τὸ ὄνομα αὐτοῦ Καάθ, ὅ ἐστιν ἀρχὴ
μεγαλείου καὶ συμβιβασμός. 7. καὶ τρίτον ἔτεκέ μοι τὸν Μεραρί,
τεσσαρακοστῷ ἔτει ζωῆς μου. καὶ ἐπειδὴ ἐδυστόκησεν ἡ μήτηρ αὐτοῦ,
ἐκάλεσεν αὐτὸν Μεραρί, ὅ ἐστι πικρία μου· ὅτι καίγε αὐτὸς ἀπέθανεν.
8. ἡ δὲ Ἰωχάβεδ ἑξηκοστῷ τετάρτῳ ἔτει ἐτέχθη ἐν Αἰγύπτῳ· ἔνδοξος
γὰρ ἤμην τότε ἐν μέσῳ τῶν ἀδελφῶν μου.

XII.   Καὶ ἔλαβε Γηρσὰμ γυναῖκα, καὶ ἔτεκεν αὐτῷ τὸν Λομνὶ καὶ

2 ἔτεκε + υἱόν *l d c h i j* + παροίκι-
   λον *a*
ἐκάλεσα *d*
τό < *e*
αὐτοῦ + παροικία *f*
ὅτι — Γηρσάμ² < *m*
τῇ — πάροικοι] γῇ παροικίας *c h i j*
ἡμῶν — ἦμεν] πάροικος ἤμην *e*
ἡμῶν] αὐτοῦ *f*
ἐσμέν *l*
Γηρσάμ² — γράφεται < *a f c h i j*
3 καὶ εἶδον (-εν *j*) περὶ αὐτόν *c h i j*
δέ] γάρ *d m*
ἔστιν ἐν (+ τῇ *d c h i j*) *l d m e a f
   c h (i?) j*
4 ὁ — ἔτει] ἐτῶν τρ. π. (ἐν τῷ τρ. π.
   ἔτει *d*) πάλιν συλλαβοῦσα ἔτεκε
   μοι δεύτερον υἱόν (υἱὸν δεύτερον
   ∽ *d*) *d m*
εἰκοστῷ π. ἔτει *l* ἐν τῷ τρ. π. ἔτει
   τῆς ζωῆς μου *c h i j*
πρός] κατά *d*
5 εἶδον — ἐν¹] καὶ εἶδον ἐν (< *c*)
   c h i j
ὅτι μέσον ἐν ὑψηλοῖς ἵστατο πάσης
   l d m e a f ἐν ὑψηλοῖς ἵστατο
   μέσον *c h (i?) j*
6 ἐκάλεσα] ὠνόμασα *l* ἐκάλεσε *a*
ἀρχὴ μεγαλείου < *d* ἑρμηνεία
   μεγαλείου *m e*
συμβιβασμοῦ *l h (i?) j*
7 τρίτον — Μεραρί¹] προσθεῖσα (προ-
   θεῖσα *m*) ἔτεκέ μοι (< *l*) τὸν (<
   d m) Μαρειραμ (υἱὸν *d* τρίτον
   υἱόν *m*) *l d m* τρίτον υἱὸν (τὸν υἱὸν
   τὸν τρίτον ∽ *h i j*) ἔτεκέ μοι τὸν

(ἔτεκέ — τόν] ἐκάλεσα *i*) M. *c h i j*
τρίτον] τρεῖς (falso pro γ΄?) *b*
Μεραρί¹ + ἔτεκέ μοι τὸν Μεραρί *i*
   (v.s.)
τεσσαρακοστῷ — Μεραρί² < *a*
τεσσαρακοστῷ — μου¹] ὅ ἐστι πι-
   κρία μου *l* (v.i.) τῷ τεσσαρακοστῷ
   ἔτει τῆς (< *h*) ζωῆς μου *d m c h i j*
καί² < *l*
ἐπεί *d*
ἡ μήτηρ αὐτῶν *e* ἡ μήτηρ μου καὶ ἡ
   μήτηρ αὐτοῦ *i*
ἐκάλεσεν — μου²] < *l* (v.s.)
ἐκάλεσα *e c*
ἐστι] ἑρμηνεύεται *m*
πικρία μου] πικρία *m* πικρασμοῦ *e*
   πικριασμός *c i* πικρασμός *h j*
ὅτι (διότι *l*) καίγε (καὶ *l d m*) αὐτὸς
   ἀπέθνησκεν (+ ἐκάλεσεν αὐτὸν
   οὕτως *l*) *l d m e a f* < *c h i j*
8 ἡ δὲ Ἰ. ἐν τῷ ἑξ. τ. ἔτει τῆς ζωῆς
   μου ἐγεννήθη ἐν Αἰγ. *l m* καὶ ἐν
   τῷ ἑξ. τ. ἔτει τῆς ζωῆς μου ἐν
   Αἰγ. συλλαβοῦσα ἔτεκέ μοι θυγα-
   τέρα τὴν Ἰ. *d* ἡ δὲ Ἰ. ἐγεννήθη
   ἐν Αἰγ. τῷ ἑξ. τ. μου ἔτει
   c h (i?) j
ἑξήκοντα τεσσάρων ἐτῶν *f*
γάρ < *l*
ἤμην] εἰ *c*
τότε < *e*
τῷ μέσῳ *h i j*

XII.   1 ὁ Γ. *l d m e a f c h i j*
αὐτῷ] ἐξ αὐτῆς *c h i j*

τὸν Σεμεΐ. 2. καὶ υἱοὶ Καὰθ 'Αμβράμ, 'Ισαάρ, Χεβρών, 'Οζιήλ. 3. καὶ υἱοὶ Μεραρὶ Μοολὶ καὶ 'Ομουσί. 4. καὶ ἐνενηκοστῷ τετάρτῳ ἔτει μου ἔλαβεν ὁ 'Αμβράμ τὴν 'Ιωχάβεδ θυγατέρα μου αὐτῷ εἰς γυναῖκα· ὅτι ἐν μιᾷ ἡμέρᾳ ἐγεννήθησαν αὐτὸς καὶ ἡ θυγάτηρ μου. 5. ὀκτὼ ἐτῶν ἤμην ὅτε εἰσῆλθον εἰς γῆν Χανάαν· καὶ ὀκτωκαίδεκα ἐτῶν ὅτε ἀπέκτεινα τὸν Συχέμ· καὶ ἐννεακαίδεκα ἐτῶν ἱεράτευσα· καὶ εἰκοσιοκτὼ ἐτῶν ἔλαβον γυναῖκα· καὶ τεσσαράκοντα ἐτῶν εἰσῆλθον εἰς Αἴγυπτον. 6. καὶ ἰδού ἐστε, τέκνα μου, τρίτη γενεά. 7. 'Ιωσὴφ ἑκατοστῷ ὀκτωκαιδεκάτῳ ἔτει ἀπέθανεν.

XIII. Καὶ νῦν, τέκνα μου, ἐντέλλομαι ὑμῖν ἵνα φοβεῖσθε τὸν κύριον

τὸν² — Χεβρών (vs. 2) < h i j
τόν² < l d m a f c
2 καὶ — Καάθ] καὶ ὁ Κ. ἔτεκε l
ἔλαβε (+ δέ m) καὶ Κ. (+
ἑαυτῷ m) γυναῖκα καὶ ἔτεκεν
αὐτῷ d m καὶ οἱ υἱοὶ Κ. e f οἱ δὲ
υἱοὶ Κ. εἰσίν c
τὸν 'Αβραὰμ ('Αβράμ l) καὶ 'Ισαχὰρ
καὶ Χ. καὶ 'Ο. (καὶ 'Ο. < l) l d m
'Αβράμ ('Αβραάμ c), 'Ισαχάρ,
Χ., (+ καί c) 'Ο. e a f c
Οζωηλ h i j
3 καὶ¹ — Μεραρί] ὁμοίως δὲ καὶ ὁ
Μεραρὶ (Μεθαρη et in marg.
super. add. ὁ πατὴρ τοῦ Μωυ-
σέως· Μεθαρη d) ἔλαβεν ἑαυτῷ
(αὐτῷ d) γυναῖκα (+ ὅτι ἐν μιᾷ
ἡμέρᾳ ἐγεννήθησαν m) καὶ ἔτεκεν
αὐτῷ (< d) d m
οἱ υἱοὶ Μεραρί (Μαριαρειμ l) l e f c
Μοολί] Μωλη l e τὸν Μααλη d τὸν
Μωηλι m Μοθλη a f c Μεθλι h i j
'Ομουσί] Μωυσῆς (+ καὶ 'Ααρών d)
l d m c h i j Βουσημ e
4 καὶ (< j) ἐν (< l h i j) τῷ ἐν. (+
καί l) τ. μου (< h i j) ἔτει l c h i j
καὶ ἐν (< m) τῷ ἐν. τ. (< d) ἔτει
τῆς ζωῆς μου d m καὶ τῷ ἐν. ἔτει
μου καὶ (σὺν τῷ a) τ. ∞ a f
μου¹] Μωυσῆ e
ὁ (< l) 'Αβράμ l m a f ὁ (< d e h i j)
'Αβραάμ (+ ὁ υἱὸς Καάθ d) d e
c h i j
'Ιωχαβέλ c h i j
τὴν θυγατέρα d m c

μου² . . . μου³] Μωάμ . . . Μωάμ l
αὐτῷ] ἑαυτῷ l d a f c < m h i j
αὐτήν e
αὐτὸς — ἀπέθανεν (vs. 7) < c h i j
5 εἴκοσι ἐτῶν l καὶ ἐτῶν ὀκτώ ∞ m
ὅτε¹ — ἐτῶν² < l
εἰσῆλθον¹] ἦλθον g
γῆν < g a
καὶ¹ — Συχέμ < d
ιη' (δέκα καὶ ὀκτὼ g a f) ἐτῶν (ἔτη
m < f) g m e a f
ὅτε² — ἐτῶν³ < g
δέκα καὶ ἐννέα ἔτη ἱεράτευσα τῷ
κυρίῳ a f
ἐννεακαίδεκα] εἰκοσιτεσσάρων l
(v.s.)
εἴκοσι καὶ ὀκτώ a f
6 ἰδού — γενεά] ἰδού ἐστε, τέκνα,
τρεῖς γενεαί g εἶδον, τέκνα μου,
τρίτην γενεάν l ἰδού ἐστε ἀρτίως
τρίτη γενεὰ ὑμεῖς, τέκνα μου d
ἰδού ἐστε, τέκνα μου, ὑμεῖς τρίτη
γενεά m
ἰδού + τέκνα μου b
ἐστε < a f
7 v.s. 7 om. g
'Ιωσὴφ + γὰρ ὁ ἀδελφός μου d m
ἑκατὸν καὶ δεκατῷ ἐτῶν l d m
ἑκατοστῷ ὀγδόῳ καὶ δεκατῷ μου
ἔτει e a f

XIII. 1 νῦν — μου < g
ἵνα < a f c h i j
τὸν¹ — ἡμῶν] κύριον (< e) τὸν θεὸν
ἡμῶν (ὑμῶν e) g l d m e a f c h i j

ἡμῶν ἐξ ὅλης καρδίας· καὶ πορεύεσθε ἐν ἁπλότητι κατὰ πάντα τὸν νόμον αὐτοῦ. 2. διδάξατε δὲ καὶ ὑμεῖς τὰ τέκνα ὑμῶν γράμματα, ἵνα ἔχωσι σύνεσιν ἐν πάσῃ τῇ ζωῇ αὐτῶν, ἀναγινώσκοντες ἀδιαλείπτως τὸν νόμον τοῦ θεοῦ· 3. ὅτι πᾶς ὃς γνώσεται νόμον θεοῦ, τιμηθήσεται, καὶ οὐκ ἔσται ξένος, ὅπου ὑπάγει. 4. καίγε πολλοὺς φίλους ὑπὲρ γονεῖς κτήσεται, καὶ ἐπιθυμήσουσι πολλοὶ τῶν ἀνθρώπων δουλεῦσαι αὐτῷ, καὶ ἀκοῦσαι νόμον ἐκ τοῦ στόματος αὐτοῦ. 5. ποιήσατε δικαιοσύνην, τέκνα μου, ἐπὶ τῆς γῆς, ἵνα εὕρητε ἐν τοῖς οὐρανοῖς· 6. καὶ σπείρετε ἐν ταῖς ψυχαῖς ὑμῶν ἀγαθά, ἵνα εὕρητε αὐτὰ ἐν τῇ ζωῇ ὑμῶν. ἐὰν γὰρ σπείρητε κακά, πᾶσαν ταραχὴν καὶ θλῖψιν θερίσετε. 7. σοφίαν κτήσασθε ἐν φόβῳ θεοῦ μετὰ σπουδῆς· ὅτι ἐὰν γένηται αἰχμαλωσία, καὶ πόλεις ὀλοθρευθῶσι καὶ χῶραι καὶ χρυσὸς καὶ ἄργυρος καὶ πᾶσα κτῆσις ἀπολεῖται, τοῦ σοφοῦ τὴν σοφίαν οὐδεὶς δύναται ἀφελέσθαι, εἰ μὴ

ἐξ ὅλης (+ τῆς *a f c*) καρδίας ὑμῶν (< *a f*) *l d m a f c* < *h i j*
ἁπλότητι + καρδίας (+ ὑμῶν *g*) *g m a* + κυρίου *d* + ψυχῆς *e*
τόν² < *d m*
αὐτῶν *b*
2 vs. 2 om. *c h i j*
δέ < *e*
γράμματα τὰ τέκνα ὑμῶν ∽ *g*
ὑμῶν] μου *m*
τῇ < *d e*
ἵνα ἀναγινώσκωσιν (γινώσκωσιν *e*) *l e* καὶ ἵνα ἀναγινώσκοντες (γινώσκοντες *d*) καὶ ἐπιγινώσκοντες *d m*
τὸν νόμον τοῦ θεοῦ ὦσιν ἀδιαλείπτως ∽ *d*
3 διότι *c h i* διὸ *j*
ὃς γνώσεται] ὁ εἰδώς *g*
τὸν νόμον τοῦ θεοῦ καὶ *e*
θεοῦ < *l* κυρίου *d m c h i j*
ἐστι *g l e*
ὑπάγει] ἂν (< *i*) ἀπέρχεται (εἰσέρχεται *c*) *c h i j*
4 γόνον *m*
κτήσεται] τε ζητεῖν *e*
ἐπιθυμουσινσαι *m*
πολλοὶ — ἀνθρώπων] οἱ ἄνθρωποι *l*
δουλευσουσαι *i*
αὐτῷ] αὐτόν *g m*
νόμον] λόγον *d m*
ἐκ στόματος *l a* ἐξ αὐτῶν *m*

5 ποιήσατε + οὖν *l m c h i j*
τέκνα μου, δικαιοσύνην ∽ *l c*
τέκνα μου < *m*
ἵνα] ὅπως *d*
εὕρητε + αὐτήν *d* + χάριν *m* ὑγιασμένοι ἦτε *c h i j*
τοῖς < *l*
6 σπείρατε¹ *l m a f c h i j*
τῇ ψυχῇ *f*
ἀγαθά — ὑμῶν² < *l*
ἵνα — ὑμῶν²] καὶ εὑρήσετε αὐτά *c h i j*
αὐτὰ < *g f*
γὰρ — σοφίαν¹ (vs. 7) < *m*
γάρ] δέ *c h i j*
κακά — καί²] ταραχήν, πᾶσαν *g* ἐπὶ τῆς γῆς πᾶσαν ταραχήν *l* ταραχήν *d*
κακά] πονηρά *c h i j*
7 κτήσεσθε *g*
μετὰ — ὅτι] ἵνα *c h i j*
πόλεις ἐξολοθρευθῶσι *g d m e a* ὀλοθρευθῶσι πόλεις ∽ *c h i j*
χῶραι + καὶ ἄρουραι (ἀγροί *m*) *l d m*
χρυσίον καὶ ἀργύριον *l*
ἡ κτῆσις *e*
ἀπόλλυται *d m h i j*
τοῦ δὲ σοφοῦ τὴν σοφίαν οὐδείς (τις *m*) *g d m f* τὴν δὲ σοφίαν οὐδείς *l* τοὺς σοφοὺς τὴν σοφίαν οὐ *e*

τύφλωσις ἀσεβείας καὶ πήρωσις ἁμαρτίας· 8. ὅτι γενήσεται αὐτῷ
αὐτὴ καὶ παρὰ τοῖς πολεμίοις λαμπρὰ καὶ ἐπὶ γῆς ἀλλοτρίας πατρίς,
καὶ ἐν μέσῳ ἐχθρῶν εὑρεθήσεται φίλος. 9. ἐὰν διδάσκῃ ταῦτα καὶ
πράττῃ, σύνθρονος ἔσται βασιλέων, ὡς καὶ Ἰωσὴφ ὁ ἀδελφὸς ἡμῶν.
XIV. Καὶ νῦν, τέκνα, ἔγνων ἀπὸ γραφῆς Ἑνὼχ ὅτι ἐπὶ τέλει
ἀσεβήσετε ἐπὶ κύριον, χεῖρας ἐπιβάλλοντες ἐν πάσῃ κακίᾳ, καὶ αἰσχυν-
θήσονται ἐφ' ὑμῖν οἱ ἀδελφοὶ ὑμῶν, καὶ πᾶσι τοῖς ἔθνεσι γενήσεσθε
χλευασμός. 2. καὶ γὰρ ὁ πατὴρ ἡμῶν Ἰσραὴλ καθαρὸς ἔσται ἀπὸ τῆς
ἀσεβείας τῶν ἀρχιερέων, οἵτινες ἐπιβαλοῦσι τὰς χεῖρας αὐτῶν ἐπὶ τὸν
σωτῆρα τοῦ κόσμου. 3. καθαρὸς ὁ οὐρανὸς ὑπὲρ τὴν γῆν· καὶ ὑμεῖς
οἱ φωστῆρες τοῦ οὐρανοῦ, ὡς ὁ ἥλιος καὶ ἡ σελήνη. 4. τί ποιήσουσι

πώρωσις l d m e a f c h i j
ἁμαρτίας] καρδίας g
8 ὅτι — αὐτή] ἐὰν δὲ (γάρ τις c h i j)
   φυλάξῃ ταῦτα (ἑαυτὸν ἐκ τῶν
   πονηρῶν τούτων πράξεων (ἔργων
   c), τότε c h i j) γενήσεται (+ ἐν
   c) αὐτῷ ἡ (< c h i j) σοφία d c h
   i j τότε γενήσεται αὐτῷ αὐτή e a f
   περὶ τοὺς πολεμίους λαμπρός c
   πολέμοις e
   λαμπρά + ἤτουν ἡ σοφία l
   γῆς] τῆς c
   πατρίς] πατιεις g
   ἐχθροῖς g
   εὑρεθήσεται] ἀρθήσεται m γενήσε-
   ται c
9 ἐὰν γὰρ διδάσκῃ καὶ πράττῃ ἃ δεῖ g
   ἐὰν πράττητε ταῦτα καὶ διδάσκητε
   l πᾶς (< e a f + γάρ i) ὃς (ὃ e)
   ἂν (ἐὰν e a f) διδάσκῃ ταῦτα
   (καλὰ c h i j) καὶ πράττῃ e a f c
   h i j
   σύνθρονοί ἐστε l
   βασιλέως b m a
   ὥσπερ c h i j
   καί² < l
   ἀδελφὸς (πατράδελφος g) ὑμῶν (μου
   d c h i j) g l d e c h i j

XIV. 1 καὶ νῦν] ἐγὼ οὖν c h i j
   τέκνα + μου m e c h i j
   ἀπὸ — Ἑνώχ < c h i j
   τῆς γραφῆς e
   Ἑνώχ + τοῦ δικαίου k
   ἐπὶ (+ τό e) τέλος g e ἐπὶ συντελείᾳ
   l f ετελε m ἐπὶ τὰ τέλη τῶν
   αἰώνων c h i j

ἀσεβεῖς ἐστε k ἀσεβήσουσιν c
in marg. (ad κύριον) τοῦ χριστοῦ d
ἐπιβαλόντες d e ἐπιβαλοῦσιν c
πάσῃ — ὑμῶν] κακίᾳ ἐπ' αὐτόν
   c h i j
ἐφ' ὑμῶν l e < d ἐφ' ὑμᾶς m a f
ἐν πᾶσι g c
γενήσεται b g d m h i j
2 in marg. προφητεία περὶ χριστοῦ k
   ἐστιν g d m e a f c h i j
   τῆς] πάσης g e f
   ἁμαρτίας καὶ ἀσεβείας m + ὑμῶν
   καί c
   οἵτινες] εἴ τινες c
   ἐπιβάλλουσι k l m
   αὐτῶν < l
   in marg. (ad τὸν σωτῆρα τοῦ
   κόσμου) τοῦ χριστοῦ d
   κόσμου + χριστόν c
3 vs. 3] ὡς (οὐ c) γάρ ἐστιν ὁ ἥλιος
   καθαρὸς ἐνώπιον κυρίου ἐπὶ τὴν
   γῆν, οὕτω καὶ ὑμεῖς ἐστε οἱ
   φωστῆρες τοῦ Ἰσραὴλ παρὰ πάντα
   τὰ (< j) ἔθνη c h i j (v.i.)
   καθαρὸς — οὐρανοῦ] καὶ γὰρ αὐτῷ
   ὡς φωστῆρές εἰσιν d
   ὁ οὐρανός] ὡς ἄνθρωπος ὁ m ὁ ἥλιος
   a ὁ f
   ὑμεῖς οἱ] ἡμεῖς ὡς m
   οὐρανοῦ] Ἰσραὴλ g m e a f
   ὡς < l
   καί² + ὡς m
4 τί — κατάραν] ἐὰν δὲ ὑμεῖς σκοτι-
   σθήσεσθε ἐν ἀσεβείᾳ, κατάραν
   ἐπάξετε l καὶ ἐὰν ὑμεῖς σκοτι-
   σθῆτε, τί ποιήσουσι πάντα τὰ
   ἔθνη; ἐν γὰρ τῇ ἀσεβείᾳ ὑμῶν

πάντα τὰ ἔθνη, ἐὰν ὑμεῖς σκοτισθῆτε ἐν ἀσεβείᾳ, καὶ ἐπάξητε κατάραν
ἐπὶ τὸ γένος ἡμῶν — ὑπὲρ ὧν τὸ φῶς τοῦ νόμου τὸ δοθὲν ἐν ὑμῖν εἰς
φωτισμὸν παντὸς ἀνθρώπου, τοῦτον θέλοντες ἀνελεῖν, ἐναντίας ἐντολὰς
διδάσκοντες τοῖς τοῦ θεοῦ δικαιώμασι, 5. τὰς προσφορὰς κυρίου
ληστεύσετε, καὶ ἀπὸ τῶν μερίδων αὐτοῦ κλέψετε, καὶ πρὸ τοῦ θυσιάσαι
κυρίῳ λήψεσθε τὰ ἐκλεκτά, ἐν καταφρονήσει ἐσθίοντες μετὰ πορνῶν,
6. ἐν πλεονεξίᾳ τὰς ἐντολὰς κυρίου διδάξετε, τὰς ὑπάνδρους βεβηλώσετε,
καὶ παρθένους Ἰερουσαλὴμ μιανεῖτε, καὶ πόρναις καὶ μοιχαλίσι συναφ-
θήσεσθε, θυγατέρας ἐθνῶν λήψεσθε εἰς γυναῖκας, καθαρίζοντες αὐτὰς
καθαρισμῷ παρανόμῳ, καὶ γενήσεται ἡ μεῖξις ὑμῶν Σόδομα καὶ Γόμορρα
ἐν ἀσεβείᾳ, 7. καὶ φυσιωθήσεσθε ἐπὶ τῇ ἱερωσύνῃ, κατὰ τῶν ἀνθρώ-
πων ἐπαιρόμενοι· οὐ μόνον δέ, ἀλλὰ καὶ κατὰ τῶν ἐντολῶν τοῦ θεοῦ

ἐπάξετε κατάραν d καὶ ἐὰν ὑμεῖς
σκοτισθῆτε ἐν ἀσεβείᾳ, τί λοιπὸν
τὰ ἔθνη ποιήσωσιν (ποιήσειν h i j)
ἐν τυφλώσει διάγοντες (+ ὑπὲρ
οὖν h i j); καὶ ἐπάξετε κατάραν
c h i j
ὑμῖν σκοτισθήσεται g ὑμῶν σκοτι-
σθῆτε m ὑμεῖς σκοτισθήσεσθε e f
ἐπί < g
τὸ γένος (τῷ γένει m) ὑμῶν k d m
ὑπὲρ τὸν τοῦ φωτός g
ὧν < k οὗ a f οὖν c h i j
νόμου] κόσμου b k i κόσμου (+ καὶ
τοῦ d) νόμου l d
ἐν ὑμῖν] ὑμῖν g d m e ὑμῶν l < c h i j
εἰς — ἀνθρώπου] καὶ παντὶ ἀνθρώπῳ
εἰς φωτισμόν d
ἀνθρώπου < m
in marg. (ad τοῦτον) τοῦ χριστοῦ d
τοῦτο m
θελήσετε g d m θέλετε c h i j
διδάσκονται m
τοῖς — δικαιώμασι] τῆς τοῦ θεοῦ
δικαιοσύνης e
5 τάς] ἅς l
κυρίου < e
αὐτῶν a
καὶ² — λήψεσθε < a f c h i j
τοῦ < m
τῷ κυρίῳ k
τά < c h i j
ἐσθίοντες ἐν καταφρονήσει (κατα-
φροσύνῃ c) ∽ c h i j

τῶν πορνῶν e
6 καὶ ἐν πλεονεξίᾳ g l d m e a f c h i j
τοῦ κυρίου b m h j τοῦ θεοῦ i
διαδέξεσθε g l
καὶ τὰς ὑπάνδρους e τὰς μὲν ὑπάν-
δρους c h i j
καὶ¹ — μιανεῖτε < c h i j
τὰς παρθένους k παρθένοις m
Ἰερουσαλήμ] ἐν (< g e a f) Ἰσραήλ
g l m e a f < d
πόρναις] πονηραῖς a f
μοιχαλίσι] μυχαλλιδαις e
συναφθήσεσθε] αυθησεται m
καὶ θυγατέρας l e θυγατράσιν m +
δέ c h i j
καθαρίζοντες — παρανόμῳ < c h i j
καθαρίζεσθε ἑαυτάς d καθαρίζοντας
m
αὐτά g
καθαρισμὸν παράνομον m e
γενήσεται] γίνεται a f
ὡς Σόδομα l d m a f c h i j
ἐν ἀσεβείᾳ < c h i j
7 ἐπί] ἐν g
τῇ ἱερωσύνῃ + ὑμῶν d c h i j τὴν
ἱερωσύνην καί m
τῶν¹ < d m a
δέ — ταῦτα ποιήσετε d m + τοῦτο
c h i j
καί² < d f
κατά² < m

8. φυσιούμενοι, καταπαίξετε τὰ ἅγια, ἐν καταφρονήσει γελοιάζοντες.
XV. Διὰ ταῦτα ὁ ναός, ὃν ἂν ἐκλέξηται κύριος, ἔρημος ἔσται ἐν
ἀκαθαρσίᾳ, καὶ ὑμεῖς αἰχμάλωτοι ἔσεσθε εἰς πάντα τὰ ἔθνη, 2. καὶ
ἔσεσθε βδέλυγμα ἐν αὐτοῖς, καὶ λήψεσθε ὀνειδισμὸν καὶ αἰσχύνην αἰώνιον
παρὰ τῆς δικαιοκρισίας τοῦ θεοῦ, 3. καὶ πάντες οἱ θεωροῦντες ὑμᾶς
φεύξονται ἀφ' ὑμῶν. 4. καὶ εἰ μὴ δι' Ἀβραὰμ καὶ Ἰσαὰκ καὶ Ἰακὼβ
τοὺς πατέρας ἡμῶν, εἷς ἐκ τοῦ σπέρματός μου οὐ μὴ καταλειφθῇ ἐπὶ
τῆς γῆς·
XVI. Καὶ νῦν ἔγνων ἐν βιβλίῳ Ἐνὼχ ὅτι ἑβδομήκοντα ἑβδομάδας
πλανηθήσεσθε, καὶ τὴν ἱερωσύνην βεβηλώσετε καὶ τὰς θυσίας μιανεῖτε,
2. καὶ τὸν νόμον ἀφανίσετε καὶ λόγους προφητῶν ἐξουθενώσετε, ἐν
διαστροφῇ διώξετε ἄνδρας δικαίους καὶ εὐσεβεῖς μισήσετε, ἀληθινῶν
λόγους βδελύξεσθε 3. καὶ ἄνδρα ἀνακαινοποιοῦντα νόμον ἐν δυνάμει

8 vs. 8] καταφρονήσετε γὰρ τὰ ἅγια
  (ἀγαθά i) χλευάζοντες καὶ γελοιά-
  ζοντες c h i j
καὶ καταπαίξετε k καταφρονήσετε
  e a f
τὸ ἅγιον g < m τῶν ἁγίων a

XV. 1 καὶ (< d m a f c) διὰ τοῦτο
  d m a f c h i j
ὁ ναός] οὗτος e (v.i.)
ἂν ἐκλέξηται] εξελεξεται g l d ἐκλέ-
  ξεται e c h i j
κύριος + τόπον e (v.s.)
ἔρημος ἔσται] <ἐ>ρημωθήσεται g
  ἔρημος ἐστιν m
ἐν καθαρσίᾳ m ἐπὶ ἀκαθαρσίας e ἐν
  τῇ ἀκαθαρσίᾳ ὑμῶν c h i j
αἰχμάλωτοι — ἔσεσθε (vs. 2)]
  αἰχμαλωτίσεσθε m
2 ἔσεσθε βδέλυγμα] βδέλυγμα c βδε-
  λύσσεται h i j
εἰς βδέλυγμα g d m e
ἐν αὐτοῖς — XIX 5 om. m sed
  (post βδέλυγμα) inserit T.S.
  VI 1 τῶν ψυχῶν ὑμῶν — VIII 2
  (v. ad T.S. V 4)
ἐπ' αὐτούς e αὐτοῖς c h i j
ὄνειδος g l d e a f c h i j
καὶ αἰσχύνην] αἰσχύνης e
διακρίσεως h i j
3 θεωροῦντες] ὁρῶντες l d μισοῦντες
  e a f c h i j
φεύξονται ἀφ'] χαρήσονται ἐπὶ τῇ
  ἀπωλείᾳ (εὐτελείᾳ καὶ ἀπωλείᾳ
  h j εὐτελείᾳ i) c h i j

ὑμῶν + μισούμενοι ὑμᾶς d
4 καί¹ < h i j
τῶν πατέρων l c h i j τοῦ πατρός d
ἡμῶν + ἐπεὶ οὐδέ d + ἔλεος
  λήψεσθε c h i j
μου οὐ μή] ὑμῶν οὐ (< d) d c h i j
  κατελείφθη l e c καταλιμπάνετο d

XVI. 1 νῦν + τέκνα μου l γάρ d
ἔγνων — Ἐνώχ] ἐγὼ ἔγνωκα c h i j
ἔγνων (ἀνέγνων d) ἐν (+ τῇ d)
  βίβλῳ k g l d a
ὅτι] ὅ j
ἑβδομήκοντα ἑβδομάδας] ἕκτη τῆς
  ἑβδομάδος l
καί³ — ἀφανίσετε καί (vs. 2) < l
τὰ θυσιαστήρια c h i j
2 καί¹ — ἀφανίσετε < d
ἀφανίσετε] ἀθετήσετε c h i j
καί² < g e
ἐξουδενώσετε k g d a f c h i j ἐξου-
  θενήσετε l e
διαστροφῇ + κακῇ c h i j
καὶ διώξετε g d e διώξετε δέ c h i j
καί³ < l
μισήσετε < d μισοῦντες c + καί h i j
ἀληθινούς k g d e
3 in marg. τοῦ χριστοῦ d et περὶ
  χριστοῦ c
ἄνδρα ἀνακαινοποιοῦντα] ἀνακαινο-
  ποιοῦντες l ἄνδρα καινοποιοῦντα
  c h i j
νόμον + καὶ τόν l τὸν νόμον d a f

ὑψίστου πλάνον προσαγορεύσετε, καὶ τέλος, ὡς νομίζετε, ἀποκτενεῖτε αὐτόν, οὐκ εἰδότες αὐτοῦ τὸ ἀνάστημα, τὸ ἀθῷον αἷμα ἐν κακίᾳ ἐπὶ κεφαλὰς ὑμῶν ἀναδεχόμενοι. 4. δι' αὐτὸν ἔσται τὰ ἅγια ὑμῶν ἔρημα, ἕως ἐδάφους μεμιαμμένα· 5. καὶ οὐκ ἔσται τόπος ὑμῶν καθαρός, ἀλλ' ἐν τοῖς ἔθνεσιν ἔσεσθε εἰς κατάραν καὶ εἰς διασκορπισμόν, ἕως αὐτὸς πάλιν ἐπισκέψηται, καὶ οἰκτιρήσας προσδέξηται ὑμᾶς ἐν πίστει καὶ ὕδατι.

XVII. Καὶ ὅτι ἠκούσατε περὶ τῶν ἑβδομήκοντα ἑβδομάδων, ἀκούσατε καὶ περὶ τῆς ἱερωσύνης. 2. καθ' ἕκαστον γὰρ ἰωβηλαῖον ἔσται ἱερωσύνη. ἐν τῷ πρώτῳ ἰωβηλαίῳ ὁ πρῶτος χριόμενος εἰς ἱερωσύνην μέγας ἔσται, καὶ λαλήσει θεῷ ὡς πατρί· καὶ ἡ ἱερωσύνη αὐτοῦ πλήρης μετὰ κυρίου· καὶ ἐν ἡμέρᾳ χαρᾶς αὐτοῦ ἐπὶ σωτηρίᾳ κόσμου αὐτὸς ἀναστήσεται. 3. ἐν τῷ δευτέρῳ ἰωβηλαίῳ ὁ χριόμενος ἐν πένθει

προσαγορεύσονται g προαγορεύσετε d
ὡς — ἀποκτενεῖτε] ὁρμήσετε τοῦ
    (< h i j) ἀποκτεῖναι c h i j
νομίσετε l a f
ἀποκτείνου αὐτόν d αὐτὸν ἀπο-
    κτενεῖτε ∾ e
τὸ ἀνάστημα αὐτοῦ ∾ l
ἀνάστημα + καί g
τό² < e
αἷμα + αὐτοῦ d
ἐν κακίᾳ < l
τῆς (< g l e a f) κεφαλῆς g l e a f
    c h i j
δεχόμενοι g
4 καὶ δι' αὐτὸν (διὰ τοῦτο g e) ἔσται
    (ἔσονται a f) g l d e a f λέγω δὲ
    ὑμῖν ὅτι δι' αὐτὸν (αὐτῶν h i j)
    ἔσονται (ἔσται h) c h i j
ἕως — μεμιαμμένα] ὡς ἔδαφος
    μεμισημένα e
καὶ ἕως d
μεμιαμμένα < c h i j
5 οὐκ — καθαρός] ὁ τόπος ὑμῶν
    ἀκάθαρτος l τόπος ὑμῖν καθαρὸς
    οὐκ ἔσται ∾ c h i j
ὑμῶν] ὑμῖν g
ἀλλ'] καί l
ἔσεσθε ἐν τοῖς ἔθνεσιν ∾ c h i j
εἰς διασκορπισμόν] διασκορπισμόν g
    διεσκορπισμένοι e
ἕως + ἄν e
αὐτός] εἰς αὐτόν k

πάλιν — οἰκτιρήσας < d
ἐπισκέψηται] ἐπιστρέψηται k
οἰκτιρήσας + ὑμᾶς l οἰκτίρας e
    οἰκτιρήσῃ καί c οἰκτιρῆσαι h i j

XVII. cap. XVII et XVIII 1 om.
    k sed add. καὶ μετ' ὀλίγα πάλιν
    εἶπεν αὐτοῖς
1 καὶ ὅτι < l καθὼς d καὶ ὅτε e
τῶν — τῆς < d
καί² < a
2 ἱερωσύνη¹ — ἰωβηλαίῳ] ἱερωσύνης
    d
καὶ ἐν τῷ (< g) g e a f c h i j
πρῶτος χειρούμενος f χριόμενος
    πρῶτος ∾ c h i j
ἔσται μέγας ∾ g d e c h i j +
    αὐτός l
λαλεῖ c h i j
τῷ θεῷ d
ἡ < l
αὐτοῦ¹ < d αὐτῶν i
πλήρης — αὐτοῦ² < l
μετά + φόβου b
ἡμέραις c h i j
καὶ ἐπὶ σωτηρίας e
κόσμου] αὐτῶν l
3 ἐν¹ + δέ d e a f
δευτέρᾳ c
ὁ χριόμενος] ὡς (ἄνω l) χριόμενος
    g l χριόμενος a < h i j
ἐν πένθει] ἐπενθεῖ h i j

ἀγαπητῶν συλληφθήσεται, καὶ ἔσται ἡ ἱερωσύνη αὐτοῦ τιμία, καὶ παρὰ πᾶσι δοξασθήσεται. 4. ὁ δὲ τρίτος ἱερεὺς ἐν λύπῃ παραληφθήσεται. 5. καὶ ὁ τέταρτος ἐν ὀδύνῃ ἔσται· ὅτι προσθήσει ἐπ' αὐτὸν ἡ ἀδικία εἰς πλῆθος· καὶ πᾶς Ἰσραὴλ μισήσουσιν ἕκαστος τὸν πλησίον αὐτοῦ. 6. ὁ πέμπτος ἐν σκότει παραληφθήσεται· 7. ὡσαύτως καὶ ὁ ἕκτος καὶ ὁ ἕβδομος. 8. ἐν δὲ τῷ ἑβδόμῳ ἔσται μιασμός, ὃν οὐ δύναμαι εἰπεῖν ἐνώπιον κυρίου καὶ ἀνθρώπων· ὅτι αὐτοὶ γνώσονται οἱ ποιοῦντες αὐτά. 9. διὰ τοῦτο ἐν αἰχμαλωσίᾳ καὶ ἐν προνομῇ ἔσονται· καὶ ἡ γῆ καὶ ἡ ὕπαρξις αὐτῶν ἀφανισθήσεται. 10. καὶ ἐν πέμπτῃ ἑβδομάδι ἐπιστρέψουσιν εἰς γῆν ἐρημώσεως αὐτῶν, καὶ ἀνακαινοποιήσουσιν οἶκον κυρίου. 11. ἐν δὲ τῷ ἑβδόμῳ ἑβδοματικῷ ἥξουσιν οἱ ἱερεῖς εἰδωλολατροῦντες, μάχιμοι, φιλάργυροι, ὑπερήφανοι, ἄνομοι, ἀσελγεῖς, παιδοφθόροι καὶ κτηνοφθόροι.

XVIII. Καὶ μετὰ τὸ γενέσθαι τὴν ἐκδίκησιν αὐτῶν παρὰ κυρίου, ἐκλείψει ἡ ἱερατεία. 2. τότε ἐγερεῖ κύριος ἱερέα καινόν, ᾧ πάντες οἱ λόγοι κυρίου ἀποκαλυφθήσονται· καὶ αὐτὸς ποιήσει κρίσιν ἀληθείας ἐπὶ

ἀγαπητοῦ *g c* ἀγαπητοί *h i j*
ληφθήσεται *h i j*
καί[1] — δοξασθήσεται < *l*
καὶ ἔσται < *g*
πᾶσι] πάντων *c h i j*
4 ἱερέας *g*
ἐν < *a f c h i j*
5 vss. 5 et 6 om. *c*
καί[1] — ἔσται < *d*
καί[1] < *g*
ὀδύναις *a h i j*
ὅτι προσθήσει] ᾧ (*i* ?) προσθείη *h i j*
ἐπ' αὐτοῦ (ἐπ' αὐτῷ *d a f* ἀπ' αὐτοῦ
    e) ἡ ἀδικία *g d e a f* ἐπ' αὐτῇ
    κακία *l* ἡ ἀδικία ἑαυτῷ ∽ *h i j*
πλῆθος] τέλος *l*
πᾶς Ἰσραήλ] ἐν τῷ Ἰ. *l*
ἕκαστος μισήσουσι τῷ πλησίον αὐτοῦ
    ∽ *g* μισήσει (*i* ?) τὸν πλησίον
    αὐτοῦ ἕκαστος ∽ *h i j*
6 σκοτίᾳ *g l*
παραλειφθήσεται *l d*
7 καί[1] < *l*
8 ἐν — ἑβδόμῳ < *g*
κυρίου καί < *g l d e a f c h i j*
9 γῆ + αὐτῶν *g l d e a f c h i j*
καί[3] — αὐτῶν < *a*
αἱ ὑπάρξεις *g*
αὐτῶν < *c h i j*
ἀφανισθήσονται *g c*

10 καί[1] — ἐπιστρέψουσιν < *h i j*
πέμπτῳ ἑβδοματικῷ (ἑβδομάδι *e*)
    g e τῇ πέμπτῃ ἑβδ. *c*
κυρίῳ *a*
11 ἑβδόμῳ ἑβδοματικῷ] ἑβδόμῳ *l*
    ἑβδομηκοστῷ ἑβδόμῳ *c h i j*
οἱ < *l d a f c h i j*
μάχιμοι] μοιχοί *c h i j*
ὑπερήφανοι — ἀσελγεῖς < *l*
κτηνοφθόροι, ἄνομοι, ἀσελγεῖς, παιδοφθόροι ∽ *c h i j*
ἀσελγεῖς] ἀσεβεῖς *e*
καὶ κτηνοφθόροι < *g e* κτηνοφθόροι
    d a f

XVIII. 1 vs. 1 om. *g*
ἐκλείψει ἡ ἱερατεία] τῇ ἱερατείᾳ *b*
ἡ ἱερατεία] ἱερατεία *l* ἡ (< *d*)
    ἱερωσύνη *d a f c h i j*
2 in marg. προφητεία περὶ χριστοῦ *k*
    et τοῦ (περὶ *c*) χριστοῦ *d c* in
    textu (ante καὶ τότε) add. περὶ
    τοῦ χριστοῦ *h i j*
τότε] καὶ τότε *c h i j*
ἐγείρει *e a*
καινόν] κοινόν *f*
ᾧ] ὡς *g a*
ἀληθείας] ἀληθινήν (+ ἀληθείας *d*)
    g d

τῆς γῆς ἐν πλήθει ἡμερῶν.   3.   καὶ ἀνατελεῖ ἄστρον αὐτοῦ ἐν οὐρανῷ

τῆς γῆς] τισι *e*
post vs. 2 *e* add. (11) καὶ ἀνήλθομεν
ἀπὸ Βεθὴλ καὶ κατελύσαμεν ἐν
τῇ αὐλῇ Ἀβραὰμ τοῦ πατρὸς
ἡμῶν παρὰ Ἰσαὰκ τὸν πατέρα
ἡμῶν. (12) καὶ εἶδεν Ἰσαὰκ ὁ
πατὴρ ἡμῶν πάντας ἡμᾶς καὶ
ηὐλόγησεν ἡμᾶς, καὶ ηὐφράνθη.
(13) καὶ ὅτε ἔγνω ὅτι ἐγὼ
ἱεράτευσα τῷ κυρίῳ δεσπότῃ τοῦ
οὐρανοῦ, ἤρξατο διδάσκειν με τὴν
κρίσιν ἱερωσύνης καὶ εἶπεν· (14)
Τέκνον Λευί, πρόσεχε σεαυτῷ
ἀπὸ πάσης ἀκαθαρσίας· ἡ κρίσις
σου μεγάλη ἀπὸ πάσης σαρκός.
(15) καὶ νῦν τὴν κρίσιν τῆς ἀλη-
θείας ἀναγγελῶ σοι, καὶ οὐ μὴ
κρύψω ἀπό σου πᾶν ῥῆμα. διδάξω
σε· (16) πρόσεχε σεαυτῷ ἀπὸ
παντὸς συνουσιασμοῦ καὶ ἀπὸ
πάσης ἀκαθαρσίας καὶ ἀπὸ πάσης
πορνείας. (17) σὺ † πρῶτος ἀπὸ
τοῦ σπέρματος λάβε σεαυτῷ καὶ
μὴ βεβηλώσῃς τὸ σπέρμα σου μετὰ
† πολλῶν†· ἐκ σπέρματος γὰρ
ἁγίου εἶ, καὶ τὸ σπέρμα σου
ἁγίασον καὶ τὸ σπέρμα τοῦ
ἁγιασμοῦ σου ἐστίν· ἱερεὺς ἅγιος
κληθήσεται τῷ σπέρματι Ἀβραάμ.
(18) ἐγγὺς εἶ κυρίου καὶ σὺ ἐγγὺς
τῶν ἁγίων αὐτοῦ. γίνου καθαρὸς
ἐν τῷ σώματί σου ἀπὸ πάσης
ἀκαθαρσίας παντὸς ἀνθρώπου.
(19) καὶ ὅταν εἰσπορεύῃ ἐν τοῖς
ἁγίοις, λούου ὕδατι πρῶτον καὶ
τότε ἐνδιδύσκου τὴν στολὴν τῆς
ἱερωσύνης· (20) καὶ ὅταν ἐνδιδύ-
σκῃ, νίπτου πάλιν τὰς χεῖράς σου
καὶ τοὺς πόδας σου πρὸ τοῦ ἐγγίσαι
πρὸς τὸν βωμὸν προσενέγκαι ὁλο-
κάρπωσιν· (21) καὶ ὅταν μέλλῃς
προσφέρειν ὅσα δεῖ ἀνενέγκαι ἐπὶ
τὸν βωμόν, πάλιν νίπτου τὰς
χεῖράς σου καὶ τοὺς πόδας σου.
(22) καὶ ἀνάφερε τὰ ξύλα πρῶτον
<ἐ>σχισμένα, ἐπισκοπῶν αὐτὰ
πρῶτον ἀπὸ παντὸς μολυσμοῦ·
(23) ιβ′ ξύλα εἴρηκέν μοι ἐπὶ τὸν
βωμὸν προσφέρε<ιν>, ὧν ἐστιν ὁ
καπνὸς αὐτῶν ἡδὺς ἀναβαίνων.

(24) καὶ ταῦτα τὰ ὀνόματα αὐτῶν·
κέδρον καὶ ουεδεφωνα καὶ σχῖνον
καὶ στρόβιλον καὶ πίτυν καὶ
ολδινα καὶ βερωθα † καν† θεχακ
καὶ κυπάρισσον καὶ δάφνην καὶ
μυρσίνην καὶ ἀσφάλαθον. (25)
ταῦτα εἴρηκεν ὅτι ταῦτά ἐστιν ἅ
σε ἀναφέρειν ὑποκάτω τῆς ὁλο-
καυτώσεως ἐπὶ τοῦ θυσιαστηρίου.
καὶ τὸ πῦρ τότε ἄρξῃ ἐκκαίειν ἐν
αὐτοῖς, τότε ἄρξῃ κατασπένδειν
τὸ αἷμα ἐπὶ τὸν τοῖχον τοῦ
θυσιαστηρίου. (26) καὶ πάλιν
νίψαι σου τὰς χεῖρας καὶ τοὺς
πόδας ἀπὸ τοῦ αἵματος, καὶ ἄρξῃ
τὰ μέλη ἀναφέρειν ἡλισμένα·
(27) τὴν κεφαλὴν ἀνάφερε πρῶτον
καὶ κάλυπτε αὐτὴν τῷ στέατι, καὶ
μὴ ὀπτανέσθω τὸ αἷμα ἐπὶ τῆς
κεφαλῆς αὐτῆς· (28) καὶ μετὰ
τοῦτο τὸν τράχηλον, καὶ μετὰ
τοῦτο τοὺς ὤμους, καὶ μετὰ ταῦτα
τὸ στῆθος μετὰ τῶν πλευρῶν, καὶ
μετὰ ταῦτα τὴν ὀσφὺν σὺν τῷ
νώτῳ, καὶ μετὰ ταῦτα τοὺς πόδας
πεπλυμένους σὺν τοῖς ἐνδοσθίοις,
(29) καὶ πάντα ἡλισμένα ἐν ἅλατι
ὡς καθήκει αὐτοῖς αὐτάρκως.
(30) καὶ μετὰ ταῦτα σεμίδαλιν
ἀναπεποιημένον ἐν ἐλαίῳ, καὶ
μετὰ ταῦτα οἶνον σπεῖσον καὶ
θυμίασον ἐπάνω λίβανον † τὸ
ηεεσθαι † τὸ ἔργον σου ἐν τάξει
καὶ πᾶσα προσφορά σου εἰς εὐδό-
κησιν καὶ ὀσμὴν εὐωδίας ἔναντι
κυρίου ὑψίστου. (31) καὶ ὅσα ἂν
ποιῇς, ἐν τάξει ποίει ἃ ποιῇς ἐν
μέτρῳ καὶ σταθμῷ, καὶ μὴ περισ-
σεύσῃς μηθὲν ὅσα οὐ καθήκει. καὶ
† τῷ καθηκι τῶν † οὕτως ξύλα
καθήκει ἀναφέρεσθαι ἐπὶ τὸν
βωμόν· (32) τῷ ταύρῳ τῷ τελείῳ
τάλαντον ξύλων καθήκει αὐτῷ ἐν
σταθμῷ, καὶ εἰς τὸ στέαρ μόνον
ἀναφέρεσθαι ἓξ μνᾶς· καὶ τῷ
ταύρῳ τῷ δευτέρῳ πεντήκοντα
μνᾶς, καὶ εἰς τὸ στέαρ αὐτοῦ μόνον
πέντε μνᾶς· (33) καὶ εἰς μόσχον
τέλειον μ′ μναῖ· (34) καὶ εἰ κριὸς
ἐκ προβάτων ἢ τράγος ἐξ αἰγῶν τὸ

προσφερόμενον ᾖ, καὶ τούτῳ λ´
μναῖ, καὶ τῷ στέατι τρεῖς μναῖ·
(35) καὶ εἰ ἄρνα ἐκ προβάτων ἢ
ἔριφον ἐξ αἰγῶν κ´ μναῖ, καὶ τῷ
στέατι β´ μναῖ· (36) καὶ εἰ ἀμνὸς
τέλειος ἐνιαύσιος ἢ ἔριφος ἐξ
αἰγῶν ιε´ μναῖ, καὶ τῷ στέατι
μίαν ἥμισυ μνᾶν. (37) καὶ ἄλας
† ἀποδεδεικτω† τῷ ταύρῳ τῷ
μεγάλῳ ἁλῖσαι τὸ κρέας αὐτοῦ,
καὶ ἀνένεγκε ἐπὶ τὸν βωμόν. σάτον
καθήκει τῷ ταύρῳ· καὶ ᾧ ἂν
περισσεύσῃ τοῦ ἁλός, ἅλισον ἐν
αὐτῷ τὸ δέρμα· (38) καὶ τῷ
ταύρῳ τῷ δευτέρῳ τὰ πέντε
μέρη ἀπὸ τῶν ἓξ μερῶν τοῦ σάτου·
καὶ τοῦ μόσχου τὸ δίμοιρον τοῦ
σάτου· (39) καὶ τῷ κριῷ τὸ ἥμισυ
τοῦ σάτου καὶ τῷ τράγῳ τὸ ἴσον·
(40) καὶ τῷ ἀρνίῳ καὶ τῷ ἐρίφῳ
τὸ τρίτον τοῦ σάτου καὶ σεμίδαλις
καθήκουσα αὐτοῖς· (41) τῷ ταύρῳ
τῷ μεγάλῳ καὶ τῷ ταύρῳ τῷ β´
καὶ τῷ μοσχαρίῳ, σάτον σεμί-
δαλιν· (42) καὶ τῷ κριῷ καὶ τῷ
τράγῳ τὰ δύο μέρη τοῦ σάτου καὶ
τῷ ἀρνίῳ καὶ τῷ ἐρίφῳ ἐξ αἰγῶν
τὸ τρίτον τοῦ σάτου καὶ τὸ ἔλαιον·
(43) καὶ τὸ τέταρτον τοῦ σάτου
τῷ ταύρῳ ἀναπεποιημένον ἐν
τῇ σεμιδάλει ταύτῃ· (44) καὶ
τῷ κριῷ τὸ ἕκτον τοῦ σάτου καὶ
τῷ ἀρνίῳ τὸ ὄγδοον τοῦ σάτου καὶ
ἀμνοῦ καὶ οἶνον κατὰ τὸ μέτρον
τοῦ ἐλαίου τῷ ταύρῳ καὶ τῷ κριῷ
καὶ τῷ ἐρίφῳ κατασπεῖσαι
σπονδήν. (45) λιβανωτοῦ σίκλοι
ἓξ τῷ ταύρῳ καὶ τὸ ἥμισυ αὐτοῦ
τῷ κριῷ καὶ τὸ τρίτον αὐτοῦ τῷ
ἐρίφῳ. καὶ πᾶσα ἡ σεμίδαλις
ἀναπεποιημένη, (46) ἢ<ν> ἂν
προσαγάγῃς μόνον, οὐκ ἐπὶ
στέατος, προσχωθήσεται (MS
προσωχθήσεται) ἐπ´ αὐτὴν λι-
βάνου ὁλκὴ σίκλων δύο· καὶ τὸ
τρίτον τοῦ σάτου τὸ τρίτον τοῦ
ὑφῆ ἐστιν· (47) καὶ τὰ δύο μέρη
τοῦ βάτου καὶ ὁλκὴ τῆς μνᾶς
ν´ σίκλων ἐστὶν· καὶ τοῦ σικ-
λίου τὸ τέταρτον ὁλκὴ θερμῶν
δ´ ἐστίν· γίνεται ὁ σίκλος ὡσεὶ ιϛ´
θερμοὶ καὶ ὁλκῆς μιᾶς. (48) καὶ
νῦν, τέκνον μου, ἄκουσον τοὺς

λόγους μου καὶ ἐνωτίσαι τὰς
ἐντολάς μου, καὶ μὴ ἀποστήτωσαν
οἱ λόγοι μου οὗτοι ἀπὸ τῆς
καρδίας σου ἐν πάσαις ταῖς
ἡμέραις σου, ὅτι ἱερεὺς σὺ ἅγιος
κυρίου, (49) καὶ ἱερεῖς ἔσονται
πᾶν τὸ σπέρμα σου· καὶ τοῖς
υἱοῖς σου οὕτως ἔντειλον ἵνα
ποιήσουσιν κατὰ τὴν κρίσιν ταύτην
ὡς σοὶ ὑπέδειξα. (50) οὕτως γάρ
μοι ἐνετείλατο ὁ πατὴρ Ἀβραὰμ
ποιεῖν καὶ ἐντέλλεσθαι τοῖς υἱοῖς
μου. (51) καὶ νῦν, τέκνον, χαίρω
ὅτι ἐξελέχθης εἰς ἱερωσύνην ἁγίαν
καὶ προσενεγκεῖν θυσίαν κυρίῳ
ὑψίστῳ, ὡς καθήκει κατὰ τὸ
προστεταγμένον τοῦτο (MS τού-
τῳ) ποιεῖν. (52) ὅταν παρα-
λαμβάνῃς θυσίαν ποιεῖν ἔναντι
κυρίου ἀπὸ πάσης σαρκός, κατὰ
τὸν λογισμὸν τῶν ξύλων ἐπιδέχου
οὕτως, ὡς σοὶ ἐντέλλομαι, καὶ τὸ
ἅλας καὶ τὴν σεμίδαλιν καὶ τὸν
οἶνον καὶ τὸν λίβανον ἐπιδέχου ἐκ
τῶν χειρῶν αὐτῶν ἐπὶ πάντα
κτήνη. (53) καὶ ἐπὶ πᾶσαν ὥραν
νίπτου τὰς χεῖρας καὶ τοὺς πόδας,
ὅταν πορεύῃ πρὸς τὸ θυσιαστή-
ριον· καὶ ὅταν ἐκπορεύῃς ἐκ τῶν
ἁγίων, πᾶν αἷμα μὴ ἁπτέσθω τῆς
στολῆς σου· οὐκ ἀνήψῃς αὐτῷ
αὐθήμερον. (54) καὶ τὰς χεῖρας
καὶ τοὺς πόδας νίπτου διὰ παντὸς
ἀπὸ πάσης σαρκός· (55) καὶ μὴ
ὀφθήτω ἐπί σοι πᾶν αἷμα καὶ
πᾶσα ψυχή· τὸ γὰρ αἷμα ψυχή
ἐστιν ἐν τῇ σαρκί. (56) καὶ ὃ ἐὰν
ἐν οἴκῳ † ουσης† σεαυτὸν πᾶν
κρέας φαγεῖν, κάλυπτε τὸ αἷμα
αὐτοῦ τῇ γῇ πρῶτον πρὶν ἢ φαγεῖν
σε ἀπὸ τῶν κρεῶν καὶ οὐκέτι ἔσῃ
ἐσθίων ἐπὶ τοῦ αἵματος. (57)
οὕτως γάρ μοι ἐνετείλατο ὁ πατήρ
μου Ἀβραάμ, ὅτι οὕτως εὗρεν ἐν
τῇ γραφῇ τῆς βίβλου τοῦ Νῶε
περὶ τοῦ αἵματος. (58) καὶ νῦν ὡς
σοί, τέκνον ἀγαπητόν, ἐγὼ λέγω,
ἠγαπημένος σὺ τῷ πατρί σου καὶ
ἅγιος κυρίου ὑψίστου· καὶ ἠγα-
πημένος ἔσῃ ὑπὲρ πάντας τοὺς
ἀδελφούς σου. (59) τῷ σπέρματί
σου εὐλογηθήσεται ἐν τῇ γῇ καὶ
τὸ σπέρμα σου ἕως πάντων τῶν

ὡς βασιλεύς, φωτίζων φῶς γνώσεως ὡς ἐν ἡλίῳ ἡμέρας· καὶ μεγαλυν-
θήσεται ἐν τῇ οἰκουμένῃ ἕως ἀναλήψεως αὐτοῦ. 4. οὗτος ἀναλάμψει
ὡς ὁ ἥλιος ἐν τῇ γῇ, καὶ ἐξαρεῖ πᾶν σκότος ἐκ τῆς ὑπ᾽ οὐρανόν, καὶ ἔσται
εἰρήνη ἐν πάσῃ τῇ γῇ. 5. οἱ οὐρανοὶ ἀγαλλιάσονται ἐν ταῖς ἡμέραις
αὐτοῦ, καὶ ἡ γῆ χαρήσεται, καὶ αἱ νεφέλαι εὐφρανθήσονται, καὶ ἡ γνῶσις
κυρίου χυθήσεται ἐπὶ τῆς γῆς ὡς ὕδωρ θαλασσῶν· καὶ οἱ ἄγγελοι τῆς
δόξης τοῦ προσώπου κυρίου χαρήσονται ἐν αὐτῷ. 6. οἱ οὐρανοὶ ἀνοι-

αἰώνων ἐνεχθήσεται ἐν βιβλίῳ
μνημοσύνου ζωῆς· (60) καὶ οὐκ
ἐξαλειφθήσεται τὸ ὄνομά σου καὶ
τὸ ὄνομα τοῦ σπέρματός σου ἕως
τῶν αἰώνων. (61) καὶ νῦν, τέκνον
Λευί, εὐλογημένον ἔσται τὸ σπέρμα
σου ἐπὶ τῆς γῆς εἰς πάσας τὰς
γενεὰς τῶν αἰώνων. (62) καὶ ὅτε
ἀνεπληρώθησάν μοι ἑβδομάδες
τέσσαρες ἐν τοῖς ἔτεσιν τῆς ζωῆς
μου, ἐν ἔτει (MS ἔτεσιν) ὀγδόῳ
καὶ εἰκοστῷ ἔλαβον γυναῖκα ἐ-
μαυτῷ ἐκ τῆς συγγενείας Ἀβρα-
ὰμ τοῦ πατρός μου, Μελχά, θυγατέ-
ρα Βαθουήλ, υἱοῦ Λαβάν, ἀδελφοῦ
μητρός μου. (63) καὶ ἐν γαστρὶ
λαβοῦσα ἐξ ἐμοῦ ἔτεκεν υἱὸν
πρῶτον, καὶ ἐκάλεσα τὸ ὄνομα
αὐτοῦ Γηρσάμ· εἶπα γὰρ ὅτι
πάροικον ἔσται τὸ σπέρμα μου ἐν
γῇ, ᾗ ἐγεννήθην· πάροικοί ἐσμεν
ὡς τούτῳ ἐν τῇ γῇ ἡμετέρᾳ
νομιζομένῃ. (64) καὶ ἐπὶ τοῦ
παιδαρίου εἶδον ἐγὼ ἐν τῷ ὁράματί
μου ὅτι ἐκβεβλημένος ἔσται αὐτὸς
καὶ τὸ σπέρμα αὐτοῦ ἀπὸ τῆς
ἀρχῆς ἱερωσύνης [ἔσται τὸ σπέρμα
αὐτοῦ]. (65) λ᾽ ἐτῶν ἤμην ὅτε
ἐγεννήθη ἐν τῇ ζωῇ μου, καὶ ἐν
τῷ ι᾽ μηνὶ ἐγεννήθη ἐπὶ δυσμὰς
ἡλίου. (66) καὶ πάλιν συλλαβοῦσα
ἔτεκεν ἐξ ἐμοῦ κατὰ τὸν καιρὸν
τὸν καθήκοντα τῶν γυναικῶν, καὶ
ἐκάλεσα τὸ ὄνομα αὐτοῦ Καάθ.
(67) καὶ ὅτε ἐγεννήθη, ἑώρακα
ὅτι ἐπ᾽ αὐτῷ ἔσται ἡ συναγωγὴ
παντὸς τοῦ λαοῦ καὶ ὅτι αὐτοῦ
(MS αὐτός) ἔσται ἡ ἀρχιερωσύνη
ἡ μεγάλη· αὐτὸς καὶ τὸ σπέρμα
αὐτοῦ ἔσονται ἀρχὴ βασιλέων,
ἱεράτευμα τῷ Ἰσραήλ. (68) ἐν τῷ
τετάρτῳ (MS ἐνιαυτῷ) καὶ λ᾽

ἔτει ἐγεννήθη ἐν τῷ πρώτῳ μηνὶ
μιᾷ τοῦ μηνὸς ἐπ᾽ ἀνατολῆς
ἡλίου. (69) καὶ πάλιν συνεγε-
νόμην αὐτῇ καὶ ἐν γαστρὶ ἔλαβεν,
καὶ ἔτεκέν μοι υἱὸν τρίτον, καὶ
ἐκάλεσα τὸ ὄνομα αὐτοῦ Μεραρί·
ἐλυπήθην γὰρ περὶ αὐτοῦ

3 αὐτῷ ἄστρον αὐτοῦ d ἄστρον αὐτῷ
    h i j
ἐν οὐρανῷ < e ἐν ἀνθρώπῳ (MSS
    ἄνω falso pro οὐνῷ) h i j
ὡς[1] — οἰκουμένη < l
βασιλέως g d f h i j
φωτίζον h
γνώσεως + ὡς g e c
ἡμέρα g a f c h i j ὡς ἡμέρας d
ἕως — αὐτοῦ[2] < c h i j
ἀναλάμψεως e
4 οὗτος] καὶ (< d e h i j) οὕτως g d
    e h i j
ἀναλάμπει f
ὁ < g c
γῆ[1]] οἱ j
καὶ[1] — γῆ[2] < c h i j
ἐκ τῆς] ἐν τῇ d ἐν τοῖς e
οὐρανῶν k e οὐρανῷ g
5 χαρήσεται] χαρήσονται c
αἱ < d i
εὐφρανθήσονται — χυθήσεται < i
γνῶσις] κτίσις l
κυρίου[1]] χριστοῦ g
χυθήσεται] οὐκ αἰσχυνθήσεται l
    ἐκχυθήσεται d a f c h j
ὡς + εἰ c
θαλάσσης g + ἔσονται l θαλάσσιον d
καὶ[4] — δόξης (vs. 6) < l
δόξης + καὶ g a f
τοῦ — δόξης (vs. 6) < e
χαρήσονται — αὐτῷ] εὐφρανθή-
    σονται ἐν αὐτῷ καὶ χαρήσονται c
6 οὐρανοὶ + δι᾽ αὐτόν d

γήσονται, καὶ ἐκ τοῦ ναοῦ τῆς δόξης ἥξει ἐπ' αὐτὸν ἁγίασμα μετὰ φωνῆς πατρικῆς ὡς ἀπὸ Ἀβραὰμ πατρὸς Ἰσαάκ. 7. καὶ δόξα ὑψίστου ἐπ' αὐτὸν ῥηθήσεται, καὶ πνεῦμα συνέσεως καὶ ἁγιασμοῦ καταπαύσει ἐπ' αὐτὸν ἐν τῷ ὕδατι. 8. αὐτὸς δώσει τὴν μεγαλωσύνην κυρίου τοῖς υἱοῖς αὐτοῦ ἐν ἀληθείᾳ εἰς τὸν αἰῶνα· καὶ οὐκ ἔσται διαδοχὴ αὐτῷ εἰς γενεὰς καὶ γενεὰς ἕως τοῦ αἰῶνος. 9. καὶ ἐπὶ τῆς ἱερωσύνης αὐτοῦ τὰ ἔθνη πληθυνθήσονται ἐν γνώσει ἐπὶ τῆς γῆς καὶ φωτισθήσονται διὰ χάριτος κυρίου· ὁ δὲ Ἰσραὴλ ἐλαττωθήσεται ἐν ἀγνωσίᾳ καὶ σκοτισθήσεται ἐν πένθει· ἐπὶ τῆς ἱερωσύνης αὐτοῦ ἐκλείψει πᾶσα ἁμαρτία καὶ οἱ ἄνομοι καταπαύσουσιν εἰς κακά· οἱ δὲ δίκαιοι καταπαύσουσιν ἐν αὐτῷ. 10. καίγε αὐτὸς ἀνοίξει τὰς θύρας τοῦ παραδείσου, καὶ στήσει τὴν ἀπειλοῦσαν ῥομφαίαν κατὰ τοῦ Ἀδάμ, 11. καὶ δώσει τοῖς ἁγίοις φαγεῖν ἐκ τοῦ ξύλου τῆς ζωῆς, καὶ πνεῦμα ἁγιωσύνης ἔσται ἐπ' αὐτοῖς. 12. καὶ ὁ Βελιὰρ δεθήσεται ὑπ' αὐτοῦ, καὶ δώσει ἐξουσίαν τοῖς τέκνοις αὐτοῦ τοῦ πατεῖν ἐπὶ τὰ πονηρὰ πνεύματα. 13. καὶ εὐφρανθήσεται κύριος ἐπὶ τοῖς τέκνοις αὐτοῦ, καὶ εὐδοκήσει κύριος ἐπὶ τοῖς ἀγαπητοῖς αὐτοῦ ἕως τῶν αἰώνων. 14. τότε ἀγαλλιάσεται Ἀβραὰμ καὶ Ἰσαάκ

ἥξουσιν e (v.s.)
ἀπό] ἐπί g
πατρὸς Ἀβραὰμ καὶ Ἰσαὰκ καὶ
   Ἰακώβ ∽ e Ἀβραὰμ πατρὸς καὶ
   Ἰσαάκ c h i j
7 καί[1] < j
δόξα — ῥηθήσεται] δόξα ἐπ' αὐτὸν
   ἀνθήσεται d ἡ δόξα κυρίου ἐπ'
   αὐτῷ ῥηθήσεται e
καί[3] < l
ἁγιασμοῦ + καί c
καταπαύσεται l
ἐπ'[2] < d
ἐν — ὕδατι < e
8 αὐτός + γάρ l c h i j
κυρίου < d αὐτοῦ h i j
υἱοῖς αὐτοῦ] υἱοῖς τῶν ἀνθρώπων g
   υἱοῖς e
ἀληθείᾳ + αὐτοῦ l
διαδοχή] πλήν e
αὐτῷ] αὐτοῦ g l d e a f c h i j
καὶ γενεάς < g γενεῶν h i j
9 τῆς ἱερωσύνης[1]] τῇ ἱερωσύνῃ c
τά — αὐτοῦ[2] < b k
τὰ ἔθνη < d τὰ ἔτη h i j
πληθυνθήσονται — χάριτος] ἐπὶ τῆς
   γῆς πληθυνθήσονται ἐν γνώσει l
ἐπ' (ἐν τῇ l) ἀγνωσίᾳ g l < e

σκοτισθήσεται + καὶ καταλήξει ἐν
   σκότει καί l
ἐπί[3] — αὐτοῦ[2] < e ἐπὶ τῆς γῆς ἱερω-
   σύνη αὐτοῦ i
αὐτοῦ[2]] ἐκείνου l
πᾶσα] ἡ c < h i j
εἰς — δίκαιοι < d
οἱ[2] — αὐτῷ < e
καταπαύσουσιν[2]] κατασκηνώσουσιν l
ἐπ' αὐτῷ k
10 αὐτούς c
θύρας] πύλας c
καὶ (< a f) ἀποστήσει l d a f c h i j
ῥομφαίαν + τήν h i j
τὸν Ἀ. g
11 ἐκ] ἀπό l d
πνεῦμα — ἔσται] πνεύματι ἁγίῳ
   (πνεῦμα ἅγιον f) συνήσεται g f
ἐπ' αὐτούς l d e h (i?) j ἐν αὐτοῖς c
12 ἐξουσίαν + κατ' αὐτοῦ l
τοῦ < g l d e a f c h i j
πατεῖν ἐπί] καὶ καταπατεῖν l
13 κύριος[2] + ἐπ' αὐτοὺς καὶ εὐδο-
   κήσει κύριος k < g l d e a f c h i j
τοὺς ἀγαπητούς e
ἕως — αἰώνων] εἰς τὸν αἰῶνα τοῦ
   αἰῶνος d ἕως τοῦ αἰῶνος τῶν
   αἰώνων e ἕως αἰῶνος c h i j

4

καὶ Ἰακώβ, κἀγὼ χαρήσομαι καὶ πάντες οἱ ἅγιοι ἐνδύσονται εὐφροσύνην.

XIX. Καὶ νῦν, τέκνα μου, πάντα ἠκούσατε· ἕλεσθε οὖν ἑαυτοῖς ἢ τὸ σκότος ἢ τὸ φῶς, ἢ νόμον κυρίου ἢ ἔργα Βελιάρ. 2. καὶ ἀπεκρίθημεν ἡμεῖς τῷ πατρὶ λέγοντες· Ἐνώπιον κυρίου πορευσόμεθα, κατὰ τὸν νόμον αὐτοῦ. 3. καὶ εἶπεν ὁ πατὴρ ἡμῶν· Μάρτυς κύριος, καὶ μάρτυρες οἱ ἄγγελοι αὐτοῦ, καὶ μάρτυς ἐγώ, καὶ μάρτυρες ὑμεῖς περὶ τοῦ λόγου τοῦ στόματος ὑμῶν. καὶ εἴπομεν· Μάρτυρες. 4. καὶ οὕτως ἐπαύσατο Λευὶ ἐντελλόμενος τοῖς υἱοῖς αὐτοῦ, καὶ ἐξέτεινε τοὺς πόδας αὐτοῦ, καὶ προσετέθη πρὸς τοὺς πατέρας αὐτοῦ, ζήσας ἑκατὸν τριάκοντα ἑπτὰ ἔτη. 5. καὶ ἔθηκαν αὐτὸν ἐν σορῷ· καὶ ὕστερον ἔθαψαν αὐτὸν ἐν Χεβρών, ἀνὰ χεῖρα Ἀβραὰμ καὶ Ἰσαὰκ καὶ Ἰακώβ.

14 κἀγώ] καὶ ἐγώ e
ἐνδύσονται εὐφροσύνην] εὐφρανθή-
σονται ἐν δικαιοσύνῃ d ἐνδύσονται
δικαιοσύνην a f c h i j

XIX. 1 ἤδη ἠκούσατε l + καὶ
οἴδατε e
ἕλεσθε] ἐκλέξασθε d c h i j
οὖν < e c h i j
ἑαυτοῖς — Βελιάρ] ὑπὲρ τοῦ σκότους
τὸ φῶς καὶ ὑπὲρ τὰ ἔργα τοῦ
Βελιὰρ τὸν νόμον κυρίου l
ἑαυτοῖς] σὺν αὐτοῖς g αὐτοῖς a
ἢ (< d) τὸ φῶς ἢ τὸ σκότος ∽ d e
c h i j
τὸν (< g e) νόμον (+ τοῦ f) κυρίου
ἢ τὰ (< g e a f) ἔργα τοῦ Βελιὰρ
g d e a f c h i j
Βελιάρ] κυρίου k
2 ἀπεκρίθημεν — λέγοντες] ἀπεκρί-
θησαν ἐκεῖνοι καὶ εἶπον g ἀπεκρί-
θησαν αὐτῷ οἱ υἱοὶ αὐτοῦ (οἱ υἱοὶ
αὐτοῦ τῷ πατρὶ αὐτῶν ∽ d)
λέγοντες (+ αὐτῷ c) d c h i j
πατρί + ἡμῶν e
ἐνώπιον] ἐν φόβῳ l
πορευσώμεθα b k g d a f c
καὶ κατά c h i j
3 εἶπεν + αὐτοῖς c h i j
ἡμῶν < g αὐτῶν (+ Λευὶ πρὸς
αὐτούς d) d c h i j
μάρτυς[1] + ἐστί c h i j
οἱ + ἄγιοι g
καὶ μάρτυρες ὑμεῖς καὶ μάρτυς ἐγώ
∽ c i

παρὰ τὸν λόγον d
τοῦ[2] — ὑμῶν] τούτου τοῦ ἐκ τοῦ
στόματός μου l
ὑμῶν] μου καὶ ὑμῶν g
εἴπομεν] εἶπον ἐκεῖνοι g εἶπον (+
αὐτῷ c h i j) οἱ υἱοὶ αὐτοῦ d c h i j
μάρτυρες[3]] ἀληθῆ l
4 οὗτος i
ἐπαύσατο — καί[2] < h i j
ἀνεπαύσατο g
ἔτεινε h i j
αὐτοῦ[2] + καὶ ἐκοιμήθη ἐν εἰρήνῃ d
+ ἐπὶ τῆς κλίνης c h i j
ἔτη (< a) ἑκατὸν τριάκοντα (+ καί
h i j) ἑπτὰ ∽ g l d e a f c h i j
5 καὶ ὕστερον] ὕστερον δέ (< g) k g
καὶ μετὰ τοῦτο c h i j
ἔθαψαν αὐτόν] ἄραντες τὰ ὀστᾶ
αὐτοῦ ἔθαψαν αὐτά k θάψαντες g
ἀνὰ χεῖρα] μετὰ k g c h i j ἀνὰ
μέσον l d e ἀνὰ χεῖρας a
Ἀβραὰμ — Ἰακώβ] τῶν πατέρων
αὐτοῦ k g
Ἰσαὰκ καί < h
in fine add. τῷ δὲ θεῷ ἡμῶν ἡ δόξα
εἰς αἰῶνας· ἀμήν d ω ἡ δόξα καὶ
τὸ κράτος τῷ θεῷ ἡμῶν πρέπει
εἰς τοὺς αἰῶνας τῶν αἰώνων· ἀμήν.
Λευὶ υἱὸς Ἰακὼβ γ', υἱὸς Λείας
γ'· ἔζησεν ὁ αὐτὸς Λευὶ ἔτη ερκ'
καὶ ἀπέθανεν m (v. ad XV 2)
Λευὶ υἱὸς Ἰακὼβ γ', υἱὸς Λείας
γ'· ἔζησεν ἔτη ρλζ' f

ΔΙΑΘΗΚΗ ΙΟΥΔΑ

ΠΕΡΙ ΑΝΔΡΕΙΑΣ ΚΑΙ ΦΙΛΑΡΓΥΡΙΑΣ ΚΑΙ ΠΟΡΝΕΙΑΣ

I. Ἀντίγραφον λόγων Ἰουδά, ὅσα ἐλάλησε τοῖς υἱοῖς αὐτοῦ πρὸ τοῦ ἀποθανεῖν αὐτόν. 2. συναχθέντες ἦλθον πρὸς αὐτόν, καὶ εἶπεν αὐτοῖς· 3. Τέταρτος υἱὸς ἐγενόμην τῷ πατρί μου, καὶ ἡ μήτηρ μου ὠνόμασέ με Ἰουδὰ λέγουσα· Ἀνθομολογοῦμαι τῷ κυρίῳ ὅτι ἔδωκέ μοι καὶ τέταρτον υἱόν. 4. ὀξὺς ἤμην καὶ σπουδαῖος ἐν νεότητί μου, καὶ ὑπήκουον τῷ πατρί μου κατὰ πάντα λόγον, 5. καὶ εὐλόγουν τὴν μητέρα μου καὶ τὴν ἀδελφὴν τῆς μητρός μου. 6. καὶ ἐγένετο ὡς

---

tit.: Διαθήκη Ἰουδὰ (+ τοῦ τετάρτου υἱοῦ Ἰακώβ *d*) περὶ ἀνδρείας καὶ φιλαργυρίας καὶ (+ περί *l* ἐν ᾧ καὶ περί *m*) πορνείας (+ κη' *m*) *b l d m* Ἀντιγράφου διαθήκη Ἰουδὰ δ' περὶ ἀνδρείας καὶ φιλαργυρίας καὶ περὶ τῆς βασιλείας τῶν υἱῶν αὐτοῦ *k* Διαθήκης Ἰουδὰ περὶ ἀνδρείας καὶ περὶ τοῦ μὴ μεθύσκεσθαι οἴνῳ *g* Διαθήκη Ἰουδὰ περὶ ἀνδρείας καὶ πορνείας (φιλαργυρίας. Ἰούδας ἑρμηνεύεται ἐξομολόγησις *f*) *e f* Ἰούδας *a* Διαθήκη Ἰουδὰ τοῦ τετάρτου υἱοῦ Ἰακὼβ καὶ Λείας *c h i j*

I. 1 1 - XXI 6 om. *k* sed add. δι' ὧν φησί
1 ἀντίγραφον + διαθήκης *d m* ἀντίγραφα *a*
λόγων < *m h i j*
ὅσα — αὐτοῦ < *d*
ὅς *g* ἅ *c h i j*
τοὺς υἱούς *g*
2 καὶ (+ γάρ *d m*) συναχθέντες (+ οἱ υἱοὶ αὐτοῦ *d*) *g d m e a f* + οὖν *l c h i j*
ἦλθον < *g*
πρὸς αὐτόν < *c*
πρός] ἐπισκέψασθαι *d m*
καί < *g*

3 οἴδατε, τέκνα μου, ὅτι τέταρτος *d* ἀκούσατε, τέκνα μου, Ἰουδὰ τοῦ πατρὸς ὑμῶν· ἐγὼ τέταρτος *c h i j*
ἐγενόμην + ἐγώ *g m a f* ἐγεννήθην *l*
μου[1] + Ἰακώβ *c h i j*
ἡ μήτηρ μου] Λεία *g* Λεία ἡ μ. μ. *l d m e a c h i j* Λείᾳ τῇ μητρί μου *f*
Ἰουδὰ με ὠνόμασε ∾ *g*
καὶ ὠν. *l f* ἐπωνόμασε *c h i j*
ἐξομολογοῦμαι *e*
τῷ < *g a f*
δέδωκε *a f h i j*
καί[2] < *g l e h i j* καίγε *d m a f*
4 ἐγώ, τέκνα μου, ὀξύς *l d m* ἐγὼ οὖν (< *c*) ὀξύς *c h i j*
καὶ σπουδαῖος < *l c h i j* καὶ γενναίως *e*
τῇ νεότητι *d m*
καὶ[2] — μου[2] (vs. 5) < *m*
ὑπακούων *b a f*
μου[2] < *g a f*
λόγον] τρόπον *e*
5 εὐλόγουν] ἐτίμων *g l d e a f c h i j*
μου[1] < *g a f h j*
τῆς μητρός μου] αὐτῆς *g*

ἠνδρώθην, καὶ ὁ πατήρ μου Ἰακὼβ ηὔξατό μοι λέγων· Βασιλεὺς ἔσῃ κατευοδούμενος ἐν πᾶσι.

II.   Καὶ ἔδωκέ μοι κύριος χάριν ἐν πᾶσι τοῖς ἔργοις μου ἔν τε τῷ ἀγρῷ καὶ ἐν τῷ οἴκῳ· 2. ὡς εἶδον ὅτι συνέδραμον τῇ ἐλάφῳ, καὶ πιάσας αὐτὴν ἐποίησα βρῶμα τῷ πατρί μου. 3. τὰς δορκάδας ἐκράτουν διὰ τοῦ δρόμου, καὶ πᾶν ὃ ἦν ἐν τοῖς πεδίοις κατελάμβανον. φοράδα ἀγρίαν κατέλαβον καὶ πιάσας ἡμέρωσα· 4. καὶ λέοντα ἀπέκτεινα καὶ ἀφελόμην ἔριφον ἐκ τοῦ στόματος αὐτοῦ. ἄρκον λαβὼν ἐκ τοῦ ποδὸς ἀπεκύλισα εἰς κρημνόν· καὶ πᾶν θηρίον, εἰ ἐπέστρεφε πρός με, διέσπων

6 ἠδρύνθην (ἠνδρ. f h i j) g l a f c h i j
   ἠνδρειώθην d m e
καί² < g
Ἰακώβ < c h i j
ἐπηύξατο g l d m e a f
μοι λέγων] μὴν λέγω m λέγων
   a h i j
βασιλεὺς ἔσῃ] βασιλεύσεις l
καὶ εὐοδούμενος b
ἐν] ἐπί f

II.   1 πᾶσι < f
τε < g
τῷ¹ < b l c h i j
2 ὡς εἶδον] οἶδα g l d m e a f c h i j
ὅτε scripsi MSS ὅτι
τῇ < c
πιάσας] κρατήσας l ἐπίασα c h i j
καὶ ἐποίησα (+ αὐτήν c) c h i j
τῷ πατρί μου (+ καὶ ἔφαγεν h i j)
   βρῶμα ∽ g a h i j
βρώματα d m
μου + καὶ ἔφαγεν c
3 καὶ δορκάδας m τὴν δὲ δορκάδα c
   τὰς δὲ δορκ. h i j
διὰ τοῦ δρόμου ἐκράτουν ∽ c h i j
δ — III 7 ιβ′] καὶ πᾶν πετεινὸν καὶ
   πᾶν τετράποδον καὶ λέοντες καὶ
   ἄρκους καὶ πᾶν θηρίον ἐπ᾽ ἐμέ,
   διεσπάρασσον αὐτὸ ὥσπερ κύνα,
   καὶ παντελεῖ ἀφανισμῷ παρεδί-
   δουν· καὶ χοῖρον ἄγριον καὶ
   πάρδαλιν καὶ πάντα ζῷον καὶ
   ἑρπετὸν ἐκυρίευον· καὶ πολλοὺς
   πολέμους εἴργασα ἐν τῷ νεω-
   τέρῳ· καὶ βασιλεῖς τῶν Χανα-
   ναίων ἀπέκτεινα· καὶ Ἀχὼρ βασι-
   λέα ἄνδρα γίγαντα τῇ ἰσχύι βάλ-
   λοντα τόξα ἔμπροσθεν καὶ ὄπισθεν
   ἐφ᾽ ἵππου καὶ ἄλλους δ′ βασιλεῖς
   ἀνεῖλον. τότε καὶ ὁ πατήρ μου

ἀνεῖλεν τὸν Βεελισά, γίγαντα
   πηχῶν ιβ′ m et om. III 8 -IX 5
τῷ πεδίῳ e τοῖς σπουδαίοις f
τοῖς < d
φοράδα — ἡμέρωσα < c h i j
φοράδα — κατέλαβον < a
φορβάδα g
καταλαβών (MS -βως) ἡμέρωσα,
   πιάσας δορκάδα ἐκύνηγον ἐν τῇ
   χειρί μου e
κατέλαβον] κατέδραμον g ἀναλαβὼν
   διὰ δρόμου l καταλαβών d
4 καὶ λέοντα] ἄλλοτε πάλιν ποιμαί-
   νοντός μου τὰ πρόβατα τοῦ
   πατρός, λέων ἐκ τῆς ἐρήμου ἀπ-
   ελθὼν ἥρπασεν ἔριφον ἐκ τῆς
   ἀγέλης καὶ ἐπορεύετο· καὶ ἰδὼν
   αὐτὸν ἔδραμον ἐπ᾽ αὐτὸν καὶ
   πιάσας παραχρῆμα d λέοντα e f
   τὸν λέοντα c h i j
ἀφηρόμην e
ἐκ τοῦ στ. αὐτ. ἔριφον ∽ g
τὸν ἔριφον d
ἄλλοτε πάλιν ἄρκου ἐπελθούσης τῇ
   ποίμνῃ, λαβὼν αὐτὴν ἀπὸ ποδὸς
   ἀπεκύλισα εἰς τὸ κρημνὸν καὶ
   παρ᾽ αὐτὰ διερράγη d
ἄρκον] καί l ἄρκτον a τὴν ἄρκον
   (-α h i j) c h i j
ἐκ] ἀπό a f c h i j
ἀπηκόντισα g ἀπέλυσα a c h i j
κρημνόν] δένδρον e τὸν κρημνόν
   (+ καὶ συνετρίβη c h i j) a f c h i j
καί³ — κύνα < c h i j
πᾶν + δέ d
εἰ ἐπέστρεφε] ἐπιστρέφων g ὁ
   ἐπέστρεφε (ἐπέτρεχε e) d e f εἰ
   ὑπέστρεφε a
εἰς ἐμέ g ἐπ᾽ ἐμέ l d e a f
διέπων αὐτό l διεσπάρασσον αὐτό d

αὐτὸ ὡς κύνα. 5. τῷ χοίρῳ τῷ ἀγρίῳ συνέδραμον καὶ προλαβὼν ἐν τῷ τρέχειν με κατεσπάραξα αὐτόν. 6. πάρδαλις ἐν Χεβρὼν προσεπήδησεν ἐπὶ τὸν κύνα, καὶ πιάσας αὐτὴν ἀπὸ τῆς οὐρᾶς ἀπηκόντισα αὐτήν, καὶ ἐρράγη ἐν τοῖς ὁρίοις Γάζης. 7. βοῦν ἄγριον ἐν χώρᾳ νεμόμενον ἐκράτησα ἐκ τῶν κεράτων καὶ ἐν κύκλῳ συσσείσας καὶ σκοτίσας, ῥίψας ἀνεῖλον αὐτόν.

III. Καὶ ὅτε ἦλθον οἱ δύο βασιλεῖς τῶν Χαναναίων τεθωρακισμένοι ἐπὶ τὰ ποίμνια καὶ πολὺς λαὸς μετ' αὐτῶν, κἀγὼ μόνος δραμὼν ἐπὶ τὸν βασιλέα 'Ασοὺρ συνέσχον αὐτόν, καὶ ἐπὶ τὰς κνημῖδας κρούσας κατέσπασα, καὶ οὕτως ἀνεῖλον αὐτόν. 2. καὶ τὸν ἕτερον βασιλέα Ταφουὲ καθήμενον ἐπὶ τοῦ ἵππου, ἀνεῖλον αὐτόν, καὶ οὕτως πάντα τὸν λαὸν

ὡς κύνα < a
ὥσπερ l d
5 τῷ χοίρῳ — συνέδραμον] καὶ
    παντελεῖ ἀφανισμῷ παρεδίδουν.
    ἄλλοτε θεασάμενος κύνα ἄγριον
    τρέχοντος (sic) συνέδραμον αὐτό d
    καὶ χοῖρον ἄγριον l τῷ (< a) ἀγρίῳ
    χοίρῳ a f h i j τὸν αγριο χοιρα c
    κατέδραμον a c h i j
    προσλαβὼν ἐκ τοῦ ποδός g παραλαβὼν αὐτόν d πρόκα προλαβὼν a
    προέλαβον (-α c) c h i j
    με + καὶ c h i j
    αὐτόν] αὐτῷ g
6 καὶ πάρδαλις g ἄλλοτε πάρδαλιν d
    ἐπί] πρός e
    κύνα + μου (+ τὸν παρακολουθοῦντά μοι d) l d
    κρατήσας αὐτόν (-τήν a) g l a
    αὐτήν¹] αὐτόν c
    οὐρᾶς] κέρκου a f c h i j
    αὐτήν²] αὐτόν (+ ἐν τῇ γῇ d)
    g l d αὐτὴν (-όν c) ἐπὶ τὴν
    πέτραν c h i j
    ερηφιραγισα αὐτήν g εὐθέως ἐρράγη
    d διερράγη e + εἰς δύο c h i j
    ἐν² — Γάζης < d (v.i.) c h i j
    ὄρεσι e
7 vs. 7] ἄλλοτε πάλιν διερχομένου
    μου ἐν τοῖς ὁρίοις Γάζης, θεασάμενος βοῶν ἀγρίων ἀγέλην
    νεμομένην ἐπί τινα χώραν ἔκλινα
    τῆς ὁδοῦ, καὶ πρὸς αὐτοὺς γενόμενος, κρατήσας τὸν μείζονα αὐτῶν ἀπὸ τῶν κεράτων καὶ ἐν
    κύκλῳ συσσείσας καὶ σκοτίσας,
    ῥήξας αὐτὸν ἀνεῖλον d

ἐπὶ χώραν νεμομένην f
ἐν χώρᾳ] χώρᾳ b χώραν g l εὗρον
    τὴν χώραν c h i j
καὶ κρατήσας c h i j
ἐκ < g l a f h i j
καὶ ἐν] καὶ l h i j < c
συσσείσας + αὐτόν l συστήσας c
καὶ (< g) σκοτώσας g l e
αὐτὴν g f < h j

III. in marg. super. ἔδυ γὰρ ἡ
    κεφαλή μου ἐκ σχήματος ὡραίου
    (?) c
1 καὶ ἐν μιᾷ τῶν ἡμερῶν d ὅτε δέ
    c h i j
    οἱ < h i j
    ποίμνια + ἡμῶν (+ τοῦ ἁρπάσαι
    αὐτά d) d c h i j πρόβατα e
    πολλοὶ λαοί g λαὸς πολύς ∞ c h i j
    μόνος + καί g
    Σοὺρ b g f 'Ασσυρίων d τὸν ἕνα
    (ἕ j) c h i j
    συνεῖχον e a < c h i j
    καὶ κρούσας αὐτὸν ἐπὶ τὰς κνημῖδας
    ∞ c h i j
    ἐπί³ < e
    ἀντικνημῖδας d
    οὕτως < l
2 καὶ¹ — αὐτόν < l
    ὁμοίως καὶ τόν d τὸν δέ c h i j
    τὸν Ταφουέ c h i j
    ἐπὶ τὸν ἵππον g ἐφ' ἵππου ἄφνω d
    αὐτόν < c h i j
    λαὸν + αὐτῶν g d a f c + αὐτοῦ
    l e h i j

διεσκόρπισα. 3. τὸν Ἀχὼρ βασιλέα, ἄνδρα γιγάντων, βάλλοντα τόξα ἔμπροσθε καὶ ὄπισθεν ἐφ᾽ ἵππου, ἀνελόμενος λίθον λιτρῶν ξ΄, ἀκοντίσας ἔδωκα τῷ ἵππῳ καὶ ἀπέκτεινα αὐτόν. 4. καὶ πολεμήσας τὸν Ἀχὼρ ἐπὶ ὥρας δύο ἀπέκτεινα αὐτόν, καὶ εἰς δύο μερίδας ποιήσας τὴν ἀσπίδα αὐτοῦ συνέκοψα τοὺς πόδας αὐτοῦ. 5. ἐν δὲ τῷ ἐκδύειν με αὐτοῦ τὸν θώρακα ἰδοὺ ὀκτὼ ἄνδρες ἑταῖροι αὐτοῦ ἤρξαντο πολεμεῖν πρός με. 6. ἐνειλήσας οὖν τὴν στολήν μου ἐν τῇ χειρί μου, λίθοις σφενδονίσας αὐτούς, τέσσαρας ἐξ αὐτῶν ἀνεῖλον· οἱ δὲ ἄλλοι ἔφυγον. 7. καὶ Ἰακὼβ ὁ πατὴρ ἡμῶν ἀνεῖλε τὸν Βεελισά, βασιλέα πάντων τῶν βασιλέων, γίγαντα τῇ ἰσχύι πηχῶν ιβ΄. 8. καὶ ἐπέπεσεν ἐπ᾽ αὐτοὺς τρόμος, καὶ ἐπαύσαντο πολεμοῦντες ἀφ᾽ ἡμῶν. 9. διὰ τοῦτο ἀμέριμνος ἦν ὁ πατήρ μου ἐν τοῖς πολέμοις, ὅτι ἐγὼ ἤμην ἐν τοῖς ἀδελφοῖς μου. 10. εἶδε

---

3 τὸν δὲ Ναχὼρ *l* καὶ πάλιν ἄλλοτε τὸν Ἀχώρ *d* καὶ τὸν Ἀχὼρ *c h i j*
γίγαντα (+ τῇ ἰσχύι *d* + εὖρον *c h i j*) *g d e a f c h i j*
ἔμπροσθε — ἵππου < *c h i j*
ἐφ᾽ ἵππον *d*
καὶ ἀνειλάμενος (ἀνειλάμην *h i j*) *c h i j*
ξ΄ λιτρῶν ∽ *g l d e a f c h i j* + ἐγὼ (< *l c h i j*) καί *l d c h i j*
δέδωκα *g a f c h i j*
τῷ ἵππῳ + αὐτοῦ *g d* τοῦ ἵππου *e* καταπεσόντα ἀπέκτεινα *l* + καί *a* αὐτόν < *d* + σὺν τῷ ἵππῳ *c h i j*
4 vs. 4 om. *c h i j*
καὶ[1] — αὐτόν < *g l a*
καὶ πεζεύσας Ἀχὼρ ἐπολέμησε μετ᾽ ἐμοῦ *d*
ἐπολέμησα *e*
δύο ὥρας ∽ *e f*
καὶ ἀπέκτεινα *d e*
εἰς (ἐπί *e*) δύο μέρη *g l d e a f*
ἀπέκοψα *l*
5 ἐν δέ] καὶ ἐν *e*
ἐνδύειν *l*
με[1] < *e*
τὸν θώρακα αὐτοῦ ∽ *d c h i j*
αὐτοῦ[1]] αὐτόν *e a f*
καὶ ἰδού *a f*
ἄνδρες ὀκτώ ∽ *d a c h i j*
πεντήκοντα *g* ἑκατόν *l*

ἕτεροι *g d e f c h i j*
αὐτοῦ[2] + καί *l* ἑαυτοῦ *c*
πρός με] μετ᾽ ἐμοῦ *e* με *c h i j*
6 καὶ ἐνειλήσας *g*
οὖν < *g* + ἐγώ *l* δὲ ἐγώ *c h i j*
ἐπὶ τὴν χεῖρα *c h i j*
λίθους σφενδονίσας αὐτοῖς (εἰς αὐτούς *g*) *g e f* καὶ σφενδονίσας αὐτοῖς λίθοις ∽ *c h i j*
τοὺς τεσσ. *g*
ἐξ αὐτῶν < *g*
καὶ οἱ λοιποί *g* οἱ δὲ λοιποί *l c h i j*
7 τῷ καιρῷ ἐκείνῳ ὁ πατήρ μου Ἰακώβ *d* ὁ δὲ πατήρ μου Ἰακώβ *c h i j*
Ἰακώβ + δέ *l*
ἡμῶν] μου *e*
βασιλέα Β. ∽ *e*
ἅπαντα τῶν *d* πάντων *e*
γιγάντων *g* ἄνδρα γίγαντα *c h i j*
8 ἔπεσεν *g l d e h i j*
τρόμος ἐπ᾽ αὐτούς ∽ *d*
ἀφ᾽ ἡμῶν πολεμοῦντες ∽ *e*
καθ᾽ ἡμῶν *l* ἡμᾶς *d c h i j* ἐφ᾽ ἡμᾶς *f*
9 vs. 9 om. *g* sed v.i. (post vs. 10)
ὁ πατήρ μου ἀμ. ἦν ∽ *c h i j*
ὅτε *b l e f*
ἐγώ — μου[2] < *d*
σὺν τοῖς ἀδ. μου συνήμην ∽ *c h i j*
ἐν[2]] σύν *e a f*

γὰρ ἐν ὁράματι περὶ ἐμοῦ ὅτι ἄγγελος δυνάμεως ἕπεταί μοι ἐν πᾶσι, τοῦ μὴ ἡττᾶσθαι.

IV. Καὶ κατὰ νότον γέγονεν ἡμῖν πόλεμος μείζων τοῦ ἐν Σικίμοις· καὶ παραταξάμενος μετὰ τῶν ἀδελφῶν μου ἐδίωξα χιλίους ἄνδρας, καὶ ἀπέκτεινα ἐξ αὐτῶν διακοσίους ἄνδρας καὶ τέσσαρες βασιλεῖς. 2. καὶ ἀνῆλθον ἐπ' αὐτοὺς ἐπὶ τοῦ τείχους καὶ ἄλλους δύο βασιλεῖς ἀνεῖλον· 3. καὶ οὕτως ἐλευθερώσαμεν τὴν Χεβρὼν καὶ ἐλάβομεν πᾶσαν τὴν αἰχμαλωσίαν τῶν βασιλέων.

V. Τῇ ἑξῆς ἀπήλθομεν εἰς Ἀρετάν, πόλιν κραταιὰν καὶ τειχήρη καὶ ἀπροσέγγιστον, ἀπειλοῦσαν ἡμῖν θάνατον. 2. ἐγὼ οὖν καὶ Γὰδ προσήξαμεν ἀπὸ ἀνατολῶν τῆς πόλεως, Ῥουβὴμ δὲ καὶ Λευὶ ἀπὸ δυσμῶν καὶ νότου. 3. καὶ νομίσαντες οἱ ἐπὶ τοῦ τείχους ὅτι ἡμεῖς μόνοι ἐσμέν,

---

10 γάρ] ὁ πατήρ μου g < d
ἐν ὁράματι] ὁ πατήρ μου l ὅραμα e
δυνάμεως] κυρίου d
σκέπεταί με l ἦν μετ' ἐμοῦ e
  συνέπεταί μοι a f c h i j
ἡττᾶσθαι + με d ἡττηθῆναί με e
  ἄψασθαί με (μοι h (i?) j) c h (i?)
  j
post vs. 10 add. καὶ διὰ τοῦτο
  ἀμέριμνος ἦν ἐν τοῖς πολέμοις g
  (v. ad vs. 9)

IV. 1 καὶ¹ — πόλεμος] γέγονεν
  ἡμῖν πόλεμος κατὰ τοῦ νότου
  ∞ g πάλιν οὖν γέγ. ἡμ. πόλ. d
  καὶ κατὰ τὸν νότον ἡμῖν γέγονεν
  πόλ. ∞ e καὶ μετὰ (κατὰ h (i?) j)
  τοῦτο γέγονεν ἡμῖν κατὰ νότον
  πόλ. ∞ c h i j
μείζων — Σικίμοις < d
τοῦ] τούτου l τοῖς c h (i?) j
σὺν τοῖς ἀδελφοῖς c h i j
ἐδιώξαμεν c h (i?) j
ἄνδρας¹ < a f c h (i?) j
ἀπεκτείναμεν c h i j
ἄνδρας διακοσίους ∞ d
ἄνδρας² — βασιλεῖς < c h i j
ἄνδρας² < l
βασιλεῖς + ἀνεῖλον e
2 vs. 2 om. d e sed postea in
  marg. add. e
ἀνελθὼν g (v.i.) + ἐγώ c h (i?) j
ἐπ' αὐτούς < e a f c h (i?) j
καὶ² < g (v.s.)

ἄλλους — ἀνεῖλον] ἀνεῖλον ἐξ αὐτῶν
  δύο ἑτέρους βασιλεῖς l ἀνεῖλον
  δύο β. e ἀνεῖλον τὸν βασιλέα
  αὐτῶν c h i j
3 πᾶσαν < l
αἰχμαλωσίαν] εὐπορίαν e
τῶν βασιλέων] αὐτῶν d < c h i j

V. 1 τῇ ἑξῆς — ἀπροσέγγ.] πάλιν
  οὖν ἄλλῃ πόλει κραταιᾷ καὶ
  ἀπροσέγγιστος Ἀρετὰ ὀνομα-
  ζομένη d
καὶ τῇ ἑξῆς l e a c h i j
Ἀρετάν] ἑτέραν l e a f c h i j
καὶ¹ < g
τῇ χειρί g ἰσχυράν c h i j
καὶ ἀπροσέγγ.] καὶ ὡς προσηγγίσα-
  μεν g < c h i j
προσέγγιστον ἡμῖν θάνατον ἀπειλοῦ-
  σαν ∞ a
θανάτῳ g + ὀργισθέντες οὖν ἡμεῖς
  ἐπ' αὐτὴν ἐπορεύθημεν εἰς αὐτήν d
2 γοῦν g δέ c h i j
ὁ Γάδ c h i j
προσηύξαμεν d
δέ < c
ὁ Λευί c h i j
δυσμοῦ l
καὶ νότου < g d e a f c h i j
3 νομίσαντες] δοκήσαντες l
οἱ περὶ l οἱ (< d) ἀπό d a f c h i j
μόνον i

ἐφελκύσθησαν ἐφ᾽ ἡμᾶς· 4. καὶ οὕτως λάθρᾳ οἱ ἀδελφοὶ ἐξ ἑκατέρων πασσάλοις ἐπανέβησαν τῷ τείχει καὶ εἰσῆλθον εἰς τὴν πόλιν, ἀγνοούντων αὐτῶν. 5. καὶ ἐλάβομεν αὐτὴν ἐν στόματι μαχαίρας, καὶ τοὺς ἐν τῷ πύργῳ καταφυγόντας, ἐμπρήσαντες τὸν πύργον σὺν αὐτοῖς ἐλάβομεν. 6. καὶ ἐν τῷ ἀπιέναι ἡμᾶς ἄνδρες Θαφφοῦ ἐπέβαλον τῇ αἰχμαλωσίᾳ ἡμῶν, καὶ παραδόντες αὐτὴν τοῖς υἱοῖς ἡμῶν συνήψαμεν πρὸς αὐτοὺς ἕως Θαφφοῦ· 7. κἀκείνους ἀπεκτείναμεν καὶ τὴν πόλιν ἐνεπρήσαμεν, πάντα τὰ ἐν αὐτῇ σκυλεύσαντες.

VI. Καὶ ὡς ἤμην ἐν τοῖς ὕδασι Χωζηβά, οἱ ἀπὸ Ἰωβὴλ ἦλθον ἐφ᾽ ἡμᾶς εἰς πόλεμον· 2. καὶ συνήψαμεν αὐτοῖς καὶ τοὺς ἀπὸ Σιλὼμ συμμάχους αὐτῶν ἀπεκτείναμεν· καὶ οὐκ ἐδώκαμεν αὐτοῖς διέξοδον τοῦ εἰσελθεῖν πρὸς ἡμᾶς. 3. καὶ οἱ ἀπὸ Μαχὶρ ἐπῆλθον ἡμῖν τῇ πέμπτῃ

ἀφειλκύσθησαν a
πρὸς ἡμᾶς a f c h i j
4 λαθραῖοι b
ἀδελφοί + μου (ἡμῶν l) g l d e a f c
  h i j
ἑκατέρων + τῶν μερῶν (+ τοῦ
  τείχους c h i j) g d e a f c h i j
πασσάλοις + πήξαντες l < c h i j
ἐπανέβησαν — εἰσῆλθον] εἰσήλθομεν
  c h i j
ἀνέβησαν τὸ τεῖχος d
τοῦ τείχους l
ἦλθον a
αὐτῶν ἀγνοούντων ∾ g + πάντων
  καὶ συντρεχόντων ἐφ᾽ ἡμᾶς l
  ἀγνοούντων a < c h i j
5 καὶ (< c) κατελάβομεν c h i j
αὐτήν] αὐτούς l
καὶ τούς] τοὺς δέ d
τοῖς πύργοις c h i j
καταφυγόντες h i j
ἐν πυρὶ ἐνεπρήσαμεν καὶ οὕτως
  πάντας ἐλάβομεν καὶ πάντα τὰ
  αὐτῶν c h i j
σὺν αὐτῷ g
ἐλάβομεν² + πάντας f
6 ἐν δὲ τῷ c h i j
οἱ ἄνδρες g
Θαμβου g Δαφου l Θαφουε d e a f
  Βαθουε c h i j
ἐπέβαλον — ἡμῶν¹ < a
ἐπελάβοντο e c h i j
ἐπὶ (< e c h i j εἰς f) τὴν αἰχμαλω-
  σίαν l d e f c h i j
ἡμῶν¹] τοῦ ἀφέλεσθαι αὐτὴν ἐξ ἡμῶν
  d

παραδόντες] παραλαβόντες b ἰδόντες
  (εἰδότες h i j) ἡμεῖς c h i j
αὐτὴν — Θαφφοῦ²] συνήψαμεν πόλε-
  μον μετ᾽ αὐτῶν c h i j
αὐτήν + σύν b
ἡμῶν²] αὐτῶν l
πρὸς ἑαυτοὺς συνήψαμεν ∾ e
ἕως Δαφοθ l ἐν (ἕως e + τῷ a f)
  Θαφουε d e a f
7 vs. 7] καὶ ἀπεκτείναμεν πάντας
  καὶ πάλιν ἐλάβομεν τὴν αἰχμαλω-
  σίαν ἡμῶν c h i j
ἀπεκτείναμεν + πάντας d
πόλιν + αὐτῶν d
καὶ (< e) πάντα τὰ ἐν αὐτῇ ἐσκυλεύ-
  σαμεν e a f

VI. 1 vss. 1 et 2 om. c h i j
ἤμεν g a
Ἰωήλ g l d Ιβην e Ἰώ a f
πρὸς ἡμᾶς l a f
2 συνάψαντες ἐτρέψαμεν (ἐστρ. d)
  g l d e a f
αὐτοῖς scripsi MSS αὐτούς +
  κἀκείνους ἀπεκτείναμεν a
καὶ² — αὐτῶν] κἀκείνους f
αὐτῶν < l αὐτούς d
διεξόδοις g
τοῦ — ἡμᾶς] πρὸς ἡμᾶς ἐλθεῖν ∾ e
ἐλθεῖν l
3 τῇ δὲ ε᾽ ἡμέρᾳ ἐπῆλθον ἡμῖν καὶ
  οἱ ἀπὸ Μ. + βουλόμενοι ∾ d
καὶ οἱ] καὶ b οἱ δὲ πάλιν (< l) l c h i j
ἀπό] ἐπί g
Χειρ j
ἀπῆλθον c

ἡμέρᾳ, λαβεῖν τὴν αἰχμαλωσίαν· καὶ προσάξαντες αὐτοῖς ἐν καρτερᾷ μάχῃ περιεγενόμεθα, ὅτι ἦσαν πλῆθος δυνατῶν ἐν αὐτοῖς· καὶ ἀπεκτείναμεν αὐτοὺς πρὸ τοῦ ἀναβῆναι τὴν ἀνάβασιν. 4. ὡς δὲ ἤλθομεν ἐν τῇ πόλει αὐτῶν, αἱ γυναῖκες αὐτῶν ἐκύλιον ἐφ' ἡμᾶς λίθους ἀπὸ τῆς κορυφῆς τοῦ ὄρους, ἐν ᾗ ἦν ἡ πόλις. 5. καὶ ὑποκρυβέντες ἐγὼ καὶ Συμεὼν ἐξόπισθεν ἐπελαβόμεθα τῶν ὑψηλῶν, καὶ ὅλην τὴν πόλιν ὀλοθρεύσαμεν.

VII. Καὶ τῇ ἑξῆς ἐρρέθη πρὸς ἡμᾶς ὅτι Γαὰς πόλις βασιλέων ἐν ὄχλῳ βαρεῖ ἔρχεται πρὸς ἡμᾶς. 2. ἐγὼ οὖν καὶ Δὰν προσποιησάμενοι Ἀμορραίους, ὡς σύμμαχοι ἤλθομεν εἰς τὴν πόλιν αὐτῶν. 3. νυκτὶ δὲ βαθείᾳ ἐλθοῦσι τοῖς ἀδελφοῖς ἠνοίξαμεν τὰς πύλας, καὶ πάντας αὐτοὺς

λαβεῖν — αἰχμαλωσίαν < c h i j
αἰχμαλωσίαν] εχεβρων g (v. ad VII 8) + ἀφ' ἡμῶν d
καὶ² — περιεγ.] καὶ περιεγενόμεθα καὶ αὐτῶν a
αὐτοῖς¹] πρὸς (< g d) αὐτούς g d c h i j
ἐν κρατερᾷ μάχῃ g μάχην l ἐν κραταιᾷ χειρὶ καὶ δυνάμει μετὰ μαχαίρας d καρτερὰν μάχην e ἐν κραταιᾷ μαχαίρᾳ f c h i j
παραγενόμεθα d + αὐτῶν f c h i j
ὅτι — αὐτοῖς² < c h i j
ὅτι ἦσαν] ἦσαν δέ l
δυνατῶν scripsi δυνατοί b δυνατόν g l d δυναστῶν e a f
καὶ αὐτοὺς c h i j
ἀναβιῶναι l
ἀνάβασιν + τοῦ ἡλίου l d
4 ἥκομεν g l e a f c h i j
ἐν¹ < b a
αὐτῶν¹ < c h i j
λίθους (λίθον c) ἐφ' ἡμᾶς ∾ d e f c h i j
ᾗ e c h i j
ἦν < d
πόλις + αὐτῶν g l d
5 ὑποκύψας l ἀποκρυβέντες e ὑποκρύψας a f c ἀποκρύψας h i j
ἐγώ + τε g c h j
ἕως λαβόμεθα g
καὶ ὀλοθρεύσαμεν (ἐξολ. c -μένων j)
καὶ ταύτην τὴν πόλιν c h i j

πόλιν + αὐτῶν l
ἐξολοθρ. g l d

VII. 1 Γαὰς — βασιλέων] αἱ πόλεις τῶν δύο βασιλέων b Ραγανας πόλεως βασιλέως g Γὰγ βασιλεὺς πόλεως l ὁ βασιλεὺς τῆς πόλεως Γάς d Γαδ ἡ πόλις βασιλέων e Γαὰς πόλεως (+ ὁ c) βασιλεύς c h i j
λαῷ βαρεῖ (πολλῷ c) c h i j
ἔρχονται b ἔχεται j
ὑμᾶς d
2 γοῦν g δέ c h i j
ὁ (< e) Γάδ e c ὁ Δάν h i j
προσποιησάμενοι ἑαυτοὺς Ἀμορραίους ὑπάρχειν καὶ ἕνεκεν τοῦ συμμαχῆσαι αὐτοὺς ἡμᾶς d πορευθέντες πρὸς Ἀμορραίους καὶ προσποιησάμενοι ἑαυτοῖς (αὐτοὺς h i j) συμμάχους c h i j
συμμάχους g + αὐτῶν l συμμάχην e
εἰσήλθομεν (+ συν τῷ λαῷ αὐτῶν d) g l d e f c h i j
3 νυκτὸς βαθείας c
ἐλθόντων τῶν ἀδελφῶν ἡμῶν l d e a f
ἦλθον δὲ (< h i j) καὶ πάντες οἱ ἀδελφοί μου c h i j
καὶ ἀνοίξαντες c h i j
πόρτας d + αὐτοῖς e a f c + αὐτῆς h i j
καὶ¹ — ὀλοθρεύσαμεν < g
καὶ¹ < c h i j

καὶ τὰ αὐτῶν ὀλοθρεύσαμεν, καὶ πάντα τὰ αὐτῶν προνομεύσαντες τὰ τρία τείχη αὐτῶν καθείλομεν. 4. καὶ ἐν τῇ Θάμνα προσηγγίσαμεν, οὗ ἦν πᾶσα ἡ ἀποφυγὴ τῶν πολεμίων βασιλέων. 5. τότε ὑβριζόμενος ἐθυμώθην, καὶ ὥρμησα ἐπ' αὐτοὺς ἐπὶ τὴν κορυφήν· κἀκεῖνοι ἐσφενδόνουν ἐπ' ἐμὲ λίθοις καὶ τόξοις· 6. καὶ εἰ μὴ Δὰν ὁ ἀδελφός μου συνεμάχησέ μοι, εἶχόν με ἀνελεῖν. 7. ἐπήλθομεν οὖν ἐπ' αὐτοὺς μετὰ θυμοῦ καὶ πάντες ἔφυγον· καὶ διελθόντες δι' ἄλλης ὁδοῦ ἐδεήθησαν τοῦ πατρός μου, καὶ ἐποίησεν εἰρήνην μετ' αὐτῶν, 8. καὶ οὐκ ἐποιήσαμεν αὐτοῖς οὐθὲν κακόν, ἀλλ' ἐποιήσαμεν αὐτοὺς ὑποσπόνδους καὶ ἀπεδώκαμεν αὐτοῖς πᾶσαν τὴν αἰχμαλωσίαν. 9. καὶ ᾠκοδόμησα ἐγὼ τὴν Θάμνα καὶ ὁ πατήρ μου τὴν Ραμβαηλ. 10. εἴκοσιν ἐτῶν ἤμην, ὅτε ἐγένετο

καὶ τὰ αὐτῶν < d c
ὀλοθρεύσαμεν — προνομεύσαντες]
    ἐπρονομεύσαμεν καί e
ἐξολοθρεύσαμεν c
πάντα — καθείλομεν] ἐπρονομεύ-
    σαμεν c h i j
πάντα τά] τὰ ὑπάρχοντα d
παρανομήσαντες g
τά[3] < g d e
4 διερχόμενοι δὲ διὰ τῆς Θάμνα
    προσηγγ. d καὶ προσηγγ. τῇ
    Θάμνᾳ ∽ c h i j
οὗ] ὅπου g ἐν ᾧ c h i j
ἡ ἀποφυγὴ τῶν πολεμιστῶν πᾶσα
    ∽ l
ἀποσκευή d e a f c h i j
τῶν — βασιλέων] αὐτῶν c h i j
βασιλέων < l d
5 τότε + οὖν ἐγώ (< c) c h i j
ὑβριζόμεθα g + παρ' (ὑπ' l) αὐτῶν
    l d e c h i j
ἐθυμώθην] ὠργίσθην a f c h i j
ὥρμησα] ἀνῆλθον l
ἐπὶ τὴν κορυφὴν πρὸς αὐτούς ∽ h i j
πρὸς αὐτούς f
κορυφήν + τοῦ ὄρους g
σφενδονοῦντες (-νήσαντες e) ἦσαν
    (< g l εἶσαν e) g l d e ἐσφενδόνιζον
    a f c h i j
ἐπ' ἐμέ] ἐν a f με ἐν c h i j
λίθους καὶ τόξοις l λίθους e
6 Δάν] ἄν h i j
εἶχον] ἔμελλον e
7 ἀπήλθομεν g c ἀνέβημεν d ἐπῆλθον f
οὖν < d δέ h i j
μετὰ θυμοῦ ἐπ' αὐτούς ∽ g
πρὸς αὐτούς d

μετὰ θυμοῦ < a
καί[2] < j
δι' ἄλλης ὁδοῦ ἐλθόντες ∽ a
ἀπελθόντες c h i j
δι' ἄλλης ὁδοῦ < e
ἀπῆλθον πρὸς 'Ιακὼβ τὸν πατέρα
    ἡμῶν δεόμενοι d πρὸς (πρό h
    πορίας j) τὸν πατέρα ἡμῶν
    ἐδεήθησαν αὐτῷ c h i j
μου] ἡμῶν l < a
ἐποίησαν εἰρ. μετ' αὐτοῦ a c h i j
μετ' αὐτούς g
8 αὐτοῖς[1] — τούς g
κακόν] πονηρὸν κακόν h πονηρόν i
    + πονηρόν j
ἀλλ' + μᾶλλον d
ὑποσπόνδους αὐτοὺς ἐποιήσαμεν ∽ d
ἐποιήσ.[2]] εἴχομεν c h i j
ἐπισπόνδους e ὑποφόρους c h i j
καὶ ἀπεδ.] δόντες g καὶ ἐδώκαμεν
    h i j
πᾶσαν < c h i j
αἰχμαλωσίαν] εχεβρων g (v. ad
    VI 3) + αὐτῶν d c h i j
9 vs. 9 om. i
τότε ᾠκοδ. ἐγώ d οἰκοδομήσαμεν δὲ
    καί c h j
τὴν Θάμναν πόλιν l τὴν πόλιν
    Θάμνας d τὴν πόλιν αὐτῶν c h j
καί[2] — Ραμβαηλ < c h j
μου] ἡμῶν l
10 ἤμην δὲ τότε κ' ἐτῶν d ἤμην δὲ
    ἐγὼ χρόνων εἴκοσι c h i j
γεγόνασιν οἱ πόλεμοι οὗτοι l γέγονεν
    ὁ πόλεμος καὶ εἰρηνεύσαμεν d
γέγονεν g

ὁ πόλεμος οὗτος· 11. καὶ ἦσαν οἱ Χαναναῖοι φοβούμενοί με καὶ τοὺς ἀδελφούς μου.

VIII. Ἦν δέ μοι καὶ κτήνη πολλά, καὶ εἶχον ἀρχιποίμενα Ἴραν τὸν Ὀδολαμίτην· 2. πρὸς ὃν ἐλθὼν εἶδον Βάρσαν βασιλέα Ὀδολάμ. καὶ ἐποίησεν ἡμῖν πότον· καὶ παρακαλέσας δίδωσί μοι τὴν θυγατέρα αὐτοῦ Βησσουὲ εἰς γυναῖκα. 3. αὐτὴ ἔτεκέ μοι τὸν Ἢρ καὶ Αὐνὰν καὶ Σηλώμ, ὧν τοὺς δύο ἀτέκνους ἀνεῖλε κύριος· ὁ γὰρ Σηλὼμ ἔζησε καὶ τὰ τέκνα αὐτοῦ ὑμεῖς ἐστε.

IX. Δεκαοκτὼ ἔτη ἐποιήσαμεν εἰρήνην, ὁ πατὴρ ἡμῶν καὶ ἡμεῖς, μετὰ τοῦ ἀδελφοῦ αὐτοῦ Ἠσαύ, καὶ οἱ υἱοὶ αὐτοῦ μεθ' ἡμῶν, μετὰ τὸ ἐλθεῖν ἡμᾶς ἐκ Μεσοποταμίας ἀπὸ Λαβάν. 2. καὶ πληρωθέντων τῶν δεκαοκτὼ ἐτῶν, ἐν τεσσαρακοστῷ ἔτει ζωῆς μου, ἐπῆλθεν ἡμῖν Ἠσαὺ ὁ ἀδελφὸς τοῦ πατρός μου ἐν λαῷ βαρεῖ καὶ ἰσχυρῷ· 3. καὶ ἔπεσεν

11 ἐμέ d καὶ ἐμέ c ἐμοί h i j
μου + σφόδρα d

VIII. 1 ἦσαν l c h i j
καί¹ < g d e c h i j
Ιεραμ e a f c h i j
Οδολομακιτην h i j
2 πρὸς ὃν ἐλθὼν (+ καί d) ἰδὼν
(+ με d) Βάρσαν (-σα g) βασι-
λεύς g d καὶ προσελθὼν εἶδον
Βασαρ βασιλέα l ὃς ἐλθὼν πρὸς
Βαρσαβα τὸν βασιλέα c h i j
Βαρσαβα e a f
καί¹ < d καὶ ἐλάλησεν ἡμῖν καί c
ἐλάλησεν αὐτὸν καί h i j
τόπον g + ὁ βασιλεύς c h i j
δέδωκε g c h i j
Βησσουὲ τὴν θυγατέρα αὐτοῦ ∾ d
αὐτοῦ < a
τὴν Βησσουέ e ὀνόματι Σαβά c h i j
3 καὶ αὕτη l καὶ συλλαβοῦσα d
τὸν Αὐνάν g l e a f c h j
τὸν Σηλώμ l d c h i j
ὧν — Σηλώμ² < i
οὕς e καί c h j
τοὺς + μέν c h j
δύο + Ἢρ καὶ Αὐνάν d
ἀτέκνους < a f c h j
ὁ κύριος g h j
ἔζησε < g

καὶ³ — ἐστε < c h i j
αὐτοῦ < a
ὑμεῖς ἐστε < d
IX. 1 δεκαοκτὼ ἐποιήσαμεν ἔτη
μετὰ τὸ ἐλθεῖν ἡμᾶς ἀπὸ Λαβὰν
ἐκ τῆς Μεσοποταμίας ἐν εἰρήνη
διάγοντες ὅτε d (v.i.) δέκα καὶ
ὀκτὼ ἔτη ἐποίησεν δὲ εἰρήνην
c h (i?) j
ἐποίησεν a f
ὁ < d
ἡμῶν¹] μου d c h i j
καὶ ἡμεῖς < g e a f c h i j
τοὺς ἀδελφούς l
Ἠσαύ < l
οἱ < a
αὐτοῦ² < b
μετὰ² — Λαβάν < d (v.s.)
μετὰ τὸ] μετὰ δὲ τοῦ c
εἰς Μεσοποταμίαν l
ἐκ] ἀπό (+ τῆς e) g e c
2 τῶν κη' g τῶν δέκα καὶ ὀκτὼ h i j
τῶν < b e
ἐτῶν + ἐγώ e
ἐν¹ — μου¹ < c h i j
ἐν τῷ τεσσαρακ. (+ πέμπτῳ d)
ἔτει τῆς (< f) g d a f
ἀνῆλθεν f ἐπανῆλθεν c h i j
3 in marg. περὶ τοῦ θανάτου Ἠσαύ d
ἔπεσεν + τῷ Ἠσαύ d ἐπέπεσεν
c h i j

ἐν τόξῳ ᾿Ιακώβ, καὶ ἤρθη νεκρὸς ἐν ὄρει Σηίρ· καὶ πορευόμενος ἐπάνω
Εἰρραμνα ἀπέθανεν.   4.   ἡμεῖς δὲ ἐδιώξαμεν ἐπὶ τοὺς υἱοὺς ᾿Ησαύ. ἦν
δὲ τούτοις πόλις, καὶ τεῖχος σιδηροῦν καὶ πύλαι χαλκαῖ· καὶ οὐκ ἠδυνή-
θημεν εἰσελθεῖν ἐν αὐτῇ καὶ περικαθίσαντες ἐπολιορκοῦμεν αὐτούς.
5.   καὶ ὡς οὐκ ἤνοιγον μετὰ ἡμέρας εἴκοσιν, ὁρώντων αὐτῶν προσάγω
κλίμακα, καὶ τὴν ἀσπίδα ἐπὶ τῆς κεφαλῆς μου· καὶ ἀνῆλθον ἀποδεχόμενος
λίθους ἕως ταλάντων τριῶν· καὶ ἀνελθὼν ἀνεῖλον τέσσαρες τοὺς δυνατοὺς
ἐξ αὐτῶν.   6.   καὶ τῇ ἑξῆς ἐμβάντες ῾Ρουβὴμ καὶ Γὰδ ἀνεῖλον ἑτέρους
ἑξήκοντα.   7.   τότε αἰτοῦσιν ἡμᾶς τὰ πρὸς εἰρήνην· καὶ γενόμενοι
βουλῆς τοῦ πατρὸς ἡμῶν ἐδεξάμεθα αὐτοὺς ὑποφόρους.   8.   καὶ ἦσαν

ἐν τῷ τόξῳ l τὸ ξύλον e
᾿Ιακώβ + τοῦ πατρὸς ἡμῶν l ὁ
   πατήρ μου ᾿Ιακώβ d < e + τὸν
   ᾿Ησαύ a f ὁ ᾿Ιακὼβ τοῦ (τόν c)
   ᾿Ησαύ c h i j
καὶ² — ᾿Ησαύ (vs. 4) < h i j
ἤρθη + ᾿Ησαύ g + ὡς l εὐθέως
   ἤρθη ὡς d ἦλθεν e
Σιρηχ e
καὶ³ — ἀπέθανεν < c
ἐπάνω Εἰρρ.] ἐν Ανονηραμ g e a f
   ἐπάνω Ηραν (Ημαμ l) l d
4 καὶ (< d) ἡμεῖς κατεδιώξαμεν d c
   διώξαντες l a f ἐπεδιώξαμεν e
ἐπί] ὀπίσω e < c
αὐτῶν τῶν υἱῶν e
᾿Ησαύ] αὐτοῦ d
ἦν — χαλκαῖ] καὶ κατέφυγον εἰς τὴν
   πόλιν αὐτῶν· ἦν δὲ ταύτης τεῖχος
   ὀχυρὸς καὶ πύλαι χαλκαῖ d ἦν δὲ
   καὶ τούτοις (ἡ τούτων c) πόλις
   ὀχυρά (ἰσχυρά c) c h i j
ἠδυνήθην e
ἐν αὐγῇ g εἰς αὐτήν e f < a
καὶ περικαθ.] παρακαθίσαντες δέ
   (τοίνυν d) g d περικαθ. δέ e a f c
   περικλεισθήσαντες δέ h i j
αὐτούς] αὐτῇ g ἐπ᾽ αὐτήν e αὐτήν c
5 καὶ οὐκ ηνθιγον καί g
ἤνοιγον + ἡμῖν c h i j
μετά] ἕως c
εἴκοσιν ἡμέρας ∾ g a f + καί c
προσάγων d h j προάγω a
τήν] παραθήσας d
ἐπὶ τὴν κεφαλήν g ἐν τῇ κεφαλῇ d
καί³ < d (v.s.)
ὑποδεχόμενος e

λίθους + ἐπὶ τῆς κεφαλῆς μου e τοὺς
   λίθους c h i j
ὡς τάλαντα τρία e < c h i j
εἰσελθών g < c h i j
τοὺς δυνάστας e τῶν δυνατῶν c
τούς < d
ἐξ < e c h i j
6 τῇ — ἐμβάντες] ἑξῆς ἐμβ. (ἀναβ.
   a f) g a f μετὰ ταῦτα ἐμβ. l τῇ
   ἑξῆς ἐλθόντες d < c h i j
ὁ ῾Ρ. c
ὁ Γάδ c h i j
ἕξ g d m e a f c h i j
7 τότε + οἱ λοιποί d + οὖν c h i j
αἰτήσαντες e
ἡμᾶς] ἡμῖν c h i j
γενομένης (-νου d) βουλῆς μετὰ
   (< l) l d m c h i j γενομένη βουλή
   e
βουλή g
ἀποφόρους m ἐπιφόρους e < c h i j

διδόντες ἡμῖν πυροῦ κόρους διακοσίους, ἐλαίου βεθ φ′, οἴνου μέτρα
χίλια πεντακόσια, ἕως ὅτε κατήλθομεν εἰς Αἴγυπτον.

X.   Μετὰ ταῦτα ῞Ηρ ὁ υἱός μου ἄγεται τὴν Θαμὰρ ἐκ Μεσοποταμίας,
θυγατέρα ᾽Αράμ.   2.   ἦν δὲ ῞Ηρ πονηρὸς καὶ ἠπορεῖτο περὶ τῆς Θαμάρ,
ὅτι οὐκ ἦν ἐκ γῆς Χανάαν. καὶ ἄγγελος κυρίου ἀνεῖλεν αὐτὸν τῇ τρίτῃ
ἡμέρᾳ τῇ νυκτί·   3.   καὶ αὐτὸς οὐκ ἔγνω αὐτήν, κατὰ πανουργίαν τῆς
μητρὸς αὐτοῦ, οὐ γὰρ ἤθελεν ἔχειν τέκνα ἀπ᾽ αὐτῆς.   4.   ἐν ταῖς
ἡμέραις τοῦ θαλάμου ἐπεγάμβρευσα αὐτῇ τὸν Αὐνάν· καίγε οὗτος ἐν
πονηρίᾳ οὐκ ἔγνω αὐτήν, ποιήσας σὺν αὐτῇ ἐνιαυτόν.   5.   καὶ ὅτε
ἠπείλησα αὐτῷ, συνῆλθε μὲν αὐτῇ, διέφθειρε δὲ τὸ σπέρμα ἐπὶ τὴν γῆν,
κατὰ τὴν ἐντολὴν τῆς μητρὸς αὐτοῦ· καίγε οὗτος ἐν πονηρίᾳ ἀπέθανεν.

8 in marg. (ad πυροῦ) σίτου b
πυρούς g σίτου d m < i
κόρους] φόρους e κόκκους c
διακοσίους] σύν g + καί l πεντακο-
    σίους (+ καί c h i j) a f c h i j
ἔλαιον h j
βεθ φε′ g φευς φ′ a f υφης (υφεις h i j)
    πεντακοσίους καί c h i j
οἴνου — Αἴγυπτον om. e sed in
    marg. infer. add. ἕως ὅτε κατ-
    ήλθομεν εἰς Αἴγυπτον
οἴνον h i j
μέτρα < g a f
χίλια < c h i j
πεντακόσια + καὶ ταῦτα ἐλαμ-
    βάνομεν ἐξ αὐτῶν d
ὅτου d a τοῦ λιμοῦ ὅτε c h i j
ἤλθομεν g

X. 1 καὶ μετά g d m μετὰ δέ
    a c h i j
῞Ηρ] ἦν h i j
ἀπὸ Μεσ. e
᾽Αράμ] Αμαρ l + ἑαυτῷ (ἑαυτοῦ
    h i j) εἰς γυναῖκα c h i j
2 δέ] τε d + οὗτος m
῞Ηρ] ἀνήρ l m ὁ υἱός μου ῞Ηρ d ὁ
    ῞Ηρ c h i j
καὶ¹ — Χανάαν < c h i j
ἠπόρει g l d m e a f
τὴν Θ. g
ἐκ γῆς] ἔνεγγυς e
διὰ τοῦτο καὶ ἀνεῖλεν αὐτὸν ὁ
    ἄγγελος κυρίου d m καὶ ἐθανά-
    τωσεν αὐτὸν (+ ὁ i) ἄγγελος
    κυρίου c h i j

τῇ¹ — νυκτί < c h i j
ἡμέρᾳ τῇ < g l d e a f
τῇ νυκτί < m
3 vss. 3-5] καὶ ἔδωκα αὐτὴν Αὐνὰν
    τῷ δευτέρῳ μου υἱῷ, καὶ ἰδοὺ (+
    καί h i j) αὐτὸν ἀνεῖλεν ὁ κύριος.
    καὶ αὐτὸς οὐκ ἔγνω αὐτὴν κατὰ
    πανουργίαν τῆς μητρὸς αὐτοῦ
    c h i j
οὐκ ἔγνω αὐτὴν αὐτός ∾ m
τὴν πανουργ. l d
οὐ — αὐτοῦ (vs. 5) < a
ἐξ αὐτῆς ἔχειν τέκνα ∾ l ἔχειν
    τέκνα (τέκνα ἔχειν ∾ e) ἐξ
    αὐτῆς d m e
4 ἐν¹ — θαλάμου < g
ἡμέραις + ἐκείναις l d m
θαλάμου + αὐτῆς ἐπικειμένου d
ἐπεγάμβρευσεν l
αὐτῇ¹] δὲ καὶ αὐτήν g αὐτήν l d m
τόν < g τῷ d
οὗτος] καὶ αὐτός g
πονηρίᾳ + ὑπάρχων d m πανουργίᾳ e
ποιήσας — αὐτῷ (vs. 5) < g
σύν] ἐν l οὖν m
5 ὅτε] ὅτι l γνοὺς ἐγώ d
αὐτῷ] — τόν l + τότε d
μέν < f
αὐτήν m
διέφθειρε δέ] καὶ διέφθ. d m
σπέρμα + αὐτοῦ g l e δὲ σπέρμα d
ἐπὶ τὴν γῆν < l + ἔρριψεν d m εἰς
    τ. γ. f
οὗτος] καὶ οὗτος d οὕτως m f αὐτός a
ἀπέθανεν ἐν πονηρίᾳ ∾ g l d m e a f

6. ἤθελον δὲ καὶ τὸν Σηλὼμ δοῦναι αὐτῇ, ἀλλ᾽ ἡ γυνή μου Βησσουὲ οὐκ ἀφῆκεν· ἐπονηρεύετο γὰρ πρὸς τὴν Θαμάρ, ὅτι οὐκ ἦν ἐκ θυγατέρων Χανάαν, ὡς αὐτή.

XI. Κἀγὼ ᾔδειν ὅτι πονηρὸν τὸ γένος Χανάαν, ἀλλὰ τὸ διαβούλιον τῆς νεότητος ἐτύφλωσε τὴν καρδίαν μου. 2. καὶ ἰδὼν αὐτὴν οἰνοχοοῦσαν ἐν μέθῃ οἴνου ἠπατήθην καὶ συνέπεσα πρὸς αὐτήν. 3. αὐτὴ ἀπόντος μου ἐπορεύθη καὶ ἔλαβε τῷ Σηλὼμ γυναῖκα ἐκ γῆς Χανάαν. 4. γνοὺς δὲ ὃ ἐποίησε κατηρασάμην αὐτῇ ἐν ὀδύνῃ ψυχῆς μου· 5. καίγε αὕτη ἀπέθανεν ἐν πονηρίᾳ υἱῶν αὐτῆς.

XII. Μετὰ δὲ τοὺς λόγους τούτους χηρευούσης τῆς Θαμάρ, μετὰ δύο ἔτη ἀκούσασα ὅτι ἀνέρχομαι κεῖραι τὰ πρόβατα, κοσμηθεῖσα κόσμῳ νυμφικῷ ἐκάθισεν ἐν Ἐνὰν τῇ πόλει πρὸς τὴν πύλην. 2. νόμος γὰρ

6 ἤθελεν m
αὐτὴν δοῦναι (ἐκδοῦναι m) καὶ τῷ
  Σηλὼμ εἰς γυναῖκα ∽ d m
καὶ τόν] τῷ l
αὐτῇ] αὐτήν l h i j
γυνή — Βησσουέ] μήτηρ αὐτοῦ c h i j
ἀφῆκεν + με τοῦτο ποιῆσαι d + μοι
  ἵνα τοῦτο ποιήσω m + με e
ἐπονηρεύσατο m e f c
ἐν Θ. e < a f c h i j
διότι d m
τῶν θυγατ. g d m e c h i j
τῶν Χαναναίων c h j
ὡς αὐτή < d ὥσπερ καὶ αὕτη m ὡς
  καὶ αὐτή e a f c h i j

XI. 1 vss. 1 et 2 om. d
εἶδον m e
τὸ πονηρόν ἐστι m
τό¹ < g e a f c h i j
γένος + ἦν c h i j
τῶν Χαναναίων c h i j
διαβούλιον + τῆς ψυχῆς καί a
μου τὴν καρδ. ∽ g l τὴν διάνοιαν
  μου (μου τὴν δ. ∽ c) c h i j
2 εἶδον g εἰδώς h
ἐν μέθῃ οἴνου < c h i j
οἴνῳ g
συνέπεσα — αὐτήν²] ἔλαβον αὐτὴν
  μὴ βουλομένου (βουλευσαμένου c)
  τοῦ πατρός μου c h i j
πρός < m
3 αὐτή + δέ g l f c h i j καί d +
  οὖν m
μου < d ἐμοῦ c h i j
ἐλάβετο τῷ (< b) b e ἔλαβε τόν
  g l f

γυναῖκα < l + χωρὶς βουλή μου d
  ἄνδρα f
γῆς Χ.] τῶν Χαναναίων d τῆς Χ.
  c h (i?) j
4 γνούς (ἐπιγνούς c h i j) δέ + ἐγώ
  g l d m e c h i j
αὐτήν g d m f c h i j < l αὐτῆς a
  ψυχή d
μου < d f
5 vs. 5 om. g
αὕτη < c h i j
τῇ πονηρίᾳ c h i j
υἱοῦ αὐτῆς e αὐτῆς μετὰ τῶν
  τέκνων αὐτῆς c h i j

XII. 1 τούς — τούτους] ταῦτα
  d c h i j
χηρεύουσα ἡ (ἦν e) g e
ἐπὶ δύο ἔτη d καὶ μετὰ τρία ἔτη e
  μετά (ἐπί h i j) ἔτη δύο ∽ c h i j
ἔρχονται m ἔρχομαι h i j
τοῦ κεῖραι c h i j
πρόβατα + τοῦ πατρός m + ἐν
  Ἐνὰν τῇ πόλει πρὸς τῇ πύλῃ.
  νόμος γάρ (sic) e
κοσμηθεῖσα — νυμφικῷ < g
ἐν Ἐνὰν (MS νεαανα) τῇ πόλει
  ἐκάθισεν ∽ g
ἐν Ἐνάν] ἀπέναντι b l d m ἔναντι
  a h i j ἐν f
τῆς πόλεως l d m + τῶν Ἀμορραίων h i j
πρὸς τῇ πύλῃ l e f πρὸς τὴν ποίμνην m παρὰ τῇ πύλῃ a + τοῦ
  πανδοχείου c h i j
2 γάρ + ἦν d m c h i j

Ἀμορραίων, τὴν γαμοῦσαν προκαθίσαι ἐν πορνείᾳ ἑπτὰ ἡμέρας παρὰ τὴν πύλην. 3. μεθυσθεὶς οὖν ἐγὼ ἐν ὕδασι Χωζηβὰ οὐκ ἐπέγνων αὐτὴν ἀπὸ τοῦ οἴνου· καὶ ἠπάτησέ με τὸ κάλλος αὐτῆς διὰ τοῦ σχήματος τῆς κοσμήσεως. 4. καὶ ἐκκλίνας πρὸς αὐτὴν εἶπον· Εἰσέλθω πρός σε. καὶ εἶπέ μοι· Τί μοι δώσεις; καὶ ἔδωκα αὐτῇ τὴν ῥάβδον μου καὶ τὴν ζώνην καὶ τὸ διάδημα τῆς βασιλείας, καὶ συνελθὼν αὐτῇ, συνείληφεν. 5. ἀγνοῶν δὲ ὃ ἐποίησεν ἤθελον ἀνελεῖν αὐτήν· πέμψασα δὲ ἐν κρυπτῷ τοὺς ἀρραβῶνας κατήσχυνέ με. 6. καλέσας δὲ αὐτὴν ἤκουσα καὶ

Ἀμορραίοις g d m τῶν Ἀμορραίων c h i j
γαμοῦσαν] χηρεύουσαν c h i j
προκάθηται m προκάθεσθαι e f προκαθέζεσθαι a c h i j
τῇ πορνείᾳ d m πορνείῳ f
ἑπτὰ — πύλην < c h i j
ἡμέρας ἑπτὰ ∞ d m
περὶ τὴν πόλιν m παρὰ τῇ πύλῃ e a f
3 ἐγὼ + ὄντος μου l
ἐν — αὐτήν < d
ἐν ὕδ.] ἐν (< h i j) οἴνῳ f c h i j
Χωζηβά < c h i j
ἐπέγνω g c ἀπέγνω m ἔγνων f
ἐξ (ἐκ τοῦ m) οἴνου· διὸ d m < c h i j
σχήματος + αὐτῆς l
4 ἔκλινα . . . εἰπών d a
εκκληνη m
εἰσέλθωμεν g εἰσέλθῃς m εἰσέρχομαι c h i j
καὶ²] ἡ δέ h i j
μοι¹ < g l e a f καὶ c h i j
δέδωκα c h i j
αὐτῇ¹] αὐτήν g m
καὶ⁴ < m
τὴν ζώνην + μου m τὸ δακτύλιον c h i j
τό < g
βασιλείας + μου εἰς ἀρραβῶνα c h i j
ὡς (< g) συνῆλθον (-θεν m ἦλθον h i j) g d m e a f c h i j
αὐτῇ²] αὐτήν l m i
συνείληφεν < g παραχρῆμα συνέλαβεν d
5 δέ¹ < g + ἐγώ c h i j
ἐποίησα g l d m c h i j
ἤθελον — αὐτήν < g d c h i j
ἤθελον] ἦλθον l
αὐτὴν ἀνελεῖν ∞ m a
καὶ πέμψασα ἔκρυψεν g ἔπεμψα τοῦ λαβεῖν c h i j

δέ² < d m
τούς < h
καὶ κατήσχυνέ με g κατίσχυσέ με f < c h i j
6 vss. 6-10] καὶ οὐχ εὗρον αὐτήν· καὶ μεθ' ἡμέρας τινὰς ἠκούσθη ὅτι Θαμὰρ πεπόρνευκε (ἐκπεπόρνευκε c h j) καὶ (+ ἰδού h (i?) j) ἐν γαστρὶ ἔχει (ἄγει h i j). ἀκούσας δὲ ἐγὼ εἶπον· Ἐξαγαγέτω αὐτὴ (ἐξαγάγετε αὐτήν h i j) καὶ καυθήτω. ἡ δὲ ἀπέστειλε πρός με (ἐμέ h i j) λέγουσα· Τοῦ ἀνθρώπου εἴτινος ταῦτά εἰσιν, ἐγὼ ἐν γαστρὶ ἔχω· ἐπίγνωθι οὖν τίνος ὁ δακτύλιος καὶ ἡ ῥάβδος καὶ τὸ διάδημα (τὸ δ. καὶ ἡ ῥ. ∞ h i j). ἐπιγνοὺς δὲ ἐγὼ εἶπον· Δεδικαίωται Θαμὰρ ἢ ἐγώ· καὶ οὐ προσεθέμην ἔτι τοῦ γνῶναι αὐτήν (αὐτῇ c). ἐγένετο δὲ ἐν τῷ τίκτειν αὐτήν (ἐγένετο — αὐτήν < h i j), ἔσχε (+ γοῦν h i j) δίδυμα. καὶ ὁ μὲν εἷς ἐξήνεγκε τὴν χεῖρα αὐτοῦ (< h i j), καὶ λαβοῦσα ἡ μαία ἔδησεν ἐπὶ τῆς χειρὸς αὐτοῦ κόκκινον λέγουσα· Οὗτος ἐξελεύσεται πρῶτος· ὁ δὲ ἐπισυνήγαγε τὴν χεῖρα αὐτοῦ, καὶ εὐθὺς ἐξῆλθεν ὁ ἀδελφὸς αὐτοῦ, καὶ ἐκάλεσε τὸ ὄνομα αὐτοῦ Φάρες. καὶ μετὰ τοῦτο ἐξῆλθεν καὶ ὁ ἐπὶ τῆς χειρὸς αὐτοῦ ἔχων (+ καὶ c) τὸ κόκκινον, καὶ ἐκάλεσεν αὐτὸν (τὸ ὄνομα αὐτοῦ c) Ζάρα (cf. Gen. 38, 20.24-30 LXX) c h i j
δέ] οὖν l

τοὺς ἐν μυστηρίῳ λόγους οὓς καθεύδων σὺν αὐτῇ ἐν τῇ μέθῃ μου ἐλάλησα·
καὶ οὐκ ἠδυνήθην ἀνελεῖν αὐτήν, ὅτι παρὰ κυρίου ἦν. 7. ἔλεγον δέ·
Μήποτε ἐν δολιότητι ἐποίησε, παρὰ ἄλλης λαβοῦσα τὸν ἀρραβῶνα.
8. ἀλλ' οὐδὲ ἤγγισα αὐτῇ ἔτι ἕως θανάτου μου, ὅτι βδέλυγμα ἐποίησα
τοῦτο ἐν παντὶ Ἰσραήλ. 9. καίγε οἱ ἐν τῇ πόλει ἔλεγον μὴ εἶναι ἐν
τῇ πύλῃ τελισκομένην· ὅτι ἐξ ἄλλου χωρίου ἐλθοῦσα πρὸς βραχὺ ἐκάθισεν
ἐν πύλῃ· 10. καὶ ἐνόμιζον ὅτι οὐδεὶς ἔγνω ὅτι εἰσῆλθον πρὸς αὐτήν.
11. καὶ μετὰ ταῦτα ἤλθομεν εἰς Αἴγυπτον πρὸς Ἰωσὴφ διὰ τὸν λιμόν.
12. τεσσαράκοντα ἓξ ἐτῶν ἤμην καὶ ἑβδομήκοντα τρία ἔτη ἔζησα ἐκεῖ.
    XIII. Καὶ νῦν ὅσα ἐγὼ ὑμῖν ἐντέλλομαι, ἀκούσατε, τέκνα, τοῦ

καθ. σὺν αὐτῇ ἐν τῇ μέθῃ μου οὓς
  ἐλάλησα ∞ b l οὓς ἐλάλησα
  (-σεν m) καθ. πρὸς αὐτὴν (ἐν
  αὐτῇ m) ἐν τῇ μέθῃ μου ∞ d m
  καὶ[2] — ἦν < d (v.i.)
αὐτὴν ἀνελεῖν ∞ m
7 δέ] γάρ g e a f + ὅτι l γὰρ πρὸ
  τοῦ ἐξειπεῖν με αὐτὴν (πρὸ —
  αὐτήν] πρῶτον ἐξειπεῖν μοι m)
  τοὺς ἐν μυστηρίῳ λόγους μου ὅτι
  ἀνελῶ (ὅτι ἀν.] πρός m) αὐτήν,
  ὅτι d m
παρ' ἄλλον g παρ' ἄλλων l παρὰ
  ἄλλου f
ἀρραβῶνα + καὶ ἐπειδὴ εἶπέ μοι τὰ
  (sic) ἐν μυστηρίῳ λόγους οὐκ
  ἠδυνήθην ἀνελεῖν αὐτήν, ὅτι παρὰ
  κυρίου ἦν d (v.s.)
8 ἀλλ' οὐδέ] καὶ οὐκ g οὐκ l καὶ
  οὐκέτι d m
ἤγγισα + δέ l συνεγενόμην d
αὐτῇ g l m
ἔτι] ἐκ τότε l < m
ἕως — μου < g d ἕως θαν. m ἕως
  τῆς ζωῆς μου e a f
ὅτι < d
βδέλυγμα + κυρίου m
ἐποίησα] ἦν g (v.i.)
τοῦτο < d
τῷ Ἰσρ. d m + καὶ ἐτέχθησάν μοι
  ἐξ αὐτῆς Φάρες καὶ ὁ Ζάρα ἤγουν
  ὑμεῖς τέκνα μου d
9 vss. 9 et 10 om. d
οἱ < m
ἐν[1] + ἐποίησα g (v.s.)
τῇ[1]] ᾗ b
εἶναι + αὐτήν l

πύλῃ[1]] πόλει b l
τελεσκομένην (+ καὶ l) l m τελω-
  νουμένην e a f
ἄλλης χώρας g ἄλλου χώρου (κωρω
  m) l m
τῇ πύλῃ g l m e a f
10 ἐνόμιζεν b νομίζων a
ὅτι[2]] ὅτε g l
πρὸς αὐτὴν εἰσῆλθον ∞ l
ἦλθον g
εἰς αὐτὴν a
11 εἰσήλθομεν d m
Ἰωσὴφ + τὸν ἀδελφὸν ἡμῶν d m
τὸν λιμόν] πόλεμον m τὴν λ. f
12 ἤμην δὲ ἐγὼ ἐτῶν τεσσαράκοντα
  καὶ ἓξ (ὀκτώ c) ∞ c h i j
μετὰ τεσσ. m
ἤμην + τότε l d m
ἑβδ. καὶ τρ. c h i j
ἔζησα ἐκεῖ ἔτη ∞ a
ἔτη < j
ἔζησα ἐκεῖ] εἰμὶ ὧδε g ἐζήσαμεν
  μετὰ ταῦτα d + ο' ἔτη ἐκεῖ (sic)
  m ἐποίησα εἰς Αἴγυπτον c h i j

XIII. 1 καὶ νῦν λέγω ὑμῖν καὶ
  ἐντέλλομαι l νῦν οὖν d m καὶ νῦν
  ὡς λέγω ὑμῖν ἐντέλλομαι e a καὶ
  νῦν ὑμῖν ἐντέλλομαι (ἐντ. ὑμῖν ∞
  c h i j) f c h i j
ὑμῖν < g
ἀκούσατε, τέκνα + μου Ἰουδά g l e
  a f τέκνα μου, ἀκούσατε Ἰουδά
  d m c h i j
τοῦ[1] < l

πατρὸς ὑμῶν, καὶ φυλάξατε πάντας τοὺς λόγους μου, τοῦ ποιεῖν τὰ δικαιώματα κυρίου καὶ ὑπακούειν ἐντολῆς κυρίου θεοῦ. 2. καὶ μὴ πορεύεσθε ὀπίσω τῶν ἐπιθυμιῶν ὑμῶν μηδὲ ἐν ἐνθυμήσεσι διαβουλίων ὑμῶν, ἐν ὑπερηφανίᾳ καρδίας ὑμῶν, καὶ μὴ καυχᾶσθε ἐν ἔργοις ἰσχύος νεότητος ὑμῶν, ὅτι καίγε τοῦτο πονηρὸν ἐν ὀφθαλμοῖς κυρίου. 3. ἐπειδὴ γὰρ κἀγὼ καυχησάμενος ὅτι ἐν πολέμοις οὐκ ἠπάτησέ με πρόσωπον γυναικὸς εὐμόρφου, ὠνείδιζον Ῥουβὴμ τὸν ἀδελφόν μου περὶ Βάλλας γυναικὸς πατρός μου, τὸ πνεῦμα τοῦ ζήλου καὶ τῆς πορνείας παρετάξατο ἐν ἐμοί, ἕως συνέπεσα εἰς Βησσουὲ τὴν Χαναναίαν καὶ εἰς Θαμὰρ τὴν νυμφευθεῖσαν τοῖς υἱοῖς μου. 4. καὶ ἔλεγον τῷ πενθερῷ μου· Συμ-

ὑμῶν] σας g
καὶ (< l) φυλάξασθε l c h i j
πάντας — μου] ἀπὸ τῶν ἐναντίων l
πάντας < c h i j
μου + καὶ τὰς ἐντολάς μου d
τοῦ ποιεῖν + πάντα g d m e a f c
    h i j καὶ ποιεῖτε πάντα l
τοῦ κυρίου[1] m
καὶ[3] — θεοῦ < d
ὑπακούετε l
ἐντολαῖς θεοῦ g e τὰς (< m a f c h i
    πάντα<ς> j) ἐντολὰς (+ τοῦ l
    + κυρίου τοῦ m) θεοῦ l m a f c h i j
2 πονηρεύεσθε c h i j
ὀπίσω — ὑμῶν[3] < m
μηδὲ — ὑμῶν[3] < a
μηδὲ — ὑμῶν[2] < g c
ἐν ἐνθυμήσεσι] ἐνθυμήσεσι (+ τῶν
    d f) b d f τῶν ἐνθυμήσεων καὶ l
    + τῶν e ἐν ἐπενθυμήσεσι + τῶν
    h i j
διανοίων h i j
ὑμῶν[3] < f c h i j
καὶ[2] — ὑμῶν[4] < l
μή[2] < m
ἔργοις ἰσχύος] ἰσχύι ἔργον ὑμῶν g
    ἰσχύι καὶ (ἰσχ. κ. < m) ἔργοις
    d m ἰσχύι ἔργοις e a f ἔργοις καὶ
    ἰσχύι τῆς c h i j
γε (< m) καὶ (< a c) τοῦτο g m a c
    τό h i j
πονηρόν + ἐστιν m
ἐν ὀφθ.] ἐνώπιον d m e a f c h i j
κυρίου + ἐστί c τοῦ θεοῦ ἐστί h i j
3 γὰρ κἀγώ] κἀγώ g m e f < l d a c
    ἐγώ h i ρ ἐγώ (sic) j
καυχ. + ἤμην g ἐγκαυχησάμενος c
    ἐκαυχησάμην h i j

ὅτι καὶ πολεμιστὴς ὢν τάχα οὐκ
    ἠπάτησέ με ἄνθρωπος ἐν χρυσίῳ
    καὶ (ἢ m) ἀργυρίῳ οὐδέ d m
ἐν πολέμοις ὅτι ∾ c
πολέμοις + μου l
οὐκ ἥττησέν με ἄνθρωπος ἢ εἰς
    χρυσὸν διερρέθιζον οὐδὲ εἰς g οὐχ
    ὑπήντησέ μοι (μου i) c h i j
γυναικὸς εὐμόρφου < c h i j
ἔτι δὲ (ἔτι δέ < g c h i j) καὶ
    ὠνείδιζον g d m c h i j
τῷ ἀδελφῷ g
τῆς (< c h i j) γυναικός[2] + τοῦ
    g d m c h i j
μου[2] + καὶ g e a f c h i j + καὶ
    ταῦτα καυχώμενος d
πορν.] πονηρίας f
παρετάξαντο g d e a f c h i j
ἐπ' ἐμοί g μοι d με m ἐπ' ἐμέ c h i j
ἕως + οὗ d m
ἐνέπεσα (-σον d) d m συνετέλεσα
    c h i j
ἐν τῇ ἀβύσσῳ m εἰς ακναν (αναν c)
    c h i j
τὴν Χαν. + καὶ ἔλαβον αὐτὴν
    γυναῖκα· ὁμοίως d ἐν τῇ Χανα-
    ναίᾳ m τὴν Χανανίτην c h i j
νύμφην c h i j
τοῖς υἱοῖς < c h i j
4 καὶ[1] — μου[1]] καὶ γὰρ ὅτε ἐκάλεσέ
    μοι Βάρσαν ὁ πενθερός μου καὶ
    εἶπέ μοι περὶ τῆς θυγατρὸς
    αὐτοῦ, οὐκ εἶπον αὐτῷ d
καὶ ἔλεγον] ἔλεγον δέ l ἔλεγον γάρ
    c h i j
τὸν πενθερόν m
συμβουλεύσω b βουλεύσομαι περὶ

5

βουλεύσομαι τῷ πατρί μου καὶ οὕτως λήψομαι τὴν θυγατέρα σου. καὶ ἔδειξέ μοι ἐπ' ὀνόματι τῆς θυγατρὸς αὐτοῦ χρυσοῦ πλῆθος ἄπειρον· ἦν γὰρ βασιλεύς. 5. καὶ αὐτὴν κοσμήσας ἐν χρυσῷ καὶ μαργαρίταις ἐποίησεν ἡμῖν οἰνοχοεῖν ἐν τῷ δείπνῳ ἐν κάλλει γυναικῶν. 6. καὶ ὁ οἶνος διέστρεψέ μου τοὺς ὀφθαλμούς, καὶ ἡμαύρωσέ μου τὴν καρδίαν ἡ ἡδονή. 7. καὶ ἐρασθεὶς αὐτῆς συνέπεσα, καὶ παρέβην ἐντολὴν κυρίου καὶ ἐντολὴν πατέρων μου, καὶ ἔλαβον αὐτὴν εἰς γυναῖκα. 8. καὶ ἀνταπέδωκέ μοι κύριος κατὰ τὸ διαβούλιον τῆς καρδίας μου, ὅτι οὐκ ηὐφράνθην ἐπὶ τοῖς τέκνοις αὐτῆς.

XIV. Καὶ νῦν, τέκνα μου, μὴ μεθύσκεσθε οἴνῳ· ὅτι ὁ οἶνος δια-στρέφει τὸν νοῦν ἀπὸ τῆς ἀληθείας, καὶ ἐμβάλλει ὀργὴν ἐπιθυμίας, καὶ

τούτου *d* βουλεύσονται *m* ὅτι συμβουλεύσομαι *c h i j*
τῷ² — λήψομαι < *c*
τὸν πατέρα μου (< *m*) *d m*
μου² < *h j*
τὴν θ. σ. λήψομαι ∾ *l*
λήψονται *m*
σου < *m*
καί³] ἐκεῖνος δέ *l* ἀλλ' *d* ὁ δὲ οὐκ ἤθελεν, ἀλλ' *c h i j*
μοι < *m*
ἐπ' — αὐτοῦ < *l*
ἐπ' ὀνόματα *m* εἰς ὄνομα *c h i j*
χρυσίον *g f*
πληρου ἀπείρου *m* ἄπειρον πλῆθος ∾ *f*
ἄπειρον — βασιλεύς < *d*
βασιλεὺς γὰρ ἦν ∾ *c h i j*
5 κοσμήσας δὲ καὶ (δ. κ.] οὖν *m*) αὐτὴν ∾ *d m* καὶ ἐκόσμησεν αὐτήν *c h i j*
χρυσίῳ (+ καὶ ἱματισμῷ *d*) *g d m e a f c h i j*
μαργαρίτων *g* μαργαρίτῳ *l* μαρ-γαρίτας *d* μαργαρίταρια καί *m* (μαργάρῳ *h i j*) + καί *c h i j*
ἐποίησεν + αὐτήν *l d c h i j* ἐποίησα *m*
οἰνοχ. ἡμ. ∾ *l d h i j*
ἡμῖν < *c*
δείπνῳ + καὶ ἐθεασάμην αὐτὴν οὕτως *d*
ἐν κάλλει γυναικῶν < *c h i j*
6 καὶ ὁ] ὁ δέ *l* καί *f*
διέθρεψε *l*
μου¹] μοι *a* < *j*

τοὺς — μου² < *g*
τὴν καρδ. μου ∾ *a*
τὴν διάνοιαν καὶ τὴν καρδίαν *d* τὴν διάνοιαν *e h i j*
ἡ ἡδονή] ἡδονή *b d m* καὶ ἡ ἡδ. *g* ἐν τῇ ἡδονῇ *c*
7 αὐτῆς] αὐτήν *g*
συνέπεσον *l* + αὐτῇ *d m* + εἰς αὐτήν *c h i j*
κυρίου — ἐντολήν² < *d*
κυρίου + τοῦ θεοῦ *l*
καί³ + τήν *c h i j*
ἐντολήν² — μου] ἔλαβον πατρός μου *l* sed haec verba postea erasa sunt
τῶν πατέρων *g* τοῦ πατρός *c h i j*
μου < *j*
γυναῖκα + μου *j*
8 ὁ κύριος ἀνταπέδ. μοι ∾ *c h i j*
κύριος < *m*
καρδ.] ψυχῆς *a c h i j*
ὅτι] καί *d*
ἐπί] ἐν *g l e a f c h i j*
αὐτοῦ *c*

XIV. 1 λέγω ὑμῖν (< *c*), τέκνα μου *l c* τέκνα μου + λέγω ὑμῖν *h i j*
μου < *g*
οἶνον *m* ἐν οἴνῳ *e h j*
ὁ < *a*
ἀποστρέφει *d*
νοῦν < *g*
ἐμβαλεῖ *g*
ὀργήν < *m*

ὁδηγεῖ εἰς πλάνην τοὺς ὀφθαλμούς. 2. τὸ γὰρ πνεῦμα τῆς πορνείας
τὸν οἶνον ὡς διάκονον πρὸς τὰς ἡδονὰς ἔχει τοῦ νοός· ὅτι καίγε τὰ δύο
ταῦτα ἀφιστῶσι τὴν δύναμιν τοῦ ἀνθρώπου. 3. ἐὰν γάρ τις πίῃ οἶνον
εἰς μέθην, ἐν διαλογισμοῖς ῥυπαροῖς συνταράσσει τὸν νοῦν εἰς πορνείαν,
καὶ ἐκθερμαίνει τὸ σῶμα πρὸς μεῖξιν, καὶ εἰ πάρεστι τὸ τῆς ἐπιθυμίας
αἴτιον, πράσσει τὴν ἁμαρτίαν καὶ οὐκ αἰσχύνεται. 4. τοιοῦτός ἐστιν
ὁ οἶνος, τέκνα μου, ὅτι ὁ μεθύων οὐδένα αἰδεῖται. 5. ἰδοὺ γὰρ κἀμὲ
ἐπλάνησε, μὴ αἰσχυνθῆναι πλῆθος ἐν τῇ πόλει· ὅτι ἐν ὀφθαλμοῖς πάντων
ἐξέκλινα πρὸς τὴν Θαμάρ, καὶ ἐποίησα ἁμαρτίαν μεγάλην, καὶ ἀνεκάλυψα
κάλυμμα ἀκαθαρσίας υἱῶν μου. 6. πιὼν οἶνον, οὐκ αἰσχύνθην ἐντολὴν
θεοῦ καὶ ἔλαβον γυναῖκα Χαναναίαν. 7. διὸ συνέσεως χρῄζει ὁ πίνων

πλάνην + ἐπιθυμίας g d
τοὺς ὀφθαλμούς < g
2 πορν.] πονηρίας f
ὡς < c
διάκονον + ἔχει d m c h i j (v.i.)
πρὸς τὰς ὀδύνας m πρὸς (πρό h j)
  τὴν ἡδονήν e a f c h i j
ἔχει < d m c h i j (v.s.)
τοῦ νοός < l τοῦ σώματος m
ταῦτα (αὐτά d) τὰ δύο ∽ d m
αὐτά f
δύναμιν] διάνοιαν c h i j
3 τις < e f c h i j
πίῃς (πιεσσ c) c h j πίνῃς i
τὸν οἶνον d
ἐν — ῥυπαροῖς < m
λογισμοῖς g
πονηροῖς (+ γίνεται d) d c
συνταράσσει + γὰρ ὁ οἶνος d
νοῦν σου καὶ εἰς πορν. ἐκθερμ. c h i j
θερμαίνει d
σῶμα + σου i
εἰς μεῖξιν a πρὸς τὴν (< c) ἡδονήν
  c h i j
εἰ — αἴτιον < c h i j
εἰ] ἐάν d < e a f
παρῆν d παρέστη m
ἐπιθυμίας] ἁμαρτίας d
τήν < m
ἁμαρτίαν] ἐπιθυμίαν a
4 ὁ τοιοῦτος (et ad αἰσχύνεται (vs. 3)
  trahitur) g ὅτι οὕτως (οὗτος d)
  d m f
ἐστιν — ὅτι > g ὅτι d
οἶνος] πόρνος e πονηρός a f c h i j
οὐδένα αἰδεῖται + οὐδὲ αἰσχύνεται d
οὐκ αἰδεῖται οὐδένα c h i j

5 ἰδοὺ — πόλει] ὡς ἔπαθον κἀγώ, ὅτι
  οὐκ ἠδέσθην πλῆθος λαοῦ, οὐδὲ
  αἰσχύνθην ὁλόκληρον δῆμον d
κἀγὼ ἐπλανήθην l + τοῦ m
αἰσχυνθεὶς τό l αἰσχῦναι m + τό
  c h i j
πλῆθος + ὁλόκληρον m
ἐν τῇ πόλει] τῆς (< m) πόλεως
  m c h i j ἐν τῇ πύλῃ e
ὅτι] καὶ γάρ d m
ἐξέκλινα] ἐξεκάην g
τήν < l
ἐκάλυψα m
ἀκαθαρσίαν e
υἱοῦ l τῶν υἱῶν c h i j
6 πιὼν — καί] καὶ ταῦτα πεποίηκεν
  ὁ οἶνος καθὼς καὶ τὸ πρότερον
  ἡνίκα d
πιών (πιεῖν h i j) + τόν c h i j
οἶνον + καί f
αἰσχυνθῆναι g αισχυνθης m + τήν
  e a f c h i j
τοῦ θεοῦ g a f c h i j κυρίου l m
ἔλαβεν i
Χαναναίαν + ἄνευ βουλῆς τοῦ
  πατρός μου. διὰ τοῦτο τοίνυν
  παραγγέλλω ὑμᾶς (ὑμῖν m), τέκνα
  μου, ἵνα μή (< m) καὶ ὑμεῖς τὸ
  αὐτὸ πάθητε d m
7 διό < g e a f c h i j διότι d
συνέσεως + γάρ (+ πολλῆς c h i j)
  e a f c h i j
πιών a

οἶνον, τέκνα μου· καὶ αὕτη ἐστὶν ἡ σύνεσις τῆς οἰνοποσίας ἵνα, ἕως ὅτε ἔχει αἰδῶ, πίνῃ· 8. ἐὰν δὲ παρέλθῃ τὸν ὅρον τοῦτον, ἐμβάλλει εἰς τὸν νοῦν τὸ πνεῦμα τῆς πλάνης· καὶ ποιεῖ τὸν μέθυσον αἰσχρορρημονεῖν καὶ παρανομεῖν καὶ μὴ αἰσχύνεσθαι, ἀλλὰ καὶ ἐγκαυχᾶσθαι τῇ ἀτιμίᾳ, νομίζοντα εἶναι καλόν.

XV. Ὁ πορνεύων ζημιούμενος οὐκ αἰσθάνεται καὶ ἀδοξῶν οὐκ αἰσχύνεται· 2. κἂν γάρ τις βασιλεύσῃ πορνεύων, γυμνούμενος τῆς βασιλείας ἐξέρχεται, δουλωθεὶς τῇ πορνείᾳ, ὡς κἀγὼ γυμνωθείς. 3. ἔδωκα γὰρ τὴν ῥάβδον μου, τουτέστι τὸ στήριγμα τῆς ἐμῆς φυλῆς· καὶ τὴν ζώνην μου, τουτέστι τὴν δύναμιν· καὶ τὸ διάδημα, τουτέστι τὴν δόξαν τῆς βασιλείας μου. 4. καίγε μετανοήσας ἐπὶ τούτοις οἶνον καὶ κρέας οὐκ ἔλαβον ἕως γήρως, καὶ πᾶσαν εὐφροσύνην οὐκ εἶδον. 5. καὶ

τὸν οἶνον d c h i j
τέκνα μου < d c
καὶ — πίνῃ < l
ἐστίν < d
τῆς < f
ἵνα — πίνῃ < m
ἵνα < c h i j
ἕως — πίνῃ] ὡς ὅτε εἰδὼς ποιεῖ g
  μὴ σκοτισθῇ τις ἐξ αὐτοῦ d
ἕως ὅτου a
πίῃ e a f πίνει c h i j
8 δέ] γάρ l
παραθῇ d
τοῦτον > l d c h i j
ἐκβάλλει m h i j ἐμβαλεῖ c
εἰς < g
νοῦν + καὶ ποιεῖ b + αὐτοῦ g c h i j
τῷ μεθύοντι d
αἰσχρὸν εἰρημένον g < d
καί² < d
παρανομεῖ καὶ μὴ αἰσχύνεται m
ἀλλὰ — ἐγκαυχᾶσθαι < g
ἀλλά < l
καί⁴ < e a f c h i j
ἐγκαυχᾶσθαι + μᾶλλον l ἐγκαυχᾶται
  m καυχᾶσθαι c h i j
τῇ — καλόν] ατομιατοαποτομια (sic)
  ἀναισχύντως d
νομίζονται g δοκῶν l καὶ νομιζον το
  m καυχᾶσθαι c h i j
καλόν + ὡς ἐγὼ ἔπαθα m

XV. 1 vss. 1-3 om. m
ζημιούμενος — πορνεύων (vs. 2) < b

καὶ — αἰσχύνεται < g
ἀδοξῶν] ὁ δοξων h i j
2 ἐὰν γάρ τις βασιλεὺς ᾖ g καὶ γάρ
  τις βασιλεὺς ὤν l καὶ γὰρ ἐάν τις
  βασιλεὺς εἴη d καὶ (κἂν c) γάρ τις
  βασιλεύς ἐστι καί c h i j
πορνεύει c h i j
καὶ γυμνούμενος b l γυμνοῦται c h i j
οὐκ ἐξέρχεται b < c h j τοῦ
  <θεοῦ ?> i
δοῦλος τῆς πορνείας g
ἐγυμνώθην g ἔπαθον d c h i j
3 δέδωκα c h i j
γάρ < f c h i j
φυλακῆς d a
ζωήν e i
τουτέστι² — διάδημα < d a f c h i j
μου³ < g
4 vss. 4-5] καὶ οἶνον καὶ σίκερα οὐκ
  ἔλαβον ἕως γήρους μου· καὶ μετὰ
  τοῦτο μετενόησα. καὶ εἶδον ὅτι
  κἂν βασιλεὺς ᾖ κἂν ἀνδρεῖος καὶ
  πτωχός ἐστιν μέθυσος, γυναῖκες
  κατακυριοῦσιν αὐτοῦ m
καίγε + πολλὰ μετὰ ταῦτα d
ἐπὶ τούτοις μετανοήσας ∽ l μετα-
  νόησα καί d
οἶνον + οὐκ ἔπιον h i j
κρέα g l e a f c h i j σίκερα d
οὐκ¹] οὐκέτι d
ἔφαγον c h i j
γήρους (+ μου c h i j) g l d e f c h
  i j
ἀφροσύνην c

ἔδειξέ μοι ὁ ἄγγελος τοῦ θεοῦ ὅτι ἕως τοῦ αἰῶνος καὶ βασιλεῖ καὶ πτωχῷ, αἱ γυναῖκες κατακυριεύουσιν· 6. καὶ τοῦ μὲν βασιλέως αἴρουσι τὴν δόξαν, τοῦ δὲ ἀνδρείου τὴν δύναμιν, καὶ τοῦ πτωχοῦ τὸ τῆς πτωχείας ἐλάχιστον στήριγμα. XVI. Φυλάσσεσθε οὖν, τέκνα μου, ὅρον οἴνου. ἔστι γὰρ ἐν αὐτῷ τέσσαρα πνεύματα πονηρά· ἐπιθυμίας, πυρώσεως, ἀσωτίας, αἰσχροκερδίας. 2. ἐὰν πίνητε οἶνον ἐν εὐφροσύνῃ, μετὰ φόβου θεοῦ, αἰδούμενοι· ἐὰν γὰρ πίνητε μὴ αἰδούμενοι καὶ ἀποστῇ ὁ τοῦ θεοῦ φόβος, λοιπὸν γίνεται μέθη καὶ παρεισέρχεται ἡ ἀναισχυντία. 3. εἰ δὲ <μή>, μηδὲ ὅλως πίετε, ἵνα μὴ ἁμάρτητε ἐν λόγοις ὕβρεως καὶ μάχης καὶ συκοφαντίας καὶ

5 ἕως τοῦ αἰῶνος ὅτι ∽ b l ὅτι c h i j
τοῦ² < l
κἂν βασιλέως κἂν πτωχοῦ g a c h i j
κἂν βασιλεὺς κἂν πτωχός l κἂν
βασιλεὺς ᾖ κἂν ἀνδρεῖος κἂν
πτωχὸς ὁ τῷ τοιούτῳ ἁλισκόμενος
πάθει d κἂν βασιλεῖ κἂν πτωχῷ
(-χοῦ e) e f
αἱ γυναῖκες + αὐτῶν l γυναῖκες d
+ καὶ (< c) οὐκ ἔστιν ἐν αὐτοῖς
προκοπὴ ζωῆς et post κατακ. ∽
c h i j
κατακυριεύσουσιν l e -σωσιν (+
αὐτόν d) d a f c h i j
6 vs. 6] κἂν ἀνδρείου. [φ]άναι-
ροῦνται τὸν μὲν τὴν δόξαν, τοῦ δὲ
τὴν δύναμιν, τοῦ δὲ τῆς πτωχείας
τὸ ἐλάχιστον στήριγμα g
καί¹ < e a f c h i j
μέν < d
βασιλέα i βασλεον (sic) j
ἀροῦσι e a f
δέ < l c h i j
ἀνδρός h i j
καὶ τοῦ πτ.] τοῦ δὲ πτωχοῦ c h i j
τό < a

XVI. 1 φυλάσσετε d m φυλάξασθε
c h i j
οὖν < d
μου < g
κόρον l τὸν ὅρον τοῦ e a f c h i j
ἔστι γάρ] ἔχει γὰρ ὁ οἶνος d
εἴσι l
πονηρά + ἅτινά ἐστι ταῦτα d m
πωρώσεως l
ἀσωτίας + καί g d m c h i j
2 ἐάν¹ + δέ g εἰ δέ m
πίητε l

οἶνον < g
μετὰ — αἰδούμενοι² < l d m
ἐστὲ αἰδούμενοι μετὰ φόβου θ. ∽
c h i j
αἰδούμενοι¹ + ζήσεσθε b
ἐὰν² — ἀναισχυντία] ἀποστήσεται
ὁ μισόκαλος ἀφ᾽ ὑμῶν, καὶ λοιπὸν
γίνεται ὁ τοῦ θ. φόβος ἐν ταῖς
καρδίαις ὑμῶν g
ἐὰν² — φόβος < c h i j
γάρ + ἐν ἀφροσύνῃ e f + ἐν
εὐφροσύνῃ a
πίνητε² — καί¹ < e a f
αποροι (αποστιων m) ὁ φόβος τ. θ.
(ὁ — θ.] τοῦ θεοῦ φόβων m) ἀφ᾽
ἡμῶν d m ἀπὸ θεοῦ φόβος a
ἀποστῇ ἀπὸ θεοῦ ὁ φόβος f
καὶ λοιπόν c h i j
καί²] ἀπὸ δὲ τῆς μέθης d m
παρεισέρχεται + καὶ ἐγείρεται m
ἡ ἀναισχυντία < m + ὁ μὴ πίνων
τὸν οἶνον μετὰ φόβου θεοῦ c
3 εἰ — ὕβρεως < m
εἰ — πίετε scripsi εἰ δὲ μηδὲ ὅλως
(μὴ δόλῳ g μήτε ὅλως l) πίετε
(πίητε + τοῦτο καλόν l) b g l ἐγὼ
δὲ λέγω ὑμῖν· Ἐὰν ἐστὶν ὑμῖν
δυνατὸν μηδ᾽ ὅλως πιεῖν οἶνον, μὴ
πίετε d τί δὲ λέγω; μηδ᾽ ὅλως
πίνετε e a f εἰ δὲ θέλετε σωφρόνως
ζῆσαι, μηδ᾽ ὅλως τοῦ οἴνου (τὸν
οἶνον h i j) ἐφάπτεσθε c h i j
ἁμαρτάνητε l c h i j
ὕβρεως < g
καί¹ . . . καί²] ἤ . . . ἤ d
καί¹ < m
μάχαις g c h i j μάχην m
καί² > c
συκοφαντίαις g h i j -ίαν m

παραβάσεως ἐντολῶν θεοῦ, καὶ ἀπολεῖσθε οὐκ ἐν καιρῷ ὑμῶν. 4. καίγε μυστήρια θεοῦ καὶ ἀνθρώπων ἀλλοτρίοις ἀποκαλύπτει ὁ οἶνος, ὡς κἀγὼ ἐντολὰς θεοῦ καὶ μυστήρια Ἰακὼβ τοῦ πατρός μου ἀπεκάλυψα τῇ Χανανίτιδι Βησσουέ, οἷς εἶπεν ὁ θεὸς μὴ ἀποκαλύψαι. καὶ πολέμου δὲ καὶ ταραχῆς αἴτιος γίνεται ὁ οἶνος.

XVII. Ἐντέλλομαι οὖν ὑμῖν, τέκνα μου, μὴ ἀγαπᾶν ἀργύριον μηδὲ ἐμβλέπειν εἰς κάλλος γυναικῶν· ὅτι καίγε δι᾽ ἀργύριον καὶ εὐμορφίαν ἐπλανήθην εἰς Βησσουὲ τὴν Χαναναίαν. 2. ὅτι οἶδα ἐγὼ ὅτι διὰ τὰ δύο ταῦτα ἔσεσθε τὸ γένος μου ἐν πονηρίᾳ· 3. ὅτι καίγε σοφοὺς ἄνδρας τῶν υἱῶν μου ἀλλοιώσουσι, καὶ βασιλείαν Ἰουδὰ σμικρυνθῆναι ποιήσουσιν, ἣν ἔδωκέ μοι κύριος ἐν ὑπακοῇ πατρός. 4. οὐδέποτε γὰρ

παροράσεως *l* περιβάσεως *m* παρα-
  βάσεσι *h j*
ἐντολῶν] τοῦ *d* < *m*
καὶ ἀπολ.] καὶ ἀπολέσθε *b* οὐκ
  ἀπολεῖσθε *g* καὶ ἀπατᾶσθε *l* καὶ
  ἀπόλλυσθε *m*
ἐν οὐ ∞ *g*
ὑμῶν < *m*
4 καὶ γάρ (+ ημει *m*) *d m*
ἐν ἀλλοτρ. *l* < *d m e a f c h i j*
ἀνακαλύπτει *c*
ὁ οἶνος[1]] οἴνου *m*
ὡς] καὶ γάρ *l d m*
ἐγώ *m*
τὰς ἐντ. (+ τοῦ *c*) *c h i j*
τοῦ πατρός μου < *f*
Βησσουέ < *c h i j*
οἷς] εἰς *m* ἅ μοι *c h i j*
θεός + μου *h i j*
μηδ᾽ ὅλως *d m*
ἀποκαλύψαι (ἀποκαλύψεται *m*) +
  τινι. καὶ οὐ μονόν ταῦτα (τινι —
  ταῦτα] καί *m*) πάντα τὰ σκάνδαλα
  ποιεῖ ὁ οἶνος *d m*
καὶ πολ. — οἶνος[2] < *l m c h i j*
ἀλλὰ πολ. *d*
δέ < *g d e a f*
ὁ οἶνος[2] < *d*

XVII. 1 καὶ νῦν ἐντ. *c h i j*
οὖν < *g m e a f c h i j*
ἀργύριον[1]] τὸ ἀργύριον *g* ἀργύρια *i*
μηδὲ — ἀργύριον[2] < *g*
βλέπειν *d a* βλέπῃς *m* ἐπιβλέπειν
  e f h j ἐπιβλέψαι *c* ἐπιβλέπῃς *i*

ἐν κάλλει *d f* εἰς κάλλη *m e a*
καίγε + ἐγώ *d* καὶ ἐγώ *m* κἀγώ
  c h i j
δι᾽ < *a*
ἀργύριον[2]] χρυσίον *c h i j*
ἀργυρίου καὶ εὐμορφίας *m*
δι᾽ εὐμορφίαν *e a f*
πλανηθῆτε *g* διεπλανήθην *c*
εἰς[2] — Χαν.] ὡς κἀγώ *g*
Βησσουέ] Αὐνάν *c h i j*
2 vss. 2 et 3 om. *m* sed add. ἐγὼ
  δὲ ἤμην ἐν ὑπακοῇ πατρός
ὅτι[1] — ταῦτα] διὰ τοῦτο εἰς ταῦτα τὰ
  δύο οἶδα ἐγὼ ὅτι *d*
ὅτι[1] — ἐγώ] οἶδα γάρ *g* καὶ οἶδα
  c h i j
τὰ δύο < *j*
ἔσται *d a f c h i j*
ἐν πον.] εἰς ἀπώλειαν πορνείας *c h i j*
3 καίγε + καί *d* καί *c h i j*
σοφωτάτους *l*
βασιλεῖς *g*
σμικρυνθῆναι ποιήσ.] σμικρυνοῦσι *l d*
ἣν — πατρός < *g*
ὁ κύριος *h i j*
πατρός + μου *l c h i j*
4 vs. 4] πάντα ὅσα εἶπεν Ἰακὼβ ὁ
  πατήρ μου ἐποίουν μὴ λυπήσας
  αὐτόν *g*
οὐδέποτε — μου < *l*
ἐγὼ δὲ (οὖν *c*) οὐδέποτε παρελύπησα
  c h i j

ἐλύπησα λόγον Ἰακὼβ τοῦ πατρός μου, ὅτι πάντα ὅσα εἶπεν ἐποίουν. 5. καὶ Ἀβραὰμ ὁ πατὴρ τοῦ πατρός μου εὐλόγησέ με, βασιλεύειν ἐν Ἰσραήλ· καὶ Ἰσαὰκ ἐπευλόγησέ με ὁμοίως οὕτως. 6. καὶ ἐγὼ οἶδα ὅτι ἐξ ἐμοῦ στήσεται τὸ βασίλειον. XVIII. Ὅτι καίγε ἀνέγνων ἐν βίβλοις Ἐνὼχ τοῦ δικαίου ὅσα κακὰ ποιήσετε ἐν ἐσχάταις ἡμέραις. 2. φυλάξασθε οὖν, τέκνα μου, ἀπὸ τῆς πορνείας καὶ τῆς φιλαργυρίας, ἀκούσατε Ἰουδὰ τοῦ πατρὸς ὑμῶν, 3. ὅτι ταῦτα ἀφιστᾷ νόμου θεοῦ, καὶ τυφλοῖ τὸ διαβούλιον τῆς ψυχῆς, καὶ ὑπερηφανίαν ἐκδιδάσκει, καὶ οὐκ ἀφίει ἄνδρα ἐλεῆσαι τὸν πλησίον αὐτοῦ, 4. στερίσκει τὴν ψυχὴν αὐτοῦ ἀπὸ πάσης ἀγαθοσύνης, καὶ συνέχει αὐτὸν ἐν μόχθοις καὶ πόνοις, καὶ ἀφιστᾷ ὕπνον αὐτοῦ, καὶ κατα-

τὸν λόγον e f < a c h i j
Ἰακὼβ — μου] πατρός μου Ἰακὼβ
  ∾ d Ἰακὼβ τὸν πατέρα μου
  a c h i j
ὅτι] ἀλλά d m
πάντα + μοι c
ὅσα + μοι h i j
προέταττέ μοι d προεταττόμην m
  ἔλεγεν c h i j
ἐποίησα f
5 καὶ Ἰσαὰκ ὁ l διὰ τοῦτο ἐκληρο-
  νόμησα τὴν εὐλογίαν Ἀβραὰμ καὶ
  Ἰσαὰκ d διὰ τοῦτο καὶ Ἀβραὰμ
  ὁ m καὶ Ἀβραάμ f
πατὴρ τοῦ πατρός] πρόπαππος c h i j
ἐν < a
Ἰσρ.] Ἰερουσαλήμ g
καὶ Ἰσ. ἐπευλ. με ὁ πατὴρ τοῦ
  πατρός μου εὐλόγησέ με βασι-
  λεύειν ἐν Ἰερουσαλήμ g < l
  ὁμοίως δὲ (< d) καὶ Ἰσαὰκ
  (Ἰακὼβ d) εὐλόγησέ με οὕτως
  (< d) d m καὶ Ἰσαὰκ ὁμοίως
  ἐπευλόγησέ (εὐλόγησε f) με οὕτως
  e a f καὶ Ἰακὼβ (+ · οὗτοι h i j)
  εὐλόγησέ (-σάν h i j) με οὕτως
  c h i j
6 vs. 6 et cap. XVIII om. m sed
  add. ὅτι καὶ ἡ φιλαργυρία θυσίας
  θεοῦ ἐμποδίζει καὶ εὐλογίας θεῷ
  οὐ μνημονεύει καὶ προφήταις
  λαλούνταις (sic) οὐχ ὑπακούει
  (cf. XVIII 5)
καὶ] διό g d διότι e a f
ἐγώ < l

XVIII. 1 ὅτι < e a f c h i j
καίγε] γε g καὶ c h i j

ἔγνων e a f ἔγνωκα c h i j
ἐν¹ — δικαίου < c h i j
βίβλῳ g l d βιβλίοις a
ὅσα]ὅ j
κακοποιήσετε e a
ἐν²] ἐπ' b + ταῖς c h (i?) j
2 φυλάσσεσθε g φυλάξατε d
οὖν < d
φιλαργυρίας ... πορνείας ∾ d
τῆς² < g
ἀκούσατε — ὑμῶν < g
ἀκούσατε + οὖν f καὶ ἀκούσατε c
τοῦ < l
3 καὶ γινώσκετε ὅτι τὰ δύο πάθη
  ταῦτα ἀφιστοῦσιν ἀπό d
νόμον g l τῷ νόμῳ c h (i?) j
θεοῦ + τὸν ἄνθρωπον d τοῦ θεοῦ
  c h i j
τυφλοῦσι d
ἐκδιδάσκουσι d
ἀφίουσιν d ἀφίησιν a ἀφείη h i j
τὸν πλ. αὐτοῦ ἐλεῆσαι ∾ g
4 ὑστερεῖ γάρ l ὑστεροῦσι γάρ d
  στερεῖ καί e
αὐτοῦ¹ < l
ἀγαθότητος e a f c h i j
καὶ¹ < e a f
συνέχουσιν d
αὐτόν + τὸν ἄνθρωπον d ἑαυτόν a
πόνῳ ... μόχθῳ ∾ d πόνοις ...
  μόχθοις ∾ c h (i?) j
καὶ³ — αὐτοῦ²] τὸν ὕπνον ἐκδιώκει
  ἀπ' αὐτοῦ c h i j
ἀφιστῶσι + τόν d
αὐτοῦ²] ἀπ' αὐτοῦ f
καὶ⁴ — αὐτοῦ³ < l
καὶ⁴ < e a
ἐκδαπανῶσι d

δαπανᾷ σάρκας αὐτοῦ, 5. καὶ θυσίας θεοῦ ἐμποδίζει, καὶ εὐλογίας οὐ μέμνηται, καὶ προφήτη λαλοῦντι οὐχ ὑπακούει, καὶ λόγῳ εὐσεβείας προσοχθίζει. 6. δύο γὰρ πάθη ἐναντία τῶν ἐντολῶν τοῦ θεοῦ δουλεύων θεῷ ὑπακούειν οὐ δύναται, ὅτι ἐτύφλωσαν τὴν ψυχὴν αὐτοῦ, καὶ ἐν ἡμέρᾳ ὡς ἐν νυκτὶ πορεύεται.

XIX. Τέκνα μου, ἡ φιλαργυρία πρὸς εἴδωλα ὁδηγεῖ, ὅτι ἐν πλάνῃ δι᾽ ἀργυρίου τοὺς μὴ ὄντας θεοὺς ὀνομάζουσιν, καὶ ποιεῖ τὸν ἔχοντα αὐτὴν εἰς ἔκστασιν ἐμπεσεῖν. 2. διὰ ἀργύριον ἐγὼ ἀπώλεσα τὰ τέκνα μου, καὶ εἰ μὴ ἡ μετάνοια σαρκός μου καὶ ἡ ταπείνωσις ψυχῆς μου καὶ αἱ εὐχαὶ Ἰακὼβ τοῦ πατρός μου, ἄτεκνος εἶχον ἀποθανεῖν. 3. ἀλλ᾽ ὁ θεὸς τῶν πατέρων μου, ὁ οἰκτίρμων καὶ ἐλεήμων, συνέγνω ὅτι ἐν ἀγνοίᾳ ἐποίησα. 4. ἐτύφλωσε γάρ με ὁ ἄρχων τῆς πλάνης, καὶ ἠγνόησα ὡς

τὰς σάρκας *d c h* (*i*?) *j*
5 καὶ[1] + γὰρ ἡ φιλαργυρία *d* <
  c h (*i*?) *j*
θυσ. θεοῦ] θυσίαν *d*
εὐλογίαν (-ας *a*) θεοῦ (αὐτοῦ *h i j*)
  οὐ μνημονεύει *e a f c h* (*i*?) *j*
εὐλογίας + κυρίου *g* + θεοῦ *d*
καὶ[3] < *c h* (*i*?) *j*
προφήτου (+ τοῦ *j*) λαλοῦντι (-ος
  h) *h j* et *i*?
οὐκ ἀκούει *c h i j*
λόγον *d* λόγους *c h i j*
ἀσεβ. *h i j*
οὐ προσέχει *l* ἀποδιωχθειν *d* οὐ
  προσοχθίζει *f*
6 δυσὶ γὰρ πάθεσιν ἐναντίοις *e a f*
  c h i j
ἀνίατα ἀντί (ταῦτα *d*) *l d*
τῶν — δουλεύων < *d*
τῶν — θεοῦ > *f c h i j*
τῶν < *g l*
τοῦ < *g l*
θεοῦ + ἃ ὁ *g* + τὰ ἐναντία πράττει
  καὶ *l*
δουλεύει *c h i j*
θεῷ + θεοῦ *b* θεοῦ *l* καὶ θεῷ *c h i j*
ὑπακοῦσαι *g l d e a f c h i j*
δύναται + ὁ τοιοῦτος *d*
ἐτύφλωσε *g e a f c h i j* ἀποτυ-
φλοῦσι *d*

ὁδηγεῖ + τὴν ψυχήν *g*
ὅτι < *g*
πλάνῳ *m*
δι᾽ < *l c h i j*
ἀργυρίῳ *i*
αὐτήν] αὐτοῖς *g* αὐτοῦ *m* αὐτόν *c*
εἰς σκοτίαν *g* ὡς ἔκστασιν *h i j*
2 δι᾽ ἀργυρίου *g d m a* διὰ τὸ ἀργύ-
  ριον *c h i j*
ἐγὼ τέκνα μου ἀπόλωλα ∾ *c h i j*
ἐγώ] γὰρ ἐμαυτόν *l*
τά < *l*
ἡ[1] — καὶ[2]] ἦν *f*
ἡ[1] < *g*
τῆς σαρκός . . . τῆς ψυχῆς *l d m e a f*
  (sed τῆς σαρκ. om. *f* v.s.)
  σαρκός . . . ψυχῆς < *c h i j*
αἱ < *g m j*
Ἰακώβ < *c h i j*
μου[4] + επιον *m* + συνέδραμον
  c h i j
3 τοῦ πατρός *m*
ὁ[2] — συνέγνω] ἠλέησέ με *c h i j*
ὁ[2] < *l e a f*
ἀγνοίᾳ] ἀγνωσίᾳ τοῦτο *c* + τὸ
  ἄτοπον *h i j*
4 καὶ ἐτύφλωσε *m*
γὰρ μου *g* με γὰρ ∾ *d* μου *m* με *a f*
καὶ[1] — πλάνης (XX 1) < *c*

XIX. 1 καὶ νῦν, τέκνα *m*
πρός] ἀπό *d*
εἰδωλολατρείαν *c h i j*

ἄνθρωπος, καὶ ὡς σὰρξ ἐν ἁμαρτίαις φθαρείς· καὶ ἐπέγνων τὴν ἐμαυτοῦ
ἀσθένειαν, νομίζων ἀκαταμάχητος εἶναι.

XX. Ἐπίγνωτε οὖν, τέκνα μου, ὅτι δύο πνεύματα σχολάζουσι τῷ
ἀνθρώπῳ, τὸ τῆς ἀληθείας καὶ τὸ τῆς πλάνης· 2. καὶ μέσον ἐστὶ τὸ
τῆς συνέσεως τοῦ νοός, οὗ ἐὰν θέλῃ κλῖναι. 3. καίγε τὰ τῆς ἀληθείας
καὶ τὰ τῆς πλάνης γέγραπται ἐπὶ τὸ στῆθος τοῦ ἀνθρώπου· καὶ ἓν
ἕκαστον αὐτῶν γνωρίζει κύριος. 4. καὶ οὐκ ἔστι καιρὸς ἐν ᾧ δυνήσεται
λαθεῖν ἀνθρώπων ἔργα, ὅτι ἐν στήθει ὀστέων αὐτοῦ ἐγγέγραπται ἐνώπιον
κυρίου. 5. καὶ τὸ πνεῦμα τῆς ἀληθείας μαρτυρεῖ πάντα καὶ κατηγορεῖ
πάντων, καὶ ἐμπεπύρισται ὁ ἁμαρτήσας ἐκ τῆς ἰδίας καρδίας, καὶ ἆραι
πρόσωπον οὐ δύναται πρὸς τὸν κριτήν.

XXI. Καὶ νῦν, τέκνα, ἀγαπήσατε τὸν Λευί, ἵνα διαμείνητε· καὶ μὴ
ἐπαίρεσθε ἐπ' αὐτόν, ἵνα μὴ ἐξολοθρευθῆτε. 2. ἐμοὶ γὰρ ἔδωκε κύριος
τὴν βασιλείαν κἀκείνῳ τὴν ἱερατείαν, καὶ ὑπέταξε τὴν βασιλείαν τῇ

καί² — εἶναι < m h i j
ὡς σάρξ] ὡς ἅπαξ d ὡς a < f
ἐν < g
ἐφθάρην l διαφθαρείς d
καί³ < g d f
ἣν ἐνόμιζον d

XX. cap. XX om. a
1 ἐπέγνωτε g γινώσκετε d ἐπιγνόντες
    m γνῶτε h i j
μου < e f
ὅτι] ὁ m
ἐν τῷ l m h i j
τό² < g
2 καὶ — πλάνης (vs. 3) < g d
ἐστί] ἔχει l
τό < c h j
συνειδήσεως c h i j
τοῦ — ἀνθρώπου (vs. 3) > c h i j
ὅπου ἄν m
κλίνει l
3 καίγε] καί m
τὰ¹ — τά²] τό f
τά¹ ... τά² < m τό ... τό e
γέγραπται + γάρ g ταῦτα γέγρα-
    πται d παραβάλλει e f
τό < g
καί² — κύριος et XX 4 - XXIII 5
    om. m
ἑνὶ ἑκάστῳ l ἕνα ἕκαστον d
αὐτόν g d
ὁ κύριος g c h i j κύριον e f
4 ἐν ᾧ] ὅς c h i ὅ j

ἄνθρωπον ἔργα αὐτοῦ λαθεῖν ∽ g
λαθεῖν αὐτὸν τὰ ἔργα τῶν ἀν-
    θρώπων ∽ c h i j
ἀνθρώπῳ d
ἐν στήθει + αὐτοῦ l καὶ τὰ στήθη
    τῶν c h i j
ὀστέων αὐτός b πάντα l ὀστ. αὐτῶν
    c h i j
παρὰ κυρίου γέγραπται ∽ c h i j
γέγραπται l d
5 καὶ τό] τὸ δέ h i j
μαρτυρεῖ — καί² < c h i j
καί² < e f
πάντων] πάντα g πάντα τῶν τὰ
    ἐναντία πραττόντων l
ἁμαρτωλός c h i j
πρὸς τὸν κριτὴν οὐ δύναται ∽ c h i j

XXI. 1 τέκνα + μου (+ παραγ-
    γέλλω ὑμῖν c h i j) l d e a f c h i j
ἀγαπᾶτε c h i j
ἵνα¹ + δι' αὐτοῦ l d
μείνητε c
καί² < h i j
ἐπαίρετε d
ἐπ' αὐτῷ a εἰς αὐτόν f
2 γάρ] μέν d
ὁ κύριος l i ὁ θεός c h j
ἐκείνῳ (+ δέ d) g l d
ἱερατείαν] εἰρήνην g ἱερωσύνην l d f
καί — ἱερωσύνη < g l
ἐπέταξε c
τῇ ἱερωσύνῃ] ἡ ἱερωσύνη c h i j

ἱερωσύνη. 3. ἐμοὶ ἔδωκε τὰ ἐπὶ τῆς γῆς, ἐκείνῳ τὰ ἐν οὐρανοῖς.
4. ὡς ὑπερέχει οὐρανὸς τῆς γῆς, οὕτως ὑπερέχει θεοῦ ἱερατεία τῆς ἐπὶ
γῆς βασιλείας, ἐὰν μὴ δι᾽ ἁμαρτίας ἀποπέσῃ κυρίου καὶ κυριευθῇ ὑπὸ
τῆς ἐπιγείου βασιλείας. 5. καὶ γὰρ αὐτὸν ὑπέρ σε ἐξελέξατο κύριος
ἐγγίζειν αὐτῷ, καὶ ἐσθίειν τράπεζαν αὐτοῦ καὶ ἀπαρχάς, ἐντρυφήματα
υἱῶν Ἰσραήλ. 6. σὺ δὲ ἔσῃ βασιλεὺς ἐν Ἰακώβ, καὶ ἔσῃ αὐτοῖς ὡς
θάλασσα. ὥσπερ γὰρ ἐν αὐτῇ δίκαιοι καὶ ἄδικοι χειμάζονται, οἱ μὲν
αἰχμαλωτιζόμενοι, οἱ δὲ πλουτοῦντες, οὕτως καὶ ἐν σοὶ πᾶν γένος
ἀνθρώπων, οἱ μὲν κινδυνεύουσιν αἰχμαλωτιζόμενοι, οἱ δὲ πλουτήσουσιν
ἁρπάζοντες. 7. ὅτι οἱ βασιλεύοντες ἔσονται ὡς κήτη, καταπίνοντες
ἀνθρώπους ὡς ἰχθύας· θυγατέρας καὶ υἱοὺς ἐλευθέρους καταδουλώσουσιν,

3 τῆς < l e c
  κἀκείνῳ a + δέ h i j
  οὐρανῷ c
4 in marg. ἴσως· οὗτος γὰρ υπερα-
  τειαν τοῦ (...) τῆς ἐπουρανίου
  βασιλείας, ἐὰν μὴ δι᾽ ἁμαρτίας
  ἐκπέσῃ ἀπὸ τοῦ κυρίου καὶ
  κυριευθῇ ἀπὸ τῆς ἐπιγείου βασι-
  λείας h
  ὡς — γῆς[1] < a f c h i j
  ὥσπερ γάρ d
  ὁ οὐρανός g l d e
  οὕτως] τοσοῦτον d ὄντως f + γάρ
  c h j οὐ γάρ i
  ὑπερέχει[2] — ἱερατεία] υπερατεια τοῦ
  θεοῦ h i j
  θεοῦ ἱερατεία] ἱερατεία g θεοῦ
  ἱερατείας d θεοῦ τῇ ἱερατείᾳ f
  ἡ ἱερατεία τοῦ θεοῦ c
  ἐπὶ γῆς] ἐπιγείου c h i j
  ἐὰν — βασιλείας[2] < b d
  ἐκπέσῃ e a f c h i j
  ἀπὸ (+ τοῦ h i j) κυρίου (θεοῦ i)
  c h i j
  κυριευθείς c
  ὑπό] ἀπό c ἐπί h i j
  τῆς[3] < a
5 καὶ γάρ] ὁ γὰρ ἄγγελος κυρίου
  εἶπέ μοι ὅτι c h i j
  αὐτόν < l
  ὑπερ σέ < g ὑπὲρ ἡμᾶς l
  ἐλέξατο f ἐξέλετο i
  ὁ κύριος (+ τοῦ d) g d h i j
  προσεγγίζειν (-ς i) c h i j
  αὐτῷ] αὐτόν d
  τὴν τράπεζαν c h i j

ἀπαρχάς < l + αὐτῷ (αὐτοῦ h i j)
  προσφέρειν c h i j
  ἐντρύφημα τῶν g ἐντρυφίσματα l
  ἐντρυφημάτων d e a f c h i j
6 σύ — Ἰακώβ < b
  σύ — βασιλεύς] ἐμὲ δὲ βασιλεύειν g
  (v.i.)
  ἐν[1] < e a f c h i j
  Ἰακώβ < h i j
  ἔσῃ[2]] εἶναι ἐν g (v.s.) + ἐπ᾽ l d +
  ἐν e f c h i j
  αὐτοῖς] αὐτῆς l αὐτόν d
  ὡσεὶ θάλασσα g e ὡς ἡ θάλασσα
  l d a f c h i j
  ὥσπερ] καθάπερ c h i j
  αὐτῇ] αὐτῷ h i j
  οἱ δίκαιοι καὶ οἱ ἄδικοι l d δίκαιοι
  a f c h i j
  σχηματίζονται g
  πλανοῦντες g πλουτίζοντες l πλου-
  τοῦσιν c h i j
  οὕτως — ἁρπάζοντες] καὶ ἁρπάζον-
  τες l d
  ἐν[3] — πᾶν] ἐσὺ ὅτι τό c σύ h i j
  ἀνθρώπων + ἤγουν ἐμοὶ g τῶν
  ἀνθρώπων c
  κινδυνεύσουσιν e a
  πλουτήσουσιν] πλουτοῦσιν g a f c h j
  πλουτίζουσιν i
  ἁρπάζοντες + τὰ ἀλλότρια c h i j
7 οἱ < a
  βασιλεῖς c h i j
  ὡς κήτη ἔσονται ∾ c h i j
  υἱοὺς καὶ θυγατέρας ἐλευθέρων ∾
  c h i j
  καὶ ἐλευθέρους g < d
  καταδουλοῦσιν b

οἴκους, ἀγρούς, ποίμνια, χρήματα ἁρπάσουσι, 8. καὶ πολλῶν σάρκας ἀδίκως κόρακας καὶ ἴβεις χορτάσουσι, καὶ προκόψουσιν ἐπὶ τὸ κακὸν ἐν πλεονεξίᾳ ὑψούμενοι. 9. καὶ ἔσονται ὡς καταιγίδες ψευδοπροφῆται, καὶ πάντας δικαίους διώξονται. XXII. Ἐπάξει δὲ αὐτοῖς κύριος διαιρέσεις κατ' ἀλλήλων, καὶ πόλεμοι συνεχεῖς ἔσονται ἐν Ἰσραήλ, 2. καὶ ἐν ἀλλοφύλοις συντελεσθήσεται ἡ βασιλεία μου, ἕως τοῦ ἐλθεῖν τὸ σωτήριον Ἰσραήλ, ἕως παρουσίας τοῦ θεοῦ τῆς δικαιοσύνης, τοῦ ἡσυχάσαι τὸν Ἰακὼβ ἐν εἰρήνῃ καὶ πάντα τὰ ἔθνη. 3. καὶ αὐτὸς φυλάξει κράτος βασιλείας μου ἕως τοῦ αἰῶνος. ὅρκῳ γὰρ ὤμοσέ μοι κύριος μὴ ἐκλεῖψαι τὸ βασίλειόν μου ἐκ τοῦ σπέρματός μου πάσας τὰς ἡμέρας, ἕως τοῦ αἰῶνος. XXIII. Πολλὴ δὲ λύπη μοί ἐστι, τέκνα μου, διὰ τὰς ἀσελγείας καὶ γοητείας καὶ εἰδωλολατρείας ἃς ποιήσετε εἰς τὸ βασίλειον, ἐγγαστριμύθοις ἐξακολουθοῦντες, κληδόσι καὶ δαίμοσι πλάνης. 2. τὰς θυγατέρας

οἴκους — ἁρπάσουσι < l c h i j
οἴκους + καί g e a f χρυσίον καί d
ἀγρούς + καί d
χρήματα < d e a f
ἁρπάζουσι g
8 σάρκας + καί g
κόραξιν ἀδίκως ∾ l
κόρακες a h i j
καί² < g l c
ἴβεις < l κύνες h i j
χορτάζουσι g
προσκόψουσιν c
ἐπὶ κακῷ l a f c ἐπὶ κακῶν h i j
9 καταιγίς g
πάντας + τούς l d ἅπαντας f
διώξουσιν d e a f c h i j

XXII. 1 in marg. ἴσως· ἐπάξει δὲ
  ἐπ' αὐτούς κύριος διαίρεσιν, καὶ
  πόλεμοι h
ἐπανάξει g
αὐτούς e c h i j
κυρίου h i j
κατ' ἀλλήλων < h i j
Ἰσραήλ + ἕως οὗ ἔλθῃ τὸ σωτήριον
  τοῦ κόσμου d (v. ad vs. 2) et in
  marg. add. τοῦ χριστοῦ
2 in marg. περὶ τοῦ χριστοῦ k
καί¹ — Ἰσραήλ < l c h i j
ἕως¹ — Ἰσραήλ < d (v.s.)
τοῦ Ἰσραήλ k g e a f
τῆς παρουσίας c h i j

τοῦ² < g c h i j
τῷ Ἰακώβ c
καί² — ἔθνη] κατὰ πάντα l
3 τὸ κράτος τῆς g
τοῦ¹ < g l d e a f c h i j
ὅρκῳ — αἰῶνος² < i
ὁ κύριος c
μή] καὶ οὐκ l τοῦ μή d
ἐκλείψειν b ἔκλειψιν ποιῆσαι g
  ἐκλείψει l ἐξαλεῖψαι e a f c h j
τὸ βασ.] τὴν βασιλείαν d
μου² — ἡμέρας < c
μου² < h j
ἐκ] καὶ b k g l
τῷ σπέρματι g
πάσας τὰς ἡμέρας < l f h j
ἕως² < g
τοῦ³ < l a f c h j

XXIII. 1 μ. ἐστ. λύπη ∾ g μοι
  θλῖψις ἐστι l
ἐστί μοι ∾ d
μου > e a f
ἀσελγείας] ἀλγηδόνας f
καὶ εἰδωλολατρείας < l a c h i j
ἐπὶ τὸ βασιλεύειν d
ἐγγαστριμύθους g d c h i j
ἀκολουθοῦντες b l
δαίμοσι πλάνης καὶ κληδόσι ∾ g
κληδόσι < a
καί³ < h (i?) j
πλάνων c πάντων h (i?) j

ὑμῶν μουσικὰς καὶ δημοσίας ποιήσετε, καὶ ἐπιμιγήσεσθε ἐν βδελύγμασιν
ἐθνῶν· 3. ἀνθ᾽ ὧν ἄξει κύριος ἐφ᾽ ὑμᾶς λιμὸν καὶ λοιμόν, θάνατον καὶ
ῥομφαίαν ἐκδικοῦσαν, πολιορκίαν καὶ κύνας εἰς διασπασμὸν ἐχθρῶν, καὶ
φίλων ὀνειδισμούς, ἀπώλειαν καὶ σφακελισμὸν ὀφθαλμῶν, νηπίων
ἀναίρεσιν καὶ συμβίων ἀφαίρεσιν, ὑπαρχόντων ἁρπαγήν, ναοῦ θεοῦ
ἐμπυρισμόν, γῆς ἐρήμωσιν, ὑμῶν αὐτῶν δουλείαν ἐν ἔθνεσιν· 4. καὶ
ἐκτεμοῦσιν ἐξ ὑμῶν εἰς εὐνούχους ταῖς γυναιξὶν αὐτῶν. 5. καὶ ὡς ἂν
ἐπιστρέψητε πρὸς κύριον ἐν τελείᾳ καρδίᾳ, μεταμελούμενοι καὶ πορευόμε-
νοι ἐν πάσαις ταῖς ἐντολαῖς τοῦ θεοῦ, καὶ ἐπισκέψηται ὑμᾶς κύριος ἐν
ἐλέει καὶ ἀναγάγῃ ἀπὸ τῆς αἰχμαλωσίας τῶν ἐχθρῶν ὑμῶν.

XXIV. Καὶ μετὰ ταῦτα ἀνατελεῖ ὑμῖν ἄστρον ἐξ Ἰακὼβ ἐν εἰρήνῃ,

2 καί² < e a f c h i j
ἐπιμιγήσεσθε ἐν] ἐπὶ γῆς ἔσεσθε g
δὲ ἐν c h i j
βδελύγματι a
3 ἀνθ᾽ ὧν ἄξει] ἀνάξει δέ l
ἐπάξει c h i j
λιμὸν ἐφ᾽ ὑμᾶς ∾ l
καὶ λοιμόν + καί g l d λοιμόν h j
λοιμοῦ i
καὶ κύνας — ὑμῶν (vs. 5) om. k
sed add. καὶ ἐπάξει κύριος πάντα
τὰ κακὰ ἐφ᾽ ὑμᾶς
καὶ κύνας — ἀπώλειαν καί < a
διαρπασμόν d
ὀνειδισμόν g e f
σφακελισμούς d λήμην a
ὀφθαλμῶν + καί e a f c καί h i j
καὶ συμβ. ἀφ. < l c h i j
ἀφαίρεσιν] ἀναίρεσιν g
ὑπαρχόντων ἁρπαγήν] γῆς ἐρήμωσιν
a (v.i.) ἀπαρχὴν τῶν ἀπαρχῶν
h i j
ἁρπαγήν] ἀπαρχόντων e f ἀπαρ-
χῶν c
ναόν g ναοῖς l ναῶν c h i j
ἐμπρησμόν g d a c h i j ἐμπρη-
σμοῖς l
γῆς ἐρήμωσις + καί d < a (v.s.)
ὑμῶν + δέ c h i j
δούλωσιν l
4 ἐκτέμνουσιν f
ἐξ] τοὺς υἱούς c h i j
εἰς < g
τὰς γυναῖκας a
5 καὶ ὡς ἄν] ἕως l ἕως ἄν d e a f c h i j
ἐπιστρ. — πορευόμενοι] ἐπισκέψηται

κύριος ὑμῖν ἐν τελείᾳ καρδίᾳ
μεταμελουμένους καὶ πορευομέ-
νους c h i j
ἐν τελείᾳ καρδίᾳ] εὐτελείᾳ καρδίας b
ἐν τέλει καρδίας l d
καὶ πορευόμενοι < l d
τοῦ θεοῦ] αὐτοῦ c h i j
ἐπισκέψηται — ἀναγάγῃ] ἀναγάγῃ
(ἀναγαγεῖν h i j) ὑμᾶς (ἡμᾶς c i)
c h i j
κύριος ἐν ἐλέει ὑμᾶς ∾ l
ἡμᾶς d Fm^d
ἐν ἐλέει] ἐνέλκει g
ἀναγάγῃ] ἐν ἀγάπῃ b l
ἀπό] ἐκ c h i j
τῆς — ὑμῶν] τῶν ἐθνῶν τῆς αἰχμ.
∾ c
ἐχθρῶν ὑμῶν] ἐθνῶν d e a h i j λαῶν
f

XXIV. 1 in marg. προφητεία περὶ
τοῦ χριστοῦ k περὶ (< d) τοῦ
(< c) χριστοῦ d c in textu add.
(ante vs. 1) περὶ τοῦ χριστοῦ
πῶς μέλλει γεννηθῆναι h i j
καί¹ — Ἰακώβ] ἀνατ. ὑμ. ἀ. ἐξ Ἰ.
μετὰ ταῦτα ∾ c
καί¹ — ταῦτα] καὶ ἐν ταῖς ἐσχάταις
ἡμέραις m
ἄστρον ὑμῖν ∾ k
ὑμῖν < g
ἐν Ἰακώβ l

καὶ ἀναστήσεται ἄνθρωπος ἐκ τοῦ σπέρματός μου ὡς ὁ ἥλιος τῆς δικαιοσύνης, συμπορευόμενος τοῖς υἱοῖς τῶν ἀνθρώπων ἐν πραότητι καὶ δικαιοσύνῃ, καὶ πᾶσα ἁμαρτία οὐχ εὑρηθήσεται ἐν αὐτῷ. 2. καὶ ἀνοιγήσονται ἐπ' αὐτὸν οἱ οὐρανοί, ἐκχέαι πνεύματος εὐλογίαν πατρὸς ἁγίου· καὶ αὐτὸς ἐκχεεῖ πνεῦμα χάριτος ἐφ' ὑμᾶς, 3. καὶ ἔσεσθε αὐτῷ εἰς υἱοὺς ἐν ἀληθείᾳ, καὶ πορεύσεσθε ἐν προστάγμασιν αὐτοῦ πρώτοις καὶ ἐσχάτοις. 4. οὗτος ὁ βλαστὸς θεοῦ ὑψίστου, καὶ αὕτη ἡ πηγὴ εἰς ζωὴν πάσης σαρκός. 5. τότε ἀναλάμψει σκῆπτρον βασιλείας μου, καὶ ἀπὸ τῆς ῥίζης ὑμῶν γενήσεται πυθμήν. 6. καὶ ἐν αὐτῷ ἀναβήσεται ῥάβδος δικαιοσύνης τοῖς ἔθνεσι, κρῖναι καὶ σῶσαι πάντας τοὺς ἐπικαλουμένους κύριον.

XXV. Καὶ μετὰ ταῦτα ἀναστήσεται Ἀβραὰμ καὶ Ἰσαὰκ καὶ Ἰακὼβ εἰς ζωήν, καὶ ἐγὼ καὶ οἱ ἀδελφοί μου ἔξαρχοι σκήπτρων ἡμῶν ἐν Ἰσραὴλ ἐσόμεθα, Λευὶ πρῶτος, δεύτερος ἐγώ, τρίτος Ἰωσήφ, τέταρτος Βενιαμίν, πέμπτος Συμεών, ἕκτος Ἰσαχάρ, καὶ οὕτως καθεξῆς πάντες.

ἀναστήσεται < e
μου + ὅς ἐστι κλάδος θεοῦ τοῦ
    ὑψίστου Fm ^{d}
ὁ ἥλιος τῆς] ἥλιος g l d Fm ^{d} m e a
    f c h i j
υἱοῖς — ἄνθρ.] υἱοῖς ἄνθρ. m
    ἀνθρώποις e a f c h i j
ἐπ' αὐτῷ Fm ^{d} m
2 ἐπ' αὐτῷ d Fm ^{d} m a f c h i j
ἐκχέαι — αὐτός < d καί Fm ^{d}
πνεύματος — ἐκχεεῖ < i
πνεύματος] πνεῦμα e a f c h j
εὐλογίας h j
ἁγίου] αὐτοῦ g
ἐκχεεῖ] ἑλκήσει m
πνεῦμα] πνεύματος m
ἐφ' ὑμᾶς + ἐν εὐλογίᾳ. visitabit nos
    dominus in misericordia (cf.
    XXIII 5) Fm ^{d} ἐφ' ἡμᾶς m
3 καί ^{1} — υἱούς < c h i j
καί ^{2} — ἐσχάτοις < a
καί πορεύσεσθε k g l d e < f c h i j
ἐν ^{2} < l
προστάγματι b k d c
α' καὶ ἐσχάτῳ m
4 εἰς — σαρκός] πᾶσι παρέχουσα
    ζωήν c h i j
πάσης σαρκός] σαρκός g αἰώνιον
    l d m
5 vs. 5-6 et cap. XXV om. a
δεύτερον σκῆπτρον g
μου < m

ἀπό] ἐκ d
ἡμῶν m h i j
ποιμήν g d πηγή c h i j
6 ἐπ' αὐτῇ l ἐξ αὐτῆς c ἐν αὐτῇ h i j
ἀναβ.] γενήσεται g βλαστήσει c
ἐν τοῖς g
κρίνει m < c
σώσει c
τούς < e
τὸν κύριον l m c h i j

XXV. 1 καί ^{1} < h i j
Ἰακώβ + καί c
εἰς ζωήν < e
καί ^{4} < g
ἐξαρχῆς m
σκήπτρον ἡμῶν (ὑμῶν l ὑμῖν m)
    b l m σκήπτρων (σκήπτρου k)
    ὑμῶν (< d c h i j) k g d f c h i j
Ἰσραήλ] Ἰερουσαλήμ c
πρῶτος Λευί ∾ c h i j
ἐγώ β' ∾ m
Ἰωσήφ γ' ∾ m
τέταρτος — Ἰσαχάρ < k
Συμεών] Ζαβουλών c h i j
ἕκτος Ἰσαχάρ + ζ' Ζαβουλών e <
    f c h i j
καί ^{6} — γῆ (vs. 2) < l
καί ^{6} — πάντες < m
οὕτως < k
πάντες καθεξῆς ∾ e f c h i j
k add. in marg. ὅτε ἀνέστη ὁ

2. καὶ κύριος εὐλογήσει τὸν Λευί· ὁ ἄγγελος τοῦ προσώπου ἐμέ· αἱ δυνάμεις τῆς δόξης τὸν Συμεών· ὁ οὐρανὸς τὸν Ῥουβήμ· τὸν Ἰσαχὰρ ἡ γῆ· ἡ θάλασσα τὸν Ζαβουλών· τὰ ὄρη τὸν Ἰωσήφ· ἡ σκηνὴ τὸν Βενιαμίν· οἱ φωστῆρες τὸν Δάν· ἡ τρυφὴ τὸν Νεφθαλίμ· ὁ ἥλιος τὸν Γάδ· ἐλαία τὸν Ἀσήρ· 3. καὶ ἔσται εἷς λαὸς κυρίου καὶ γλῶσσα μία· καὶ οὐκ ἔσται ἔτι πνεῦμα πλάνης τοῦ Βελιάρ, ὅτι ἐμβληθήσεται ἐν τῷ πυρὶ εἰς τὸν αἰῶνα καὶ ἐπέκεινα. 4. καὶ οἱ ἐν λύπῃ τελευτήσαντες ἀναστήσονται ἐν χαρᾷ, καὶ οἱ ἐν πτωχείᾳ διὰ κύριον πλουτισθήσονται, καὶ οἱ ἐν πενίᾳ χορτασθήσονται, καὶ οἱ ἐν ἀσθενείᾳ ἰσχύσουσι, καὶ οἱ διὰ κύριον ἀποθανόντες ἐξυπνισθήσονται ἐν ζωῇ. 5. καὶ οἱ ἔλαφοι Ἰακὼβ δραμοῦνται ἐν ἀγαλλιάσει, καὶ οἱ ἀετοὶ Ἰσραὴλ πετασθήσονται ἐν χαρᾷ· οἱ δὲ ἀσεβεῖς πενθήσουσι, καὶ οἱ ἁμαρτωλοὶ κλαύσονται, καὶ πάντες οἱ λαοὶ δοξάσουσι κύριον εἰς αἰῶνας.

χριστὸς συναναστήσας αὐτούς et
om. XXV 2 - XXVI 4 sed add.
ταῦτα λέγων τοῖς υἱοῖς αὐτοῦ
ἐκοιμήθη, ὢν ἐτῶν ριθ′, Ἰούδας
2 καί] τότε d m
εὐλογήσει κύριος ∞ d m
ὁ κύριος c h i j
εὐλόγησε b c h i j
Λευί + καὶ d
ὁ¹ + δέ c h i j
προσώπου] πατρός μου d m
ἐμοι g c h i j
δυν. τ. δόξ.] δύναμις τοῦ ὑψίστου m
ὁ οὐρ. — Ῥουβήμ < d m
ἡ γῆ τὸν Ἰσ. ∞ d m
Ζαβουλών] Βενιαμίν. Ζαβουλών et
τὸν Βενιαμίν < h i j
Δάν] Ἀδάμ d
τρυφή] ταφή l
ἐλαία (cf. A)] καὶ (< g d m e f
c h i j) ἡ σελήνη g l d m e f c h i j
3 ἔσται¹] ἔσεσθε l c h i j
εἰς λαόν e f c h i j
εἷς < l ὃ m
καί² < g
γλῶσσαν μίαν f
ἔτι < d οὐκέτι e f ἐκεῖ c h i j
πνεῦμα < d
τῇ πλάνῃ d < m
τοῦ] τό g
βληθήσεται m ἐμπλήσεται e
εἰς τὸ πῦρ τὸ αἰώνιον g
ἐν πυρί (+ δέ m) d m f c h i j
καὶ ἐπέκεινα < b c h i j

4 καὶ οἱ¹] ὡς g καὶ d
τελευτῶντες l
ἀναστήσονται < m
καί² < h i j
ἐν πτωχείᾳ] πτωχοί c h i j
κύριον¹] τὸν κύριον h i j
πλουτισθήσονται — πενίᾳ < l
καί³ — χορτασθ. < g c h i j post
ἰσχύσουσι ∞ m e f
πενίᾳ] πείνα d m e f
καί⁴ — ἰσχύσουσι < d c h i j
οἱ⁴ < m
ἰσχύουσι l
ἀποθνήσκοντες διὰ (+ τόν h i j)
κύριον ∞ c h i j
ἀποθνήσκονται m ἀποθνήσκοντες e f
ἐξυπνισθήσονται < m
εἰς ζωήν d m c h i j
5 καί¹ — χαρᾷ < m
ἔλαφος c
Ἰακώβ] Ἰωσήφ d e f c h i j
Ἰσραήλ] Ἰακώβ g
πετασθήσονται] πενθήσονται d
οἱ⁴ < b l
κολασθήσονται g κλαύσουσι l
δοξάζουσι e
τὸν κύριον c h i j
τοὺς αἰῶνας d m h i j

XXVI. Φυλάξατε οὖν, τέκνα μου, πάντα νόμον κυρίου, ὅτι ἐστὶν ἐλπὶς πᾶσι τοῖς κατευθύνουσι τὰς ὁδοὺς αὐτῶν. 2. καὶ εἶπε πρὸς αὐτούς· Ἑκατὸν δεκαεννέα ἐτῶν ἐγὼ ἀποθνήσκω σήμερον ἐν ὀφθαλμοῖς ὑμῶν. 3. μηδείς με ἐνταφιάσει πολυτελεῖ ἐσθῆτι, ἢ τὴν κοιλίαν μου ἀναρρήξει, ὅτι ταῦτα μέλλουσι ποιεῖν οἱ βασιλεύοντες· καὶ ἀναγάγετέ με εἰς Χεβρὼν μεθ' ὑμῶν. 4. καὶ ταῦτα εἰπὼν ἐκοιμήθη Ἰούδας· καὶ ἐποίησαν οἱ υἱοὶ αὐτοῦ κατὰ πάντα ὅσα ἐνετείλατο αὐτοῖς, καὶ ἔθαψαν αὐτὸν ἐν Χεβρὼν μετὰ τῶν πατέρων αὐτοῦ.

XXVI. 1 φυλάξασθε *h i j*
πάντα < *d* πάντοτε *c*
τὸν νόμον *d m e a f c h i j*
κυρίου < *g*
ὅτι] ὅς *h* (*i* ?) *j*
πᾶσιν ἐλπίς ∽ *c h i j*
ἐλπίς + βεβαία *l*
κατευθ.] κατέχουσι *c h i j*
τὴν ὁδόν *b l*
αὐτῶν scripsi MSS αὐτοῦ
2 καὶ — αὐτούς < *d*
πρὸς αὐτούς < *g l* αὐτοῖς· Τέκνα μου *m* ὅτι *e a f* αὐτοῖς ὅτι Ἰδοὺ ἐγώ *c h* (*i* ?) *j*
δέκα καὶ ὀκτώ *c h i j*
ἐτῶν ἐγώ < *m* ἐτῶν *c h i j*
σήμερον ἐγὼ ἀποθνήσκω ∽ *d* ἀποθν. ἐγ. σήμ. ∽ *a*
ἐν — ὑμῶν < *c h i j*
3 μηδείς + δεῖ *c*
ἐν πολυτελεῖ *c* ἐν πολυτελείᾳ *h i j*
ἢ — βασιλεύοντες < *c h i j*
ἀναρρήξει τὴν κοιλίαν μου ∽ *a*
ποιῆσαι *d*
βασιλεῖς *g*

καί] ἀλλά *d m c h i j*
ἐν Χεβρ. *l d m c h i j*
μεθ' ὑμῶν + ὅταν ὁ κύριος ἐξάγει ὑμᾶς *l* < *e a f* ἔνθα καὶ οἱ πατέρες μου *c h i j*
4 καί[1] < *d m*
Ἰούδας ἐκοιμήθη ∽ *g* Ἰούδας τοῖς υἱοῖς αὐτοῦ ἐκοιμήθη (+ ἐν εἰρήνῃ *d*) *d m* ἐκοιμήθη *c h i j*
ἐποίησαν + αὐτῷ *d*
οἱ — πάντα] αὐτῶν *m*
κατὰ — ὅσα] καθ' ἅ *d*
ὅσα] ἅ *g l e f*
καί[3] < *g* + λαβόντες αὐτόν *d*
θάψαντες *g*
ἐν Χεβρών + ὕστερον *l* post αὐτοῦ[2] ∽ *c h i j*
μετὰ — αὐτοῦ[2] < *g*
in fine add. αὐτῷ ἡ δόξα *d* τῷ δὲ θεῷ ἡμῶν πρέπει δόξα νῦν καὶ ἀεὶ καὶ εἰς τοὺς αἰῶνας τῶν αἰώνων· ἀμήν. Ἰούδας υἱὸς Ἰακώβου καὶ Λείας *d'*· ἔζησεν δὲ ἔτη ριθ' *m* Ἰούδας υἱὸς Ἰακώβ *d'*, υἱὸς Λείας *d'*· ἔζησεν ἔτη ριθ' *f*

ΔΙΑΘΗΚΗ ΙΣΑΧΑΡ
ΠΕΡΙ ΑΠΛΟΤΗΤΟΣ

I. Ἀντίγραφον λόγων Ἰσαχάρ. καλέσας τοὺς υἱοὺς αὐτοῦ εἶπεν αὐτοῖς· Ἀκούσατε, τέκνα, Ἰσαχὰρ τοῦ πατρὸς ὑμῶν, ἐνωτίσασθε ῥήματα, ἠγαπημένοι ὑπὸ κυρίου. 2. ἐγὼ ἐτέχθην πέμπτος υἱὸς τῷ Ἰακὼβ ἐν μισθῷ τῶν μανδραγόρων. 3. Ῥουβὴμ γὰρ ἤνεγκε μανδραγόρους ἐκ τοῦ ἀγροῦ, καὶ προαπαντήσασα Ῥαχὴλ ἔλαβεν αὐτούς. 4. ἔκλαιε δὲ Ῥουβήμ, καὶ ἐπὶ τῇ φωνῇ αὐτοῦ ἐξῆλθε Λεία ἡ μήτηρ μου. 5. ταῦτα δὲ ἦσαν μῆλα εὐώδημα, ἃ ἐποίει ἡ γῆ Ἀρὰμ ἐν ὕψει ὑποκάτω φάραγγος ὑδάτων. 6. εἶπε δὲ Ῥαχήλ· Οὐ δώσω αὐτά σοι,

tit.: Διαθήκη Ἰσαχὰρ περὶ ἁπλότη-
τος (ἀγαθότητος *e f* + Ἰσαχὰρ
ἑρμηνεύεται μισθός *f*) *b l e f* ε'
Διαθήκη, ἀντίγραφον Ἰσαχάρ *k*
Διαθήκη Ἰσαχὰρ ε' (< *d*) υἱὸς
Ἰακὼβ καὶ Λείας (+ ε' *d*) περὶ
ἁπλότητος (υἱὸς — ἁπλότητος <
g + κβ' *m*) *g d m* Ἰσαχὰρ *a*
Διαθήκη Ἰσαχὰρ τοῦ πέμπτου
υἱοῦ Ἰακὼβ καὶ Λείας *c h i j*

I. capp. I - VII om. *k* sed add.
οὗτος οὐδέν τι περὶ τοῦ χριστοῦ
ἐφθέγξατο
1 ἀντίγραφα *a*
οὗτος καλέσας *g* + γάρ *c h i j*
αὐτοῦ + πρὸ τοῦ ἀποθανεῖν αὐτόν *d*
 + καί *m*
αὐτοῖς < *g*
τεκνία *d* + μου *h i j*
ἐνωτίσασθε — κυρίου < *g*
ἠγαπημένα *l d* -μένου *m e a f c h i j*
ὑπό < *m*
2 ἐγώ < *g*
πέμπτος υἱὸς ἐτέχθην ∽ *g*
τῷ] τοῦ *m*
ἐν — μανδραγόρων et I 3 - II 5 om.
  g
3 Ἰακώβ *b*
γάρ + ὁ ἀδελφός μου *l c h i j* < *d*
μανδραγόραν *a*
ἀπαντήσασα τοῦτον *d* προσαπαντή-

σασα *m e* προσαπαντήσας *a* προσ-
υπαντήσασα *h i j*
Ῥαχήλ + ἡ ἀδελφὴ τῆς μητρός
μου *l* ἡ Ῥαχὴλ αὐτόν *c h i j*
ἀπέλαβεν *f*
αὐτὰ ἐξ αὐτοῦ *d* αὐτήν *a* τοὺς
μανδραγόρους *c*
4 ἔκλαυσε *d*
δέ < *m*
ὁ Ῥ. *c h i j*
ἐπὶ — αὐτοῦ] ἐπεφώνει αὐτῷ *m*
ἡ μήτηρ μου Λεία ∽ *l*
μου] αὐτοῦ καὶ ἐμοῦ καὶ εἶπεν
αὐτῇ· Ἵνα τί ἔλαβες τὰ μανδρα-
γόρα τοῦ υἱοῦ μου; *d*
5 αὕτη δὲ ἦν *a* ἦσαν δὲ ταῦτα ∽
 c h i j
ὡς μῆλα *d* μῆρα *a*
εὔοσμα *d m e a f c h i j*
ἃ — Ἀράμ < *l* ἅπερ γίνονται ἐν τῇ
γῇ Χανάαν (Χαρράν *c*) *c h i j* ἃ
ἐποίει Ἀράμ *m*
ποιεῖ *e f*
ἐν ὕψει < *c h i j*
φάρυγγας (-γος *h i j*) *c h i j*
6 σοι (σε *h i j*) αὐτά (ταῦτα *c*) ∽
 d e a f c h i j αὐτά *m*

ὅτι ἔσονταί μοι ἀντὶ τέκνων. 7. ἦσαν δὲ μῆλα δύο. καὶ εἶπε Λεία·
Ἱκανούσθω σοι, ὅτι ἔλαβες τὸν ἄνδρα παρθενίας μου· μὴ καὶ ταῦτα
λήψῃ; 8. ἡ δὲ εἶπεν· Ἰδού, ἔστω σοι Ἰακὼβ τὴν νύκτα ταύτην ἀντὶ
τῶν μανδραγόρων τοῦ υἱοῦ σου. 9. εἶπε δὲ Λεία πρὸς αὐτήν· Μὴ
καυχῶ καὶ μὴ δοξάζου· ἐμὸς γάρ ἐστιν ὁ Ἰακὼβ κἀγὼ γυνὴ νεότητος
αὐτοῦ. 10. ἡ δὲ Ῥαχὴλ εἶπεν· Τί οὖν; ὅτι ἐμοὶ πρῶτον ἥρμοσται
καὶ δι᾿ ἐμὲ ἐδούλευσε τῷ πατρὶ ἡμῶν ἔτη δεκατέσσαρα. 11. τί σοι
ποιήσω, ὅτι ἐπλήθυνεν ὁ δόλος καὶ ἡ πανουργία τῶν ἀνθρώπων, καὶ ὁ
δόλος προχωρεῖ ἐπὶ τῆς γῆς. εἰ δὲ μή, οὐκ ἂν ᾖς σὺ ὁρῶσα πρόσωπον
Ἰακώβ· 12. οὐ γὰρ γυνὴ αὐτοῦ σὺ εἶ, ἀλλ᾿ ἐν δόλῳ ἀντ᾿ ἐμοῦ εἰσ-
ήχθης. 13. καὶ ἐπλάνησέ με ὁ πατήρ μου, καὶ μεταστήσας με τῇ

ὅτι — τέκνων] ἀλλ᾿ ἵνα σχῶ ταῦτα
  ἀντὶ τέκνων· παρεῖδε γάρ με
  (μοι *h i j*) ὁ κύριος καὶ τέκνα
  οὐκ ἐγέννησα τῷ Ἰακώβ *c h i j*
7 ἦσαν — δύο] δύο οὖν ἦσαν τὰ μῆλα
  c h i j
δὲ < *a*
τὰ μῆλα *l d m e a f*
ἡ Λεία πρὸς τὴν (< *c*) Ῥαχήλ
  c h i j
τῆς παρθενίας *d* < *e a f c h i j*
μου] σου *l*
λήψῃ + ἀπ᾿ ἐμοῦ *c h i j*
8 εἶπε δὲ αὐτῇ (< *d*) Ῥαχήλ (ἡ Ῥ.
  h i j) ∿ *d c h i j*
δέ + Ῥαχήλ *m*
ἰδού < *l f c h i j* καί *e a*
ὁ Ἰακώβ *c h j*
τῇ νυκτὶ ταύτῃ *c h i j*
τοῦ υἱοῦ] υἱῶν *c*
9 εἶπε — δοξάζου < *c* (v.i.)
εἶπε δέ] καὶ εἶπε *f*
πρὸς αὐτὴν ἡ Λεία ∿ *h i j*
μὴ[1] — δοξάζου < *h i j* (v.i.)
καὶ μή[2]] μηδέ *d m e a f*
δόξαζε σεαυτήν *e a f*
ἐμός] ὅμως *m*
γάρ < *c h i j*
ὁ < *l d m e h i j*
κἀγώ] ὅτι ἐγώ εἰμι *c h i j*
γενναιότητος *l* νεότητι *m* ἐκ νεότητος
  h i j
10 ἡ — εἶπεν] εἶπε δὲ Ῥαχήλ *d* καὶ
  εἶπε Ῥαχήλ· Μὴ καυχῶ μηδὲ
  (μή *c*) δόξαζε σεαυτήν *c h i j*
  (v.s.)
τί οὖν] οὖν *m* < *c h i j*
ὅτι — πρῶτον] ὅτι ἐμὲ (ἐγώ *h i j*)

πρότερός (προτέραν *e a f* πρότερον
  c h i j) σου *l e a f c h i j* οὐχὶ
  πρῶτον ἐμέ σου *d m*
ἥρμωσε *d* ἡρμώσατο *c h i j*
ἡμῶν] μου *l d*
δεκατέσσαρα ἔτη ∿ *l* ἔτι ἰδεῖν *d*
11 τί — δόλος[1]] καὶ εἰ μὴ ὁ (< *j*)
  δόλος ἐπλήθυνεν ἐπὶ τῆς γῆς
  c h i j
σοι < *l* σύ *e*
καὶ[1] — δόλος[2] < *a*
πανουργία] πονηρία *c h i j*
καὶ[2] — προχωρεῖ] καὶ προχωροῦσιν
  d m ἐχώρησεν *c h i j*
προχορεύει *l* προεχώρει *e* προσ-
  χωρεῖ *a f*
ἐπὶ — γῆς < *c h i j*
εἰ δὲ μή] εἰ δὲ μὴ (< *d*) προεχώρουν
  (προσεχώρουν *m*) *d m* < *c h i j*
οὐκ — ὁρῶσα] οὐ γὰρ οἶδες σύ *d*
  σὺ οὐκ ἂν ᾖς ὁρῶσα ∿ *e a f*
ᾖς] εἶ *c h i* < *j*
ὁρῶσα + πρώην *h i j*
τὸ πρόσωπον *l d m c*
τοῦ Ἰ. *l c*
12 ἡ γυνὴ *l*
εἶ σύ ∿ *e a f c h i j*
σύ < *d*
ἀλλ᾿ ἐν] ἀλλά *c h i j*
εἰσενέχθης αὐτῷ (< *m*) *d m*
13 καὶ ἐπλάνησε] ἐπλάνησε γάρ *d m*
  ἐμὲ ἐπλάνησεν ∿ *c h i j*
με[1] < *a*
καί[2] < *l*
καταστήσας *d* μετέστησε *c h i j*
με[2] < *a*
τὴν νύκτα ἐκείνην καὶ (< *d m*)
  l d m c h i j

νυκτὶ ἐκείνῃ οὐκ εἴασέ με ἰδεῖν· ὅτι εἰ ἤμην ἐκεῖ, οὐκ ἐγίνετο τοῦτο.
14. καὶ εἶπε Ῥαχήλ· Λάβε ἕνα μανδραγόραν, καὶ ἀντὶ τοῦ ἑνὸς ἐκμισθῶ
σοι αὐτὸν ἐν μιᾷ νυκτί. 15. καὶ ἔγνω Ἰακὼβ τὴν Λείαν, καὶ συλλα-
βοῦσά με ἔτεκε· καὶ διὰ τὸν μισθὸν ἐκλήθην Ἰσαχάρ.

II. Τότε ὤφθη τῷ Ἰακὼβ ἄγγελος κυρίου λέγων ὅτι δύο τέκνα
Ῥαχὴλ τέξεται, ὅτι διέπτυσε συνουσίαν ἀνδρὸς καὶ ἐξελέξατο ἐγκράτειαν.
2. καὶ εἰ μὴ Λεία ἡ μήτηρ μου ἀντὶ συνουσίας ἀπέδω τὰ δύο μῆλα,
ὀκτὼ υἱοὺς εἶχε τεκεῖν· διὰ τοῦτο ἓξ ἔτεκε, τοὺς δὲ δύο Ῥαχήλ, ὅτι ἐν
τοῖς μανδραγόροις ἐπεσκέψατο αὐτὴν κύριος. 3. εἶδε γὰρ ὅτι διὰ

εἴασέ — ἰδεῖν] εἴασέ με γνῶναι τοῦτο
  d ἔασα ἰδεῖν m εἴασε τῷ Ἰακὼβ
  ἰδεῖν με c h i j
λέγω γάρ σοι ὅτι εἰ d m ἐπεὶ ἐάν
  c h i j
τοῦτο αὐτῷ (αὐτό h i j) οὐκ ἐγένετο
  c h i j
ἐγένετο l m + σοι d
τοῦτο + καὶ ἔρριψεν αὐτῇ τὸ ἓν
  μανδραγόρον d
14 καὶ[1] — ἑνός] ἀλλ᾿ οὖν ἀντὶ τῶν
  μανδραγόρων c h i j
Ῥαχήλ] αὐτῇ d
ἕνα μανδραγόραν] τὸ ἕν d
ἕνα] μίαν a
καὶ[2] — αὐτόν] τὸν δὲ ἕτερον ἐγὼ ἔχω·
  ἀντὶ δὲ αὐτοῦ κοιμηθήτω μετά
  σου l
τοῦ ἑνός] τὸ ἕν d ταύτης a
ἐκμισθῶ — νυκτί] ἔχε τὸν Ἰακὼβ
  τὴν νύκτα ταύτην d ἐκμισθῶ
  (-θώσω e a) σοι μίαν νύκτα (μιᾷ
  νυκτί e) τῷ Ἰακώβ (τ. Ἰ. <
  e a f) e a f c h i j
ἐν < m
15 καὶ ἔγνω] ἔγνω δέ c h i j
τὴν Λείαν] τῇ νυκτὶ ἐκείνῃ d τῇ
  Λείᾳ c h i j
ἔτεκέ με (ἐμέ d m c h i j) ∾ l d m
  f c h i j ἔτεκε a
καὶ[3] < d
τὸν μισθόν + τῷ μανδραγόρῳ d
  τοῦτον τὸν μισθόν c h i j
ἐκλήθην + ἐγώ l ἐκλήθη m c
Ἰσαχάρ + καὶ πάλιν ἔωθεν ἀντ-
  έστρεψε Λεία καὶ τὸ ἕτερον (sic)
  μανδραγόραν εἰποῦσα τῇ Ῥαχήλ·
  Λάβε καὶ τοῦτο, καὶ ἐκμισθοῦμαι
  αὐτὸν καὶ τῇ νυκτὶ ταύτη. καὶ

ἔλαβε τὰ δύο μῆλα Ῥαχήλ, καὶ
  δέδωκεν αὐτῇ τὸν Ἰακὼβ καὶ
  τῇ ἄλλῃ νυκτί d
II. 1 τότε + οὖν c h i j
τῷ < d
Ἰακώβ] πατρί μου h i j
κυρίου λέγων] κυρίου l κυρίου καὶ
  εἶπεν d m < e a f
ὅτι[1] — τέξεται < d m (v.i.)
δύο < e a f c h i j
τέξει Ῥαχήλ ∾ c h i j
ὅτι[2]] ἐπειδή c h i j
διέπτυσε + Ῥαχήλ d m κατέπτυσε
  c h i j
συνουσίας d
ἐγκράτειαν + αὕτη l + τούτου
  ἕνεκεν δύο τέκνα τέξεται d m (v.s.)
  τὴν ἐγκράτειαν c h i j
2 καὶ — Ῥαχήλ post vs. 3 ∾ d
  (v.i.)
καί + γάρ d m
ἡ Λ. d
ἀπέδοτο (-ντο m) l d m e a f c h i j
  et post μου ∾ a
μῆλα] μίλια m
ὀκτώ] δέκα l ἔτι ὀκτώ c h i j
εἶχε] ἔμελλε c h i j
ἔτεκεν ἕξ ∾ d
ἕξ < l
τοὺς δὲ δύο ἔτεκεν ἡ Ῥαχήλ d καὶ
  Ῥαχήλ (+ καὶ c) τέτοκε τοὺς
  δύο c h i j
δέ < l
ἡ Ῥ. e
ταῖς μανδραγόραις a
αὐτῇ e
ὁ κύριος l d m e a f c h i j
3 οἶδε d

τέκνα ἤθελε συνεῖναι τῷ Ἰακώβ, καὶ οὐ διὰ φιληδονίαν. 4. προσθεῖσα
γὰρ καὶ τῇ ἐπαύριον ἀπέδοτο τὸν Ἰακώβ, ἵνα λάβῃ καὶ τὸν ἄλλον μαν-
δραγόραν. διὰ τοῦτο ἐν τοῖς μανδραγόροις ἐπήκουσε κύριος τῆς Ῥαχήλ ·
5. ὅτι καίγε ποθήσασα αὐτοὺς οὐκ ἔφαγεν, ἀλλὰ ἀνέθηκεν αὐτοὺς ἐν
οἴκῳ κυρίου, προσενέγκασα ἱερεῖ ὑψίστου τῷ ὄντι ἐν τῷ καιρῷ ἐκείνῳ.
III. Ὅτε οὖν ἡδρύνθην, τέκνα μου, ἐπορευόμην ἐν εὐθύτητι καρδίας,
καὶ ἐγενόμην γεωργὸς τῶν πατέρων μου καὶ τῶν ἀδελφῶν μου, καὶ
ἔφερον καρποὺς ἐξ ἀγρῶν κατὰ καιρὸν αὐτῶν,   2. καὶ εὐλόγησέ με ὁ
πατήρ μου βλέπων ὅτι ἐν ἁπλότητι πορεύομαι. 3. καὶ οὐκ ἤμην
περίεργος ἐν ταῖς πράξεσί μου οὐδὲ πονηρὸς καὶ βάσκανος τῷ πλησίον ·
4. οὐ κατελάλησά τινος οὐδὲ ἔψεξα βίον ἀνθρώπου, πορευόμενος ἐν
ἁπλότητι ὀφθαλμῶν. 5. διὰ τοῦτο τριάκοντα ἐτῶν ἔλαβον ἐμαυτῷ
γυναῖκα, ὅτι ὁ κάματος κατήσθιε τὴν ἰσχύν μου · καὶ οὐκ ἐνενόουν ἡδονὴν

φιληδονίαν + vs. 2 καὶ — Ῥαχήλ d
    (v.s.)
4 προσθεῖσα — τοῦτο < d
ἀπέδοντο αὐτῇ m ἀπέδωκε c h (i?) j
τόν¹] τῷ m
ἵνα — τοῦτο < c h i j
λάβῃ post μανδραγόραν ∽ l
τὴν ἄλλην a
διὰ τοῦτο < l m e a f
τοῖς μανδραγόροις + οὖν l m e a f
    (ταῖς μανδραγόραις a) + καί
    c h i j
κύριος τὴν Ῥαχήλ d κύριος τῇ
    Ῥαχήλ m a f c h i j τῇ Ῥ. ὁ
    κύριος ∽ e
5 καίγε + καί e
αὐτάς a τούτους (-τοις c) c h i j
ἀνέθετο l ἐνέθηκεν d ἔθηκεν m
αὐτούς²] ταῦτα l c h (i?) j αὐτά e a f
προσενεγκοῦσα a f προσάξασα c h i j
ἱερῷ l τῷ ἱερεῖ d m c h i j
ὑψίστου < c h i j
τοῦ ὄντος l
τῷ² — ἐκείνῳ] τῷ (< i) τότε χρόνῳ
    c h (i?) j

III. 1 ὅτε οὖν] καὶ ὅτε g ὅταν οὖν l
ἠνδρύνθην (ἐγὼ ἠνδρύνθην d m)
    l d m f h (i?) j + ἐγώ c h i j
τέκνα μου < g
ἐπορεύθην l c h i j
καρδίας + μου d m
τοῦ πατρός l d τῷ πατρί c h i j
τοῖς ἀδελφοῖς c h i j

τοὺς καρποὺς m καρπῶν i
ἐκ τῶν ἀγρῶν g d + αὐτῶν m
κατὰ τοὺς (< e) καιροὺς αὐτῶν
    (< g) g e αὐτῶν (< l m) κατὰ
    καιρόν l d m < a f c h i j
2 καὶ — βλέπων] ὁ δὲ πατήρ μου
    βλέπων ηὐλόγει με h i j
ηὐλόγει g l e f c
βλέπων + με c
ὅτι — πορ.] με ἐν εὐθύτητι πορευό-
    μενον g + ἔμπροσθεν αὐτοῦ c h i j
3 καί¹ < g l d m a f ὅτι e
οὐ γάρ g
εἰμί a c h i j
ἐν — μου < g
πονηρός] φθονερός g d m e a f c h i j
καί²] ἢ g
τῷ πλησίον < g + μου l d a f c h i j
4 τινος + ποτε d ποτέ τινος m +
    πώποτε c h i j
οὐκ ἔψ. (+ ποτε d) d m
πορευόμενος — τοῦτο (vs. 5) < g c h
    i j
ὀφθαλμῶν + μου d m
5 καὶ διά m
τριάκοντα ἐτῶν post γυναῖκα ∽ m
τριάκοντα + καὶ (< e a f) πέντε
    e a f c h i j
ἐμαυτῷ γυναῖκα] τὴν γυναῖκά μου d
ἐμαυτῷ < g m ἑαυτῷ c
διότι g + καί m
ἰσχύν] ψυχήν c
ἐνόουν g m e a f h i j
ἡδονῆς d

γυναικός, ἀλλὰ διὰ τοῦ κόπου ὁ ὕπνος μου περιεγένετο. 6. καὶ πάντοτε
ἔχαιρεν ἐπὶ τῇ ἁπλότητί μου ὁ πατήρ μου. εἴ τι γὰρ ἔκαμνον, πᾶσαν
ὀπώραν καὶ πᾶν πρωτογέννημα πρῶτον διὰ τοῦ ἱερέως κυρίῳ προσέφερον,
ἔπειτα τῷ πατρί μου, καὶ τότε ἐγώ. 7. καὶ κύριος ἐδιπλασίαζε τὰ
ἀγαθὰ ἐν χερσί μου. ᾔδει δὲ καὶ Ἰακὼβ ὅτι ὁ θεὸς συνεργεῖ τῇ ἁπλότητί
μου· 8. παντὶ γὰρ πένητι καὶ παντὶ θλιβομένῳ παρεῖχον τῆς γῆς τὰ
ἀγαθὰ ἐν ἁπλότητι καρδίας.

IV. Καὶ νῦν ἀκούσατέ μου, τέκνα, καὶ πορεύεσθε ἐν ἁπλότητι
καρδίας, ὅτι εἶδον ἐν αὐτῇ πᾶσαν εὐαρέστησιν κυρίου. 2. ὁ ἁπλοῦς
χρυσίον οὐκ ἐπιθυμεῖ, τὸν πλησίον οὐ πλεονεκτεῖ, βρωμάτων ποικίλων
οὐκ ἐφίεται, ἐσθῆτα διάφορον οὐ θέλει, 3. χρόνους μακροὺς οὐχ ὑπο-

κόπου + μου g
ὁ² < l
ὕπνος m
περιεγένετό μοι ∾ g μοι (με d m e)
   περιεγένετο l d m e a c h i j
6 ἔχαιρε πάντοτε (πάντα h i j) ∾
   c h i j
ἐπὶ — μου¹ post μου² ∾ d
μου¹ < m
εἴ τι — ὀπώραν] διότι c h i j
εἴ τι] ἤ m εἶτα a f
γάρ < a
ἔκαμον f
ὀπώραν] ὥραν a f
πᾶν < h i j
πρωτογέννημα (πρὸ τὸ γέννημα m)
   d m f πρῶτον (-τα h i j) γέννημα
   c h i j
πρῶτον — ἱερέως post προσέφερον
   ∾ d
πρῶτον < a c h i j
κυρίου g τῷ κυρίῳ c h i j
ἔπειτα] ἐπί m + καί c h i j
μου³ < e
καί³ — ἐγώ < c h i j
ἐγώ + ἀπήλαυνον g + (ἐξ αὐτῶν
   d) μετελάμβανον d m
7 ὁ κύριος m c h i j
ἐμυριοπλασίασε c h i j
ἀγαθά + αὐτοῦ c h i j
ἐν < a
τῇ (< l) χειρί l d m ταῖς χερσί
   e c h i j
καί² < l
Ἰακώβ + ὁ πατήρ μου c h i j
ὁ < m

συνήργει g συμπράττει l d m
8 πάντα . . . πένητα d m a πάντα
   (πᾶσι h i j) . . . πένησι e f c h i j
πάντα θλιβόμενον d m θλιβομένῳ e
   πᾶσι (< f c h i j) θλιβομένοις
   a f c h i j
τὰ ἀγαθὰ τῆς γῆς ∾ g d ἐκ τῶν
   ἀγαθῶν τῆς γῆς c h i j
καρδίας + μου g d c h i j τῆς
   καρδίας μου l

IV. 1 νῦν + τέκνα μου d
μου < g μοι d
τέκνα < d + μου m
καρδίας + ὑμῶν g c (τῆς l) ψυχῆς
   ὑμῶν l e a f h i j + καὶ ψυχῆς
   ὑμῶν d m
αὐτῇ] ὑμῖν e a f c h i j
πᾶσαν l d m
κυρίου < g κυρίῳ a
2 ὅ] ὅτι m
οὐκ¹ — πλησίον < a f c h i j
τὸν πλούσιον g τοῦ πλησίον l τῶν
   πλησίων m
βρωμάτων ποικίλων] βρ. ποικιλίαν l
   οὐδὲ ὅσα τῶν πλησίων βρώματα
   ποικίλων m
ἐφίεται] ἐπιθυμεῖ g
ἐσθῆτας διαφόρους d m
θέλει] βούλεται d
3 χρόνον m
μακρούς] πολλούς c h i j
οὐχὶ γράφει g οὐκ ἐπιγράφει τοῦ
   c h i j

γράφει ζῆν, ἀλλὰ μόνον ἐκδέχεται τὸ θέλημα τοῦ θεοῦ. 4. καίγε τὰ πνεύματα τῆς πλάνης οὐδὲν ἰσχύουσι πρὸς αὐτόν. οὐ γὰρ εἶδεν ἐπιδέξασθαι κάλλος θηλείας, ἵνα μὴ ἐν διαστροφῇ μιάνῃ τὸν νοῦν αὐτοῦ· 5. οὐ ζῆλος ἐν διαβουλίοις αὐτοῦ ἐπελεύσεται, οὐ βασκανία ἐκτήκει ψυχὴν αὐτοῦ οὐδὲ πορισμὸν ἐν ἀπληστίᾳ ἐννοεῖ· 6. πορεύεται γὰρ ἐν εὐθύτητι ζωῆς, καὶ πάντα ὁρᾷ ἐν ἁπλότητι, μὴ ἐπιδεχόμενος ὀφθαλμοῖς πονηρίας ἀπὸ τῆς πλάνης τοῦ κόσμου, ἵνα μὴ ἴδῃ διεστραμμένως τι τῶν ἐντολῶν τοῦ κυρίου.

V. Φυλάξατε οὖν νόμον θεοῦ, τέκνα μου, καὶ τὴν ἁπλότητα κτήσασθε, καὶ ἐν ἀκακίᾳ πορεύεσθε, μὴ περιεργαζόμενοι ἐντολὰς κυρίου καὶ τοῦ πλησίον τὰς πράξεις· 2. ἀλλ' ἀγαπᾶτε κύριον καὶ τὸν πλησίον, πένητα καὶ ἀσθενῆ ἐλεᾶτε. 3. ὑπόθετε τὸν νῶτον ὑμῶν εἰς τὸ γεωργεῖν καὶ ἐργάζεσθε ἐν ἔργοις γῆς καθ' ἑκάστην γεωργίαν, δῶρα μετ' εὐχαρι-

δέχεται *l*
τοῦ θεοῦ τὸ θέλημα ∽ *d m*
4 καίγε] καί *m*
ἰσχύσωσι *c h i j*
εἰς αὐτόν *l* αὐτῷ *c*
οὐ γάρ] οὐκ *d* οὐδὲν γάρ *a*
εἶδεν] οἶδεν *g l d e f* εἰ *h i j*
ἐπιλέξασθαι *g f* ἐπιδείξασθαι *h i j*
κάλλος γυναικῶν *l* κάλλους θηλείας *d*
ἵνα — ἐν] ἐὰν μή *g* ἵνα μή γε ἐν *d*
μὴ ἐν *i*
μιαίνει *d*
5 ζῆλος — ἐπελεύσεται] ζηλεῖ (ζηλοῖ *h i j*) ἐν διαβουλίοις *c h i j*
τοῖς διαβουλίοις *g* διαβουλίᾳ *l*
αὐτοῦ[1]] αὐτόν *e* αὐτῶν *a*
βάσκανος *e a f c h i j*
τὴν ψυχήν *c h i j*
οὐδέ] οὔτε *g l* οὐ *c h i j*
πορισμόν] περισπασμόν *g l d m e a f c h i j*
ἀπληστίᾳ] ἁπλότητι *c*
6 γάρ] δέ (+ μᾶλλον *l*) *l e a f c h j* < *i*
εὐθύτητι] ἁπλότητι *l c h i j*
ζωῆς] ψυχῆς *g d e a f c h i j*
καί < *e a f c h i j*
ἁπλότητι] εὐθύτητι καρδίας *c h i j*
ἀποδεχόμενος *d*
ὀφθαλμόν (ὀφθαλμούς *l*) πονηρίας *g l* ὀφθαλμοὺς πονηρούς *d m e a f c h i j*
ἵνα — κυρίου < *d*
διεστραμμένα (-η *m*) *g m* ἐστραμ-

μένως *l* διεστραμμένας (-νων *e*) *e a f c h i j*
τι — ἐντολῶν] τῶν ἐντολῶν *g l* τὰς ὁδούς *m f* τὰς ἐντολάς *e a c h i j* τοῦ θεοῦ *g h i j* κυρίου *l m e a f*

V. 1 νόμον κυρίου, τέκνα μου *l m* τέκνα μου, νόμον θεοῦ (κυρίου *d*) ∽ *d e a f c h i j*
μου < *g*
ἀκακίᾳ] ἀληθείᾳ *m*
μή] καί *m*
ἐντολὰς — καί[3] < *c h i j*
ἐντολήν *e a f*
καὶ τῶν πλησίων *g* μηδὲ τῶν πλησίων (τοῦ πλουσίου *m*) *d m*
τὰς πράξεις — πλησίον (vs. 2) < *l*
2 ἀγαπήσατε (+ τόν *c h i j*) κύριον *e a f c h i j*
πλησίον + ὑμῶν *d*
ἀσθενεῖς *m* ὀρφανόν *c*
ἐλεήσατε *g d m e a f c h i j* ἐλεεῖτε *l*
3 ὑποθετετε *g* ὑποτίθετε *e a f c* ἀποτίθετε *h i j*
νῶτον] νοῦν *g* ὦμον *l*
ἐν — γῆς] εργης *m*
τῆς γῆς *g d* < *c h i j*
γεωργίαν] ἡμέραν *m*
δῶρα + τῆς γεωργίας *m*
κυρίῳ μετ' εὐχ. ∽ *l*

στίας κυρίω προσφέροντες· 4. ὅτι ἐν πρωτογενήμασι καρπῶν γῆς εὐλόγησέ σε κύριος, καθὼς εὐλόγησε πάντας τοὺς ἁγίους ἀπὸ Ἄβελ ἕως τοῦ νῦν. 5. οὐ γὰρ δέδοταί σοι ἄλλη μερὶς ἢ τῆς πιότητος τῆς γῆς, ἧς ἐν πόνοις οἱ καρποί· 6. ὅτι ὁ πατὴρ ἡμῶν Ἰακὼβ ἐν εὐλογίαις γῆς καὶ ἀπαρχῶν καρπῶν εὐλόγησέ με. 7. καὶ ὁ Λευὶ καὶ ὁ Ἰούδας ἐδοξάσθη παρὰ κυρίου ἐν υἱοῖς Ἰακώβ· καὶ γὰρ κύριος ἐκλήρωσεν ἐν αὐτοῖς, καὶ τῷ μὲν ἔδωκε τὴν ἱερατείαν, τῷ δὲ τὴν βασιλείαν. 8. αὐτοῖς οὖν ὑπακούσατε, καὶ τῇ ἁπλότητι τοῦ πατρὸς ὑμῶν περιπατήσατε· ὅτι καὶ τῷ Γὰδ ἐδόθη ἀπολέσαι τὰ πειρατήρια τὰ ἐπερχόμενα τῷ Ἰσραήλ.

VI. Οἶδα, τέκνα μου, ὅτι ἐν ἐσχάτοις καιροῖς καταλείψουσιν οἱ υἱοὶ ὑμῶν τὴν ἁπλότητα, καὶ κολληθήσονται τῇ ἀπληστίᾳ· καὶ ἀφέντες τὴν

εὐχαριστίαν *i*
τῷ κυρίῳ προσφέρ. *d* προσφέρ. τῷ
   κυρίῳ ∾ *h i j*
προσφέρετε *g* προσάγετε *m*
4 ὅτι < *g*
προγεννήμασι *d*
τῆς γῆς *g c h i j* < *a*
εὐλόγησε¹] καὶ (< *l d m e f* εὐλογίαν
   h i j) εὐλογήσει *g l d m e f h i j*
σε < *b c* ὑμᾶς (ἡμᾶς *m*) *g d m h i j*
τούς < *c*
ἁγίους] δικαίους *g* + αὐτοῦ *d m*
5 vs. 5 om. *m*
δίδοται *d*
σοι] ὑμῖν *g* ἡμῖν *a* < *c h i j*
ἢ — πιότητος] πλήν *d*
ἢ] εἰ μὴ *e c h i j*
ἧς — καρποί < *d*
ἧς] καί *l* < *e a f c h* (*i?*) *j*
ἐν πόνοις] ἔμπονοι *g*
οἱ καρποί] καρπῶν *e a f c h i j*
6 ὅτι + καί *g m e a f c h i j* καὶ γάρ *d*
Ἰακὼβ ὁ πατήρ μου ∾ *d* ὁ πατήρ
   μου Ἰακώβ *c h i j*
ἐν < *g*
τῆς γῆς *c h i j*
ἐν (< *a*) ἀπαρχαῖς *d m a* ἀπαρχῆς *f*
καρπῶν + κυρίου ἐν υἱοῖς αὐτοῦ *l*
   + γῆς *e a f*
7 καὶ¹ — Ἰακώβ < *l*
ὁ¹ ... ὁ² < *g d m*
ὁ² < *f c*
ἐδοξάσθησαν *d m e a f c h i j*
κυρίου + καί *c h i j*
γάρ < *c h i j*

ὁ κύριος *g l a c h i j*
ἐκληροδότησεν *d m c h i j*
ἐν αὐτοῖς] αὐτοῖς *g* ἡμᾶς *l* αὐτούς
   d m c h i j
τὸν μέν ... τὸν δέ *g* τὸ μέν ...
   τότε δέ *m* τὸ μὲν Λευί ... τῷ
   δὲ Ἰούδα *c*
τὴν ἱερωσύνην *l* τὸ ἱερατεῖον *h i j*
τὸ βασίλειον *m*
8 αὐτοῖς (-τούς *l*) οὖν ὑπηκούσατε
   g l ἀκούσατε οὖν αὐτοῖς *d* αὐτοῖς
   ὑπακούσατε (ὑπηκ. *e*) *e a f* καὶ
   ὑμεῖς οὖν αὐτοῖς (αὐτούς *h i j*)
   ὑπακούετε (ἐπακ. *i*) *c h i j*
καί¹ < *a*
ἁπλότητι + τε *a* + τῆς καρδίας
   ὑμῶν *c* + ἐμοῦ *h* (*i?*) *j*
τοῦ — ὑμῶν] τῆς ζωῆς ὑμῶν *g* τοῦ
   πατρὸς ἡμῶν *l m*
περιπατεῖτε *m c h i j*
ὅτι — Ἰσραήλ < *d*
ὅτι καὶ τόν *g m* τῷ (τόν *h i j*) δέ
   c h i j
τὰ ἐπερχόμενα πειρατήρια *c h i j*
πειρατήρια + πάντα *m*

VI. 1 οἴδατε *m e a f* γινώσκετε οὖν
   c h (*i?*) *j*
τεκνία *g*
ὑμῶν] ἡμῶν *m a*
ἁπλότητα + καὶ τὴν ἀγαθότητα *l*

ἀκακίαν προσπελάσουσι τῇ κακουργίᾳ, καὶ καταλιπόντες τὰς ἐντολὰς
κυρίου κολληθήσονται τῷ Βελιάρ· 2. καὶ ἀφέντες τὸ γεώργιον
ἐξακολουθήσουσι τοῖς πονηροῖς διαβουλίοις αὐτῶν, καὶ διασπαρήσονται
ἐν τοῖς ἔθνεσι, καὶ δουλεύσουσι τοῖς ἐχθροῖς αὐτῶν. 3. καὶ ὑμεῖς οὖν
εἴπατε ταῦτα τοῖς τέκνοις ὑμῶν, ὅπως ἐὰν ἁμαρτήσωσι, τάχιον ἐπιστρέ-
ψουσι πρὸς κύριον· 4. ὅτι ἐλεήμων ἐστὶ καὶ ἐξελεῖται αὐτούς, τοῦ
ἐπιστρέψαι εἰς τὴν γῆν αὐτῶν.

VII. Ἑκατὸν εἰκοσιδύο ἐτῶν εἰμι ἐγώ· καὶ οὐκ ἔγνων ἐπ' ἐμὲ
ἁμαρτίαν εἰς θάνατον. 2. πλὴν τῆς γυναικός μου οὐκ ἔγνων ἄλλην·
οὐκ ἐπόρνευσα ἐν μετεωρισμῷ ὀφθαλμῶν μου· 3. οἶνον εἰς ἀπο-
πλάνησιν οὐκ ἔπιον· πᾶν ἐπιθύμημα τοῦ πλησίον οὐκ ἐπόθησα· 4. δόλος
οὐκ ἐγένετο ἐν καρδίᾳ μου· ψεῦδος οὐκ ἀνῆλθε διὰ τῶν χειλέων μου.
5. παντὶ ἀνθρώπῳ ὀδυνωμένῳ συνεστέναξα καὶ πτωχῷ μετέδωκα τὸν
ἄρτον μου. οὐκ ἔφαγον μόνος· ὅριον οὐκ ἔλυσα· εὐσέβειαν ἐποίησα ἐν

ἀκακίαν + καί m κακίαν h i j
προσπελάσουσι] προσελεύσουσι g
τὴν κακουργίαν m τῇ (τήν h i j)
   πανουργίᾳ (-αν h i j) c h i j
καταλιπόντες — κυρίου] καὶ καταλ.
   τὰς ἐντ. τοῦ κυρίου et post
   Βελιάρ ⁓ g
καταλιμπάνοντες e a c h i j
κυρίου + καί m τοῦ κυρίου h i j
2 τὸ γεωργεῖν g l d m e a f c h i j
ἐπακολουθήσουσι g καὶ ἀκολουθή-
   σουσι m ἐξακολουθοῦσι c
πονηρίοις g < l f
καὶ διαβουλίας c
δουλεύσουσι + ἐν a f
3 ταῦτα post ὑμῶν ⁓ g l αὐτά f
τέκνοις] υἱοῖς g f
ἐάν] ἄν g a f
ἁμαρτῶσι e a f c h i j
τὸν κύριον c i
4 καὶ — αὐτῶν < m
τοῦ — αὐτῶν < a
τοῦ ἐπιστρέψαι] καὶ ἐπιστρέψει g
   ἐπιστρέψαι l + αὐτούς c h i j
τήν < l

VII. 1 ρκε' g καί (< c) ἰδοὺ οὖν ὡς
   ὁρᾶτε ἑκατὸν εἴκοσι καὶ ἕξ c h i j
εἰμι (ἤμην m e) ἐγὼ (< d) σήμερον
   (< e) g d m e ὑπάρχω (-ν h i j)
   c h i j

ἔγνων + τέκνα μου l
ἐπ' ἐμοί g l d < m ἐν ἐμοί e a f c h i j
εἰς θάνατον] γυναικός c γυναικῶν
   h i j
2 γυναικός] συμβίου c h i j
οὐκ¹ — ἄλλην < c h i j
ὀφθαλμῷ c
μου² < e a f
3 ἀποπλάνησιν] ἀπόλαυσιν g
πλησίου m
ἐπόθησα] ἐπεθύμησα g l d m a f c h
   i j
4 ἐγένετο] ἔγνω m
ἐν (< g) τῇ καρδίᾳ g d f c h i j
τῶν < g
5 συνεστέναζον h i -ξον j
τὸν ἄρτον] τὸν νῶτον d τῶν (< i)
   ἄρτων a i ἄρτον c h j
οὐκ¹ — ἔλυσα < c h i j
οὐ βέβρωκα (+ πότε l d m) g l d m
   e a f
ἔλυσα + τινί d ἐλέησα m
ἐποίησα] ἐπόθησα l
ἐν — ἠγάπησα¹ (vs. 6) < l
ἐν — ἀλήθειαν < g

πάσαις ταῖς ἡμέραις μου καὶ ἀλήθειαν. 6. τὸν κύριον ἠγάπησα ἐν πάσῃ τῇ ἰσχύι μου· ὁμοίως καὶ πάντα ἄνθρωπον ἠγάπησα ὡς τέκνα μου. 7. ταῦτα καὶ ὑμεῖς ποιήσατε, τέκνα μου, καὶ πᾶν πνεῦμα τοῦ Βελιὰρ φεύξεται ἀφ᾽ ὑμῶν, καὶ πᾶσα πρᾶξις πονηρῶν ἀνθρώπων οὐ κυριεύσει ὑμῶν, καὶ πάντα ἄγριον θῆρα καταδουλώσεσθε, ἔχοντες μεθ᾽ ἑαυτῶν τὸν θεὸν τοῦ οὐρανοῦ συμπορευόμενον τοῖς ἀνθρώποις ἐν ἁπλότητι καρδίας. 8. καὶ ἐνετείλατο αὐτοῖς ὅπως ἀναγάγωσιν αὐτὸν ἐν Χεβρών, κἀκεῖ αὐτὸν θάψωσιν ἐν τῷ σπηλαίῳ μετὰ τῶν πατέρων αὐτοῦ. 9. καὶ ἐξέτεινε τοὺς πόδας αὐτοῦ καὶ ἀπέθανε, πέμπτος, ἐν γήρει καλῷ, πᾶν μέλος ἔχων ὑγιὲς καὶ ἰσχύων ὕπνωσεν ὕπνον αἰώνιον.

ταῖς < e
καὶ ἀλήθειαν] ἀλήθειαν ἐποίησα d m a f ἀλ. ἠγάπησα e ἀλ. ἐφύλαξα (+ εὐσέβειαν ἠγάπησα c) c h i j
6 ἠγάπησα¹] ἠγάπων ὑπέρ m
ἐν πάσῃ (+ μου τῇ l + ἡ d) ἰσχύι μου (< l) g l d m e f ἰσχύι μου a < c h i j
ὁμοίως + δέ d m < c
καί < l
παντὶ ἀνθρώπων m
ἠγάπησα² < c h i j
ὑπὲρ τὰ τέκνα μου g l d m e a f ἐξ ὅλης τῆς καρδίας (ἰσχύος h i j) μου c h i j
7 καὶ ταῦτα g h i j + πάντα l
καὶ ὑμεῖς post μου ∾ g < l post ποιήσατε (sive ποιεῖτε, v.i.) ∾ d m e a f h i j
ποιεῖτε (et post μου ∾ c) c h i j
καί²] ταῦτα ὑμεῖς ἐὰν ποιεῖτε c
πᾶσαν πρᾶξιν m
ὑμῶν²] ὑμᾶς l ἡμῶν m ἀφ᾽ ὑμῶν c ὑμῖν h i j
καί⁴ — καταδουλώσεσθε < m
καί⁴ < g
πᾶν (πάντα e a f) ... θηρίον (+ θῆρα e) l d e a f c h i j
καταδουλώσασθε g δουλωθήσεται ὑμῖν l οὐκ ἔλθῃ πρὸς ὑμᾶς d καταδουλώσητε (-σεται c) f c h i j et add. περὶ τοῦ χριστοῦ h i j
ἔχοντες — καρδίας < d
μεθ᾽ ἑαυτῶν] μεθ᾽ ὑμῶν c h i j
in marg. (ad θεόν) περὶ χριστοῦ c
οὐρανοῦ + καὶ τῆς γῆς c h (i ?) j
συμπορευόμενοι m e a f h (i ?) j

καρδίας + αὐτοῦ c h (i ?) j
8 καί] ταῦτα εἰπὼν Ἰσαχὰρ τοῖς υἱοῖς αὐτοῦ d m + ταῦτα εἰπὼν c h (i ?) j
αὐτοῖς] τοῖς υἱοῖς αὐτοῦ (+ καὶ ταῦτα εἰπὼν ἐνετείλατο τοῖς j) c h (i ?) j
ἀναγάγωσιν l
εἰς X. g l e a
κἀκεῖ] καί g καὶ ἐκεῖ e
θάψωσιν αὐτόν ∾ c h (i ?) j
αὐτόν² < g
ἐν τῷ σπηλαίῳ < g c h (i ?) j + τῷ διπλῷ d m
αὐτοῦ] αὐτῶν g
9 καί¹] ὡς (+ δέ d) ἐπλήρωσεν ἐντελλόμενος τοῖς υἱοῖς αὐτοῦ d m
ἐξέτεινε — καί² < d
ἐκτείνας g c h (i ?) j
αὐτοῦ < g c
καὶ ἀπέθανε] ἀπέθανε g ἐκοιμήθη c h (i ?) j
πέμπτος < g l d m e a f c h (i ?) j
πᾶν — ὕπνωσεν < c h (i ?) j
πᾶν μέλος] παντελῶς m
ὑγιὲς ἔχων ∾ e
ὑγιῆ l d m
καί³ — αἰώνιον < g
ἰσχύων + καί l < m
in fine add. τῷ δὲ θεῷ ἡμῶν εἴη δόξα d τῷ δὲ θεῷ ἡμῶν πρέπει δόξα εἰς τοὺς αἰῶνας τῶν αἰώνων· ἀμήν. Ἰσαχὰρ υἱὸς Ἰακὼβ ε′, Λείας· ἔζησε δὲ ἔτη ρκβ′ m Ἰσαχὰρ υἱὸς Ἰακὼβ ε′, υἱὸς Λείας ε′· ἔζησεν ἔτη ρκβ′ f

ΔΙΑΘΗΚΗ ΖΑΒΟΥΛΩΝ

ΠΕΡΙ ΕΥΣΠΛΑΓΧΝΙΑΣ ΚΑΙ ΕΛΕΟΥΣ

I. Ἀντίγραφον Ζαβουλών, ὃ διέθετο τοῖς τέκνοις αὐτοῦ ἑκατοστῷ τετάρτῳ καὶ δεκάτῳ ἔτει τῆς ζωῆς αὐτοῦ, μετὰ δύο ἔτη τοῦ θανάτου Ἰωσήφ. 2. καὶ εἶπεν αὐτοῖς· Ἀκούσατέ μου, υἱοὶ Ζαβουλών, προσέχετε ῥήμασι πατρὸς ὑμῶν. 3. ἐγώ εἰμι Ζαβουλών, δόσις ἀγαθὴ τοῖς γονεῦσί μου. ἐν γὰρ τῷ γεννηθῆναί με ηὐξήθη ὁ πατὴρ ἡμῶν ἕως σφόδρα, καὶ τὰ ποίμνια καὶ τὰ βουκόλια, ὅτε ἐν τοῖς ποικίλοις ῥάβδοις εἶχε τὸν κλῆρον. 4. οὐκ ἔγνων, τέκνα μου, ὅτι ἥμαρτον ἐν ταῖς ἡμέραις μου παρεκτὸς ἐννοίας. 5. οὐδὲ μιμνήσκομαι ὅτι παρανομίαν ἐποίησα, πλὴν

tit.: Διαθήκη Ζαβουλὼν περὶ εὐσπλαγχνίας καὶ ἐλέους (καὶ ἐλ. < l + ἑρμηνεύεται Ζαβουλὼν δῶρον f) b l e f Ἕκτη διαθήκη ἀντιγράφου Ζαβουλὼν k Διαθήκης Ζαβουλὼν περὶ ἐλεημοσύνης ς′ g Διαθήκη Ζαβουλὼν υἱοῦ (υἱός m) Ἰακὼβ καὶ (ς′ υἱός m) Λείας ς′ (< m) περὶ εὐσπλαγχνίας καὶ ἐλεημοσύνης (περὶ ἐλέους κγ′ m) d m Ζαβουλὼν a Διαθήκη Ζαβουλὼν τοῦ ἕκτου υἱοῦ Ἰακὼβ καὶ Λείας c h (i?) j

I. capp. I - VII om. k sed add. ἐν ᾗ μετὰ πολλὰς παραινέσεις πρὸς τοὺς υἱοὺς αὐτοῦ εἶπε καὶ περὶ τοῦ χριστοῦ ταῦτα
1 ἀντίγραφον (-α a) + διαθήκης l d m + λόγων e a f c h (i?) j
ὅ] ἧς l ὅσα d m ὧν e a f c h (i?) j
υἱοῖς αὐτοῦ l c h (i?) j + πρὸ τοῦ (πρὶν ἢ c) ἀποθανεῖν αὐτόν (αὐτοῦ m) d m c
ἐν (< e a f) ἑκατοστῷ τετάρτῳ (τέσσαρες l e f τεσσαρακοστῷ a) καὶ δεκάτῳ ἔτει l d m e a f ἐν τῷ ἑκατ. τετ. καὶ δεκάτῳ (καὶ δεκ. < c) ἔτει c h (i?) j
τῆς < e
μετὰ — Ἰωσήφ < g l

δύο] λβ′ b οὖν δύο (< i?) c h (i?) j
τοῦ θανάτου] τῆς τελευτῆς d m
2 καί] καλέσας (+ γάρ m) αὐτούς (τοὺς υἱοὺς αὐτοῦ d m) g d m < c h (i?) j
μου < g + λόγων a
οἱ υἱοί d + ἡμῶν m
προσέχετε — Ζαβουλών (vs. 3) < l
προσέχετε — ὑμῶν] φωνῆς τοῦ πατρὸς ὑμῶν g τοῦ πατρὸς ὑμῶν καὶ προσέχετε τοῖς ῥήμασί μου (ἡμῶν m) d m
τοῦ πατρός c h (i?) j
3 vs. 3 om. g
εἰμι < c h (i?) j
ἀγαθή + ἐγενόμην l + γέγονα c h (i?) j
γεννηθῆναι] τεχθῆναι c h (i?) j
ηὐξήθη l d c h (i?) j
ἡμῶν] μου l d m c h (i?) j < a
ἕως < l d c h (i?) j
ποίμνια] πρόβατα a f c h (i?j)
ὅτε] ὥστε l ὅτι d m
ταῖς ποικίλαις d m e a f c h (i?j)
εἶχον l d c ἔχων h (i?) j
4 ἔγνων m + δέ c h (i?) j
τέκνα μου < g l d m e a f c h (i?) j
μου² < a
5 καὶ οὐδέ l οὐ c h (i?) j
μνήσκομαι g e a c h (i?) j μέμνημαι d f μέμνηταί με m

τὴν ἄγνοιαν ἣν ἐποίησα ἐπὶ τοῦ Ἰωσήφ, ὅτι ἐσκέπασα ἐπὶ τοῖς ἀδελφοῖς μου, μὴ εἰπεῖν τῷ πατρί μου τὸ γενόμενον. 6. καὶ ἔκλαιον πολλὰ ἐν κρυφῇ· ἐφοβούμην γὰρ τοὺς ἀδελφούς μου, ὅτι συνέθεντο πάντες ὁμοῦ, εἴ τις ἐξείποι τὸ μυστήριον, ἀναιρεθῆναι αὐτὸν μαχαίρᾳ. 7. πλὴν ὅτε ἐβούλοντο ἀνελεῖν αὐτόν, πολλὰ διεμαρτυράμην αὐτοῖς μετὰ δακρύων τοῦ μὴ ποιῆσαι τὴν ἀνομίαν ταύτην.

II. Ἦλθον γὰρ Συμεὼν καὶ Γὰδ ἐπὶ τὸν Ἰωσὴφ μετ' ὀργῆς, τοῦ ἀνελεῖν αὐτόν· καὶ πεσὼν ἐπὶ πρόσωπον Ἰωσὴφ ἔλεγεν αὐτοῖς· 2. Ἐλεήσατέ με, ἀδελφοί μου, οἰκτιρήσατε τὰ σπλάγχνα Ἰακὼβ τοῦ πατρὸς ἡμῶν. μὴ ἐπαγάγετε ἐπ'ἐμὲ τὰς χεῖρας ὑμῶν, τοῦ ἐκχέαι αἷμα ἀθῷον, ὅτι οὐχ ἥμαρτον εἰς ὑμᾶς. 3. εἰ δὲ καὶ ἥμαρτον, ἐν παιδείᾳ παιδεύσατέ με· τὴν δὲ χεῖρα ὑμῶν μὴ ἐπενέγκητε διὰ Ἰακὼβ τὸν πατέρα

ἐποίησα² < c h (i?) j
ἐπὶ (εἰς l) Ἰωσήφ g l d m e a f
ἐπέσκηψα l ἐβεβαίωσα d m e a f c h (i?) j
ἐπί² < d m c h (i?) j
τοὺς ἀδελφούς m h (i?) j
τοῦ μή d m
τῷ πατρὶ (τὸν πατέρα c h (i?) j)
ἡμῶν l c h (i?) j
6 καὶ — κρυφῇ] καὶ ἔκλαιον περὶ Ἰωσήφ (+ ἐν κρυφῇ ἡμέρας πολλάς l) g l ἔκλαιον μὲν (οὖν ἐγώ d) περὶ Ἰωσήφ ἡμέρας πολλὰς ἐν κρυφῇ et post μαχαίρᾳ ∽ d m ἀλλ' ἔκλαιον ἐν (< a f) κρυφῇ (+ ἐπί f) ἡμέρας πολλὰς περὶ (διὰ τόν c + τοῦ h (i?) j) Ἰωσήφ e a f c h (i?) j
ἐφοβ. γάρ] ἀλλ' ἐφοβούμην g
τοῖς ἀδελφοῖς μου g αὐτούς d m
ὅτι] ἐπειδὴ γάρ (< m) d m
πάντες ὁμοῦ < l πάντες c h (i?) j
ὅτι εἴ τις l d m f ὅστις c h (i?) j
εἴπῃ g ἐξείπῃ l d m a f c h (i?) j
ἀναιρεθῆναι αὐτόν] ἀναιρεθήσεται d m
μαχαίρᾳ < c h (i?) j
7 πλήν + δέ a + οὖν h (i?) j
ὅτι g d
ἐβούλετο g ἐβουλεύσαντο l
ἀνελεῖν + πλήν m
πολλὰ — Ἰωσήφ² (II 1) < c
πολλὰ — τοῦ] ἐγὼ μετὰ δακρύων παρεκάλουν αὐτούς h (i?) j
διεμαρτυρούμην d
αὐτούς f

τοῦ < l
ἀνομίαν] ἁμαρτίαν h (i?) j

II. 1 ἦλθε g a
ὁ Συμεὼν καὶ ὁ Δὰν καὶ ὁ Γὰδ h (i?) j
ὁ Γὰδ l
ἐπὶ τὸν Ἰωσήφ < g
μετ' ὀργῆς — Ἰωσήφ² < a f
μετ' ὀργῆς < b h (i?) j
τοῦ — αὐτόν < d m
καὶ² — Ἰωσήφ² < h (i?) j
ὁ Ἰωσήφ² l e
ἔλεγεν + γάρ m καὶ ἔλεγεν a f c h (i?) j
αὐτοῖς < d + μετὰ δακρύων c h (i?) j
2 μου < d
τά < g m e a f c h (i?) j
Ἰακώβ post ἡμῶν ∽ l
ἡμῶν] μου m ὑμῶν a
καὶ μὴ ἐπαγάγετε (ἐπάγετε m) d m
μὴ ἐπάγετε h (i?) j
ἐπ' ἐμέ < l c h (i?) j
τοῦ² < g
ἥμαρτον + τι d
εἰς — ἥμαρτον (vs. 3) < l
3 καί < a f
παιδεύσατέ με l d m + ἀδελφοί μου e a f c h i j
καὶ (< c) τὴν χεῖρα m c
ἐπενέγκητε (-ετε d -ατε m) + μοι (ἐπ' ἐμέ g d m) g d m e a f ἐνέγκατε + ἐν φόνῳ ἀδελφοῦ ὑμῶν c h i j

ἡμῶν. 4. ὡς δὲ ἔλεγε τὰ ῥήματα ταῦτα, εἰς οἶκτον ἦλθον ἐγώ, καὶ ἠρξάμην κλαίειν, καὶ τὰ ἥπατά μου ἐξεχύθησαν ἐπ'ἐμέ, καὶ πᾶσα ἡ ὑπόστασις τῶν σπλάγχνων μου ἐχαυνοῦτο ἐπὶ τὴν ψυχήν μου. 5. ἔκλαιε δὲ καὶ Ἰωσὴφ κἀγὼ σὺν αὐτῷ, καὶ ἐβόμβει ἡ καρδία μου, καὶ οἱ ἁρμοὶ τοῦ σώματός μου ἐξέστησαν καὶ οὐκ ἠδυνάμην τοῦ στῆναι. 6. καὶ ἰδών με συγκλαίοντα αὐτῷ, κἀκείνους ἐπερχομένους ἀνελεῖν αὐτόν, κατέφυγεν ὀπίσω μου, δεόμενος αὐτῶν. 7. ἀναστὰς δὲ Ῥουβὴμ εἶπεν· Ἀδελφοί, μὴ ἀποκτείνωμεν αὐτόν, ἀλλὰ ῥίψωμεν αὐτὸν εἰς ἕνα τῶν λάκκων τῶν ξηρῶν τούτων, ὧν ὤρυξαν οἱ πατέρες ἡμῶν καὶ οὐχ εὗρον ὕδωρ. 8. διὰ γὰρ τοῦτο ἐκώλυσε κύριος τοῦ ἀναβῆναι ὕδωρ ἐν αὐτοῖς, ἵνα γένηται περιποίησις τοῦ Ἰωσήφ. 9. καὶ ἐποίησε κύριος οὕτως ἕως οὗ ἐπώλησαν αὐτὸν τοῖς Ἰσμαηλίταις.

ἡμῶν] ὑμῶν d
4 ἔλεγεν + ὀδυρόμενος c h i j
ῥήματα ταῦτα] ἐλεεινὰ ῥήματα g
εἰς — καί¹] μὴ φέρων ἐγὼ τῶν οἰμωγῶν c h i j
ἦλθον — καί¹] ἐλθὼν (ἦλθον d) ἐγώ l d m
ἐξελύθησαν b e a f c h i j
ἐπ' ἐμέ < c h i j
ἡ ὑπόστασις πᾶσα ∾ g + μου καί m πᾶσα ὑπόστασις h i j
μου² < m
ἐπὶ ψυχῆς (τῇ ψυχῇ g m) μου g l m τὴν ψυχήν μου e < c h i j
5 ἔκλαιε — αὐτῷ] ἔκλαιον δὲ σὺν τῷ Ἰωσὴφ c h i j
δέ < d
καί¹ < l d m f
ἐβόμβει] ἐθαμβήθη d m ἐμφόβη ἦν h i j
καί³ — ἐξέστησαν < m
οἱ < h j
ἐξέστησαν] ἔτρεχον c ἔτρεμον h i j
στῆναι οὐκ ἠδυνάμην ∾ g οὐκ ἠδ. στῆναι l d m e a f c h i j
6 καὶ εἶδέν (ἰδών l) με συγκλαίοντα (+ καὶ συνθλίβοντα l) αὐτόν g l ἰδὼν δὲ ὁ (< c) Ἰωσὴφ συγκλ. με αὐτῷ c h i j
κἀκείνος g
ἀνερχομένους g ἀπερχ. m c
τοῦ ἀνελεῖν με καὶ αὐτόν m
καὶ (αὐτὸς δέ m) κατέφυγεν g m
ὄπισθεν c h i j

αὐτοῖς g d αὐτούς m τῆς πρὸς αὐτὸν βοηθείας c h i j
7 ἀναστὰς δέ] ἀναστάς m ἐν δὲ τῷ μεταξὺ ἀναστάς c h i j
εἶπεν + αὐτοῖς a + δεῦτε c h i j
ἀδελφοί + μου g c h i j
ῥίψωμεν] ῥήξωμεν g βάλλομεν c
αὐτόν² < l
ἕνα τῶν ξηρῶν λάκκων τούτων, ὧν l c h i j τὸν λάκκον τὸν ξηρόν, τόν m
ὧν — Ἰωσήφ (vs. 8) < g
ὕδωρ + τοῦτο δὲ εἶπεν, βουλόμενος λάθρα τοῦ λάκκου ἐξαγαγεῖν καὶ διασῶσαι αὐτὸν πρὸς τὸν πατέρα ἡμῶν l + ἐν αὐτοῖς h i j
8 διὰ — ὕδωρ < c
ὁ κύριος h i j
τοῦ μὴ ἀναβῆναι (ἀναβλῦσαι h i j) ὕδωρ l h i j τοῦ εὑρεθῆναι ὕδωρ d ὕδωρ ἀναβῆναι e a f
γένωνται περιποιήσεις (εἰς περιποίησιν l d) l d h i j
τῷ Ἰωσήφ d e a f c h i j
9 καὶ — οὗ] ὁ καὶ ἐποίησαν καὶ εἶθ' οὕτως g καὶ ἐποίησαν οὕτως ἕως οὗ (ὅτου c h i j) d c h i j
ἕως — Ἰσμαηλίταις et III 1-5 om. m
ἐπώλησαν] πέπρακαν et post Ἰσμαηλίταις ∾ a ἔπρασαν f
Ἰσραηλίταις c

III. Καὶ γὰρ τῆς τιμῆς τοῦ Ἰωσήφ, τέκνα, ἐγὼ οὐκ ἐκοινώνησα,
2. ἀλλὰ Συμεὼν καὶ Γὰδ καὶ οἱ ἄλλοι ἐξ ἀδελφοὶ ἡμῶν λαβόντες τὴν
τιμὴν τοῦ Ἰωσὴφ ἐπριάσαντο ὑποδήματα ἑαυτοῖς καὶ ταῖς γυναιξὶν
αὐτῶν καὶ τοῖς τέκνοις αὐτῶν, εἰπόντες· 3. Οὐ φαγόμεθα αὐτήν, ὅτι
τιμὴ αἵματος τοῦ ἀδελφοῦ ἡμῶν αὕτη, ἀλλὰ καταπατήσει καταπατήσωμεν
αὐτήν, ἀνθ᾽ ὧν, εἶπε βασιλεύειν ἐφ᾽ ἡμᾶς· καὶ ἴδωμεν, τί ἔσται τὰ ἐνύπνια
αὐτοῦ. 4. διὰ τοῦτο ἐν γραφῇ νόμου Ἐνώχ γέγραπται, τὸν μὴ θέλοντα
ἀναστῆσαι σπέρμα τῷ ἀδελφῷ αὐτοῦ ὑπολυθήσεσθαι τὸ ὑπόδημα καὶ
ἐμπτύεσθαι εἰς τὸ πρόσωπον. 5. καὶ οἱ ἀδελφοὶ Ἰωσὴφ οὐκ ἠθέλησαν
εἰς ζωὴν ἀδελφοῦ αὐτῶν, καὶ κύριος ὑπέλυσεν αὐτοὺς τὸ ὑπόδημα Ἰωσήφ.
6. καὶ γὰρ ἐλθόντες ἐν Αἰγύπτῳ ὑπελύθησαν ὑπὸ τῶν παίδων Ἰωσήφ

III. 1 vs. 1] τῆς δὲ τιμῆς Ἰωσήφ
    μὴ γένοιτό μοι κοινωνῆσαι g
    καὶ — Ἰωσήφ] καὶ ἐκ τῆς τιμῆς
        αὐτοῦ d εἰς (καί e a f) γὰρ τὸ
        τίμημα (τῷ τιμήματι e) αὐτοῦ
        (τοῦ Ἰωσήφ e a f) e a f c h i j
    τέκνα μου, οὐκ ἐκοινώνησα l ἐγὼ
        οὐκ ἐκοινώνησα, τέκνα μου (<
        e a f) ∾ e a f c h i j
2 ἀλλὰ Συμεών] Σ. δέ g
    Γάδ] ὁ Δὰν καὶ ὁ Γὰδ c h i j
    καὶ² — ἡμῶν < g καὶ οἱ ἄλλοι ἐξ
        τῶν ἀδελφῶν μου d καὶ οἱ ἀδελφοὶ
        (< f) ἐξ ἀδελφοὶ ἡμῶν καί e a f
        καὶ τὰ τέκνα αὐτῶν καί c h i j
    λαβόντα i
    τοῦ Ἰωσήφ] Ἰωσήφ g αὐτῶν c
        αὐτοῦ h i j
    ἐπρίαντο g e a f ἐπῆραν l ἠγόρασαν d
    ἑαυτοῖς ὑποδήματα ∾ d
    ἑαυτοῖς] αὐτοῖς g
    αὐτῶν² < d
3 καὶ οὐ φαγόμεθα αὐτήν post αὕτη
        ∾ a
    αὐτήν¹] ἐξ αὐτῆς g αὐτά l
    ὅτι] ἐπειδή l
    τιμὴ αἵματος + ἐστίν e a f h i j
        τιμή ἐστιν αἵματος c
    τοῦ < g e a f
    αὕτη] ἐστίν g l d < c h i j
    καταπατήσει < l d h i j
    αὐτήν² + γε a
    εἶπεν ὅτι (< h i j) βασιλεύσει g l d e
        a f h i j
    βασιλεῦσαι c
    εἴδωμεν b l
    ἐστί l a f c

τὸ ἐνύπνιον d
4 διὰ τοῦτο + οὖν c h i j
    νόμου < d
    Ἐνώχ] Μωυσέως c h i j
    ἀποστῆναι τό d ἀναστῆναι c
    σπέρμα ἀναστῆσαι ∾ a f
    τῷ ἀδελφῷ αὐτοῦ σπέρμα ∾ l
    ὑπολύεσθαι g c h i j ὑποληφθήσεσθαι
        d ὑποδεθήσεσθαι e f ὑποδήσε-
        σθαι a
    τὸ ὑπόδημα — αὐτούς (vs. 5) < g
    ὑπόδημα + αὐτοῦ c h i j
    πρόσωπον + κατὰ τοῦτον δὴ τὸν
        νόμον d
5 καὶ¹ — Ἰωσήφ¹ < d
    Ἰωσήφ¹] ἡμῶν l τοῦ Ἰ. c h i j
    οὐκ ἤθελον a < f
    εἰς — αὐτῶν] τῆς ζωῆς τοῦ ἀδελφοῦ
        ἡμῶν Ἰωσήφ l τὴν ζωὴν Ἰωσήφ
        τοῦ ἀδελφοῦ αὐτῶν d ζωὴν
        ἀδελφοῦ αὐτῶν (αὐτοῖς i) a f c h
        i j
    καὶ² — Ἰωσήφ² < d h i j
    κύριος — αὐτούς] ἐπεὶ οὐκ ἠθέλησαν,
        ὑπέλυσεν αὐτοῖς κύριος l κύριος
        ὑπέλυσεν αὐτοῖς a ὁ κύριος
        ἐπέδυσεν αὐτούς c
    Ἰωσήφ²] ὃ ἐφόρεσεν g ὃ ἐφόρεσαν
        κατὰ Ἰωσήφ τοῦ ἀδελφοῦ αὐτῶν
        l e a f c
6 καὶ ἡμεῖς γὰρ ἐλθόντες εἰς Αἴγυπ-
        τον πρὸς Ἰωσήφ ὑπελύθημεν g
    ὑπελύθησαν — αὐτοῦ (vs. 7) < m
    ἀπελύθησαν ὑπὸ τῶν παίδων (ἀπὸ
        τῶν ποδῶν c) l c h (i?) j
    τοῦ Ἰωσήφ¹ l d

ἔμπροσθε τοῦ πυλῶνος, καὶ οὕτως προσεκύνησαν τῷ Ἰωσὴφ κατὰ τὸν τύπον τοῦ Φαραώ. 7. οὐ μόνον δὲ προσεκύνησαν αὐτῷ, ἀλλὰ καὶ ἐνεπτύσθησαν παραχρῆμα, πεσόντες ἔμπροσθεν αὐτοῦ· καὶ οὕτως ἠσχύνθησαν ἔμπροσθε τῶν Αἰγυπτίων. 8. μετὰ ταῦτα γὰρ ἤκουσαν οἱ Αἰγύπτιοι πάντα τὰ κακὰ ἃ ἐποιήσαμεν τῷ Ἰωσήφ.

IV. Μετὰ ταῦτα ἔλαβον ἐσθίειν ἐκεῖνοι. 2. ἐγὼ γὰρ δύο ἡμέρας καὶ δύο νύκτας οὐκ ἐγευσάμην, σπλαγχνιζόμενος ἐπὶ Ἰωσήφ. καὶ Ἰούδας οὐ συνέτρωγεν αὐτοῖς· προσεῖχε δὲ τῷ λάκκῳ, ὅτι ἐφοβεῖτο μὴ ἀποπηδήσαντες Συμεὼν καὶ Γὰδ ἀνέλωσιν αὐτόν. 3. καὶ ὁρῶντες κἀμὲ μὴ

ἔμπροσθε] ἔξωθεν c h (i?) j
προσεκύνησαν — Ἰωσήφ²] προσεκυνήσαμεν g προσελθόντες (συνελθόντες d) προσεκύνησαν αὐτῷ (αὐτόν d) l d
τῷ] τόν h (i?) j
τοῦ (< l d a c h (i?) j) βασιλέως (-έων h (?) j -έα i (?)) Φαραώ l d e a f c h (i?) j
7 οὐ — αὐτῷ < g
αὐτῷ < d αὐτόν a f h (i?) j
ἐνεπτύσθησαν (-θημεν g) παρὰ σχῆμα, πεσόντες ἔμπροσθεν αὐτοῦ (ἔμπρ. αὐτοῦ παρὰ σχῆμα πεσόντες ∞ g) g e a c h (i?) j
οὕτως — ἔμπροσθε²] οὕτως ἠσχύνθημεν ἐνώπιον g ἠσχύνθησαν παρὰ (ὑπό h (i?) j) c h (i?) j
τῶν Αἰγυπτίων] αὐτοῦ l Αἰγυπτίων a f
8 vs. 8 om. g
μετὰ ταῦτα < d c h (i?) j
γὰρ ἤκουσαν] ἤκουσαν l ἐν τῷ ἀκοῦσαι d ἤκουσαν γὰρ ∞ c h (i?) j
οἱ Αἰγύπτιοι < d c h (i?) j
πάντα — Ἰωσήφ] καὶ πάντα (καὶ π. < c (i?)) ὅσα ἐνεδείξαντο αὐτῷ κακά c h (i?) j
πεποιήκαμεν l d m ἐνεδειξάμεθα e Ἰωσήφ + καὶ σκληρὸν ἐφάνη αὐτοῖς l

IV. 1 vs. 1] καὶ (< b e a) μετὰ ταῦτα ἔβαλον (ἔβαλλον e f) ἐσθίειν ἐκεῖνοι b e a f μετὰ δὲ (καὶ μετὰ l ἀλλὰ τότε γὰρ μετὰ d μετὰ γὰρ m) τὸ βάλλειν (βληθῆναι l d m)

αὐτὸν (τὸν Ἰωσήφ l) εἰς τὸν λάκκον (ἐν τῷ λάκκῳ l) ἤρξαντο (ἐκάθισαν d ἔλαβον m) ἐσθίειν οἱ ἀδελφοί μου g l d m μετὰ δὲ τὸ πραθῆναι αὐτόν ἐκάθισαν οἱ ἀδελφοί μου (αὐτοῦ h (i?) j) ἐσθίειν καὶ πίνειν c h (i?) j
2 γάρ < g δέ l d m c h (i?) j
δύο¹ — νύκτας < c h (i?) j
δύο² < a
οὐκ ἐγευσάμην + ἄρτον l οὐκ ἔφαγον c h (i?) j et post Ἰωσήφ ∞ c
σπλαγχνιζόμενος — Ἰωσήφ < l
ἐπὶ Ἰωσήφ] ἐπ' αὐτόν g ἐπὶ (< c h (i?) j) τὸν Ἰωσήφ m c h (i?) j
καὶ² — αὐτοῖς < c h (i?) j
ὁμοίως δὲ καὶ Ἰούδας οὐ συνέτρωγεν (συνήσθιεν l) l d m
προσεῖχε — λάκκῳ < l ἀλλὰ τῷ λάκκῳ προσεῖχεν d m
προσεσχων c προσέχων h (i?) j
ὅτι — Γάδ] ἐφοβεῖτο (ἐφοβούμεθα l ἐφοβήθη m) γὰρ μήπως ἀποπηδήσαντες Συμεὼν καὶ Γάδ (ἀποπ. — Γάδ < l) l d m ἐπειδὴ (+ δέ h (i?) j) ἐφοβεῖτο Ἰούδας μήπως ἀποπηδήσαντες (ἀποπηδήσωσιν c) Συμεὼν καὶ ὁ Δὰν καὶ ὁ Γάδ c h (i?) j
ἀποπηδήσαντες] ἀποδημήσαντος αὐτοῦ g
ἀνελθῶσιν αὐτῷ m
3 καὶ — αὐτόν < g καὶ ἰδόντες με ἄσιτον ὄντα, προσετάγην παρ' αὐτῶν φυλάττειν τὸν Ἰωσήφ l
καὶ — κἀμέ] ὁρῶντές με δέ c h (i?) j
μή < c

ἐσθίοντα, ἔθεντό με τηρεῖν αὐτὸν ἕως οὗ ἐπράθη. 4. ἐποίησε δὲ ἐν
τῷ λάκκῳ τρεῖς ἡμέρας καὶ τρεῖς νύκτας, καὶ οὕτως ἐπράθη ἄσιτος.
5. καὶ ἀκούσας Ῥουβὴμ ὅτι ἐπράθη ἀπόντος αὐτοῦ, περισχισάμενος
ἐθρήνει λέγων· Πῶς ὄψομαι τὸ πρόσωπον Ἰακὼβ τοῦ πατρός μου;
6. καὶ λαβὼν τὸ ἀργύριον κατέδραμε τοῖς ἐμπόροις, καὶ οὐδένα εὗρεν·
ἀφέντες γὰρ τὴν ὁδὸν τὴν μεγάλην ἐπορεύθησαν διὰ Τρωγλοκολπιτῶν
ἐν τῇ συντόμῳ. 7. καὶ οὐκ ἔφαγε Ῥουβὴμ ἄρτον ἐν τῇ ἡμέρᾳ ἐκείνῃ.
προσελθὼν οὖν Δὰν εἶπεν αὐτῷ· 8. Μὴ κλαῖε μηδὲ πένθει· εὗρον
γὰρ τί εἴπωμεν τῷ πατρὶ ἡμῶν Ἰακώβ. 9. θύσωμεν χίμαρον αἰγῶν,
καὶ ἐμβάψωμεν τὸν χιτῶνα Ἰωσήφ, καὶ ἐροῦμεν· Ἐπίγνωθι εἰ χιτὼν

με < h (i?) j
εἰς τὸ (εἰς τό < m) διατηρεῖν αὐτόν
(αὐτῷ m) d m
πραθῇ l m ἀπεδόθη τοῖς Ἰσμαηλί-
ταις c ἀπεδόθη ὁ ὅσιος h (i?) j
4 vs. 4 om. c h (i?) j
δέ < d
τρεῖς ἡμέρας ἐν τῷ λάκκῳ ∾ l
ἄσιτος καὶ οὕτως ἐπράθη ∾ g
5 καὶ οὕτως Ῥουβὴμ ἀκούσας m
ἐλθὼν δὲ (+ ὁ h (i?) j) Ῥουβὴμ
καὶ ἀκούσας c h (i?) j
ἐπράθη post αὐτοῦ ∾ l < c
αὐτῷ c
περισχισάμενος — μου et vss. 6-13
om. m
περιεσχίσαντο (διέρρηξε l -ίσατο
h (i?) j) τὸν χιτῶνα αὐτοῦ (τὸν
ἑαυτοῦ χιτῶνα καί l) θρηνῶν
ἔλεγεν (καὶ λέγων h (i?) j) l c h
(i?) j
περισχισάμενος + τὰ ἱμάτια αὐτοῦ d
ἐθρήνησε g
οἴμοι πῶς d
τοῦ πατρός μου Ἰακώβ ∾ l d c h
(i?) j
μου] ἡμῶν a
6 λαβὼν — εὗρεν] ἀναλαβὼν τὴν
τιμὴν τοῦ Ἰωσὴφ κατεδίωξε τοὺς
ἐμπόρους ὅπως στρέψῃ αὐτόν l
ἀργύριον] τίμημα d
καὶ καταδραμών a f
ὀπίσω τοῖς ἐμπόροις (τῶν ἐμπόρων
g) g c h (i?) j
καὶ οὐχ εὗρεν αὐτούς d καὶ (< f)
οὐδὲν εὑρὼν (εὗρεν f) a f μὴ
εὑρὼν δὲ αὐτοὺς ὑπέστρεψεν ὀδυ-

ρόμενος (ὀδυνώμενος h (i?) j)
c h (i?) j
ἀφέντες — μεγάλην] ἐκεῖνοι δὲ τὴν
ὁδὸν τὴν μεγάλην ἀφέντες l κατα-
λειπόντες (-λιπόντες h (i?) j) δὲ
(γάρ h (i?) j) οἱ ἔμποροι τὴν
πλατείαν ὁδόν c h (i?) j
γάρ < a
τὴν¹ — μεγάλην] τὴν βασιλικὴν
ὁδόν d
ἐπορεύθησαν] διόδευσαν c
Τρωγλοκολπιτῶν] στρογκαλων κολ-
πη g Τρωγλοδύτων a f c h (i?) j
τῇ συντόμῳ] συντόμῳ (συντομία
h (i?) j) l c h (i?) j + ἣν δὲ ὁ
Ῥουβὴμ λυπούμενος c h (i?) j
7 ἔφαγεν ὁ Ῥουβήμ l ἔφαγεν (-ον
e c) d e a f c h (i?) j
Ῥουβήμ — ἐκείνῃ] ἄρτον τὴν
ἡμέραν ἐκείνην Ῥουβήμ g
ἐν ἐκείνῃ τῇ ἡμέρᾳ ∾ c h (i?) j
προσελθὼν οὖν] καὶ ἐλθὼν g
ὁ Δάν e a c h (i?) j
εἶπεν] λέγει g
8 πένθει] λυποῦ c h (i?) j
εὕρομεν c h (i?) j
τί εἴπωμεν] πρόφασιν εἰπεῖν l
ἡμῶν Ἰακώβ < g
Ἰακώβ < c h (i?) j
9 θύσωμεν + γάρ l + μαχαίρᾳ
(-ροις e) e a f c h (i?) j
ἐμβάψωμεν — καί²] τὸν χιτῶνα τοῦ
Ἰωσὴφ ἐμβάψαντες l
ἐμβάψωμεν] μολύνωμεν c h (i?) j
ἐροῦμεν] ἀποστείλωμεν αὐτὸν τῷ
Ἰακὼβ λέγοντες c h (i?) j
εἰ (< d e c h (i?) j) ὁ d e f c h (i?) j

τοῦ υἱοῦ σού ἐστιν οὗτος· καὶ ἐποίησαν οὕτως. 10. τὸν γὰρ χιτῶνα
τοῦ πατρὸς ἡμῶν ἐξέδυσαν τὸν Ἰωσὴφ ἐν τῷ μέλλειν πιπράσκειν αὐτόν,
καὶ ἐνέδυσαν αὐτὸν ἱμάτιον παλαιὸν δούλου. 11. τὸν δὲ χιτῶνα εἶχε
Συμεών, καὶ οὐκ ἤθελε δοῦναι αὐτόν, θέλων τῇ ῥομφαίᾳ αὐτοῦ κατακόψαι
αὐτόν, ὀργιζόμενος ὅτι ἔζησε καὶ οὐκ ἀνεῖλεν αὐτόν. 12. ἀναστάντες
δὲ κατ' αὐτοῦ πάντες ὁμοῦ εἴπομεν ὅτι ἐὰν μὴ δῷς, ἐροῦμεν ὅτι σὺ μόνος
ἐποίησας τὸ πονηρὸν ἐν Ἰσραήλ. 13. καὶ οὕτως δίδωσιν αὐτόν, καὶ
ἐποίησαν καθὼς εἶπεν ὁ Δάν.

V. Καὶ νῦν, τέκνα μου, ἀναγγελῶ ὑμῖν τοῦ φυλάσσειν τὰς ἐντολὰς
κυρίου, καὶ ποιεῖν ἔλεος ἐπὶ τὸν πλησίον, καὶ εὐσπλαγχνίαν πρὸς πάντας
ἔχειν, οὐ μόνον πρὸς ἀνθρώπους, ἀλλὰ καὶ εἰς ἄλογα. 2. διὰ γὰρ

ἐστι τοῦ υἱοῦ σου ∾ g
ἐστιν < l
οὗτος < c h (i?) j
καὶ³ — οὕτως < b
10 vs. 10] ἐν γὰρ τῷ μέλλειν πιπρά-
σκειν τὸν Ἰωσὴφ ἐκδύσαντες
αὐτὸν τὸν χιτῶνα τοῦ πατρὸς
ἐνέδυσαν παλαιὸν δουλικόν g ὅταν
δὲ ἠβουλήθησαν πιπρᾶσαι αὐτόν,
ἐξέδυσαν τὸν χιτῶνα τὸν ποικίλον
καὶ ἐνέδυσαν ἱμάτιον παλαιὸν ἐν
σχήματι δούλου d
τοῦ — Ἰωσήφ] τοῦ Ἰωσὴφ ὃν ἐν-
έδυσεν αὐτῷ ὁ πατὴρ ἡμῶν, ἐξέδυ-
σαν καὶ ἔλαβον l
τοῦ πατρὸς ἡμῶν < f c h (i?) j
τῷ Ἰωσήφ c
μέλλειν < c h (i?) j
πιπρᾶσθαι l πιπράσκεσθαι e a f
αὐτόν¹ < a
παλαιὸν δούλου] δουλικόν c h i j
11 τὸν — Συμεών] ἔλαβε δὲ (< h i j)
Συμεὼν τὸν χιτῶνα c h i j
χιτῶνα + αὐτοῦ l
ὁ Συμεών g
καὶ¹ — αὐτόν¹ < g
αὐτὸν¹ — αὐτόν² < l
αὐτόν¹] αὐτῷ a c
θέλων + ἐν d ἐβούλετο γάρ c h i j
αὐτοῦ < g c h i j
κατακόψαι — αὐτόν³] αὐτὸν διελεῖν
ἀντὶ Ἰωσὴφ καὶ οὐκ ἐδίδου
αὐτόν g
ὅτι — αὐτόν³] τοῖς ἀδελφοῖς διὰ τὸ
μὴ ἀναιρεθῆναι τὸν Ἰωσήφ l
ἔζησε καὶ < c h i j
12 ἀναστάντες δέ] καὶ ἀναστάντες l
ἀναστάντες οὖν d

πάντες ὁμοῦ κατ' αὐτοῦ ∾ g κατ'
αὐτοῦ l πάντες c h i j
εἴπομεν (εἶπον l) + αὐτῷ l c h i j
ὅτι¹ < g
δῷς + τὸν χιτῶνα l c h i j δῶ
αὐτόν d
ἐροῦμεν (εἴπωμεν c h i j) + τῷ
πατρί (+ ἡμῶν c h i j) g c h i j
μέλλομεν εἰπεῖν l
σύ < g
πονηρόν + τοῦτο c h i j
ἐν Ἰσραήλ] ἐνώπιον κυρίου a
13 καὶ οὕτως] τότε g καὶ (τότε d)
φοβηθεὶς l d
δίδωσιν — καί²] δοὺς αὐτόν g
δέδωκεν l c h i j
αὐτόν + αὐτοῖς (αὐτοῖς αὐτόν ∾ a)
e a f c h i j
εἶπε (συνεβουλεύσατο αὐτοῖς l)
Δάν l d

V. 1 νῦν] ἰδού g
παραγγελῶ (-έλλω c) l c h i j ἀν-
αγγέλλω a
τοῦ < l
τάς < g
τοῦ κυρίου (θεοῦ c) m c h i j
ἐπί] μετά e
πλησίον + αὐτοῦ g
ἔχειν πρὸς (ἐπί g) πάντας ∾ g d m
e a f c h i j
ἔχειν < l
εἰς (πρὸς τούς l) ἀνθρώπους l e a f
ἐν ἀνθρώποις c h i j
καὶ πρὸς ἄλογα (τὰ ζῷα l) g l καὶ
εἰς τὰ ἄλογα ὑμῶν d καὶ ἐν
ἀλόγοις ζώοις c h i j

ταῦτα εὐλόγησέ με κύριος, καὶ πάντων τῶν ἀδελφῶν μου ἀσθενούντων ἐγὼ ἄνοσος παρῆλθον· οἶδε γὰρ κύριος ἑκάστου τὴν προαίρεσιν. 3. ἔχετε οὖν ἔλεος ἐν σπλάγχνοις ὑμῶν, τέκνα μου, ὅτι ὡς ἄν τις ποιήσῃ τῷ πλησίον αὐτοῦ, οὕτως καὶ ὁ κύριος ποιήσει αὐτῷ. 4. καὶ γὰρ οἱ υἱοὶ τῶν ἀδελφῶν μου ἠσθένουν, ἀπέθνησκον διὰ Ἰωσήφ, ὅτι οὐκ ἐποίησαν ἔλεος ἐν σπλάγχνοις αὐτῶν· οἱ δὲ ἐμοὶ υἱοὶ ἄνοσοι διεφυλάχθησαν, ὡς οἴδατε. 5. καὶ ὅτε ἤμην ἐν γῇ Χανάαν, εἰς παράλιον ἐθήρευον θήραν ἰχθύων Ἰακὼβ τῷ πατρί μου· καὶ πολλῶν ἀγχομένων ἐν τῇ θαλάσσῃ ἐγὼ ἀβλαβὴς διέμεινα.

VI. Πρῶτος ἐγὼ ἐποίησα σκάφος ἐν θαλάσσῃ ἐπιπλέειν, ὅτι κύριος ἔδωκέ μοι σύνεσιν καὶ σοφίαν ἐν αὐτῷ· 2. καὶ καθῆκα ξύλον ὄπισθεν αὐτοῦ, καὶ ὀθόνην ἐξέτεινα ἐν ὀρθῷ ξύλῳ ἐν μέσῳ· 3. καὶ ἐν αὐτῷ

---

2 με < j
ὁ κύριος[1] c h i j
πάντων post ἀσθενούντων ∞ l
ἐγὼ — παρῆλθον] ἐγὼ δὲ ἐτηρούμην
  ἄνοσος l + τὸν βίον d
εἶδε c h i j
ὁ κύριος[2] g h i j
τὴν προαίρεσιν ἑκάστου ∞ l
3 ἔχετε οὖν] ἔχετε e f < a
ἐν τοῖς σπλάγχνοις (εὐσπλάγχνοις d)
  ὑμῶν (< d) g d m e a f ἐπὶ τὸν
  πλησίον ὑμῶν l
τέκνα μου] τοῦτο εἰδότες d τέκνα m
  < c h i j
ὅτι ὃς (ὅσα d < e a εἴ τι f c h i j) ἄν
  (ἐάν e a f) τις (< d m e a f c h i j)
  ποιήσῃ (-σοι m -ῃς c + τις h j
  -σοι τις i) g d m e a f c h i j ὡς
  γὰρ ἄν τις ποιήσῃ l
τῷ — ποιήσει ∞ l
ἐπὶ τὸν πλησίον l
καὶ (< c) κύριος a c
ποιήσει] ἀνταποδώσει l ποιεῖ h i j
αὐτῷ] αὐτόν g μετ᾽ αὐτοῦ (-ῶν j)
  c h i j
4 οἱ[1] < c
ἠσθένουν + καί g l d m c h i j
διὰ Ἰωσήφ] διὰ τὴν ἐν τῷ Ἰωσήφ
  γεναμένην (γενομένην l m) παρὰ
  (περί m) τῶν πατέρων αὐτῶν
  (αὐτοῦ m) παρανομίαν (+ καὶ
  ἀσπλαγχνίαν l) l d m
ὅτι — αὐτῶν < l
ἐποίησεν h j

ἐν τοῖς σπλάγχνοις αὐτῶν m μετ᾽
  αὐτῶν c εἰς αὐτόν h i j
ἐμοὶ οἱ υἱοί m υἱοί μου e a f
διεφυλάχθητε g
καθὼς οἴδατε (εἴδατε h i j) c h i j
5 ὅταν h i j
ἐν τῇ Χ. b εἰς γῆν Χ. g l
τὴν παράλιον (-ίαν l c h i j) g l d m
  e a f c h i j
θήρα b m f
ἰχθύων < a c h i j
Ἰακώβ < g
τῷ πατρί (τοῦ πατρός m) ἡμῶν d m
ἀγχομένων] βλαπτομένων l ἀχομέ-
  νων m αἰσχωμένων h i j
ἔμεινα g διετηρούμην l διέμεινον f
  διέμενον c h i j

VI. 1 πρῶτον m + οὖν c h i j
ἐποίησα] ἐπενόησα l
σκάφος ἐπιπλέειν (πλέειν σκάφος g
  σκάφην ἐπιπλέον d) ἐν (+ τῇ
  g m a c) θαλάσσῃ ∞ g l d m e a f
  c h i j
ὅτι] καί l
σοφίαν καὶ σύνεσιν ∞ g
ἐν ἑαυτῷ h i j
2 καθῆκαν d καθεῖρξα (-ας i) c h i j
ἐν ὀρθῷ ξύλοις g ὀρθὴν ἐν ξύλῳ l ἐν
  ἑτέρῳ ξύλῳ ὀρθῷ c h i j
ἐν μέσῳ + αὐτοῦ l d m + τοῦ
  αἰγιαλοῦ h i j
3 καὶ + ἤμην g l d m e a f c h i j
ἐν αὐτῷ < c

διαπορευόμενος τοὺς αἰγιαλοὺς ἡλίευον ἰχθύας οἴκῳ τοῦ πατρός μου ἕως ἤλθομεν εἰς Αἴγυπτον· 4. καὶ ἐκ τῆς θήρας μου παντὶ ἀνθρώπῳ ξένῳ σπλαγχνιζόμενος ἐδίδουν. 5. εἰ δὲ ἦν ξένος, ἢ νοσῶν, ἢ γηράσας, ἑψήσας τοὺς ἰχθύας καὶ ποιήσας αὐτὰ ἀγαθῶς, κατὰ τὴν ἑκάστου χρείαν προσέφερον πᾶσι, συνάγων καὶ συμπάσχων. 6. διὰ τοῦτο καὶ ὁ κύριος πολὺν ἰχθὺν ἐποίησέ μοι θήραν. ὁ γὰρ μεταδιδοὺς τῷ πλησίον λαμβάνει πολλαπλασίονα παρὰ κυρίου. 7. πέντε ἔτη ἡλίευσα, παντὶ ἀνθρώπῳ ὃν ἑωράκειν μεταδιδοὺς καὶ παντὶ τῷ οἴκῳ τοῦ πατρός μου ἐξαρκῶν. 8. τὸ θέρος ἡλίευον, καὶ ἐν χειμῶνι ἐποίμαινον μετὰ τῶν ἀδελφῶν μου.

VII. Νῦν ἀναγγελῶ ὑμῖν ἃ ἐποίησα. εἶδον θλιβόμενον ἐν γυμνότητι χειμῶνος, καὶ σπλαγχνισθεὶς ἐπ᾽ αὐτόν, κλέψας ἱμάτιον ἐκ τοῦ οἴκου μου, κρυφαίως ἔδωκα τῷ θλιβομένῳ. 2. καὶ ὑμεῖς οὖν, τέκνα μου, ἐξ ὧν παρέχει ὑμῖν ὁ θεός, ἀδιακρίτως πάντας σπλαγχνιζόμενοι ἐλεᾶτε,

---

πορευόμενος ἐν τοῖς αἰγιαλοῖς *g*
 διαπορευόμενος *l d m* ἐρχόμενος
 h i j
καὶ (< *g l e* + ἤμην *d*) ἁλιεύων
 (+ δὲ καί *l*) ἰχθύας (+ ἦγον *l*)
 g l d m e < *a f c h i j*
οἴκῳ τοῦ] οἴκου *g d m* ἐν τῷ οἴκῳ
 τοῦ *l c h i j* ἐν (< *e a*) οἴκῳ *e a f*
ἕως + οὗ (οὖν *m* ὅτου *c* (*i?*)
 οττου *h* οσου *j*) *d m e a f c h* (*i?*) *j*
4 vss. 4-6 om. *e a f c h i j*
καὶ ἐκ τῆς] ἐκ δὲ τῆς αὐτῆς *l*
ἐκ — μου post μετεδίδουν (v.i.)
 ∽ *m*
παντὶ — ξένῳ] πάντα ἄνθρωπον (-ων
 m) ξένον (< *l* -ων *m*) *l d m*
μετεδίδουν *g d m* ἐπεδίδουν *l*
5 vs. 5 om. *m*
εἰ δὲ ξένος ἦν ∽ *g* ἢ ἦν ὁ ξένος *d*
ἢ¹ — γηράσας] καὶ (νοσῶν ἢ *l d*)
 γηράσας (γηραιός *l*) *g l d*
ἑψῶν *g l* ἕψον *d*
ποιῶν αὐτοὺς (αὐτοῖς *d*) ἀγαθούς
 (-ὢς *l* ἐναγαθῶς ἐδέσματα *d*) *g l d*
τὴν — χρείαν] τῆς αὐτοῦ ὀρέξεως
 ἑκάστου *l*
συνάγων] συνάλγων *g d* ἀγαπῶν *l*
6 ἐποίησέ μοι πολὺν ἰχθὺν θήραν ∽ *g*
 πολλοὺς ἰχθύας (πολλὴν ἰσχύν *l*)
 ἐνέπλησέ (ἐποίησεν ἔχειν *l*) με τῇ
 ἄγρᾳ (εἰς τὴν ἄγραν *l* ἐν τῇ
 ἄγρᾳ *d*) τῶν ἰχθύων *l d m*
τῷ πλησίῳ (τῶν πλησίων *m*) + μετὰ
 πάσης προθυμίας *d m*

λαμβάνων *m*
ἑπταπλάσιον (-ίονα *l* -ιως *m*) *l d m*
7 vss. 7-8 om. *m*
πέμπτῳ ἔτει *a*
πέντε + οὖν *c h i j*
ἡλίευον *h i j*
παντὶ¹ — ἐξαρκῶν < *e a f c h i j*
καὶ πάντα ἄνθρωπον *l*
ὃν ἑωράκειν] ὡς ἑωράκειν *g* τὸ
 ἐξαρκοῦν (ἀρκοῦν *d*) *l d*
μου < *g*
ἐξήρκουν *l*
8 καὶ τῷ μὲν θέρει *l d* καὶ (< *e a*) τὸ
 μὲν (δέ *e*) θέρος *e a c h i j*
καὶ — χειμῶνι] τῷ δὲ χειμῶνι *l d*
 τῇ (ἐν τῷ *h* (*i?*) *j*) χειμῶνι δέ
 c h (*i?*) *j*

VII. cap. VII 1 - VIII 3 om.
 e a f c h i j
1 καὶ νῦν *l d m*
ἀναγγέλλω *m*
θλιβόμενον — χειμῶνος] ἀσθενῆ καὶ
 θλιβόμενον ἐν χειμῶνι *l*
ἐπ᾽ αὐτόν < *d*
ἔκλεψα *g*
οἴκου + τοῦ πατρός *l d m*
κρυφαίως + καί *g* < *l* κρυφίως *d m*
2 ἐξ ὧν παρέχει ὁ θεός (ὁ θεὸς
 παρέσχεν ∽ *l*) *l d* < *m*
ἀδιακρίτως] ἀδιαλήπτως *m*
πᾶσι *b l* πάντες *g* post σπλαγχνι-
 ζόμενοι ∽ *m*
ἀγαπᾶτε καὶ ἐλεᾶτε *m*

καὶ παρέχετε παντὶ ἀνθρώπῳ ἐν ἀγαθῇ καρδίᾳ. 3. εἰ δὲ μὴ ἔχετε πρὸς καιρὸν δοῦναι τῷ χρῄζοντι, συμπάσχετε ἐν σπλάγχνοις ἐλέους. 4. οἶδα ὅτι ἡ χείρ μου οὐχ εὗρε πρὸς τὸ παρὸν ἐπιδοῦναι τῷ χρῄζοντι, καὶ ἐπὶ ἑπτὰ σταδίους συμπορευόμενος αὐτῷ ἔκλαιον, καὶ τὰ σπλάγχνα μου ἐστρέφετο ἐπ' αὐτῷ εἰς συμπάθειαν.

VIII. Καὶ ὑμεῖς οὖν, τέκνα μου, ἔχετε εὐσπλαγχνίαν κατὰ παντὸς ἀνθρώπου ἐν ἐλέει, ἵνα καὶ ὁ κύριος εἰς ὑμᾶς σπλαγχνισθεὶς ἐλεήσῃ ὑμᾶς· 2. ὅτι καίγε ἐπ' ἐσχάτων ἡμερῶν ὁ θεὸς ἀποστέλλει τὸ σπλάγχνον αὐτοῦ ἐπὶ τῆς γῆς, καὶ ὅπου εὕρῃ σπλάγχνα ἐλέους, ἐν αὐτῷ κατοικεῖ. 3. ὅσον γὰρ ἄνθρωπος σπλαγχνίζεται εἰς τὸν πλησίον, τοσοῦτον κύριος εἰς αὐτόν. 4. ὅτε γὰρ κατήλθομεν εἰς Αἴγυπτον, Ἰωσὴφ οὐκ ἐμνησικάκησεν εἰς ἡμᾶς· ἐμὲ δὲ ἰδὼν ἐσπλαγχνίσθη. 5. εἰς ὃν ἐμβλέποντες καὶ ὑμεῖς ἀμνησίκακοι γίνεσθε, τέκνα μου, καὶ ἀγαπᾶτε ἀλλήλους, καὶ

παντὶ — συμπάσχετε (vs. 3)] τῷ
  χρείαν ἔχοντι g
ἀνθρώπων m
3 vs. 3 om. m
πρὸς καιρόν < d
συμπάσχετε + αὐτῷ d
ἐν σπλάγχνοις] εὐσπλάγχνοις g ἐπὶ
  σπλάγχνοις l
4 καὶ (+ γάρ d) ἐγὼ ἐν μιᾷ τῶν
  ἡμερῶν οἶδα (εἶδα m) d m
οὐχ εὗρεν ἡ χείρ μου ∾ g
οὐχ εὗρε] οὐκ εἶχεν l ουκε εν m
πρὸς — ἐπιδοῦναι] τί (< g l) ἐπι-
  δοῦναι (δοῦναι d) g l d m
ἐπί¹] ἔτι b
σταδίους] σταθμούς m
ἐστρέφοντο g d ἐπεστρέφοντο l ἐφλέ-
  γοντο m
πρὸς αὐτόν l < d

VIII. 1 οὖν < l
ἐπὶ πάντας ἀνθρώπους k εἰς πάντα
  ἄνθρωπον g
σπλαγχνισθεὶς ἐφ' ὑμᾶς ∾ g σπλαγ-
  χνισθεὶς l d σπλαγισθῇ καί m
2 in marg. προφητεία περὶ χριστοῦ k
  τοῦ χριστοῦ d
καίγε] γε g
τῶν ἡμερῶν g d m
ὁ θεός < m
ἀποστελεῖ k g l
τὸ σπλάγχνον] τὰ (< d) σπλάγχνα
  (+ ἐλέους m) g l d m
τῆς < d

ὅπου + ἄν l
εὕροι g εὕρῃς d
ἐν αὐτοῖς l
κατοικήσει l
3 vs. 3] ὅσον (ὡς l) γὰρ (+ ὁ g l)
  ἄνθρωπος σπλαγχνίζεται εἰς (ἐπὶ
  g) τὸν πλησίον αὐτοῦ (εἰς τὸν
  πλησίον αὐτοῦ σπλαγχνίζεται ∾
  l), τοσοῦτον καὶ (+ πλεῖον l) ὁ
  κύριος εἰς αὐτόν g l d m
4 vss. 4-6 et IX 1-7 om. m
γάρ < l δέ e a f c h (i?) j
ἀπήλθομεν h (i?) j
ἐν Αἰγύπτῳ e a
Ἰωσήφ — ἐσπλαγχνίσθη] Ἰωσὴφ
  ἰδὼν ἡμᾶς σφόδρα εὐσπλαγχνίσθη
  ἐφ' ἡμᾶς καὶ οὐδ' ὅλως ἐμνησι-
  κάκησεν ἡμῖν d
εἰς ἡμᾶς] ἡμᾶς g l ἡμῖν e a f c h i j
ἐμὲ — ἐσπλαγχνίσθη et VIII 5 -
  IX 7 om. k sed add. καὶ μετ'
  ὀλίγα πάλιν εἶπεν
ἐμὲ — ἐσπλαγχνίσθη < e a f c h i j
δέ] γάρ g
5 εἰς < c
βλέποντες g d προσέχοντες e a f c h
  (i?) j
καὶ¹ — ἀλλήλους] καὶ ὑμεῖς ἀμνησί-
  κακοι γίνεσθε καὶ ἀγαπᾶτε ἀλ-
  λήλοις g καὶ ὑμεῖς, τέκνα μου,
  (τέκνα μου, καὶ ὑμεῖς ∾ e a f)
  ἀγαπᾶτε (ἀγαπήσατε e a f) ἀλ-
  λήλους (+ ἀμνησίκακοι γίνεσθε
  d) l d e a f c h i j

μὴ λογίζεσθε ἕκαστος τὴν κακίαν τοῦ ἀδελφοῦ αὐτοῦ · 6. ὅτι τοῦτο χωρίζει ἑνότητα, καὶ πᾶσαν συγγένειαν διασκορπίζει, καὶ τὴν ψυχὴν ταράσσει, καὶ τὴν ὕπαρξιν ἀφανίζει. ὁ γὰρ μνησίκακος σπλάγχνα ἐλέους οὐκ ἔχει.

IX. Προσέχετε τὰ ὕδατα, ὅτι ὅτε ἐπὶ τὸ αὐτὸ πορεύεται, λίθους, ξύλα, γῆν, ἄμμον κατασύρει · 2. ἐὰν δὲ εἰς πολλὰ διαιρεθῇ, ἡ γῆ ἀφανίζει αὐτά, καὶ γίνεται εὐκαταφρόνητα. 3. καὶ ὑμεῖς ἐὰν διαιρεθῆτε, ἔσεσθε οὕτως. 4. μὴ σχισθῆτε εἰς δύο κεφαλάς, ὅτι πᾶν ὃ ἐποίησεν ὁ κύριος κεφαλὴν μίαν ἔχει. ἔδωκε δύο ὤμους, χεῖρας, πόδας, ἀλλὰ πάντα τὰ μέλη τῇ μιᾷ κεφαλῇ ὑπακούει. 5. ἔγνων ἐν γραφῇ πατέρων μου ὅτι ἐν ἐσχάταις ἡμέραις ἀποστήσεσθε ἀπὸ κυρίου, καὶ διαιρεθήσεσθε ἐν Ἰσραήλ, καὶ δύο βασιλεῦσιν ἐξακολουθήσετε, καὶ πᾶν βδέλυγμα ποιήσετε,

λογιζέσθω *a*
τὴν μνησικακίαν *l* κακίαν *e a f h j*
πρὸς τὸν ἀδελφόν *c*
6 τοῦτο *< d*
καὶ² — ταράσσει *< d*
καταράσσει *g*
καὶ³ — ἀφανίζει *< b g*
τὴν ὕπαρξιν] τὸ πρόσωπον *c h i j*
ὁ — ἔχει *< e a f c h i j*

IX. 1 προσέχετε (+ οὖν *d c h i j*)
  ἐπὶ τὰ (*< h i j*) ὕδατα *l d e a f*
  c h i j
ὅτι ὅτε] ὅτι *b* πῶς ὅτε (+ μέν *d*)
  l d ὅτι ὅταν *a* ὅτε *f* καὶ (*< i*)
  γνῶτε ὅταν *c h i j*
ἐπὶ τὸ αὐτὸ (ἐπὶ τὸ αὐτό] τῷ αὐτῷ
  d) πορεύονται (πορεύονται ἐπὶ τὸ
  αὐτὸ ∾ *c h (i?) j*) *g d e a f c h*
  (*i?*) *j*
πορεύσεται *l*
γῆν, ἄμμον] καὶ (*< b*) τὴν ἄμμον
  b l d γῆν, καὶ ἕτερά τινα *c h (i?) j*
κατασύρει] κατορύσσει *g* καταφέρει
  e a f κατασύρουσι *c h (i?) j*
2 ἐάν] ἐπάν *l d*
διαιρεθῶσιν *c h (i?) j*
καὶ — εὐκαταφρόνητα *< g l a*
γίνονται *d f c h (i?) j*
3 vs. 3] οὕτως καὶ ὑμεῖς ἔσεσθε, ἐὰν
  διαιρεθῆτε ∾ *l d*
ὑμεῖς + οὖν *c h (i?) j*
4 μὴ (+ οὖν *c h (i?) j*) χωρισθῆτε

(σχισθῆτε οὖν *l d*) εἰς δύο κεφαλάς
(+ ἀλλὰ φυλάξασθε τοῦ μὴ
  διαιρεθῆναι *l* ἐν δυσὶ κεφαλαῖς
  c h (i?) j) *g l d c h (i?) j*
ὁ *< g d e a f*
ἔχει] κέκτηται *c h (i?) j*
ἔδωκε (+ γάρ μοι *l* + μὲν γάρ *d*)
  δύο ὤμους (ὁμοῦ *f*), χεῖρας,
  πόδας (+ καὶ τὰ λοιπά *g* χεῖρας
  καὶ πόδας *l d* πόδας, χεῖρας ∾
  e a) *g l d e a f* καὶ δύο ὤμους
  (ὤμους δύο ∾ *c*), χεῖρας δύο,
  πόδας δύο *c h (i?) j*
ἀλλὰ — ὑπακούει] ἀλλὰ πᾶσι τού-
  τοις τοῖς μέλεσι μία κεφαλὴ *l*
  ἀλλὰ πᾶσι τούτοις κἂν ὅτι διπλᾶ
  ἡμῖν δέδωκεν ὁ θεός, ἀλλ' οὖν μιᾷ
  κεφαλῇ ὑπακούει. φυλάξασθε οὖν,
  τέκνα μου, τοῦ μὴ διαιρεθῆναι *d*
  ἀλλὰ σύμπαντα μέλη (σὺν πᾶσιν
  μέλεσιν *e f*) μιᾷ κεφαλῇ ὑπακούει
  e a f καὶ τὰ λοιπὰ μέλη ἅπαντα
  (+ καὶ κεφαλὴν μίαν *h (i?) j*)
  c h (i?) j
5 ἔγνων + γὰρ ἐγώ (*< d*) *d c h i j*
τῶν πατέρων *c h i j*
ἐν² — καὶ¹ *< e a f c h i j*
καὶ¹ — Ἰσραήλ *< g*
αἱρεθήσεσθε *h (i?) j*
Ἰσραήλ] Ἱερουσαλήμ *a*
βασιλεῦσι *g l d* βασιλείαις (-είας *c h*
  i j) *e f c h i j*
βδέλυγμα — πᾶν² *< l*

καίγε πᾶν εἴδωλον προσκυνήσετε, 6. καὶ αἰχμαλωτεύσουσιν ὑμᾶς οἱ ἐχθροὶ ὑμῶν, καὶ κακωθήσεσθε ἐν τοῖς ἔθνεσιν ἐν πάσαις ἀσθενείαις καὶ θλίψεσι καὶ ὀδύναις ψυχῆς. 7. καὶ μετὰ ταῦτα μνησθήσεσθε κυρίου, καὶ μετανοήσετε, καὶ ἐπιστρέψει ὑμᾶς, ὅτι ἐλεήμων ἐστὶ καὶ εὔσπλαγχνος, μὴ λογιζόμενος κακίαν τοῖς υἱοῖς τῶν ἀνθρώπων, διότι σάρξ εἰσι καὶ τὰ πνεύματα τῆς πλάνης ἀπατᾷ αὐτοὺς ἐπὶ πάσαις πράξεσιν αὐτῶν. 8. καὶ μετὰ ταῦτα ἀνατελεῖ ὑμῖν αὐτὸς ὁ κύριος, φῶς δικαιοσύνης, καὶ ἴασις καὶ εὐσπλαγχνία ἐπὶ ταῖς πτέρυξιν αὐτοῦ. αὐτὸς λυτρώσεται πᾶσαν αἰχμαλωσίαν υἱῶν ἀνθρώπων ἐκ τοῦ Βελιάρ, καὶ πᾶν πνεῦμα πλάνης πατηθήσεται· καὶ ἐπιστρέψει πάντα τὰ ἔθνη εἰς παραζήλωσιν αὐτοῦ, καὶ ὄψεσθε θεὸν ἐν σχήματι ἀνθρώπου <ἐν ναῷ>, ὃν ἂν ἐκλέξηται

καὶ τὰ εἴδωλα (πᾶν εἴδωλον d)
  προσκυνήσετε d h i j < c
6 αἰχμαλωτίσουσιν l d
ὑμῶν] ἡμῶν g
κακωθήσεσθε] καθίσεσθε b d c
τοῖς < e a f c h (i ?) j
ἐν²] καί e a f
πάσαις] πολλαῖς c h (i ?) j
καὶ ὀδύνης ψυχῆς b καὶ δουλείαις l
  καὶ ὀδύναις ψυχαῖς d < e a f c h i j
7 μνησθήσεσθε κύριον, καὶ g μνη-
  σθέντες κυρίου (κύριον c τὸν
  κύριον h (i ?)j) e a f c h (i ?) j
μεταποιήσετε, καὶ ἐπιστρέψει l ἐπι-
  στρέψετε, καὶ ἐλεήσει (ἐλεύσει c)
  c h (i ?) j
καὶ μὴ λογιζόμενος (οὐ λογίζεται
  c h (i ?) j) d e a f c h (i ?) j
κακίας l
τὰ πνεύματα (τὸ πνεῦμα d) τῆς
  πλάνης ἀπατᾷ (πλανᾷ d e a f)
  αὐτοὺς ἐπὶ πάσαις ταῖς (< d e f)
  πράξεσιν αὐτῶν (< e a f) l d e a f
  πλανῶνται ἐν ταῖς πονηραῖς αὐτῶν
  πράξεσιν c h (i ?) j
8 in marg. τοῦ χριστοῦ d in textu
  add. (ante vs. 8) περὶ τοῦ (< c)
  χριστοῦ c h (i ?) j
καὶ μετὰ ταῦτα] ὅτι m καὶ μετὰ
  τοῦτο c h (i ?) j
ἀνατέλλει b
ἡμῖν m
αὐτὸς (< l h (i ?) j) κύριος g l e a f
  h (i ?) j
τὸ φῶς τῆς δικαιοσύνης h i j
καὶ² — πατηθήσεται < e a f c h i j

καὶ εὐσπλαγχνία] εὐσπλαγχνίας d m
ἐν ταῖς πτέρυξιν αὐτοῦ (αὐτῶν g)
  g l d m
ὅτι αὐτός² l
υἱῶν ἀνθρώπων < m
πατηθήσεται + καὶ φοβηθήσεται d
καὶ⁵ — αὐτοῦ²] καὶ ἐπιστρέψετε
  (ἐπιστρέψει ὑμᾶς d) εἰς τὴν γῆν
  (ἐπὶ τῆς γῆς e ἐκ τῆς γῆς a f)
  ὑμῶν (+ καὶ ἔθνη εἰς παρα-
  ζήλωσιν d) d e a f c h i j < m
ὄψονται l
θεὸν ἐν σχήματι ἀνθρώπου ἐν ναῷ,
  ὃν ἂν ἐκλέξηται κύριος, Ἰερουσα-
  λὴμ ὄνομα αὐτῷ scripsi θεὸν
  (κύριον g) ἐν σχήματι ἀνθρώπου,
  ὃν ἂν ἐκλέξηται κύριος (καὶ ἡ k
  + ἐν g), Ἰερουσαλὴμ ὄνομα
  αὐτῷ (διὰ τὸ ὄνομα αὐτοῦ g)
  b k g (et in marg. add. ὡραῖον b
  et περὶ τοῦ χριστοῦ k) θεὸν
  (κύριον d m) ἐν Ἰερουσαλὴμ (ἐν
  Ἰ. < l) ἐν σχήματι ἀνθρώπου, καὶ
  κληθήσεται τὸ ὄνομα αὐτοῦ (< l)·
  μεγάλης βουλῆς ἄγγελος l d m (et
  in marg. add. τοῦ χριστοῦ d)
  κύριον (αὐτόν c h i j) ἐν Ἰερου-
  σαλὴμ διὰ τὸ ὄνομα αὐτοῦ (+ τὸ
  ἅγιον c + τὸ πανάγιον h i j)
  e a f c h i j

κύριος, Ἰερουσαλὴμ ὄνομα αὐτῷ. 9. καὶ πάλιν ἐν πονηρίᾳ λόγων ὑμῶν παροργίσετε αὐτόν, καὶ ἀπορριφήσεσθε ἕως καιροῦ συντελείας. X. Καὶ νῦν, τέκνα μου, μὴ λυπεῖσθε ὅτι ἀποθνήσκω ἐγώ, μηδὲ συμπίπτετε ὅτι ἀπολείπω. 2. ἀναστήσομαι γὰρ πάλιν ἐν μέσῳ ὑμῶν ὡς ἡγούμενος ἐν μέσῳ υἱῶν αὐτοῦ, καὶ εὐφρανθήσομαι ἐν μέσῳ τῆς φυλῆς μου, ὅσοι ἐφύλαξαν νόμον κυρίου καὶ ἐντολὰς Ζαβουλὼν πατρὸς αὐτῶν. 3. ἐπὶ δὲ τοὺς ἀσεβεῖς ἐπάξει κύριος πῦρ αἰώνιον, καὶ ἀπολέσει αὐτοὺς ἕως γενεῶν. 4. τέως ἐγὼ εἰς τὴν ἀνάπαυσίν μου ἀποτρέχω, ὡς οἱ πατέρες μου· 5. ὑμεῖς δὲ φοβεῖσθε κύριον τὸν θεὸν ὑμῶν ἐν πάσῃ ἰσχύι πάσας τὰς ἡμέρας τῆς ζωῆς ὑμῶν. 6. καὶ ταῦτα εἰπὼν ἐκοιμήθη ὕπνῳ καλῷ, καὶ ἔθηκαν αὐτὸν οἱ υἱοὶ αὐτοῦ ἐν θήκῃ· 7. ὕστερον δὲ ἀναγαγόντες αὐτὸν εἰς Χεβρὼν ἔθαψαν μετὰ τῶν πατέρων αὐτοῦ.

9 καί¹ + μετὰ ταῦτα d m
πονηρίᾳ — ὑμῶν] πονηρίᾳ ἐργάσετε
  ὑμεῖς g τῇ (< l d m e a f) πονηρίᾳ
  (πανουργίᾳ c) τῶν (< l d m e a f)
  ἔργων (πατέρων c) ὑμῶν l d m e
  a f c h i j
αὐτῷ m
ἀπορριφήσεσθε (ἀπορριφθήσεσθε h
  i j) + ἀπ' αὐτοῦ c h i j

X. 1 ἐγώ < c h i j
μηδὲ — ἀπολείπω < g m
συμπέσητε c h i j
ἀπολείπω + ὑμῶν b ἐκλείπω (+
  ἐγώ d) l d ἀπολήγω e a c h i j
2 γάρ < f
εὐφρανθήσονται l
τῆς φυλῆς] τοῖς φίλοις (φυλῆς m)
  k m αὐτῶν καὶ ἐν μέσῳ τῆς
  φυλῆς d
οἵτινες φυλάξουσιν c h i j
ἐντολήν g
πατρὸς αὐτῶν] καὶ πατέρων αὐτοῦ l
  πατέρων (τοῦ πατρός e) αὐτῶν
  e h i j
3 ἐπάξει + ἐπ' αὐτούς d
καὶ — γενεῶν < m
ἀπόλλυσιν g ἀπολεῖ c h i j
γενεάς (+ γενεῶν c h i j) l c h i j
4 τέως < b k g c h i j πῶς m
ἐγώ + τε g οὖν ἐγώ d m οὖν e f δέ a
  + δὲ νῦν c h i j
ἀποτρέχω] ἐγὼ ἀποτρέχω a f
ὡς] καί d + καί (καί ὡς ∾ m)
  l m c h i j
μου² + ἐγώ e

5 κύριον τὸν θεὸν (τὸν κύριον καὶ
  θεόν k) ἡμῶν k g l m e f c h i j
ἐν — ὑμῶν² < m h i j
ἰσχύι + ὑμῶν c
τάς < a
ὑμῶν² + καὶ τὰ ἀρεστὰ ἐνώπιον
  αὐτοῦ ποιεῖτε (+ ἵνα ζωὴν
  αἰώνιον κληρονομήσητε l m) l d m
6 ὕπνῳ — αὐτοῦ (vs. 7) om. k
ἐν ὕπνῳ καλῷ g ὕπνον αἰώνιον l
οἱ υἱοὶ αὐτοῦ < d m
οἱ < g
ἐν θήκῃ + καινῇ ἐν ᾗ οὐδεὶς οὐδέ-
  ποτέ τις ἐτέθη d + καλῇ m εἰς
  θήκην ξυλίνην c + ξυλίνη h i j
7 ὕστερον — ἔθαψαν] ὕστερον δὲ ἀν-
  ήγαγον θάψαντες ἐν Χεβρών g
  ἀναγαγόντες αὐτὸν ὕστερον εἰς
  Χεβρών ἔθαψαν αὐτόν l ὕστερον
  δὲ ἀναγαγόντι αὐτὸν ἐν Χεβρὼν
  ἐν τῷ σπηλαίῳ τῷ διπλῷ καὶ
  ἔθαψαν αὐτόν m ὕστερον δὲ ἀν-
  αγαγόντες (ἀγαγόντες d) ἔθαψαν
  αὐτὸν ἐν Χεβρών d c h i j
ἐν Χεβρών e
μετὰ — αὐτοῦ < g
in fine add. τῷ δὲ θεῷ ἡμῶν εἴη
  (πρέπει m) δόξα εἰς τοὺς αἰῶνας
  (+ τῶν αἰώνων m)· ἀμήν. (+
  Ζαβουλὼν υἱὸς Ἰακὼβ καὶ Λείας
  ϛ'· ἔζησεν δὲ ἔτη ρδ' ὡς ὅδε υἱοὶ
  τῆς Λείας m) d m Ζαβουλὼν υἱὸς
  Ἰακὼβ ϛ', υἱὸς Λείας ϛ'· ἔζησεν
  ἔτη ριδ' f τέλος i

ΔΙΑΘΗΚΗ ΔΑΝ

ΠΕΡΙ ΘΥΜΟΥ ΚΑΙ ΨΕΥΔΟΥΣ

I. Ἀντίγραφον λόγων Δάν, ὧν εἶπε τοῖς υἱοῖς αὐτοῦ ἐπ' ἐσχάτων
τῶν ἡμερῶν αὐτοῦ ἑκατοστῷ εἰκοστῷ πέμπτῳ ἔτει τῆς ζωῆς αὐτοῦ.
2. καλέσας τὴν πατριὰν αὐτοῦ, εἶπεν· Ἀκούσατε, υἱοὶ Δάν, λόγων
μου, προσέχετε ῥήμασι στόματος τοῦ πατρὸς ὑμῶν. 3. ἐπείρασα ἐν
καρδίᾳ μου καὶ ἐν πάσῃ τῇ ζωῇ μου ὅτι καλὸν θεῷ καὶ εὐάρεστον ἡ
ἀλήθεια μετὰ δικαιοπραγίας, καὶ ὅτι πονηρὸν τὸ ψεῦδος καὶ ὁ θυμός,

tit.: Διαθήκη Δάν περὶ θυμοῦ καὶ
   ψεύδους *b l e* ζ' Διαθήκη· Διαθήκη
   Δάν, ἀντίγραφον περὶ θυμοῦ καὶ
   ψεύδους *k* Ἀρχὴ λόγων διαθήκης
   Δάν περὶ θυμοῦ καὶ ψεύδους ζ' *g*
   Διαθήκη Δάν υἱὸς ἕβδομος Ἰακώβ,
   υἱὸς Βάλλας πρῶτος, περὶ θυμοῦ
   καὶ ψεύδους *d* Διαθήκη Δάν υἱὸς
   Ἰακώβου καὶ υἱὸς δὲ Βάλλας α'.
   ἔζησεν ἔτη ρκε' et add. κ' *m*
   Δάν *a* Διαθήκη Δάν περὶ ψεύδους
   καὶ θυμοῦ, Δάν ἑρμηνεύεται κρίσις
   f Διαθήκη Δάν τοῦ ἑβδόμου υἱοῦ
   Ἰακὼβ καὶ Βάλλας (Λείας *i*)
   c h i j

I. I 1 - V 7 ἐν πᾶσι om. *k* sed
   add. ἐν ᾗ μετὰ πλείονας παραγ-
   γελίας προσέθηκε λέγων τοῖς υἱοῖς
   αὐτοῦ
1 ἀντίγραφα *a*
   λόγων] διαθήκης *l m*
   ὧν] ὃν *g* ὡς *l* ὅσα *d m*
   ἐλάλησεν *d m*
   τοῖς + οἱ *i*
   ἐπ' — αὐτοῦ² < *h i j*
   ἐσχάτου *f*
   τῶν < *e a*
   αὐτοῦ² + ἐν τῷ *l c h i j* + ἐν ἔτει
   d m + ἐν *e f*
   ἑκατοστῷ — αὐτοῦ³ < *g a*
   ἔτει < *d m* (v.s.)
   τῆς < *e f*
2 καλέσας + γάρ *g d m c h i j* ἐκά-
   λεσε *l* καὶ καλέσας *e a f*
   τὴν — αὐτοῦ] αὐτούς *g* τοὺς υἱούς
   αὐτοῦ *d* πᾶσαν τ. π. αὐτοῦ *m*

καὶ εἶπεν *l* + αὐτοῖς *d m*
υἱοὶ Δάν < *m* υἱοί *c* (v.i.)
λόγων μου + καὶ *g d e a f* τοὺς
   (< *l*) λόγους μου καὶ (< *l*) *l h i j*
   λόγους (< *m*) Δάν τοῦ πατρὸς
   ὑμῶν καὶ *m c*
ῥήματα *g* τοῖς ῥήμασι *f*
στόματος < *g d m c h i j*
τοῦ — ὑμῶν] ἐμεῖς *m*
τοῦ < *l d e a f*
3 ὅσα ἐπείρασα *d* + γάρ *m* ἐγὼ
   ἐπείρασα *c h i j*
μου¹ < *c*
καί¹ < *g*
τῇ < *c h i j*
μου² + καὶ ἔγνων *d m*
τὸ καλ *h i j*
καὶ θεῷ ∽ *l d m e a c*
εὐάρεστον καὶ ∽ *h i j*
ἀρεστόν *f*
καί³ — ψεῦδος] τὸ δὲ πονηρὸν ψεῦδος
   h i j
παμπόνηρον *c*
ὅτι³ < *g e a f c h i j* καί *l* δι' ὧν
   (διότι *m*) καί *d m*
ἄνθρωπον ἐκδιδάσκει] ἐκδιδάσκει *g a*
   ἄνθρωπον διδάσκει *l f* οἱ ἄνθρωποι
   (ἀνθρώποις *m*) ἐκδιδάσκονται
   (-τες *m*) τοίνυν ὡς ταῦτα πειράσας
   (πειρας *m*) καὶ γνοὺς ἀμφοτέρων
   τὸ διάφορον (καὶ — διάφ. < *m*)
   d m ἐκδιδάσκοντα (ἐκδιδάσκουσι
   h i j) τὸν ἄνθρωπον *c h i j*

ὅτι πᾶσαν κακίαν ἄνθρωπον ἐκδιδάσκει. 4. ὁμολογῶ σήμερον ὑμῖν,
τέκνα μου, ὅτι ἐν καρδίᾳ μου ἡδόμην περὶ τοῦ θανάτου Ἰωσήφ, ἀνδρὸς
ἀληθινοῦ καὶ ἀγαθοῦ, 5. καὶ ἔχαιρον ἐπὶ τῇ πράσει Ἰωσήφ, ὅτι
ὑπὲρ ἡμᾶς ὁ πατὴρ αὐτὸν ἠγάπα. 6. τὸ γὰρ πνεῦμα τοῦ ζήλου καὶ
τῆς ἀλαζονείας ἔλεγέ μοι· Καίγε σὺ υἱὸς αὐτοῦ. 7. καὶ ἓν τῶν
πνευμάτων τοῦ Βελιὰρ συνήργει μοι λέγων· Λάβε τὸ ξίφος τοῦτο, καὶ
ἐν αὐτῷ ἄνελε τὸν Ἰωσήφ, καὶ ἀγαπήσει σε ὁ πατήρ σου ἀποθανόντος
αὐτοῦ. 8. τοῦτό ἐστι τὸ πνεῦμα τοῦ θυμοῦ τὸ πεῖθόν με ἵνα ὡς
πάρδαλις ἐκμυζᾷ ἔριφον, οὕτως ἐκμυζήσω τὸν Ἰωσήφ. 9. ἀλλ᾿ ὁ θεὸς
Ἰακὼβ τοῦ πατρὸς ἡμῶν οὐκ ἐνέβαλεν αὐτὸν εἰς τὰς χεῖράς μου, ἵνα
εὕρω αὐτὸν μόνον, οὐδὲ ἔασέ με τὸ ἀνόμημα τοῦτο ποιῆσαι, ἵνα λυθῶσι
δύο σκῆπτρα ἐν Ἰσραήλ.

4 ὁμολογῶ — ὑμῖν] καὶ ἰδοὺ ὁμολογῶ
ὑμῖν l ὁμολογῶ ὑμῖν σήμερον ∽
d m ὁμολογῶ οὖν ὑμῖν σήμερον
c h i j
τέκνα μου < l
ἡδόμην + πάνυ d m ἐθέμην c h i j
περί < h i j
τοῦ Ἰωσήφ m
ἀνδρὸς — ἀγαθοῦ] τοῦ (+ ἀδελφοῦ
μου τοῦ c h i j) ἀγαθοῦ ἀνδρὸς
καὶ ἀληθινοῦ g l c h i j τοῦ ἀληθι-
νοῦ ἀνδρός (ἀνδρὸς ἀληθινοῦ ∽ m)
d m τοῦ ἀνδρὸς τοῦ ἀγ. καὶ ἀλ.
e a f
5 vs. 5 om. m
καὶ — Ἰωσήφ < g
Ἰωσήφ] αὐτοῦ l d e a f c h i j
διότι d
ἠγάπα αὐτὸν ὁ πατὴρ αὐτοῦ (ἡμῶν d)
g d ὁ πατὴρ ἡμῶν ἠγ. αὐτόν l
αὐτόν] αὐτοῦ b
6 γάρ < d
μοι + ἐν τῷ ὕπνῳ m
καίγε — πνευμάτων (vs. 7) < m
σύ] καὶ σύ l + αὐτός c h i j
αὐτοῦ] εἴ l c + εἴ d h i j
7 ἕν] ἀπό l < d ἐκ c h i j
τὸ πνεῦμα d
ὁ Βελ. m
συνήρει l συνήργησε a
μοι < g
λέγων] λέγε μοι m λέγον a καὶ
ἔλεγεν f ὅτι c h i j
λάβε post τοῦτο ∽ g
τὸ ξίφος < l
τοῦτο] τοῦ τόξου m τούτου e < c h i j

καί[2] < m
ἐν αὐτῷ post Ἰωσήφ ∽ d αὐτῷ m
< f ἐν τούτῳ c h i j
σου < g c h i j
ἀπὸ θανάτου m
8 τοῦτο — με] τὸ δὲ πνεῦμα τοῦ
θυμοῦ πάλιν ἔπειθέν με g ταῦτά
μοι (< m) τὸ πνεῦμα τοῦ θυμοῦ
ὑπέβαλεν (-βαλλεν d ειπεν βαλλεν
με m) l d m τοῦτο δὲ τὸ πεῖθόν
με πνεῦμα ἦν τοῦ θυμοῦ h i j
ἔστι] δὲ ἦν c
ἵνα — Ἰωσήφ < d κατὰ τοῦ Ἰωσήφ
m
ἵνα] ἦν γάρ a f < c h i j
ὥσπερ e a f c + γάρ h i j
ἐκμύζουσα e a f c h i j
ἐκμυζήσω + ἀδελφόν μου l ἐμοὶ
ἐνέβαλεν (ἀνέβ. i) ἐκμυζῆσαι
(ἐκμύζουσα h i j) c h i j
9 ἀλλ᾿ ὁ] ἀλλά m
Ἰακὼβ (< l m a f h i j) τοῦ πατρός
μου (+ Ἰακώβ l m) g l m e a f
h i j τῶν πατέρων μου d c
ἀνέβαλεν αὐτόν g ἔβαλεν αὐτόν d
εἴασεν αὐτὸν ἐμπεσεῖν c h i j
ἵνα[1] — Ἰσραήλ] ἵνα καταμόνας εὑ-
ρὼν αὐτὸν ἀνελῶ καὶ ποιήσω
(-σαι h i j) λυθῆναι σκῆπτρον
δεύτερον τῷ Ἰσραήλ c h i j
ἔασα d
με < b
τὸ — Ἰσραήλ < m
ποιῆσαι τὸ ἀνόμημα τοῦτο ∽ d
τοῦτο τὸ ἀνόμημα ∽ e a
ἵνα μὴ λυθῶσι (καταλυθ. d) l d e a f

II. Καὶ νῦν, τέκνα μου, ἐγὼ ἀποθνήσκω, καὶ ἐν ἀληθείᾳ λέγω ὑμῖν ὅτι ἐὰν μὴ διαφυλάξητε ἑαυτοὺς ἀπὸ τοῦ πνεύματος τοῦ ψεύδους καὶ τοῦ θυμοῦ καὶ ἀγαπήσητε τὴν ἀλήθειαν καὶ τὴν μακροθυμίαν, ἀπολεῖσθε. 2. τύφλωσίς ἐστιν ἐν τῷ θυμῷ, τέκνα μου, καὶ οὐκ ἔστι τις ὁρῶν πρόσωπον ἐν ἀληθείᾳ· 3. ὅτι κἂν πατὴρ κἂν μήτηρ ἐστίν, ὡς πολεμίοις προσέχει αὐτοῖς· ἐὰν ᾖ ἀδελφός, οὐκ οἶδεν· ἐὰν προφήτης κυρίου, παρακούει· ἐὰν δίκαιος, οὐ βλέπει· φίλον οὐ γνωρίζει. 4. περιβάλλει γὰρ αὐτὸν τὸ πνεῦμα τοῦ θυμοῦ τὰ δίκτυα τῆς πλάνης, καὶ τυφλοῖ τοὺς φυσικοὺς ὀφθαλμοὺς αὐτοῦ, διὰ τοῦ ψεύδους σκοτοῖ τὴν διάνοιαν αὐτοῦ, καὶ τὴν ἰδίαν ὅρασιν παρέχει αὐτῷ. 5. ἐν τίνι δὲ περιβάλλει τοὺς ὀφθαλμοὺς αὐτοῦ; ἐν μίσει καρδίας, καὶ δίδωσιν αὐτῷ καρδίαν ἰδίαν κατὰ τοῦ ἀδελφοῦ εἰς φθόνον.

III. Πονηρὸς ὁ θυμός, τέκνα μου· καὶ γὰρ αὐτῇ τῇ ψυχῇ αὐτὸς

II. 1 μου + ἰδού *g d e a f c h i j*
ἐν < *h i j*
ὅτι] καί *c*
ἐὰν (εἰ *l e a f*) μὴ φυλάξητε (ἀφήσητε *m*) *g l d m e a f c h i j*
ἑαυτοὺς — θυμοῦ] πνεῦμα θεοῦ μου καὶ ψεύδους *m*
τοῦ πνεύματος < *a*
καί³ < *h i j*
καί⁴ < *l*
ἀγαπήσαν<τες> *l*
ἵνα μὴ ἀπόλλυσθε *g* + ἂν *l* ἀπωλεία ἀπολεῖσθε *d* ἀπώλεσθε *m* ἀπόλλυσθε *c*
2 II 2 - III 5 θυμός om. *m*
τύφλωσις + γάρ *l c h i j*
ἐστιν¹ < *a f*
ἐν¹ — ὁρῶν] ὁ θυμὸς καὶ οὐκ ἐᾷ ὁρᾶν (ὁρῶν *h* (*i ?*) *j*) *c h i j*
μου < *g*
τις + θυμώδης *b* < *l f*
ὁρᾶν *l*
πρόσωπον + τινος *c h i j*
3 πατὴρ — μήτηρ] πατὴρ ὑμῶν (ἡμῶν *h i j*) *d h i j*
κἂν²] ἢ *g l e a f c*
ἐστίν < *g*
πολέμιος *g* πολέμιον *f*
προσέχειν *c* -χων *h i j*
αὐτοῖς] ἑαυτοῖς *b*
ἢ ἀδελφός ἐστιν *c h i j*
ἐὰν¹ + δέ *l a*
ἀδελφὸς ἦ ∽ *f*
εἶδεν *h i j*

ἐάν²] ἤ *c h i j*
κυρίου < *g*
ἐάν³ — γνωρίζει < *g*
ἐάν³] ἤ *c h i j*
δικαίου *c*
βλέπει + ἤ *c h i j*
φίλους *c* φίλος *h i j*
4 περιβαλεῖ *g e* περιβάλλεται *c h i j*
γάρ < *l*
αὐτῷ *g e a f* αὐτό *d c*
τὸ δίκτυον *c h i j*
τοὺς φυσικούς] τούς *a h i j* < *c*
αὐτοῦ¹ + καί *g l d e a f c h i j*
σκοτιεῖ *d*
καί² — καρδίας (vs. 5) < *d*
5 καὶ ὅπου ἂν ἐπιβάλλει *l*
δέ < *a*
ἐν μέσῃ καρδίας *g* ἐν μίσους καρδίας (< *f*) *e f* ἐκ μίσους *a* εἰς μίσους (ἐν μίσῳ *h i j*) καρδίας *c h i j*
καὶ — ἰδίαν < *a c h i j*
καὶ — αὐτῷ < *f*
ἰδίαν καρδίαν ∽ *d* et add. διεγείρων αὐτόν
ἀδελφοῦ + αὐτοῦ *g l d e a f c h i j*
φόνον *d*

III. 1 πονηρός + ἐστιν *d* καὶ γάρ πονηρός *e a f c h i j*
καὶ — ψυχῇ] καὶ γὰρ αὐτῇ ἡ ψυχὴ αὐτοῦ γίνεται ψῦχος *g* < *a* ὡς καὶ αὐτὴν τὴν ψυχὴν ἐκταράσσει (-ν *h i* ἐκτάσσειν *j*) *c h i j*
γάρ + ἐπ' *l* + καί *d*

γίνεται ψυχή. 2. καὶ τὸ μὲν σῶμα ἰδιοποιεῖται τοῦ θυμώδους, τῆς δὲ ψυχῆς κατακυριεύει, καὶ παρέχει τῷ σώματι δύναμιν ἰδίαν, ἵνα ποιήσῃ πᾶσαν ἀνομίαν· 3. καὶ ὅταν πράξῃ ἡ ψυχή, δικαιοῖ τὸ πραχθέν, ἐπειδὴ οὐ βλέπει. 4. διὰ τοῦτο ὁ θυμούμενος, ἐὰν μὲν ᾖ δυνατός, τριπλῆν ἔχει τὴν δύναμιν ἐν τῷ θυμῷ· μίαν μὲν διὰ τῆς δυνάμεως καὶ τῆς βοηθείας τῶν ὑπουργούντων· δεύτερον δὲ διὰ τοῦ πλούτου, παραπείθων καὶ νικῶν ἐν ἀδίκῳ· τρίτην τὴν φυσικὴν ἔχων τοῦ σώματος, καὶ δι’ ἑαυτοῦ δρῶν τὸ κακόν. 5. ἐὰν δὲ ἀσθενὴς ᾖ ὁ θυμούμενος, διπλῆν ἔχει τὴν δύναμιν παρὰ τὴν τῆς φύσεως· βοηθεῖ γὰρ αὐτοῖς ὁ θυμὸς πάντοτε ἐν παρανομίᾳ. 6. τοῦτο τὸ πνεῦμα ἀεὶ μετὰ τοῦ ψεύδους ἐκ δεξιῶν τοῦ σατανᾶ πορεύεται, ἵνα ἐν ὠμότητι καὶ ψεύδει γίνωνται αἱ πράξεις αὐτοῦ.

IV. Οὐκοῦν σύνετε τὴν δύναμιν τοῦ θυμοῦ, ὅτι ματαία ἐστίν. 2. ἐν

2 τοῦ] τούς g
θυμώδους] μίσους c
τὴν δὲ ψυχὴν κυριεύει l
δέ < g a h
τῷ σώματι] τὸ σῶμα c h i j
ἰδίαν < g c h i j
πᾶσαν ἀνομίαν ποιήσῃ ∾ g
ποιήσῃς a
παρανομίαν d
3 καὶ — πράξῃ] τότε l d
πράξῃ — ψυχή] ταῦτα πάντα πράξῃ
    τὸ σῶμα c h i j
ἡ < b
τὸ πραχθέν + καὶ ὑψοῖ c τὰ πραχθὲν
    (sic) καὶ ἡ ψυχή h i j
οὐ βλέπει] ποιεῖ τοῦτο διὰ ἀβλεψίαν l
    + ὀρθῶς c h i j
4 διὰ — θυμούμενος] καί l
θυμούμενος] θυμός h i j
ἐὰν μέν] κἂν μή f
μὲν ᾖ] μένῃ a
δυνατός (-όν h j δην i) + τῷ
    σώματι c h i j
τριπλῆν] πολλήν g
ἐν τῷ θυμῷ τὴν δύναμιν κέκτηται
    ∾ c h i j
τήν¹ < f
τῷ] ᾧ g
καὶ μίαν l d
διὰ² — ὑπουργούντων] ἀπὸ δυνά-
    μεως τοῦ θυμοῦ l
διὰ² — καί¹] διά g ἀπό d e a f c h i j
ὑπουργούντων + αὐτῷ d
δευτέραν g l d δευτέρα e

δέ < g
παραπείθων + αὐτῷ d παραπείθειν a
    πείθων c h i j
νικᾶν a + αὐτόν c h i j
ἐν ἀδικίᾳ l d ἀδίκως c h i j
τρίτον τήν g c h i j τρίτην δὲ τήν l d
    τρίτην e f < a
ἔχων + δύναμιν c h i j
τοῦ σώματος < c h i j
καί³ — δρῶν] δι’ αὐτῆς δρᾷ c h i j
δι’ αὐτοῦ l d
5 vs. 5 om. d
δέ + καί l
ἀσθενήσῃ (ὁ θυμ.) a
θυμούμενος] κοιμώμενος c
διπλῆν — φύσεως] διπλοῦν τὸ τῆς
    ὀργῆς πάθος ἐν αὐτῷ ἀναφύει
    c h i j
τήν² < l a f
αὐτοῖς] αὐτῷ c αὐτόν h i j
θυμός + αὐτῷ c
καὶ ἐν παρανομίᾳ πάντοτε ∾ m
6 τοῦτο — ψεύδους] τὸ πνεῦμα τοῦ
    ψεύδους ἀεί m
ἐκ — ψεύδει < c h i j
γίνου i
αὐτῶν g l d
IV. 1 σύνετε + τέκνα μου d m συνί-
    ετε e a συνῆτε f
θυμοῦ + καὶ φεύγετε (+ οὖν d)
    αὐτήν l d m
ὅτι] διδασκαλία παρὰ θυμοῦ g

γὰρ λόγῳ παροξύνει πρῶτον· εἶτα ἐν ἔργοις δυναμοῖ τὸν ἐρεθιζόμενον
καὶ ἐν ζημίαις πικραῖς ταράσσει τὸ διαβούλιον αὐτοῦ· καὶ οὕτως δια-
γείρει ἐν θυμῷ μεγάλῳ τὴν ψυχὴν αὐτοῦ. 3. ὅτε οὖν λαλεῖ τις καθ᾽
ὑμῶν, ὑμεῖς μὴ κινεῖσθε εἰς θυμόν· καὶ ἐάν τις ἐπαινῇ ὑμᾶς ὡς ἀγαθούς,
μὴ ἐπαίρεσθε μηδὲ μεταβάλλεσθε μήτε εἰς τέρψιν μήτε εἰς ἀηδίαν.
4. πρῶτον γὰρ τέρπει τὴν ἀκοήν, καὶ οὕτως ὀξύνει τὸν νοῦν, νοῆσαι τὸ
ἐρεθισθέν· καὶ τότε θυμωθεὶς νομίζει δικαίως ὀργίζεσθαι. 5. ἐὰν
ζημία, ἐὰν ἀπωλείᾳ τινὶ περιπέσητε, τέκνα μου, μὴ θροεῖσθε· ὅτι αὐτὸ
τὸ πνεῦμα ἐπιθυμῆσαι ποιεῖ τοῦ ἀπολομένου, ἵνα θυμωθῇ διὰ τοῦ πόθου.
6. ἐὰν ζημιωθῆτε ἑκουσίως, μὴ λυπεῖσθε· ἀπὸ γὰρ λύπης ἐγείρει
θυμὸν μετὰ ψεύδους. 7. ἔστι δὲ διπρόσωπον κακὸν θυμὸς μετὰ

2 παροξύνεται e a f c h i j
εἶτα — ἔργοις] εἶτα g ἐν ἔργοις δέ l
ὀργιζόμενον d m e a f c h i j
ἐπὶ ζημίας μικράς l ἐν πικραῖς
    ζημίαις ∽ c
μικραῖς g e a f μακραῖς d
διαταράσσει c h i j
τὸ διαβούλιον — αὐτοῦ²] τὸν ἐρεθι-
    ζόμενον c
καὶ² — αὐτοῦ² < a
ἀνεγείρει l
μεγάλην h i j
3 ὅτι ἄν τις καθ᾽ ὑμῶν λαλεῖ ∽ l
ὅτι g
λαλῇς h
ὑμεῖς — τις²] ἢ l
μή¹ < b
θυμόν] ὀργήν c h i j
καί + εναν (?) i
τις² < a
ἐπαινέσῃ c h (i?) j
ὡς ἀγαθούς < m ὡς (< c) ἁγίους
    e a f c h (i?) j
μηδέ] μήτε d m e a f c h i j
μεταβάλεσθε l + μὴ ἐπαίρεσθε h
μήτε¹ — ἀηδίαν] εἰς τέρψιν m
ἀηδίαν] εἰδέαν b + κατακυριεύεσθε
    ὑπὸ τοῦ λόγου d
4 γάρ] μέν c
τρέπει g
νοῦν + ἡμῶν c
πρὸς τὸ νοῆσαι d πρός m τοῦ νοῆσαι
    c h i j
ὃ ἐρέθισεν l
ῥηθέν g d m

καὶ² — πόθου (vs. 5) < m
καὶ² + ὅταν νοήσει αὐτό d
τότε < c h (i?) j
νομίζει] δοκεῖ l
ὅτι δικαίως ὀργίζεται d
ὀργιζόμενος a
5 ἐὰν ζημία, ἐὰν ἀπώλεια τινὶ περι-
    πέσῃ b ἐὰν γὰρ ζημία ἢ ἀπώλεια
    τινὶ περιπέσῃ l ἐὰν δὲ ζημίαν ἢ
    ἀπώλεια τινὶ περιπέσῃ c ἐὰν δὲ
    ζημίαν ἢ ἀπώλειαν τινα περι-
    πέσητε h i j
ἐάν¹ + δέ d a f
ἐάν²] ἢ g d e a f
τινί < g
μου < a f c h (i?) j
προίεσθε g ἐκθροεῖσθε c
αὐτὸ — ἀπολομένου] τὸ πνεῦμα τοῦ
    θυμοῦ παροξύνει τὸν ἀπολωλότα l
ἐπιθυμεῖν σε ποιεῖ d f ποιεῖ ἐπι-
    θυμῆσαι ∽ c h i j
ἀπολλυμένου g ἀπολωλότος a
θυμωθείς d θυμῷ πέσῃ c h i j
τοῦ πόθου] τῆς ἀφορμῆς l τοῦ
    πάθους c h i j
6 vss. 6 et 7 om. a
καὶ ἐάν c
ἑκουσίως ζημιωθῆτε ∽ l
ἑκουσίως + ἢ ἀκουσίως g d m e f
    c h i j
ἐγερεῖ g ἐγείρεται l d c h i j
θυμός l h i j καὶ θυμός c
7 ἔστι — ψεύδους < g f c h i j
πρόσωπον d m
θυμόν b ὁ θυμός l d m e

ψεύδους, καὶ συναίρονται ἀλλήλοις, ἵνα ταράξωσι τὸ διαβούλιον· ταρασσομένης δὲ τῆς ψυχῆς συνεχῶς, ἀφίσταται κύριος ἀπ' αὐτῆς καὶ κυριεύει αὐτῆς ὁ Βελιάρ.

V. Φυλάξατε οὖν, τέκνα μου, τὰς ἐντολὰς τοῦ κυρίου καὶ τὸν νόμον αὐτοῦ τηρήσατε· ἀπόστητε δὲ ἀπὸ θυμοῦ καὶ μισήσατε τὸ ψεῦδος, ἵνα κύριος κατοικήσῃ ἐν ὑμῖν καὶ φύγῃ ἀφ' ὑμῶν ὁ Βελιάρ. 2. ἀλήθειαν φθέγγεσθε ἕκαστος πρὸς τὸν πλησίον αὐτοῦ, καὶ οὐ μὴ ἐμπέσητε εἰς ἡδονὴν καὶ ταραχάς, ἀλλ' ἔσεσθε ἐν εἰρήνῃ, ἔχοντες τὸν θεὸν τῆς εἰρήνης, καὶ οὐ μὴ κατισχύσῃ ὑμῶν πόλεμος. 3. ἀγαπᾶτε τὸν κύριον ἐν πάσῃ τῇ ζωῇ ὑμῶν, καὶ ἀλλήλους ἐν ἀληθινῇ καρδίᾳ. 4. οἶδα γὰρ ὅτι ἐν ἐσχάταις ἡμέραις ἀποστήσεσθε τοῦ κυρίου, καὶ προσοχθιεῖτε τῷ Λευί, καὶ πρὸς Ἰούδαν ἀντιτάξεσθε· ἀλλ' οὐ δυνήσεσθε πρὸς αὐτούς. ἄγγελος γὰρ κυρίου ὁδηγεῖ ἑκατέρους, ὅτι ἐν αὐτοῖς στήσεται Ἰσραήλ. 5. καὶ

τοῦ ψεύδους m
συναίρονται] συνέρχονται l συναινοῦνται c
ἀλλήλους m
ταράσσωσι g m παροξύνωσι l πράξωσι f
τὸ διαβούλιον + τῆς ψυχῆς d τὰ διαβούλια e f τὴν καρδίαν c h i j
ταρασσομένης — συνεχῶς] τῆς ψυχῆς ταρασσομένης m
ὁ κύριος ἀφίσταται ∾ l
ἀφίστατο h i j
ὁ κύριος g l d m c h i j
καὶ² — Βελιάρ < l
κυριεύσει f
αὐτῆς²] αὐτήν g

V. 1 φυλάσσετε d m f
τέκνα μου < a
τὴν ἐντολήν e a f c h i j
τοῦ < g l d
καὶ¹ < a f
τηρήσετε g ἐκζητήσατε d
ἀπόστητε — θυμοῦ < m
δέ < d e a f c h (i?) j
τοῦ θυμοῦ e c h i j
μισεῖτε h i j
τό < l
ἵνα + μὴ ἵνα καὶ m
ὁ κύριος g l m c h (i?) j
ὑμῖν] ἐμοί m
καὶ³ — Βελιάρ < a
φεύγῃ d φεύξεται c h i j

ἀφ' ἡμῶν m < h (i?) j
2 vss. 2-13 et VI 1-7 om. m
λαλεῖτε a φθέγξετε h i j
ἐκπέσητε h (i?) j
ἡδονήν] μῆνιν g d e a c h (i?) j πειρασμόν l μάνην f
ἔστε l
καὶ³ — πόλεμος et V 3 - VI 7 om. a
ὑμῶν] ἐν ὑμῖν g ὑμῖν l d h (i?) j
πολέμιος g πολέμους h (i?) j
3 καὶ ἀγαπᾶτε g ἀγαπήσατε l d e f c h (i?) j
κύριον] θεόν d
τῇ ζωῇ] ζωῆ g ἰσχύι l τῇ (< h (i?) j) ψυχῇ d h (i?) j
καὶ ἀλλήλους] ἀλλήλους f < c
4 οἶδα γάρ] ἐγώ (+ γάρ h (i?) j) οἶδα c h (i?) j
ἐν¹ + ταῖς c
ἀποστήσετε κυρίου l ἀποστῆτε ἀπὸ τοῦ κυρίου c
προσοχθήσετε l d f προσοχθῆτε h (i?) j
τὸν Λευί b
τῷ Ἰούδα c h i j
ἀντιπαρατάξεσθε l παρατάξεσθε e f c h i j
δύνασθε g
ἄγγελος — ἑκατέρους < c
γάρ² < g e
ὁδηγήσει g l
ἑκατέρους + αὐτούς h i j
ὁ Ἰσραήλ c h i j
5 vs. 5 om. l

ὡς ἂν ἀποστῆτε ἀπὸ κυρίου, ἐν πάσῃ κακίᾳ πορεύεσθε, ποιοῦντες βδελύγματα ἐθνῶν, ἐκπορνεύοντες ἐν γυναιξὶν ἀνόμων καὶ ἐν πάσῃ πονηρίᾳ, ἐνεργούντων ἐν ὑμῖν τῶν πνευμάτων τῆς πλάνης. 6. ἀνέγνων γὰρ ἐν βίβλῳ Ἑνὼχ τοῦ δικαίου ὅτι ὁ ἄρχων ὑμῶν ἐστιν ὁ σατανᾶς, καὶ ὅτι πάντα τὰ πνεύματα τῆς πορνείας καὶ τῆς ὑπερηφανίας τῷ Λευὶ ὑπακούσονται, τοῦ παρεδρεύειν τοῖς υἱοῖς Λευί, τοῦ ποιεῖν αὐτοὺς ἐξαμαρτάνειν ἐνώπιον κυρίου. 7. καὶ υἱοί μου ἐγγίζοντές εἰσι τῷ Λευὶ καὶ συνεξαμαρτάνοντες αὐτοῖς ἐν πᾶσιν· καὶ υἱοὶ Ἰουδὰ ἔσονται ἐν πλεονεξίᾳ, ἁρπάζοντες τὰ ἀλλότρια ὡς λέοντες. 8. διὰ τοῦτο ἀπαχθήσεσθε σὺν αὐτοῖς ἐν αἰχμαλωσίᾳ, κἀκεῖ ἀπολήψεσθε πάσας τὰς πληγὰς Αἰγύπτου καὶ πάσας πονηρίας τῶν ἐθνῶν· 9. καὶ οὕτως ἐπιστρέψαντες πρὸς κύριον ἐλεηθήσεσθε, καὶ ἄξει ὑμᾶς εἰς τὸ ἁγίασμα αὐτοῦ, βοῶν ὑμῖν εἰρήνην. 10. καὶ ἀνατελεῖ ὑμῖν ἐκ τῆς φυλῆς Ἰουδὰ καὶ Λευὶ τὸ σωτήριον κυρίου· καὶ αὐτὸς ποιήσει πρὸς τὸν Βελιὰρ πόλεμον, καὶ τὴν ἐκδίκησιν τοῦ νίκους δώσει πατράσιν ἡμῶν. 11. καὶ

ἂν < g
ἀποστήσεσθε c h i j
τοῦ κυρίου c
πορευόμενοι (-νος d) καί (< g c h i j) g d e f c h i j
ποιήσετε c h i ποιεῖτε j
βδέλυγμα g τὰ βδελύγματα τῶν c h i j
ἐκπορεύοντες b g c
ἀνόμοις c
πονηρίᾳ — τῆς < i
πορνείᾳ g d
πλάνης] πονηρίας c h i j
6 γάρ < c
τοῦ δικαίου Ἑνὼχ ∾ d
δικαίου + καὶ ἔγνων (εὗρον h i j) c h i j
ὁ¹ < g l
ὑμῶν < d
ὁ σατανᾶς (σατάν h i j) ἐστιν ∾ c h i j
καί¹ < f
πάντα < f c h i j
τῆς¹ + πλάνης (+ καὶ g) τῆς g d
πορνείας] πονηρίας l f c h i j
τῷ Λευί < l e f c h i j
ὑπακούσονται] ἐπαναστήσονται l
παρεδρεύειν] παραβαίνειν c
υἱοῖς + τοῦ l
ποιῆσαι d
ἐνώπιον — αὐτοῖς (vs. 7) < l
7 οἱ υἱοί μου g d e f οἱ ἐμοὶ υἱοί c h i j

συνεγγίζοντες c h i j
τοῖς υἱοῖς Λευί f τοῦ Λευί c h i j
ἐξαμαρτάνοντες εἰσιν g συναμαρτάνοντες c
ἐν πᾶσιν αὐτοῖς ∾ d
αὐτοῖς < g
καί³ + οἱ k g e f ἀλλὰ καὶ οἱ (< l) l d οἱ δέ c h i j
τοῦ Ἰουδά c h i j
τά < d c h i j
οἱ λέοντες l d
8 in marg. εἰς Βαβυλῶνα λέγει k
καὶ διά c h i j
σὺν — ἀπολήψεσθε < g
εἰς αἰχμαλωσίαν d c h i j
πάσας¹ < l
τὰς πονηρίας (πορνείας d) l d e f c h i j
9 ἐπιστρέψητε d ἐπιστρέψασθαι c
ὑμᾶς + κύριος g
βοῶν] καὶ δώσει g l καὶ δόῃ d e f c h i j
10 in marg. περὶ (+ τοῦ k τοῦ d) χριστοῦ k d c in textu add. (ante vs. 10) περὶ τοῦ χριστοῦ h i j
τοῦ Λευί l c h i j
τοῦ θεοῦ g
καὶ αὐτός] αὐτὸς γάρ c h i j
πέρασιν b k τοῖς πατράσιν g l d c h i j
ὑμῶν k d e

τὴν αἰχμαλωσίαν λάβῃ ἀπὸ τοῦ Βελιάρ, ψυχὰς ἁγίων, καὶ ἐπιστρέψει
καρδίας ἀπειθεῖς πρὸς κύριον, καὶ δώσει τοῖς ἐπικαλουμένοις αὐτὸν
εἰρήνην αἰώνιον· 12. καὶ ἀναπαύσονται ἐν Ἔδεμ ἅγιοι, καὶ ἐπὶ τῆς
νέας Ἱερουσαλὴμ εὐφρανθήσονται δίκαιοι, ἥτις ἔσται εἰς δόξασμα θεοῦ
ἕως τοῦ αἰῶνος. 13. καὶ οὐκέτι ὑπομένει Ἱερουσαλὴμ ἐρήμωσιν,
οὐδὲ αἰχμαλωτίζεται Ἰσραήλ, ὅτι κύριος ἔσται ἐν μέσῳ αὐτῆς, τοῖς
ἀνθρώποις συναναστρεφόμενος, καὶ ἅγιος Ἰσραὴλ βασιλεύων ἐπ' αὐτοὺς
ἐν ταπεινώσει καὶ ἐν πτωχείᾳ· καὶ ὁ πιστεύων ἐπ' αὐτῷ βασιλεύσει ἐν
ἀληθείᾳ ἐν τοῖς οὐρανοῖς.

VI. Καὶ νῦν φοβήθητε τὸν κύριον, τέκνα μου, καὶ προσέχετε ἑαυτοῖς
ἀπὸ τοῦ σατανᾶ καὶ τῶν πνευμάτων αὐτοῦ. 2. ἐγγίζετε δὲ τῷ θεῷ
καὶ τῷ ἀγγέλῳ τῷ παραιτουμένῳ ὑμᾶς· ὅτι οὗτός ἐστι μεσίτης θεοῦ καὶ
ἀνθρώπων ἐπὶ τῆς εἰρήνης Ἰσραήλ, καὶ κατέναντι τῆς βασιλείας τοῦ
ἐχθροῦ στήσεται· 3. διὰ τοῦτο σπουδάζει ὁ ἐχθρὸς ὑποσκελίζειν
πάντας τοὺς ἐπικαλουμένους τὸν κύριον. 4. οἶδε γὰρ ὅτι ἐν ᾗ ἡμέρᾳ

11 λήψεται τὴν αἰχμαλωσίαν ∽ g
λήψεται d
ἀπὸ τοῦ] τοῦ h j τῷ i
τὰς ψυχὰς τῶν c h i j
καρδίας] ψυχὰς d
12 τῇ Ἔδεμ k
καὶ ἐπί < f
τῆς νέας] τὴν ἁγίαν καὶ δικαίαν d
    τῆς ἁγίας (+ καί e) νέας (νέας
    ἁγίας ∽ h i j) e f h i j τῆς
    βασιλείας c
Ἱερουσαλήμ] Ἰσραήλ l
ἥτις — θεοῦ < d
ἐστί εἰς (< c h i j) e f c h i j
δόξασμα — αἰῶνος] δόξασμα θεῷ
    αἰωνίῳ g δόξα θεοῦ αἰώνιος c h i j
13 in marg. τοῦ χριστοῦ d
ὑπομείνῃ f
οὐδὲ αἰχμ.] οἱ δὲ αἰχμαλωτισθή-
    σονται d
αἰχμαλωτισθήσεται g l e f c h i j
Ἰσραήλ, ὅτι] ὁ d
Ἰσραήλ¹] Ἱερουσαλήμ l ὁ Ἰσραήλ
    h i j
ἐστίν h i j
ἐν τοῖς ἀνθρώποις l
καί² — Ἰσραήλ² < k
ὁ ἅγιος g l d e f c h i j
ἐπ' αὐτούς] ἐν αὐτοῖς g ἐπ' αὐτῇ l
    ἐπ' αὐτήν d ἐπ' αὐτῆς e f c h i j
καὶ πτωχείᾳ l e f c h i j
ἐν αὐτῷ g l d ἐπ' αὐτόν h i j

ἐν ἀληθείᾳ βασιλεύσει ∽ f
ἐν⁴ — οὐρανοῖς] ἐν τοῖς ἀνθρώποις
    ἐν ἀληθείᾳ ∽ c h i j
ἀληθείᾳ + καί g

VI. 1 φοβεῖσθε k c
τὸν θεόν l c h i j
ἑαυτούς k c h i j
2 vss. 2 et 3 om. k
ἐγγίσατε g d e f c h i j
δέ < g e f c h i j
ἀγγέλῳ + αὐτοῦ d
τῷ³ — ὑμᾶς] τῷ περιέχοντι ὑμᾶς l
    τοῦ μὴ πατάξαι ὑμᾶς εἰς τέλος d
    τῷ παρεπομένῳ ὑμῖν (ἡμᾶς h j
    ὑμᾶς i) c h i j
οὕτως g
ἀνθρώπων + καί g l d e f c h i j
τοῦ Ἰσραήλ c h i j
καί³ < b c h i j
στήσεται τῆς βασιλείας τοῦ θεοῦ
    ∽ d
στήσεται τοῦ θεοῦ ∽ f
ἐχθροῦ] θεοῦ l d e f c h i j
στήσεσθε g
3 καὶ διά g
ὑποσκελίσαι l d
in marg. (ad κύριον) τοῦ χριστοῦ d
4 οἶδα h i j
ἐν (< g d) ᾗ (ἥν g) ἂν ἡμέρᾳ (-αν g)
    g l d e f c h i j

πιστεύσει Ἰσραήλ, συντελεσθήσεται ἡ βασιλεία τοῦ ἐχθροῦ. 5. αὐτὸς ὁ ἄγγελος τῆς εἰρήνης ἐνισχύσει τὸν Ἰσραήλ, μὴ ἐμπεσεῖν αὐτὸν εἰς τέλος κακῶν. 6. ἔσται δὲ ἐν καιρῷ ἀνομίας τοῦ Ἰσραὴλ ἀφιστάμενος ἀπ᾽ αὐτῶν κύριος, καὶ μετελεύσεται ἐπὶ ἔθνη ποιοῦντα τὸ θέλημα αὐτοῦ, ὅτι οὐδεὶς τῶν ἀγγέλων ἔσται ἴσος αὐτῷ. 7. τὸ δὲ ὄνομα αὐτοῦ ἔσται ἐν παντὶ τόπῳ Ἰσραὴλ καὶ ἐν τοῖς ἔθνεσι σωτήρ. 8. διατηρήσατε οὖν ἑαυτούς, τέκνα μου, ἀπὸ παντὸς ἔργου πονηροῦ, καὶ ἀπορρίψατε τὸν θυμὸν καὶ πᾶν ψεῦδος, καὶ ἀγαπήσατε τὴν ἀλήθειαν καὶ τὴν μακροθυμίαν· 9. καὶ ἃ ἠκούσατε παρὰ τοῦ πατρὸς ὑμῶν, μετάδοτε καὶ ὑμεῖς τοῖς τέκνοις ὑμῶν, ἵνα δέξηται ὑμᾶς ὁ σωτὴρ τῶν ἐθνῶν· ἔστι γὰρ ἀληθὴς καὶ μακρόθυμος, πρᾶος καὶ ταπεινός, καὶ ἐκδιδάσκων διὰ τῶν ἔργων νόμον θεοῦ. 10. ἀπόστητε οὖν ἀπὸ πάσης ἀδικίας καὶ κολλήθητε τῇ

πιστεύσει] ἐπιστρέψει c h i j
5 vs. 5 om. k
αὐτός + γάρ g d c h j αὐτοῦ i
τῆς εἰρήνης < g
ἐνισχύει τοῦ Ἰσραήλ g ἐπιστρέψει
τὸν Ἰσραὴλ καὶ ἐνισχύσει c
ἐκπεσεῖν g d
τέλος] βάθος d χεῖρας c
6 ἀνομαλίας d τῆς ἀνομίας c h i j
τοῦ < g αὐτοῦ ὁ h i j
ὁ κύριος ἀπ᾽ αὐτῶν ∽ g
ἀπ᾽ αὐτοῦ k l h i j
ὁ κύριος c h i j
καί < b
μεταστραφήσεται d
ἐπὶ ἔθνη] ὄπισθε b ἔμπροσθεν k
ἐπὶ τὰ ἔθνη d
ποιούντων k ζητοῦντι c
τὸ θέλημα αὐτοῦ] τὸ ἀληθὲς ἄλειμμα
g
ὅτι — αὐτῷ < k
οὐδενί b
τῶν + ἁγίων i
ἴσος αὐτῷ ἔσται ∽ d
ἐστίν l
ἴσος] ὡς b
αὐτοῦ l h i j
7 ἔσται < c h (i ?) j
ἐν¹ < l
τόπῳ < g τῷ l + ἐν h i j
Ἰσραήλ < d
τοῖς < g
σωτηρία g < c h i j
8 τηρήσατε k + τὸ ψεῦδος m

οὖν < g
ἑαυτούς < e a f
ἔργου < c
καὶ¹ — μακροθυμίαν < k
ἀπορρίψατε + ἀφ᾽ ὑμῶν c h i j
τόν < l
πᾶν] τό g m c h i j
ψεῦδος + ἀφ᾽ ὑμῶν d m
9 ἃ ἀκούετε g ἀκούσατε m
περὶ τοῦ πατρὸς ἡμῶν m
μετάδοτε — ὑμῶν²] καὶ ὑμεῖς τοῖς
τέκνοις ὑμῶν ἀναγγείλατε g καὶ
ὑμεῖς ποιεῖτε, ἀναγγείλατε δὲ
αὐτὰ (< m) καὶ τοῖς τέκνοις
ὑμῶν d m
ὑμεῖς + ταῦτα l
ὑμῶν² + αὐτά e f + αὐτῶν a
καὶ ὑμᾶς (ἡμᾶς i) h i j
σωτήρ] πατήρ b k l
τῶν ἐθνῶν < m
ἐν πᾶσι γὰρ ἀληθὴς καὶ μακρόθυμός
ἐστι ∽ g ἔστι γὰρ ἀληθὴς καὶ
μακρόθυμος ἐν πᾶσι d m
ταπεινός . . . πρᾶος ∽ g
πρᾶος + τε d
ταπεινός + καὶ δίκαιος m
καὶ⁵ < g
διδάσκων m c ἐνδιδάσκων e
διὰ τῶν ἔργων < m
τὸν νόμον κυρίου c h i j
κυρίου k
10 vs. 10 om. k
κολληθήσεσθε m h i j
τῆς δικαιοσύνης g δικαιοσύνην m

δικαιοσύνῃ τοῦ νόμου κυρίου, καὶ ἔσται τὸ γένος μου εἰς σωτηρίαν ἕως τοῦ αἰῶνος. 11. καὶ θάψατέ με ἐγγὺς τῶν πατέρων μου. VII. Καὶ ταῦτα εἰπὼν κατεφίλησεν αὐτούς, καὶ ὕπνωσεν ὕπνον αἰώνιον. 2. καὶ ἔθαψαν αὐτὸν οἱ υἱοὶ αὐτοῦ. καὶ μετὰ ταῦτα ἀνήνεγκαν τὰ ὀστᾶ αὐτοῦ σύνεγγυς Ἀβραὰμ καὶ Ἰσαὰκ καὶ Ἰακώβ. 3. πλὴν ὡς ἐπροφήτευσεν αὐτοῖς Δάν, ὅτι ἐπιλάθωνται νόμον θεοῦ αὐτῶν, καὶ ἀλλοτριωθήσονται γῆς κλήρου αὐτῶν καὶ γένους Ἰσραὴλ καὶ πατριᾶς αὐτῶν καὶ σπέρματος αὐτῶν, οὕτως καὶ γέγονεν.

τοῦ νόμου < c h i j
τοῦ (< g) θεοῦ g d m e a f c h i j
καὶ² — αἰῶνος < b
γένος ὑμῶν (ἡμῶν h i j) c h i j
εἰς τοὺς αἰῶνας g καὶ ἕως τοῦ
αἰῶνος m
11 καὶ — με] θάψαντες οὖν g θάψατε
δέ με (με δέ ∞ m) d m καὶ
θάψατέ με e f
σύνεγγυς l

VII. 1 καταφιλήσας c h i j
καὶ (< h i j) ἐκοιμήθη k h i j
ὕπνωσεν c
ὕπνον πρεσβύτης καὶ πλήρης ἡμερῶν
ὑπάρχων d ὕπνῳ καλῷ c < h i j
2 vss. 2 et 3 om. k
vs. 2] καὶ (τότε m) ἐνέγκαντες οἱ
υἱοὶ αὐτοῦ θήκην ξύλων ἀσήπτων
(ἐν ξύλῳ ἀσήπτων m) κατ-
εσκευασμένην (μετ- m) κατέ-
θεντο αὐτὸν ἐν αὐτῇ. μετὰ ταῦτα
δὲ (δὲ ταῦτα ∞ m) ἀνενέγκαντες
(+ τὰ ὀστᾶ αὐτοῦ m) ἔθαψαν
αὐτὸν ἐν Χεβρὼν (ἐν Χ. ἔθαψαν
αὐτὸν ἐν τῷ σπηλαίῳ τῷ διπλῷ
m) μετὰ τῶν πατέρων αὐτοῦ
(σύνεγγυς Ἀβραὰμ καὶ Ἰσαὰκ
καὶ Ἰακώβ m) et add. καὶ
οὗτοι μέν εἰσιν οἱ λόγοι οὓς
ἐνετείλατο (ἐλάλησεν καὶ εἶπεν m)
Δὰν τοῖς υἱοῖς αὐτοῦ d m
οἱ — καὶ² < g
τοῦτο c h i j

ἀπήνεγκαν h j ἐπήνεγκαν i
αὐτοῦ² + καὶ ἔθηκαν l + καὶ
κατέθηκαν αὐτά f
σύνεγγυς — γέγονεν (vs. 3)] θέντες
ἐγγὺς Ἀβραάμ g
σύνεγγυς] ἔνθα ἦν c h i j
3 πλὴν (+ οὖν c h i j) προεφή-
τευσεν (ἐπροφ. d προφητεῦσαι m)
l d m e a f c h i j
ἐπ' αὐτούς (-οῖς m) d m αὐτούς c
Δάν < d m
ἐπιλησθήσονται d m
νόμον < e a f c h i j
τοῦ θεοῦ c h i j
ἀπαλλοτριωθήσονται (ἀπηλλοτριώ-
θησαν ἀπὸ τοῦ m) κλήρου d m
γένους — γέγονεν] τοῦ σπέρματος
αὐτῶν m
αὐτοῦ³ < c h i j
καὶ σπέρματος αὐτῶν scripsi < b
καὶ τὸ σπέρμα αὐτῶν l καὶ (<
c h i j) τοῦ σπέρματος αὐτῶν
d e a f c h i j
ὅπερ καὶ γέγονεν ἐπ' αὐτούς d <
l e a f c h i j
in fine add. τῷ δὲ θεῷ ἡμῶν εἴη
δόξα εἰς τοὺς αἰῶνας· ἀμήν d τῷ
δὲ θεῷ ἡμῶν πρέπει δόξα εἰς τοὺς
αἰῶνας τῶν αἰώνων· ἀμήν. Δὰν
υἱὸς Ἰακὼβ καὶ Βάλλας α'·
ἔζησεν δὲ ἔτη ρκε' m Δὰν υἱὸς
Ἰακὼβ ζ', υἱὸς Βάλλας α'·
ἔζησεν ἔτη ρκε' f

ΔΙΑΘΗΚΗ ΝΕΦΘΑΛΙΜ
ΠΕΡΙ ΦΥΣΙΚΗΣ ΑΓΑΘΟΤΗΤΟΣ

I.   Ἀντίγραφον διαθήκης Νεφθαλίμ, ἧς διέθετο ἐν καιρῷ τέλους
αὐτοῦ, ἐν ἔτει ἑκατοστῷ τριακοστῷ δευτέρῳ τῆς ζωῆς αὐτοῦ. 2.
συνελθόντων τῶν υἱῶν αὐτοῦ ἐν ἑβδόμῳ μηνί, τετάρτῃ τοῦ μηνός,
ὑγιαίνοντος αὐτοῦ, ἐποίησε δεῖπνον αὐτοῖς καὶ κώθωνα. 3.   καὶ μετὰ
τὸ ἐξυπνισθῆναι αὐτὸν τὸ πρωί, εἶπεν αὐτοῖς ὅτι Ἀποθνήσκω· καὶ οὐκ
ἐπίστευον αὐτῷ. 4.   καὶ εὐλογῶν κύριον ἐκραταίωσεν ὅτι μετὰ τὸ
δεῖπνον τὸ χθὲς ἀποθανεῖται. 5.   ἤρξατο οὖν λέγειν τοῖς υἱοῖς αὐτοῦ·

tit.: Διαθήκη Νεφθαλίμ (+ η′ b)
   περὶ φυσικῆς ἀγαθότητος (+
   Νεφθαλίμ ἑρμηνεύεται πλατυσμός
   f) b l e f η′ Διαθήκη, ἀντίγραφον
   Νεφθαλίμ k Διαθήκη Νεφθαλίμ
   περὶ πλεονεξίας η′ g Διαθήκη
   Νεφθαλίμ υἱὸς Ἰακὼβ η′, υἱὸς
   (+ δέ m) Βάλλας β′ περὶ φυσικῆς
   ἀγαθότητος (+ καὶ πραότητος et
   add. κα′ m) d m Νεφθαλίμ a
   Διαθήκη Νεφθαλίμ τοῦ ὀγδόου
   υἱοῦ Ἰακὼβ καὶ Βάλλας c h i j

I.   I 1 - VIII 2 ὑμῶν om. k sed
   add. ἐν ᾗ καὶ αὐτὸς μετὰ πολλῶν
   νουθεσιῶν εἶπε τοῖς ἰδίοις τέκνοις
   περὶ τοῦ χριστοῦ ταῦτα
1 ἀντίγραφα a
   διαθήκην h i j
   Νεφθαλίμ + υἱὸς Ἰακὼβ η′, υἱὸς δὲ
     Βάλλας β′ m
   ἧς] ὃν b ἦν g
   ἔθετο d + τοῖς υἱοῖς αὐτοῦ m
   τέλους] τῆς (< l d) τελευτῆς l d m
     e a f h i j τῆς ἐξόδου c
   ἐν² — δευτέρῳ] ἑκατοστῷ ἔτει g ἐν
     τῷ ἑκ. τρ. δ. ἔτει l ἐν ἔτει ἑκατο-
     στῷ τριακοστῷ (< c καὶ τρ.
     h i j) e a f c h i j
   τῆς < e a f
   αὐτοῦ² < c
2 συνελθόντων — αὐτοῦ (vs. 5)]
   ποιήσας δεῖπνον συνῆξε τοὺς υἱοὺς
   αὐτοῦ καὶ ἔφη πρὸς αὐτούς g
   συνελθόντων — αὐτοῦ¹ < l

   συνελθόντων + γὰρ d m
   αὐτοῦ¹ + πρὸς αὐτόν (αὐτῷ m) d m
   τῷ ἑβδόμῳ d m c h i j
   τετάρτῃ — αὐτοῦ² < m
   τετάρτῃ] ἐν ἡμέρᾳ (< l) μιᾷ l d μιᾷ
     e a f c h i j
   ὑγιαίνοντος αὐτοῦ < c h i j
   αὐτοῖς — τὸ πρωί (vs. 3) < l
   δεῖπνον — κώθωνα] αὐτοῖς δεῖπνον
     καὶ ηὐτρέπισε κοιτῶνα καὶ ἐκοι-
     μήθησαν d m
   αὐτός b
   καὶ κώθωνα < c h i j
3 καί¹] τῇ δὲ ἐπαύριον d m + τὸ
     (< e f) πρωί e f c h i j (v.i.)
   ἐξυπνίσαι d m
   αὐτόν < i
   τὸ πρωί < d m e a f c h i j (v.s.)
   καὶ εἶπε τοῖς υἱοῖς αὐτοῦ ὅτι Ἐγώ,
     τεκνία μου, ἀποθνήσκω l εἶπεν
     αὐτοῖς· Τεκνία (τέκνα m) μου,
     γνωστὸν ὑμῖν ἔστω (ἔστω ὑμῖν
     ∞ m) ὅτι ἐγὼ ἀποθνήσκω καὶ
     πορεύομαι ὁδὸν τῶν (< d) πατέ-
     ρων μου d m
   καί²] οἱ δὲ ἀκούσαντες ταῦτα d m
   ἐπίστευσαν d c h i j
4 καί] ὁ δέ d m
   εὐλογῶν] δοξάζων c h i j
   τὸν κύριον l m c h i j
   ἐκραταιώθη καὶ εἶπεν c h i j
   ὅτι — ἀποθανεῖται < l
   ἀπέθανεν ἡ σάρξ μου c h i j
5 ἤρξατο — αὐτοῦ] ἤρξατο οὖν (καὶ
     ἤρξατο d m ἤρξατο δέ c h i j)

Ἀκούσατε, τέκνα μου, υἱοὶ Νεφθαλίμ, ἀκούσατε λόγους πατρὸς ὑμῶν. 6. ἐγὼ ἐγεννήθην ἀπὸ Βάλλας· καί ὅτι ἐν πανουργίᾳ ἐποίησε Ῥαχήλ, καὶ ἔδωκεν ἀνθ' ἑαυτῆς τὴν Βάλλαν τῷ Ἰακώβ, καὶ ἐπὶ τῶν μηρῶν Ῥαχὴλ ἔτεκέ με — διὰ τοῦτο ἐκλήθην Νεφθαλίμ. 7. καὶ ἠγάπησέ με Ῥαχήλ, ὅτι ἐπὶ τῶν μηρῶν αὐτῆς ἐγεννήθην· καὶ εἴδει ἁπαλὸν ὄντα κατεφίλει με λέγουσα· Ἴδοιμι ἀδελφόν σου ἐκ τῆς κοιλίας μου κατὰ σέ. 8. ὅθεν καὶ ὅμοιός μοι ἦν ἐν πᾶσιν ὁ Ἰωσήφ, κατὰ τὰς εὐχὰς Ῥαχήλ. 9. ἡ δὲ μήτηρ μού ἐστι Βάλλα, θυγάτηρ Ῥωθέου, ἀδελφοῦ Δεβόρρας, τῆς τροφοῦ Ῥεβέκκας· ἥτις ἐν μιᾷ ἡμέρᾳ ἐτέχθη ἐν ᾗ καὶ ἡ Ῥαχήλ. 10. ὁ δὲ Ῥώθεος ἐκ τοῦ γένους ἦν Ἀβραάμ, Χαλδαῖος, θεοσεβής, ἐλεύθερος καὶ εὐγενής. 11. καὶ αἰχμαλωτισθεὶς ἠγοράσθη ὑπὸ Λαβάν· καὶ ἔδωκεν αὐτῷ Αιναν τὴν παιδίσκην αὐτοῦ εἰς γυναῖκα· ἥτις ἔτεκε

λέγειν (+ αὐτοῖς *l*) *l d m e a f c h i j*

υἱοὶ — ὑμῶν] υἱοὶ Νεφθαλὶμ τοῦ πατρὸς ὑμῶν *l* λόγους (< *d*) Νεφθαλὶμ τοῦ πατρὸς ὑμῶν, ἐνωτίσασθε ὅσα ἐγὼ ἐντέλλομαι ὑμῖν *d m*

6 Βάλλας + τῆς παιδίσκης Ῥαχὴλ ὄγδοος υἱὸς τῷ Ἰακὼβ τῷ πατρί μου *g* + Ἰακὼβ τῷ πατρί μου υἱὸς ὄγδοος *d m*
καὶ[1] — Νεφθαλίμ et vss. 7-12 om. *g*
καί[1] < *d m*
ὅτε *d*
ἐν πανουργίᾳ < *l*
ἡ Ῥαχήλ *e a h j* ἡμᾶς Ῥαχήλ *f*
δέδωκεν *h i j*
ἀντ' αὐτῆς *l d e a f c h i j* αὐτῆς *m*
τὴν παιδίσκην Βάλλαν *d* Βάλλαν *e a f c h i j*
καί[3]] διὸ καί *d m*
ἐπὶ — με] συλλαβοῦσα ἔτεκέ με ἐπὶ τῶν γονάτων τῆς Ῥαχήλ *c h i j*
τὸν μηρόν *l d*
με + καί *c*
ἐκάλεσε τὸ ὄνομά μου *c h i j*
7 καὶ ἠγάπησε] ὅτι (< *h i j*) ἠγάπησε γάρ *c h i j*
ἡ Ῥαχήλ *e* + πάνυ *c h (i?) j*
τῶν μηρῶν] τὸν μηρόν *l d* τῶν γονάτων *c h i j*
εἴδει] ἤδη *l* ἔτι *d m e a f c h i j*
με κατεφίλει (ἐπεφίλει *h i j*) ∞ *l d m c h i j*
με[2] < *f*

ἴδη μοι *l c h i j*
ἀδελφούς *e* ὁ ἀδελφός *c h i j*
8 μου *l d c h i j*
ἦν < *m*
ἐν πάσῃ *d* ἐν παντί *m* κατὰ πάντα *c h i j*
ὁ < *l d m e a f c*
εὐχάς] εὐλογίας *e a f c h i j*
9 ἤδε ἡ *c*
μου < *i*
ἐστι < *d* ὑπῆρχε post Βάλλα ∞ *c h i j*
Ροθων *l* ἦν Ρ. *d* Ηροθαιου *c*
ἥτις] ὅτι *c*
ἐτέχθη] ἐγεννήθη *d m*
ἐν ᾗ] ὅτε *l*
ἡ[2] < *l d m e a f c h i j*
10 Ροθων *l* Ιεροθεος *m*
ἦν + τοῦ *l* < *e a f*
θεοσεβής] καὶ εὐσεβής *l*
11 καὶ αἰχμαλωτισθείς] ὅστις (ὡς τις *m*) αἰχμαλωτίσθη (-τισθείς *m*) ἀπὸ τῆς ἑαυτοῦ πόλεως *d m*
Αιναν — παιδίσκην] μίαν τῶν παιδίσκων *l*
Εδναν *d* Αιδυναν *m* Ενι *a* Ευναν *f h i j* Εναν *c*
αὐτοῦ] αὐτῆς *d*
εἰς < *a f*
ἥτις] ὅτι *c*

114 ΔΙΑΘΗΚΗ ΝΕΦΘΑΛΙΜ

θυγατέρα, καὶ ἐκάλεσε τὸ ὄνομα αὐτῆς Ζέλφαν, ἐπ' ὀνόματι τῆς κώμης
ἐν ᾗ ἠχμαλωτεύθη. 12. ἑξῆς ἔτεκε τὴν Βάλλαν λέγουσα· Καινό-
σπουδός μου ἡ θυγάτηρ· εὐθὺς γὰρ τεχθεῖσα ἔσπευδε θηλάζειν.

II. Καὶ ἐπειδὴ κοῦφος ἤμην τοῖς ποσί μου ὡς ἔλαφος, ἔταξέ με ὁ
πατήρ μου Ἰακὼβ εἰς πᾶσαν ἀποστολὴν καὶ ἀγγελίαν· καίγε ὡς ἔλαφόν
με εὐλόγησεν. 2. καθὼς γὰρ ὁ κεραμεὺς οἶδε τὸ σκεῦος, πόσον
χωρεῖ, καὶ πρὸς αὐτὸ φέρει πηλόν, οὕτω καὶ ὁ κύριος πρὸς ὁμοίωσιν τοῦ
πνεύματος ποιεῖ τὸ σῶμα, καὶ πρὸς τὴν δύναμιν τοῦ σώματος τὸ πνεῦμα
ἐντίθησι, 3. καὶ οὐκ ἔστι λεῖπον ἓν ἐκ τοῦ ἑνὸς τρίτον τριχός· σταθμῷ
γὰρ καὶ μέτρῳ καὶ κανόνι πᾶσα κτίσις ὑψίστου. 4. καὶ καθάπερ
οἶδεν ὁ κεραμεὺς ἑνὸς ἑκάστου τὴν χρῆσιν, ὡς ἱκανή· οὕτω καὶ ὁ κύριος
οἶδε τὸ σῶμα, ἕως τίνος διαρκέσει ἐν ἀγαθῷ, καὶ πότε ἄρχεται ἐν κακῷ.
5. ὅτι οὐκ ἔστι πᾶν πλάσμα καὶ πᾶσα ἔννοια ἣν οὐκ ἔγνω κύριος·

τὸ ὄνομα αὐτῆς] αὐτήν b l
Ζεβαλ d
ἐπ' ὀνόματι] ἐπωνομάσθη h (i ?) j
καὶ ἐπ' m κατ' c
κώμης + ὁ m πόλεως f c h i j
ἠχμαλωτίσθη d m e a f c h i j
12 καὶ (< b) ἐξ ἧς b m e καὶ ἑξῆς
l a f καὶ πάλιν d καὶ μετὰ τοῦτο
c h i j
ἔτεκεν + αὐτῷ d
Βάλλαν + ἐξ ἧς ἐγεννήθην ἐγώ d
λέγουσα — θηλάζειν < d a
λέγουσα scripsi MSS λέγων
καιρὸς ποδός l καινὸς πόδας m
καινοποιός c h i j
εὐθὺς — θηλάζειν < l c h i j
εὐθέως m
τεχθεῖσα + ἐπιλαβομένη τοῦ μαζοῦ
m e f

II. 1 καὶ¹ — ἤμην] ἐγὼ ἤμην (ἐγώ,
τεκνία μου, ἐγενόμην d ἐγὼ δέ
εἰμι h i j) κοῦφος d c h i j
καὶ ἐπειδή] ἐπεὶ δέ a
μου¹ < g l d m e a f c h i j
ὡσεὶ (ὡς ἡ d c) ἔλαφος καί d c h i j
με¹] μοι g
Ἰακώβ < g
ἀποστολὴν καί < a f c h i j
ὡς²] ὡσεί c
με² < l
2 vss. 2-8 om. g sed add. καὶ
ἐποίουν τὰς ἐντολὰς αὐτοῦ κατὰ

τάξιν, καὶ ἕτερά τινα πολλὰ
φυσιογνωμικά
γάρ < l
οἶδεν ὁ κεραμεύς ∽ c h (i ?) j
σκεῦος + τό l
αὐτόν b m αὐτῷ d c
φέρει (πλάττει l) τὸν πηλόν l d m e
a f c h (i ?) j
πνεύματος] σώματος d
ποιεῖ + καί d m
τίθησι τὸ πνεῦμα ∽ d
ἐπιτίθησι l c h i j
3 καί¹ < d
ἔστι λεῖπον] ποιεῖ τὸ σῶμα h i j
λοιπόν b d m ἔλλειπον e a f c
ἓν ἐκ τοῦ ἑνός] αὐτοῦ αἰῶνος d ἐκ τοῦ
νεος (sic) m
τρίτον — ὑψίστου et vss. 4-7 om. a
τρίτον τριχός] τριστίχῳ l d m
γὰρ σταθμῷ ∽ l d m
κτίσις ὑψίστου] κτίσις ὑψοῦται d m
e f ἡ κτίσις ἐγένετο c h i j
4 καί¹ < l
καθώσπερ d καθώς c h i j
οἶδεν < d
ἱκανεῖ (-ῇ f c h i j) b d f c h i j
ἱκανήν l ἱκανεῖν d ἱκανὴ ἦν m
ἀγαθοῖς d τῷ ἀγαθῷ c h i j
τότε m
ἔρχεται e f c h i j
5 πᾶν < e f c h i j
καί] ἤ m
οὐ γνῷ h i j
ὁ κύριος l h i j

πάντα γὰρ ἄνθρωπον ἔκτισε κατ᾿ εἰκόνα ἑαυτοῦ. 6. ὡς ἡ ἰσχὺς αὐτοῦ, οὕτω καὶ τὸ ἔργον αὐτοῦ· καὶ ὡς ὁ νοῦς αὐτοῦ, οὕτω καὶ ἡ τέχνη αὐτοῦ· καὶ ὡς ἡ προαίρεσις αὐτοῦ, οὕτω καὶ ἡ πρᾶξις αὐτοῦ· ὡς ἡ καρδία αὐτοῦ, οὕτω καὶ τὸ στόμα αὐτοῦ· ὡς ὁ ὀφθαλμὸς αὐτοῦ, οὕτω καὶ ὁ ὕπνος αὐτοῦ· ὡς ἡ ψυχὴ αὐτοῦ, οὕτω καὶ ὁ λόγος αὐτοῦ, ἢ ἐν νόμῳ κυρίου ἢ ἐν νόμῳ Βελιάρ. 7. καὶ ὡς κεχώρισται ἀνάμεσον φωτὸς καὶ σκότους, ὁράσεως καὶ ἀκοῆς· οὕτω κεχώρισται ἀνάμεσον ἀνδρὸς καὶ ἀνδρός, καὶ ἀνάμεσον γυναικὸς καὶ γυναικός· καὶ οὐκ ἔστιν εἰπεῖν ὅτι ἐν τῷ ἑνὶ τοῖς προσώποις ἢ τῷ νοΐ ὅμοιον. 8. πάντα γὰρ ἐν τάξει ἐποίησεν ὁ θεὸς καλά· τὰς πέντε αἰσθήσεις ἐν τῇ κεφαλῇ καὶ τὸν τράχηλον συνάπτει τῇ κεφαλῇ καὶ τρίχας πρὸς δόξαν, εἶτα καρδίαν εἰς φρόνησιν, κοιλίαν εἰς διάκρισιν στομάχου, κάλαμον πρὸς ὑγίειαν, ἧπαρ πρὸς θυμόν, χολὴν πρὸς

καὶ πᾶν γὰρ ἀνθρώπων m
ἄνθρωπον < f
ἔκτισε + καί h i j
αὐτοῦ l d m e f
6 ὡς[1] + γάρ c h i j
ἡ[1] < m h j
αὐτοῦ[1]] τοῦ ἀνθρώπου d
καί[1] — οὕτω[2] < l
καί[2] — αὐτοῦ[8] < c h i j
καί[2] — αὐτοῦ[6] < m
καί[2] — αὐτοῦ[4] < d
ἡ τέχνη] τὸ ἔργον b
πρᾶξις αὐτοῦ] τέχνη αὐτοῦ· καὶ ὡς ἡ τέχνη αὐτοῦ, οὕτω καὶ ἡ πρᾶξις αὐτοῦ· καί d + καί m
στόμα] σῶμα f
αὐτοῦ[8] + καί d
ὁ ὀφθαλμός] ὀφθαλμός l h i j οἱ ὀφθαλμοί d m
αὐτοῦ[10] + καί m
αὐτοῦ[12] + καὶ πορεύεται εἰς ἕκαστος d
ἢ — Βελιάρ < l
ἢ ἐν[2]] ἦν m
τοῦ Βελιάρ d m e f c h i j
7 ὥσπερ d + οὐ c οὐ h i j
τοῦ φωτός c h i j
ἀνάμεσον (+ τοῦ c h i j) σκότους (+ ει j) d c h i j
ὁράσεως — ἀκοῆς < d
ὁράσεως < c + τε h i j
οὕτω — γυναικός[2]] καί (< c h i) οὕτως οὐ κεχώρισται ἀνάμεσον ἀνδρὸς καὶ ἀνάμεσον γυναικός c h i j
γυναικός[2] + καὶ πάντα ἐκ προαιρέσεως γίνεται ἀμφοτέρων d

ὅτι < l
ἓν scripsi Mss ἐν
ἑνὶ τοῖς] ἐν αὐτοῖς d
ἢ τῷ νοΐ ὅμοιον scripsi (cf. A) ἢ τῶν ὁμοίων b < l m ἧττον ἐποίησεν ἢ ἔλαττον d ἥττων (ἧττον f) ηττουν (ἤγουν f) ὅμοιον e f ἡττώμενον (-ος h i j) ἦν c h i j
8 vs. 8 post vs. 9 ∾ a (v. ad vss. 3 et 9)
τὰ πάντα d καὶ πάντα τά m
γάρ < d m e f i
καλῶς m
ἐν[2] < a
καί[1] — κεφαλῇ[2] < c h i j
καὶ τόν] τὸν δέ l
συνῆψε l συνάψας (+ ἐν d m f) d m e a f
καί[2]] προσθεὶς (καὶ προσθείς a) αὐτῇ (αὐτῷ d αὐτάς h i j) καί d m e a f c h i j
τρίχας + δέδωκε l
πρὸς δόξαν + καὶ εὐπρέπειαν d m πρὸς (εἰς a c h i j) εὐπρέπειαν καὶ δόξαν e a f c h i j
καρδίαν — φρόνησιν] καρδίας κίνησιν l
κοιλίαν] λαλίαν l
στομάχου, κάλαμον] σώματος εἰς κωλυσμον l τροφῆς στομάχου (στόμαχον m) εἰς κολασμόν d m
κάλαμον] καὶ λαιμόν e f καλάμου h εἰς ὑγίειαν + σπλῆνα εἰς γέλωτα h i j (v.i.)
πρὸς θυμόν] πρός m πρόθυμον a

πικρίαν, εἰς γέλωτα σπλῆνα, νεφροὺς εἰς πανουργίαν, ψύας εἰς δύναμιν, πλευρὰς εἰς θήκην, ὀσφὺν εἰς ἰσχὺν καὶ τὰ ἑξῆς. 9. οὕτως οὖν, τέκνα μου, ἐν τάξει ἐστὲ εἰς ἀγαθά, ἐν φόβῳ θεοῦ, καὶ μηδὲν ἄτακτον ποιεῖτε ἐν καταφρονήσει μηδὲ ἔξω καιροῦ αὐτοῦ. 10. ὅτι ἐὰν εἴπῃς τῷ ὀφθαλμῷ ἀκοῦσαι, οὐ δύναται· οὕτως οὐδὲ ἐν σκότει δυνήσεσθε ποιῆσαι ἔργα φωτός.

III. Μὴ οὖν σπουδάζετε ἐν πλεονεξίᾳ διαφθεῖραι τὰς πράξεις ὑμῶν, ἢ ἐν λόγοις κενοῖς ἀπατᾶν τὰς ψυχὰς ὑμῶν, ὅτι σιωπῶντες ἐν καθαρότητι καρδίας συνήσετε τὸ θέλημα τοῦ θεοῦ κρατεῖν καὶ ἀπορρίπτειν τὸ θέλημα τοῦ διαβόλου. 2. ἥλιος καὶ σελήνη καὶ ἀστέρες οὐκ ἀλλοιοῦσι τάξιν αὐτῶν· οὕτως καὶ ὑμεῖς μὴ ἀλλοιώσητε νόμον θεοῦ ἐν ἀταξίᾳ πράξεων ὑμῶν. 3. ἔθνη πλανηθέντα καὶ ἀφέντα τὸν κύριον ἠλλοίωσαν τάξιν

καὶ (< l d m) σπλῆνα (σπλάγχνα l) εἰς (πρός c) γέλωτα ∾ l d m c < h i j (v.s.)
πλευράν l e a f c h i j
θήκην] τὸ καθεύδειν c h i j
9 vs. 9 ante vs. 8 ∾ a et οὕτως οὖν] διὰ τοῦτο (et v. ad vs. 3)
οὖν — μου < m
τέκνα — θεοῦ] τέκνα μου, καὶ ὑμεῖς πάντα τὰ ἔργα ὑμῶν ἐν τάξει ποιεῖτε τὰ ἀγαθὰ ἐν φόβῳ θεοῦ g τέκνα μου, γινώσκετε τὰ ποιήματα τοῦ θεοῦ, ὅτι πάντα ἐν τάξει εἰσι καὶ μέτρῳ· οὕτως καὶ ὑμεῖς πάντα ἐν τάξει καὶ μέτρῳ καὶ σταθμῷ ἐν φόβῳ κυρίου ποιεῖτε l τέκνα μου, ἔστω (ἔστωσαν c h i j) et ante τέκνα μου ∾ h i j) πάντα τὰ ἔργα (τὰ ἔργα < c ἔργα j) ὑμῶν ἐν τάξει εἰς ἀγαθὰ (+ καὶ d m ἀγαθόν e a f c h i j) ἐν φόβῳ θεοῦ d m e a f c h i j
ποιεῖτε] ἐργάζεσθε l ποιήσητε c h i j
μηδέ] μή h i j
τοῦ καιροῦ d m
10 ὅτι + ὥσπερ l d m οὐ δύναται οὖν a (v.i.)
ὀφθαλμῷ + ῥήματα d m
ἀκοῦσαι — δύναται] ἄκουε, οὐ δυνήσεται c h i j
οὐ δύναται + χωρὶς τὸ οὖς d < a (v.s.)
οὐδέ] δέ m
σκότει + ὄντες c h i j

δυνήσεσθε ποιῆσαι] ποιήσετε g δυνήσεσθε (δύνασθε c h i j) ποιεῖν e a f c h i j
ἔργα ποιῆσαι ∾ l
ἔργον d m

III. 1 οὖν < l
σπεύδετε d m
διαφθείρουσι γάρ l διαφθαρῆναι c
ὑμῶν τὰς πράξεις ∾ c
ὑμῶν[1]] ἡμῶν g
ἢ — ὑμῶν[2] < g d m
λόγῳ καὶ κενοῖς ἀτόποις ἀπατῶντες h i j
καινοῖς e f c
ταῖς ψυχαῖς l
ὅτι] ἀλλά d
σιωπῶντες] σκοπῶντες d f
καθαρᾷ καρδίᾳ g
συνήσετε] δυνήσεται b ζητήσατε d
κρατεῖν] ποιεῖν g κραταιῶς c h i j
καὶ ἀπορρίπτειν] ἀπορρίπτειν δέ l
διαβόλου] Βελιάρ d m c h i j
2 vss. 2-5 et cap. IV om. m
ἥλιος — τάξιν] καθὼς (< c) ὁ ἥλιος καὶ ἡ σελήνη καὶ οἱ ἀστέρες οὐ καλύψουσι τὴν τάξιν c h i j
τὴν τάξιν d
θεοῦ + καί c
τῶν πράξεων c h i j
3 καί[1] — κύριον] ἀπὸ κυρίου d
τόν < g l e a f c h i j
ἠλλοιώθησαν g ἠλλοίωσε d
κατὰ (< c) τὴν τάξιν g c

αὐτῶν, καὶ ἐπηκολούθησαν λίθοις καὶ ξύλοις, ἐξακολουθήσαντες πνεύμασι πλάνης. 4. ὑμεῖς δὲ μὴ οὕτως, τέκνα μου, γνόντες ἐν στερεώματι, ἐν γῇ καὶ ἐν θαλάσσῃ καὶ πᾶσι τοῖς δημιουργήμασι κύριον τὸν ποιήσαντα ταῦτα πάντα, ἵνα μὴ γένησθε ὡς Σόδομα, ἥτις ἐνήλλαξε τάξιν φύσεως αὐτῆς. 5. ὁμοίως δὲ καὶ οἱ ἐγρήγοροι ἐνήλλαξαν τάξιν φύσεως αὐτῶν, οὓς καὶ κατηράσατο κύριος ἐπὶ τοῦ κατακλυσμοῦ, δι' αὐτοὺς ἀπὸ κατοικεσίας καὶ καρπῶν τάξας τὴν γῆν ἀοίκητον.

IV. Ταῦτα λέγω, τέκνα μου, ὅτι ἀνέγνων ἐν γραφῇ ἁγίᾳ Ἑνὼχ ὅτι καίγε καὶ ὑμεῖς ἀποστήσεσθε ἀπὸ κυρίου, πορευόμενοι κατὰ πᾶσαν πονηρίαν ἐθνῶν, καὶ ποιήσετε κατὰ πᾶσαν ἀνομίαν Σοδόμων. 2. καὶ ἐπάξει ὑμῖν κύριος αἰχμαλωσίαν, καὶ δουλεύσετε ἐκεῖ τοῖς ἐχθροῖς

ἐπηκολούθησε *d* ὑπήκουσαν *c h i j*
ξύλοις καὶ λίθοις ∾ *c*
ξύλα *f*
ἐπακολουθήσαντες *g* < *c h i j*
4 οὕτως μή + ποιεῖτε *d*
οὕτως] ὄντως *h j*
μου < *g*
γνῶτε *g* ἀλλὰ γνῶτε ἐκ τῶν δημιουρ-
γημάτων *d* γινώσκοντες *c h i j*
ἀπὸ στερεώματος καὶ ἀπὸ γῆς καὶ
θαλάσσης καὶ ἀπὸ πάντων τὸν
κύριον δημιουργήσαντα καὶ ποιή-
σαντα *d*
τῷ στερεώματι *c h i j*
καί[1] < *g*
ἐν[3] < *a f h i j*
καί[2]] ἐν *g* καὶ ἐν *c*
τόν < *l*
ταῦτα πάντα] πάντα *g h i j* < *d c* τὰ
πάντα *e a f*
ἵνα] καί *l*
γίνεσθε *d f c h i j*
ἥτις — δέ (vs. 5) < *a*
ἥτις] οἵτινες *d* ὅτι *c*
ἤλλαξαν *d*
αὐτῶν (+ οὓς καὶ ἐτέφρωσε κύριος
d) *l d c*
5 ὁμοίως — αὐτῶν < *l*
ὅμως *f*
δέ < *d c*
καί[1] + ὡς *a*
ἐγρήγοροι — αὐτῶν] ἐπὶ τοῦ κατα-
κλυσμοῦ *d* (v.i.)
ἐγγρήγορες *b*
ἐνήλλαξαν — αὐτῶν < *a*

καί[2] < *g d a f c h i j* ante οὓς ∾ *l*
κατηργήσατο *h i j*
ὁ κύριος *d*
ἐπὶ — κατακλυσμοῦ < *d* (v.s.)
δι' αὐτοὺς — ἀοίκητον < *d a*
δι' οὓς *e f c h i j*
ἀπὸ — καρπῶν] ἀπό τε οἰκίας ἀπό
τε καρπῶν *g*
ἀπὸ κατοικεσίας] ἀπὸ κτίσεως *l*
ἀποκατοικήσας *c h i j*
καρπῶν] ἄκαρπον *c h i j*
τάξας] δείξας *c*
γῆν + καί *c h i j*

IV. 1 ταῦτα + δέ *d*
λέγω + ὑμῖν *d e a f c h i j*
ἔγνων *e a f c h i j*
τῇ γραφῇ *c*
ἁγίᾳ < *l d e a f c h i j*
καίγε] γε *g* κελε *i*
καί[1] < *l d e a f c h i j*
κυρίου] θεοῦ *d*
πορευθέντες *l*
κατά[1]] καί *c*
πονηρίαν] ἀνομίαν *g e a f c h i j*
ἐθνῶν — ἀνομίαν < *l*
καί[2] — Σοδόμων < *h i j*
κατά[2] < *c*
ἀνομίαν] πονηρίαν *g e a f c*
Σοδόμων] δαιμόνων *g*
2 ὑμῶν κύριος *g* κύριος ὑμῖν ∾ *c h i j*
εἰς αἰχμαλωσίαν *i*
ἐκεῖ < *d*
τοὺς ἐχθρούς *e*

ὑμῶν, καὶ πάσῃ κακώσει καὶ θλίψει συγκαλυφθήσεσθε, ἕως ἂν ἀναλώσῃ κύριος πάντας ὑμᾶς. 3. καὶ μετὰ τὸ ὀλιγωθῆναι ὑμᾶς καὶ σμικρυνθῆναι, ἐπιστρέψετε καὶ ἐπιγνώσεσθε κύριον τὸν θεὸν ὑμῶν· καὶ ἐπιστρέψει ὑμᾶς εἰς τὴν γῆν ὑμῶν, κατὰ τὸ πολὺ αὐτοῦ ἔλεος. 4. καὶ ἔσται, ὅταν ἥξουσιν ἐν γῇ πατέρων αὐτῶν, πάλιν ἐπιλάθωνται κυρίου καὶ ἀσεβήσουσιν· 5. καὶ διασπείρει αὐτοὺς κύριος ἐπὶ προσώπου πάσης τῆς γῆς, ἄχρι τοῦ ἐλθεῖν τὸ σπλάγχνον κυρίου, ἄνθρωπος ποιῶν δικαιοσύνην καὶ ποιῶν ἔλεος εἰς πάντας τοὺς μακρὰν καὶ τοὺς ἐγγύς.

V. Ἐν γὰρ ἔτει τεσσαρακοστῷ ζωῆς μου εἶδον ἐν ὄρεσιν ἐλαίου, κατὰ ἀνατολὰς Ἰερουσαλήμ, ὅτι ὁ ἥλιος καὶ ἡ σελήνη ἔστηκαν. 2. καὶ ἰδοὺ Ἰσαὰκ ὁ πατὴρ τοῦ πατρός μου λέγει ἡμῖν· Προσδραμόντες κρατήσατε ἕκαστος κατὰ δύναμιν· καὶ τοῦ πιάσαντος ἔσται ὁ ἥλιος καὶ ἡ σελήνη. 3. καὶ πάντες ὁμοῦ ἐπεδράμομεν· καὶ ὁ Λευὶ ἐκράτησε τὸν

κακώσει] κακίᾳ h i j
συγκαυθήσεσθε l συναναστραφήσε-
  σθε d e a f c h i j
ἄν < g l d a f c h i j
3 μετὰ — καί² < c h i j
ὀλιγωθῆναι — καί² < g
καὶ σμικρυνθῆναι ὑμᾶς ∾ d
σμικρυνθέντες c h i j
ἐπιστρέψεσθε e a
γνώσεσθε l
ὑμῶν¹] ἡμῶν c
καί⁴ — ὑμῶν² < c
ἀποστρέψει l
ὑμῶν²] ἡμῶν h i j
κατά < g διά h i j
ἔλεος αὐτοῦ ∾ l
4 vss. 4 et 5 om. a
ἥξουσιν] ἔλθωσιν g αὔξουσιν l ἐξ-
  έλθωσιν c h i j
εἰς (+ τήν c h i j) γῆν l c h i j
τῶν πατέρων c h i j
αὐτῶν] ὑμῶν d e f
ἐπιλήσονται g d
τοῦ κυρίου c h i j
καί² + πλημμελήσουσι καὶ l
5 in marg. τοῦ χριστοῦ d
διασπεθει g διασπαρει d h i j δια-
  σπαριει f διασπερεῖ c
κύριος < d ὁ κύριος h i j
πρόσωπον g l c h i j
ἄχρις οὗ (ἄν l) ἔλθη g l d e f c h i j
ποιῶν¹] ποιεῖν h i j
ἐγγύς . . . μακράν ∾ d

V. 1 τῷ τεσσαρακοστῷ ἔτει d m
  c h i j
τῆς ζωῆς l d m c h i j
εἶδον + ἐν ὀνείρῳ ὅτι a + ὅραμα
  c h i j
ὄρεσιν ἐλαιῶν g e a ὄρεσιν ἡλίου l
  ὁράσει μου (< f) ἔλαιον (< m)
  d m f τῷ ὄρει τοῦ ἐλαιῶνος c h i j
ἀνατολάς + ἐγὼ εἰς m
ὅτι < a
ὁ < m
ἔστηκεν g ἵσταντο ἐνώπιον ὑμῶν d
  ἔστηκον c
2 Ἰσαάκ] Ἰακώβ g < a
τοῦ πατρός < g
λέγων g d ἔλεγεν c h i j
ἕκαστος κρατῆσαι ∾ g + τόν (τό
  h j) c h j
τοῦ πιάσαντος < g τοῦτο ποιή-
  σαντος m h i j τοῦ κρατήσαντος a
ἔστη g h j ἐστί l i
3 πάντες ὁμοῦ] πάντες ἅμα τῷ λόγῳ
  (ἅμα τῷ λόγῳ πάντες ∾ d)
  ἀκούσαντες (< d) ὁμοῦ d m post
  ἐδράμομεν ∾ c h i j (v.i.)
δραμόντες l ἐδράμομεν c h i j
καί² < l + προσδραμών d m
ὁ¹ < m a

ἥλιον καὶ ὁ Ἰούδας φθάσας ἐπίασε τὴν σελήνην καὶ ὑψώθησαν ἀμφότεροι σὺν αὐτοῖς. 4. καὶ ὄντος τοῦ Λευὶ ὡς ἡλίου νεανίας τις ἐπιδίδωσιν αὐτῷ βάϊα φοινίκων δώδεκα· καὶ Ἰούδας ἦν λαμπρὸς ὡς ἡ σελήνη καὶ ὑπὸ τοὺς πόδας αὐτοῦ ἦσαν δώδεκα ἀκτῖνες. 5. καὶ προσδραμόντες ἀλλήλοις ὁ Λευὶ καὶ Ἰούδας ἐκράτησαν ἑαυτούς. 6. καὶ ἰδοὺ ταῦρος ἐπὶ τῆς γῆς, ἔχων δύο κέρατα μεγάλα, καὶ πτέρυγες ἀετοῦ ἐπὶ τοῦ νώτου αὐτοῦ· καὶ θέλοντες πιάσαι αὐτόν, οὐκ ἠδυνήθημεν. 7. φθάσας γὰρ Ἰωσὴφ ἔλαβεν αὐτὸν καὶ συνανῆλθεν αὐτῷ εἰς ὕψος. 8. καὶ εἶδον ὅτι ἤμην ἐν κήποις, καὶ ἰδοὺ γραφὴ ἁγία ὤφθη ἡμῖν λέγουσα· Ἀσσύριοι, Μῆδοι, Πέρσαι, Ἐλυμαῖοι, Γελαχαῖοι, Χαλδαῖοι, Σύροι κληρονομήσουσιν ἐν αἰχμαλωσίᾳ τὰ δώδεκα σκῆπτρα τοῦ Ἰσραήλ.

VI. Καὶ πάλιν μετὰ μῆνας ἑπτὰ εἶδον τὸν πατέρα ἡμῶν Ἰακὼβ ἑστηκότα ἐν τῇ θαλάσσῃ Ἰαμνείας, καὶ ἡμεῖς οἱ υἱοὶ αὐτοῦ σὺν αὐτῷ.

καὶ³ — σελήνην] Ἰούδας ἐπίασε φθάσας τὴν σελήνην g τὴν δὲ σελήνην ὁ Ἰούδας φθάσας ἐπίασε h i j
ὁ² < l d m a f
ἐπίασε] ἐκράτησε l m a
4 ὄντος] γεγονότος g
ὡς ὁ ἥλιος g c h i j σὺν τῷ ἡλίῳ d
νεᾶνις g ἰδοὺ (< e a f) νεός e a f c h i j
τις < l
αὐτῆς m
λαμπρὸς ἦν ∾ d
ἦν + καὶ αὐτός l < e ἐγένετο c h i j
ἡ σελήνη] ὁ ἥλιος c h i j
καὶ³ + ἦσαν c h i j (v.i.)
αὐτοῦ] αὐτῶν e a f c h i j
ἦσαν < m c h i j
ἀκτῖνες] τινες f h i j
5 ἀλλήλοις] οἱ δύο c < h i j
ὁ < l d m + τε c h i j
ὁ Ἰούδας g e a
ἑαυτοῖς g αὐτούς f h i j αὐτάς c
6 δύο] δώδεκα d
πτέρυγας g l d c h i j
ἀετοῦ < l
τὸν νῶτον g τοῦ μετώπου l νώτου c h i j
θέλοντες] μοχθήσαντες l + ἡμεῖς c h i j
αὐτὸν πιάσαι (κρατῆσαι a) ∾ e a f
αὐτόν] τοῦτον l
ἠδυνήθησαν l
7 φθάσας] ἐλθών c h i j

γάρ] δέ l a c < h i j
ἔλαβεν] ἐκράτησεν l κατέλαβεν c h i j
συνῆλθεν g a συνανῆλθον m
αὐτῷ < l
τὸ ὕψος c h i j
8 ἤμεν d m
ἐν κήποις (cf. A)] ἐκεῖ που b παρὼν ἐκεῖ e a f παρεκεῖ c παρη ἐκεῖ h j παρηκει i
ἡμῖν] μοι m
Ἐλυμαῖοι] Λυμαῖοι l Ἐλαμίται d Ελαμαιοι m Ελλοιμεροι e Ελοιμεροι f < a c h i j
Γελαχαῖοι] Γεθγεοι g Γαλαχαιοι l Χελχαιοι e Χελκαιοι a f h j < c i
Χαλδοι l οἱ Χαλδαῖοι m < h j
Σύροι < l Σύριοι d m c
κληρονομοῦσιν m
ἐν αἰχμαλωσίᾳ < g αἰχμαλωσίαν d m f c h i j αἰχμαλωσίᾳ e a

VI. 1 πάλιν δέ l m ταῦτα εἶδον τότε. πάλιν δέ d πάλιν e a f
μετά + ταῦτα i
μῆνας] ἡμέρας c h i j
τὸν πατέρα ἡμῶν] τὸ πνεῦμα ἡμῶν m ὅτι ὁ πατήρ μου c h i j
ἑστῶτα g d m e a f ἵσταται (-το h i j) c h i j
Ἰαμνείᾳ h i j
οἱ υἱοὶ αὐτοῦ] υἱοὶ αὐτοῦ g οἱ υἱοὶ m < c h i j
μετ' αὐτοῦ g l d m

2. καὶ ἰδοὺ πλοῖον ἤρχετο ἀρμενίζον, μεστὸν ταρίχων, ἐκτὸς ναυτῶν καὶ κυβερνήτου· ἐπεγέγραπτο δὲ τὸ πλοῖον πλοῖον Ἰακώβ. 3. καὶ λέγει ἡμῖν ὁ πατὴρ ἡμῶν· Ἐμβῶμεν εἰς τὸ πλοῖον ἡμῶν. 4. ὡς δὲ εἰσήλθομεν, γίνεται χειμὼν σφοδρὸς καὶ λαῖλαψ ἀνέμου μεγάλου, καὶ ἀφίπταται ὁ πατὴρ ἀφ᾽ ἡμῶν, ὁ κρατῶν τοὺς αὐχένας. 5. καὶ ἡμεῖς χειμαζόμενοι ἐπὶ τὸ πέλαγος ἐφερόμεθα· καὶ ἐπληρώθη τὸ πλοῖον ὑδάτων, ἐν τρικυμίαις περιρρησσόμενον, ὥστε καὶ συντρίβεσθαι αὐτό. 6. καὶ Ἰωσὴφ ἐπὶ ἀκατίου φεύγει· χωριζόμεθα δὲ καὶ ἡμεῖς ἐπὶ σανίδων δέκα· Λευὶ δὲ καὶ Ἰούδας ἦσαν ἐπὶ τὸ αὐτό. 7. διεσπάρημεν οὖν οἱ πάντες ἕως εἰς τὰ πέρατα. 8. ὁ δὲ Λευὶ περιβαλόμενος σάκκον περὶ πάντων ἡμῶν ἐδέετο τοῦ κυρίου. 9. ὡς δὲ ἐπαύσατο ὁ χειμών,

---

2 ἤρχοντο (ἤρχετο m) πλοῖον[1] ∾ d m
ἀρμενίζον ἤρχετο ∾ g
μεστὸν ταρίχων < c h i j
ἐκτός + δέ l
ναυτοῦ g
κυβερνητῶν f c h i j
τὸ δέ ∾ i
τῷ πλοίῳ c
πλοῖον[2] < b l + οὕτως· d m + ὅτι c h i j
3 καὶ λέγει] εἶπε δέ d
ἡμῶν[1]] μου m < e a f
ἐμβῶμεν] εἰσέλθωμεν g ἀναβῶμεν d m e a f δεῦτε ἀνέλθωμεν (ἔλθωμεν h i j) c h i j
τό < h i j
4 εἰσήλθομεν + ἐν αὐτῷ d ἤλθομεν h i j
ἐγένετο d m
σφοδρὸς χειμών ∾ g
λαῖλαψ] ὄχλησις l ελελαμψε m
ἄνεμος h i j
μεγάλη g μέγας e a f c h i j
ἐφίπταται b ἀφίσταται d m e a f c h i j
πατήρ + ἡμῶν c h i j
ἀφ᾽ < l
ὁ[2] < l c h j κράζων καὶ i
5 καὶ ἡμεῖς + δέ l τότε ἡμεῖς d m
φερόμενοι d
καί[2] < d
ὑδάτων τὸ πλοῖον ∾ d
τῶν ὑδάτων g
ἐν τρικυμίαις] τρικυμίας b

περιφερόμενον d περισπώμενον f
φερόμενοι (-ον h i j) c h i j
καί[3] < l d m i
αὐτὸ συντρίβεσθαι ∾ l συντριβῆναι αὐτό (ἑαυτῷ m) d m
6 καί[1] < l τότε d m ὁ δέ c h i j
Ἰωσήφ + δέ l
ἀκατίου] κατιδίου l ἀκατίῳ c h i j
οὐ φεύγει m ἐπορεύθη c h i j
χωριζόμεθα — ἡμεῖς] ἡμεῖς δὲ διεχωρίσθημεν c h i j
δέ < d
ἡμῖν m
σανίδων δέκα] σανίδια νέα g σανίδων (+ ονος m) l m πασανιδων (πᾶσαν ὁδὸν οἱ h i j) ἐννέα c h i j
δέ[2] < m
ἐπὶ τὸ αὐτό] δὲ τὸ αὐτὸ ἐν σανίδι d
7 καὶ διεσπάρημεν m c h i j διεσπάρησαν e a f
οὖν] δέ l < c h i j
οἱ < d m e a f c h i j
ἕως < g l d c h i j
εἰς] ἐπί l
τὰ πέρατα + πάντα d σταπερα m + τῆς γῆς c h i j
8 περιβαλόμενος g l d m e a f c h i j et post σάκκον ∾ g
σάκκῳ h i j
περὶ — ἡμῶν < c h i j
περί] ὑπέρ d m
τῷ κυρίῳ l d m

τὸ σκάφος ἔφθασεν ἐπὶ τὴν γῆν, ὥσπερ ἐν εἰρήνῃ. 10. καὶ ἰδοὺ ἦλθεν Ἰακὼβ ὁ πατὴρ ἡμῶν, καὶ ὁμοθυμαδὸν ἠγαλλιώμεθα. VII. Τὰ δύο ἐνύπνια εἶπον τῷ πατρί μου, καὶ εἶπέ μοι· Δεῖ ταῦτα πληρωθῆναι κατὰ καιρὸν αὐτῶν, πολλὰ τοῦ Ἰσραὴλ ὑπομείναντος. 2. τότε λέγει μοι ὁ πατήρ μου· Πιστεύω ὅτι ζῇ Ἰωσήφ· ὁρῶ γὰρ πάντοτε ὅτι κύριος συγκαταριθμεῖ αὐτὸν μεθ᾽ ὑμῶν. 3. καὶ κλαίων ἔλεγε· Ζῇς, Ἰωσὴφ τέκνον μου, καὶ οὐ βλέπω σέ, καὶ σὺ οὐχ ὁρᾷς Ἰακὼβ τὸν γεννήσαντά σε. 4. ἐποίησε δὲ καὶ ἡμᾶς δακρῦσαι ἐπὶ τοῖς λόγοις αὐτοῦ τούτοις. καὶ ἐκαιόμην τοῖς σπλάγχνοις ἀναγγεῖλαι ὅτι πέπραται· ἀλλ᾽ ἐφοβούμην τοὺς ἀδελφούς μου.

9 ἔφθασε τὸ σκάφος ∾ c h i j
τῆς γῆς c
ὥσπερ < g d
ἐν εἰρήνῃ] εἰρήνην m
10 Ἰακὼβ post ἡμῶν ∾ g d m
    < e a f c h i j
καί² + πάλιν (πάντες h i j) c h i j
ἠγαλλιασάμεθα c h i j

VII. 1 τότε τά d m ταῦτα τά c h i j
δύο] δεύτερα l
εἶπον] διηγησάμην d
καὶ — μου (vs. 2) < i
δεῖ + γάρ d
ταῦτα + πάντα l + πάντα, τέκνα
    μου et post πληρωθῆναι ∾ d
    αὐτά e a f
τὸν καιρόν g l τοὺς (< e a f) καιρούς
    d m e a f c h j
τοῦ] τῷ g h j
ὑπομείναντες h j
2 τότε] καί d + οὖν c h j
μοι < d m
πίστευσον g + τῷ θεῷ (+ τέκνα
    μου d m) d m c h i j
ὁ Ἰωσήφ g l h i j τὸ τέκνον μου
    Ἰωσήφ d m
πάντοτε] πάντα h i j
ὁ κύριος l m a et post αὐτόν ∾ l
    < e f
ἀριθμεῖ c
ὑμῶν] ἡμῶν g l d m f c h i j
3 ζῇς — μου] οἴμοι, τέκνον μου Ἰω-
    σήφ, ζῇς ∾ c h i j
ζῇς] ποῦ ἧς g

τέκνον μου Ἰωσήφ ∾ g l d m e a f
οὐ — σέ] οὔτε σὲ βλέπω ἐγώ d
οὐ] οὔτω ἐγώ m
καί³ — σε < c h i j
καὶ σὺ οὐχ] οὔτε σὺ πάλιν (< m)
    d m
σύ < a f
ὁρᾷς + με m
γεννήσαντά σε] πατέρα σου l
4 ἐποίησε — τούτοις] ταῦτα δὲ εἰπὼν
    ἐποίησε καὶ ἡμᾶς συγκλαίειν μετ᾽
    αὐτῶν m
ἐποίησε — δακρῦσαι] ταῦτα λέγων
    καὶ ἡμᾶς κλαῦσαι ἐποίησε d
καὶ ἐποίησε a
δέ < a f h i j οὖν c
ἡμᾶς] ἐμέ c h i j
ἐπί] ἐν a f c h i j
τοῖς¹ — τούτοις] τούτοις τοῖς λό-
    γοις l
αὐτοῦ < g e a f c
τούτοις < d h i j
καί²] ἐγὼ δέ (< d) d m c h i j
τοῖς σπλάγχνοις] τοῖς λόγοις αὐτοῦ
    καὶ τοῖς σπλάγχνοις ἐστρεφόμην
    τοῦ l + καὶ ἐβουλόμην μέν (< m)
    d m + μου c h i j
ἀναγγεῖλαι + τῷ πατρί μου l
ἀναγγελεῖν m
πέπρακται g πεπρακεται m +
    Ἰωσήφ c h i j
ἀλλ᾽ ἐφοβούμην] καὶ (< d) ἐφο-
    βούμην δέ d m
τοῖς ἀδελφοῖς g
μου + μήποτε (μήπως m) γνῶντες
    (+ καί m) ἀποκτείνωσί με d m

VIII. Καὶ ἰδού, τέκνα μου, ὑπέδειξα ὑμῖν καιροὺς ἐσχάτους, ὅτι πάντα γενήσεται ἐν Ἰσραήλ. 2. καὶ ὑμεῖς οὖν ἐντείλασθε τοῖς τέκνοις ὑμῶν ἵνα ἐνοῦνται τῷ Λευὶ καὶ τῷ Ἰούδᾳ. διὰ γὰρ τοῦ Ἰουδὰ ἀνατελεῖ σωτηρία τῷ Ἰσραὴλ καὶ ἐν αὐτῷ εὐλογηθήσεται Ἰακώβ. 3. διὰ γὰρ τοῦ σκήπτρου αὐτοῦ ὀφθήσεται θεὸς κατοικῶν ἐν ἀνθρώποις ἐπὶ τῆς γῆς, σῶσαι τὸ γένος Ἰσραήλ· καὶ ἐπισυνάξει δικαίους ἐκ τῶν ἐθνῶν. 4. ἐὰν ἐργάσησθε τὸ καλόν, τέκνα μου, εὐλογήσουσιν ὑμᾶς καὶ οἱ ἄνθρωποι καὶ οἱ ἄγγελοι· καὶ θεὸς δοξασθήσεται δι' ὑμῶν ἐν τοῖς ἔθνεσι, καὶ ὁ διάβολος φεύξεται ἀφ' ὑμῶν, καὶ τὰ θηρία φοβηθήσονται ὑμᾶς, καὶ ὁ κύριος ἀγαπήσει ὑμᾶς, καὶ οἱ ἄγγελοι ἀνθέξονται ὑμῶν. 5. ὡς ἄν τις γὰρ τέκνον ἐκθρέψῃ καλῶς, μνείαν ἔχει ἀγαθήν, οὕτως καὶ ἐπὶ τοῦ καλοῦ ἔργου μνήμη παρὰ θεῷ ἀγαθή. 6. τὸν δὲ μὴ ποιοῦντα τὸ

VIII. 1 καί < g l m e a f
ἰδού + οὖν l d
μου < g
ταῦτα πάντα γενήσονται l
τῷ Ἰσραήλ l Ἱερουσαλήμ m
2 in marg. προφητεία (< c) περὶ
χριστοῦ k c
ἵνα — Ἰούδᾳ] μὴ ἀποχωρίζεσθε
Λευὶ καὶ Ἰούδᾳ k (v. ad cap. I)
οὖν + τέκνα μου d
ἐνοῦντες d ἐννοοῦνται h i j
τῷ Ἰούδᾳ — σωτηρία < a
τῷ² < d
post Ἰούδᾳ in textu add. περὶ τοῦ
χριστοῦ h j
διὰ — Ἰουδά] ἐν αὐτῷ γάρ l
VIII 2 γάρ - IX 2 ψυχῆς deest in i
(v. introd. p. XX)
ἀνατελεῖ + ὑμῖν e f
σωτηρία] σωτήρ e f ἡ σωτηρία c h j
in marg. add. τοῦ χριστοῦ d
Ἰσραήλ] Ἰακώβ l
καὶ³ — Ἰσραήλ (vs. 3) < d
ἐν αὐτῷ] δι' αὐτοῦ l
Ἰακώβ — ὀφθήσεται (vs. 3) < g
Ἰακώβ] Ἰσραήλ l τῷ Ἰακώβ h j
3 γάρ < c h j
κύριος ὁ θεός k ὁ θεός c
ἀνθρώποις] οὐρανοῖς e
τοῦ σῶσαι τό (< h j) c h j
τοῦ (τῷ h j) Ἰσραήλ m c h j
καὶ — ἐθνῶν] ἐπισυνάξαι δικαίους ἐξ
ἐθνῶν g
4 vss. 4-9 om. k

ἐάν + γάρ g l a εδε m καὶ (< h j)
ἐὰν οὖν καὶ ὑμεῖς c h j
ἐργάζησθε l
καλόν] ἀγαθόν g
τέκνα μου < c h j
ὑμᾶς¹] ἡμᾶς m
καὶ¹ < g c h j
ἄγγελοι ... ἄνθρωποι ∾ d m f
ὁ θεός g l d m e a f c h j
ἐν τοῖς ἔθνεσι δι' ὑμῶν (ἡμῶν h j)
∾ g e a f c h j
δι' ὑμῶν] ἐν ὑμῖν d καὶ ἡμῶν m
ἀφ' ἡμῶν m
ὑμᾶς²] ἡμᾶς m
καὶ⁶ — ὑμᾶς³ < b d m a f c h j
ὁ² < g
καὶ⁷ — ὑμῶν³] καὶ οἱ ἄνθρωποι καὶ
οἱ ἄγγελοι καὶ ὁ θεὸς δοξάσει
ἡμᾶς ἐν τοῖς ἔθνεσιν m < a
ὑμῶν³] ὑμᾶς h j
5 vss. 5 et 6 om. m
ὡς (ὥσπερ d) γὰρ ἄν (ἐάν d) τις g d
γάρ < l e a f c h j
ἐκθρέψῃ τέκνον ∾ g d
θρέψῃ h j
καλόν c h j
ἀγαθήν + περὶ αὐτοῦ g καλήν
e a f c h j
οὕτως — ἀγαθή < d
ἐπὶ τοῦ] περί g
μνήμη] μνεία g
θεοῦ g l e a f c h j
6 ποιοῦντα] ὄντα a
τό < l e a f

καλόν, καταράσονται οἱ ἄνθρωποι καὶ οἱ ἄγγελοι, καὶ ὁ θεὸς ἀδοξήσει
ἐν τοῖς ἔθνεσι δι' αὐτοῦ, καὶ ὁ διάβολος οἰκειοῦται αὐτὸν ὡς ἴδιον σκεῦος,
καὶ πᾶν θηρίον κατακυριεύσει αὐτοῦ, καὶ ὁ κύριος μισήσει αὐτόν.
7. καὶ γὰρ αἱ ἐντολαὶ τοῦ νόμου διπλαῖ εἰσι καὶ μετὰ τέχνης πληροῦνται.
8. καιρὸς γὰρ συνουσίας γυναικὸς αὐτοῦ καὶ καιρὸς ἐγκρατείας εἰς
προσευχὴν αὐτοῦ. 9. καὶ δύο ἐντολαί εἰσιν· καὶ εἰ μὴ γένωνται ἐν
τάξει αὐτῶν, ἁμαρτίαν παρέχουσιν. οὕτως ἐστὶ καὶ ἐπὶ τῶν λοιπῶν
ἐντολῶν. 10. γίνεσθε οὖν σοφοὶ ἐν θεῷ καὶ φρόνιμοι, εἰδότες τάξιν
ἐντολῶν αὐτοῦ καὶ θεσμοὺς παντὸς πράγματος, ὅπως ὁ κύριος ἀγαπήσει
ὑμᾶς.

IX. Καὶ πολλὰ τοιαῦτα ἐντειλάμενος αὐτοῖς παρεκάλεσεν ἵνα
μετακομίσωσι τὰ ὀστᾶ αὐτοῦ εἰς Χεβρών, καὶ θάψωσι μετὰ τῶν πατέρων

καταράσονται + αὐτὸν (< l e a f)
καί l e a f c h j τοῦτον καταρά-
σονται d
οἱ ἄγγελοι (+ κυρίου d) καὶ οἱ
ἄνθρωποι ∽ g l d c h οἱ ἄνθρω-
ποι j
καὶ² — αὐτοῦ¹ < c h j
ὁ¹ < g
ἀδοξήσει] δοξάσει d
ἐν — αὐτοῦ¹] αὐτόν l ἐν αὐτῷ d
ὁ δὲ διάβολος d
αὐτόν¹] αὐτοῦ g αὐτῷ d e a f
ἰδίου σκεύους g ἰδίῳ σκεύει e a f
αὐτοῦ²] αὐτῷ d c αὐτόν h j
καί⁵] ὅτι l ἔτι δὲ καὶ d
ἐμίσησεν l
7 αἱ < m
εἰσι + καὶ εἰ μὴ γένωνται ἐν τάξει
αὐτῶν ἁμαρτίαν παρέχουσιν ἀλλὰ
a (v.i.)
καὶ² — πληροῦνται < d
πληροῦται m
8 καιρός¹] καιροῖς m
συνουσίας + ὁ καιρός d m
αὐτοῦ¹ < a c h j
καί < m
ἐγκρατείας] ἐργασίας f
εἰς προσευχήν] καὶ (< g) προσευχῆς
g l ἡ προσευχή m
αὐτοῦ² < l αὐτῶν c
9 vs. 9 om. a (sed v. ad vs. 7)
αἱ δύο l e f c h j
ἐντολαί + θεοῦ m e f τοῦ θεοῦ c h j
εἰσι + τοῦ θεοῦ d

γίνωνται l f ἐγένοντο c h j
τάξει + καὶ νόμῳ l τῇ τάξει c h j
αὐτῶν + ἁμαρτάνουσιν καί l
ἁμαρτίαν + μεγίστην c h j
παρέχουσι + πᾶσι τοῖς μὴ πρεπόν-
τως ἀλλὰ καταφρονητικῶς ταῦτα
πράττουσιν d m παρεῖχον τοῖς
ἀνθρώποις c h j
οὕτως — ἐντολῶν] τὸ αὐτὸ καὶ ἐπὶ
τῶν λοιπῶν ἐντολῶν ἐστι c h j
οὕτως + δέ d m
ἐπί] ὑπό f
ἐντολῶν < m
10 σοφοὶ ἐν θεῷ (ἐν θεῷ σοφοί ∽ c)
+ τέκνα που c h j
τῷ θεῷ m
ἰδόντες k g m c h j
αὐτοῦ] θεοῦ k g
πράγματος παντός ∽ f + ἀγαθοῦ l
ἀγαπήσει ὑμᾶς ὁ (< d) κύριος
(θεός m) ∽ d m e a f c h j

IX. cap. IX om. k sed add. καὶ
ταῦτα εἰπὼν ἐκοιμήθη
1 καί¹ — παρεκάλεσεν] ταῦτα ἐντει-
λάμενος (ἐντελλόμενος m) Νε-
φθαλὶμ τοῖς υἱοῖς αὐτοῦ καὶ ἄλλα
πολλὰ τοιαῦτα διετάξατο αὐτοῖς
d m
παρεκάλεσεν + αὐτούς l
αὐτοῦ τὰ ὀστᾶ ∽ g
ἐν Χεβρών g l d m f < c h j
καὶ θάψωσι + αὐτόν l d m e a f <
c h j

αὐτοῦ. 2. καὶ φαγὼν καὶ πιὼν ἐν ἱλαρότητι ψυχῆς συνεκάλυψε τὸ πρόσωπον αὐτοῦ καὶ ἀπέθανεν. 3. καὶ ἐποίησαν οἱ υἱοὶ αὐτοῦ κατὰ πάντα ὅσα ἐνετείλατο αὐτοῖς Νεφθαλὶμ ὁ πατὴρ αὐτῶν.

αὐτοῦ²] ὃ καὶ ἐποίησαν g
2 φαγών + ἄρτον l
καὶ πιών + σὺν αὐτοῖς g < l f
    + καὶ πάντα d
ψυχῆς + πράξας d + καί m
συνεκαλύψατο e
αὐτοῦ] αὐτόν j
ἀπέθανεν] ἐκοιμήθη m
3 οἱ υἱοί < g
κατὰ πάντα < g c
κατά < m h i j
τὰ πάντα m

ὅσα + εἶπεν αὐτοῖς καί g ἅ l d
αὐτοῖς < g αὐτούς m
Νεφθαλίμ < d
in fine add. οὕτως, ἀμήν g τῷ δὲ
    θεῷ ἡμῶν <εἴη δόξα> d τῷ δὲ
    θεῷ ἡμῶν πρέπει δόξα εἰς τοὺς
    αἰῶνας τῶν αἰώνων· ἀμήν. Νε-
    φθαλὶμ υἱὸς Ἰακὼβ η΄, υἱὸς δὲ
    Βάλλας β΄· ἔζησεν δὲ ἔτη ρλβ΄ m
    Νεφθαλὶμ υἱὸς Ἰακὼβ η΄, υἱὸς
    Βάλλας β΄· ἔζησεν ἔτη ρλβ΄ f

ΔΙΑΘΗΚΗ ΓΑΔ

ΠΕΡΙ ΜΙΣΟΥΣ

I. Ἀντίγραφον διαθήκης Γάδ, ἃ ἐλάλησεν αὐτὸς τοῖς υἱοῖς αὐτοῦ ἐν ἔτει ἑκατοστῷ εἰκοστῷ ἑβδόμῳ ζωῆς αὐτοῦ λέγων· 2. Ἔνατος υἱὸς ἐγενόμην τῷ Ἰακώβ, καὶ ἤμην ἀνδρεῖος ἐπὶ τῶν ποιμνίων. 3. ἐγὼ ἐφύλαττον ἐν νυκτὶ τὸ ποίμνιον, καὶ ὅταν ἤρχετο λέων ἢ λύκος ἢ πάρδαλις ἢ ἄρκος ἢ πᾶν θηρίον ἐπὶ τὴν ποίμνην, κατεδίωκον αὐτό, καὶ πιάζων τὸν πόδα αὐτοῦ τῇ χειρί μου καὶ γυρεύων ἐσκότουν, καὶ ἠκόντιζον αὐτὸ ἐπὶ

tit.: θ′ (< b l e f) Διαθήκη Γάδ (+ θ′ b) περὶ μίσους (+ Γάδ ἑρμηνεύεται πειρατήριον f) b g l e f θ′ Διαθήκη, ἀντίγραφον Γάδ k Διαθήκη Γάδ υἱὸς Ἰακὼβ θ′, υἱὸς (+ δέ m) Ζέλφας α′ περὶ μίσους (+ Γάδ m) πειρατήριον d m Γάδ α Διαθήκη Γάδ τοῦ ἐνάτου υἱοῦ Ἰακὼβ καὶ Ζέλφας c h i j

I. I 1 - VII 6 om. k sed add. ἐλάλησεν καὶ αὐτὸς τοῖς υἱοῖς αὐτοῦ πολλὰς παραινέσεις. καὶ μετὰ ταῦτα εἶπεν αὐτοῖς περὶ τοῦ χριστοῦ ταῦτα
1 ἀντίγραφα a
διαθήκην h i j
Γάδ + τοῦ ἐνάτου υἱοῦ Ἰακώβ h i j
ἅ] ὅσα g l d m + ἐποίησε καί c h i j
αὐτός < g l d a c h i j
αὐτοῦ[1] + πρὸ τοῦ ἀποθανεῖν αὐτόν d
ἔτει ἑκατοστῷ εἰκοστῷ πέμπτῳ (ἑβδόμῳ l + ἔτει f) τῆς (< e f) ζωῆς g l m e a f τῷ (< d) ἑκατοστῷ εἰκοστῷ πέμπτῳ ἔτει τῆς ζωῆς d c h i j
λέγων] καλέσας γὰρ αὐτοὺς εἶπεν (εἶπεν αὐτοῖς ∞ d) g d εἶπε δὲ αὐτοῖς l < m e a f + αὐτοῖς c h i j
2 ἐγώ, τέκνα μου, ἔνατος υἱὸς ἐγενόμην (ἐγεννήθην d) d m ἀκούσατε, τέκνα μου, ἐγὼ ἐγενόμην ἔνατος υἱὸς c h i j
ἔνατος] ἕβδομος b
ἐγενόμην] ἐγεννήθην e a f
καί] ἡ δὲ μήτηρ μου Ζέλφας παιδίσκης Λείας, ἐγώ d

τῶν ποιμνίων + σφόδρα d τὸ ποίμνιόν μου m
3 ἐγώ + οὖν c h i j
τὸ πρωτοποίμνιον ἐν νυκτί ∞ g
τῇ νυκτί c h i j
ὅτε g l
λέων — θηρίον] λέων ἢ πάρδαλις ἢ ἄρκος ἢ λύκος ἢ πᾶν θηρίον ∞ l λέων ἢ ἄρκος ἢ ἄλλο τι θηρίον d λύκος ἢ λέων a ὁ (< f) λέων ἢ ὁ (< f) λύκος ἢ πᾶν θηρίον (θήρ f) f c h i j
ὁ λέων b
πάρδος ἢ πάρδαλις m
πᾶν] πᾶσα m
ἐπί[1] — ποίμνην < d m ἐπὶ τὸ ποίμνιον c
κατεδίωκον (καταδιώκων l) αὐτό (αὐτόν l a i αὐτά m), καὶ πιάσας (κρατῶν l κρατήσας a φθάνων ἐκράτουν c h i j) g l d m e a f c h i j
μου + ἢ τὴν οὐράν αὐτοῦ d < c
καὶ γυρίσας (γυρίζων l + αὐτόν d) ἐσκότουν g l d m e a f < c h i j
καὶ ἀκοντίσας αὐτὸ (αὐτόν a) ἐπὶ δύο σταδίους (σταδίοις e), οὕτως (< g) ἀνήρουν αὐτό (< g αὐτόν a) g e a f εἶθ᾽ οὕτως ἀκοντίζων αὐτὸ (αὐτόν m) ἐπὶ δύο σταδίους (+ ἔρριπτον καί d), οὕτως ἀνήρουν αὐτό (αὐτόν m) d m καὶ ἠκόντισα αὐτὸ ὡσεὶ λίθου βολήν, καὶ ἀνήρουν αὐτό c h i j

δύο σταδίους, καὶ οὕτως ἀνῆρουν. 4. ὁ οὖν Ἰωσὴφ ἐποίμαινε μεθ᾽
ἡμῶν ὡς ἡμέρας τριάκοντα, καὶ τρυφερὸς ὢν ἐμαλακίσθη ἀπὸ τοῦ
καύματος· 5. καὶ ὑπέστρεψεν εἰς Χεβρὼν πρὸς τὸν πατέρα αὐτοῦ·
καὶ ἀνέκλινεν αὐτὸν πλησίον αὐτοῦ, ὅτι ἠγάπα αὐτόν. 6. καὶ εἶπεν
Ἰωσὴφ τῷ πατρὶ ἡμῶν ὅτι υἱοὶ Ζέλφας καὶ Βάλλας θύουσι τὰ καλὰ καὶ
κατεσθίουσιν αὐτά, παρὰ γνώμην Ἰουδὰ καὶ Ῥουβήμ. 7. εἶδε γὰρ
ὅτι ἀρνὸν ἐξειλόμην ἐκ τοῦ στόματος τῆς ἄρκου, κἀκείνην ἐθανάτωσα
καὶ τὸν ἀρνὸν ἔθυσα, περὶ οὗ ἐλυπούμην ὅτι οὐκ ἠδύνατο ζῆν, καὶ ἐφάγομεν
αὐτόν· καὶ εἶπε τῷ πατρὶ ἡμῶν. 8. καὶ ἐνεκότουν τῷ Ἰωσὴφ περὶ
τοῦ λόγου τούτου ἕως ἡμέρας διαπράσεως αὐτοῦ εἰς Αἴγυπτον. 9. καὶ
τὸ πνεῦμα τοῦ μίσους ἦν ἐν ἐμοί, καὶ οὐκ ἤθελον οὔτε δι᾽ ὀφθαλμῶν οὔτε
δι᾽ ἀκοῆς ἰδεῖν τὸν Ἰωσήφ. καὶ κατὰ πρόσωπον ἡμῶν ἤλεγξεν ἡμᾶς

καὶ⁴ — ἀνῆρουν] ἀνῆρουν αὐτὸ οὕτως
  ∾ l
4 Ἰωσήφ + ὁ ἀδελφός μου c h i j
  ὡς ἡμέρας] ἡμέρας g ἕως (ὡς a)
    ἡμερῶν (ἡμέρας c) a c h i j
  τριάκοντα] κ' d
  τρυφερώτερος ὢν e f ὑπάρχων νέος
    c h i j
  ἐμαλακίσθη] ἐκαυματίσθη a
  ἀπὸ (ὑπό m a f c h i j) τοῦ καύ-
    σωνος g l d m e a f c h i j
5 καί¹ < d
  ἐπέστρεψεν m
  εἰς (ἐν d m c) Χ. πρὸς τὸν πατέρα
    ἡμῶν g d m e a f c h i j πρὸς τὸν
    πατέρα ἡμῶν ἐν Χ. ∾ l
  αὐτόν² + πάνυ c h i j
6 in marg. τὸν πονηρὸν ψόγον d
  καί¹ — Ἰωσήφ] Ἰωσὴφ εἶπεν i
  ὅτι < j
  οἱ υἱοὶ g d m e a f c h j
  θύουσι — καί³ < d
  τὰ καλά + πρόβατα l τὰ θρέμματα
    τὰ καλά c h i j
  ἐσθίουσιν c h i j
  αὐτά] τὸ ποίμνιον d + γε a
  Ῥουβὴμ καὶ Ἰουδά ∾ c h i j
7 οἶδε γάρ d ἦν γὰρ ἰδών c ὃν γὰρ
    ἰδόντες h i j
  ἄρνα ὅτι ∾ g ὅτι ἄρνα c
  ἐξειλόμην] ἔθυσα m (v.i.)
  ἐκ (ἀπό d) στόματος ἄρκου g d m
  τῆς] τοῦ c
  κἀκείνην ἐθανάτωσαν g κἀκεῖνον

ἐθανάτωσα l κανκεθανατωσαν αυ-
  τω m
καί¹ — ἔθυσα] καὶ τὸν ἄρνα εὐθύς g
  καὶ ἐλθών m (v.s.) τὸν δὲ ἀρνὸν
  ἔθυσα c h i j
ἐλυπήθην a
καί² < g
καί³ — ἡμῶν < g l m e a f c h i j
  τοῦτον ἰδὼν Ἰωσὴφ κατελάλησεν
  ἡμᾶς πρὸς Ἰακώβ d
8 καί + ἐμνησικάκησεν d
  ἐνεκότουν — τούτου] ὑπὲρ τοῦτο
    (τούτου h i j) ἐνεκότουν τῷ (τόν i)
    Ἰωσήφ c h i j
  τὸν Ἰ. g l m
  λόγου] ῥήματος f
  εἰς Αἴγυπτον < c h i j
9 τοῦ] μου d
  ἦν] εἶναι m
I 9 ἤθελον - IV 1 ποιεῖ deest in i
    (v. introd. p. XX)
  οὔτε . . . οὔτε] οὐδέ . . . οὐδέ g l
  ἀκοῆς . . . ὀφθαλμῶν ∾ c h j
  διὰ ὀφθαλμοῖς m
  ἰδεῖν — Ἰωσήφ] αὐτοῦ ἰδεῖν g
  καί³] οὐ μόνον δὲ ἀλλὰ καί l διότι d
    διά τι καί m ὅτι c h j
  ἡμῶν < c h j

ὅτι ἄνευ Ἰουδὰ ἠσθίομεν τὰ θρέμματα· καὶ πάντα ὅσα ἔλεγε τῷ πατρί, ἐπείθετο αὐτῷ.

II. Ὁμολογῶ νῦν τὴν ἁμαρτίαν μου, τέκνα, ὅτι πλειστάκις ἤθελον ἀνελεῖν αὐτόν, ὅτι ἕως ψυχῆς ἐμίσουν αὐτὸν καὶ ὅλως οὐκ ἦν ἐν ἐμοὶ ἥπατα ἐλέους εἰς αὐτόν. 2. καίγε διὰ τὰ ἐνύπνια προσεθέμην μῖσος, καὶ ἤθελον αὐτὸν ἐκλεῖξαι ἐκ γῆς ζώντων ὃν τρόπον ἐκλείχει ὁ μόσχος τὰ χλωρὰ ἀπὸ τῆς γῆς. 3. διὸ ἐγὼ καὶ Ἰούδας πεπράκαμεν αὐτὸν τοῖς Ἰσμαηλίταις τριάκοντα χρυσῶν, καὶ τὰ δέκα ἀποκρύψαντες τὰ εἴκοσιν ἐδείξαμεν τοῖς ἀδελφοῖς ἡμῶν. 4. καὶ οὕτως τῇ πλεονεξίᾳ ἐπληροφορήθην τῆς ἀναιρέσεως αὐτοῦ. 5. καὶ ὁ θεὸς τῶν πατέρων μου ἐρρύσατο αὐτὸν ἐκ τῶν χειρῶν μου, ἵνα ποιήσω ἀνόμημα ἐν Ἰσραήλ.

III. Καὶ νῦν ἀκούσατε, τέκνα μου, λόγους ἀληθείας, τοῦ ποιεῖν

ὅτι ἄνευ] λέγων ὅτι χωρὶς c h j
Ἰουδά + καὶ Ῥουβήμ d m
τὰ θρέμματα] αὐτά g + ἡμῶν m
καὶ πάντα] πάντα δέ (γάρ c h j)
  l c h j ὅθεν καὶ πάντα d m
πατρί + ἡμῶν l d m
ἐπείθετο αὐτῷ < d

II. 1 νῦν < l οὖν d m τοίνυν c h j
τέκνα + μου m h j
ἤθελον] ἠβουλήθην d
ὅτι² — αὐτόν³ et vss. 2-4 om. m
ὅτι² — αὐτόν² < g ἐπειδὴ ἐμίσουν
  (εμισος h εμισον j) αὐτὸν ἐκ
  ψυχῆς c h j
καὶ — αὐτόν³] καὶ οὐκ ἦν ἐν ἐμοὶ
  ἔλεος εἰς αὐτόν g καὶ οὐκ ἦν
  ηπατον ἐλέους εἰς οἰκτιρμοὺς ἐν
  ἐμοὶ l < d e a f c h j
2 καίγε] καί l
ἐνύπνια + αὐτοῦ l
μῖσος + εἰς αὐτόν l d αὐτῷ (< h j)
  τὸ μῖσος c h j
αὐτὸν ἐκλεῖξαι] αὐτὸν ἐκθλῖψαι g
  αὐτὸν ἐκλεῖψαι (ἐκλεῖψαι αὐτόν
  ∽ l) l a ἐξαλεῖψαι αὐτόν ∽ d
  τῆς γῆς τῶν ζώντων d
ζῶντα c
ὃν — γῆς² < a
ἐκλείχει] ἐκλείξει d
ἀπὸ — γῆς²] τὰ (< g) ἐπὶ τῆς γῆς
  g e f τοῦ πεδίου c h j
3 vss. 3-4] καὶ κρυφῇ πράσας αὐτὸν
  Ἰούδας τοῖς Ἰσμαηλίταις c h j

διό + δέ g + καί f
Ἰούδας] Συμεὼν g l d e a f
τοῖς¹ — ἡμῶν] καὶ ἤμεθα πρότερον
  τῆς ἀναιρέσεως αὐτοῦ αἴτιοι, ἔπειτα
  δὲ καὶ τῆς πράσεως τοῦ ἀδελφοῦ
  ἡμῶν. καὶ ἀπὸ μὲν τῆς τιμῆς
  αὐτοῦ τῶν τριάκοντα χρυσῶν
  ὑπεκρατήσαμεν τὰ δέκα, τὰ δὲ
  εἴκοσι διεμερίσαμεν μετὰ τῶν
  ἀδελφῶν l
εἰς τριάκοντα χρυσοὺς g εἰς χρυσί-
  νους τριάκοντα d τριάκοντα χρυ-
  σίων a f
ἡμῶν < a
4 οὕτως] ὄντως l
ἐπληροφορήθημεν (-ήθην g) περὶ
  (< a f) τῆς ἀναιρέσεως (αἱρέ-
  σεως d) g d e a f ἐπληροφορή-
  θημεν τῇ ἀναιρέσει l
5 καὶ ὁ] ὁ δέ l οὕτως ὁ c h j
μου¹ . . . μου²] ἡμῶν . . . ἡμῶν c h j
ἵνα μὴ ποιήσω (ποιήσωμεν c h j)
  g l d m e a f c h i j
ἀνομίαν (+ μεγάλην m) ἐν Ἰ. g m f
  τὸ ἀνόμημα ἐν τῷ Ἰ. l ἀνόμημα
  μέγα ἐν Ἰ. d ἐν τῷ Ἰ. ἀνομίαν
  μεγάλην ∽ c h j

III. 1 λόγους (λόγον g) ἀληθείας,
  τέκνα μου ∽ g l d m e f λόγους
  (λόγον c) ἀληθείας a c h j

δικαιοσύνην καὶ πάντα νόμον ὑψίστου καὶ μὴ πλανᾶσθαι τῷ πνεύματι τοῦ μίσους, ὅτι κακόν ἐστιν ἐπὶ πάσαις πράξεσιν ἀνθρώπων. 2. πᾶν ὃ ἐὰν ποιῇ ὁ μισῶν βδελύσσεται· ἐὰν ποιῇ νόμον κυρίου, τοῦτον οὐκ ἐπαινεῖ· ἐὰν φοβῆται κύριον καὶ θέλῃ δίκαια, τοῦτον οὐκ ἀγαπᾷ· 3. τὴν ἀλήθειαν ψέγει, τῷ κατορθοῦντι φθονεῖ, καταλαλιὰν ἀσπάζεται, ὑπερηφανίαν ἀγαπᾷ· ὅτι τὸ μῖσος ἐτύφλωσε τὴν ψυχὴν αὐτοῦ, καθὼς κἀγὼ ἔβλεπον ἐν τῷ Ἰωσήφ.

IV. Φυλάξασθε οὖν, τέκνα μου, ἀπὸ τοῦ μίσους, ὅτι εἰς αὐτὸν τὸν κύριον ἀνομίαν ποιεῖ. 2. οὐ γὰρ θέλει ἀκούειν λόγων ἐντολῶν αὐτοῦ περὶ ἀγάπης τοῦ πλησίον, καὶ εἰς τὸν θεὸν ἁμαρτάνει. 3. ἐὰν γὰρ πταίσῃ ὁ ἀδελφός, εὐθὺς θέλει ἀναγγεῖλαι πᾶσι, καὶ σπεύδει ἵνα κριθῇ περὶ αὐτῆς καὶ κολασθεὶς ἀποθάνῃ. 4. ἐὰν δὲ ᾖ δοῦλος, συμβάλλει

πάντα] πᾶν e a f c h j
τὸν νόμον τοῦ g
πλανᾶσθε g l d e a f c h j
τὸ πνεῦμα m f
ἐστιν < m
πάσαις] πάντας πάσαις m πᾶσιν f h j
ταῖς πράξεσιν ἀνθρώπου (τῶν ἀν-
  θρώπων c h j) l c h j
2 vss. 2 et 3 om. l
vs. 2 et vs. 3 τὴν¹ — φθονεῖ om. m
  sed add. καί
πᾶν ὅ] παρό f
ἐάν¹ < d
ποιῇ¹ + καλόν h j
μισῶν] δίκαιος g
οὐ μή σε βδελύσσεται g βδελλοιος
  ἔσται f βδελυκτόν ἐστιν c h j
ἐάν² + δέ τις c h j
τὸν νόμον c h j
οὐκ ἐπαινεῖ τοῦτον ∾ a
ἐπαινεῖ + τὸ πνεῦμα τῆς πλάνης h j
ἐάν³ + τις c
τὸν κύριον h j
τὸ δίκαιον c h j
τοῦτο οὐκ ἀγαπᾷ τὸ πνεῦμα h j
3 τὴν¹ — ψέγει] ὅτι λέγει τὴν ἀλή-
  θειαν h j
τῷ¹ — φθονεῖ < c
κατορθοῦντι] καταρχοῦντι d
ἀγαπᾷ (ἀγαπᾶτε m) + καὶ ἁπλῶς
  εἰπεῖν πᾶν πονηρὸν ἔργον καὶ
  πᾶσαν ἄλλην σατανικὴν πρᾶξιν (+
  πρὸς αὐτόν m) ἐπισπᾶται d m
  + ὁ μακρύνων ἀπὸ προσώπου
  θεοῦ h j

ὅτι — Ἰωσήφ < a
ἀποτυφλοῖ d m f ἐκτυφλοῖ c h j
ὡς κἀγὼ (+ τότε c h j) ἔβλεπον
  τὸν Ἰωσήφ f c h j
κἀγώ] ἐγώ g
ἐν τῷ Ἰωσήφ ἔπαθον ∾ d m

IV. 1 μου < g
ἀπό] ἐπί h j
τοῦ] παντός m
ὅτι — ποιεῖ et vss. 2-4 om. m
ὅτι + καί c h j
εἰς] ἐπ' a f
ἀνομίαν + ὁ τοιοῦτος l ἀνομεῖν
  d e a f ἀνομίας h j
2 λόγον l f νόμον d λόγους h i j
ἐντολῶν + θεοῦ g
τοῦ πλησίον] οὐ μέλει αὐτῷ εἰς τὸν
  πλησίον g + αὐτοῦ l τῶν πλη-
  σίων f
καὶ — ἁμαρτάνει < l διὰ τοῦτο
  ἁμαρτάνει καὶ εἰς τὸν θεὸν d
τόν < c h i j
3 ἐὰν — ἀναγγεῖλαι] σπουδάζει εὐθὺς
  ἀναγγεῖλαι τοῖς c h i j
πταίσῃ — ἀδελφός] πέσῃ ὁ ἀδελφός
  (+ αὐτοῦ d e a f) g l d e a f
εὐθὺς — ἀποθάνῃ] χαίρων εὐθὺς
  ἀναγγέλλει πᾶσι l
ἵνα κριθῇ περὶ αὐτοῦ g d a περὶ
  (ὑπὲρ h j παρ' i) αὐτοῦ ἵνα
  κριθῇ (κριθείς c) ∾ c h i j
4 ᾖ δοῦλος] καὶ δοῦλον l δοῦλος
  (+ τις c) ᾖ (+ τις h i j) ∾ a f
  c h i j

αὐτὸν πρὸς τὸν κύριον αὐτοῦ, καὶ ἐν πάσῃ θλίψει ἐπιχειρεῖ κατ' αὐτοῦ, εἴ πως θανατώσει αὐτόν. 5. τὸ γὰρ μῖσος ἐνεργεῖ τῷ φθόνῳ, καὶ κατὰ τῶν εὐπραγούντων, τὴν προκοπὴν ἀκούων καὶ ὁρῶν πάντοτε ἀσθενεῖ. 6. ὥσπερ γὰρ ἡ ἀγάπη καὶ τοὺς νεκροὺς θέλει ζωοποιῆσαι καὶ τοὺς ἐν ἀποφάσει θανάτου θελήσει ἀνακαλέσασθαι, οὕτως τὸ μῖσος τοὺς ζῶντας θέλει ἀποκτεῖναι καὶ τοὺς ἐν ὀλίγῳ ἁμαρτήσαντας οὐ θέλει ζῆν. 7. τὸ γὰρ πνεῦμα τοῦ μίσους διὰ τῆς ὀλιγοψυχίας συνεργεῖ τῷ σατανᾷ ἐν πᾶσιν εἰς θάνατον τῶν ἀνθρώπων· τὸ δὲ πνεῦμα τῆς ἀγάπης ἐν μακροθυμίᾳ συνεργεῖ τῷ νόμῳ τοῦ θεοῦ εἰς σωτηρίαν ἀνθρώπων.

V. Κακὸν τὸ μῖσος, ὅτι ἐνδελεχεῖ συνεχῶς τῷ ψεύδει, λαλῶν κατὰ τῆς ἀληθείας, καὶ τὰ μικρὰ μεγάλα ποιεῖ, τὸ σκότος φῶς προσέχει, τὸ γλυκὺ πικρὸν λέγει, καὶ συκοφαντίαν ἐκδιδάσκει καὶ ὀργὴν καὶ πόλεμον καὶ ὕβριν καὶ πᾶσαν πλεονεξίαν κακῶν, καὶ ἰοῦ διαβολικοῦ τὴν καρδίαν πληροῖ. 2. καὶ ταῦτα ἐκ πείρας λέγω ὑμῖν, τέκνα μου, ὅπως φεύξησθε

αὐτόν¹] αὐτῷ g
ἐν < l
θλίψει + αὐτοῦ d
ἐπιχαίρει αὐτῷ (κατ' αὐτοῦ g < d) g d e a f c h i j
εἴ — αὐτόν² < l εἴπερ (εἴ πως a f c) θανατωθῇ a f c h i j
εἴ πως] ὅπως d
5 τὸ γὰρ μῖσος συνεργεῖ τῷ φθόνῳ (+ ὁ δὲ φθόνος συνεργεῖ τὸν φόνον m) g d m e ὁ γὰρ φθόνος συνεργεῖ τῷ φόνῳ a f τῷ γὰρ φθόνῳ συνεργεῖ τὸ μῖσος c h i j
κατὰ — ἀκούων] ἀκούων τὴν κατ' αὐτῶν (κατὰ τῶν m) εὐπραγούντων (συμπραγούντων m) προκοπήν d m
τῇ (ἐν c h i j) προκοπῇ e a c h i j < f
καὶ²] ἢ g ἢ καὶ d m e a f
6 γὰρ < c h i j
ζωοποιῆσαι θέλει ∽ g
ζωοποιεῖν l
ἐν¹ < c
θέλει (< m c) ἀνακαλέσασθαι (ἀνακαλεῖσθαι l) g l d m e a f c h i j
οὕτως + καὶ d m f c h i j
ἁμαρτήσαντας ἐν ὀλίγῳ ∽ d
ἐν² < m
7 τῆς¹] τάς i
τῷ¹ — δέ] τὸν σατανᾶ ἐν δὲ τό m
τὸν νόμον m τὸ πνεῦμα c

ἀνθρώπων²] τῶν ἀνθρώπων g d m c h i j
V. 1 κακόν + οὖν (+ ἐστι c h i j) d m e a f c h i j
ὅτι] ὅ m
τῷ ψεύδει] τὸ εὖ c τὸ ψεῦδος h i j
λαλοῦν a
τὸ σκότος φῶς βλέπει g τὸ σκότος ὡς φῶς (+ προσάγει καὶ m) προσέχει (+ καὶ l) l d m τὸ σκότος φῶς (φῶς σκότος ∽ c h i j) παρέχει (λαλεῖ καί c) e f c h i j < a
λέγει] καλεῖ i
συκοφαντίαις (συκοφαντίαν τις c) ἐκδιδάσκει καὶ ὀργὴν ἐκταράσσει καὶ πόλεμον διεγείρει c h i j
συκοφαντίας a
καὶ ὀργήν < b καὶ ἐνεργεῖ d
καὶ⁵ — πληροῖ < a
κακῶν < c
καὶ⁶ < h i j
πληροῖ τὴν καρδίαν ∽ m
ἐκπληροῖ d c h i j
2 καὶ ταῦτα] ταῦτα g l d m e a f ταῦτα οὖν c h i j
ὑμῖν < l
τέκνα μου < a
φεύξησθε] ἐξώσητε g l d m e a f c h i j

9

τὸ μῖσος καὶ κολληθῆτε τῇ ἀγάπῃ τοῦ κυρίου. 3. ἡ δικαιοσύνη
ἐκβάλλει τὸ μῖσος, ἡ ταπείνωσις ἀναιρεῖ τὸ μῖσος. ὁ γὰρ δίκαιος καὶ
ταπεινὸς αἰδεῖται ποιῆσαι ἄδικον, οὐχ ὑπὸ ἄλλου καταγινωσκόμενος, ἀλλ'
ὑπὸ τῆς ἰδίας καρδίας, ὅτι κύριος ἐπισκέπτει τὸ διαβούλιον αὐτοῦ.
4. οὐ καταλαλεῖ ἀνδρός, ἐπειδὴ ὁ φόβος τοῦ ὑψίστου νικᾷ τὸ μῖσος.
5. φοβούμενος γὰρ μὴ προσκρούσῃ κυρίῳ, οὐ θέλει τὸ καθόλου οὐδὲ
ἕως ἐννοιῶν ἀδικῆσαι ἄνθρωπον. 6. ταῦτα ἐγὼ ἔσχατον ἔγνων μετὰ
τὸ μετανοῆσαί με περὶ τοῦ Ἰωσήφ. 7. ἡ γὰρ κατὰ θεὸν ἀληθὴς
μετάνοια ἀναιρεῖ τὴν ἄγνοιαν, καὶ φυγαδεύει τὸ σκότος, καὶ φωτίζει
τοὺς ὀφθαλμούς, καὶ γνῶσιν παρέχει τῇ ψυχῇ, καὶ ὁδηγεῖ τὸ διαβούλιον
πρὸς σωτηρίαν, 8. καὶ ἃ οὐκ ἔμαθεν ἀπὸ ἀνθρώπων οἶδε διὰ τῆς
μετανοίας. 9. ἐπήγαγε γάρ μοι ὁ θεὸς νόσον ἥπατος, καὶ εἰ μὴ αἱ

τὸ μῖσος + τοῦ διαβόλου g l d m e
   a f + τὸ διαβολικόν c h i j
κολληθήσεται m
τοῦ < g l
κυρίου] θεοῦ d c i
3 ἡ¹ — μῖσος¹ < h (i?) j
ἡ¹] ὅτι ἡ μέν d m
καταβάλλει l
ἡ² — μῖσος² < d ἡ δὲ ταπείνωσις
   τὸν θυμόν m
τὸ μῖσος²] τὸν φθόνον g l τὸ ψεῦδος f
   τὸ ζῆλος c h i j
ταπεινός . . . δίκαιος ∾ l
ἄδικον ποιῆσαι ∾ l
ἀδικίαν g
οὐχ — ἀνδρός (vs. 4) < m
ἄλλων h
V 3 καταγινωσκόμενος - VI 2 πνεῦμα
   deest in i (v. introd. p. XX)
καταγινωσκόμενος] διδασκόμενος g
   κατά τινος κωλούμενος h j
ἰδίας < l
καρδίας] συνειδήσεως g
ἐπισκοπεῖ τὸ διαβούλιον (τὴν ψυχήν
   c h j) αὐτοῦ (< e a f) g l e a f c h
   j ἐπιβλέπει ἐπ' αὐτόν d
4 οὐ — ἀνδρός] καὶ πρὸς ἐναντίον οὐ
   τρέπεται l
καὶ διὰ τοῦτο οὐ d
ἀνδρός + ὁσίου (+ αὐτοῦ c) g e a f
   c h j ἄνδρα ὅσιον d
ὅτι ἐπειδή m
ὁ < d
ὑψίστου] θεοῦ g d m a f c χριστοῦ e
   κυρίου h j

νικᾷ τὸ μῖσος + καί m οἰκεῖ ἐν
   αὐτῷ c h j
5 γάρ < d
προσκρούσῃ] παροργίσαι l προσ-
   κροῦσαι m c
οὐ — ἐννοιῶν] οὐδὲ τὸ καθόλου ἕως
   ἐννοιῶν προθυμεῖ l
οὐδέ] οὔτε c ὅτι h j
ἕως (εἰς m) ἐννοίας (+ ἔχει m)
   g d m e a f c h j
6 ταῦτα + δέ l d m
νοῆσαι l
με < m
τοῦ < a c h j
7 ἀληθινή h j
ἀναιρεῖ] ἐνεργεῖ m
τὴν ἄγνοιαν] τὴν ἀπείθειαν b < d
   τὴν ἀγνείαν m
φυγαδεύει + τὸ ψεῦδος καί l
τὴν ψυχήν g h j
καὶ⁴ — σωτηρίαν et vss. 8-11 om. m
πρὸς σωτηρίαν] τῆς σωτηρίας c
8 καὶ οὐκ ἔμαθεν (-ον h j) ἀπὸ (ὑπό
   c h j) ἀνθρώπων (+ τοῦτο, ἀλλ'
   c h j) οἶδε (οἶδα h j) διὰ τῆς (< c)
   μετανοίας τοὺς (< h j) ἐπιστρέ-
   φοντας δέχεσθαι a f c h j
οὐκ ἔμαθεν ὑπὸ (διὰ τῶν g παρά d)
   ἀνθρώπων g d e ὑπὸ ἀνθρώπων
   οὐκ ἔμαθεν ∾ l
τῆς < l
9 γάρ < d
μοι] με g
μή + ἦσαν d
αἱ εὐχαί] εὐχή g εὐχαί a

εὐχαὶ Ἰακὼβ τοῦ πατρός μου, ὀλίγου διεφώνησεν ἀπ' ἐμοῦ τὸ πνεῦμά μου. 10. δι' ὧν γὰρ ἄνθρωπος παρανομεῖ, δι' ἐκείνων καὶ κολάζεται. 11. ἐπεὶ οὖν ἐνέκειτο τὰ ἥπατά μου ἀνηλεῶς κατὰ τοῦ Ἰωσήφ, τῷ ἥπατι πάσχων ἀνηλεῶς ἐκρινόμην ἐπὶ μῆνας ἕνδεκα, καθ' ὅσον χρόνον ἐνεῖχον τῷ Ἰωσήφ, ἕως ἵνα πραθῇ.

VI. Καὶ νῦν, τέκνα μου, ἀγαπήσατε ἕκαστος τὸν ἀδελφὸν αὐτοῦ, καὶ ἐξάρατε τὸ μῖσος ἀπὸ τῶν καρδιῶν ὑμῶν, ἀγαπῶντες ἀλλήλους ἐν ἔργῳ καὶ λόγῳ καὶ διανοίᾳ ψυχῆς. 2. ἐγὼ γὰρ κατὰ πρόσωπον τοῦ πατρὸς ἡμῶν εἰρηνικὰ ἐλάλουν τῷ Ἰωσήφ, καὶ ἐξελθόντος μου τὸ πνεῦμα τοῦ μίσους ἐσκότιζέ μου τὸν νοῦν καὶ ἐτάρασσε τὴν ψυχήν μου τοῦ ἀνελεῖν αὐτόν. 3. ἀγαπᾶτε οὖν ἀλλήλους ἀπὸ καρδίας· καὶ ἐὰν ἁμάρτῃ εἴς σε, εἰπὲ αὐτῷ ἐν εἰρήνῃ, ἐξορίσας τὸν ἰὸν τοῦ μίσους, καὶ ἐν ψυχῇ σου μὴ κρατήσῃς δόλον· καὶ ἐὰν ὁμολογήσας μετανοήσῃ, ἄφες

Ἰακὼβ — μου¹] τοῦ πατρός μου (+ ἐβοήθησάν μοι c h j) l c h j τοῦ πατρός μου Ἰακώβ (+ ἔφθασαν a) ∾ d e a f
ὀλίγου < d ὀλίγου (-ον h j) δεῖν a c h j ὀλίγον f
διεφώνησεν ἀπ' ἐμοῦ] διεχώρισεν ἀπ' ἐμοῦ l διεφώνησεν a ἐξέλιπε c διεξέλιπε h j
τὸ πνεῦμά μου ἀπ' ἐμέ ∾ g
10 ὁ ἄνθρωπος g d e c h j
καί < l d c h j
11 ἔκειτο g c h j ἔκειντο d ἀνέκειτο a κατὰ — ἕνδεκα] ἐκρινόμην ἐπὶ μῆνας ἕνδεκα κατὰ τοῦ Ἰωσήφ· διὰ τοῦτο ἔπασχον αὐτὰ ἀνηλεῶς d
κατὰ τοῦ] ἀποκτεῖναι τόν l
τῷ ἥπατι < a
μῆνας ἕνδεκα] χρόνους δέκα c h j
καθ' — πραθῇ < a
καί (< e f) καθ' ὃν χρόνον εἶχον (ἐνεῖχον e f) g e f καθ' ὧν χρόνων ἐνεῖχον c h j
τῷ Ἰωσήφ ἐνεῖχον ∾ d
τῷ²] τόν e
ἕως ἐπράθη d < c h j

VI. 1 μου + ἀγαπητά g d + παραινῶ ὑμῖν c h j
ἀγαπᾶτε (ἀγαπήσατε l) ἕκαστος (+ τὸν ἀδελφὸν αὐτοῦ καὶ ἕκαστος m) τὸν πλησίον αὐτοῦ (+ καὶ τὸν ἀδελφὸν αὐτοῦ l) l m e a f c h j ἕκαστος τὸν ἀδελφὸν

αὐτοῦ ἀγαπησάτω καὶ τὸν πλησίον αὐτοῦ d
ἀγαπῶντες] ἀγαπήσατε e a f c ἀγαπᾶτε h j
ἀλλήλους + καί d
2 ἡμῶν] μου l d m c h j
εἰρήνην κατελάλουν m
καὶ¹ — μου¹] καὶ ἐξελθόντος g ἐξελθόντος (ἐξερχομένου d m) δέ μου (αὐτοῦ d < m) ἀπὸ προσώπου τοῦ πατρός μου (ἡμῶν d) l d m ἐξερχόμενος δὲ ἐξ αὐτοῦ c h j
τὸ — νοῦν] ἐσκότιζέ μου τὸν νοῦν τὸ μῖσος ∾ l
μου²] με ὑπό h (i?) j
μου τὴν ψυχήν ∾ a μου (< h (i?) j) τὸν λογισμόν ∾ c h i j
τοῦ³] πρὸς τό g l m e a f c h i j
3 VI. 3 - VII 6 om. a
τέκνα μου, ἀγαπᾶτε οὖν m ἀγαπήσατε οὖν (< c h i j) e f c h i j
τις ἁμάρτῃ (ἁμαρτήσῃ f c h i j) l m e f c h i j
ἐν εἰρήνῃ + καί g l d m εἰρήνην c εἰρήνη σοι h i j
ἐξορίσας — μίσους < c h i j
καί² < l d
τῇ ψυχῇ l e f c h i j
κρατήσας m
τὸν δόλον e
ἐὰν μετανοήσας ὁμολογήσῃ l c h i j ἐὰν μὲν μετανοήσῃ ὁμολογήσῃ d ἔστι μὲν μετανοήσας ὁμολογήσας m

αὐτῷ· 4. ἐάν τε ἀρνεῖται, μὴ φιλονείκει αὐτῷ, μήποτε ὀμόσαντος αὐτοῦ δισσῶς ἁμαρτήσῃς. 5. μὴ ἀκούσῃ ἐν μάχῃ ἀλλότριος μυστήριον ὑμῶν, ἵνα μὴ μισήσας σε ἐχθράνῃ καὶ μεγάλην ἁμαρτίαν ἐργάσηται κατά σου· ὅτι πολλάκις δολοφονεῖ σε ἢ περιεργάζεταί σε ἐν κακῷ, λαβὼν ἀπὸ σοῦ τὸν ἰόν. 6. ἐὰν οὖν ἀρνεῖται καὶ αἰδεσθῇ ἐλεγχόμενος, ἡσύχασον, μὴ ἐξάξῃς αὐτόν. ὁ γὰρ ἀρνούμενος μετανοεῖ, τοῦ μηκέτι πλημμελῆσαι εἴς σε· ἀλλὰ καὶ τιμήσει σε, καὶ φοβηθήσεται καὶ εἰρηνεύσει. 7. ἐὰν δὲ ἀναιδὴς ἔστι καὶ ἐνίσταται τῇ κακίᾳ, καὶ οὕτως ἄφες αὐτῷ ἀπὸ καρδίας καὶ δὸς τῷ θεῷ τὴν ἐκδίκησιν.

VII. Ἐάν τις ὑπὲρ ὑμᾶς εὐοδοῦται, μὴ λυπεῖσθε· ἀλλὰ καὶ εὔχεσθε ὑπὲρ αὐτοῦ ἵνα τελείως εὐοδοῦται· ἴσως γὰρ ὑμῖν συμφέρει οὕτως. 2. καὶ ἐὰν ἐπὶ πλεῖον ὑψοῦται, μὴ φθονεῖτε, μνημονεύοντες ὅτι πᾶσα σὰρξ ἀποθανεῖται· κυρίῳ δὲ ὕμνον προσφέρετε, τῷ παρέχοντι τὰ καλὰ καὶ συμφέροντα πᾶσιν ἀνθρώποις. 3. ἐξέτασον κρίματα κυρίου, καὶ

---

4 ἐάν — αὐτῷ < g l c h i j
ἐὰν (ἔστι m) δέ d m e f
μὴ < f
μήποτε] μὴ d
ἁμαρτάνῃς m c h i j
5 μὴ[1] — ἐλεγχόμενος (vs. 6) < m
ἀλλοτρίῳ g
μυστήριον ὑμῶν] τὸ μυστήριόν σου c h i j
σε ἐχθράνῃ] ἐχθράνῃ g l ἐχθραίνῃ d
ἐχθράνῃ σε ∽ c h i j
κατά σου] διά σου g e f ἔν σοι c h i j
δολοφονεῖ σε] δολοφονῆσαι (-σε g) b g c δόλῳ φονεῖ σε l δολοφονῆσαι d
σε[3] < c h i j
κακοῖς c h i j
λαβὼν — σοῦ] ἀπολαβὼν g ἀπὸ σοῦ λαβὼν ∽ d e f
6 ἐὰν δὲ ἀρνήσηται c h i j
αἰδεσθῇ + ἀπό (ὑπό d) σου l d
ἡσυχάσθη b + καί l εἰς εὐχάς d
ἐξάξῃς] ἐξετάσῃς l ἐλέγξῃς c h i j
μηκέτι < c h i j
ἀλλὰ — σε[2]] καὶ τιμήσει d < f c h i j
φοβηθήσεται σοι (σε m) καὶ εἰρηνεύσει μετὰ σου d m φοβηθεὶς εἰρηνεύει c h i j
7 ἀναίδειά ἐστι d ἔστιν ἀναιδής ∽ c h i j

ἐνεδύσατο τὴν κακίαν l ἀνίσταται τῇ κακίᾳ m c i
καὶ οὕτως < f
αὐτόν m h i j
τῷ] αὐτῷ l

VII. 1 ἐάν — λυπεῖσθε < m
ἐὰν + δέ c h i j
ἀλλὰ — εὔχεσθε < h i j
καί] μᾶλλον d m < e f c
ἑαυτοῦ c αὐτόν i
ἵνα τελείως εὐοδοῦνται m ἵνα (+ καί f) τελειωθῇ f c h i j
ἴσως — οὕτως < d m οὕτως γὰρ ὑμῖν συμφέρει f οὕτως γάρ ἐστιν ὑμῖν (ὑμῖν ἐστι ∽ h i j) σύμφερον c h i j
οὕτως] οὗτος l
2 φθονεῖτε + αὐτῷ (αὐτόν h j) c h i j
ὕμνους (+ καὶ ᾠδάς h i j) g d m e f c h i j
προσφέρετε — συμφέροντα] προσφέροντα h i j
προσφέρετε + ἀπαύστως d m
τῷ παρέχοντι] περιέχοντα m
τὰ συμφέροντα m e f
τοῖς ἀνθρώποις πᾶσιν ∽ d m
3 κρίμα d c
τῷ (< b) κυρίῳ b c

οὗτος οὐ καταλείψει καὶ ἡσυχάσει τὸ διαβούλιόν σου. 4. ἐὰν δὲ καὶ
ἐκ κακῶν τις πλουτήσῃ, ὡς Ἠσαῦ ὁ πατράδελφός μου, μὴ ζηλώσητε·
ὅρον γὰρ κυρίου ἐκδέξασθε. 5. ἢ γὰρ ἀφαιρεῖται αὐτὰ ἐν κακοῖς, ἢ
μετανοοῦσιν ἀφίησιν, ἢ ἀμετανοήτῳ τηρεῖ εἰς αἰῶνα τὴν κόλασιν. 6. ὁ
γὰρ πένης καὶ ἄφθονος, ἐπὶ πᾶσι κυρίῳ εὐχαριστῶν, αὐτὸς παρὰ πάντας
πλουτεῖ, ὅτι οὐκ ἔχει τὸν πονηρὸν περισπασμὸν τῶν ἀνθρώπων. 7. ἐξά-
ρατε οὖν τὸ μῖσος ἀπὸ τῶν ψυχῶν ὑμῶν καὶ ἀγαπᾶτε ἀλλήλους ἐν εὐθύτητι
καρδίας.

VIII. Εἴπατε δὲ καὶ ὑμεῖς ταῦτα τοῖς τέκνοις ὑμῶν, ὅπως τιμήσωσιν
Ἰούδαν καὶ τὸν Λευί· ὅτι ἐξ αὐτῶν ἀνατελεῖ κύριος σωτῆρα τῷ Ἰσραήλ.
2. ἔγνων γὰρ ὅτι ἐπὶ τέλει ἀποστήσονται τὰ τέκνα ὑμῶν ἀπ' αὐτῶν,

οὗτος οὐ καταλείψει scripsi οὕτως
  καταλείψει b οὐ (< f) καταλείψει
  g l e f οὐκ ἐγκαταλείψει d m κατα-
  λάμψει c h i j
ἡσυχάσεις τὸ διαβούλιόν σου (τὸ —
  σου < l) l e
4 ἐὰν — πλουτήσῃ] ἔστι δὲ καὶ κακῶς
  τις πλουτήσει m
ἐάν] ὅταν l
καί < l f c h i j
πατράδελφος] ἀδελφὸς τοῦ πατρός
  h i j
ὅρον (ὥραν l) δὲ (δή c) κυρίου
  ἐκδέξασθε (δέξασθε h (i?) j) g l
  d m e f c h i j
5 εἰ γάρ (< c h i j) d f c h i j
ἢ μετανοοῦσιν ἢ ἀμετανοήτως τηρεῖ
  εἰς τὸν αἰῶνα εἰς κόλασιν g ἢ
  μετανοοῦσιν ἀφίησιν ἢ ἀμετανοή-
  τους τηρεῖ εἰς αἰῶνας τὴν κόλασιν
  l καὶ ἀμετανοήτοις μένουσι τηρεῖ
  αὐτοὺς εἰς αἰωνίαν κόλασιν d ἢ
  μετανοοῦσιν τηρεῖ αὐτοὺς εἰς
  αἰωνίαν κόλασιν m ἢ μετανοήσας
  ἀφίησιν ἢ ἀμετανοήτως τηρεῖται
  (ἀμετανοήτῳ τηρήσει e f) εἰς
  αἰῶνας (αἰῶνα e) τὴν κόλασιν
  e f c h i j
6 καὶ — εὐχαριστῶν] ἐὰν ἀφθόνως
  (-ος h -ῶν i) ἐπὶ πᾶσι κυρίῳ εὐ-
  αρεστῇ (εὐάρεστος i) c h i j
ἄφθονος + καί g
ἐπί] ἐν d
εὐχαριστεῖ τῷ κυρίῳ ∽ l
αὐτός] οὕτως f c h i j
παρὰ πᾶσι b περὶ πάντας m παρὰ
  παντός f ὑπὲρ πάντας c h i j

πλουτήσει m
πονηρόν < c h i j
τῶν < g + ματαίων c h i j
7 ἐξαρεῖται Fm d
οὖν < d Fm d
ἡμῶν Fm d
καὶ — ὑμῶν (VIII 1) < d
ἀγαπᾶτε] εἰρήνη ἔσται εἰς Fm d
  ἀγαπήσατε e a f c h i j

VIII. 1 in marg. περὶ τοῦ χριστοῦ
  k τοῦ (περί c) χριστοῦ d c in
  textu add. (ante vs. 1) περὶ τοῦ
  χριστοῦ i j
εἴπατε] ἔπειτα l (v.i.)
δὲ — ταῦτα] δὲ καὶ ὑμεῖς (< m)
  g m δὲ (δή c h i j) ταῦτα καὶ
  ὑμεῖς ∽ e f c h i j et add. (in
  textu) περὶ τοῦ χριστοῦ h
ὑμῶν + μετάδοτε l (v.s.)
τιμήσωσιν] τιμήσατε Fm d μηοιωσιν
  m
τὸν Ἰούδαν d Fm d
τόν < k d Fm d m e a f c h i j
ἀνατελεῖ (+ ἡμῖν c + ὑμῖν h i j)
  κύριος σωτηρίαν (-ία c) τῷ
  Ἰσραήλ k g c h i j ἀνατελεῖ (+
  ὑμῖν d e a f + ἡμῖν m) κύριος
  σωτὴρ τοῦ (< l) Ἰσραήλ l d Fm d
  m e a f et add. aufferte odium
  ab animabus vestris (cf. VII 7)
  Fm d
2 ἐγὼ γὰρ ἔγνων c h i j
ἐπὶ τὰ τέλη l ἐπὶ τούτου a f < c h i j
ἀναστήσονται τὰ (< m) τέκνα
  ὑμῶν ἐπ' αὐτόν d m
ἀπ' αὐτοῦ l e a f c h i j

καὶ ἐν πάσῃ πονηρίᾳ καὶ κακώσει καὶ διαφθορᾷ ἔσονται ἐνώπιον κυρίου.
3.   καὶ ὀλίγον ἡσυχάσας πάλιν εἶπεν αὐτοῖς· Τέκνα μου, ὑπακούσατε
τοῦ πατρὸς ὑμῶν, καὶ θάψατέ με σύνεγγυς τῶν πατέρων μου.   4.   καὶ
ἐξάρας τοὺς πόδας αὐτοῦ ἐκοιμήθη ἐν εἰρήνῃ.   5.   καὶ μετὰ πέντε ἔτη
ἀνήγαγον αὐτόν, καὶ ἔθαψαν αὐτὸν εἰς Χεβρὼν μετὰ τῶν πατέρων αὐτοῦ.

ἐν παντί g πάσῃ c h i j
καί² < h i j
κακώσεις i
ἐνώπιον κυρίου] ἐν οἴκῳ κυρίῳ g
    ἀπὸ (ὑπό i) κυρίου c h i j
3 vss. 3-5 om. k sed add. καὶ
    ταῦτα εἰπὼν ἐκοιμήθη
vs. 3 om. d (v.i.)
ἡσυχάσας ὀλίγον ∽ c h i j
εἶπε πάλιν ∽ c h i j
αὐτοῖς < g l m e a f c h i j
ἐπακούσατε g
ὑμῶν < a
θάψετε f
με < l
ἐγγύς m c h i j
4 καί] ταῦτα ἐντειλάμενος Γὰδ τοῖς
    υἱοῖς αὐτοῦ d m
5 vs. 5] καὶ ἀνήγαγον, καὶ ἔθαψαν
    αὐτὸν ἐν Χεβρὼν μετὰ τῶν
    πατέρων αὐτοῦ l καὶ ἔθηκαν
    αὐτὸν (+ ἐν Χεβρὼν ἐκεῖ m)
    ἐν θήκῃ καινῇ, καὶ μετὰ πέντε

ἔτη ἀνήγαγον αὐτὸν καὶ ἔθαψαν
ἐν Χεβρὼν ἐν τῷ σπηλαίῳ τῷ
διπλῷ μετὰ (σύνεγγυς m) Ἀβραὰμ
καὶ Ἰσαὰκ καὶ Ἰακὼβ (+ τῶν
πατέρων ἡμῶν m) d m
ἔτη πέντε ∽ c h i j
καί² — αὐτοῦ] καὶ ἔθαψαν μετὰ τῶν
πατέρων αὐτοῦ ἅμα g εἰς Χεβρών,
καὶ ἔθαψαν αὐτὸν ἐκεῖ e a f εἰς
Χεβρών, καὶ ἔθηκαν αὐτὸν μετὰ
τῶν πατέρων αὐτοῦ c h i j
ἔθαψαν] ἔθηκαν b
in fine add. τέλος τῶν λόγων
διαθήκης Γάδ. οὗτος ἦν Ζέλφας
πρῶτος υἱός· ἔζησεν ἔτη ρκε′ g
τῷ δὲ θεῷ ἡμῶν <εἴη δόξα> d
τῷ δὲ θεῷ ἡμῶν πρέπει δόξα εἰς
τοὺς αἰῶνας τῶν αἰώνων· ἀμήν.
Γὰδ υἱὸς Ἰακὼβ θ′, υἱὸς Ζέλφας
α′· ἔζησεν δὲ ἔτη ρκε′ m Γὰδ
υἱὸς Ἰακὼβ θ′, υἱὸς Ζέλφας α′·
ἔζησεν ἔτη ρκε′ f

ΔΙΑΘΗΚΗ ΑΣΗΡ

ΠΕΡΙ ΔΥΟ ΠΡΟΣΩΠΩΝ ΚΑΚΙΑΣ ΚΑΙ ΑΡΕΤΗΣ

I. Ἀντίγραφον διαθήκης Ἀσήρ, ἃ ἐλάλησε τοῖς υἱοῖς αὐτοῦ ἑκατοστῷ εἰκοστῷ ἕκτῳ ἔτει ζωῆς αὐτοῦ. 2. ἔτι ὑγιαίνων εἶπε πρὸς αὐτούς· Ἀκούσατε, τέκνα Ἀσήρ, τοῦ πατρὸς ὑμῶν, καὶ πᾶν τὸ εὐθὲς ἐνώπιον τοῦ θεοῦ ὑποδείξω ὑμῖν. 3. δύο ὁδοὺς ἔδωκεν ὁ θεὸς τοῖς υἱοῖς τῶν ἀνθρώπων καὶ δύο διαβούλια καὶ δύο πράξεις καὶ δύο τρόπους καὶ δύο τέλη. 4. διὰ τοῦτο πάντα δύο εἰσίν, ἓν κατέναντι τοῦ ἑνός. 5. ὁδοὶ δύο, καλοῦ καὶ κακοῦ· ἐν οἷς εἰσι τὰ δύο διαβούλια ἐν στέρνοις ἡμῶν διακρίνοντα αὐτάς. 6. ἐὰν οὖν ἡ ψυχὴ θέλῃ ἐν καλῷ, πᾶσα πρᾶξις

tit.: Διαθήκη Ἀσὴρ (+ ι′ b) περὶ δύο προσώπων κακίας καὶ ἀρετῆς (+ Ἀσὴρ ἑρμηνεύεται πλοῦτος ἢ μακάριος f) b l e f ι′ Διαθήκη, ἀντίγραφον Ἀσήρ k Διαθήκη Ἀσὴρ περὶ διδασκαλίας καὶ ἀληθείας g Διαθήκη Ἀσὴρ υἱὸς (υἱοῦ d) Ἰακὼβ ι′, υἱὸς (υἱοῦ d) Ζέλφας β′ (παιδίσκης Λείας d) περὶ (+ δύο d) προσώπων κακίας καὶ ἀρετῆς d m Ἀσὴρ a Διαθήκη Ἀσὴρ τοῦ δεκάτου υἱοῦ Ἰακὼβ καὶ Ζέλφας c h i j

I. I 1 - VII 1 om. k sed add. παρακαλέσας τοὺς υἱοὺς αὐτοῦ ἐπιμελεῖσθαι τῆς ἀρετῆς καὶ ἐκφεύγειν πᾶσαν κακίαν, προσθεὶς καὶ περὶ τοῦ χριστοῦ ἐδήλωσε ἀντίγραφος διαθήκη h i j ἀντίγραφα a ἅ] ὅσα d m a ἐν τῷ (ἔτει m < f) ἑκατοστῷ εἰκοστῷ (< l) ἕκτῳ ἔτει (< m) l d m f ἐν ἑκατοστῷ εἰκοστῷ (< j) πέμπτῳ ἔτει c h i j ἕκτῳ < b ζωῆς — ἔτι (vs. 2) < g τῆς ζωῆς l d m a c h i j 2 ἔτι ὑγιαίνων] ὑγιαίνων γάρ (< a f) a f c h i j τέκνα < e a f τοῦ πατρὸς ὑμῶν Ἀσήρ ∽ m

πᾶν τό] πάντοτε m πάντα c h i j τοῦ θεοῦ + ὑμῶν g κυρίου d m ὑποδείξω ὑμῖν] ποιήσατε καὶ ὑποδείξω ὑμῖν αὐτό d 3 δύο¹ + γάρ l ἔδωκεν] ὑπέδειξεν d υἱοῖς τῶν ἀνθρώπων] ἀνθρώποις d δύο² — εἰσίν (vs. 4)] διαβούλια δύο καὶ πράξεις l διαβούλια — δύο⁴ < j τρόπους] τόπους b πόνους g καὶ δύο τέλεια e c h i j < a f 4 τὰ πάντα d e f ἐκ δύο d τὰ δύο m + δύο e a f c h i j ἓν — ἑνός < a ἕν] ἕνα g 5 ὁδοί] ὅσοι a + γάρ εἰσι c h i j ἐν ᾧ g ἐν m ἐν αἷς c εἰσι τά] εἴρηκα l δύο² < d m στέρνοις] ἑτέροις c h i j ἡμῶν — αὐτάς et I 6 - II 1 om. m ἡμῶν] ὑμῶν d h i j διακρίνοντες αὐτάς g διακρίνεται l < d κρίνοντα j αὐτά f c h i j 6 ἐὰν συνιῇ ἡ ψυχὴ καὶ θέλῃ l οὖν < g d θελήσει εἶναι d ἐν καλῷ] καλῶς πορευθῆναι c h i j πᾶσα — ἐστιν] πάσας τὰς πράξεις αὐτῆς ποιεῖ c h i j

αὐτῆς ἐστιν ἐν δικαιοσύνῃ, κἂν ἁμάρτῃ, εὐθὺς μετανοεῖ. 7. δίκαια γὰρ
λογιζόμενος καὶ ἀπορρίπτων τὴν πονηρίαν ἀνατρέπει εὐθὺς τὸ κακὸν καὶ
ἐκριζοῖ τὴν ἁμαρτίαν. 8. ἐὰν δὲ ἐν πονηρῷ κλίνῃ τὸ διαβούλιον, πᾶσα
πρᾶξις αὐτῆς ἐστιν ἐν πονηρίᾳ, καὶ ἀπωθούμενος τὸ ἀγαθὸν προσλαμ-
βάνει τὸ κακὸν καὶ κυριευθεὶς ὑπὸ τοῦ Βελιάρ, κἂν ἀγαθὸν πράξῃ, ἐν
πονηρίᾳ αὐτὸ μεταστρέφει. 9. ὅταν γὰρ ἐνάρξηται ὡς ἀγαθὸν ποιῶν,
τὸ τέλος τῆς πράξεως αὐτοῦ εἰς κακὸν ποιεῖν ἀνελαύνει· ἐπειδὴ ὁ
θησαυρὸς τοῦ διαβουλίου ἰοῦ πονηροῦ πνεύματος πεπλήρωται.

II. Ἔστιν οὖν ψυχὴ λέγουσα, φησί, τὸ καλὸν ὑπὲρ τοῦ κακοῦ, καὶ
τὸ τέλος τοῦ πράγματος εἰς κακίαν ἄγει. 2. ἔστιν ἄνθρωπος <...>,
ὅτι οὐκ οἰκτίρει λειτουργοῦντα αὐτῷ ἐν κακῷ· καίγε τοῦτο διπρόσωπον,
ἀλλὰ τὸ ὅλον πονηρόν ἐστιν. 3. καὶ ἔστιν ἄνθρωπος ἀγαπῶν τὸν

αὐτῆς < g
κἂν ἁμαρτία εὐθύς g καὶ ἡ ἁμαρτία
 εὐθύς (αὐτῆς h i j) a f c h i j
7 γάρ < c
λογιζομένη ... ἀπορρίπτουσα g
 c h i j
λογιζόμεθα d
καὶ ἀπορρίπτων] ἐναπορρίπτων l
I 7 καὶ ἐκριζοῖ - II 7 deest in i
 (v. introd. p. XX)
καί² < c
8 ἐπὶ (ἐστι d) πονηρόν l d
ἐκκλίνῃ c
πᾶσα — ἐστιν] πᾶσαι αἱ πράξεις
 αὐτῷ g
αὐτῆς < d
ὅτι καὶ ἀπωθουμένη g καὶ ἀπο-
 θέμενος a
καὶ λαμβάνει d καὶ προσκολλώμενος
 c προσκολλᾶται h j
ὑπό] ἀπό g
κἂν (καί d) ἀγαθόν + τι g d e a f
πράξῃ] ἤ l
αὐτὸ μεταστρέφει] ἐστι συγκρύπ-
 τουσα τὸ κακόν g αὐτὸ κατα-
 στρέφει l d αὐτῷ μεταστραφήσεται
 a f
9 ὅτε γὰρ ἄρξηται τὸ ἀγαθὸν ποιεῖν
 c h j
ὅταν] ὅτε a f
ὡς (< g) ἀγαθὸν ποιοῦσα (ποιεῖ l)
 g l d
τό + δέ l τότε τό d
αὐτοῦ] αὐτῆς g d < c h j
κακὸν ποιεῖν ἀνελαύνει] κακοποίησιν

(κακοποιῖαν g) ἐλαύνει g d e a f
κακὸν ἀπελαύνει l πονηρὸν αὐτὸν
 (αὐτῷ c) ἐλαύνει c h j
ὁ < g
διαβουλίου ἰοῦ] διαβόλου ἰοῦ b < g
 διαβουλίου (+ τοῦ l) l d c h j
πεπλήρωται πνεύματος ∾ a
πεπλήρωται] γεγένηται g πέπλη-
 ται j

II. 1 vss. 1-4 om. l
οὖν — φησί] γὰρ ψυχή, φησί, θέ-
 λουσα g ψυχὴ λέγουσα δῆθεν, φησί
 d οὖν ἡ ψυχὴ ἐν λόγοις ἀφιστῶσα
 c h j
τὸ καλι h j
τοῦ¹ — ἄγει] τὸ κακόν d
τοῦ κακοῦ] κακοῦ εἰ h j
τῷ τέλει a f
ἄγων e f c h j
2 vss. 2-4 om. a
<...> aliqua verba probabiliter
 desunt
ὅτι] ὅς d m c h j
οὐκ < h j
οἰκτίρει (κατοικτίρει d) + τόν d m
λειτουργοῦντα — κακῷ] λειτουργοὺς
 αὐτοῦ c h j
αὐτό g
τῷ κακῷ m
τοῦτο — ἐστιν] τοῦτο πονηρόν ἐστι
 καὶ διπρόσωπον d τοῦτο διπρόσ-
 ωπόν ἐστιν m
3 καί¹ < e f c h j
τόν < f c h j

πονηρευόμενον, ὡσαύτως ἐστὶν ἐν πονηρίᾳ, ὅτι καὶ ἀποθανεῖν αἱρεῖται ἐν κακῷ δι' αὐτόν· καὶ περὶ τούτου φανερὸν ὅτι διπρόσωπόν ἐστι, τὸ δὲ πᾶν κακὴ πρᾶξις. 4. καίγε ἀγάπη οὖσα πονηρία ἐστί, συγκρύπτουσα τὸ κακόν· ὅπερ ἐστὶ τῷ ὀνόματι ὡς καλόν, τὸ δὲ τέλος τῆς πράξεως ἔρχεται εἰς κακόν. 5. ἄλλος κλέπτει, ἀδικεῖ, ἁρπάζει, πλεονεκτεῖ, καὶ ἐλεεῖ τοὺς πτωχούς· διπρόσωπον μὲν καὶ τοῦτο, ὅλον δὲ πονηρόν ἐστιν. 6. πλεονεκτῶν τὸν πλησίον παροργίζει τὸν θεὸν καὶ τὸν ὕψιστον ἐπιορκεῖ, καὶ τὸν πτωχὸν ἐλεᾷ· τὸν ἐντολέα τοῦ νόμου κύριον ἀθετεῖ καὶ παροξύνει, καὶ τὸν πένητα ἀναπαύει· 7. τὴν ψυχὴν σπιλοῖ, καὶ τὸ σῶμα λαμπρύνει· πολλοὺς ἀναιρεῖ, καὶ ὀλίγους ἐλεεῖ· καὶ τοῦτο μὲν διπρόσωπόν ἐστιν, ὅλον δὲ πονηρόν ἐστιν. 8. ἄλλος μοιχεύει καὶ πορνεύει, καὶ ἀπέχεται ἐδεσμάτων, καὶ νηστεύων κακοποιεῖ, καὶ τῇ δυναστείᾳ καὶ τῷ πλούτῳ πολλοὺς παρασύρει, καὶ ἐκ τῆς ὑπερόγκου κακίας ποιεῖ ἐντολάς· καὶ τοῦτο διπρόσωπόν ἐστιν, ὅλον δὲ κακόν ἐστιν. 9. οἱ τοιοῦτοι ὡς

ὡσαύτως — πονηρίᾳ] ὡς καὶ αὐτὸς ὑπάρχων ἐν πονηρίᾳ καὶ τοσοῦτον d m ὡς αὐτός ἐστιν ἐν πονηρίᾳ f ὅ ἐστι πονηρία c h j
δι' αὐτόν < c h j
ὅτι² + καὶ m ἐστι τὸ ὅλον c h j
ἡ πρᾶξις g
4 ἐν πονηρίᾳ g d m e f c h j
συγκρύπτουσα — καλόν] ὁ συγκύπτων τὸ κακὸν ὑπὲρ τὸ ὄνομα τὸ καλόν c h j
ὅπερ] ὥσπερ b ὅσπερ m
ἐστί² < e
τῷ (+ μὲν d m) ὀνόματι ὡς καλῷ b d m
πράξεως] τάξεως h j
5 ἄλλος + δέ d
ἀδικεῖ < a
πλεονεκτεῖ < a
τούς < c h j
μέν < m
καί² < a h j
ὅλον δέ] τὸ δὲ ὅλον g l d m e a f c h j
6 ὁ (ὅτι m) πλεονεκτῶν g m e a f c h j
τὸν πλησίον < a τῷ πλησίον c h j
καί¹ — ἐπιορκεῖ < l
καί¹ < g
πτωχόν] θεόν g m
ἐλεεῖ g l d e a f c h j
τὸν⁵ — ἀναπαύει < a

τὸν⁵ — ἀθετεῖ] τὸν ποιήτην τοῦ νόμου ἀθετεῖ κύριον d τῶν ἐντολῶν τοῦ νόμου κυρίου ἀθετεῖ m
τοῦ νόμου < c h j
ἀναπαύει + καί d
7 λαμπρύνει ... σπιλοῖ ∾ m
λαμπρύνει < h j
μέν < e a f c h j
ὅλον — ἐστιν² < b m
ὅλον δέ scripsi τὸ δὲ ὅλον g l d e a f c h j
ἐστιν² < l d c
8 μοιχεύει, πορνεύει (πορνεία c < h i j) g d m e a f c h i j πορνεύει καὶ μοιχεύει ∾ l
ἐδέσματα m
καὶ νηστεύων] νηστεύων (+ καί m) l d m δυναστεύων i
τὴν δυναστείαν m
τῇ < g i
καὶ τῷ πλούτῳ] τοῦ πλούτου e a f c h i j
ἐπισύρει d κατασύρει c h i j
τῆς < m
τὰς ἐντολάς c h i j
ἐστιν¹ < g l δοκεῖ e
τὸ δὲ ὅλον κακόν (διπρόσωπον m) ἐστιν ∾ d m e a f < c h i j
δέ < l
9 οἱ τοιοῦτοι] ὅτι οὗτοι h i j
ὡς ὕες] ὅσοι e a f < c h i j

ὕες εἰσί, δασύποδες, ὅτι ἐξ ἡμισείας εἰσὶ καθαροί, τὸ δὲ ἀληθὲς ἀκάθαρτοί εἰσιν. 10. καὶ γὰρ ὁ θεὸς ἐν ταῖς πλαξὶ τῶν οὐρανῶν οὕτως εἶπεν.

III. Ὑμεῖς οὖν, τέκνα μου, μὴ γίνεσθε κατ' αὐτοὺς διπρόσωποι, ἀγαθότητος καὶ κακίας· ἀλλὰ τῇ ἀγαθότητι μόνῃ κολλήθητε, ὅτι ὁ θεὸς ἀναπαύεται εἰς αὐτὴν καὶ οἱ ἄνθρωποι ποθοῦσιν αὐτήν· 2. τὴν κακίαν ἀποδράσατε, ἀναιροῦντες τὸν διάβολον ἐν ταῖς ἀγαθαῖς ὑμῶν πράξεσιν· ὅτι οἱ διπρόσωποι οὐ θεῷ ἀλλὰ ταῖς ἐπιθυμίαις αὐτῶν δουλεύουσιν, ἵνα τῷ Βελιὰρ ἀρέσωσι καὶ τοῖς ὁμοίοις αὐτῶν ἀνθρώποις.

IV. Οἱ γὰρ ἀγαθοὶ ἄνδρες καὶ μονοπρόσωποι, κἂν νομισθῶσι παρὰ τῶν διπροσώπων ἁμαρτάνειν, δίκαιοί εἰσι παρὰ τῷ θεῷ. 2. πολλοὶ γὰρ ἀναιροῦντες τοὺς πονηροὺς δύο ποιοῦσιν ἔργα, καλὸν διὰ κακοῦ, ὅλον ἐστὶ δὲ καλόν· ὅτι τὸ κακὸν ἐκριζώσας ἀπώλεσεν. 3. ἔστι τις μισῶν τὸν ἐλεήμονα καὶ ἄδικον, τὸν μοιχὸν καὶ νηστεύοντα· καὶ αὐτό

εἰσί[1]] ειω h i j
τό] τοῦτο h i j
ἀληθές + εἰπεῖν d m
10 vs. 10 om. l
πλαξί + πράξεσι g
οὐρανῶν] ἐντολῶν c h i j
εἶπεν οὕτως ∽ a
οὕτως < m ῥητῶς h i j

III. 1 οὖν] δέ l c h i j
διπρόσωποι κατ' αὐτούς ∽ g
καί[1] < m
τῇ — κολλήθητε] τὴν ἀγαθότητα
　μόνην ἀγαπήσατε l
μόνον d a
ὅτι + καί g l d m e a f
κύριος ὁ θεὸς ἀναπέπαυται ἐπ'
　αὐτήν (αὐτῆς h i j) c h i j
ὁ < e
οἱ < e
αὐτὴν ποθοῦσιν ∽ c h i j
2 ἀποδράσατε οὖν τὴν (< m) κακίαν
　∽ d m τὴν δὲ κακίαν ἀποδράσατε
　(φεύγετε a) a c h i j
τὸν διάβολον] τὸ διαβούλιον c h i j
οὐ θεῷ + γινώσκουσιν m οὐκ εἰσὶ
　τοῦ θεοῦ c h i j
αὐτῶν[1]] ἑαυτῶν l
τοῦ Β. d
ὁμοίοις] ἰδίοις f
αὐτῶν[2]] ἀρέσωσιν m

IV. 1 γάρ < l δέ m

ἄνδρες] ἄνθρωποι e a f c h i j
καί — ἁμαρτάνειν] κἂν μονοπρόσ-
　ωποι (-ον h i j) νομισθῶσι παρὰ
　τῶν (< h i j) διπροσώπων (+
　τῶν h i j) ἁμαρτωλῶν c h i j
νομισθῶσι — ἁμαρτάνειν] βδελυκτοί
　εἰσι παρὰ τῶν διπροσώπων l
περὶ τὸν διπρόσωπον m
διπροσώπων + ἀνθρώπων d e a f
παρὰ τῷ θεῷ εἰσι ∽ l
παρά[2]] περί m
τῷ < e
2 vss. 2-5 et V 1 om. l
γάρ] δέ c h i j
ἀναιροῦνται m
τούς < e a f
δύο (δέ i) πονηρούς ∽ c h i j
κακὸν διὰ καλοῦ ∽ b g καλοῦ τε καὶ
　κακοῦ c h i j
ὅλον δέ ἐστι ∽ g d m e a f τὸ δὲ
　ὅλον c h i j
καλόν[2] < j
τό < g m h i j τόν d
ἀπόλεσθαι m
3 vss. 3-5 om. m
ἄδικον] ἀδικῶν b e + καί d a f c
　τὸν ἄδικον καί h i j
νηστεύοντα] λῃστεύοντα b f τὸν
　νηστεύοντα c h i j
καί (καίγε c h i j) αὐτός (αὐτῆς h)
　ἐστι (< c) διπρόσωπος (-ον d)
　g d c h i j

ἐστι διπρόσωπον, ἀλλὰ τὸ πᾶν ἔργον ἀγαθόν ἐστιν, ὅτι μιμεῖται κύριον, μὴ προσδεχόμενος τὸ δοκοῦν καλὸν μετὰ τοῦ ἀληθινοῦ κακοῦ. 4. ἕτερος οὐ θέλει ἡμέραν ἀγαθὴν ἰδεῖν μετὰ ἀσώτων, ἵνα μὴ χράνῃ τὸ στόμα καὶ μολύνῃ τὴν ψυχήν· καίγε τοῦτο διπρόσωπον, ὅλον δὲ καλόν ἐστιν, 5. ὅτι οἱ τοιοῦτοι δόρκοις καὶ ἐλάφοις ὅμοιοί εἰσιν· ὅτι ἐν ἤθει ἀγρίῳ δοκοῦσιν ἀκάθαρτοι εἶναι, τὸ δὲ πᾶν καθαροί εἰσιν, ὅτι ἐν ζήλῳ θεοῦ πορεύονται, ἀπεχόμενοι ὧν καὶ ὁ θεὸς διὰ τῶν ἐντολῶν μισῶν ἀπαγορεύει, ἀπείργων τὸ κακὸν τοῦ ἀγαθοῦ.

V. Ὁρᾶτε οὖν, τέκνα, πῶς δύο εἰσὶν ἐν πᾶσιν, ἓν κατέναντι τοῦ ἑνός, καὶ ἓν ὑπὸ τοῦ ἑνὸς κέκρυπται· 2. τὴν ζωὴν ὁ θάνατος διαδέχεται, τὴν δόξαν ἡ ἀτιμία, τὴν ἡμέραν ἡ νύξ, καὶ τὸ φῶς τὸ σκότος· τὰ δὲ πάντα ὑπὸ ἡμέραν εἰσί, καὶ ὑπὸ ζωὴν τὰ δίκαια· διὸ καὶ τὸν

ἐστιν³ < c h i j
τὸν κύριον (θεόν i) h i j
μή] καί d
προσδοκώμενος c
μετά] κατά i
τοῦ < d
κακοῦ] καλοῦ c h i j
4 ἕτερος] ἄλλος e a f c h i j
ἀγαθὴν ἡμέραν ἰδεῖν ∽ g e a f ἰδεῖν
    ἡμέραν ἀγαθήν (κακήν d) ∽ d h
    i j ἰδεῖν ἡμέρας ἀγαθάς ∽ c
χράνῃ τὸ στόμα] μιάνῃ (αἰσχράνῃ
    d e a f ἐχθραίνῃ c εχερανη h i j)
    τὸ σῶμα g d e a f c h i j
τὴν ψυχὴν μολύνῃ ∽ c h i j
τοῦτο διπρόσωπον] καὶ τοῦτο ὅλον d
    + ἐστίν e a f
τοῦτο + αὐτό c
ὅλον — ἐστιν < a
ὅλον] μᾶλλον c h i j
καλόν] κακόν g
5 IV 5 - VI 3 πάσαις ἐντο- deest
    in i (v. introd. p. XX)
ὅτι οἱ] οἱ g d e a f οἱ γάρ c h j
τοῖς δορκάσι καὶ τοῖς ἐλάφοις g
δορκάσι d a f c h j
ἐλάφοις] ἐφ' οἷς e
εἰσιν ὅμοιοι ∽ c h j
ἀγρίων d e c h j
θεοῦ] κυρίου c h j
ἐπεχόμενοι h j
ὧν — ἀγαθοῦ] οὖν τὸ πονηρόν, ἐργά-
    ζεσθε τὸ καλόν, ὅτι ὁ θεὸς διὰ
    τῶν ἔργων ὧν μισεῖ ἀπαγορεύει
    τὸ γινόμενον ἀγαθόν g

καί² < c h j
διὰ — ἀγαθοῦ] μισεῖ c
τῶν < f
ἀπείργων — ἀγαθοῦ < a
ἀπείργων — κακόν] τὸ κακὸν ἐκ h j

V. 1 οὖν < g d e a f c h j
τέκνα < g + μου m
δύο + ὁδοί d + δύο m
ἕν¹ — ἑνός¹ < a
κέκρυπται (cf. A) + καὶ γὰρ ἐν
    (+ μέν m) τῇ κρίσει ἡ προσ-
    ωπολημψία, μᾶλλον δὲ ἡ δωροληψία
    κέκρυπται, ἐν δὲ τῇ κτήσει ἡ
    πλεονεξία, ἐν δὲ τῇ εὐφροσύνῃ ἡ
    μέθη, ἐν τῷ γέλωτι τὸ πένθος, ἐν
    τῷ γάμῳ ἡ ἀτεκνία (χηρεία m).
    πρὸς τούτοις δέ d m + ἐν τῇ
    κτήσει (κρίσει h j) ἡ πλεονεξία
    (ἐν — πλεονεξία < a), ἐν τῇ εὐ-
    φροσύνῃ ἡ μέθη, ἐν τῷ γέλωτι τὸ
    πένθος, ἐν τῷ γάμῳ ἡ ἀκρασία (ἡ
    ἀκρασία < f ἡ ἀσωτία c h j) e a f
    c h j
2 καί¹ < g l d m a f c h j
τό¹ — σκότος < a
ὑπὸ ἡμέραν] ὑπομένει h j
εἰσί] ἐστίν m
καί² < e a f c h j
ὑπὸ² — δίκαια + ὑπὸ θάνατον τὰ
    ἄδικα c ὑπὸ θάνατον τὰ ἄδικα h j
ζωήν² + ἦν g
τὸν — ἀναμένει] μετὰ θάνατον ἡ
    αἰώνιος ζωὴ μόνη μένει g

θάνατον ἡ αἰώνιος ζωὴ ἀναμένει. 3. καὶ οὐκ ἔστιν εἰπεῖν τὴν ἀλήθειαν ψεῦδος οὐδὲ τὸ δίκαιον ἄδικον, ὅτι πᾶσα ἀλήθεια ὑπὸ τοῦ φωτός ἐστι, καθὼς τὰ πάντα ὑπὸ τὸν θεόν. 4. ταῦτα πάντα ἐδοκίμασα ἐν τῇ ζωῇ μου, καὶ οὐκ ἐπλανήθην ἀπὸ τῆς ἀληθείας κυρίου, καὶ τὰς ἐντολὰς τοῦ ὑψίστου ἐξεζήτησα κατὰ πᾶσαν ἰσχύν μου, πορευόμενος μονοπροσώπως εἰς τὸ ἀγαθόν.

VI. Προσέχετε οὖν, τέκνα, καὶ ὑμεῖς τὰς ἐντολὰς τοῦ κυρίου, μονοπροσώπως ἀκολουθοῦντες τῇ ἀληθείᾳ· 2. ὅτι οἱ διπρόσωποι δισσῶς κολάζονται. τὰ πνεύματα τῆς πλάνης μισήσατε, τὰ κατὰ τῶν ἀνθρώπων ἀγωνιζόμενα. 3. τὸν νόμον κυρίου φυλάξατε, καὶ μὴ προσέχετε τὸ κακὸν ὡς καλόν· ἀλλ' εἰς τὸ ὄντως καλὸν ἀποβλέπετε, καὶ διατηρεῖτε αὐτὸ ἐν πάσαις ἐντολαῖς κυρίου, εἰς αὐτὸ ἀναστρεφόμενοι καὶ ἐν αὐτῷ καταπαύοντες. 4. ὅτι τὰ τέλη τῶν ἀνθρώπων δείκνυσι τὴν δικαιοσύνην αὐτῶν, γνωρίζοντες τοὺς ἀγγέλους κυρίου καὶ τοῦ σατανᾶ. 5. ἐὰν γὰρ

διαμένει ζωή ∽ l ζωὴ διαμένει c
3 οὐκ < d
οὐδέ] οὔτε l
ἄδικον δίκαιον ∽ g
τοῦ φωτός] τὸ φῶς g e a f
πάντα] ὅλα g e a f
τοῦ θεοῦ (+ εἰσίν l d m) l d m c h j
    + ἐστίν e a f
4 οὖν πάντα ἐγώ c h j
καὶ² — VI 1 κυρίου < l
καί²] ἀλλὰ πάσας d m
ὑψίστου] κυρίου m h j
ἐζήτησα e
κατά] καί m
μονοπροσώπως — ἀγαθόν < c h j
μονοτρόπως g μονοπρόσωπος m f

VI. 1 καὶ ὑμεῖς, τέκνα μου ∽ d m
    e a f c h j
ταῖς ἐντολαῖς g d m e a f
τοῦ < g m e a c
ἀκολουθοῦντες τὴν ἀλήθειαν g ἀκο-
    λουθεῖτε τὴν ἀλήθειαν l (v.s.)
    ποιοῦντες c
2 κολάζονται + καί g l + ὅτι (διότι
    d διὰ τί m) καὶ πράσσουσι τὸ
    κακὸν καὶ συνευδοκοῦσι (συν-
    οδεύουσι m) τοῖς πράσσουσι d m
    e a f c h j
τά¹ — ἀγωνιζόμενα] τὰ πν. τ. πλ.

μιμούμενοι τά (< a f) κατὰ τῶν
    ἀνθρώπων ἀγωνιζόμενα e a f μι-
    μούμενοι τὰ πν. τ. πλ. καὶ κατὰ
    τῶν ἀνθρώπων ἀγωνιζόμενοι (συν-
    αγ. c) c h j
τά² — ἀγωνιζόμενα] ὅτι κατὰ τῶν
    ἀνθρώπων ἀγωνίζονται d m
    τὸν ἄνθρωπον b
3 ὑμεῖς οὖν, τέκνα μου, τὸν νόμον
    e a f c h j
κυρίου¹ < g
καὶ¹ — καταπαύοντες < m
καί¹ < c
τῷ κακῷ ὡς καλῷ g a c h j τῷ
    καλῷ ὡς κακῷ d
εἰς¹ < g ἢ εἰς l κατά e a f c h j
ὄντως < g
αὐτό¹] αὐτῷ g < l
ταῖς ἐντολαῖς d c h j
αὐτό²] αὐτόν b l m ταὐτό f
4 δεικνύουσι c h i j
αὐτῶν < l αὐτοῦ m
γνωρίζοντες (καὶ γνωρίζονται c h i j)
    τοῖς ἀγγέλοις e f c h i j
γνωριζόντων g d m
σατανᾶ] Βελιάρ c h i j
5 ἐὰν — ἀπέρχεται] ὅτε γὰρ τετα-
    ραγμένη (τεταγμένη e) ψυχὴ
    ἀπέρχεται (ἀνέρχεται e) e a f ὅτε
    γὰρ πονηρὰ (+ ἡ c) ψυχὴ
    ἀπέρχεται c h i j

τεταραγμένη ἡ ψυχὴ ἀπέρχεται, βασανίζεται ὑπὸ τοῦ πονηροῦ πνεύματος, οὗ καὶ ἐδούλευσεν ἐν ἐπιθυμίαις καὶ ἔργοις πονηροῖς· 6. ἐὰν δὲ ἡσύχως ἐν χαρᾷ, ἐγνώρισε τὸν ἄγγελον τῆς εἰρήνης, <ὃς> παρακαλέσει αὐτὸν ἐν ζωῇ.

VII. Μὴ γίνεσθε, τέκνα, ὡς Σόδομα, ἥτις ἠγνόησε τοὺς ἀγγέλους κυρίου, καὶ ἀπώλετο ἕως αἰῶνος. 2. οἶδα γὰρ ὅτι ἁμαρτήσετε, καὶ παραδοθήσεσθε εἰς χεῖρας ἐχθρῶν ὑμῶν· καὶ ἡ γῆ ὑμῶν ἐρημωθήσεται, καὶ τὰ ἅγια ὑμῶν καταφθαρήσεται, καὶ ὑμεῖς διασκορπισθήσεσθε εἰς τὰς τέσσαρας γωνίας τῆς γῆς, καὶ ἔσεσθε ἐν διασπορᾷ, ἐξουθενώμενοι ὡς ὕδωρ ἄχρηστον, ἕως οὗ ὁ ὕψιστος ἐπισκέψηται τὴν γῆν. 3. καὶ αὐτὸς ἐλθὼν ὡς ἄνθρωπος, μετὰ ἀνθρώπων ἐσθίων καὶ πίνων, καὶ ἐν ἡσυχίᾳ συντρίβων τὴν κεφαλὴν τοῦ δράκοντος δι᾽ ὕδατος, οὕτως σώσει τὸν

ἡ < d
ἐξέρχεται d m
βασανιζομένη l
ὑπό] ἀπό h j
πνεύματος] πατρός i
οὗ καί] ὁ (+ καὶ d m c) g d m c ᾧ
    καί l e a f καὶ γάρ h i j
ἐδούλευεν c
ἐν < m
ἐπιθυμίᾳ h i j
6 δὲ — ἐγνώρισε] ᾖ ἥσυχος ἐν ἀν-
    θρώποις, ἐγνώρισε l δὲ ἡσύχως
    ἐξέρχεται (εἰσέρχεται d), καὶ ἐν
    χαρᾷ ἐγνώρισε d m δέ ἐστιν
    ἥσυχος ἐν χαρᾷ, γνωρίζει c h i j
ἥσυχος f
εἰρήνης] δικαιοσύνης m
ὃς παρακαλέσει scripsi παρακα-
    λέσει b παρακαλοῦντα (περικ. m)
    g l d m παραμυθεῖται e a f καὶ
    εἰσφέρει c h i j
αὐτήν l e h i j
ἐν ζωῇ] ἐν κυρίῳ l + αἰωνίᾳ καὶ
    ἀτελευτήτῳ d m εἰς ζωὴν αἰώνιον
    c h i j

VII. 1 μὴ οὖν γίνεσθε d καὶ γίνεσθε
    οὖν m
τέκνα < g l d m e a f c h i j
Σοδομῖται m
ἥτις — αἰῶνος < m a
ἥτις ἠγνόησε . . . ἀπώλετο] οἵτινες
    ἠγνόησαν . . . ἀπώλοντο l
τούς < d

τοῦ αἰῶνος l h i j
2 in marg. ὑπὲρ τῆς διασπορᾶς τῶν
    'Ιουδαίων (sive τοῦ 'Ισραήλ ?) k
οἶδα γάρ] ἐγὼ γάρ (< h i j) οἶδα
    c h i j
καί² — ἄχρηστον < m
καί² < a
ὑμῶν² < h i j
καί³ — καταφθαρήσεται < b k
καταφθαρήσεται] διαφθαρήσονται d
    -σονται c h i j
δὲ διασκορπισθήσεσθε ἐν τοῖς ἔθνεσι
    d
εἰς² — ἔσεσθε < l
τῆς γῆς < a f
post γῆς additio longa invenitur in
    e (v. introd. p. XVII)
ἐν διαφθορᾷ d εἰς διασπορὰν c h i j
ἐξουδενώμενοι k g l e a f c h i j
ὥσπερ k ὡσεί c h i j
ὕδωρ] εἶδος d
οὗ < g l οὖν m
3 in marg. περὶ (+ τοῦ k τοῦ d)
    χριστοῦ k d c et in textu (ante
    vs. 3) add. περὶ τοῦ χριστοῦ h i j
αὐτός < m
ἐσθίων καὶ πίνων μετὰ τῶν ἀν-
    θρώπων ∽ a
καί³ — ἡσυχίᾳ] καὶ ἐν ἰσχύι m
    ἐν ἡσυχίᾳ f καί c
κεφαλήν] κάραν c h j καρδίαν i
δι᾽] ἐπὶ τοῦ g l
οὗτος σώσει b k g l Fmᵈ e f c h j
    σώσει οὕτως ∽ d σώσει a

Ἰσραὴλ καὶ πάντα τὰ ἔθνη, θεὸς εἰς ἄνδρα ὑποκρινόμενος. 4. εἴπατε οὖν ταῦτα τοῖς τέκνοις ὑμῶν, μὴ ἀπειθεῖν αὐτῷ. 5. ἀνέγνων γὰρ ἐν ταῖς πλαξὶ τῶν οὐρανῶν ὅτι ἀπειθοῦντες ἀπειθήσετε αὐτῷ καὶ ἀσεβοῦντες ἀσεβήσετε εἰς αὐτόν, μὴ προσέχοντες τὸν νόμον τοῦ θεοῦ, ἀλλ' ἐντολαῖς ἀνθρώπων. 6. διὰ τοῦτο διασκορπισθήσεσθε ὡς Γὰδ καὶ ὡς Δάν, οἱ ἀδελφοί μου, οἳ χώρας αὐτῶν ἀγνοήσουσι καὶ φυλὴν καὶ γλῶσσαν αὐτῶν. 7. ἀλλ' ἐπισυνάξει ὑμᾶς κύριος ἐν πίστει δι' ἐλπίδα εὐσπλαγχνίας αὐτοῦ, διὰ Ἀβραὰμ καὶ Ἰσαὰκ καὶ Ἰακώβ.

VIII. Καὶ εἰπὼν αὐτοῖς ταῦτα ἐνετείλατο αὐτοῖς λέγων· Θάψατέ με εἰς Χεβρών. καὶ ἀπέθανεν, ὕπνῳ καλῷ κοιμηθείς. 2. καὶ μετὰ ταῦτα

θεὸς — ὑποκρινόμενος < a
θεός] ἕως f
ἀποκρινάμενος g ἀποκρινόμενος Fm^d
ἐπικρινόμενος c
4 εἴπετε Fm^d
οὖν ταῦτα] ταῦτα καί m
οὖν + τέκνα μου, καὶ ὑμεῖς c h i j
ταῦτα < Fm^d
ὑμῶν + τοῦ ἐντείλασθαι αὐτοῖς d
μὴ ἀπιστεῖν (ἀπειθεῖν l) αὐτόν g l
   < m μὴ ἀπειθήσωσιν αὐτῷ c h i j
post αὐτῷ add. altissimus visitabit
   terram et ipse veni (cf. VII 2-3)
   Fm^d
5 vss. 5 et 6 om. m
ἔγνων γάρ e a f ἐγὼ γὰρ ἔγνων c h i j
ἐν — οὐρανῶν] ἐν ταῖς πράξεσι τῶν
   ἀνθρώπων g < c h i j
ἀπειθοῦντες < g
αὐτῷ — ἀσεβήσετε < d
εἰς αὐτόν] αὐτῷ g < c h i j
μὴ — θεοῦ] προσέχετε οὐ τῷ νόμῳ
   τοῦ θεοῦ g μὴ προσέχοντες τῷ
   νόμῳ τοῦ (< f c) θεοῦ d e a f c
   τοῦ < l
ἀνθρώπων + μονοπροσώπῳ κακίᾳ
   φερόμενοι g d e + μονοπροσώπων
   (< c h i j) κακίᾳ διαφερόμενοι
   f c h i j
6 καὶ διὰ τοῦτο l h i j καί c
σκορπισθήσεσθε g d h i j
Γὰδ — Δάν] Γὰδ καὶ (ὡς i) Δάν
   g e a f c h i j Δὰν καὶ Γὰδ ∾ l d
οἳ — ἀγνοήσουσι] εἰς χώρας αὐτῶν l
   καὶ ἀγνοήσετε χώρας αὐτῶν c h i j
οἵ] οἵτινες k

καὶ φύλην ultima verba in i cetera
   desunt (v. introd. p. XX)
καί^3 < k
αὐτῶν^2 < c h j
7 ἀλλ'] ὅτι αὐτός m (v.s.)
κύριος + ὁ θεός k < m e c h j
δι' (< l) ἐλπίδος l f διά (+ τῆς c)
   c h j
αὐτοῦ + καί d c h j καί m

VIII. 1 ταῦτα εἰπὼν αὐτοῖς ∾ d
ἐνετείλατο — κοιμηθείς et vs. 2 om.
   k sed add. ἐκοιμήθη
ἐνετείλατο — αὐτοῖς (vs. 2)] ἐκοι-
   μήθη ἐν εἰρήνη d (v.i.)
αὐτοῖς^2 < c h j
θάψατέ (θάψετε l m) με ἐν Χεβρών
   (+ ἐγγὺς τῶν πατέρων μου m)
   g l m c h j θάψετέ με εἰς Χ. f
καί^2 — κοιμηθείς] καὶ ταῦτα εἰπὼν
   ἐκοιμήθη καὶ ὕπνωσεν ὕπνον
   αἰώνιον m
ἐν ὕπνῳ l e a f h j
2 καί^1 — ταῦτα] τότε m καί c h j

ἐποίησαν οἱ υἱοὶ αὐτοῦ ὡς ἐνετείλατο αὐτοῖς, καὶ ἀναγαγόντες αὐτὸν ἔθαψαν μετὰ τῶν πατέρων αὐτοῦ.

ὡς] ὅσα *l m c h j*
αὐτοῖς + ὁ πατὴρ αὐτῶν *m*
καὶ² — ἔθαψαν] ἀναγαγόντες καὶ θάψαντες *g* καὶ ἀγαγόντες αὐτὸν (+ οἱ υἱοὶ αὐτοῦ *d*) ἔθαψαν (+ αὐτὸν ἐν Χεβρών *d*) ἐν τῷ σπηλαίῳ τῷ διπλῷ *d m* καὶ ἀνήγαγον αὐτὸν (+ ἐν Χεβρών *c h j*) καὶ ἔθαψαν (+ αὐτόν *c*) *e a f c h j*
in fine add. τέλος διαθήκης 'Ασὴρ

οὕτως· ἐκ τῆς Ζέλφας δεύτερος ἔζησεν ἔτη ρκς' *g* ἔζησε δὲ ἔτη ρκς'· τῷ δὲ θεῷ ἡμῶν ἡ δόξα εἰς τοὺς αἰῶνας· ἀμήν *d* τῷ δὲ θεῷ ἡμῶν πρέπει δόξα εἰς τοὺς αἰῶνας τῶν αἰώνων· ἀμήν. 'Ασὴρ υἱὸς 'Ιακὼβ καὶ υἱὸς Ζέλφας β'· ἔζησεν ἔτη ρκς' *m* 'Ασὴρ υἱὸς 'Ιακὼβ ι', υἱὸς Ζέλφας β'· ἔζησεν ἔτη ρκς' *f*

ΔΙΑΘΗΚΗ ΙΩΣΗΦ

ΠΕΡΙ ΣΩΦΡΟΣΥΝΗΣ

I. Ἀντίγραφον διαθήκης Ἰωσήφ. ἐν τῷ μέλλειν αὐτὸν ἀποθνήσκειν καλέσας τοὺς υἱοὺς αὐτοῦ καὶ τοὺς ἀδελφοὺς αὐτοῦ εἶπεν αὐτοῖς· 2. Τέκνα μου καὶ ἀδελφοί, ἀκούσατε Ἰωσήφ, τοῦ ἠγαπημένου ὑπὸ Ἰσραήλ· ἐνωτίσασθε, υἱοί, τοῦ πατρὸς ὑμῶν. 3. ἐγὼ εἶδον ἐν τῇ ζωῇ μου τὸν φθόνον καὶ τὸν θάνατον, καὶ οὐκ ἐπλανήθην ἐν τῇ ἀληθείᾳ κυρίου. 4. οἱ ἀδελφοί μου οὗτοι ἐμίσησάν με, καὶ ὁ κύριος ἠγάπησέ με· αὐτοὶ ἤθελόν με ἀνελεῖν, καὶ ὁ θεὸς τῶν πατέρων μου ἐφύλαξέ με· εἰς λάκκον με ἐχάλασαν, καὶ ὁ ὕψιστος ἀνήγαγέ με· 5. ἐπράθην εἰς δοῦλον, καὶ ὁ κύριος ἐλευθέρωσέ με· εἰς αἰχμαλωσίαν ἐλήφθην, καὶ ἡ

tit.: om. g Διαθήκη Ἰωσηφ (+ ια' b) περὶ σωφροσύνης (+ Ἰωσηφ ἑρμηνεύεται ὃν εἶδον ἀφαίρεσις f) b l e f ια' Διαθήκη ἀντιγράφου Ἰωσηφ k Διαθήκη Ἰωσηφ τοῦ παγκάλου υἱοῦ Ἰακὼβ ια' υἱοῦ (τοῦ — υἱοῦ²] ια' υἱὸς Ἰακὼβ καὶ υἱός m) Ῥαχήλ α' περὶ σωφροσύνης (+ καὶ ἀγάπην εἰς πάντας et add. κζ' m) d m Ἰωσηφ a Διαθήκη Ἰωσηφ τοῦ (< h j) ἑνδεκάτου υἱοῦ Ἰακὼβ καὶ Ῥαχήλ (+ πρώτου h j) c h j

I. capp. I - XVIII om. k sed add. διδάξας τοὺς ἀδελφοὺς καὶ τοὺς υἱοὺς αὐτοῦ περὶ ὑπομονῆς καὶ μακροθυμίας καὶ σωφροσύνης εἶπε καὶ αὐτὸς περὶ τοῦ χριστοῦ ὅσα ἦν διεγνωκώς, ἐν οἷς φησί
1 Ἰωσηφ + ἃ διέθετο τοῖς υἱοῖς αὐτοῦ d + υἱὸς δὲ Ἰακὼβ ια', ἧς διέθετο τοῖς υἱοῖς αὐτοῦ καὶ τοῖς ἀδελφοῖς αὐτοῦ m
αὐτὸν — καλέσας] αὐτὸν ἀποθνή- σκειν· ἐν γὰρ τῷ ρι' ἔτει τῆς ζωῆς αὐτοῦ καλέσας d ἀποθνήσκειν ἐν ἔτει ρι' τῆς ζωῆς αὐτοῦ, καὶ καλέσας γὰρ m + γὰρ c h j
καὶ — αὐτοῦ² < l
αὐτοῖς] αὐτούς m
2 τέκνα (τεκνία g) μου καὶ ἀδελφοί

μου g l d m ἀδελφοί μου καὶ τέκνα μου ∞ c ἀδελφοί μου h j
Ἰωσηφ + καί g
ὑπό < g c + κυρίου θεοῦ d m
υἱοί — ὑμῶν] υἱοί, ῥήματα πατρὸς ὑμῶν d ῥήματα, οἱ υἱοί μου m ῥήματα τοῦ στόματός μου c h j
3 τὸν¹ — θάνατον] θάνατον καὶ φθόνον ∞ l
καὶ²] ἀλλ' d
ἐπλανήθην + ἀλλ' ἔμενον (+ ἐν τῇ ἀγάπῃ καὶ m < a ἔμεινα c h j) d m e a f c h j
ἀληθείᾳ + τῶν λόγων l
4 ἐπεὶ γοῦν οἱ g
οὗτοι < m
καὶ ὁ¹] καί b ὁ δέ l d c h j
αὐτοί] οὗτοι g
ἀνελεῖν με ∞ d m
καὶ ὁ θεός] καί ὁ κύριος a ὁ δὲ θεός c
μου² < e f
με ἐχάλασαν] ἐνέβαλον l ἐχάλασαν c
ὕψιστος] κύριος l
με⁶ < c
5 καί (< g) ἐπράθην ὡς δοῦλος g m ἐπράθην εἰς] επρα h sed in marg. ἴσως· ἐπρα(...)ντο εἰς δουλείαν δουλείαν c h j
ὁ κύριος¹] ὁ πάντων κύριος (δε- σπότης c h j) g d m e f c h j ὁ θεός a
ἀνελήφθην d c

κραταιὰ αὐτοῦ χεὶρ ἐβοήθησέ μοι· ἐν λιμῷ συνεσχέθην, καὶ αὐτὸς ὁ κύριος διέθρεψέ με· 6. μόνος ἤμην, καὶ ὁ θεὸς παρεκάλεσέ με· ἐν ἀσθενείᾳ ἤμην, καὶ ὁ ὕψιστος ἐπεσκέψατό με· ἐν φυλακῇ ἤμην, καὶ ὁ σωτὴρ ἐχαρίτωσέ με· ἐν δεσμοῖς, καὶ ἔλυσέ με· 7. ἐν διαβολαῖς, καὶ συνηγόρησέ μοι· ἐν λόγοις Αἰγυπτίων πικροῖς, καὶ ἐρρύσατό με· ἐν φθόνοις συνδούλων, καὶ ὕψωσέ με.

II. Καὶ οὕτως Φωτιμάρ, ὁ ἀρχιμάγειρος Φαραώ, ἐπίστευσέ μοι τὸν οἶκον αὐτοῦ. 2. καὶ ἠγωνισάμην πρὸς γυναῖκα ἀναιδῆ ἐπείγουσάν με παρανομεῖν μετ' αὐτῆς· ἀλλ' ὁ θεὸς Ἰσραὴλ τοῦ πατρός μου ἐφύλαξέ με ἀπὸ φλογὸς καιομένης. 3. ἐφυλακίσθην, ἐτυπτήθην, ἐμυκτηρίσθην· καὶ ἔδωκέ με κύριος εἰς οἰκτιρμοὺς ἐνώπιον τοῦ δεσμοφύλακος. 4. οὐ μὴ γὰρ ἐγκαταλίπῃ τοὺς φοβουμένους αὐτόν, οὐκ ἐν σκότει ἢ δεσμοῖς ἢ θλίψεσιν ἢ ἀνάγκαις· 5. οὐ γὰρ ὡς ἄνθρωπος ἐπαισχύνεται ὁ θεός, οὐδὲ ὡς υἱὸς ἀνθρώπου δειλιᾷ, οὐδὲ ὡς γηγενὴς ἀσθενεῖ ἢ ἀπωθεῖται·

χεὶρ αὐτοῦ ∞ a
χεὶρ < m
μοι] με m e
λοιμῷ συνεσχεσιν m
αὐτός < m
με²] μοι c
6 μόνος — με¹ < l
καὶ¹ — ἤμην³ < c h j
θεός] κύριος (+ ἄρχων m) d m a f
παρεκάλεσέ — ὕψιστος < a f
παρεκάλεσέ με] παρέθηκέ μοι m
ἐν ἀσθενείᾳ — ἔλυσέ με et I 7 -
III 8 ἠγνόουν om. m
ὕψιστος] κύριος l e
ἐν² — με³ < a
σωτὴρ + ἐν πᾶσιν g κύριος l
με³] μοι c
ἐν³ — με⁴ < d
7 vs. 7 om. a
Αἰγυπτίοις d ἐνυπνίων c h j
ἐν³ — με² < f
με¹] μοι h j
ἐν³ — συνδούλων] δοῦλος c δοῦλον h j
φθόνῳ l
συνδούλων] σὺν δόλοις b

II. 1 καὶ οὕτως] καὶ αὐτός (οὗτος f c) l f c h j καὶ μετὰ ταῦτα d < a
Φωτιμάρ — Φαραώ] ὁ εὐνοῦχος (οἰνοχόος d ἀρχιμάγειρος c h j)

Φαραώ (+ ὁ Φωτι g) g d e a f c h j Φωτιει Φαραώ, καί l
ἐπίστευσέ — οἶκον] ἐπίστησέν με τῷ οἴκῳ g
ἐνεπίστευσε l d
2 ἐπειγούσῃ με (μοι l) b l ἐπειγούσης με (μοι d) d e a f c h j
τοῦ πατρός μου Ἰσραήλ (Ἰακώβ d) ∞ g d τῶν πατέρων μου Ἰσραήλ (< c) l c Ἰακὼβ τοῦ a
Ἰσραήλ < h j
ἐφύλαξε] ἐρρύσατο g l d e a f c h j
ἀπό] ἐκ a c
3 καὶ ἐφυλακίσθην g
ἐτύφθην g l d a f c h j
ἐμυκτηρίσθην < l a ἐξεμυκτηρίσθην e f c h j
με] μοι g l d e a c h j
ὁ κύριος (θεός h j) c h j
ἐνώπιον — δεσμοφύλακος < l
4 οὐ γὰρ μὴ ἐγκαταλίπῃ ποτὲ τοῖς φοβουμένοις g οὐ γὰρ (+ μὴ e f) ἐγκαταλείπει (ἐγκαταλιμπάνει d ἐγκαταλείψει e a f) κύριος (+ πώποτε d) τοὺς φοβουμένους l d e a f c h j
5 οὐδέ¹ . . . οὐδέ²] οὔτε . . . οὐδέ g οὐδέ . . . οὔτε d οὔτε . . . οὔτε e a f c h j
ἢ < g
ἀπωθεῖται] πτοεῖται c h j

6. ἐπὶ πᾶσι δὲ τόποις παρίσταται, καὶ ἐν διαφόροις τρόποις παρακαλεῖ, ἐν βραχεῖ ἀφιστάμενος εἰς τὸ δοκιμάσαι τῆς ψυχῆς τὸ διαβούλιον. 7. ἐν δέκα πειρασμοῖς δόκιμόν με ἀνέδειξε, καὶ ἐν πᾶσιν αὐτοῖς ἐμακροθύμησα· ὅτι μέγα φάρμακόν ἐστιν ἡ μακροθυμία, καὶ πολλὰ ἀγαθὰ δίδωσιν ἡ ὑπομονή.

III. Ποσάκις ἡ Αἰγυπτία ἠπείλησέ μοι θάνατον, ποσάκις τιμωρίαις παραδοῦσα ἀνεκαλέσατό με καὶ ἠπείλησέ μοι μὴ θέλοντι συνελθεῖν αὐτῇ· ἔλεγε δέ μοι· 2. Κυριεύσεις μου καὶ πάντων τῶν ἐμῶν, ἐὰν ἐπιδῷς σεαυτὸν εἰς ἐμέ, καὶ ἔσῃ ὡς δεσπότης ἡμῶν. 3. ἐγὼ οὖν ἐμνησκόμην λόγους πατρός μου Ἰακώβ, καὶ εἰσερχόμενος εἰς τὸ ταμιεῖον προσηυχόμην κυρίῳ, 4. καὶ ἐνήστευον ἐν τοῖς ἑπτὰ ἔτεσιν ἐκείνοις, καὶ ἐφαινόμην τῷ Αἰγυπτίῳ ὡς ἐν τρυφῇ διάγων· ὅτι οἱ διὰ τὸν θεὸν νηστεύοντες τοῦ προσώπου τὴν χάριν λαμβάνουσιν. 5. ἐὰν δὲ ἀπε-

---

6 ἐν πᾶσι δὲ τόποις (τούτοις *d e a f c h j*) παρίσταται (προίσταται *c h j*) *g l d e a f c h j*
τρόποις] τόποις *a* προσώποις *f*
ἐν² — διαβούλιον < *a*
βραχύ *l d c*
ἀφιστάμενος + καὶ *g* ἀφίσταται *c h j*
εἰς τό] πρὸς τό *l* ἐν τῷ *h j*
7 ἐν¹ — ἀνέδειξε] διὰ τοῦτο ἐν πειρασμοῖς ἐδοκίμασέ με *d*
ἐν δέκα] ἕως δέκα *g* ἐν δὲ καὶ *l* ἐν εν δε καὶ *c* ἐν ἕνδεκα *h j*
ἀπέδειξέ με (μοι *h j*) ∾ *c h j*
αὐτοῖς] τούτοις *g d*
ὅτι] οἶδα ὅτι *d*

III. 1 Αἰγυπτία + Μέμφις *d*
ἠπείλησε] ἠθέλησεν *e* ὑπείλησε *c*
μοι¹ < *g*
τιμωρίαις — μοι²] ἀπειλαῖς *d*
τιμωρίαις — με] εἰς τιμωρίας με (εἰς — με] με τιμωρίαις *c*) παραδοῦσα ἀνεκαλέσατο ∾ *c h j*
τιμωρίαις] ἡ Αἰγυπτία τιμωρίᾳ *g*
παραδοῦσα — αὐτῇ] παραδοῦναι· ἀλλ᾽ ὁ θεὸς ἐρρύσατό με *a*
καὶ ἠπείλησε μὴ θελῆσαι *g* μὴ θέλων *l* καὶ ἠπείλησέ (ἠπείλει *h j*) μοι καὶ μὴ θέλοντός μου *c h j*
συνελθεῖν *f* συνεισελθεῖν *h j*
δέ μοι] δὲ ὅτι *g* μοι δέ ∾ *l* γάρ *a* μοι *c h j*

2 ἐὰν ἐπιδῷς ἑαυτὸν εἰς ἐμέ, κυριεύσεις μοι καὶ πάντων τῶν ἐμῶν ∾ *d*
κυριευσε ἐμοῦ *g*
μου] κἀμοί *c h j*
τῶν ἐμῶν] τῶν (< *j*) ἐν τῷ οἴκῳ μου *c h j*
ἑαυτόν *b g l e f c h j*
εἰς ἐμέ] πρός με *g*
ἡμῶν < *f*
3 οὖν] δέ *g l d e a f c h j*
ἐμνημόνευον *c h j*
λόγους (λόγων *g*) πατέρων πατρός μου (μου πατρός ∾ *g*) Ἰακώβ *b g* λόγων πατρός μου Ἰακώβ *d* λόγων πατέρων μου *e a f* λόγους πατρός (πατέρων *h j*) μου *c h j*
ταμιεῖον + μου *l*
κλαίων προσηυχόμην (καὶ εὐχόμενος *h j*) τῷ (ἐν *h j*) κυρίῳ *c h j*
τῷ κυρίῳ *l* τῷ θεῷ. ταῦτά μοι ἐποίησεν ἐπὶ ἔτη ἑπτά *d*
4 ἐνήστευον + ὡς δυνάμεως εἶχον *l*
τοῖς Αἰγυπτίοις *c*
ὅτι] καὶ γὰρ *d* + γάρ οἱ *c*
νηστεύοντες διὰ τὸν θεόν ∾ *c h j*
τόν < *g d e a f*
χάριν προσλαμβάνουσιν *g e a f* θέσιν προλάμπουσαν κέκτηνται *d*
5 ἀπεδήμει, οἶνον] επεδιδη (ἐπεδίδου

δήμει, οἶνον οὐκ ἔπινον· καὶ τριημερίζων ἐλάμβανόν μου τὴν δίαιταν καὶ
ἐδίδουν αὐτὴν πένησι καὶ ἀσθενοῦσιν. 6. καὶ ὤρθριζον πρὸς κύριον,
καὶ ἔκλαιον περὶ Μεμφίας τῆς Αἰγυπτίας ὅτι σφόδρα ἀδιαλείπτως ἐνόχλει
μοι, καὶ ἐν νυκτὶ εἰσῄει λόγῳ ἐπισκέψεως πρός με. 7. καὶ τὰ μὲν
πρῶτα, ὅτι τέκνον ἀρρενικὸν οὐκ ἦν αὐτῇ, προσεποιεῖτο ἔχειν με ὡς
υἱόν· καὶ ηὐξάμην πρὸς κύριον, καὶ ἔτεκεν ἄρρεν. 8. ἕως οὖν χρόνου
ὡς υἱόν με περιεπτύσσετο, κἀγὼ ἠγνόουν· ἔσχατον εἰς πορνείαν με
ἐφελκύσατο. 9. καὶ νοήσας ἐλυπήθην ἕως θανάτου· καὶ ἐξελθούσης
αὐτῆς ἦλθον εἰς ἐμαυτὸν καὶ ἐπένθησα περὶ αὐτῆς ἡμέρας πολλάς, ὅτι
ἔγνων τὸν δόλον αὐτῆς καὶ τὴν πλάνην. 10. καὶ ἔλεγον αὐτῇ ῥήματα
ὑψίστου, εἰ ἄρα ἀποστρέψει ἀπὸ τῆς ἐπιθυμίας αὐτῆς τῆς πονηρᾶς.

IV. Ποσάκις ὡς ἁγίῳ ἀνδρὶ ἐν λόγοις ἐκολάκευσέ με, μετὰ δόλου

l) μοι οἶνον b l ἀπέδωτό μοι
οἶνος d ἐπεδήμει (ἀπεδη μοι c) ὁ
κύριός μου οἶνον c h j
ἔπιον h j
καὶ τριημερίζων + οὕτως l < a
ἐλάμβανεν . . . ἐδίδου g
δίαιταν] τροφήν c h j
ἐδιδόμην h j
τοῖς πένησι καὶ τοῖς ἀσθενοῦσιν c h j
6 καὶ ὤρθριζον] ὤρθριζον (+ δέ
l d c h j) g l d e a f c h j
Μεμφθείαν τὴν Αἰγυπτίαν g Μεμφίου
(< a) τῆς Αἰγυπτίας l e a f
αὐτῆς d
σφόδρα + καί d < a
μοι] με d
καί³] καὶ γὰρ καί d c h j
εἰσῄει πρός με λόγῳ ἐπισκέψεως
∞ g l d e a f c h j
7 τὰ — πρῶτα < g l e a f c h j
μὲν — αὐτῇ] πρῶτα μέν, ἐπειδὴ
οὐκ ἦν αὐτῇ τέκνον d
ἀρρενικόν] ἄρρεν l c h j ἀρσενικόν a
αὐτῇ + καί a c
προσεποίει τοῦ h j
με ἔχειν ∞ a
ἔχειν < l
ὡς < g
καί² — ἄρρεν < c h j
καὶ ηὐξάμην] ὑπολαβὼν ἐγὼ ὅτι
χάριν τέκνου τοῦτο ποιεῖ ηὐξάμην
ἄρρεν] ἄρσεν g l e f
8 ἕως — ἔσχατον] κἀκείνη μάλιστα
ἐπετείνετο περισσοτέρως ὁ ἔρως
καί d

ἕως οὖν] ἕως g l e a f καὶ ἕως c h j
ὡς + γάρ l
περιεπτύσσετό με ∞ e a f
με¹ < g
κἀγὼ ἠγνόουν + ἕως καιροῦ l < f
ἐγὼ δὲ ἠγνόουν c h j
ἔσχατον + δέ g l m ὅτι α ὕστερον f
κἀκείνη δὲ ὕστερον c h j
με εἰς πορνείαν ∞ l
με ἐφελκύετο d a ἐφέλκετο m
9 νοήσας] γνοὺς τοῦτο l + τὸν δόλον
ἐγὼ d m + ἐγώ c h j
καὶ ἐξελθούσης] ἐξελθούσης δέ c h j
ἐξελθούσης — καί³ < d
ἡμέρας πολλάς < l ἐπὶ ἡμέρας
πολλάς d
ὅτι — πλάνην] ἐγνωκὼς τὴν πλάνην
αὐτῆς d τοῦ ἔγνω τὸν δόλον αὐτῆς
καθὼς προεῖπον m < a
10 αὐτῇ] αὐτήν m πρὸς αὐτήν c h j
ἐπιστρέψει g d m e f c h j ὑποστρέψει
a
πονηρίας d + ἡ τον δὲ ὡραία πάνυ m

IV. 1 vs. 1 om. a
ποσάκις] πολλάκις οὖν c h j
ἅγιον ἄνδρα g m ἄνδρα ἅγιον ∞ d
ἐν λόγοις < l
ἐκολάκευσέ (ἐκολάκευε e) μοι (με
e f) καὶ μετὰ δόλου διὰ ῥημάτων
ἐπήνεσε (ἐπαινοῦσα e f) g e f
ἐκολάκευέ με καὶ (< m) μετὰ
δόλου διὰ (+ ματαίων d καὶ
ματαίων m) ῥημάτων ἐπαίνει d m
c h j

διὰ ῥημάτων ἐπαινοῦσα τὴν σωφροσύνην μου ἐνώπιον τοῦ ἀνδρὸς αὐτῆς, βουλομένη καταμόνας ὑποσκελίσαι με. 2. ἐδόξαζέ με ὡς σώφρονα φανερῶς, καὶ ἐν κρυφῇ ἔλεγέ μοι· Μὴ φοβηθῇς τὸν ἄνδρα μου· καὶ γὰρ πέπεισται περὶ τῆς σωφροσύνης σου· ὅτι κἂν εἴπῃ τις αὐτῷ περὶ ἡμῶν, οὐ μὴ πιστεύσῃ. 3. ἐν τούτοις πᾶσιν ἐχαμοκοίτουν ἐγὼ ἐν σάκκῳ, καὶ ἐδεόμην τοῦ θεοῦ ὅπως ῥύσεταί με ὁ κύριος ἐκ τῆς Αἰγυπτίας. 4. ὡς δὲ οὐδὲν ἴσχυσε, πάλιν ἐπὶ λόγῳ κατηχήσεως ἤρχετο πρός με, μαθεῖν λόγον κυρίου. 5. καὶ ἔλεγέ μοι· Εἰ θέλεις ἵνα καταλίπω τὰ εἴδωλα, συμπείσθητί μοι· καὶ τὸν Αἰγύπτιον πείσω ἀποστῆναι τῶν εἰδώλων, ἐν νόμῳ κυρίου σου πορευόμενοι. 6. λέγω δὲ πρὸς αὐτήν· Οὐκ ἐν ἀκαθαρσίᾳ θέλει κύριος τοὺς σεβομένους αὐτόν, οὐδὲ ἐν τοῖς μοιχεύουσιν εὐδοκεῖ. 7. κἀκείνη ἐσιώπησε, ποθοῦσα ἐκτελέσαι τὴν ἐπιθυμίαν

τῆς σωφροσύνης h j
βουλομένη — με² < d
2 ἐδόξαζέ — κρυφῇ] καὶ φανερῶς μὲν ἐδόξαζέ με (< m) ὡς σώφρονα, ἐν κρυπτῷ δέ d m
ἐδόξασέ με καί g ἐδόξαζε γάρ με c h j
πέπεισται] πεπίστευται g d h j
ὅτι — πιστεύσῃ] ἐγὼ δὲ ταῦτα ἀκούων ἐλυπούμην μεγάλως d
τις αὐτῷ εἴπῃ ∞ c h j
αὐτόν g + τι m
μὴ² < c h j
πιστεύσῃ + αὐτῷ m
3 ἐν¹ — πᾶσιν] καί d ἐγὼ οὖν ἐν τούτοις πάντα m
ἐχαμοκοίτουν — θεοῦ] ἐγὼ (< g e a f) χαμοκοιτῶν (+ ἐν σάκκῳ g χαμαικοιτῶν e a f) ἐδεόμην τοῦ θεοῦ (+ ἐν σάκκῳ e a f) g e a f c h j
ἐκοιτωμην ἐγὼ l ἐχαμοκοίτουν d m
ὁ κύριος] κύριος g d < l m e a f c h j
τῆς Αἰγυπτίας] ταύτης a τῆς δολιότητος αὐτῆς c h j
4 ἴσχυεν g + ἀνύσαι d m + ἐν τούτῳ c h j
ἐπί] ἐν g l.
τῷ λόγῳ m
εἰσέρχεται d m εἰσήρχετο e a f
τοῦ μαθεῖν c h j
κυρίου < l θεοῦ c h j
5 ἔλεγε] λέγει g
ἵνα (< l) καταλείψω τὰ εἴδωλα,

συγγενοῦ μοι g l d m e a f c h j
καί² — ἀποστῆναι + ἀπό d κἀγὼ πείθω τὸν ἄνδρα μου ἀποστῆναι ἀπό c h j
ἐν — πορευόμενοι] καὶ ἐν νόμῳ κυρίῳ (κυρίου d m) σου (< m) πορευσόμεθα (+ οἱ ἀμφότεροι d + ἀμφότεροι m) g d m καὶ πορευσόμεθα ἐνώπιον (ἐν ὀνόματι h j) κυρίου σου c h j
σου πορευόμενοι] συμπορευόμενοί σοι l σου πορευόμενον a
6 λέγω — αὐτήν] εἶπον δὲ αὐτῇ d m ἔλεγον δὲ πρὸς αὐτήν e a f ἐγὼ δὲ πρὸς αὐτὴν ἔλεγον ὅτι c h j
οὐκ] οὐχί c h j
θέλει] λέγει b h j ἐλεεῖ g
οὐδέ] οὔτε c h j
ἐν < c
εὐδοκεῖ + ἀλλὰ τοῖς ἐν καθαρᾷ καρδίᾳ καὶ στόμασιν (σώμασιν h j) ἀμιάντοις αὐτῷ προσερχομένοις c h j
7 κἀκείνη ἐφιλονείκει (σεσιωπωσα g ἐσιώπησε l), ποθοῦσα τελέσαι g l e a f κἀκείνη (ἐκείνη δέ d) ταῦτα ἀκούσασα ἐσιώπησε μὲν κατὰ πρόσωπόν μου, μηδὲν ἕτερον λόγον (< d) τολμήσασα εἰπεῖν· τῇ δὲ διανοίᾳ αὐτῆς ἐφιλονείκει, ποθοῦσα τελέσαι d m κἀκείνη ἀντεφιλονείκει, πληρῶσαι θέλων (< h j) c h j

αὐτῆς. 8. κἀγὼ προσετίθουν νηστείαν καὶ προσευχήν, ὅπως ῥύσεταί με κύριος ἀπ᾽ αὐτῆς.

V. Πάλιν δὲ ἐν ἑτέρῳ χρόνῳ λέγει μοι· Εἰ μοιχεῦσαι οὐ θέλεις, ἐγὼ ἀναιρῶ τὸν Αἰγύπτιον, καὶ οὕτως νόμῳ λήψομαί σε εἰς ἄνδρα. 2. ἐγὼ οὖν, ὡς ἤκουσα τοῦτο, διέρρηξα τὴν στολήν μου καὶ εἶπον· Γύναι, αἰδέσθητι τὸν κύριον καὶ μὴ ποιήσῃς τὴν πρᾶξιν τὴν πονηρὰν ταύτην, ἵνα μὴ ἐξολοθρευθῇς· ὅτι καίγε ἐγὼ ἐξαγγελῶ τὴν ἐπίνοιαν τῆς ἀσεβείας σου πᾶσιν. 3. φοβηθεῖσα οὖν ἐκείνη ἠξίου ἵνα μηδενὶ ἐξαγγείλω τὴν κακίαν αὐτῆς. 4. καὶ ἀνεχώρησε, θάλπουσά με δώροις καὶ πέμπουσα πᾶσαν ἀπόλαυσιν υἱῶν ἀνθρώπων.

VI. Καὶ ἀποστέλλει μοι βρῶμα ἐν γοητείᾳ πεφυραμένον. 2. καὶ

---

8 κἀγώ] ἐγὼ δέ c h j
προσετίθην νηστείᾳ καὶ προσευχῇ, ὅπως λυτρώσηταί με κύριος ἐξ αὐτῆς l
με] μοι h j
κύριος < m ὁ κύριος e a f c h j
ἀπ᾽ αὐτῆς] ἐκ τῶν (< m) τοῦ διαβόλου παγίδων καὶ ἐκ τῶν χειρῶν αὐτῆς d m

V. 1 καὶ (< g l e a f) πάλιν ἐν (< g l) ἑτέρῳ χρόνῳ g l e a f c h j
διελθόντος οὖν ἐκ τότε ἐνιαυτοῦ ὁλοκλήρου πάλιν ἐν μιᾷ τῶν ἡμερῶν προσελθοῦσα d m
εἰ μοιχεῦσαι] ἢ μοιχεῦσαι εἰ m
ἀναιρῶ] ἀνελῶ l
Αἰγύπτιον] ἄνδρα μου (+ φαρμάκῳ c h j) l c h j
οὕτως < c
νόμῳ < g c h j νομίμῳ d νομίμως m e f νομίσας a
εἰς < l d
2 τὴν στολήν] τὰ ἱμάτια c h j
εἶπον + πρὸς αὐτήν d m + αὐτῇ c h j
τόν] εἰς m
κύριον] θεόν f c h j
καί² < g
πρᾶξιν ταύτην (αὐτήν h j) τὴν πονηρὰν ∞ g e a f h j πονηρὰν πρᾶξιν ταύτην (+ ἵνα μὴ ποιήσῃς m) ∞ d m πρᾶξιν τὴν πονηρὰν c
μή² < e
ἐπεξολοθρεύθῃς h j

ὅτι — πᾶσιν] ἐπεὶ (+ οὖν h j) καίγε γίνωσκε ὅτι ἐγὼ ἐξαγγελῶ πᾶσιν τὴν ἐπίνοιαν σου ταύτην c h j
ὅτι — ἐξαγγελῶ] καὶ γὰρ ἐγὼ ἐξαγγέλλω g ὅτι (+ καὶ ἐγώ d m) ἐξαγγελῶ l d m
ἐπίνοιαν + καρδίας σου καὶ d ἐπιθυμίαν ἢ τὴν ἐπίνοιαν m
πᾶσαν g πᾶσιν (+ τοῖς m) ἀνθρώποις d m
3 οὖν] δέ m
ἠξίου + με l m c h j + μοι d
ἵνα — ἐξαγγείλω] μὴ ἀναγγεῖλαί τινι d ἵνα μηδενὶ ἀναγγείλω m e a f
μηδενὶ — αὐτῆς] μηδενὶ εἴπω τὴν ἀσέβειαν τῆς ἐπινοίας αὐτῆς g μὴ ἐξαγγείλω (ἀναγγείλω τινί h j) τὴν ἐπίνοιαν ταύτην c h j
4 ἐπιθάλπουσα c h j
δώρους h j
πέμπουσα — ἀνθρώπων] ἀπολαύσεις πάσας c h j
πέμπουσα + μοι l ἀποστέλλουσά μοι ἀπό d
πᾶσιν b m
υἱῶν ἀνθρώποις g < d

VI. 1 καὶ ἀπέστειλε g a καὶ (< m) δὴ ἐν μιᾷ ἀποστέλλει d m καὶ μετὰ τοῦτο ἀποστέλλει c h j
βρῶμα ἐν] ἐν βρῶμα g βρώματα ἐν m
πεφυρμένον g l d m e a f h j πεφαρμακευμένον c

ὡς ἦλθεν ὁ εὐνοῦχος ὁ κομίζων αὐτό, ἀνέβλεψα καὶ εἶδον ἄνδρα φοβερὸν ἐπιδιδόντα μοι μετὰ τοῦ τρυβλίου μάχαιραν. καὶ συνῆκα ὅτι ἡ περιεργία αὐτῆς εἰς ἀποπλάνησιν ψυχῆς ἐστιν. 3. καὶ ἐξελθόντος αὐτοῦ ἔκλαιον, μήτε ἐκεῖνο μήτε ἄλλο τι τῶν ἐδεσμάτων αὐτῆς γευσάμενος. 4. μετὰ οὖν μίαν ἡμέραν ἐλθοῦσα πρός με ἐπέγνω τὸ βρῶμα, καὶ λέγει πρός με· Τί τοῦτο, ὅτι οὐκ ἔφαγες ἀπὸ τοῦ βρώματος; 5. καὶ εἶπον πρὸς αὐτήν· Ὅτι ἐπλήρωσας αὐτὸ θανάτου· καὶ πῶς εἶπας, ὅτι οὐκ ἐγγίζω εἰδώλοις, ἀλλὰ κυρίῳ μόνῳ; 6. νῦν οὖν γνῶθι ὅτι ὁ θεὸς τοῦ πατρός μου δι᾽ ἀγγέλου ἀπεκάλυψέ μοι τὴν κακίαν σου, καὶ ἐτήρησα αὐτὸ εἰς ἔλεγχόν σου, εἰ ἄρα ἰδοῦσα αὐτὸ μετανοήσεις. 7. ἵνα δὲ μάθῃς ὅτι

2 καὶ ὡς] ὡς δέ (< h j) c h j
ὁ¹ < e
ὁ² < g l
κομίζων + μοι m e a f
αὐτό] αὐτός h j
ἀνέβλεψα καί] ἀναβλέψας d
φοβερὸν ἄνδρα ∽ g l d m e a f c h j
μοι] με h j
μετὰ (διὰ τοῦ g) τρυβλίου g l d m < c
συνῆκα] ἐννόησα l
ἡ (< e a f) περιεργία (περιεργασία m) αὕτη (αὐτῇ e) εἰς ἀποπλάνησίν (+ ψυχῆς l m) ἐστιν g l m e a f περιεργία ἣν τοῦ σατανᾶ καὶ εἰς ἀποπλάνησιν ψυχῆς ἐστιν d περιεργία ἐστιν εἰς ἀποπλάνησίν μου c h j
3 αὐτῆς ἔκλαιον b ἐκείνου ἔκλαυσα l
μήτε ἐκείνου μήτε ἄλλου (ἄλλο τι l) τῶν ἐδεσμάτων τινος (αὐτῆς l) γευσάμενος g l μήτε ἐκεῖνο (ἐκείνου a) μήτε ἄλλο (ἄλλου a) γευσάμενος τῶν ἐδεσμάτων αὐτῆς ∽ e a f μὴ γευσάμενος μήτε ἐκείνου μήτε ἄλλου τῶν ἐδεσμάτων αὐτῆς ∽ c h j
4 μετὰ οὖν] καὶ (+ δή d m) μετὰ g l d m μετὰ δέ (< e) e a f c h j
εἰσελθοῦσα l ἀνελθοῦσα d ἐξελθοῦσα c
ἐπέγνω — καί < l καὶ ἐπέγνω τὸ βρῶμα καί m καὶ ἐπιγνοῦσα τὸ βρῶμα c h j
λέγει — με²] λέγει (εἶπε l d m) μοι g l d m c h j

ἀπὸ τοῦ βρώματος τούτου (τοῦ — τούτου] τῶν βρωμάτων τούτων m) ὅπερ τῇ χθὲς ἡμέρᾳ ἀπέστειλά σοι d m τὸ βρῶμα a τοῦ βρώματος f c h j
5 καί¹ — αὐτήν < a
πρὸς αὐτήν] αὐτῇ g
ὅτι¹] ἐπειδή g d m + διὰ τί l
θανάτου] θανατικοῦ φίλτρου· καὶ (< d) διὰ τοῦτο οὐκ ἔφαγον (+ αὐτό d) d m γοητείας θανάτου c h j
πῶς εἶπας] ἐπειδὴ εἶπας μοι d m
ἐγγίζω (ἔτι ζῶ g προσεγγίζω c h j) τοῖς εἰδώλοις (+ ἀπὸ τοῦ νῦν d m) g d m e a f c h j
κυρίῳ μόνῳ] θεῷ μόνῳ g τῷ (< m f) κυρίῳ μόνον d m f τῷ κυρίῳ μόνῳ c h j
6 γνῶθητι d
δι᾽ ἀγγέλου < g d m + αὐτοῦ c h j
ἐπεκάλυψε c
σου¹ < m
διὰ τοῦτο καὶ (< m) ἐτήρησα d m καὶ ἐν τούτῳ ἐφύλαξα c h j
εἰς ἔλεγχόν σου αὐτό ∽ d
σου²] σοι h j
εἰ + πως c
αὐτὸ ἰδοῦσα ∽ e
αὐτό² < g c h j
7 καὶ ἵνα δέ l ἵνα d
μάθῃς] γνώσῃ a
ὅτι < g

τῶν ἐν σωφροσύνῃ θεοσεβούντων οὐ κατισχύει κακία ἀσεβούντων, λαβὼν
ἐνώπιον αὐτῆς ἐξαυτῆς ἔφαγον, εἰπών· Ὁ θεὸς τῶν πατέρων μου καὶ ὁ
ἄγγελος Ἀβραὰμ ἔσται μετ' ἐμοῦ. 8. ἡ δὲ ἔπεσεν ἐπὶ πρόσωπον εἰς
τοὺς πόδας μου, καὶ ἔκλαυσε· καὶ ἀναστήσας αὐτὴν ἐνουθέτησα· 9. καὶ
συνέθετο τοῦ μὴ ποιῆσαι ἔτι τὴν ἀσέβειαν ταύτην.

VII. Ὅτι δὲ ἡ καρδία αὐτῆς ἐνέκειτο εἰς ἐμὲ πρὸς ἀκολασίαν,
στενάζουσα προσέπιπτεν. 2. ἰδὼν δὲ αὐτὴν ὁ Αἰγύπτιος λέγει πρὸς
αὐτήν· Τί συνέπεσε τὸ πρόσωπόν σου; ἡ δὲ εἶπε· Πόνον καρδίας ἐγὼ
ἀλγῶ, καὶ οἱ στεναγμοὶ τοῦ πνεύματός μου συνέχουσί με. καὶ ἐθεράπευεν

τῶν[1] < h j
θεοσεβούντων] εὐσεβούντων c
οὐ κατισχύει τὰ κακὰ (ἡ κακία l)
τῶν ἀσεβούντων g l οὐ κατισχύει
κακία τῶν (< d m) ἀσεβούντων
(+ θεᾶσαι d ἀσεβῶν c h j)
d m c h j οὐδὲν κακὸν ἅπτεται f
ἀσεβούντων < a
καὶ (< b g e) λαβὼν ἐνώπιον αὐτῆς
(+ ἐξ αὐτῆς g + ἀπ' αὐτοῦ e)
ἔφαγον b g l e καὶ λαβὼν ἐκ τοῦ
βρώματος ἐνώπιον αὐτῆς ἔφαγον
οὕτως d λαβὼν ἐνώπιόν σου ἀπ'
αὐτῶν ἐσθίω (+ καὶ ταῦτα
εἰπών, λαβὼν ἀπὸ τῶν βρωμάτων
ἐνώπιον αὐτῆς ἔφαγον οὕτως m)
m a f ἰδοὺ λαβὼν ἐξ αὐτοῦ ἐνώπιόν
σου ἐσθίω c h j
εἰπών] καὶ τοῦτο εἰπὼν ἐπευξάμενος
οὕτως (< h j) c h j
Ἀβραάμ] Ἰσραήλ g αὐτοῦ l τοῦ
Ἀβραάμ d m
ἔστω l
ἐμοῦ + ἔφαγον c h j
8 δέ + αὐτή m + ἰδοῦσα τοῦτο c h j
ἐπέπεσεν ἐπὶ τοὺς πόδας μου ἐπὶ
πρόσωπον ∽ d
πρόσωπον + αὐτῆς e f c h j
καὶ ἔκλαυσε] κλαίουσα c h j
9 καὶ — ἔτι] καὶ (ἡ δέ c h j) συνέθετό
μοι (< l) τοῦ (< m) μηκέτι
ποιῆσαι l m c h j καὶ συνέθετό μοι
(+ τοῦ d) μὴ ποιῆσαι ἔτι d e a f
ἔτι] ἐπί g
ἀσέβειαν] κακίαν l
ταύτην + ἀλλ' ἡ καὶ τῷ στόματι
αὐτῆς ἀπηρνεῖτο τοῦ μηκέτι ἐν
τοῖς αὐτοῖς εὑρεθῆναι d + τὸ

στόμα αὐτῆς ἀπηρνήσατο τοῦ
μηκέτι ἐν τοῖς αὐτοῖς ἐγκατο-
λισθήσεται (sic) m

VII. 1 ὅτι δέ] ἔτι δέ g l e a f c h j
ἀλλ' οὖν (< m) d m (v.s.)
ἀνέκειτο l ἔκειτο c h j
εἰς — προσέπιπτεν] εἰς (πρὸς ἐμὲ
εἰς g d m εἰς ἐμὲ πρός l) ἀκολασίαν
καὶ στενάζουσα συνέπιπτεν (+ τῷ
προσώπῳ d συνέτυπτεν τὸ πρόσ-
ωπον m) g l d m e a f εἰς τὸ
κακὸν καὶ περιεβλέπετο (-έβλεπε
h j) ποίῳ (ὁποίῳ h j) τρόπῳ με
παγιδεῦσαι· στενάζουσα δὲ συν-
τόμως συνέπιπτε μὴ (μοι c)
ἀσθενοῦσα c h j
2 αὐτήν[1] < m a ταύτην f
Αἰγύπτιος + οὕτω συμπεσοῦσα d
+ ὁ ἀνὴρ αὐτῆς m ἀνὴρ αὐτῆς
c h j
λέγει] εἶπε d m
πρὸς αὐτήν] αὐτῇ l
τί (+ σοι συνέβη d + συνέβη m)
ὅτι συνέπεσε l d m
εἶπε] πρὸς αὐτὸν εἶπεν ὅτι c h j
πόνον καρδίας (< m) δυνω (-ν d)
d m
ἀλγῶ ἐγώ ∽ m a
στεναγμοὶ — μου] τοῦ πνεύματος
στεναγμοί ∽ c h j
τοῦ πνεύματος] τοῦ πατρός g τῆς
καρδίας μου καὶ τῆς αἰτίας m
μου < l
καὶ (ὁ δέ c h j) ἐθεράπευσεν g d e a f
c h j
καί[2] + αὐτός l

αὐτὴν μὴ ἀσθενοῦσαν. 3. τότε εἰσεπήδησε πρός με, ἔτι ὄντος ἔξω τοῦ ἀνδρὸς αὐτῆς, καὶ λέγει μοι· ᾿Αγχομαι ἢ εἰς φρέαρ ἢ εἰς κρημνὸν ῥίπτω ἐμαυτήν, ἐὰν μή μοι συμπεισθῇς. 4. καὶ νοήσας ὅτι τὸ πνεῦμα τοῦ Βελιὰρ αὐτὴν ἐνοχλεῖ, προσευξάμενος κυρίῳ εἶπον αὐτῇ· 5. ῞Ινα τί ταράσσῃ καὶ θορυβῇ, ἐν ἁμαρτίαις τυφλώττουσα; μνήσθητι ὅτι ἐὰν ἀνέλῃς σεαυτήν, ἡ Σηθων, ἡ παλλακὴ τοῦ ἀνδρός σου, ἡ ἀντίζηλός σου, κολαφίσει τὰ τέκνα σου καὶ ἀπολέσει τὸ μνημόσυνόν σου ἀπὸ τῆς γῆς. 6. καὶ λέγει πρός με· ῎Ιδε οὖν ἀγαπᾷς με· ἀρκεῖ μοι μόνον ὅτι ἀντιποιῇ τῆς ζωῆς μου καὶ τῶν τέκνων μου· ἔχω προσδοκίαν ἀπολαῦσαι τῆς ἐπιθυμίας μου. 7. καὶ οὐκ ἔγνω ὅτι διὰ τὸν θεόν μου εἶπον οὕτως,

---

μὴ ἀσθενοῦσαν] ἐν λόγοις c h j
3 τότε] ὅτι g καὶ ἐν μιᾷ τῶν ἡμερῶν d
  + οὖν εὐκαιρίαν λαβοῦσα c h j
ἐνεπήδησεν m
ἔτι — αὐτῆς < c
ἔτι — ἔξω] ἔτι ἔξω g ἔτι ὄντος l
  ἀποδημοῦντος d ἔτι (< m) ἔξω
  ὄντος ∞ m e a f h j
λέγει] εἶπε d m
ἄγχομαι] ἄγομαι l ἐμαυτὴν θέλω
  ἀγχόνην χρήσασθαι d ἔχομαι m
  + σοι h j
ἢ[1] — φρέαρ < e a f c h j
ἢ[1] < l
φρέαρ ἢ εἰς κρημνὸν ἐμαυτὴν ῥίπτω
  ∞ g κρημνὸν ἢ εἰς φρέαρ ἐμαυτὴν
  ῥίπτω ∞ d m
ἑαυτήν e a
μοι συμπεισθῇς] μου συγγένου g
  συγγένη (-ς l c h j) μοι (μετ᾽
  ἐμοῦ c h j) l a c h j συνελθῇς μοι
  (μετ᾽ ἐμοῦ καὶ πληρώσῃς τὴν
  ἐπιθυμίαν μου m) d m μοι συγ-
  γένη (-ς f) e f
4 καὶ γνούς l + ἐγώ d m ἐγὼ δὲ
  (< h j) νοήσας c h j
τὸ πνεῦμα < a
ἐνοχλεῖ αὐτήν ∞ l d m c h j
αὐτήν < g αὐτή a
τῷ κυρίῳ l c h j
αὐτῇ] πρὸς (< m) αὐτήν m c h j
  αὐτῷ a
5 τί + ἀθλία c h j
συνταράσσεις καὶ θορυβεῖς d
ἑαυτήν g l c
ἡ Σηθων] Ισιθωω g < l a ἡ Σωη d

ἡ Σωθη m ἡ Ασιθω (+ ὁ e) e f
  ἡ Ασσηθω c Ιασσηθω h j
παλλακίς e h j
ἢ[3] + καί d
σου[2] + γενήσεται κυρία τοῦ οἴκου
  σου καί d + ἡ Σελθηκαι m
τὰ τέκνα σου κολαφίσει ∞ d
  κονδυλίσει (κονδυλίσαι ἔχει c h j)
  τὰ τέκνα (παιδία c) σου e a f c h j
σύ (< e a f c h j) ἀπολέσεις d e a f
  c h j
ἀπό] ἐπί h j
6 καὶ εἶπε g ἡ δὲ ἔφη d m
ἴδε οὖν] νῦν οἶδα ὅτι d m ἰδοὺ
  (εἰ a) οὖν a c h j
ἀρκεῖ — ἀντιποιῇ] ὅτι ἀντιποιῆσαι g
  καὶ ἀρκεῖ μοι τοῦτο καὶ μόνον ὅτι
  ἀντιποιῆσαι (ποιῆσαι m) d m
  ἀρκεῖ μοι μόνον (+ ὅτι e)
  ἀντιποιῆσαι e a f τοῦτό μοι ἀρ-
  κείτω· μόνον ἀντιποιῆσαι c h j
μου[1] < c
τοῖς τέκνοις c h j
ἔχω + οὖν g + τοίνυν d m εἰ ἔχω a
  καὶ ἔχω c h j
ὅτι ἀπολαύσω d m + καί c h j
μου[3]] σου g
7 καί[1] — ὅτι] καὶ ἐγὼ μέν d οὐκ
  ἔγνω δὲ αὐτὴ ὅτι c h j
ἔγνω] ἐνόει g e
τόν (< a) κύριον e a f c h j
μου < l d
οὕτως] αὐτῇ (αὐτήν m) οὕτως l m
  αὐτά d οὕτως ἐγώ (ἐγὼ οὕτως
  ∞ h j) c h j

καὶ οὐ δι' αὐτήν.   8. ἐὰν γάρ τις πάθει ὑποπέσῃ ἐπιθυμίας πονηρᾶς καὶ τούτῳ δουλωθῇ ὡς κἀκείνη, κἂν ἀγαθόν τι ἀκούσῃ, εἰς τὸ πάθος ὃ ἡττᾶται ἐκλαμβάνει αὐτό, πρὸς ἐπιθυμίαν πονηράν.

VIII.   Λέγω ὑμῖν, τέκνα, ὅτι ὥρα ἦν ὡσεὶ ἕκτη, ὅτε ἐξῆλθεν ἀπ' ἐμοῦ· κἀγὼ γόνυ κλίνας πρὸς κύριον ὅλην τὴν ἡμέραν καὶ ὅλην τὴν νύκτα συνάψας, περὶ τὸν ὄρθρον ἀνέστην δακρύων καὶ αἰτῶν λύτρωσιν ἀπὸ τῆς Αἰγυπτίας.   2. τέλος οὖν ἐπιλαμβάνεταί μου τῶν ἱματίων, μετὰ βίας ἐφελκομένη με εἰς συνουσίαν.   3. ὡς οὖν εἶδον ὅτι μαινομένη βίᾳ κρατεῖ τὰ ἱμάτιά μου, γυμνὸς ἔφυγον.   4. κἀκείνη ἐσυκοφάντησέ με· καὶ ἐνέβαλέ με εἰς φυλακὴν ἐν οἴκῳ αὐτοῦ ὁ Αἰγύπτιος· καὶ τῇ

καὶ² — αὐτήν < l ἐκείνη ὑπέλαβεν
    ὅτι ἀγαπῶν αὐτὴν εἶπον τοῦτο d
    οὐ] οὐχί m e a f c h j
8 πάθει ὑποπέσῃ] περιπέσῃ l + εἰς m
    ὑποπέσῃ πάθει ∾ c h j
πονηρᾶς < c h j
τοῦτο δουλωθῇ g d m e δουλωθῇ
    αὐτῷ (αὐτῇ h j) ∾ c h j
ὡς κἀκείνη] εἰς κακόν l
ἀκούῃ d
εἰς + ἐκεῖνο c h j
τό < g
ὃ ἡττᾶται] ἡττώμενος g ἡττᾶται
    καί l ὃ ἥττηται d m e f < a c h j
πρός] εἰς l
τὴν πονηρὰν ἐπιθυμίαν ∾ c h j

VIII.   1 λέγω οὖν ὑμῖν (< c)
    d m e a f c h j
τέκνα + μου g l m a c h j
ἦν ὡσεί < d ἦν m
ὅτε — ἐμοῦ] ἐξῆλθεν ἀπ' ἐμοῦ
    τότε d
κἀγώ] καί g e a f c h j
κλίνας γόνυ ∾ c h j
ὅλην τὴν ἡμέραν πρὸς κύριον ∾ l
συνάψας < d c h j
περὶ τοῦ ὄρθρου g πρὸς τὸν (< c h j)
    ὄρθρον e a f c h j
ἀνέστην + μετά m
αἰτῶν — Αἰγυπτίας] ταῦτα ποιῶν
    καὶ αἰτοῦντός μου τοῦ λυτρωθῆναι
    αὐτήν d
αἰτῶν + τοῦ θεοῦ m
ἀπὸ — Αἰγυπτίας] ἐξ αὐτῆς c h j
2 οὖν < g l e a f c μόνον με εὑροῦσα
    ἐν τῷ κοιτῶνι d δέ h j

ἐπελαμβάνετο c
τὸ ἱμάτιον m
με < l
συνουσιασμόν d
3 οὖν < h j
εἶδον + ἐγώ g + αὐτήν d εἰδώς m
    < e
βίᾳ < g e a f c h j
μου τὸν χιτῶνα ∾ c h j
γυμνὸς ἔφυγον] ἀποδυσάμενος ἔφυγον
    ἀπ' αὐτῆς γυμνός d m καταλείψας
    αὐτὸν καὶ ἐκτιναξάμενος ἔφυγον
    γυμνός c h j
4 κἀκείνη] τότε ἀποκαμοῦσα ἐκείνη
    καὶ ἀπογνοῦσα τὴν θέλησιν αὐτῆς,
    καὶ ὅτι οὐ πείθομαι τῷ σκοπῷ
    αὐτῆς τῷ μυσαρῷ καὶ ἐναγεῖ d
    τότε ἐκείνη ἀποκαμοῦσα καὶ γνοῦ-
    σα ὅτι οὐ πείθομαι τὸν σκοπὸν
    αὐτῆς τὸν μυσαρὸν καὶ ἐναγῆ m
    ἐκείνη δὲ κρατήσασα (κρατοῦσα
    h j) τοῦτον c h j
με¹ + πρὸς τὸν ἄνδρα αὐτῆς b μοι g
    + πρὸς τὸν Αἰγύπτιον d
ἐνέβαλέ — Αἰγύπτιος] ὀργισθεὶς
    κατ' ἐμοῦ ἔβαλέ με εἰς φυλακὴν
    τὴν οὖσαν ἐν τῷ οἴκῳ αὐτοῦ d
    ἀνέβαλέ με εἰς τὴν φυλακὴν ὁ
    Αἰγύπτιος τὴν οὖσαν ἐν τῷ οἴκῳ
    αὐτῆς m ἐλθὼν ὁ ἀνὴρ αὐτῆς
    ἐνέβαλέ (ἔβαλε c) με εἰς φυλακὴν
    ἐν τῷ αὐτοῦ (αὐτῷ h j) οἴκῳ c h j
καί² — Φαραώ] τῇ δὲ ἑξῆς μαστι-
    γώσας με ἀπέστειλέ με εἰς τὴν
    εἱρκτὴν Φαραὼ τοῦ βασιλέως d
    < m καὶ τῇ ἑξῆς μαστιγώσας

ἑξῆς μαστίξας με ἔπεμψέ με εἰς τὴν εἱρκτὴν τοῦ Φαραώ. 5. ὡς οὖν
ἤμην ἐν πέδαις, ἡ Αἰγυπτία ἠσθένει ἀπὸ τῆς λύπης, καὶ ἐπηκροᾶτό μου,
πῶς ὕμνουν κύριον ὢν ἐν οἴκῳ σκότους, καὶ ἐν ἱλαρᾷ φωνῇ χαίρων
ἐδόξαζον τὸν θεόν μου, μόνον ὅτι διὰ προφάσεως ἀπηλλάγην τῆς
Αἰγυπτίας.

IX. Πολλάκις ἔπεμψε πρός με λέγουσα· Εὐδόκησον πληρῶσαι τὴν
ἐπιθυμίαν μου, καὶ λυτρώσω σε τῶν δεσμῶν καὶ ἀπαλλάξω σε τοῦ
σκότους. 2. καὶ οὐδὲ ἕως ἐννοιῶν ποτὲ ἔκλινα πρὸς αὐτήν. ἀγαπᾷ γὰρ
ὁ θεὸς μᾶλλον τὸν ἐν λάκκῳ σκότους νηστεύοντα ἐν σωφροσύνῃ, ἢ τὸν
ἐν ταμιείοις βασιλείων τρυφῶντα μετὰ ἀκολασίας. 3. ὁ δὲ ἐν σωφρο-
σύνῃ διάγων θέλει καὶ δόξαν, καὶ εἰ οἶδεν ὁ ὕψιστος ὅτι συμφέρει, παρέχει
αὐτῷ καὶ ταῦτα, ὡς κἀμοί. 4. ποσάκις καίπερ ἀσθενοῦσα κατῄει

ἐξέπεμψέ με εἰς τὴν τοῦ Φαραὼ
εἱρκτήν c h j
τὴν — Φαραώ] φυλακὴν ἐν οἴκῳ
αὐτοῦ ὁ Αἰγύπτιος b
5 ὡς — πέδαις] καὶ ὄντος μου ἐν τῇ
φυλακῇ d καὶ ἤμην ἐν τῇ φρουρᾷ
καὶ σκοτίᾳ καί m καὶ ὡς ἤμην ἐν
τοῖς δεσμοῖς c h j
ἠσθένει] ἠρρώστει d συνείχετο c h j
καί¹ + ἐρχομένη πολλάκις g ἐλθοῦσα
δέ c h j
ἐπηκροᾶτό — Αἰγυπτίας < d (sed
v. ad IX 4)
ὕμνουν τὸν κύριον g m a f ὕμνουν
κυρίῳ l ηὐχαρίστουν τῷ κυρίῳ
καὶ ὕμνουν c h j
ὢν (cf. A) < g l m e a f c h j
τοῦ σκότους c τοῖς κόποις h j
ἐν ἱλαρότητι φωνῆς χαίρων ἐδόξαζον
g ἔχαιρον ἐν ἱλαρᾷ φωνῇ δοξάζων
c h j
χαίρων < l
μου, μόνον] μόνον g l e a f < m
μου c h j

IX. 1 καὶ πολλάκις g + δέ l d m
f c h j
ἔπεμψε] ἔσπευδεν m
τοῦ πληρῶσαι g d m
μου < a
λυτρώσω σε] λυτρωσε g λύσω σε
l d m a λύω σε (+ ἐκ c h j)
e f c h j
τοῦ σκότους + καὶ τῆς δουλείας

ἐλευθερώσω σε d καὶ (ἐκ c h j)
τοῦ σκότους m c h j
2 καὶ οὐδὲ ἕως (ὡς e) ἐννοίας
ἔκλινα ποτέ (< e a f) g e a f καὶ
οὔτε δι' ἐννοιῶν ἔκλινα ποτέ l ἐγὼ
δὲ (+ οὐδ' ὅλως d) οὐδὲ (< h j)
ἕως ἐννοίας ἔκλινα (+ πώποτε m
ἐξέκλινα c) d m c h j
ὁ γὰρ θεὸς ἀγαπᾷ ∞ c h j
λάκκῳ σκότους] σκότει λάκκου l τῷ
λάκκῳ σκότους d
νηστεύοντα] πιστεύοντα a f πιστόν
c h j
εὐφροσύνῃ m e
ἢ — σωφροσύνῃ (vs. 3) < h j
βασιλείων < b βασιλέων g m e a f
βασιλέα d c
μετ' εὐφροσύνης καὶ ἀκολασίας l
+ ὥσπερ κἀμοί m (v. vs. 3)
3 vs. 3 om. d m
ὁ¹] εἰ g l e a f (v.i.)
καὶ θέλει ∞ l
θέλεις h j
καὶ εἰ] καὶ g l e a f (v.s.) < c h j
ὁ ὕψιστος εἶδεν ∞ l
εἶδεν h j
συμφέρει + αὐτῷ (< c h j) καὶ
l c h j
καὶ ταύτην g a f ταῦτα l
4 ποσάκις — προσευχομένου] ποσά-
κις ἤκουσα τῆς φωνῆς μου
προσευχομένου μου· διότι ὕμνουν
καὶ ἐδόξαζον τὸν θεὸν ἐν οἴκῳ
σκότους, καὶ ἐν ἱλαρᾷ φωνῇ καὶ

πρός με ἐν ἀωρίᾳ, καὶ ἤκουε τῆς φωνῆς μου προσευχομένου· συνίων δὲ
ἐγὼ τοὺς στεναγμοὺς αὐτῆς ἐσιώπων.   5.   καὶ γὰρ ὅτε ἤμην ἐν τῷ
οἴκῳ αὐτῆς, ἐγύμνου τοὺς βραχίονας αὐτῆς καὶ τὰ στέρνα καὶ τὰς
κνήμας, ἵνα συμπέσω εἰς αὐτήν· πάνυ γὰρ ἦν ὡραία, μάλιστα κοσμουμένη
πρὸς ἀπάτησίν μου. καὶ ὁ κύριος ἐφύλαξέ με ἀπὸ τῶν ἐγχειρημάτων
αὐτῆς.

X.   Ὁρᾶτε οὖν, τέκνα μου, πόσα κατεργάζεται ἡ ὑπομονὴ καὶ
προσευχὴ μετὰ νηστείας.   2.   καὶ ὑμεῖς οὖν ἐὰν τὴν σωφροσύνην καὶ
τὴν ἁγνείαν μετέλθητε ἐν ὑπομονῇ καὶ ταπεινώσει καρδίας, κύριος
κατοικήσει ἐν ὑμῖν, ὅτι ἠγάπησε τὴν σωφροσύνην.   3.   ὅπου δὲ κατοικεῖ
ὁ ὕψιστος, κἄν τις περιπέσῃ φθόνῳ ἢ δουλείᾳ ἢ συκοφαντίᾳ ἢ σκοτίᾳ,
κύριος ὁ ἐν αὐτῷ κατοικῶν διὰ τὴν σωφροσύνην οὐ μόνον ἐκ τῶν κακῶν
ῥύεται, ἀλλὰ καὶ ὑψοῖ καὶ δοξάζει αὐτὸν ὡς κἀμέ.   4.   πάντως γὰρ ὁ

προσώπῳ ἔχαιρον καὶ ἐδόξαζον
τὸν θεὸν, ὅτι διὰ προφάσεως
ἀπηλλάγην τῆς Αἰγυπτίας. παρ-
ερχομένη δὲ ἐστέναζεν d (v.
VIII 5)
ἤκουσε g a f c
προσευχομένου + μου l c h j (cf. d)
-μενος m
καὶ ἐγὼ συνίων ∾ c h j
τοῦ στεναγμοῦ g f
αὐτῆς < c h j
ἐσιώπων — αὐτῆς[1] (vs. 5) < m
5 ὅτε ἤμην] ὄντος μου c h j
αὐτῆς οἴκῳ ∾ l
καὶ[2] — στέρνα < c h j
αὐτήν + καί l ἔρωτα αὐτῆς d
ἦν γὰρ καὶ ὡραία πάνυ ∾ c h j
μάλιστα] κάλλιστα m
καὶ (< h j) κεκοσμημένη c h j
πρὸς ἀγάπην g πρὸς (εἰς d) ἀπάτην
l d m e a f c h j
καὶ ὁ] ὁ δέ l
με] μοι g
ἀπὸ — αὐτῆς[3]] ἀπ᾽ αὐτῆς l
ἐπιχειρημάτων g

X.   1 ἡ ὑπομονὴ κατεργάζεται ∾ l
ἡ < e
ἡ προσευχή g l d m a f c h j
2 καὶ[1] — οὖν] καὶ ὑμεῖς g e a f
φυλάξατε οὖν καὶ ὑμεῖς, τέκνα
μου m οὕτως καὶ ὑμεῖς c h j

μετέλθητε] μεταδιώκητε c
ταπεινώσει] προσευχῇ μετὰ νηστείας
ἐν ταπεινώσει (ἐν ταπ.] καὶ
ταπεινότητος h j) c h j
ὁ κύριος l c h j
κατοικεῖ e a f
ὅτι + αὐτός l
ἀγαπᾷ c h j
3 δέ < g
ὁ ὕψιστος κατοικεῖ ∾ l ὁ ὕψιστος
καὶ οἰκεῖ e a
κἂν φθόνος τις περιπέσῃ, κἂν δου-
λείᾳ, κἂν συκοφαντίᾳ ἢ σκοτία
(ἢ σκοτία < c) c h j
περιπέσῃ τις ∾ d m
φθόνῳ] ἢ φθορᾷ f
δουλείᾳ] δοῦλος g
ἢ σκοτίᾳ < b ἢ σκότει g d e a f ἢ
σκότος m
κύριος — σωφροσύνην < a
κύριος κατοικῶν ἐν αὐτῷ ∾ l κύριος
ἐπ᾽ αὐτῷ κατοικῶν e f ὁ κύριος
ἐπ᾽ αὐτὸν κατοικῶν (κατοικῶν ἐπ᾽
αὐτόν ∾ c) c h j
οὐ] οὕτω m
ῥύσεται m a + αὐτόν c h j
ἐμέ l
4 vs. 4 om. h.l. d (sed add. post
vs. 5 μου[3]) et vs. 4 om. m
πᾶς (πάντως a f) γὰρ ἄνθρωπος
g a f πάντας γὰρ ἀνθρώπους c h j
πάντα l

ἄνθρωπος ἢ ἐν ἔργῳ ἢ ἐν λόγῳ ἢ ἐν διανοίᾳ συνέχεται. 5. γινώσκουσιν οἱ ἀδελφοί μου πῶς ἠγάπησέ με ὁ πατήρ μου, καὶ οὐχ ὑψούμην ἐν τῇ καρδίᾳ μου. καίπερ νήπιος ὤν, εἶχον τὸν φόβον τοῦ θεοῦ ἐν τῇ διανοίᾳ μου (ᾔδειν γὰρ ὅτι τὰ πάντα παρελεύσεται) 6. καὶ ἐμέτρουν ἐμαυτόν, καὶ ἐτίμων τοὺς ἀδελφούς μου, καὶ διὰ τὸν φόβον αὐτῶν ἐσιώπων πιπρα- σκόμενος, μὴ εἰπεῖν τοῖς Ἰσμαηλίταις τὸ γένος μου, ὅτι υἱός εἰμι Ἰακώβ, ἀνδρὸς μεγάλου καὶ δυνατοῦ.

XI. Καὶ ὑμεῖς οὖν ἔχετε ἐν πάσῃ πράξει ὑμῶν πρὸ ὀφθαλμῶν τὸν τοῦ θεοῦ φόβον καὶ τιμᾶτε τοὺς ἀδελφοὺς ὑμῶν· πᾶς γὰρ ὁ ποιῶν νόμον κυρίου ἀγαπηθήσεται ὑπ' αὐτοῦ. 2. ἐλθὼν δὲ εἰς Ἰνδοκολπίτας μετὰ τῶν Ἰσμαηλιτῶν, ἠρώτων με· κἀγὼ εἶπον ὅτι δοῦλος αὐτῶν εἰμι ἐξ οἴκου, ἵνα μὴ αἰσχύνω τοὺς ἀδελφούς μου. 3. λέγει δέ μοι ὁ μείζων

ἢ² — διανοίᾳ] ἢ ἐννοίας g
συνέρχεται e a f c h j
5 γινώσκουσι + γάρ d m
μου¹ + οὗτοι g
μου² + Ἰακώβ d m
ὑψούμην] ἡττώμην g ὑψώθην d m
τῇ καρδίᾳ] τῇ (< d) διανοίᾳ g l d m e a f c h j
καίπερ — μου⁴ < l d sed add. καὶ γὰρ ὁ ἄνθρωπος ἢ ἐν ἔργῳ ἢ ἐν λόγῳ ἢ ἐν διανοίᾳ συνεπαίρεται. διὰ τοῦτο ἐφύλαξα ἐμαυτὸν καὶ ἀπὸ λόγου καὶ ἔργου καὶ διανοίας d (v.s. ad vs. 4)
ὤν] ὑπάρχων c h j
εἶχον (ἀλλά m) τὸν τοῦ θεοῦ φόβον ∾ g m e
τοῦ < c
ἐν² — μου⁴ < g e ἐν τῇ καρδίᾳ μου m a f c h j
οἶδα l d
τὰ πάντα] πάντα l d c h j πάντα ταῦτα f
6 ἐμέτρουν — ἐτίμων] ἐμαυτὸν ἐτίμων m οὐκ ἐπήρθην (MS κηπαρθην pro οὐκ ἐπήρθην) ἐν κακῷ, ἀλλ' ἐτίμων c οὐκ ἐν μέτρῳ ἑαυτῷ, ἀλλ' ετιμος h j
τοῖς ἀδελφοῖς g
αὐτῶν < h j
καὶ πιπρασκόμενος ἐσιώπων ∾ c h j
τοῖς Ἰσμαηλίταις, μὴ ἐξειπὼν αὐτοῖς ∾ d m
μή < g c h j
τὸ — μου² < c h j

μου² + καί l + ἢ d m
Ἰακώβ] δυνατοῦ a < c
μεγάλου — δυνατοῦ] δικαίου καὶ δυνατοῦ f μεγάλου καὶ (< h j) δικαίου c h j

XI. 1 ὑμεῖς] ὑμᾶς h
οὖν + τέκνα μου d m c h j
πάσῃ < b
πρὸ — φόβον] τὸν τοῦ θεοῦ φόβον b πρὸ ὀφθαλμῶν τὸν φόβον τοῦ θεοῦ ∾ g τὸν φόβον τοῦ θεοῦ (+ πρὸ ὀφθαλμῶν ὑμῶν d m) ∾ l d m πρὸ ὀφθαλμῶν ὑμῶν τὸν τοῦ θεοῦ φόβον c τὸν φόβον κυρίου h j
καὶ² — ὑμῶν² < d h j
καὶ τιμᾶτε] οτιμαται δὲ καὶ m
ὁ < g l e
κυρίου] θεοῦ l
ὑπ'] ἀπ' h j
2 ἐλθὼν — Ἰσμαηλιτῶν < m
ἐλθὼν — Ἰνδοκολπίτας] ἐρχόμενος δέ c h j
ἐλθὼν δέ] ἐλθὼν οὖν l e a f ἡνίκα δὲ ἤλθομεν d
Ινδοκοπην g Ινδους Κολπιωτας l
καὶ ἠρώτων με Ἰσμαηλῖται m ἐπηρώτων με λέγοντες· Δοῦλος εἶ; c h j
κἀγώ] καί g
αὐτῶν εἰμι] εἰμὶ ἐγώ (αὐτῷ d + αὐτῶν m) g d m εἰμί a f c h j
οἴκου + τοῦτο δὲ ἔλεγον d m

αὐτῶν· Οὐκ εἶ δοῦλος σύ, ὅτι καὶ ἡ ὄψις σου δηλοῖ περί σου· καὶ ἠπείλει μοι ἕως θανάτου. ἐγὼ δὲ ἔλεγον ὅτι δοῦλος αὐτῶν εἰμι. 4. ὡς δὲ ἤλθομεν εἰς Αἴγυπτον, περὶ ἐμοῦ ἐμάχοντο τίς προσδοὺς χρυσίον λάβῃ με. 5. διὸ πᾶσιν ἔδοξεν εἶναί με εἰς Αἴγυπτον πρὸς μετάβολον ἐμπορίας αὐτῶν, ἕως ἐπιστρέψωσι φέροντες ἐμπορίαν. 6. καὶ ὁ κύριος ἔδωκέ μοι χάριν ἐν ὀφθαλμοῖς τοῦ μεταβόλου, καὶ ἐπίστευσέ μοι τὸν οἶκον αὐτοῦ. 7. καὶ εὐλόγησεν αὐτὸν κύριος ἐν χειρί μου καὶ ἐπλήθυνεν αὐτὸν ἐν ἀργυρίῳ καὶ χρυσίῳ· 8. καὶ ἤμην μετ' αὐτοῦ μῆνας τρεῖς καὶ ἡμέρας πέντε.

XII. Κατ' ἐκεῖνον τὸν καιρὸν παρῄει ἡ Μεμφία ἐν λαμπήνῃ, ἡ γυνὴ τοῦ Πετεφρῆ, μετὰ δόξης πολλῆς, καὶ ἐπέβαλεν ἐπ' ἐμὲ τοὺς ὀφθαλμοὺς αὐτῆς· ὅτι εἶπον αὐτῇ οἱ εὐνοῦχοι περὶ ἐμοῦ. 2. καὶ λέγει τῷ ἀνδρὶ αὐτῆς περὶ τοῦ μεταβόλου ὅτι ἐπλούτησεν ἐν χειρὶ νέου τινὸς

3 αὐτῶν[1] + ὁ πρῶτος τοῦ τόπου d
    < h j
οὐκ εἶ σὺ δοῦλος ∽ l σὺ δοῦλος οὐκ
    εἶ ∽ d m
σύ < g a c h j
καί[1] < g
περί — θανάτου < c h j
ἠπείλησε l a
ἕως θανάτου] θάνατον d
ἔλεγον] καὶ ἔλεγον m λέγω (εἶπον
    h j) αὐτοῖς c h j
ὅτι[2] < g
εἰμι] ὑπάρχω c h j
4 εἰς Αἴγυπτον ἐφθάσαμεν, ἐμάχοντο
    περὶ ἐμοῦ τό ∽ c h j
Αἴγυπτον + πολλοί d m
ἐμοῦ < l
τίς (+ τινι g τί m) προδοὺς g l d m
    e a f c h j
5 διότι a
τοῦ εἶναι c h j
τὸν μετάβολον τῆς d m c h j
ἐμπορίας] συνέμπορον l
ἕως οὗ (ἐκεῖνοι l οὖν m ὅτου c h j)
    ἐπιστρέψωσι (ὑποστρέψωσι l d m)
    g l d m e f c h j
τὴν ἐμπορίαν αὐτῶν (τοῦ μεταβόλου
    m) l d m ἐμπορίας f εἰς ἐμπορίαν c
6 καί[1] — μεταβόλου < m (v.s.)
καὶ ὁ] ὁ δέ c h j
ἔδωκέ μοι κύριος ∽ d
ἐνεπίστευσε d m
τοῦ οἴκου m
7 αὐτόν[1]] με αὐτόν m

ὁ κύριος m ὁ θεός a f c h j
τῇ χειρί h j
τε ἀργυρίῳ καὶ χρυσίῳ (χρυσίῳ καὶ
    ἀργυρίῳ ∽ d) d m χρυσίῳ καὶ
    ἀργυρίῳ καὶ ἀγρῷ c h j
8 vs. 8 om. d
αὐτῶν e a f
καί[2] — πέντε < c h j
καί[2] < e
πέντε] τινάς g

XII. 1 κατ' ἐκεῖνον + δέ g d m a
    f c h j καὶ κατ' ἐκεῖνον l
παρῆν d m κατῄει c h j
ἡ[1] — Πετεφρῆ] ἡ Μεμφία γυνὴ τοῦ
    Πετεφρῆ b Μέμφις ἡ γυνὴ Πεν-
    τεφρῆ g ἡ Μέμφις (+ ἡ Αἰγυπτία
    d) ἐν τῇ (< d m) λαμπήνῃ τῷ
    (μετὰ τοῦ d m) Πεντεφρῆ l d m
    ἡ Μέμφις ἐν λαμπήνῃ, ἡ (ἡ ἐν
    λαμπήνῃ ∽ a) τοῦ Πεντεφρῆ
    (Πετεφρῆ e) e a f Μέμφις ἐν
    λαμπήνῃ, ἡ γυνὴ (τῇ γυνῇ c) τοῦ
    Πεντεφρῆ c h j
καὶ — αὐτῆς < c h j
ἐπέβαλεν] ἰδοῦσα d ἐπέβαλλεν e
εἶπον — ἐμοῦ] ἤκουσε περὶ ἐμοῦ
    παρὰ τῶν εὐνούχων αὐτῆς c h j
2 λέγει — αὐτῆς] ἐλθόντος τοῦ
    ἀνδρὸς αὐτῆς λέγει αὐτῷ d
περὶ — ἐπλούτησεν] ὅτι ἐπλούτησεν
    ὁ μετάβολος c h j
τοῦ < m
χερσίν c

Ἑβραίου· λέγουσι δὲ ὅτι καὶ κλοπῇ ἔκλεψαν αὐτὸν ἐκ γῆς Χανάαν·
3.   νῦν οὖν ποίησον μετ' αὐτοῦ κρίσιν, καὶ ἀφελοῦ τὸν νεανίαν εἰς οἰκονό-
μον σου· καὶ εὐλογήσει σε ὁ θεὸς τῶν Ἑβραίων, ὅτι χάρις ἐκ τοῦ οὐρανοῦ
ἐστιν ἐπ' αὐτῷ.

XIII.   Ὁ δὲ Πετεφρῆς πεισθεὶς τοῖς λόγοις αὐτῆς ἐκέλευσεν ἀχθῆναι
τὸν μετάβολον, καὶ λέγει αὐτῷ· Τί ταῦτα ἀκούω, ὅτι κλέπτεις τὰς
ψυχὰς ἐκ γῆς Ἑβραίων εἰς παῖδας μετεμπολῶν;   2.   πεσὼν οὖν ἐπὶ
πρόσωπον αὐτοῦ ὁ μετάβολος ἐδέετο λέγων· Δέομαί σου, κύριε, οὐκ
οἶδα ὃ λέγεις.   3.   ὁ δὲ ἔφη· Πόθεν οὖν σοι ὁ παῖς ὁ Ἑβραῖος; καὶ
εἶπεν· Οἱ Ἰσμαηλῖται παρέθεντό μοι αὐτὸν ἕως οὗ ἐπιστρέψωσιν.
4.   καὶ οὐκ ἐπίστευσεν αὐτῷ, ἀλλ' ἐκέλευσε γυμνὸν τύπτεσθαι αὐτόν.

τινὸς Ἑβραίου νέου ∾ l νεωστί τινος
Ἑβραίου d τινὸς νέου Ἑβραίου
∾ m e a f c τινὸς Ἑβραίου a h j
καί² < b l
ἔκλεψαν αὐτόν] ἐκλάπη l ἔκλεψεν
αὐτόν d
γῆς Χανάαν] τῆς Χαναναίων h j
3 οὖν < h
ποιήσωμεν της αὐτοῦ κρίσιν (sic) m
ἀφελὼν τὸν νεανίαν ποίησον αὐτόν l
ἀφε<λοῦ> τὸν νεανίσκον d
οἰκονόμον σου] οἶκον σου e a f τὸν
οἶκον ἡμῶν c h j
εὐλογῆσαί σε (σοι h j) ἔχει c h j
σε] ἡμᾶς d
ὁ τῶν Ἑβραίων θεός ∾ d m e a f h j
ἐκ τοῦ] αὐτοῦ d
ἐπ' αὐτόν g e f ἐν αὐτῷ l d m πρὸς
αὐτόν c h j

XIII.   1 Πεντεφρῆς g l d m a f c h j
αὐτῆς] αὐτοῖς g d
ἀχθῆναι] ἐλθεῖν (+ πρός c) e a f c h j
καὶ — αὐτῷ < c
τί τοῦτο (+ ὅ c h j) ἀκούω (+ περὶ
σου g e a f c h j) g l e a f c h j τὴν
ἀλήθειάν μοι λέξον ἐν τάχει πρὸ
τοῦ σε τιμωρήσομαι· ἤκουσα γὰρ
d m
τὰς ψυχάς] ψυχάς (+ ἐλευθέρας
d m) g l d m e a f c h j
Ἑβραίων] Χανάαν g l d m e a f c h j
καὶ εἰς παῖδας μεταπωλεῖς c h j

μετεμπολῶν] μεταβάλλων (μετὰ
πολλῶν m) + νῦν οὖν ἀπάγγειλόν
μοι εἰ ταῦτα οὕτως ἔχει, καθὼς
ἀκούω περί σου d m ἀπεμπολῶν a
2 πεσὼν — μετάβολος + εἰς τοὺς
πόδας αὐτοῦ g πεσὼν οὖν ὁ μετά-
βολος (+ ἤγουν ὁ πραγματευθείς
d) ἐπὶ πρόσωπον αὐτοῦ (< l)
∾ l d m ὁ δὲ μετάβολος πεσὼν
εἰς τοὺς πόδας αὐτοῦ c h j
σου < l m e f
ὅ] τί g d m
3 ὁ δὲ λέγει (εἶπεν l d m < e a f)
g l d m e a f καὶ λέγει αὐτῷ ὁ
Πεντεφρῆς c h j
ὁ παῖς σοι (σου f) ὁ Ἑβραῖος (+
οὗτος f) ∾ e a f
σοι ὁ] ὁ g ἐστιν ὁ c ἔσται σοι h j
εἶπεν + ὁ μετάβολος d m
οἱ < c
Ἰσμαηλῖται + μοι m
μοι αὐτὸν παρέθεντο ∾ g
ἕως οὗ (< f) ὑποστρέψωσιν l d f
ἕως οὖν (ὅτου c h j) ἐπιστρέψωσιν
m c h j < a
4 καὶ οὐκ ἐπίστευσεν αὐτὸν ὁ Πεν-
τεφρῆς, ἀλλ' g καὶ μὴ πιστεύσας
αὐτῷ ὁ Πεντεφρῆς d m ὁ δὲ οὐκ
ἐπίστευσεν αὐτῷ (αὐτόν c), ἀλλ'
c h j
αὐτὸν τύπτεσθαι γυμνόν (γυμνὸν
τύπτεσθαι ∾ l) ∾ l d m
αὐτόν < a c

ἐπιμένοντος δὲ αὐτοῦ τοῖς λόγοις λέγει ὁ Πετεφρῆς· Ἀχθήτω ὁ νεα-
νίσκος. 5. καὶ εἰσαχθεὶς προσεκύνησα τῷ ἀρχιευνούχῳ· τρίτος γὰρ
ἦν ἐν ἀξίᾳ παρὰ τῷ Φαραώ, ἄρχων πάντων τῶν εὐνούχων, ἔχων γυναῖκα
καὶ τέκνα καὶ παλλακάς. 6. καὶ διαχωρίσας με ἀπ᾽ αὐτοῦ εἶπέ μοι·
Δοῦλος εἶ ἢ ἐλεύθερος; καὶ εἶπον· Δοῦλος. 7. καὶ λέγει πρός με·
Τίνος εἶ δοῦλος; καὶ λέγω αὐτῷ· Τῶν Ἰσμαηλιτῶν. 8. καὶ πάλιν
λέγει μοι· Πῶς αὐτῶν ἐγένου δοῦλος; καὶ εἶπον ὅτι ἐκ γῆς Χανάαν
ἐπρίαντό με. 9. ὁ δὲ ἠπίστησε, λέγων ὅτι ψεύδῃ· καὶ γυμνόν με
ἐκέλευσε τύπτεσθαι.

XIV. Ἡ δὲ Μέμφις ἑώρα διὰ θυρίδος τυπτομένου μου, καὶ ἀπο-
στέλλει πρὸς τὸν ἄνδρα αὐτῆς λέγουσα· Ἄδικός ἐστιν ἡ κρίσις σου, ὅτι

αὐτοῦ] αὐτῆς m
τοῖς λόγοις < b + τούτοις g d m
    τούτοις τοῖς λόγοις e a c h j τοῖς
    τοιούτοις λόγοις f
ἔφη d m
Πεντεφρῆς g l d m a f c h j
ἀχθήτω] ἀποκριθήτω e a f ἐνεχθήτω
    οὖν καί (< c) c h j
νεανίας l a + ἔμπροσθέν μου d m
5 καί¹ + δή d m
εἰσαχθεὶς + ἐγώ l
προσεκύνησε g
τῷ ἀρχιευνούχῳ] αὐτῷ l + πρὸς τὴν
    γῆν d τῷ Πεντεφρῆ c h j
ἐν < m
ἀξίᾳ — παλλακάς] ἀξιώματι παρὰ
    τῶν Φαραὼ ἀρχόντων c h j
παρὰ — Φαραώ] τῷ Φαραὼ l παρὰ
    (περὶ m) τοῦ Φαραὼ καί d m
τῶν < l
εὐνούχων + καί g
γυναῖκας e a f
παλλακάς . . . τέκνα ∾ g l d m e a f
6 αὐτά g
εἶπε] λέγει c h j
μοι < g l e a f
εἶ ἤ] ην m
καί²] ἐγὼ δέ c h j
εἶπον + αὐτῷ d
δοῦλος² — εἶπον (vs. 8) < c h j
δοῦλος² + εἰμί d
7 λέγει] εἶπεν l
πρός με < g l d m e a f
εἶ δοῦλος < g l d m e a f
καί² < a

λέγω αὐτῷ] εἶπον g l d m λέγω e a f
8 καί¹ — μοι] ὁ δὲ λέγει (εἶπεν l d m
    e a f) g l d m e a f
πῶς] πρός m
ἐγένετο d γίνῃ e a f
καί²] κἀγώ g l m καὶ ἐγώ e f
ὅτι < d m h j
γῆς] τῆς b
ἐπριάσαντο g c h j
με] μοι c h j
9 ὁ — ὅτι] καὶ (< g d e a f c h j)
    εἶπε δὲ πρός με (+ · Ὄντως
    c h j) g d m e a f c h j ὁ δὲ εἶπεν l
    εὐθέως ἐκέλευσε γυμνόν με τύπτε-
    σθαι ∾ g ἐκέλευσε γυμνωθῆναί
    με καὶ τύπτεσθαι d τοῦτο εἶπον·
    ἐκέλευσέ με γυμνὸν τύπτεσθαι
    ∾ m γυμνὸν ἐκέλευσέ με τύπτε-
    σθαι ∾ e a f εὐθὺς ἐκέλευσε κἀμὲ
    γυμνὸν (γυμνὸν κἀμέ ∾ h j)
    τύπτεσθαι ∾ c h j

XIV. 1 Μέμφι + ὡς c
τῶν (< l) θυρίδων l c
τυπτόμενόν με (< l a + πλησίον
    γὰρ (+ ἦν c) ὁ οἶκος αὐτῆς c h j)
    g l d m a c h j
ἀπέστειλε g c h j
τὸν¹ — αὐτῆς] αὐτόν c h j
αὐτῆς < e a f
λέγων g
ἄδικός — σου] ἄδικος (ἀδίκη l) ἡ
    κρίσις (+ σου c) g l d m e a f
    c h j

καὶ τὸν κλαπέντα ἐλεύθερον τιμωρεῖς ὡς ἀδικήσαντα. 2. ὡς δὲ οὐκ
ἤλλαξα λόγον τυπτόμενος, ἐκέλευσε φυλακισθῆναί με, ἕως οὗ ἔλθωσι,
φησίν, οἱ κύριοι τοῦ παιδός. 3. καὶ ἡ γυνὴ αὐτοῦ λέγει πρὸς αὐτόν·
Διὰ τί συνέχεις τὸν αἰχμάλωτον καὶ εὐγενῆ παῖδα, ὃν ἔδει εἶναι μᾶλλον
ἄνετον καὶ ὑπηρετεῖν σοι; 4. ἤθελε γάρ με ὁρᾶν ἐν πόθῳ ἁμαρτίας·
καὶ ἠγνόουν ἐπὶ πᾶσι τούτοις. 5. ὁ δὲ εἶπε πρὸς τὴν Μέμφιν· Οὐκ
ἔστι παρ' Αἰγυπτίοις πρὸ ἀποδείξεως ἀφαιρεῖσθαι τὰ ἀλλότρια. 6.
ταῦτα εἶπε περὶ τοῦ μεταβόλου, καὶ περὶ ἐμοῦ ὅτι ὤφειλα ἐγκατάκλειστος
εἶναι.

XV. Μετὰ δὲ εἰκοσιτέσσαρας ἡμέρας ἦλθον οἱ Ἰσμαηλῖται· καὶ
ἀκούσαντες ὅτι Ἰακὼβ ὁ πατήρ μου πενθεῖ περὶ ἐμοῦ εἶπον πρός με·

καί² < c
τιμωρῆσαι e c h j
ὡς ἀδικήσαντα] ἀδικήσαντα m ἀδί-
    κως c h j
2 δέ + ἐγώ c h j
ἔλεξεν m
λόγους l τὸν λόγον μου (< a) a c h j
    λέγων f
τυπτόμενος + καί m
φυλακισθῆναί με] ἐν (< d) φυλακῇ
    βληθῆναι ἡμᾶς g d m ἡμᾶς φυλακι-
    σθῆναι l φυλαχθῆναι ἡμᾶς (με
    c h j) e a f c h j
οὗ — παιδός] φησίν, ἔλθωσιν οἱ
    κύριοι αὐτοῦ g ἔλθωσιν οἱ Ἰσμαη-
    λῖται l οὗ ἔλθωσιν οἱ κύριοι μου
    (τοῦ παιδός a c) d a c
οὗ] οὖν m
3 καί¹ — αὐτοῦ] καὶ ἡ γυνή g l e a f
    τότε ἡ γυνή (+ αὐτοῦ d) d m
    ἡ δὲ γυνή c h j
λέγει αὐτῷ d ἔλεγε (εἶπεν m) πρὸς
    τὸν ἄνδρα αὐτῆς m c h j
διὰ — συνέχεις] ὅτι δή d
διά < c h j
συνέχεις — παῖδα] οὖν ἔχεις αἰχμά-
    λωτον παῖδα εὐγενῆ l
καί² < a
παῖδα + ἐν δεσμοῖς c h j
ὃν (οὗ g) ἔδει μᾶλλον εἶναι ἄνετον
    ∽ g l e ἄνετον εἶναι d ὃν ἔδει
    μᾶλλον ἄνετον εἶναι ∽ m a f c h j
σοι ὑπηρετεῖν ∽ g ὑπηρετεῖσθαι
    c h j

σου b
4 ἤθελον g
ὁρᾶν με ∽ g l c h j
ἁμαρτίας + αὐτῆς d m ἁμαρτήματος
    e
καί + ἐγώ g κἀγώ d m ἐγὼ δέ c h j
ἐπί] ἐν e a f c h j
5 ὁ — παρ' < h j
ὁ — Μέμφιν] ὁ δὲ λέγει αὐτῇ d ὁ δὲ
    εἶπε πρὸς αὐτήν a εἶπε δὲ πρὸς
    αὐτήν c
ἔστι + ἔθος (ἔθνος g) g d m + νόμος
    l + τοῦτο c
τοῖς Αἰγυπτίοις g d m e a f c h j
πρό] πρίν l
6 ταῦτα + οὖν c h j
καί — ὤφειλα] καὶ ὁ παῖς οὖν
    ὀφείλει g l m e a f καὶ εἶπεν ὅτι ὁ
    παῖς ὀφείλει d ὁ δὲ παῖς ὀφείλει
    c h j

XV. 1 μετὰ — ἡμέρας] μετὰ δὲ
    (< h j) ἡμέρας (+ γάρ h j)
    εἰκοσιτέσσαρας (τέσσαρας g εἴ-
    κοσι καὶ τέσσαρας h j) ∽ g d m
    c h j μετὰ ταῦτα οὖν l
δέ < e οὖν a f
καὶ ἀκούσαντες + ὄντων αὐτῶν εἰς
    γῆν Χανάαν d ἦσαν γὰρ ἀκού-
    σαντες c h j
Ἰακώβ < l
μου + πολλά c h j
καὶ εἶπον d εἶπαν e εἴπασι a καὶ
    ἐλθόντες λέγουσι c h j

2. Τί ὅτι εἶπας σεαυτὸν δοῦλον εἶναι; καὶ ἰδοὺ ἔγνωμεν ὅτι υἱὸς εἶ ἀνδρὸς μεγάλου ἐν γῇ Χανάαν· καὶ πενθεῖ ὁ πατήρ σου ἐν σάκκῳ. 3. καὶ πάλιν ἤθελον δακρῦσαι, καὶ ἐπέσχον ἐμαυτόν, ἵνα μὴ αἰσχύνω τοὺς ἀδελφούς μου. καὶ εἶπα· Ἐγὼ οὐκ οἶδα· δοῦλός εἰμι. 4. τότε βουλεύονται πωλῆσαί με, ἵνα μὴ εὑρεθῶ ἐν χερσὶν αὐτῶν. 5. ἐφοβοῦντο γὰρ τὸν Ἰακώβ, ἵνα μὴ ποιήσῃ ἐν αὐτοῖς ἐκδίκησιν κινδύνου· ἠκούσθη γὰρ ὅτι μέγας ἐστὶ παρὰ κυρίῳ καὶ ἀνθρώποις. 6. τότε λέγει ὁ μετάβολος αὐτοῖς· Λύσατέ με ἀπὸ τῆς κρίσεως Πετεφρῆ. 7. προσελθόντες οὖν αἰτοῦνταί με λέγοντες ὅτι ἐν ἀργυρίῳ ἠγοράσθη ἡμῖν. κἀκεῖνος ἀπέλυσεν ἡμᾶς.

2 ὅτι[1] < m
ἑαυτόν b g l d m
δοῦλον εἶναι] δοῦλον g ὅτι δοῦλός εἰμι e a f
ἡμεῖς (< g) ἐγνώκαμεν (ἔγνωμεν m) g d m c h j
υἱὸς ἀνδρὸς μεγάλου εἶ ∾ g υἱὸς εἶ (< m) ἀνδρὸς δυνατοῦ καὶ μεγάλου d m ἀνδρὸς μεγάλου υἱὸς εἶ ∾ e
ἀνδρός] ἀνθρώπου l
γῇ] τῇ b < g τῇ γῇ a
πενθεῖ περί σου ὁ πατήρ σου ἐν σάκκῳ g e a f πενθεῖ ὁ πατήρ σου ἐν σάκκῳ περί σου d m ὁ πατήρ σου ἔτι πενθεῖ περί σου ἐν σάκκῳ καὶ σποδῷ c h j
σάκκῳ] λάκκῳ b
3 καί[1] — καί[2]] καὶ πάνυ ἤθελον δακρῦσαι, ἀλλ' g καὶ ἤθελον δακρῦσαι, καί l καὶ ταῦτα ἀκούσας ἐγὼ παρ' αὐτῶν πάνυ ἤθελον δακρῦσαι, καί (< m) d m καὶ πάνυ θέλων δακρῦσαι e a f ταῦτα ἀκούσας ἐγὼ διελύθη (διελυπήθη h j) τὰ σπλάγχνα μου, καὶ ἡ καρδία μου ἐτάκη, καὶ ἤθελον δακρῦσαι πάνυ, ἀλλ' c h j
ἐπέσχον ἐμαυτόν] πάλιν d
καὶ εἶπον, ἵνα μὴ καταισχύνω τοὺς ἀδελφούς μου ∾ g
τοὺς < h j
καὶ (< d) εἶπον + αὐτοῖς (αὐτῷ c) d c h j
δοῦλός εἰμι] τοῦτο ὃ λέγετε ὑμεῖς.

ἓν δὲ οἶδα ὅτι δοῦλός εἰμι d τοῦτο ὃν λέγετε εἰμι m
4 τότε] τούτου m + οὖν c h j
ἐβουλεύσαντο c h j
ταῖς χερσίν c h j
5 Ἰακώβ] πατέρα μου c h j
ποιήσῃ ἑαυτοῖς m ἐλθὼν ἐν αὐτοῖς ποιήσῃ c ἐλθὼν ποιήσῃ αὐτοῖς h j
τὴν ἐκδίκησιν e
ἤκουον g d m e a f c h j
κυρίῳ] θεῷ g c h j
καί + παρά g
6 λέγει + μοι m
ὁ μετάβολος πρὸς αὐτούς d m αὐτοῖς ὁ μετάβολος ∾ e c h j
Πετεφρῆ g l d m a f τοῦ Πετεφρῆ c h j
7 προσελθόντες — με] καὶ προσελθόντες ἤτου g προσελθόντες οὖν οἱ (< m) Ἰσμαηλῖται ἠτοῦντο με d m προσελθόντες οὖν ἤτουν με e a f ἐκεῖνοι δὲ προσελθόντες ἤτουν με c h j
με < l
λέγουσιν m + εἰπέ e a f c h j
ἠγοράσθης g c h j ἐπράθη d m ἐπράθης e a f
κἀκεῖνος (+ ταῦτα ἀκούσας d) εὐθέως ἀπέλυσεν (ἀπόλυσεν m) ἡμᾶς d m κἀκεῖνος ἀπολύσει ἡμᾶς e a f κἀκεῖνος (+ λοιπῶν c) ἀπολῦσαι (λῦσαι c) ἡμᾶς ἔχει c h j et haec ultima verba sunt in h j (in marg. add. τέλος j)

XVI. Ἡ δὲ Μέμφις ἐδήλωσε τῷ ἀνδρὶ αὐτῆς πριᾶσθαί με· ἀκούω γάρ, φησίν, ὅτι πωλοῦσιν αὐτόν. 2. καὶ ἀπέστειλεν εὐνοῦχον τοῖς Ἰσμαηλίταις αἰτοῦσά με εἰς διάπρασιν. καλέσας οὖν ὁ ἀρχιμάγειρος τοὺς Ἰσμαηλίτας ᾐτεῖτό με εἰς πρᾶσιν· 3. καὶ μὴ θελήσας ποιῆσαι μετ' αὐτῶν ἀνεχώρησεν. ὁ δὲ εὐνοῦχος πειραθεὶς αὐτῶν δηλοῖ τῇ δεσποίνῃ ὅτι πολλὴν αἰτοῦσι τιμὴν τοῦ παιδός. 4. ἡ δὲ ἀπέστειλεν ἕτερον εὐνοῦχον λέγουσα· Ἐὰν καὶ δύο μνᾶς χρυσίου ζητοῦσι, προσέχε μὴ φείσασθαι χρυσίου, μόνον πριάμενος τὸν παῖδα ἄγαγε. 5. καὶ δίδει αὐτοῖς ὀγδοήκοντα χρυσίνους ἀντ' ἐμοῦ, ἑκατὸν εἰπὼν τῇ Αἰγυπτίᾳ

XVI. 1 καὶ ἐδήλωσε τῷ ἀνδρὶ αὐτῆς ἡ Μέμφις ∞ g ἐδήλωσε δὲ (+ ἡμᾶς m) ἡ Μέμφις (ἡ Μ. < e a) τῷ ἀνδρὶ αὐτῆς ∞ l m e a f ἐδήλωσε δὲ αὐτῷ ἡ γυνὴ αὐτοῦ λέγουσα d
ἐδήλωσε] εἶπε c
πριᾶσθαί — αὐτόν] ἐπειδὴ ἀκούω ὅτι πωλοῦσιν αὐτόν, ἐκπρίω αὐτόν d
τοῦ πριάσασθαί με m πριάσαι με f ἀγόρασον τὸν νεανίαν c
φησίν + λέγουσα l
2 καὶ + εὐθέως d m εὐθέως δέ c
εὐνοῦχον + ἐν c
Ἰσμαηλίταις + καὶ ἤγαγεν αὐτοὺς καὶ d
αἰτοῦσά — πρᾶσιν] ᾐτεῖτο εἰς πρᾶσιν b αἰτοῦσαί με εἰς διάπρασιν g ᾐτεῖτό με εἰς διάπρασιν παρ' αὐτῶν ὁ Πετεφρῆ. εἰπόντες δὲ πολλὴν τὴν τιμήν μου d (v.i.) αἰτοῦσά με εἰς διάπρασιν c
καὶ καλεσάμενος m
ᾔτησεν m ᾔτει e a f
πρᾶσιν] διάπρασιν l
3 καὶ — αὐτῶν²] ὁ δὲ εὐνοῦχος μὴ θελήσας ἀγοράσαι με ἀνεχώρησεν, πειράσας αὐτούς, καὶ c
καὶ — ἀνεχώρησεν < g
θελήσαντες l
ποιῆσαι — ἀνεχώρησεν] ἀνεχώρησεν l m e a f ἀπέστειλεν ἡμᾶς d
καὶ πειραθεὶς αὐτῶν ὁ εὐνοῦχος ∞ g ὁ δὲ εὐνοῦχος πορευθεὶς d ὁ δὲ εὐνοῦχος ὁ πειραθεὶς αὐτῆς m ὁ εὐνοῦχος πειρασθεὶς αὐτῶν (αὐτοῖς e) e a f
ἐδήλωσε d + δέ a f

τῇ δεσποίνῃ] αὐτήν g + αὐτοῦ d c
ὅτι — παιδός] ταῦτα d (v.s. ad vs. 2)
πολλοί m
τιμὴν αἰτοῦσι ∞ c
τὴν τιμήν l
4 ἡ — ἕτερον] καὶ ἀποστέλλει ὕστερον d
ἥδε ἡ δεσποίνη m
εὐνοῦχον ἕτερον ∞ c
ἐὰν + δέ m
χρυσίου¹ < c
ζητοῦσι — χρυσίου² < l
ζητοῦσι] αἰτοῦσι g d m a f
προσέχε — χρυσίου²] δός (+ αὐτοῖς d) d m
παρέχετε· μὴ φείσασθε a c
μόνος d
πριάμενος (πριασάμενοι c) ... ἀγάγετε (+ πρός με c) b c
πριάμενον g
ἄγαγε + μοι d m
5 vs. 5] καὶ δοὺς αὐτοῖς (αὐτοὺς ὁ εὐνοῦχος m) π' (περί m) χρυσίνους (χρυσοῦς g) ἀντ' ἐμοῦ, ἑκατὸν εἶπεν (εἰπὼν g) τῇ Αἰγυπτίᾳ δεδόσθαι (διδόσθαι ἔλαβέν με g + ἀντὶ ἐμοῦ m) g m a f καὶ διδοῖ αὐτοῖς ὀγδοήκοντα χρύσινα δι' ἐμοῦ, καὶ ἑκατὸν εἰπὼν τῇ Αἰγυπτίᾳ διδόσθαι μνᾶς δύο l καὶ λαβὼν ὁ εὐνοῦχος τὸ χρυσίον κατεδίωξεν ἡμᾶς καὶ ὀγδοήκοντα χρυσίνους δοὺς αὐτοῖς ἀντὶ ἐμοῦ, καὶ λαβών με παρ' αὐτοῖς ἐλθόντων ἡμῶν εἰς τὸν οἶκον, ἑκατὸν εἰπεν δεδωκέναι d καὶ δίδωσιν αὐτοῖς ὀγδοήκοντα χρυσίους ἀντ' ἐμοῦ, καὶ ἑκατὸν εἶπεν τῇ Αἰγυπτίᾳ δεδόσθαι ἀντ'

δεδόσθαι ἀντ' ἐμοῦ. 6. καὶ ἰδὼν ἐγὼ ἐσιώπησα, ἵνα μὴ ἐτάσθη ὁ
εὐνοῦχος.

XVII. Ὁρᾶτε, τέκνα, πόσα ὑπέμεινα, ἵνα μὴ καταισχύνω τοὺς
ἀδελφούς μου. 2. καὶ ὑμεῖς οὖν ἀγαπᾶτε ἀλλήλους καὶ ἐν μακροθυμίᾳ
συγκρύπτετε ἀλλήλων τὰ ἐλαττώματα. 3. τέρπεται γὰρ ὁ θεὸς ἐπὶ
ὁμονοίᾳ ἀδελφῶν καὶ ἐπὶ προαιρέσει καρδίας εὐδοκιμούσης εἰς ἀγάπην.
4. καὶ ὅτε ἦλθον οἱ ἀδελφοί μου εἰς Αἴγυπτον, ὡς ἔγνωσαν ὅτι ἀπέ-
στρεψα τὸ ἀργύριον αὐτοῖς καὶ οὐκ ὠνείδισα, ἀλλὰ καὶ παρεκάλεσα
αὐτούς — 5. καὶ μετὰ θάνατον Ἰακὼβ περισσοτέρως ἠγάπησα
αὐτούς, καὶ πάντα ὅσα ἐκέλευσεν ἐκ περισσοῦ ἐποίησα, καὶ ἐθαύμαζον.
6. οὐκ ἀφῆκα γὰρ αὐτοὺς θλιβῆναι ἕως μικροῦ πράγματος· καίγε πᾶν
ὃ ἦν ἐν χειρί μου αὐτοῖς ἔδωκα. 7. οἱ υἱοὶ αὐτῶν υἱοί μου, καὶ οἱ

ἐμοῦ e ἐλθὼν οὖν ὁ εὐνοῦχος καὶ
δοὺς αὐτοῖς ὀγδοήκοντα χρυσοῦς
ἀνελάβετό με· τῇ δὲ Αἰγυπτίᾳ
εἶπεν ὅτι δέδωκα ἑκατόν c
6 καὶ εἰδὼς ἐγώ g l d e a f ἐγὼ δὲ
εἰδώς c
ἐτάσθη ὁ εὐνοῦχος] καταισχύνω
τοὺς εὐνούχους g αἰκισθῇ (αἰσχυνθῇ
c) ὁ εὐνοῦχος l e a f c καταισχύνω
τοὺς συνδούλους (ἀδελφούς m)
μου, μήτε μὴν αἰκισθῇ ὁ εὐνοῦχος
d m

XVII. 1 vs. 1 om. g
ὁρᾶτε — ὑπέμεινα] καὶ ἐπὶ τούτοις
πᾶσιν ἐσιώπων, τέκνα μου l
ὁρᾶτε + οὖν m c
τέκνα + μου m a f c
ὑπέμεινα + δέ m
αἰσχύνω c
2 καὶ¹ — οὖν] οὕτως καὶ ὑμεῖς m
καὶ² < a
μακροθυμίαις b
συγκαλύπτετε (συγκρύπτεσθε m)
ἀλλήλων τὰ παραπτώματα l m
διάγετε κρύπτοντες ἀλλήλους τὰ
ἐλαττώματα d
3 τέρπεται γάρ] ὅτι τέρπεται m
τέρπεται e a f
ἐλαττώματα ἀδελφῶν καὶ ὁμονοίᾳ c
προαίρεσιν m
καρδίας + ἀγαθῆς c
εὐδοκιμούσης (εὐδοκοῦσιν c) εἰς
ἀγαθόν a c
εὐδοκιμήσεις g εἰς εὐδόκιμον l ὁ
ευδοκιμουσας m

4 καὶ ὅτι g καὶ ὅτε δέ l ὅταν οὖν d
ὅτε δέ c
εἰς Αἴγυπτον < m
ὡς — αὐτοῖς < d
ὡς εἴδασιν g ὡς οἴδασιν e a f αὐτοὶ
γινώσκουσιν c
αὐτοῖς] αὐτῶν g
καί² + ἐπέγνω αὐτούς d
ὠνείδισα + αὐτούς m c
ἀλλά < c
καί³ < d m
αὐτούς] αὐτοῖς g l c
5 καί¹ + πάλιν g
τοῦ πατρὸς ἡμῶν Ἰακώβ g δὲ
Ἰακὼβ τοῦ πατρὸς ἡμῶν l Ἰακὼβ
(< m) τοῦ πατρός μου d m c
ἐκέλευσεν — ἐποίησα] ἐνετείλατο
δι' αὐτοὺς Ἰακὼβ ἐκ περισσοῦ
ἐγὼ ἐποίησα l μοι παρήγγειλεν ὁ
πατήρ μου ἐποίησα ἐπ' αὐτούς d
ἤθελον ὑπερεκπερισσοῦ ἐποίουν
αὐτοῖς c
ἐκέλευσεν] ἐκάλεσεν m ἠθέλησαν a
καὶ ἐθαύμαζον < g l d m e a f c
6 οὐκ — γάρ] καὶ (< l) οὐκ ἀφῆκα
l d c
ὃ ἦν] ὄν m
τῇ χειρί g m c
αὐτοῖς δέδωκα g d e a f c δέδωκα
αὐτοῖς ∽ l αὐτοῖς ἐδίδου m
7 οἱ¹ < l καὶ οἱ c
αὐτῶν¹ + ὡς m
υἱοί μου¹ < c
καί¹ — αὐτῶν² < l d
οἱ² < g

υἱοί μου ὡς δοῦλοι αὐτῶν· ἡ ψυχὴ αὐτῶν ψυχή μου, καὶ πᾶν ἄλγημα αὐτῶν ἄλγημά μου, καὶ πᾶσα μαλακία αὐτῶν ἀσθένειά μου· ἡ γῆ μου γῆ αὐτῶν, ἡ βουλὴ αὐτῶν βουλή μου. 8. καὶ οὐχ ὕψωσα ἐμαυτὸν ἐν αὐτοῖς ἐν ἀλαζονείᾳ διὰ τὴν κοσμικὴν δόξαν μου, ἀλλ᾽ ἤμην ἐν αὐτοῖς ὡς εἷς τῶν ἐλαχίστων.

XVIII. Ἐὰν οὖν καὶ ὑμεῖς πορευθῆτε ἐν ταῖς ἐντολαῖς κυρίου, τέκνα μου, ὑψώσει ὑμᾶς ἐνταῦθα καὶ εὐλογήσει ἐν ἀγαθοῖς εἰς αἰῶνας. 2. καὶ ἐὰν θέλῃ τις κακοποιῆσαι ὑμᾶς, ὑμεῖς τῇ ἀγαθοποιίᾳ εὔχεσθε ὑπὲρ αὐτοῦ· καὶ ἀπὸ παντὸς κακοῦ λυτρωθήσεσθε διὰ κυρίου. 3. ἰδοὺ γὰρ ὁρᾶτε ὅτι διὰ τὴν μακροθυμίαν καὶ θυγατέρα κυρίων μου ἔλαβον εἰς γυναῖκα· καὶ ἑκατὸν τάλαντά μοι χρυσίου δέδοται σὺν αὐτῇ· ὅτι κύριός μοι αὐτοὺς ἐδούλωσεν. 4. καίγε ὡραιότητα ἔδωκέ μοι ὡς

καὶ ἡ ψυχή μου ψυχὴ αὐτῶν ∽ c
αὐτῶν ἄλγημα < m
καὶ³ — ἐλαχίστων (vs. 8) < a
ἡ μαλακία l
αὐτῶν⁵ < m
μου⁵] ὑμῶν m
ἡ² — αὐτῶν⁶ < e f c
καὶ ἡ³ g c
μου⁷ . . . αὐτῶν⁷ ∽ b l
8 ὕψωσα ἑαυτόν (αὐτόν c) g l c
  ὑψῶ ἐμαυτὸν καί m
ἐν¹ — ἀλαζονείᾳ] εἰς αὐτοὺς καί l
μου δόξαν (+ ταύτην l) ∽ l c
μου < g
ἀλλ᾽ — ἐλαχίστων < l ἀλλ᾽ ἐγκρά-
  τουν πάντοτε ἐν ταπεινώσει· καὶ
  διὰ τοῦτο ἐπεθύμησάν με οἱ
  Αἰγύπτιοι ὡς προνοητὴν ἑαυτῶν
  καὶ κηδεμόνα ἀπολέσαντες (cf. d
  ad XX 6) m et om. capp. XVIII
  - XX
ἀλλ᾽] καί d
ἐλαχιστοτέρων g d e f

XVIII. 1 ἐὰν — μου] ὁ θεὸς τῶν
  πατέρων μου l
ὑμεῖς + τέκνα μου e
ταῖς < e f
τέκνα μου < e (v.s.) a c
ὑμᾶς] ἡμᾶς ὁ θεός c
ἐνταῦθα — εὐλογήσει < a f c

εὐλογήσει (οὐ λογήσει d) + ὑμᾶς
  d e
2 ὅταν θελήσει τις κακοποιῆσαι g ἐάν
  τις ἐπιχειρῇ κακοποιεῖν l
τις θέλῃ ∽ c
ἀγαθοεργίᾳ c
διά] ὑπό c
κύριον l d
3 vss. 3 et 4 om. a
γάρ < g
ὅτι¹ < d
μακροθυμίαν + μου d ταπείνωσιν
  καὶ τὴν μακροθυμίαν μου c
καί¹ < g c
κυρίου μου (< g) ἔλαβον g d ἱερέως
  ἡλιουπόλεως ἔλαβον ἐμαυτῷ c
χρυσίου δέδοταί (δέδωκε d δέδονται
  f c) μοι ∽ g l d e f c
ὅτι² — ἐδούλωσεν < f
ὅτι (καί c) ὁ κύριός μου g c
ὅτι² < e
αὐτοῖς e
ἐδούλευσεν b κατεδούλωσεν d e c
4 καίγε + καί c
δέδωκε d
ὡς ἄνθος < c

ἄνθος, ὑπὲρ ὡραίους Ἰσραήλ· καὶ διεφύλαξέ με ἕως γήρως ἐν δυνάμει καὶ ἐν κάλλει, ὅτι ἐγὼ ὅμοιος ἐν πᾶσι τῷ Ἰακώβ. XIX. Ἀκούσατε, τέκνα μου, καὶ ὧν εἶδον ἐνυπνίων. 2. δώδεκα ἔλαφοι ἐνέμοντο, καὶ οἱ ἐννέα διαιρέθησαν καὶ διεσπάρησαν τῇ γῇ· ὁμοίως καὶ οἱ τρεῖς. 3 (8). καὶ εἶδον ὅτι ἐκ τοῦ Ἰουδὰ ἐγεννήθη παρθένος, ἔχουσα στολὴν βυσσίνην· καὶ ἐξ αὐτῆς προῆλθεν ἀμνὸς ἄμωμος, καὶ ἐξ ἀριστερῶν αὐτοῦ ὡς λέων· καὶ πάντα τὰ θηρία ὥρμουν κατ' αὐτοῦ, καὶ ἐνίκησεν αὐτὰ ὁ ἀμνὸς καὶ ἀπώλεσεν εἰς καταπάτησιν. 4 (9). καὶ ἔχαιρον ἐπ' αὐτῷ οἱ ἄγγελοι καὶ οἱ ἄνθρωποι καὶ πᾶσα ἡ γῆ. 5 (10). ταῦτα δὲ γενήσεται ἐν καιρῷ αὐτῶν, ἐν ἐσχάταις ἡμέραις. 6 (11). ὑμεῖς οὖν, τέκνα μου, φυλάξατε τὰς ἐντολὰς κυρίου καὶ τιμᾶτε τὸν Ἰούδαν καὶ τὸν Λευί, ὅτι ἐξ αὐτῶν ἀνατελεῖ ὑμῖν ὁ ἀμνὸς τοῦ θεοῦ, χάριτι σῴζων πάντα τὰ ἔθνη καὶ τὸν Ἰσραήλ. 7 (12). ἡ γὰρ βασιλεία αὐτοῦ βασιλεία αἰῶνος ἥτις οὐ παρασαλεύεται. ἡ δὲ ἐμὴ βασιλεία ἐν

ὡραίου g
ἐφύλαξε c
γήρους g l d e f c
ἐν² < l d
ὅτι ἐγὼ ἐν πᾶσιν ὅμοιος τοῦ Ἰακώβ εἰμι ∽ g ὅτι ὅμοιος ἐν πᾶσι τοῦ Ἰακώβ d καὶ γὰρ ὅμοιος ἤμην ἐν πᾶσι τῷ Ἰακώβ c

XIX. 1 ἀκούσατε + δέ e a f c
ὧν — ἐνυπνίων] ἀναγγελῶ ὑμῖν ὃ εἶδον ἐνύπνιον k ὃ (ὅπερ d) εἶδον ἐνύπνιον g l d e a f περὶ ὧν οἶδα ἐνυπνίων c
2 εἶδον γὰρ ὡς ὅτι δώδεκα k ὅτι δώδεκα e
ἐνέμοντο + καὶ δι' ἕνα ἐτηρήθησαν g + ἐν τόπῳ c
οἱ¹ < d
ἐννέα + ἐξ αὐτῶν k
διαιρέθησαν — γῇ] διεσπάρησαν εἰς (ἐπί g e) πᾶσαν τὴν γῆν g d e a f c διαιρέθησαν εἰς πᾶσαν τὴν γῆν l
ὁμοίως < d + δέ f c
οἱ ἕτεροι τρεῖς k αἱ τρεῖς g ὁ ἕτερος l + ὕστερον διεσπάρησαν d
3 in marg. περὶ (< d) τῆς θεοτόκου k d περὶ χριστοῦ c
καὶ εἶδον] εἶδον δέ d
κόρη παρθένος k
προῆλθεν] ἐγεννήθη c
in marg. (ad ἀμνός¹) περὶ τοῦ χριστοῦ k

ἄμωμος < l f
καί³ < d + ἦν c
κατ' αὐτοῦ] αὐτῷ g
ἀπώλεσεν αὐτὰ (ἄπαντα d) εἰς καταπάτησιν (καταπάτημα c) g d a c ἀπώλεσεν εἰς καταπάτησιν πάντα τὰ θηρία l
4 ἐπ' αὐτόν (αὐτά a) l a f
οἱ ἄνθρωποι καὶ οἱ ἄγγελοι ∽ g
οἱ¹] καὶ οἱ k
πᾶσα + δέ f
5 τέκνα μου, γενήσονται d
ἐν ἐσχάταις ἡμέραις, ἐν καιρῷ αὐτῶν ∽ g
6 ὑμεῖς] ὑμᾶς g
κυρίου] τοῦ θεοῦ k
τιμήσατε d
τὸν Λευί ... τὸν Ἰούδαν ∽ c
τόν¹ ... τόν² < k
ἐξ] ἐκ τοῦ σπέρματος c
ὑμῖν ἀνατελεῖ ∽ g ἀνατελεῖ ἡμῖν l c
in marg. (ad ὁ ἀμνὸς τοῦ θεοῦ) τοῦ χριστοῦ d
χάριτι] ὁ αἴρων τὴν ἁμαρτίαν τοῦ κόσμου c
7 αἰώνιος k g l d e a f ἔσται αἰώνιος c
ἥτις] ὅτι k
παρασαλεύσεται b a παρελεύσεται g l d e f c
βασιλεία³ + καί g

ὑμῖν ἐπιτελεῖται ὡς ὀπωροφυλάκιον, ὅτι μετὰ τὸ θέρος οὐ φανήσεται.

XX. Οἶδα ὅτι μετὰ τὴν τελευτήν μου οἱ Αἰγύπτιοι θλίψουσιν ὑμᾶς· ἀλλ' ὁ θεὸς ποιήσει τὴν ἐκδίκησιν ὑμῶν, καὶ εἰσάξει ὑμᾶς εἰς γῆν ἐπαγγελίας τῶν πατέρων ὑμῶν. 2. ἀλλὰ συνανοίσετε τὰ ὀστᾶ μου μεθ' ὑμῶν, ὅτι ἀναγομένων τῶν ὀστέων μου κύριος ἐν φωτὶ ἔσται μεθ' ὑμῶν, καὶ Βελιὰρ ἐν σκότει ἔσται μετὰ τῶν Αἰγυπτίων. 3. καὶ Ζέλφαν τὴν μητέρα ὑμῶν ἀναγάγετε, καὶ ἐγγὺς Βάλλας, παρὰ τὸν ἱππόδρομον, πλησίον Ῥαχήλ, θέτε αὐτήν. 4. καὶ ταῦτα εἰπών, ἐκτείνας τοὺς πόδας αὐτοῦ ἐκοιμήθη ὕπνον αἰώνιον. 5. καὶ ἐπένθησεν αὐτὸν πᾶς Ἰσραὴλ καὶ πᾶσα ἡ Αἴγυπτος πένθος μέγα. 6. καὶ γὰρ καὶ τοῖς Αἰγυπτίοις ὡς ἰδίοις μέλεσι συνέπασχε καὶ εὐεργέτει, παντὶ ἔργῳ καὶ βουλῇ καὶ πράγματι παριστάμενος.

ὑμῖν] εμη k
ὅτι] ὅ c
οὐ φανήσεται] ἐξαφανίζεται c

XX. 1 οἶδα + τέκνα g d + γάρ c
θλίψουσιν ὑμᾶς οἱ Αἰγύπτιοι ∾ k
ποιήσει — ὑμῶν¹] τῶν πατέρων μου
    ποιήσει ὑμῖν τὴν ἐκδίκησιν d
ὑμῶν¹ — αὐτήν (vs. 3) om. a
ἀπάξει l ἐπάξει c
γῆν ἐπαγγελίας scripsi τὴν ἐπαγγελίαν b k τὰς ἐπαγγελίας g l e f c
    τὴν γῆν τῆς ἐπαγγελίας d
ὑμῶν²] ἡμῶν k l e f μου d
2 ἀλλὰ — ὑμῶν¹ < l
ἀλλά] ὑμεῖς δέ c
συνανοίσατε d e
μου τὰ ὀστᾶ ∾ d
ὑμῶν¹ + ἐκεῖ g d e f
μου² + ἐκεῖ e f ἐκεῖ c
ὑμῶν² + ἐκεῖ g ἡμῶν c
ὁ Β. g l d e f c
ἐν² — ἔσται²] ἐσκότισται c
3 vs. 3 om. k g
vs. 3] ἀναγάγετε δὲ καὶ Ασινετ τὴν μητέρα ὑμῶν, καὶ τεθήτω ἐγγὺς Βάλλας παρὰ τὸν ἱππόδρομον, πλησίον Ῥαχήλ d Ασυνεθ δὲ τὴν μητέρα ὑμῶν ἀγάγετε παρὰ τὸν ἱππόδρομον, καὶ πλησίον Ῥαχήλ τῆς μητρός μου θάψατε αὐτήν c
Ζέλφαν + δέ l
ὑπόδρομον e
4 καὶ — εἰπών] ταῦτα εἰπὼν Ἰωσηφ καὶ ἐντειλάμενος τοῖς υἱοῖς αὐτοῦ d

αὐτοῦ < d c
ἐκοιμήθη + ἐν εἰρήνῃ d
ὕπνον αἰώνιον] ὕπνῳ καλῷ c
5 vss. 5 et 6 om. k
ἐπένθησαν e
6 vs. 6] καὶ ἐν τῇ ἐξόδῳ τῶν υἱῶν Ἰσραὴλ ἐξ Αἰγύπτου συνήγαγον τὰ ὀστᾶ Ἰωσηφ, καὶ ἔθαψαν αὐτὸν ἐν Χεβρὼν μετὰ τῶν πατέρων αὐτοῦ· ἐγένοντο δὲ τὰ ἔτη τῆς ζωῆς αὐτοῦ ἔτη ἑκατὸν δέκα c
καὶ² — εὐεργέτει] τοῖς Αἰγυπτίοις ὡς ἴδιον μέλος (ἴδια μέλη g) συνέπασχε (-σχον g), καὶ εὐεργέτει ἐν g l τοῖς Αἰγυπτίοις συνέπασχε ἐν πάσῃ τῇ ζωῇ αὐτοῦ εὐεργετῶν αὐτοὺς ἐν d σὺν τοῖς Αἰγυπτίοις ὡς μέλος ἔπασχε, καὶ εὐεργέτει ἐν e a f
ἔργῳ + καὶ λόγῳ g + ἀγαθῷ d
καὶ⁴ — παριστάμενος] διὰ τοῦτο καὶ ἐπένθησαν αὐτὸν πάντες οἱ Αἰγύπτιοι ὡς προνοητὴν αὐτῶν καὶ κηδεμόνα d (cf. m ad XVII 8)
περισταμενος a
in fine add. τέλος διαθήκης Ἰωσηφ g τῷ δὲ θεῷ ἡμῶν <εἴη δόξα> d τῷ δὲ θεῷ ἡμῶν πρέπει δόξα εἰς τοὺς αἰῶνας τῶν αἰώνων· ἀμήν. Ἰωσὴφ υἱὸς Ἰακὼβ ια', υἱὸς Ῥαχὴλ α'· ἔζησεν δὲ μετὰ τὴν πρᾶσιν Αἰγύπτου ἔτη ρι' m Ἰωσὴφ υἱὸς Ἰακὼβ ια', υἱὸς Ῥαχὴλ α'· ἔζησεν ἔτη ρι' f

ΔΙΑΘΗΚΗ ΒΕΝΙΑΜΙΝ
ΠΕΡΙ ΔΙΑΝΟΙΑΣ ΚΑΘΑΡΑΣ

I. Ἀντίγραφον λόγων Βενιαμίν, ὧν διέθετο τοῖς υἱοῖς αὐτοῦ, ζήσας ἔτη ἑκατὸν εἰκοσιπέντε. 2. καὶ φιλήσας αὐτοὺς εἶπεν· Ὡς Ἰσαὰκ ἑκατοστῷ ἔτει ἐτέχθη τῷ Ἀβραάμ, οὕτως κἀγὼ τῷ Ἰακώβ. 3. ἐπειδὴ οὖν Ῥαχὴλ τέθνηκε γεννῶσά με, γάλα οὐκ ἔσχον. Βάλλαν οὖν τὴν παιδίσκην αὐτῆς ἐθήλασα. 4. ἡ γὰρ Ῥαχὴλ μετὰ τὸ τεκεῖν τὸν Ἰωσὴφ δώδεκα ἔτη ἐστείρευσεν· καὶ προσηύξατο κυρίῳ μετὰ νηστείας δώδεκα ἡμέρας· καὶ συλλαβοῦσα ἔτεκέ με. 5. σφόδρα γὰρ ὁ πατὴρ

tit.: Διαθήκη Βενιαμὶν (+ ιβ′ b + υἱὸς Ἰακὼβ ιβ′, (+ καί m) υἱὸς Ῥαχὴλ β′ d m) περὶ διανοίας (ἐννοίας f) καθαρᾶς (+ Βενιαμιν ἑρμηνεύεται τέκνον ὀδύνης f) b l d m e f ιβ′ Διαθήκη ἀντιγράφου Βενιαμὶν περὶ διανοίας καθαρᾶς k Διαθήκη Βενιαμὶν περὶ τοῦ ἀγαπᾶν τὸν πλησίον· λόγος ιβ′ g Βενιαμὶν a Διαθήκη Βενιαμὶν τοῦ ιβ′ υἱοῦ Ἰακὼβ καὶ Ῥαχὴλ c +

I. I 1 - VIII 1 οὖν om. k sed add. λέγων τοῖς υἱοῖς αὐτοῦ οὕτως
1 ἀντίγραφα a
λόγων + διαθήκης l διαθήκης d m
ὅς g περὶ ὧν d m
ἔθετο c
τοὺς υἱούς g
ζήσας — εἰκοσιπέντε] ἐν ἑκατοστῷ εἰκοστῷ ἔτει τῆς ζωῆς αὐτοῦ l ἐν ἐσχάταις ἡμέραις αὐτοῦ ἐν τῷ ρκε′ ἔτει τῆς ζωῆς αὐτοῦ d m
εἰκοσιπέντε] εἴκοσι b
2 καὶ — εἶπεν] καλέσας γὰρ (+ αὐτούς m) τοὺς υἱοὺς αὐτοῦ καὶ ἀσπασάμενος (+ αὐτούς m) εἶπεν (λέγει αὐτούς m)· Ἀκούσατε, τέκνα Βενιαμίν, τοῦ πατρὸς ὑμῶν, ἐνωτίσασθε ὅσα ἐγὼ ἐντέλλομαι ὑμῖν σήμερον d m
καὶ (< l) καλέσας g l καταφιλήσας δέ c

ὥσπερ (+ γάρ d) g d m c
ὁ Ἰσαὰκ d m
ἑκατοστῷ — ἐτέχθη] ἔσχατος υἱὸς ἐγεννήθη l ἐτέχθη d c
ἐν γήρει τῷ Ἀβραάμ l + ἐπὶ γήρους d + ἐν γήρει αὐτοῦ c
τῷ² + πατρί μου d m
3 ἐπειδὴ οὖν] καὶ (< g) ἐπειδὴ g d m e a f c ἡ δέ l
ἡ (< d c) Ῥαχὴλ + ἡ μήτηρ μου d m c
γεννῶσά με τέθνηκε ∽ g
τέθνηκε] τεχθῆναι m
γάλα οὐκ ἔσχον < l
ἔχων d ἔσχων m ἔσχεν c
οὖν² < g
τήν < c
αὐτοῦ m
4 γὰρ + μήτηρ μου d
τελεῖν g + αὐτήν e a f
πρὸς κύριον d m c
ἡμέρας ιβ′ (β′ d) ∽ d m < c
τέτοκε c
5 γὰρ < c
ἠγάπα ὁ πατήρ μου ∽ c

ἡμῶν ἠγάπα τὴν Ῥαχὴλ καὶ ηὔχετο δύο υἱοὺς ἰδεῖν ἀπ' αὐτῆς. 6. διὰ τοῦτο ἐκλήθην υἱὸς ἡμερῶν, ὅ ἐστι Βενιαμίν.

II. Ὅτε οὖν εἰσῆλθον εἰς Αἴγυπτον καὶ ἀνεγνώρισέ με Ἰωσὴφ ὁ ἀδελφός μου, λέγει μοι· Τί εἶπον τῷ πατρί μου ὅτε ἐπώλησάν με; 2. καὶ εἶπον αὐτῷ ὅτι ἔφυραν τὸν χιτῶνά σου αἵματι καὶ πέμψαντες εἶπον· Ἐπίγνωθι εἰ ὁ χιτὼν τοῦ υἱοῦ σου οὗτος. 3. καὶ λέγει μοι· Ναί, ἀδελφέ· καὶ γὰρ ὅτε ἔλαβόν με οἱ Ἰσμαηλῖται, εἷς ἐξ αὐτῶν ἀποδύσας με τὸν χιτῶνα ἔδωκέ μοι περίζωμα, καὶ φραγελλώσας με εἶπε τρέχειν. 4. ἐν δὲ τῷ ὑπάγειν αὐτὸν κρύψαι τὸ ἱμάτιόν μου, ὑπήντησεν αὐτῷ λέων καὶ ἀνεῖλεν αὐτόν. 5. καὶ οὕτως οἱ μέτοχοι φοβηθέντες διαπωλοῦσί με τοῖς ἑταίροις αὐτῶν.

ἡμῶν] μου g f c + (v.s.)
Ῥαχὴλ + μετὰ τὸ τεκεῖν τὸν Ἰωσὴφ m
ὅθεν καὶ d m
ηὔξατο d εὔχεται e
ἵνα ἴδη ἐξ αὐτῆς δύο υἱούς ∽ d
ἰδεῖν δύο υἱούς ∽ g ὅτι δύο υἱοὺς ἴδη m
ἰδεῖν] τεκεῖν a
ἐξ αὐτῆς c +
6 καὶ διά m
ἐκλήθην < a
Βενιαμίν, ὅπερ (ὃ c) ἐστιν υἱὸς ἡμερῶν ∽ d m c +
ἡμέρας l
ὅ ἐστι] τουτέστι g l ὅς ἐστι e

II. 1 ὅτε δὲ εἰσῆλθον (ἦλθον c +) εἰς Αἴγυπτον πρὸς Ἰωσὴφ d c +
καί < g
ἀνεγνώρισέ — μου¹] ἀναγνωρίσας με ἔκλα<υ>σε πικρῶς καὶ καλέσας με κατ' ἰδίαν d
ἐγνώρισε a f c +
Ἰωσὴφ < c +
καὶ λέγει g e ἔφη d m
τί] ὅτι g f
εἶπον + οἱ ἀδελφοί μου g d m
μου²] ἡμῶν l
ὅτε²] ὅτι b g m e f
με ἐπώλησαν ∽ c +
2 ἔφερον (ηφερον g) g l
αἱματωμένον l ἐν αἵματι m
πέμψαντες εἶπον] εἶπον l ἀπέστειλαν αὐτὸν πρὸς Ἰακὼβ λέγοντες d
πέ<μ>ψαντες αὐτὸν εἶπον c +

εἰ (ὅτι η m η e) χιτών g l d m e ὁ χιτών f
ἐστιν οὗτος (οὕτως m) l d m e a f c +
3 λέγει μοι] εἶπέ μοι (μου m) Ἰωσὴφ d m
ναί + ὄντως d + οὕτως m
ἀδελφέ + μου c +
καὶ² — Ἰσμαηλῖται] κἀγὼ ἐπορεύθην μετὰ τῶν Ἰσμαηλιτῶν d
γὰρ — χιτῶνα] ὅτε με ἐξέδυσάν με τὸν χιτῶνά μου, δέδωκάν με τοῖς Ἰσμαηλίταις καί c
αὐτῶν + τῶν Ἰσμαηλιτῶν m
ἀποδύσας (ἀποδράσας m) με τὸν χιτῶνα + ὃν (ὅπερ m) ἐφόρουν d m
δέδωκαν c +
περιζώματα m
φραγελλώσαντες c
με³ < d c
εἶπε + μοι g l εἶπόν μοι c +
4 vss. 4 et 5 om. l
ἐν — μου] εἷς δὲ ἐξ αὐτῶν ῥάβδῳ μαστίζων με c +
αὐτόν¹ < g d e a f
τὰ ἱμάτια g
ἀπήνησεν g
αὐτῷ] αὐτόν d
λέων < d
καί < g
5 μέτοχοι (συμμέτοχοι d) + αὐτοῦ d m c +
διαπωλοῦσί — αὐτῶν] ἐν αἰνέσει με κατέσχεν c +
διαπωλήσουσι m

III. Καὶ ὑμεῖς οὖν, τέκνα μου, ἀγαπήσατε κύριον τὸν θεὸν τοῦ οὐρανοῦ καὶ φυλάξατε ἐντολὰς αὐτοῦ, μιμούμενοι τὸν ἀγαθὸν καὶ ὅσιον ἄνδρα Ἰωσήφ. 2. καὶ ἔστω ἡ διάνοια ὑμῶν εἰς τὸ ἀγαθόν, ὡς κἀμὲ οἴδατε. ὁ ἔχων τὴν διάνοιαν ἀγαθὴν πάντα βλέπει ὀρθῶς. 3. φοβεῖσθε κύριον καὶ ἀγαπᾶτε τὸν πλησίον. καὶ ἐὰν τὰ πνεύματα τοῦ Βελιὰρ εἰς πᾶσαν πονηρίαν θλίψεως ἐξαιτήσωνται ὑμᾶς, οὐ μὴ κατακυριεύσῃ ὑμῶν πᾶσα πονηρία θλίψεως, ὡς οὐδὲ Ἰωσὴφ τοῦ ἀδελφοῦ μου. 4. πόσοι τῶν ἀνθρώπων ἠθέλησαν ἀνελεῖν αὐτόν, καὶ ὁ θεὸς ἐσκέπασεν αὐτόν· ὁ γὰρ φοβούμενος τὸν θεὸν καὶ ἀγαπῶν τὸν πλησίον αὐτοῦ ὑπὸ τοῦ ἀερίου πνεύματος τοῦ Βελιὰρ οὐ δύναται πληγῆναι, σκεπαζόμενος ὑπὸ τοῦ φόβου τοῦ θεοῦ· 5. καὶ ὑπὸ ἐπιβουλῆς ἀνθρώπων ἢ θηρίων οὐ δύναται κυριευθῆναι, βοηθούμενος ὑπὸ τῆς τοῦ κυρίου ἀγάπης ἧς ἔχει πρὸς τὸν πλησίον. 6. καὶ γὰρ ἐδεήθη τοῦ πατρὸς ἡμῶν Ἰωσὴφ ἵνα προσ-

III. 1 νῦν (τί e a) οὖν, τέκνα μου, ἀγαπήσατε καὶ ὑμεῖς ∽ g e a ὑμεῖς οὖν, τέκνα μου, φοβήθητε l ἀγαπήσατε οὖν καὶ ὑμεῖς, τέκνα μου ∽ d m ἀγαπήσατε οὖν, τέκνα μου, καὶ ὑμεῖς ∽ f νῦν οὖν, τέκνα μου, καὶ ὑμεῖς ἀγαπήσατε ∽ c
κύριον < a
τοῦ οὐρανοῦ] ἡμῶν l + καὶ τῆς γῆς d m c +
καί² < c
τὰς ἐντολάς g l d m a
τὸν² — εἰς (vs. 2) < l
2 εἰς — ἀγαθόν] ἀγαθὴ ἕως τέλους d m
ὡς — κύριον (vs. 3) < a
οἴδατε] εἴδετε g e
ὁ + γάρ l ὅτι ὁ d m c +
τὴν ἑαυτοῦ διάνοιαν καθαρὰν ἀπὸ παντὸς ἔργου κακοῦ (καθαρὰν — κακοῦ] ἀπὸ παντὸς ἔργου καθαρὰν m) καὶ πάσης πράξεως πονηρᾶς (+ καί m) d m τὴν διάνοιαν ὀρθήν e f c +
ὀρθά g
3 φοβεῖσθε + οὖν d
τὸν κύριον l d m
πλησίον + ὑμῶν d
ἐξαιτήσωνται] ἐκστήσωσιν c
μή < l
κατακυριεύσωσιν c +
ὑμῶν] ὑμῖν f
πᾶσα πονηρία θλίψεως] πᾶσαν πονηρίαν θλίψεως d m < c +

ὡς οὐδέ] ὡς καὶ g l e a ὥσπερ d m ὡς οὔτε c +
Ἰωσὴφ τὸν ἀδελφόν μου l d e a c + τὸν Ἰωσὴφ τὸν ἀδελφόν μου. οὐ κατεκυρίευσεν αὐτῶν ἡ (MS οἱ) κακία τὸν ἀδελφὸν ἡμῶν m
4 πόσοι + γάρ d m
ἠβουλήθησαν l ἤθελον c
αὐτὸν ἀνελεῖν ∽ c +
καί¹ — αὐτόν² < e
αὐτόν² + καὶ ἐρρύσατο αὐτὸν (< m) ἐκ τῶν χειρῶν αὐτῶν d m
ἀγαπᾷ καί ∽ m
αὐτοῦ < c
τοῦ ἐναερίου πνεύματος g τοῦ πνεύματος l c < a
ἀλλὰ (< g d) σκεπόμενος g d m
ὑπό² — τοῦ⁴] φόβῳ l
5 ὑπό¹] ἐξ g ἀπό d m e a f c +
ἤ] καί (?) g
θηρίου m
κατακυριευθῆναι d m e a f c +
ἀλλ' ἐνβοηθούμενος m + ζῆν ἀπ' αὐτῆς c
ὑπὸ τοῦ κυρίου διὰ τῆς ἀγάπης g ὑπὸ τῆς ἀγάπης d c +
τῆς < m
ἥν g d
πλησίον + αὐτοῦ l
6 ἐδεήθην τοῦ πατρὸς ἡμῶν Ἰακώβ b ὁ Ἰωσὴφ ἐδεήθη τοῦ πατρὸς ἡμῶν ∽ c +
ἵνα¹ + μή m

εὔξηται περὶ τῶν υἱῶν ἵνα μὴ λογίσηται αὐτοῖς ὁ κύριος, εἴ τι ἐνεθυμήθη-σαν πονηρὸν περὶ αὐτοῦ. 7. καὶ οὕτως ἐβόα Ἰακώβ· Ὦ τέκνον Ἰωσήφ, ὦ τέκνον χρηστόν, ἐνίκησας τὰ σπλάγχνα Ἰακὼβ τοῦ πατρός σου. καὶ περιλαβὼν αὐτὸν ἐπὶ δύο ὥρας κατεφίλει, λέγων· 8. Πλη-ρωθήσεται ἐν σοὶ προφητεία οὐρανοῦ περὶ τοῦ ἀμνοῦ τοῦ θεοῦ καὶ σωτῆρος τοῦ κόσμου, ὅτι ἄμωμος ὑπὲρ ἀνόμων παραδοθήσεται καὶ ἀναμάρτητος ὑπὲρ ἀσεβῶν ἀποθανεῖται ἐν αἵματι διαθήκης, ἐπὶ σωτηρίᾳ ἐθνῶν καὶ Ἰσραήλ, καὶ καταργήσει Βελιὰρ καὶ τοὺς ὑπηρετοῦντας αὐτῷ.

IV. Ἴδετε, τέκνα, τοῦ ἀγαθοῦ ἀνδρὸς τὸ τέλος· μιμήσασθε οὖν ἐν ἀγαθῇ διανοίᾳ τὴν εὐσπλαγχνίαν αὐτοῦ, ἵνα καὶ ὑμεῖς στεφάνους δόξης φορέσητε. 2. ὁ ἀγαθὸς ἄνθρωπος οὐκ ἔχει σκοτεινὸν ὀφθαλμόν· ἐλεᾷ γὰρ πάντας, κἂν ὦσιν ἁμαρτωλοί· 3. κἂν βουλεύωνται περὶ αὐτοῦ εἰς κακά, οὗτος ἀγαθοποιῶν νικᾷ τὸ κακόν, σκεπαζόμενος ὑπὸ τοῦ

περί[1]] ὑπέρ d m e a f c
υἱῶν] ἀδελφῶν ἡμῶν b + αὐτοῦ
 l d m ἀδελφῶν αὐτοῦ c +
μή < g
αὐτοῖς κύριος ἁμαρτίαν g κύριος
 ἁμαρτίαν αὐτοῖς l κύριος αὐτοῖς d
 αὐτοῖς κύριος e a f κύριος αὐτοῖς
 ἁμαρτίαν c +
εἴ τι — αὐτοῦ] περὶ τῆς πονηρίας ἧς
 ἐποίησαν εἰς αὐτόν l
εἴ τι] ὅτι g d m a c
ἐνεθυμήθησαν] ἐποίησαν c +
πονηρά g f
περὶ αὐτοῦ] εἰς αὐτόν c +
7 εἶπεν οὕτως Ἰακώβ ∾ l ἔλεγεν
 Ἰακὼβ οὕτως ∾ d m
ὦ[1] — Ἰωσήφ < l m e a f c +
τέκνον[1] + γλυκύτατον d
ὦ[2] — χρηστόν < b
ἐνίκησας — Ἰακώβ[2] < m
ἐνίκησας] ἐνέκλεισας d
παραλαβών d
ἐπί < g a f περί l
κατεφίλησεν m
8 in marg. περὶ (τοῦ d) χριστοῦ d c
ἐν σοί < l ἐπί σε d ἐπί σοι m e a f
 περί σου c +
τοῦ οὐρανοῦ f οὐράνιος c +
περί] παρά d
ἄμωμος] ἄγνωμος m
ὑπέρ[1]] ὑπό c +
ὁ ἀναμάρτητος c

ἀποθανεῖται + καὶ l
σωτηρίαν d m
Ἰσραὴλ καὶ τῶν ἐθνῶν ∾ a
τοῦ Ἰσραὴλ d m c +
καταργήσει] καταλύσει g l d m e a f
 c +
τὸν (τοῦ d m) Βελιάρ l d m
τοὺς ὑπηρέτας αὐτοῦ g e a f c + τῶν
 ὑπηρετῶν αὐτοῦ πᾶσαν τὴν δύνα-μιν d m

IV. 1 εἴδετε b a + οὖν c +
τέκνα + μου d m c +
ἀγαθοῦ (ἁγίου m) ἀνδρός + ἐκείνου
 d m
τέλειον l
οὖν < b c +
φορέσητε] ἐργάσητε g
2 ὁ] ὡς m + γάρ c +
ἐλεεῖ g l d m e a f c +
ἁμαρτωλοὶ ὦσιν ∾ l c +
3 ἄν g < m + μή c
βούλονται c +
εἰς < g a
κακά] κακίαν d κακόν m καλά c
οὗτος — κακόν < g
οὗτος] οὕτως ὁ b αὐτός d m e
 οὕτως f
ἀγαθοποιῶν] τὸ ἀγαθὸν ποιῶν c
σκεπάζεται g σκεπόμενος l d m e a f
 σκεπάμενος c

ἀγαθοῦ· τοὺς δὲ δικαίους ἀγαπᾷ ὡς τὴν ψυχὴν αὐτοῦ. 4. ἐάν τις δοξάζηται, οὐ φθονεῖ· ἐάν τις πλουτῇ, οὐ ζηλοῖ· ἐάν τις ἀνδρεῖος, ἐπαινεῖ· τὸν σώφρονα πιστεύων ὑμνεῖ, τὸν πένητα ἐλεεῖ, τῷ ἀσθενεῖ συμπαθεῖ, τὸν θεὸν ἀνυμνεῖ, 5. τὸν ἔχοντα φόβον θεοῦ ὑπερασπίζει αὐτοῦ, τῷ ἀγαπῶντι τὸν θεὸν συνεργεῖ, τὸν ἀθετοῦντα τὸν ὕψιστον νουθετῶν ἐπιστρέφει, καὶ τὸν ἔχοντα χάριν πνεύματος ἀγαθοῦ ἀγαπᾷ κατὰ τὴν ψυχὴν αὐτοῦ.

V. Ἐὰν ἔχητε ἀγαθὴν διάνοιαν, τέκνα, καὶ οἱ πονηροὶ ἄνθρωποι εἰρηνεύσουσιν ὑμῖν, καὶ οἱ ἄσωτοι αἰδεσθέντες ὑμᾶς ἐπιστρέψουσιν εἰς ἀγαθόν, καὶ οἱ πλεονέκται οὐ μόνον ἀποστήσονται τοῦ πάθους, ἀλλὰ καὶ τὰ τῆς πλεονεξίας δώσουσι τοῖς θλιβομένοις. 2. ἐὰν ἦτε ἀγαθοποιοῦντες, καὶ τὰ ἀκάθαρτα πνεύματα φεύξεται ἀφ' ὑμῶν καὶ αὐτὰ

ἀγαθοῦ] θεοῦ c⁺
δὲ δικαίους] ἀδικοῦντας c⁺
ὡς] ὑπέρ l
4 φθονεῖ + αὐτόν c⁺
ἐάν² — ζηλοῖ < d
πλουτῇ < m
ἐάν³ — ὑμνεῖ < a
ἀνδρείως g + ἤ (ἤ ἀνδρεῖος
 ∾ e f c⁺) d m e f c⁺
τοῦτον (τοῦτο m) ἐπαινεῖ d m +
 αὐτόν c⁺
τὸν¹ — αὐτοῦ² (vs. 5) < m
πιστεύων ὑμνεῖ < f ἀγαπῶν c
τὸν ἀσθενῆ συμπαθεῖ g l d < a τῷ
 ἀσθενοῦντι συμπάσχει c⁺
ὑμνεῖ d φοβεῖται c⁺
5 vs. 5 om. a
τὸν¹ — ἐπιστρέφει < c⁺
τὸν ἔχοντα¹] τοῦ ἔχοντος g τῷ
 ἔχοντι e f
κυρίου l d e f
ὑπερασπίζεται d f
αὐτοῦ¹ < g l d e f
τὸν ἀγαπῶντα l d
τὸν θεὸν (τῷ θεῷ g) συντρέχει (+
 καὶ l) g l d e f
πνεύματος ἀγαθοῦ] ἁγίου g ἀγαθοῦ
 πνεύματος ∾ e f c⁺
τήν < g

V. 1 ἐάν + οὖν (+ καὶ ὑμεῖς c⁺)
 a c⁺
σχῆτε g

τέκνα μου, ἀγαθὴν διάνοιαν ∾ l
τὴν διάνοιαν m
τέκνα < g d m e a f c⁺
ἄνθρωποι] ἄρχοντες g
εἰρηνεύουσι d
ὑμῖν] μεθ' ὑμῶν (ἡμῶν m) g d m e
 a f < c
καὶ² — θλιβομένοις < m
αἰδεσθῶσιν g
ὑμᾶς < l
ἐπιστρέψουσιν + εἰς ὑμᾶς c
ἀγαθά + ὁμοίως δέ d τὸ ἀγαθόν c⁺
πλεονεκτοῦντες g e a f c
τοῦ + τοιούτου d
τὰ ἀπὸ πλεονεξίας συλλεγέντα αὐτοῖς
 εἴτε χρήματα εἴτε κτήματα d τισὶ
 τῆς πλεονεξίας a + ἃ εἶχον c
τοῖς θλιβομένοις δίδωσιν ∾ d
ἀποδώσουσι g
2 ἐάν + ὑμεῖς l
ἦτε < m
αὐτὰ τὰ ἀκάθαρτα (< d) d m
φεύξονται g l d m e a c⁺
ὑμῶν¹] ἡμῶν m
καὶ² — ὑμᾶς et V 3 - VI 4 οἶδεν
 om. m sed add. οἷος γέγονεν
 Ἰωσὴφ ὁ ἀδελφός μου, καὶ πᾶν
 ἀκαθαρσίαν οὐκ ἐποίει
καὶ² — ὑμᾶς] φοβηθέντα l
καὶ² — θηρία] ἀλλὰ μὴν καὶ τὰ
 θηρία ἀνήμερα d
αὐτά < c⁺

τὰ θηρία φοβηθήσονται ὑμᾶς. 3. ὅπου γὰρ ἔνι φῶς ἀγαθῶν ἔργων
εἰς διάνοιαν, τὸ σκότος ἀποδιδράσκει αὐτοῦ. 4. ἐὰν γὰρ ὑβρίσῃ τις
ἄνδρα ὅσιον, μετανοεῖ· ἐλεεῖ γὰρ ὁ ὅσιος τὸν λοίδορον καὶ σιωπᾷ.
5. κἂν τις ψυχὴν δικαίαν προδοίη καὶ ὁ δίκαιος προσευχόμενος πρὸς
ὀλίγον ταπεινωθῇ, μετ᾽ οὐ πολὺ φαιδρότερος ἀναφαίνεται, οἷος γέγονεν
Ἰωσὴφ ὁ ἀδελφός μου.

VI. Τὸ διαβούλιον τοῦ ἀγαθοῦ ἀνδρὸς οὐκ ἔστιν ἐν χειρὶ πλάνης
πνεύματος Βελιάρ· ὁ γὰρ ἄγγελος τῆς εἰρήνης ὁδηγεῖ τὴν ψυχὴν αὐτοῦ.
2. οὐχ ὁρᾷ ἐμπαθῶς τοῖς φθαρτοῖς οὐδὲ συνάγει πλοῦτον εἰς φιληδονίαν·
3. οὐ τέρπεται ἡδονῇ, οὐ λυπεῖ τὸν πλησίον, οὐκ ἐμπιπλᾶται τρυφῆς,
οὐ πλανᾶται μετεωρισμοῖς ὀφθαλμῶν· κύριος γάρ ἐστι μερὶς αὐτοῦ.
4. τὸ ἀγαθὸν διαβούλιον οὐκ ἐπιδέχεται δόξης καὶ ἀτιμίας ἀνθρώπων,
καὶ πάντα δόλον ἢ ψεῦδος, μάχην καὶ λοιδορίαν οὐκ οἶδεν· κύριος γὰρ
ἐν αὐτῷ κατοικεῖ καὶ φωτίζει τὴν ψυχὴν αὐτοῦ, καὶ χαίρει πρὸς πάντας
ἐν παντὶ καιρῷ. 5. ἡ ἀγαθὴ διάνοια οὐκ ἔχει δύο γλώσσας, εὐλογίας

φοβηθήσονται ὑμᾶς] φεύξεται ἀφ᾽
  ὑμῶν φοβηθέντες b
3 ἔνι < g l
  φῶς] φόβος b c + + καθαρόν g
  ἀγαθῶν ἔργων < g ἀγαθὸν ἔργον d
    + καὶ φῶς c +
  ἐστὶ (< g) ἐν διανοίᾳ g l + καί c
  ἀπ᾽ αὐτοῦ g l d e a f c
4 ἐὰν — τις] ἐὰν τις τηρήσῃ g ἐὰν
    ὑβρίσῃ l ἂν γάρ τις ὑβρίσῃ d ἐὰν
    γὰρ ὑβρίσῃ f c
  ὅσιον] ἅγιον d
5 vs. 5 om. a
  κἂν — ἀναφαίνεται < d
  κἄν] καί g l
  τις] τήν l
  ψυχὴν δικαίου g ψυχῇ l δικαίῳ c +
  προδῷ g προδίδωσιν l προδώσει c +
  καί < c +
  προσευχόμενος + καί l προσεύχεται·
    εἰ καί c +
  πρός < g
  μεθ᾽ οὐ πολύ b e + δέ l
  φαιδρότερος] σφοδρότερον g
  ἐν Ἰωσήφ c

VI. 1 ἐν χερσὶ πνεύματος πλάνης
    καὶ Βελιάρ ∾ l
  πλάνης < g

πνεύματος] τοῦ d
  ὁ] καί l
2 οὐκ ἐνορῶ g καὶ οὐχ ὁρᾷ c +
  ἐμπαθῶς] ἔμπροσθεν d
  τὰ φθαρτά e a c + τὰ ἄφθαρτα f
  οὔτε g e
  συνέχει l
3 τέρπεται + ποτε g
  ἐν ἡδονῇ c
  τὸ πλησίον d
  ἐμπιπλᾷ c
  τροφῆς b τρυφῇ g e f c
  πλανᾷ g
  μερίς < g (v.i.) ἡ μερίς l
4 τὸ — ψεῦδος < a
  διαβούλιον· g (v.s.)
  οὐ δέχεται c +
  δόξαν καὶ ἀτιμίαν g d e f δόξαν ἐν
    ἀτιμίᾳ l δόξης οὐκ ἀτιμίας c +
  ἀνθρώπου l
  καί 2 — δόλον] πάντα δὲ δόλον l d < c
  ἢ μάχην d c +
  καὶ λοιδορίαν < d ἢ λοιδορίαν c +
  οὐκ οἶδεν < c +
  κύριος γάρ] ὅτι κύριος d
  ἐν αὐτῇ a
  τήν < d e a f
5 διάνοια + εὐφραίνει αὐτόν d

καὶ κατάρας, ὕβρεως καὶ τιμῆς, λύπης καὶ χαρᾶς, ἡσυχίας καὶ ταραχῆς, ὑποκρίσεως καὶ ἀληθείας, πενίας καὶ πλούτου, ἀλλὰ μίαν ἔχει περὶ πάντας εἰλικρινῆ καὶ καθαρὰν διάθεσιν. 6. οὐκ ἔχει ὅρασιν οὐδὲ ἀκοὴν διπλῆν· πᾶν γὰρ ὃ ποιεῖ ἢ λαλεῖ ἢ ὁρᾷ, οἶδεν ὅτι κύριος ἐπισκέπτει ψυχὴν αὐτοῦ, 7. καὶ καθαίρει τὴν διάνοιαν αὐτοῦ πρὸς τὸ μὴ κατα-γνωσθῆναι ὑπὸ θεοῦ καὶ ἀνθρώπων. καὶ τοῦ Βελιὰρ δὲ πᾶν ἔργον διπλοῦν ἐστι καὶ οὐκ ἔχει ἁπλότητα.

VII. Διὰ τοῦτο, τέκνα μου, φεύγετε τὴν κακίαν τοῦ Βελιάρ, ὅτι μάχαιραν δίδωσι τοῖς πειθομένοις αὐτῇ. 2. ἡ δὲ μάχαιρα ἑπτὰ κακῶν μήτηρ ἐστί. πρῶτον συλλαμβάνει ἡ διάνοια διὰ τοῦ Βελιάρ· ἔστι δὲ πρῶτον ὁ φθόνος· δεύτερον ἀπώλεια· τρίτον θλῖψις· τέταρτον αἰχμα-λωσία· πέμπτον ἔνδεια· ἕκτον ταραχή· ἕβδομον ἐρήμωσις. 3. διὰ τοῦτο καὶ ὁ Κάιν ἑπτὰ ἐκδικίαις παραδίδοται ὑπὸ τοῦ θεοῦ· κατὰ γὰρ

λύπης — χαρᾶς < c +
ἡσυχίας — ἀληθείας < a
μίαν ἔχει πρὸς πάντας l πρὸς πάντας
    ἔχει ∾ d
καί⁷ < b
6 οὐκ — ὅρασιν < l
οὔτε c +
πάντα ἃ ποιεῖ g
ὃ + ἐάν c +
λαλεῖ ἢ ποιεῖ ∾ m
ἢ¹ — ὁρᾷ] λαλεῖ d
οἶδε + γάρ d εἶδεν m
ὁ κύριος d
ἐπισκοπεῖ g ἐπισκέψει l ἐπισκοπεύει
    d m e a f
ψυχὴν — ἁπλότητα (vs. 7) < a
τὴν ψυχήν c +
7 διάνοιαν αὐτοῦ] διάθεσιν αὐτοῦ καὶ
    διάνοιαν l
πρός] εἰς g
ἀπὸ θεοῦ καὶ ἀνθρώπων d ὑπὸ τῶν
    ἀνθρώπων ὁμοίως καὶ ὑπὸ θεοῦ c
καί³ — ἁπλότητα < m
καί³ — δέ] τοῦ Βελιὰρ δέ (δὲ Βελιὰρ
    ∾ l) g l d ὁμοίως δὲ καὶ τοῦ
    Βελιὰρ c +
πᾶν — ἁπλότητα] τὰ ἔργα διπλᾶ
    ἐστιν, καὶ ἁπλότητα ἐν αὐτοῖς οὐκ
    ἔχουσιν c +
διπλότητα d

VII. ι καὶ διὰ τοῦτο ἐντέλλομαι
    ὑμῖν l

μου + λέγω ὑμῖν c +
μάχαιραν + δίστομον d μάχαιρά
    ἐστι δίστομον m μάχαιρα c +
αὐτήν m αὐτόν c +
2 πρῶτον¹] καὶ πρῶτον μέν d m
ἡ διάνοια] διάνοιαν g
διὰ τοῦ Βελιάρ] τοῦ Βελιὰρ g c + τὸ
    πονηρὸν διὰ τῆς κακίας τοῦ
    Βελιὰρ d ἀπὸ τῶν πονηρῶν δι'
    αὐτῆς κακίας τοῦ Βελιὰρ m
ἔστι δὲ τὸ πρῶτον τίκτει τὸν (τὸ —
    τόν] ὅτι τίκτει πρῶτον m a ὃ
    τίκτει πρῶτον e ὅταν τίκτει
    πρῶτον f) φθόνον ... ἀπώλειαν
    ... θλῖψιν ... αἰχμαλωσίαν ...
    ἔνδειαν ... ταραχήν ... ἐρήμωσιν
    d m e a f καὶ ἔστιν πρῶτον ὁ
    φθόνος ... ἡ ἀπώλεια ... ἡ
    θλῖψις ... ἡ θεηλασία ... ἡ
    ἔνδεια ... ἡ ταραχή ... ἡ
    ἐρήμωσις c +
πρῶτον²] πρῶτος b g
3 καί < g
δ¹ < l
ἐκδικήσεσιν l d ἐκδικούμενα (+
    ἐκδικήσεσιν m) m c + ἀδικίαις
    e a f
παρεδόθη l d m e a f c +
τοῦ θεοῦ] τοῦ (< g) κυρίου g m
    θεοῦ l c

ἑκατὸν ἔτη μίαν πληγὴν ἐπήγαγεν αὐτῷ ὁ κύριος. 4. διακοσίων ἐτῶν πάσχει, καὶ ἐνακοσιοστῷ ἔτει ἐρημοῦται ἐπὶ τοῦ κατακλυσμοῦ διὰ Ἄβελ τὸν δίκαιον ἀδελφὸν αὐτοῦ. ἐν τοῖς ἑπτὰ κακοῖς ὁ Κάιν ἐκρίνετο, ὁ δὲ Λάμεχ ἐν τοῖς ἑβδομηκοντάκις ἑπτά· 5. ὅτι ἕως τοῦ αἰῶνος οἱ ὁμοιούμενοι τῷ Κάιν ἐν φθόνῳ εἰς τὴν μισαδελφίαν τῇ αὐτῇ κολάσει κριθήσονται.

VIII. Καὶ ὑμεῖς οὖν, τέκνα μου, ἀποδράσατε τὴν κακίαν, φθόνον τε καὶ τὴν μισαδελφίαν, καὶ προσκολλᾶσθε τῇ ἀγαθότητι καὶ τῇ ἀγάπῃ. 2. ὁ ἔχων διάνοιαν καθαρὰν ἐν ἀγάπῃ οὐχ ὁρᾷ γυναῖκα εἰς πορνείαν· οὐ γὰρ ἔχει μιασμὸν ἐν καρδίᾳ, ὅτι ἀναπαύεται ἐν αὐτῷ τὸ πνεῦμα τοῦ θεοῦ. 3. ὥσπερ γὰρ ὁ ἥλιος οὐ μιαίνεται προσέχων ἐπὶ κόπρον καὶ βόρβορον, ἀλλὰ μᾶλλον ἀμφότερα ψύγει καὶ ἀπελαύνει τὴν δυσωδίαν,

ἑκατοστὸν ἔτος c
ἐπήγεν l m
ἐπ' αὐτόν c
ὁ² < g l d
4 διακοσίων — ἐνακοσιοστῷ] ἐξακόσια ἔτη πάσχειν, ἐν δὲ τῷ ἑβδομηκοστῷ l
διακοσίων + γάρ d m
τῷ ἐνακ. c
ὑπὸ τοῦ κατακλυσμοῦ l m < e a f c
διά + γάρ c⁺
δίκαιον < l c⁺ + καί m
τοῖς ἑπτὰ κακοῖς (cf. A)] τοῖς ἑπτακοσίοις ἔτεσιν (< e) b e f τοῖς ἑπτά a πᾶσι τοῖς κακοῖς c⁺
ἑπτά¹ + οὖν d
ὁ Κάιν < l c⁺
οὐκ ἐνεκρίνετο l
τοῖς² < c⁺
5 vs. 5 om. a
ὅτι + γάρ c⁺
οἱ < l
τὸν Κ. d m
ἐν φθόνῳ ἢ μισαδελφίᾳ ἢ φόνῳ d
ἐν φθόνῳ m εἰς τὴν μισαδελφίαν
ἐν φθόνῳ (φόνῳ e) ∾ e f ἐπὶ
φθόνῳ καὶ μισαδελφίᾳ c
φθόνῳ + καί l
τῇ αὐτῇ κρίσει (κολασίᾳ m) κριθήσονται (κατακριθήσονται d m) g d
m τοῦ αὐτοῦ τῇ κολάσει κριθήσονται l τοιαύτη κολασθήσονται κρίσει c⁺

VIII. 1 καὶ¹ — οὖν] καὶ ὑμεῖς g
ὑμεῖς οὖν l ὑμεῖς δέ c⁺
τέκνα μου < a
ἀποθέμενοι l ἀπόδρατε e f c φύγετε a
τῆς κακίας k
τὸν φθόνον c
τε] δέ d m < c⁺
τήν² < g
προσκολλάσασθε m προσκολλήθητε a
ἀγαθότητι] ἀδελφότητι k ἁπλότητι l
καὶ τῇ ἀγάπῃ < g
2 vs. 2 om. l
ὁ — γάρ] ὁ γὰρ καθαρὸς νοῦς οὐκ c⁺
διάνοιαν + ἀγαθὴν καί d
τῇ ἀγάπῃ τοῦ θεοῦ d m
οὐ — θεοῦ et VIII 3 - IX 1 βραχύ om. m
γάρ] δέ k
ἀναπέπαυται e a f
τὸ πνεῦμα τοῦ θεοῦ ἐπ' αὐτῷ ∾ g
ἐπ' αὐτῷ (αὐτόν d c) τὸ πνεῦμα τοῦ θεοῦ d e a c
τό < f
3 γάρ < d
προσέχων] λάμπων f
ἐπί < d
κόπρον ἢ βόρβορον (βόθυνον a) e a
κοπρίᾳ ἢ βορβόρῳ f
ἀλλὰ μᾶλλον] μᾶλλον δέ g
τὰ ἀμφότερα f

οὕτω καὶ ὁ καθαρὸς νοῦς ἐν τοῖς μιασμοῖς τῆς γῆς συνεχόμενος μᾶλλον
οἰκοδομεῖ, αὐτὸς δὲ οὐ μιαίνεται.

IX. Ὑπονοῶ δὲ καὶ πράξεις ἐν ὑμῖν οὐ καλὰς ἔσεσθαι, ἀπὸ λόγων
Ἑνὼχ τοῦ δικαίου. πορνεύσετε γὰρ πορνείαν Σοδόμων, καὶ ἀπολεῖσθε
ἕως βραχύ, καὶ ἀνανεώσεσθε ἐν γυναιξὶ στρήνους, καὶ ἡ βασιλεία κυρίου
οὐκ ἔσται ἐν ὑμῖν· ὅτι εὐθὺς αὐτὸς λήψεται αὐτήν. 2. πλὴν ἐν μερίδι
ὑμῶν γενήσεται ναὸς θεοῦ, καὶ ἔνδοξος ἔσται ὁ ἔσχατος ὑπὲρ τὸν πρῶτον.
καὶ δώδεκα φυλαὶ ἐκεῖ συναχθήσονται καὶ πάντα τὰ ἔθνη, ἕως οὗ ὁ
ὕψιστος ἀποστείλῃ τὸ σωτήριον αὐτοῦ ἐν ἐπισκοπῇ μονογενοῦς προφήτου.
3. καὶ εἰσελεύσεται εἰς τὸν πρῶτον ναόν, καὶ ἐκεῖ κύριος ὑβρισθήσεται,
καὶ ἐξουθενωθήσεται, καὶ ἐπὶ ξύλου ὑψωθήσεται. 4. καὶ ἔσται τὸ
ἅπλωμα τοῦ ναοῦ σχιζόμενον, καὶ μεταβήσεται τὸ πνεῦμα τοῦ θεοῦ ἐπὶ
τὰ ἔθνη, ὡς πῦρ ἐκχυνόμενον. 5. καὶ ἀνελθὼν ἐκ τοῦ ᾅδου ἔσται

καθαρός] κεκαθαρμένος g
μιάσμασιν e a f
τῆς < d
αὐτὸς δέ] καὶ αὐτός d

IX. 1 πλήν, τέκνα μου, ὑπονοῶ δέ d
    λέγω δὲ ὑμῖν c⁺
οὐ καλὰς ἐν ὑμῖν ἔσεσθαι (< d) ∾
    g d e f ἐν ὑμῖν l < c⁺
ἀπὸ λόγων + γραφῆς k ἀνέγνων δὲ
    καὶ ἀπὸ λόγων l ἔγνων γὰρ ἀπὸ
    τῆς βίβλου λόγων d ἀπὸ λογίων c
πορνεύσετε — Σοδόμων] πορεύεται
    γὰρ πορνεία Σοδόμων ἐν ὑμῖν k
πορνεύσετε γάρ] πορνεύετε δέ g ὅτι
    πορνεύετε (-σετε d) d c⁺
ἕως] ὡς l d
καὶ ἀνανεωθήσεσθε ἐν γυναιξὶ στρή-
    νους g l < a καὶ πάλιν ἀνανεωθή-
    σεσθε c⁺
καί⁴ < m
τοῦ κυρίου m
ἐστίν c
ὑμῖν²] ἡμῖν m
ὅτι — αὐτήν et IX 2 - X 1 om. m
ὅτι — αὐτήν < c⁺
ὁ εὐθύς (+ ἐν ὑμῖν l) l d
αὐτῆς λήψεται αὐτῆς g λήψεται
    αὐτὸς αὐτήν ∾ d
2 in marg. περὶ (+ τοῦ k τοῦ d)
    χριστοῦ k d c⁺

ὁ ναὸς τοῦ θεοῦ b k
ἔσται ὁ ἔσχατος ἔνδοξος ∾ c⁺
ἐστίν l
ὁ¹ — πρῶτον] ἐν ὑμῖν· ὅτι αὐτὸς
    λήψεται αὐτήν (αὐτὸς — αὐτήν]
    εὐθὺς αὐτὸς ὑψώσει αὐτόν k) b k
    (v. vs. 1)
ὁ ἔσχατος < e a f
αἱ δώδεκα φυλαὶ ἐκεῖ συναχθήσονται
    g l e a f συναχθήσονται ἐκεῖ αἱ
    δώδεκα φυλαί ∾ c⁺
οὗ < l
ἀποστελεῖ d f ἀνατείλῃ a
αὐτοῦ < d
ἐν² < l
προφήτου < b k υἱοῦ αὐτοῦ c
3 καί³ — ὑψωθήσεται < l
καὶ ἐξουθενωθήσεται < g d e a f c⁺
ἐξουδενωθήσεται k
καί⁴ — ὑψωθήσεται] ἐπὶ ξύλου
    σταυρούμενος d
ξύλον k
4 σχισθήσεται c
καταβήσεται b k d
ὥσπερ c⁺
5 in marg. περὶ τοῦ (...) k
καί¹ < αὐτὸς k
ᾅδου] λαοῦ e f χάου a
ἔσται¹] ἐστί d

ἀναβαίνων ἀπὸ γῆς εἰς οὐρανόν. ἔγνων δὲ οἷος ἔσται ταπεινὸς ἐπὶ γῆς καὶ οἷος ἔνδοξος ἐν οὐρανῷ.

X. Ὅτε δὲ Ἰωσὴφ ἦν ἐν Αἰγύπτῳ, ἐπεθύμουν ἰδεῖν τὴν ἰδέαν αὐτοῦ καὶ τὴν μόρφην τῆς ὄψεως αὐτοῦ· καὶ δι' εὐχῶν Ἰακὼβ τοῦ πατρός μου εἶδον αὐτόν, ἐν ἡμέρᾳ γρηγορῶν, καθ' ὃ ἦν πᾶσα ἡ ἰδέα αὐτοῦ. 2. γινώσκετε οὖν, τέκνα μου, ὅτι ἀποθνήσκω. 3. ποιήσατε οὖν ἀλήθειαν καὶ δικαιοσύνην ἕκαστος μετὰ τοῦ πλησίον αὐτοῦ καὶ κρίμα εἰς πιστοποίησιν, καὶ τὸν νόμον κυρίου καὶ τὰς ἐντολὰς αὐτοῦ φυλάξατε. 4. ταῦτα γὰρ ὑμᾶς ἀντὶ πάσης κληρονομίας διδάσκω. καὶ ὑμεῖς οὖν δότε αὐτὰ τοῖς τέκνοις ὑμῶν εἰς κατάσχεσιν αἰώνιον· τοῦτο γὰρ ἐποίησαν καὶ Ἀβραὰμ καὶ Ἰσαὰκ καὶ Ἰακώβ. 5. πάντα ταῦτα ἡμᾶς κατεκληρονόμησαν,

μεταβαίνων g l e a f c⁺ καταβαίνων d
ἀπὸ (ἐπί d) τῆς γῆς l d c
εἰς οὐρανούς k πρὸς οὐρανούς (-όν
    c⁺) d c⁺
ἔγνων — οὐρανῷ et X 1 om. c⁺ sed
    add. καὶ ταῦτα εἰπὼν λέγει
    αὐτοῖς·
ἔγνω b
ἔσται²] ἐστί l d
ὁ ταπεινός l
ἐπὶ (< l) τῆς γῆς k g l d a
καί² < l
οἷος² + ἔσται k
ἐν οὐρανοῖς k ὑπάρχ<ει> ἐν οὐρανῷ
    et in marg. τοῦ χριστοῦ d

X. 1 vss. 1-3 om. k
ὅτι δέ b οἷος l
ἦν Ἰωσὴφ ἐν Αἰγύπτῳ ∽ l d e
    Ἰωσὴφ ἐν Αἰγύπτῳ ἦν ∽ a f
μόρφωσιν g d e a f
Ἰακὼβ — μου] τοῦ πατρὸς Ἰακώβ a
    Ἰακὼβ τοῦ πατρὸς ὑμῶν f
καθ' ὅ] καθὼς l καθ' f
αὐτοῦ³ + καὶ ἡ δόξα αὐτοῦ d
2 ὅτι + ἰδού l < d
3 ποιήσατε οὖν] καὶ ποιησάτω g
    καὶ ποιήσατε οὖν m
καὶ δικαιοσύνην] καὶ φυλάξατε αὐτήν
    l < c⁺
πρὸς τὸν πλησίον l c τῶν πλησίων m
καί² — XII 1 εἶπεν om. m sed add.
    καὶ προσπάγητε πάντα πρὸς νόμον
    κυρίου καὶ κριτοῦ τῶν ἀπάντων,
    ἵνα εὕρητε αὐτὸν ἵλεως, ὅταν ἥξῃ
    ἐξ οὐρανοῦ καὶ γεννηθήσεται

ὥσπερ νήπιον ἐκ γυναικός· καὶ
    αὐτὸς διδάξει ἡμᾶς πᾶσαν διδαχὴν
    πνευματικὴν ἐν ταπεινώσει, καὶ
    παθὼν παρὰ τῶν Ἰουδαίων ἕως
    μέχρι ἀναληφθῆναι εἰς τοὺς οὐρα-
    νοὺς καὶ πάλιν ἐρχόμενος μετὰ
    δόξης κρῖναι τὸν Ἰσραὴλ ἐν
    δικαιοσύνῃ καὶ ἀληθείᾳ
καί² — πιστοποίησιν < a c⁺
αὐτοῦ² < g
4 ad vss. 4-5 in marg. περὶ τοῦ (...)
    τοῦ ἁγίου πνεύματος k
ὑμᾶς διδάσκω καὶ ἐπιδίδωμι ἀντὶ
    πάσης κληρονομίας ∽ k ἀντὶ
    πάσης κληρονομίας διδάσκω ὑμᾶς
    ∽ g d ὑμῖν διδάσκω ἀντὶ πάσης
    κληρονομίας ∽ l ἀντὶ πάσης
    κληρονομίας ὑμᾶς διδάσκω ∽
    e a f ὑμῖν ἀντὶ πάσης κληρονομίας
    καταλιμπάνω c⁺
δότε αὐτά] μετάδοτε ταῦτα k ταῦτα
    παράδοτε l δότε ταῦτα a
ὑμῶν + ἀντὶ πάσης κληρονομίας k
    αἰώνιαν l
τοῦτο] οὕτω l d c⁺
ἐποίησεν g l d e a f c⁺
καί² < l d a c⁺
5 in marg. τοῦ χριστοῦ d
ταῦτα (+ γάρ l c) πάντα ∽ g l d
    a f c
ἡμᾶς κατεκληρονόμησαν] δέδωκαν
    ἡμῖν εἰς κληρονομίαν c⁺
ἡμᾶς] πάλαι g ἡμῖν l ὑμᾶς d

εἰπόντες· Φυλάξατε τὰς ἐντολὰς τοῦ θεοῦ, ἕως ὅτε ὁ κύριος ἀποκαλύψῃ τὸ σωτήριον αὐτοῦ πᾶσι τοῖς ἔθνεσιν. 6. τότε ὄψεσθε Ἐνώχ, Νῶε καὶ Σὴμ καὶ Ἀβραὰμ καὶ Ἰσαὰκ καὶ Ἰακὼβ ἀνισταμένους ἐκ δεξιῶν ἐν ἀγαλλιάσει. 7. τότε καὶ ἡμεῖς ἀναστησόμεθα ἕκαστος ἐπὶ σκῆπτρον ἡμῶν, προσκυνοῦντες τὸν βασιλέα τῶν οὐρανῶν τὸν ἐπὶ γῆς φανέντα μορφῇ ἀνθρώπου ταπεινώσεως· καὶ ὅσοι ἐπίστευσαν αὐτῷ ἐπὶ γῆς, συγχαρήσονται αὐτῷ. 8. τότε καὶ πάντες ἀναστήσονται, οἱ μὲν εἰς δόξαν, οἱ δὲ εἰς ἀτιμίαν. καὶ κρινεῖ κύριος ἐν πρώτοις τὸν Ἰσραὴλ περὶ τῆς εἰς αὐτὸν ἀδικίας, ὅτι παραγενάμενον θεὸν ἐν σαρκὶ ἐλευθερωτὴν οὐκ ἐπίστευσαν. 9. καὶ τότε κρινεῖ πάντα τὰ ἔθνη ὅσα οὐκ ἐπίστευσαν αὐτῷ ἐπὶ γῆς φανέντι· 10. καὶ ἐλέγξει ἐν τοῖς ἐκλεκτοῖς τῶν ἐθνῶν τὸν Ἰσραήλ, ὥσπερ ἤλεγξε τὸν Ἠσαῦ ἐν τοῖς Μαδιναίοις τοῖς ἀπειθήσασιν ἀδελφοὺς αὐτῶν γενέσθαι διὰ τῆς πορνείας καὶ τῆς εἰδωλολατρείας· καὶ ἀπηλλοτριώθησαν θεοῦ, γενόμενοι οὐ τέκνα ἐν μερίδι φοβου-

εἰπόντες + ὑμῖν k ἐν πίστει g + ἡμῖν l
φυλάξαντες g φυλάξασθε e a
ὅτε (ὅτου a f) ἀποκαλύψῃ k a f ὅτε (ὅτου d) κύριος ἀποκαλύψῃ g d
ὅτε (ὅτου l c) ἀποκαλύψῃ κύριος ∾ l e c
6 καὶ τότε c+
Νῶε < c+
καί¹ < k l d e a f
Σήμ] Σήθ g l c+ < d
καί² ... καί³ < k d
ἐν ἀγαλλιάσει ἀνιστ. ἐκ δ. ∾ g
ἀνισταμένων c
δεξιῶν + αὐτοῦ c+
7 ἀναστάμεθα a
ἐπὶ¹ — ἡμῶν < c+
σκῆπτρον ἡμῶν] τὸ σκῆπτρον αὐτοῦ l
σκήπτρῳ d
τοῦ οὐρανοῦ g
φανέντα] ὀφθέντα l φαινόμενον e a f
ἐν μορφῇ g l d e a f c+ et in marg.
    περὶ (< d) τοῦ χριστοῦ k d
ταπεινώσεως < a ἐν ταπεινώσει c+
αὐτῷ ἐπίστευσαν ∾ e
πιστεύσωσιν g c+
αὐτῷ¹] εἰς αὐτόν d
γῆς²] τῆς γῆς g c+
συγχορεύουσιν αὐτῷ l συγχωρίσει
    αὐτῶν d χαρήσονται σὺν αὐτῷ c+
8 τότε] ὅτε e a f < c+

πάντες + δέ k οἱ πάντες c
κύριος < g
Ἰσραήλ + καί e a f
εἰς ἑαυτὸν γενομένης ἀδικίας d
    ἀδικίας αὐτῶν c
θεόν] ἐν g
ἐλευθερωτήν < c
ἐπίστευσαν + αὐτῷ (+ εἰς αὐτόν d) d c
9 καὶ — ἐπίστευσαν < g
τότε < l
αὐτῷ — φανέντι] ἐπὶ τῆς γῆς
    φανέντα g (v.s.)
τῆς γῆς c+
10 vs. 10 om. c+
ἐλέγξει] ἐξελέγξει l
τῶν ἐθνῶν < g
ἀπειθήσασιν scripsi ἀπατήσασιν b k
    g l ἀποστήσασιν d e a f
αὐτὸν ἀδελφοὺς ∾ g ἀδελφοὺς
    αὐτοῦ l ἀδελφοῦ (-φόν a) αὐτῶν
    e a f
καί³] οἵτινες καί d
τοῦ θεοῦ k
γενόμενοι — κύριον < k
γενόμενοι] γίνεσθε l γινόμενοι d
οὐ] οὖν l a
ἐν³ — κύριον] φοβουμένων κύριον
    μερίς l
μερίδι + οὐ τέκνα d

μένων κύριον. II. ὑμεῖς δὲ ἐὰν πορεύησθε ἐν ἁγιασμῷ κατὰ πρόσωπον κυρίου, πάλιν κατοικήσετε ἐπ᾽ ἐλπίδι ἐν ἐμοί· καὶ συναχθήσεται πᾶς Ἰσραὴλ πρὸς κύριον.

XI. Καὶ οὐκέτι κληθήσομαι λύκος ἅρπαξ διὰ τὰς ἁρπαγὰς ὑμῶν, ἀλλ᾽ ἐργάτης κυρίου διαδίδων τροφὴν τοῖς ἐργαζομένοις τὸ ἀγαθόν. 2. καὶ ἀναστήσεται ἐκ τοῦ σπέρματός μου ἐν ὑστέροις καιροῖς ἀγαπητὸς κυρίου ἀκούων ἐπὶ γῆς φωνὴν αὐτοῦ καὶ ποιῶν εὐδοκίαν θελήματος αὐτοῦ, γνῶσιν καινὴν φωτίζων πάντα τὰ ἔθνη, φῶς γνώσεως ἐπεμβαίνων τῷ Ἰσραὴλ ἐν σωτηρίᾳ, καὶ ἁρπάζων ὡς λύκος ἀπ᾽ αὐτῶν, καὶ διδοὺς τῇ συναγωγῇ τῶν ἐθνῶν. 3. καὶ ἕως συντελείας τῶν αἰώνων ἔσται ἐν συναγωγαῖς ἐθνῶν καὶ ἐν τοῖς ἄρχουσιν αὐτῶν, ὡς μουσικὸν μέλος ἐν στόματι πάντων· 4. καὶ ἐν βίβλοις ἁγίαις ἔσται ἀναγραφόμενος, καὶ τὸ ἔργον καὶ ὁ λόγος αὐτοῦ· καὶ ἔσται ἐκλεκτὸς θεοῦ ἕως τοῦ αἰῶνος.

τὸν κύριον *g d a*
11 ὑμεῖς δέ] καί *l* ὑμεῖς οὖν (+ τέκνα
μου *c*) *d e f c*
πορευθῆτε *c*
κατὰ πρόσωπον] ἐν ταῖς ἐντολαῖς *c*
ἐν (σύν *g*) ἐμοὶ ἐπ᾽ ἐλπίδι ∾ *k g*
σὺν ἐμοί *d*
συναχθήσεσθε *k d e a f*
πρὸς κύριον πᾶς (+ ὁ νέος *d*)
Ἰσραήλ ∾ *g d e a f c*⁺
πᾶς Ἰσραήλ < *k*
ἐπί κύριον *k* < *l*

XI. 1 vs. 1 om. *k*
κληθήσεται *g l*
λύκος] λυπας *g*
διδοὺς *g* διαδούς *l* διαδιδούς *d e a f*
τὸ ἀγαθόν] ἀγαθά *l*
2 in marg. περὶ τοῦ ἁγίου Παύλου *k*
περὶ τοῦ ἁγίου ἀποστόλου Παύλου·
καὶ γὰρ ἐκ τῆς φυλῆς αὐτοῦ ἦν *l*
Παῦλος *d*
καὶ ἀναστήσεται] ἀναστήσεται γάρ *k*
ἐκ — κυρίου] ἐν ὑστέροις ἀγαπητὸς
κυρίου ἐκ σπέρματος Ἰουδὰ καὶ
Λευί *c*
ἐν τῷ σπέρματι *g*
ἀκούων — καί² < *c*
ἐπὶ γῆς < *e a f*
τὴν φωνήν *d e a f*
καί² — αὐτοῦ² < *b k g l*
θελήματος] ἐν στόματι *c*

φῶς γνώσεως πάντα τὰ ἔθνη ∾ *d*
φῶς γνώσεως — XII 4 om. *c* sed
add. καὶ ταῦτα εἰπών, ἐκτείνας
τοὺς πόδας αὐτοῦ ἐκοιμήθη ὕπνῳ
καλῷ καὶ ἀγαθῷ. οἱ δὲ υἱοὶ αὐτοῦ
ἐποίησαν ὡς προσέταξεν αὐτοῖς,
καὶ ἄραντες τὸ σῶμα αὐτοῦ
ἔθαψαν αὐτὸν ἐν Χεβρὼν μετὰ
τῶν πατέρων αὐτοῦ. ὁ δὲ ἀριθμὸς
τῆς ζωῆς αὐτοῦ ἔτη ἑκατὸν
εἴκοσι πέντε. καὶ ταῖς πρεσβείαις
αὐτῶν ὁ θεὸς ἐλέει καὶ σῶσον
ἡμᾶς. τέλος γὰρ ἔσχεν τῶν δώδεκα
πατριαρχῶν αἱ διαθῆκαι ἐν κυρίῳ
ἐπιμβαινων *g* ἐπιβαίνων *l d f* λάμπων
a
ἐν σωτηρίᾳ τῷ Ἰσραήλ ∾ *a*
τὸν Ἰσραήλ *g l d e f*
αὐτῶν] αὐτοῦ *b a*
3 καί¹ — ἐθνῶν < *g*
καί¹ < *d e a f*
τῆς συντελείας *l d*
τοῦ (< *a*) αἰῶνος *d e a f*
ἔσται + καί *l* + δέ *d*
τῶν ἐθνῶν *d a f*
τῷ στόματι *l*
4 ἁγίοις *e* ταῖς ἁγίαις *a*
ἔσται ἀναγραφόμενος] ἐπαναστρεφό-
μενος *l*
ἔργον + αὐτοῦ *l*
τοῦ θεοῦ *l* < *d*
ἕως τοῦ < *g*

5. καὶ δι' αὐτὸν συνέτισέ με Ἰακὼβ ὁ πατήρ μου λέγων· Αὐτὸς ἀναπληρώσει τὰ ὑστερήματα τῆς φυλῆς σου.

XII. Καὶ ὡς ἐπλήρωσε τοὺς λόγους αὐτοῦ, εἶπεν· Ἐντέλλομαι ὑμῖν, τέκνα μου, ἀνενέγκατε τὰ ὀστᾶ μου ἐξ Αἰγύπτου, καὶ θάψατέ με εἰς Χεβρών, ἐγγὺς τῶν πατέρων μου. 2. καὶ ἀπέθανε Βενιαμὶν ἑκατὸν εἰκοσιπέντε ἐτῶν ἐν γήρει καλῷ· καὶ ἔθηκαν αὐτὸν ἐν παραθήκῃ. 3. καὶ ἐνενηκοστῷ πρώτῳ ἔτει τῆς εἰσόδου τῶν υἱῶν Ἰσραὴλ εἰς Αἴγυπτον, αὐτοὶ καὶ οἱ ἀδελφοὶ αὐτῶν ἀνήγαγον τὰ ὀστᾶ τῶν πατέρων

5 vs. 5 om. *a*
καὶ < *g*
δι' — λέγων < *d*
δι' αὐτόν] διὰ τοῦτο *g* δι' αὐτοῦ *l* δι' αὐτῶν *f*
συνέτισέ με] ἐφυσίωσέ με *g l* φοιτήσει ὡς *e f*
ὁ πατήρ μου Ἰακώβ ∽ *k l e f*
στερήματα *g*
τῆς — σου] τοῖς φίλοις σου *k* τῆς κοιλίας μου *d e f*

XII. 1 ὡς ἐπλήρωσε] πληρώσας Βενιαμίν *d*
αὐτοῦ] τούτους *d*
ταῦτα ἐντέλλομαι *m* (v.s.)
ἀνάγαγε . . . θάψαι *d* ἵνα ἀνενέγκητε . . . θάψητε *m*
ἀνενέγκαι *l e f*
με < *d*
ἐν Χεβρών *d m f*
ἐγγὺς — μου³ < *l*
ἐγγύς] μετά *f*
2 vss. 2-4 om. *f* sed add. καὶ ἐποίησαν οὕτως καθὼς ἐνετείλατο αὐτοῖς. καὶ ἀνενέγκαντες ἔθαψαν αὐτὸν ἐν Χεβρών
vs. 2] ταῦτα ἐντειλάμενος Βενιαμὶν τοῖς υἱοῖς αὐτοῦ ἐξάρας τοὺς πόδας αὐτοῦ ἐξέλειπεν. (+ καὶ *m*) προσετέθη μετὰ τῶν πατέρων αὐτοῦ, πρεσβύτης καὶ πλήρης ἡμερῶν γενόμενος, ζήσας ἔτη ρκε'. τότε ἐποίησαν οἱ υἱοὶ αὐτοῦ πάντα ὅσα ἐνετείλατο (+ αὐτοῖς *m*) Βενιαμὶν ὁ πατὴρ αὐτῶν (+ καὶ ἔθηκαν αὐτὸν ἐν παρακαταθήκῃ ἕως καιροῦ ἐξόδου αὐτῶν *m*) *d m*

B. ὢν ἐτῶν ρκε' ∽ *k*
εἰκοσιπέντε] εἴκοσι *l*
καὶ ἔθηκαν — παραθήκῃ et vss. 3-4 om. *k* sed add. in marg. περὶ τοῦ ἀντιχριστοῦ et in textu ὄφις ἐφ' ὁδοῦ ἐγκαθήμενος, ἐπὶ τρίβου, δάκνων πτέρναν ἵππου, καὶ πεσεῖται ὁ ἵππος εἰς τὰ ὀπίσω, περιμένων τὴν σωτηρίαν κυρίου, ὡς προεφήτευσεν ὁ πατριάρχος Ἰακὼβ περὶ τῆς φυλῆς Δάν. ἵππος οὖν ἐστιν ἡ ἀλήθεια καὶ εὐσέβεια τῶν δικαίων, πτέρνα δὲ ἡ ἐσχάτη ἡμέρα. οἱ ἅγιοι ἐν τούτῳ τῷ χρόνῳ ἐπὶ τῷ ἵππῳ τῆς ἀληθείας ἐπιβεβηκότες τῆς πίστεως δαχθήσονται ὑπὸ τοῦ ὄφεως, ἤγουν ὑπὸ τοῦ υἱοῦ τῆς ἀπωλείας ἐν τῇ ἐσχάτῃ ἡμέρᾳ εἰς τὰς φαντασίας καὶ ψευδοποιίας αὐτοῦ
παραθήκῃ] θήκῃ + ἕως ἡμέρας ἐξόδου αὐτῶν ἐξ Αἰγύπτου *l* παρακαταθήκη *e a*
3 vss. 3-4] καὶ ἔκρυπτον πρὸ τῆς ἐξόδου αὐτῶν· ἀναγαγόντες καὶ θάψαντες ἐν Χεβρὼν ὑπέστρεψαν εἰς Αἴγυπτον *g*
καὶ¹ — αὐτῶν¹] καὶ μετὰ ταῦτα *l* (v.s.)
καὶ¹] ἐν γὰρ (δέ *m*) τῷ *d m* + ἐν τῷ *a*
πρώτῳ < *e a*
τῆς < *e*
εἰσόδου . . . εἰς Αἴγυπτον scripsi MSS ἐξόδου (+ αὐτῶν *m*) . . . ἐξ (ἀπό *d m*) Αἰγύπτου
ἀνήγον *m*
τῶν πατέρων¹ < *l*

αὐτῶν ἐν κρυφῇ, ἐν τῷ πολέμῳ Χανάαν. καὶ ἔθαψαν αὐτοὺς ἐν Χεβρὼν παρὰ τοὺς πόδας τῶν πατέρων αὐτῶν. 4. καὶ αὐτοὶ ἐπέστρεψαν ἐκ γῆς Χανάαν, καὶ ᾤκησαν ἐν Αἰγύπτῳ ἕως ἡμέρας ἐξόδου αὐτῶν ἐκ γῆς Αἰγύπτου.

κρυφῇ — Χανάαν] Χεβρών *l*
τῷ πολέμῳ] τόπῳ λεγομένῳ *b*
  πολέμῳ *m*
ἔθαψαν — Χεβρών] ἔθηκαν αὐτόν *l*
  (v.s.)
Χεβρών + ἐν τῷ σπηλαίῳ τῷ
  διπλῷ *d m*
αὐτῶν³] αὐτοῦ *l*
4 vs. 4 om. *l*
καί¹ — ἐπέστρεψαν] αὐτοὶ δὲ πάλιν
  ὑποστρέψαντες *d m*
καί² < *d*
ᾤκησεν *m*
ἐκ γῆς Αἰγύπτου < *m*
in fine add. τέλος τῶν διαθηκῶν
  τῶν ιβ΄ πατριαρχῶν υἱῶν Ἰσραήλ
  g κύριε Ἰησοῦ Χριστέ, ὁ θεὸς
  ἡμῶν, δόξα σοι. αἱ παροῦσαι δια-
  θῆκαι τῶν παλαιῶν πατριαρχῶν
  πάνυ εἰσὶν ὠφέλιμαι, καὶ πλέον
  τῶν ἄλλων τοῦ ἀοιδίμου Ἰωσὴφ
  τοῦ παγκάλου καὶ σώφρονος. ὅτι
  δὲ καὶ σφάλματα εὑρήσεις ἐν τοῖς

γράμμασι, μὴ θαυμάσῃς, ὅτι καὶ
τὸ ἀρχέτυπον ἐξ οὗ ἐμετεγγράφο-
μεν, πάνυ ἦν σφαλερόν, καὶ
ἡμεῖς ἰδιῶται καὶ λόγῳ καὶ
γνώσει τυγχάνομεν· καὶ εὔχεσθε
ὑπὲρ ἐμοῦ τοῦ ἁμαρτωλοῦ *l* ὑπὲρ
δὲ τούτων ἁπάντων οἵ τε ἀνα-
γινώσκοντες καὶ ἀκούοντες δόξαν
ἀναπέμψωμεν θεῷ εἰς αἰῶνας·
ἀμὴν ἀμὴν ἀμήν *d* οἱ ἀναγινώ-
σκοντες καὶ οἱ ἀκούοντες δόξαν
ἀναπέμψωμεν τῷ πατρὶ καὶ τῷ
υἱῷ καὶ τῷ ἁγίῳ πνεύματι νῦν καὶ
ἀεὶ καὶ εἰς τοὺς αἰῶνας τῶν
αἰώνων· ἀμήν. Βενιαμὶν υἱὸς
Ἰακὼβ ιβ΄, υἱὸς δὲ Ῥαχὴλ β΄·
ἔζησεν ἔτη ρκε΄. τέλος τῶν ιβ΄
πατριαρχῶν τοὺς υἱοὺς Ἰακώβ.
ἡ πια (= προφητεία) λέγεται ιβ΄
φυλαῖς τοῦ Ἰσραήλ *m* τέλος τῶν
ιβ΄ διαθηκῶν τῶν υἱῶν Ἰακὼβ *a*
Βενιαμὶν υἱὸς Ἰακὼβ ιβ΄, υἱὸς
Ῥαχὴλ β΄· ἔζησεν ἔτη ρκε΄ *f*

VARIANTS BETWEEN FAMILY I AND FAMILY II

This list gives all instances where the hyparchetypes of family I and family II differ. In the third column the editor's preference for either the first or the second reading is indicated; where no preference is stated the edition gives the text of family I not because it is considered superior but because the alternative text is not clearly better (see Introduction, p. XXXV). In a few cases, indicated by the siglum †, the edition gives neither the reading of family I nor that of family II, but a text based on emendation.

The reader should bear in mind that the reading of I is simply that of *b*, where *k* is not extant; in that case individual variants in *b* cannot be distinguished from variants representative of family I. In cases where *b* or *bk* are accidentally joined by one or more witnesses belonging to family II these are mentioned in the first column; often one will find *l* here, a MS which has undergone secondary influence from *b* (see Introduction, p. XXXV). Instances where the hyparchetype of family II could not be established beyond doubt, or where agreement between *b* (*k*) and one or more witnesses belonging to family II seemed to indicate that there was no difference at the level of the hyparchetypes were omitted.

Testament Reuben

I	1	πρίν	+ *ij*	]	+ ἤ	II
I	2	υἱοί ²		]	οἱ υἱοί	
I	3	πατέρων	+ *af*	]	τῶν πατέρων	
I	7	ἐνέπληξε ... ἐν		]	ἔπληξε ... ἐπί	
I	10	πᾶν	+ *chij*	]	πάντα	
I	10	τῷ	+ *m*	]	<	
II	5	γίνεται	+ *achij*	]	δίδοται	II
II	7	ἐν αὐτοῖς	+ *l*	]	ἐν αὐτῷ	
II	8	συνεισέρχεται		]	συνέρχεται	
II	9	νεώτερον	+ *chij*	]	νεωτερισμόν	I
III	2	τὸ πνεῦμα	+ *dm*	]	τὰ πνεύματα	I
III	3	πορνείας		]	+ πνεῦμα	
III	5	κινῆται		]	καυχᾶται	II
III	5	λόγους		]	+ καὶ κρύπτειν λόγους	II
III	10	ἐν ὄψει	(cf. *chij*)	]	εἰς ὄψιν	
III	13	οἴκου		]	καί	I
III	13	ἀκάλυφος		]	ἀκάλυπτος	

IV	2	ἄχρι		]	ὅτι ἄχρι	
IV	4	οὖν		]	μετανοῶν	II
IV	5	φυλάξασθε		]	φυλάξατε	
IV	5	ἁμαρτήσητε		]	ἁμάρτητε	
IV	11	τὴν ἔννοιαν	+ a	]	+ ὑμῶν	
V	5	αὐτῶν		]	+ πρὸς ἀπάτην διανοίας	
VI	7	ἐπί		]	εἰς	II
VI	9	αὐτοῦ		]	+ καὶ ἀγάπην ἕκαστος πρὸς τὸν ἀδελφὸν αὐτοῦ	II

Testament Simeon

I	1	θανεῖν		]	ἀποθανεῖν	
I	2	αὐτοῖς		]	<	
II	6	τῷ Ἰωσήφ		]	τὸν Ἰωσήφ	II
II	11	αὐτῷ	+ af (cf. chij)	]	+ ἐπὶ τῷ λόγῳ τούτῳ	II
II	12	ὁ θεός		]	κύριος	
II	13	ἀποκαταστήσῃ τὴν χεῖρά μου		]	ἀποκατασταθῶ	II
II	14	πατρός		]	+ μου	II
III	3	πάντοτε [1]	+ g	]	ἀλλὰ πάντοτε	
III	5	ἐάν		]	+ γάρ	
IV	6	καὶ ἐδόξασεν		]	ἐδόξασεν	II
IV	7	ἀγαπητά		]	<	
IV	8	σύνεσιν		]	+ ἐν	II
V	4	υἱοί	+ l	]	οἱ υἱοί	
V	4	μεθ᾽ ὑμῶν		]	μεθ᾽ ὑμᾶς	I
V	6	ἔσται		]	οὐκ ἔσται	II
VI	2	πληθυνθήσεται		]	πληθυνθήσονται	II
VI	3	σπέρμα		]	τὸ σπέρμα	
VI	4	ἡ γῆ πᾶσα		]	πᾶσα ἡ γῆ	
VI	6	ἄνθρωποι		]	οἱ ἄνθρωποι	
VI	7	ἐν [2]		]	ἐπί	
VII	1	Λευί		]	τῷ Λευί	
VII	3	πάντα	+ m	]	+ ταῦτα	II
VIII	3	βασιλείων	+ l	]	βασιλέων	
VIII	4	τῇ Αἰγύπτῳ		]	γῇ Αἰγύπτῳ	II
IX	1	υἱοί	+ l	]	οἱ υἱοί	

Testament Levi

I	1	τοῖς υἱοῖς αὐτοῦ	+ ac	]	+ πρὸ τῆς τελευτῆς αὐτοῦ	II
II	3	ἐποιμαίνομεν	+ l	]	ἐποίμαινον	
II	4	τῶν ἀνθρώπων	+ me	]	τῶν υἱῶν τῶν ἀνθρώπων	II
II	8	καί [1]		]	+ ἔτι	I
II	8	φωτεινότερον	+ a	]	+ καὶ φαιδρότερον	II
II	10	σύνεγγυς	+ l (cf. m)	]	σὺ ἐγγύς	II

II	12	ἀγρός		]	+ καί	
III	1	οὗτος παρά		]	ὁρᾷ	†
IV	1	τηκομένων	+ l	]	+ καί	II
IV	4	υἱοὶ αὐτοῦ		]	υἱοῦ αὐτοῦ	II
IV	4	ἀποσκολοπίσαι		]	ἀνασκολοπίσαι	
V	7	τοῦ γένους	+ l	]	τὸ γένος	II
VI	1	ὅτι		]	ὅ ἐστιν	II
VI	5	ῥομφαίας	+ lm	]	μαχαίρας	
VI	7	ἐμαλακίσθη	+ c	]	ἐμαλακίσθην	I
VI	8	εἰς τὴν Σάρραν		]	καὶ τὴν Σάρραν	II
VI	9	κατεπάτησαν	+ l	]	κατεπόνησαν	
VI	11	ἡ ὀργὴ κυρίου ἐπ' αὐτούς	+ l	]	ἐπ' αὐτοὺς ἡ ὀργὴ κυρίου	
VII	1	τῷ πατρί		]	+ μου	
VII	2	χλευάσαι		]	χλευάσει	I
VII	3	μιᾶναι		]	μιάναντες	
VIII	1	πρᾶγμα ὥσπερ		]	ὅραμα ὡς	I
VIII	7	πορφύρᾳ		]	πορφύρας	
VIII	10	μοι τῇ κεφαλῇ		]	μοι	II
VIII	11	εἶπαν		]	λέγουσι	
VIII	15	ὑψηλοῦ		]	ὑψίστου	I
IX	1	ἀνέβημεν		]	ἀνέβην	
IX	1	τὸν πατέρα		]	τοῦ πατρός	II
IX	5	καταλῦσαι		]	καταμεῖναι	
IX	9	ἔλεγε μή		]	ἔλεγεν	II
IX	9	ἐνδελεχιεῖ		]	ἐνδελεχεῖ	
IX	9	διὰ τοῦ σπέρματός σου μιαίνειν		]	μιαίνειν διὰ τοῦ σπέρματός σου	
IX	10	μηδέ [2]		]	μήτε	
IX	12	ἄναγε		]	ἀνάγαγε	
IX	13	κυρίῳ	+ l	]	τῷ κυρίῳ	
IX	14	ἀπαρχάς		]	+ τῷ κυρίῳ	
X	1	φυλάξασθε		]	φυλάξατε	
X	3	κατακαλύπτειν		]	καλύπτειν	
X	4	ἔσεσθε		]	ἐκεῖ	
X	4	ὀνειδισμόν	+ gm	]	+ καὶ εἰς κατάραν	II
X	5	εξελεξηται	+ e (cf. l)	]	ἐκλέξηται	II
XI	1	ἤμην ἐτῶν εἰκοσιοκτώ		]	εἰκοσιοκτὼ ἐτῶν ἤμην	
XI	3	ἔσται		]	ἔστιν	
XI	5	μέσος		]	μέσον	
XI	7	ἀπέθανεν		]	ἀπέθνησκεν	
XII	1	Γηρσάμ		]	ὁ Γηρσάμ	
XII	6	ἰδού, τέκνα μου		]	ἰδού	II
XIII	1	τὸν κύριον		]	κύριον τὸν θεόν	
XIII	1	αὐτῶν		]	αὐτοῦ	II
XIII	9	βασιλέως	+ ma	]	βασιλέων	II
XIV	2	ἔσται	+ l	]	ἐστιν	
XIV	3	οὐρανοῦ	+ l	]	Ἰσραήλ	I
XIV	4	κόσμου	+ i (cf. ld)	]	νόμου	II
XIV	6	ἐν πλεονεξίᾳ		]	καὶ ἐν πλεονεξίᾳ	
XIV	6	Ἰερουσαλήμ		]	Ἰσραήλ	

XV	2	ὀνειδισμόν		]	ὄνειδος	
XVI	3	κεφαλάς	+ d	]	κεφαλῆς	I
XVI	4	δι'		]	καὶ δι(ά)	
XVII	2	ἐν [1]	+ l	]	καὶ ἐν	
XVII	2	μετὰ φόβου κυρίου		]	μετὰ κυρίου	II
XVII	8	κυρίου καί		]	<	I
XVII	9	γῆ		]	+ αὐτῶν	
XVIII	1	τῇ ἱερατείᾳ		]	ἐκλείψει ἡ ἱερατεία	II
XVIII	8	αὐτῷ		]	αὐτοῦ	
XVIII	9	<		]	τὰ ἔθνη — ἱερωσύνης αὐτοῦ [2]	II
XVIII	12	τοῦ πατεῖν		]	πατεῖν	
XVIII	13	κύριος [2]		]	<	
XIX	1	Βελιάρ		]	τοῦ Βελιάρ	
XIX	4	ἑκατὸν τριάκοντα ἑπτὰ ἔτη		]	ἔτη ἑκατὸν τριάκοντα ἑπτά	

Testament Judah

I	3	ἡ μήτηρ μου		]	Λεία ἡ μήτηρ μου	
I	5	εὐλόγουν		]	ἐτίμων	I
I	6	ηὔξατο	+ chij	]	ἐπηύξατο	I
I	6	καὶ εὐοδούμενος		]	κατευοδούμενος	II
II	2	ὡς εἶδον		]	οἶδα	I
III	3	γιγάντων	+ l	]	γίγαντα	
III	3	λιτρῶν ξ'		]	ξ' λιτρῶν	
III	4	μερίδας		]	μέρη	
V	2	καὶ νότου	+ l	]	<	I
V	4	λαθραῖοι		]	λάθρᾳ	II
V	4	ἀδελφοί		]	+ μου	
V	4	ἑκατέρων	+ l	]	+ τῶν μερῶν	
V	6	παραλαβόντες αὐτὴν σὺν τοῖς υἱοῖς		]	παραδόντες αὐτὴν τοῖς υἱοῖς	II
VI	2	συνήψαμεν		]	(συνάψαντες) ἐτρέψαμεν	
VI	3	καί		]	καὶ οἱ	II
VI	3	δυνατοί		]	δυνατῶν	II
VI	4	ἤλθομεν	+ d	]	ἤκομεν	
VI	4	τῇ πόλει	+ a	]	ἐν τῇ πόλει	II
VII	1	αἱ πόλεις τῶν δύο		]	Γαὰς πόλις	II
VII	1	ἔρχονται		]	ἔρχεται	II
VII	2	ἤλθομεν	+ a	]	εἰσήλθομεν	
IX	1	υἱοί		]	+ αὐτοῦ	II
IX	6	ἑξήκοντα	+ l	]	ἕξ	I
X	2	ἠπορεῖτο		]	ἠπόρει	I
X	2	τῇ τρίτῃ ἡμέρᾳ τῇ νυκτί		]	τῇ τρίτῃ νυκτί	
X	5	ἐν πονηρίᾳ ἀπέθανεν		]	ἀπέθανεν ἐν πονηρίᾳ	
XII	4	συνελθών	+ l	]	συνῆλθον	I
XII	6	οὕς post ἐν τῇ μέθῃ μου	+ l	]	οὕς post λόγους	II
XII	7	δέ	+ l	]	γάρ	
XII	9	τῇ πόλει	+ l	]	τῇ πύλῃ	II
XII	9	ἐν [3]		]	+ τῇ	
XII	10	ἐνόμιζεν		]	ἐνόμιζον	II

XIII	1	τέκνα		]	+ μου 'Ιουδά	
XIII	1	ποιεῖν		]	+ πάντα	
XIII	1	ἐντολῆς		]	pluralis	I
XIII	1	κυρίου	+ m	]	<	
XIII	2	ἔργοις ἰσχύος		]	ἰσχύι ἔργοις	I
XIII	3	γάρ		]	<	
XIII	4	συμβουλεύσω		]	συμβουλεύσομαι	II
XIII	5	χρυσῷ	+ l	]	χρυσίῳ	
XIV	8	εἰς τὸν νοῦν καὶ ποιεῖ		]	εἰς τὸν νοῦν	II
XV	1-2	<		]	ζημιούμενος - πορνεύων	II
XV	2	καὶ γυμνούμενος	+ l	]	γυμνούμενος	II
XV	2	οὐκ ἐξέρχεται		]	ἐξέρχεται	II
XV	4	κρέας		]	κρέα	
XV	5	ἕως τοῦ αἰῶνος ὅτι	+ l	]	ὅτι ἕως τοῦ αἰῶνος	II
XV	5	καί ² ... καί ³		]	κἄν ... κἄν	
XVI	2	αἰδούμενοι, ζήσεσθε · ἐάν		]	αἰδούμενοι · ἐάν	II
XVIII	1	ἐπ' ἐσχάταις ἡμέραις		]	ἐν ἐσχάταις ἡμέραις	II
XVIII	6	θεῷ θεοῦ		]	θεῷ	II
XVIII	6	ὑπακούειν		]	ὑπακοῦσαι	
XVIII	6	ἐτύφλωσαν	+ l	]	ἐτύφλωσε	
XXI	4	<	+ d	]	ἐάν — βασιλείας ²	II
XXI	5	ἐντρυφήματα	(cf. l)	]	ἐντρυφημάτων	I
XXI	6	<		]	σὺ — 'Ιακώβ	II
XXI	6	αὐτοῖς	+ a	]	ἐν αὐτοῖς	I
XXII	3	τοῦ ¹		]	<	
XXIII	5	εὐτελείᾳ καρδίας		]	ἐν τελείᾳ καρδίᾳ	II
XXIII	5	ἐν ἀγάπῃ	+ l	]	ἀναγάγῃ	II
XXIV	1	ὁ ἥλιος τῆς		]	ἥλιος	
XXV	2	εὐλόγησε	+ chij	]	εὐλογήσει	II
XXV	2	ἐλαία	+ A	]	ἡ σελήνη	I
XXV	3	αἰῶνα	+ chij	]	+ καὶ ἐπέκεινα	
XXV	4	πενίᾳ		]	πείνα	
XXV	5	καί ³	+ l	]	+ οἱ	II
XXVI	1	τὴν ὁδόν	+ l	]	τὰς ὁδούς	II

Testament Issachar

I	3	'Ιακώβ		]	'Ρουβήμ	II
I	5	εὐώδημα	+ l	]	εὔοσμα	
I	7	μῆλα		]	τὰ μῆλα	
I	10	πρῶτον		]	+ σου	
II	2	ἀπέδω		]	ἀπέδοτο	I
II	2	κύριος		]	ὁ κύριος	
II	4	διὰ τοῦτο		]	<	
III	3	πονηρός	+ l	]	φθονερός	
IV	1	καρδίας		]	+ ὑμῶν	
IV	5	πορισμόν		]	περισπασμόν	
IV	6	ὀφθαλμοῖς		]	ὀφθαλμούς	I
IV	6	τι		]	<	
V	2	ἐλεᾶτε	(cf. l)	]	ἐλεήσατε	
V	4	εὐλόγησε	+ c	]	+ σε	II
V	6	ὅτι	+ l	]	+ καί	

VI	2	γεώργιον		]	γεωργεῖν	
VII	1	ἐμέ		]	ἐμοί	
VII	5	ἔφαγον		]	βέβρωκα	
VII	5	ἀλήθειαν		]	+ ἐποίησα	
VII	6	ὡς		]	ὑπὲρ τά	I
VII	9	πέμπτος		]	<	

Testament Zebulun

I	1	τριάκοντα καὶ δύο		]	δύο	II
I	4	τέκνα μου		]	<	
I	5	μιμνήσκομαι	+ l	]	μνήσκομαι	I
I	6	ἔκλαιον πολλά		]	ἔκλαιον περὶ Ἰωσὴφ	
					ἡμέρας πολλάς	I
II	1	ἐπὶ τὸν Ἰωσήφ	+ h(i?)j	]	+ μετ' ὀργῆς	II
II	5	τοῦ στῆναι		]	στῆναι	
III	3	βασιλεύειν		]	ὅτι βασιλεύσει	
III	5	ὑπόδημα Ἰωσήφ		]	ὑπόδημα ὃ ἐφόρεσαν	
					κατὰ Ἰωσὴφ τοῦ	
					ἀδελφοῦ αὐτῶν	I
IV	9	οὗτος		]	+ καὶ ἐποίησαν οὕτως	II
V	1	πρὸς πάντας ἔχειν		]	ἔχειν πρὸς πάντας	
V	5	τῇ		]	γῇ	II
V	5	παράλιον		]	τὴν παράλιον	
VI	1	ἐν θαλάσσῃ ἐπιπλέειν		]	ἐπιπλέειν ἐν θαλάσσῃ	I
VI	3	καί		]	+ ἤμην	I
VI	3	ἡλίευον		]	ἁλιεύων	
VI	4	ἐδίδουν		]	μετεδίδουν	I
VII	4	καὶ ἔτι		]	καὶ ἐπί	II
VII	4	ἐστρέφετο		]	ἐστρέφοντο	
VIII	2	τὸ σπλάγχνον		]	τὰ σπλάγχνα	
VIII	3	πλησίον		]	+ αὐτοῦ	I
VIII	3	τοσοῦτον		]	+ καὶ ὁ	I
VIII	4	εἰς ²		]	<	
VIII	6	ταράσσει	+ g	]	+ καὶ τὴν ὕπαρξιν	
					ἀφανίζει	II
IX	1	ὅτι		]	ὅτι ὅτε	II
IX	1	πορεύεται	(cf. l)	]	πορεύονται	
IX	1	τήν	+ ld	]	γῆν	II
IX	6	καθίσεσθε	+ dc	]	κακωθήσεσθε	II
IX	8	ἐπί		]	ἐν	
IX	8	θεόν	+ l	]	κύριον	
IX	9	λόγων		]	ἔργων	
X	4	ἐγώ	(cf. g)	]	τέως ἐγώ	II

Testament Dan

I	2	μου	+ l	]	+ καί	
I	3	ὅτι ³	(cf. dm)	]	<	I
I	4	Ἰωσήφ		]	+ τοῦ	
I	5	Ἰωσήφ		]	αὐτοῦ	
I	5	αὐτοῦ		]	αὐτόν	II

I	9	ἡμῶν		]	μου	
I	9	ἔασε		]	+ με	II
II	1	διαφυλάξητε		]	φυλάξητε	
II	2	τις θυμώδης		]	τις	II
II	4	αὐτοῦ¹		]	+ καί	
II	5	ἀδελφοῦ		]	+ αὐτοῦ	
III	4	δυνάμεως καὶ τῆς	(cf. *l*)	]	<	
IV	3	ὑμεῖς		]	+ μή	II
IV	5	ἐὰν ζημία, ἐὰν ἀπώλεια τινὶ περιπέσῃ		]	ἐὰν ζημίᾳ ἢ ἀπωλείᾳ τινὶ περιπέσητε	†
IV	6	ἑκουσίως	+ *l*	]	+ ἢ ἀκουσίως	I
V	2	ἡδονήν		]	μῆνιν	I
V	4	τὸν Λευί		]	τῷ Λευί	II
V	5	πορεύεσθε		]	πορευόμενοι	
V	9	βοῶν		]	καὶ δώῃ	I
V	10	πέρασιν		]	πατράσιν	II
V	13	αἰχμαλωτίζεται		]	αἰχμαλωτισθήσεται	
V	13	ἅγιος		]	ὁ ἅγιος	
VI	2	ἐγγίζετε	+ *l*	]	ἐγγίσατε	
VI	2	ἀνθρώπων		]	+ καί	
VI	2	κατέναντι	+ *chij*	]	καὶ κατέναντι	II
VI	4	ἤ		]	+ ἄν	
VI	6	μετελεύσεται		]	καὶ μετελεύσεται	II
VI	6	ὄπισθε		]	ἐπὶ ἔθνη	II
VI	6	οὐδενί		]	οὐδείς	II
VI	6	ὡς		]	ἴσος	II
VI	9	πατήρ	+ *l*	]	σωτήρ	II
VI	10	κυρίου	+ *l*	]	θεοῦ	II
VI	10	<		]	καὶ ἔσται — αἰῶνος	II
VII	3	ὡς		]	<	I
VII	3	<		]	καὶ τοῦ σπέρματος αὐτῶν	†
VII	3	οὕτως καὶ γέγονεν	(cf. *d*)	]	<	I

Testament Naphtali

I	1	ὧν		]	ἧς	II
I	2	τετάρτῃ		]	μιᾷ	I
I	2	αὐτός		]	αὐτοῖς	II
I	3	καὶ μετὰ τὸ ἐξυπνισθῆναι αὐτὸν τὸ πρωί		]	καὶ τὸ πρωὶ μετα τὸ ἐξυπνισθῆναι αὐτόν	
I	5	τοῖς υἱοῖς αὐτοῦ	(cf. *g l*)	]	<	
I	7	εἴδει	(cf. *l*)	]	ἔτι	I
I	8	ὁ Ἰωσήφ	+ *hij*	]	Ἰωσήφ	
I	9	ἡ Ῥαχήλ		]	Ῥαχήλ	
I	11	αὐτήν	+ *l*	]	τὸ ὄνομα αὐτῆς	II
I	11	ἠχμαλωτεύθη	+ *l*	]	αἰχμαλωτίσθη	
I	12	ἐξ ἧς		]	καὶ ἑξῆς	†
II	1	τοῖς ποσί μου		]	τοῖς ποσίν	
II	2	πηλόν		]	τὸν πηλόν	
II	6	τὸ ἔργον		]	ἡ τέχνη	II
II	6	Βελιάρ		]	τοῦ Βελιάρ	
II	8	συνάπτει	(cf. *l*)	]	συνάψας	

II   8   τῇ κεφαλῇ [2]   + l   ]   προσθεὶς αὐτῇ
II   9   ἐν τάξει ἐστέ   ]   ἔστω πάντα τὰ ἔργα
                                               ὑμῶν ἐν τάξει   I
III   1   δυνήσεται   ]   συνήσετε   II
III   3   τὸν κύριον   ]   κύριον
III   4   ταῦτα πάντα   + l   ]   (τὰ) πάντα
IV   5   ἄχρι τοῦ ἐλθεῖν   ]   ἄχρις οὗ ἔλθῃ
V   8   ἐκεῖ που   ]   ἐν κήποις   II
VI   1   ἑστηκότα   + l   ]   ἑστῶτα
VI   2   πλοῖον   + l   ]   + πλοῖον   II
VI   4   ἐφίπταται   ]   ἀφίπταται   II
VI   5   τρικυμίας   ]   ἐν τρικυμίαις   II
VI   8   περιβαλόμενος   ]   περιβαλλόμενος
VII   3   Ἰωσὴφ τέκνον μου   ]   τέκνον μου Ἰωσήφ
VIII 4   θεός   ]   ὁ θεός
VIII 5   θεῷ   ]   θεοῦ   I

Testament Gad

I   1   ἑβδόμῳ   + l   ]   πέμπτῳ   I
I   2   ἕβδομος   ]   ἔνατος   II
I   3   πιάζων   ]   πιάσας
I   3   γυρεύων   ]   γυρίσας
I   4   καύματος   ]   καύσωνος
I   5   αὐτοῦ [1]   ]   ἡμῶν
I   6   υἱοί   + li   ]   οἱ υἱοί
I   7   καὶ εἶπε τῷ πατρὶ ἡμῶν (cf. d)]   <
II   5   ἵνα ποιήσω   ]   ἵνα μὴ ποιήσω   I
III   1   τέκνα μου, λόγους   ]   λόγους ἀληθείας, τέκνα
              ἀληθείας   μου
IV   3   πταίσῃ   ]   πέσῃ
IV   4   ἐπιχειρεῖ   + l   ]   ἐπιχαίρει
IV   5   ἐνεργεῖ   + l   ]   συνεργεῖ
IV   6   θελήσει   ]   θέλει
V   1   ἐκδιδάσκει   ]   + καὶ ὀργήν   II
V   2   καί [1]   ]   <
V   2   φεύξησθε   ]   ἐξώσητε
V   2   τὸ μῖσος   ]   + τοῦ διαβόλου   I
V   4   ἀνδρός   ]   + ὁσίου   I
V   4   ὑψίστου   + l   ]   θεοῦ
V   5   ἐννοιῶν   + l   ]   ἐννοίας
V   7   ἀπείθειαν   ]   ἄγνοιαν   II
VI   2   τοῦ [3]   + d   ]   πρὸς τό
VI   6   ἡσυχάσθη   ]   ἡσύχασον   II
VII   2   ὕμνον   + l   ]   ὕμνους
VII   3   κυρίῳ   + c   ]   κυρίου   II
VII   3   οὕτως   ]   οὔ   †
VII   4   γάρ   ]   δέ
VII   6   παρὰ πᾶσι   ]   παρὰ πάντας   II
VIII 3   αὐτοῖς   ]   <
VIII 5   ἔθηκαν   + chij   ]   ἔθαψαν   II
                              (cf. dm)

Testament Asher

I	1	εἰκοστῷ		]	+ ἕκτῳ	II
I	3	τόπους		]	τρόπους	II
I	9	εἰς κακὸν ποιεῖν ἀνελαύνει		]	εἰς κακοποιΐαν ἐλαύνει	I
I	9	διαβόλου		]	διαβουλίου	II
II	4	πονηρία		]	ἐν πονηρίᾳ	
II	4	ὥσπερ	(cf. m)	]	ὅπερ	II
II	4	καλῷ	+ dm	]	καλόν	II
II	5	ὅλον δέ		]	τὸ δὲ ὅλον	
II	7	<	+ m	]	τὸ δὲ ὅλον πονηρόν	
					ἐστιν	†
II	8	καί [1]	+ l	]	<	
III	1	ὅτι		]	+ καί	
IV	2	ἐστι δέ		]	δέ ἐστι	I
IV	3	ἀδικῶν	+ e	]	ἄδικον	II
IV	3	ληστεύοντα	+ f	]	νηστεύοντα	II
IV	4	στόμα		]	σῶμα	I
IV	5	ὅτι [1]		]	<	
V	1	οὖν	+ m	]	<	
V	2	καί [1]	+ e	]	<	
VI	1	τὰς ἐντολάς	+ c h j	]	ταῖς ἐντολαῖς	
VI	3	εἰς αὐτόν	+ l	]	εἰς αὐτό	II
VI	5	οὗ		]	ᾧ	
VII	1	τέκνα		]	<	
VII	2	<		]	καὶ τὰ ἅγια ὑμῶν	
					καταφθαρήσεται	II
VII	5	τὸν νόμον	+ l h i j	]	τῷ νόμῳ	
VII	5	ἀνθρώπων	+ l a	]	+ μονοπροσώπῳ κακίᾳ	
					φερόμενοι	
VII	6	ὡς [2]	+ i	]	<	

Testament Joseph

I	5	ὁ κύριος	+ l (cf. a)	]	ὁ πάντων κύριος	
I	7	σὺν δόλοις		]	συνδούλων	II
II	2	ἐφύλαξε		]	ἐρρύσατο	
II	6	ἐπί		]	ἐν	
III	3	οὖν		]	δέ	
III	5	επεδιδη μοι	(cf. l d)	]	ἀπεδήμει	II
III	6	καί [1]		]	<	
III	6	λόγῳ ἐπισκέψεως πρός		]	πρός με λόγῳ	
		με			ἐπισκέψεως	
III	8	οὖν		]	<	
III	10	ἀποστρέψει	+ l	]	ἐπιστρέψει	
IV	1	ἐκολάκευσέ με	+ l	]	+ καί	
IV	5	καταλίπω		]	καταλείψω	
IV	5	συμπείσθητι		]	συγγενοῦ	
IV	6	λέγει	+ h j	]	θέλει	II
			(cf. g)			
IV	7	ἐκτελέσαι		]	τελέσαι	
V	1	δέ		]	<	
VI	1	πεφυραμένον		]	πεφυρμένον	

VI	2	ἄνδρα φοβερόν		]	φοβερὸν ἄνδρα	
VI	2	αὐτῆς		]	αὕτη	
VI	3	αὐτῆς		]	αὐτοῦ	II
VI	4	οὖν		]	<	
VI	5	εἰδώλοις	+ l	]	τοῖς εἰδώλοις	
VII	1	ὅτι		]	ἔτι	
VII	1	προσέπιπτεν		]	συνέπιπτεν	I
VII	2	ἐθεράπευεν	+ lm	]	ἐθεράπευσεν	
VII	3	συμπεισθῇς		]	συγγένη	
VII	6	ἀντιποιῇ	+ l	]	ἀντιποιῆσαι	
VIII	4	ἐσυκοφάντησέ με πρὸς τὸν ἄνδρα αὐτῆς	(cf. d)	]	ἐσυκοφάντησέ με	II
VIII	4	φυλακὴν ἐν οἴκῳ αὐτοῦ ὁ Αἰγύπτιος		]	τὴν εἱρκτὴν τοῦ Φαραώ	II
VIII	5	ὢν ἐν οἴκῳ	+ A	]	ἐν οἴκῳ	
IX	2	ἐννοιῶν	+ l	]	ἐννοίας	
IX	2	ἐν ταμιείοις		]	+ βασιλείων	II
IX	3	ὁ δέ	+ c	]	εἰ δέ	
IX	3	εἰ		]	<	
IX	5	ἀπάτησιν		]	ἀπάτην	
X	3	συκοφαντίᾳ	(cf. c)	]	+ ἢ σκοτίᾳ	II
X	5	καρδίᾳ ... διανοίᾳ		]	διανοίᾳ ... καρδίᾳ	
XI	1	ἐν πράξει		]	ἐν πάσῃ πράξει	II
XI	1	ὑμῶν	+ lhj	]	+ πρὸ ὀφθαλμῶν	II
XI	4	προσδούς		]	προδούς	
XII	1	ἡ Μεμφία	+ g	]	+ ἐν λαμπήνῃ	II
XII	2	κλοπῇ	+ l	]	καὶ κλοπῇ	II
XIII	1	τὰς ψυχάς		]	ψυχάς	
XIII	1	Ἑβραίων		]	Χανάαν	
XIII	4	ἐπιμένοντος δὲ αὐτοῦ		]	+ τοῖς λόγοις	II
XIII	5	τέκνα ... παλλακάς		]	παλλακάς ... τέκνα	
XIII	7	πρός με		]	<	I
XIII	7	εἰ δοῦλος		]	<	I
XIII	8	πάλιν		]	<	I
XIII	8	τῆς		]	γῆς	II
XIII	9	ὁ δὲ ἠπίστησε, λέγων ὅτι		]	εἶπε δὲ πρός με	I
XIV	1	ἄδικός ἐστιν		]	ἄδικος	
XIV	6	καὶ περὶ ἐμοῦ ὅτι ὤφειλα		]	καὶ ὁ παῖς οὖν ὀφείλει	
XV	2	τῇ		]	γῇ	II
XV	2	πενθεῖ	+ l	]	+ περί σου	
XV	2	λάκκῳ		]	σάκκῳ	II
XV	3	πάλιν		]	πάνυ	
XV	5	ἠκούσθη	+ l	]	ἤκουον	
XVI	3	ποιῆσαι μετ' αὐτῶν		]	<	I
XVI	4	ἀγάγετε	+ c	]	ἄγαγε	II
XVI	6	ἰδών	+ m	]	εἰδώς	
XVI	6	ἐτασθῇ		]	αἰκισθῇ	
XVII	2	μακροθυμίαις		]	μακροθυμίᾳ	II
XVII	5	καὶ ἐθαύμαζον		]	<	
XVII	6	ἔδωκα		]	δέδωκα	
XVII	7	βουλή μου βουλὴ αὐτῶν	+ l	]	βουλὴ αὐτῶν βουλή μου	II

XVIII	3	μοι χρυσίου δέδοται		]	χρυσίου δέδοταί μοι	
XIX	2	τῇ γῇ		]	εἰς πᾶσαν τὴν γῆν	
XX	1	τὴν ἐπαγγελίαν		]	τὰς ἐπαγγελίας	†
XX	2	Βελιάρ		]	ὁ Βελιάρ	
XX	6	παντὶ ἔργῳ		]	ἐν παντὶ ἔργῳ	

Testament Benjamin

I	1	εἴκοσι	(cf. *l*)	]	εἰκοσιπέντε	II
I	3	οὖν ¹		]	<	
II	4	αὐτόν ¹	+ *m*	]	<	
III	5	ὑπό ¹	+ *l*	]	ἀπό	
III	6	ἐδεήθην ... 'Ιακώβ		]	ἐδεήθη ... 'Ιωσήφ	II
III	6	ἀδελφῶν ἡμῶν	(cf. *c*⁺)	]	υἱῶν (αὐτοῦ)	II
III	7	ὦ τέκνον 'Ιωσήφ		]	+ ὦ τέκνον χρηστόν	II
III	8	καταργήσει		]	καταλύσει	
III	8	ὑπηρετοῦντας	+ *l*	]	ὑπηρέτας	
IV	1	μιμήσασθε	+ *c*⁺	]	+ οὖν	II
IV	3	οὕτως ὁ		]	οὗτος	II
IV	5	αὐτοῦ ¹		]	<	I
IV	5	συνεργεῖ		]	συντρέχει	
V	1	τέκνα	(cf. *l*)	]	<	
V	1	ὑμῖν	+ *l*	]	μεθ' ὑμῶν	
V	2	φεύξεται ἀφ' ὑμῶν φοβηθέντες	(cf. *l*)	]	φοβηθήσονται ὑμᾶς	II
V	3	φόβος	(cf. *c*⁺)	]	φῶς	II
V	3	ἀποδιδράσκει αὐτοῦ		]	ἀποδιδράσκει ἀπ' αὐτοῦ	
VI	3	τροφῆς		]	τρυφῆς	II
VI	4	δόξης καὶ ἀτιμίας	(cf. *c*⁺)	]	δόξαν καὶ ἀτιμίαν	
VI	5	καθαράν		]	καὶ καθαράν	II
IX	2	ὁ ναὸς τοῦ θεοῦ		]	ναὸς θεοῦ	II
IX	2	ἐν ὑμῖν. ὅτι αὐτὸς λήψεται αὐτήν		]	ὁ ἔσχατος ὑπὲρ τὸν πρῶτον	II
IX	2	μονογενοῦς		]	+ προφήτου	II
IX	4	καταβήσεται	+ *d*	]	μεταβήσεται	II
IX	5	ἀναβαίνων		]	μεταβαίνων	I
X	1	ὅτι		]	ὅτε	II
X	4	ἐποίησαν		]	ἐποίησεν	
X	7	μορφῇ		]	ἐν μορφῇ	
X	11	πᾶς 'Ισραὴλ πρὸς κύριον		]	πρὸς κύριον πᾶς 'Ισραήλ	
XI	2	φωνὴν αὐτοῦ	+ *gl*	]	+ καὶ ποιῶν εὐδοκίαν θελήματος αὐτοῦ	II
XII	3	τόπῳ λεγομένῳ		]	τῷ πολέμῳ	II

THE ARMENIAN VERSION

A. *Armenian Readings Referred to in the Apparatus and Appendix I*
(see Introduction, p. XXVII)

T.R. IV 4	μετανοῶν	*g l d*
	apašxarutʽ eamb ('through repentance')	A (ed. Yovsēpʽiancʽ)
	οὖν	*b*
	τέκνα μου	*m*
	ἕως ἐννοιῶν	*e a f n*
	ἕως νῦν	*c h i j*
T.Jud. XXV 2	ἐλαία	*b*
	jitʽenikʽ ('olive-trees')	A (ed. Yov.)
	καὶ ἡ σελήνη	*l*
	ἡ σελήνη	*g d m e f c h i j*
T.N. II 7	ἡ τῷ νοῒ ὅμοιον reconstructed on the basis of *kam mtōkʽ nman* ('or similar in mind')	A (ed. Yov.)
	ἡ τῶν ὁμοίων	*b*
	<	*l m*
	ἧττον ἐποίησεν ἢ ἔλαττον	*d*
	ἕττων ηττουν ὁμοιον	*e*
	ἧττον ἤγουν ὅμοιον	*f*
	ἡττώμενον ἦν	*c*
	ἡττώμενος ἦν	*h i j*
T.N. V 8	ἐν κήποις	*g l d m*
	i draxtn ('to the garden')	A (ed. Yov., text)
	i draxti ('in a garden')	A (MS A in ed. Yov., app.)
	ἐκεῖ που	*b*
	παρὼν ἐκεῖ	*e a f*
	παρεκεῖ	*c*
	παρη ἐκεῖ	*h j*
	παρηκει	*i*
T.A. V 1	κέκρυπται	*b g* additions in *d m e a f c h j* (see *apparatus*)
	cackeal lini ('is hidden')	A (ed. Yov.)
T.Jos. VIII 5	ὦν ἐν οἴκῳ σκότους	*b*
	minčʽ ei i xawarayin tann ('when I was in the dark house')	A (ed. Stone)
	ἐν οἴκῳ σκότους (τοῦ σκότους *c* τοῖς κόποις *h j*)	*g l m e a f c h j*

T.B. VII 4	ἐν τοῖς ἑπτὰ κακοῖς	*glm*
	ew eōt῾n č῾areōk῾ ('and through seven	
	evils')	A (ed. Yov.)
	ἐν τοῖς ἑπτὰ οὖν κακοῖς	*d*
	ἐν τοῖς ἑπτακοσίοις ἔτεσιν	*bf*
	ἐν τοῖς ἑπτακοσίοις	*e*
	ἐν τοῖς ἑπτά	*a*
	ἐν πᾶσι τοῖς κακοῖς	*c*+

B. *Variant Readings in Armenian Found in the Testaments of Levi, Issachar, Zebulun (VI-X) and Joseph.*

The variants given in the following lists were taken from

a. M.E. Stone, *The Testament of Levi*, Jerusalem 1969, supplemented by readings from A^z collated against his edition by dr. Stone himself,

b. A draft edition and translation of Test. Issachar and Test. Zebulun VI-X made by dr. Stone, based on the same principles as the edition mentioned under c.

c. M.E. Stone, *The Armenian Version of the Testament of Joseph*, S.B.L. Texts and Translations series 6, Pseudepigrapha series 5, Missoula 1975.

All variants are given in a literal English translation. Variants found in A apparently identical with readings in one or more Greek MSS are given in Greek; in these cases also the Greek witnesses are mentioned. In instances where the Armenian reading is similar to one or more Greek readings, or the result of parallel but not necessarily related textual development, these are mentioned separately.

Excluded were Armenian readings obviously due to translational influences, and purely stylistic and formulaic variants. So were variants which can be explained as inner Armenian developments.

Testament Levi

I	2	ὑγιαίνων ἦν	]	for he was healthy, cf. *chij* ὑγιαίνων γὰρ ἦν
		(ὤφθη) γὰρ (αὐτῷ)	]	and (it was revealed to him), cf. *afchij* δέ
II	1	ἐν Χαρρὰν — ἐκεῖ	]	was conceived joyously and born in Haran, cf. spelling χαρα in *gehij*
		τῷ πατρί	]	my father, cf. *d(m)chij* + μου

II	2	ἐποίησα — ἐκδίκησιν	]	we took vengeance, I and Simeon, my brother
II	3	ἐποιμαίνομεν	]	ἐποίμαινον A + (g)dmeafchij
		ἀφανίσαντας τὴν ὁδὸν αὐτῶν	]	that their paths had been corrupted (but cf. Aβ* CDEFG with ldm)
		τείχη	]	τεῖχος A + daf
		ἑαυτῇ	]	among themselves
		ἐπὶ πύργους	]	like a tower, but Aᶻ upon a tower
II	4	τοῦ γένους	]	the sons
II	5	τοῦτο	]	<
		Ἀσπίδος	]	+ which was
II	7	δεύτερον	]	+ heaven
II	8	εἶδον	]	ἔτι εἶδον A + glmeafchij
		τρίτον	]	<
		πολύ	]	<
II	9	φαιδροτέρους	]	+ than these
		ἀσυγκρίτους	]	unfathomable
		ὅτε	]	for if
II	10	ὅτι	]	<, cf. chij
		τοῦ μέλλοντος λυτροῦσθαι τόν	]	the salvation of
II	11	σῴζων — ἀνθρώπων	]	<
II	12	ἐκ μερίδος κυρίου	]	in the Lord's portion
		σου ²	]	σοι A + gldfchij
		ἀγρός — ἀργύριον	]	as fields of fruitful vines and of gold and of silver
III	1	στυγνότερος	]	gloomy, cf. nc στυγνός
III	2	προστάγματος	]	commandments
III	3	οἱ ταχθέντες — κρίσεως	]	and they are drawn up for the judgment to perform
		ποιῆσαι — Βελιάρ	]	vengeance on the sons of the error of Belial
		οἱ δὲ — εἰσιν	]	but in the fourth heaven, which is above that, are the holy ones of God
III	4	δόξα	]	+ of God, cf. n + κυρίου
III	5	ἐν τῷ μετ᾽ αὐτόν	]	and after it
III	8	ἐν δὲ τῷ μετ᾽ αὐτόν	]	and after these, cf. (d)ec ἐν δὲ τῷ μετ᾽ αὐτῶν (μετὰ τούτων d)
		ἐν ᾧ — προσφέρονται	]	in which they continually offer praise to God, cf. dm and c
III	9	τῆς μεγαλωσύνης αὐτοῦ	]	the greatness of his glory, cf. d
		σαλεύονται	]	<, cf. k
III	10	ἐπὶ τούτοις ἀναισθη- τοῦντες	]	do not perceive all this and because of that, cf. l
IV	1	σβεννυμένου	]	darkened, cf. hij σκοτιζομένου
		καταπτήσσοντος	]	consumed (?)
		σκυλευομένου	]	taken captive (sic!)
IV	2	before εἰσήκουσεν	]	+ behold
IV	3	φωτιεῖς	]	will illuminate you, cf. l φωτιεῖ σε fchij φωτιεῖ
		ἔσῃ	]	you will shine (Aβ), it will shine (Aᴹ)

IV	4	ἕως αἰῶνος	]	for the eternity of ages, cf. *dm* εἰς αἰῶνα αἰῶνος
		ἀποσκολοπίσαι	]	ἀνασκολοπίσαι A + *gldmeafchij*
V	3	ὅπλον	]	a shield
		εἶπε	]	+ μοι A + *gdmechij*
		Δίνας	]	+ τῆς ἀδελφῆς σου A + *ldmchij*
V	4	συνετέλεσα	]	these shall be carried out in the midst of (*sic*!)
V	5	δέομαι	]	+ you, cf. *dmchij* + σου
		θλίψεως	]	my affliction, cf. *e* + μου
V	6	ὁ παραιτούμενος	]	the guardian
V	7	ὥσπερ	]	< A + *dachij*
		τὸν παραιτούμενον	]	the guardian (see vs. 6)
		πάντων	]	+ the orders of
VI	1	Ἀσπίς	]	+ was called, cf. *d* + ἐκαλεῖτο and *mchij*
		Ἀβιλά	]	Ἀβιμά A + *g(ldm)eaf*
VI	3	εἴπη	]	they might tell, cf. *a* εἴπωσι
VI	6	ὁ πατήρ	]	our father, cf. *ldm* + ἡμῶν
		καί (ἐν τ. εὐλ.)	]	on account of that, too
VI	7	ἡμάρτομεν γάρ	]	we surely sinned
		ἐμαλακίσθη	]	ἐμαλακίσθην A + *ldmeafhij*
VI	8-9	ἐποίησαν — πατέρα ἡμῶν	]	<
VI	9	ξένον ὄντα	]	in foreignness
		κατεπάτησαν	]	κατεπόνησαν A + *dmeafchij* (but see Aᴹ)
		ἐπ' αὐτόν	]	<, cf. *chij*
VI	11	ἡ ὀργὴ κυρίου	]	<
VII	1	πατρί	]	to my father, cf. *gl(dm)eaf* (*chij*) + μου
		κύριε	]	my lord Jacob, cf. *e* + μου Ἰακώβ and *gaf* and *dm*
VII	3	ἡμῶν	]	my, cf. *chij* μου
VII	4	καὶ — ἡμῶν	]	<, cf. *ldmafchij*
VIII	1	εἶδον πρᾶγμα	]	a vision appeared to me, cf. *gldmeafchij* εἶδον ὅραμα
		ποιῆσαι	]	+ there, cf. *eafchij* + ἐκεῖ
VIII	2	εἶδον	]	+ there
		τὸ λόγιον	]	the instruction(s) (*sic*!)
		τὸν ποδήρη	]	the word
		καὶ τὴν μίτραν τοῦ σημείου	]	and the ornament of the sign on your shoulders
VIII	3	ἕκαστον	]	<, cf. *l(dm)chij*
VIII	5	οἶνον, ἅγια ἁγίων	]	holy wine, cf. *m(h)* οἶνον ἅγιον
		ἁγίαν	]	beautiful
VIII	8	ἐλαίας	]	of an olive tree of oil
VIII	9	στέφανόν μοι — περιέθηκεν	]	<
VIII	11	εἶπαν	]	he said
		ἀρχάς	]	heads
		εἰς ²	]	and (a sign)
VIII	12	κλῆρος — γενήσεται	]	their inheritance shall be great and there shall be none greater than him, cf. *dmchij* + καί after μέγας

VIII	13	ἐν ἱερωσύνῃ	]	for priesthood, cf. *ldme* εἰς ἱερωσύνην
VIII	15	προφήτου	]	the prophet (A^M), a prophet (A^β), cf. (*m*)*eafchij* προφήτης
		ὑψηλοῦ	]	ὑψίστου A + *gldmeafchij*
VIII	16	πᾶν ὡραῖον ὁράσει	]	every beauty of delight
		τὴν τράπεζαν — σου ²	]	from the Lord's table shall your seed be nourished
VIII	18	τοῦτο	]	this vision
VIII	19	καίγε	]	<, cf. *kl*(*a*)
IX	1	τοῦ πατρὸς ἡμῶν	]	our father (A^non-α), our father's father (A^α), cf. *ci*(*hj*) + τὸν προπάτορα ἡμῶν after Ἰσαάκ
IX	2	τῶν ὁράσεων	]	vision, cf. *gl* τῆς ὁράσεως
IX	3	ὡς δέ	]	and it came to pass when
IX	4	πάντα	]	<
IX	5	καταλῦσαι	]	+ there, cf. *chij* + ἐκεῖ
IX	6	ἔδειξε	]	ἐδίδαξε A + *ldmeaf*
		τοῦ θεοῦ	]	of the Lord, cf. *lmaf*
IX	7	θυσιῶν, ὁλοκαυτωμάτων	]	∽, cf. *g*
		ἀπαρχῶν	]	<
IX	8	καθ' ἑκάστην ἡμέραν	]	continually in this fashion
		συνετίζων	]	advise and instruct
IX	9	ἐνδελεχιεῖ	]	deceives you
		τὰ ἅγια	]	<
IX	11	νίπτου ¹	]	be holy
		πάλιν	]	<
		νίπτου ²	]	sanctify yourself
IX	12	ἐδίδαξεν	]	showed
IX	14	ἀπαρχάς	]	a sacrifice to God (the Lord A^β), cf. *af* + θυσίαν (τῷ) κυρίῳ and *chij*
X	2	εἰμι	]	+ henceforth
		αὐτῷ	]	yourselves, cf. *e* ἑαυτοῖς
X	3	μὴ βαστάξαι	]	is not able to bear, cf. *dm* δύνασθαι βαστάξαι
		σχίσαι	]	shall be torn, cf. *ldchij* σχισθήσεται and *g*
X	4	ἐν τοῖς ἔθνεσι	]	among all the nations
XI	1	ᾗ ὄνομα	]	and the woman's name was, cf. *e* and *chij*
XI	2	ἡμῶν	]	in which we were
		γράφεται	]	is translated
XI	3	ἔσται	]	ἐστίν A + *ldmeafchij*
XI	5	πάσης τῆς συναγωγῆς	]	(higher) than all the people
XI	6	συμβιβασμός	]	judgment
XI	7	ἔτεκε	]	was born
		αὐτόν	]	his name
		ἐστι	]	is translated, cf. *m* ἑρμηνεύεται
		ὅτι — ἀπέθανεν	]	<, cf. *chij*
XI	8	ἔτει	]	+ τῆς ζωῆς μου A + *ldm* and cf. *chij*
		ἐτέχθη	]	+ to me

XII	3	verse 3	]	<
XII	4	καὶ ἐνενηκοστῷ — μου [1]	]	<
XII	6	τρίτη γενεά	]	three families, cf. g τρεῖς γενεαί
XII	7	ἑκατοστῷ — ἔτει	]	was one hundred and ten years old when, cf. ldm ἑκατὸν καὶ δεκατῷ ἐτῶν
XIII	1	τὸν κύριον ἡμῶν	]	the Lord your God, cf. gldm(e) afchij
		ἐξ ὅλης καρδίας	]	<, cf. hij
		ἐν ἁπλότητι	]	in purity
XIII	2	τοῦ θεοῦ	]	of the Lord
XIII	7	κτήσασθε	]	receive
		πόλεις — χῶραι	]	provincies and cities will be razed
		πήρωσις ἁμαρτίας	]	the fullness of lawlessness
XIII	8	αὐτή	]	wisdom, cf. dchij (ἡ) σοφία
		πολεμίοις	]	battles, cf. e πολέμοις
		λαμπρά	]	glory
XIII	9	διδάσκῃ ... πράττῃ ... ἔσται	]	2nd pers. sing.
XIV	2	ἔσται	]	was (is Aᶻ)
		ἀρχιερέων	]	priesthoods
XIV	3	καθαρός	]	be holy. As ...
		οὐρανοῦ	]	Ἰσραήλ A + gmeaf, cf. chij
		σελήνη	]	+ shall you be
XIV	4	ἐπάξητε κατάραν	]	curses will come
		ἡμῶν	]	your, cf. kdm
		ὑπὲρ ὧν	]	<
		ἐν ὑμῖν — ἀνθρώπου	]	to you for illumination and to every man, cf. d ὑμῖν καὶ παντὶ ἀνθρώπῳ εἰς φωτισμόν and glme < ἐν
		θέλοντες	]	you will wish, cf. gdm θελήσετε
		διδάσκοντες	]	you will teach
		τοῖς — δικαιώμασι	]	the justice of God, cf. e τῆς τοῦ θεοῦ δικαιοσύνης
XIV	6	ἐν πλεονεξίᾳ	]	and in greed, cf. gldmeafchij καὶ ἐν π.
		Ἰερουσαλήμ	]	Ἰσραήλ A + glmeaf
		καθαρίζοντες — παρανόμῳ	]	thinking to purify them through purity of your lawlessness
		Σόδομα	]	ὡς Σόδομα A + ldmafchij
XIV	7	οὐ μόνον δέ	]	+ do you do this, cf. dm ταῦτα ποιήσετε
XV	1	ἐν ἀκαθαρσίᾳ	]	in abomination and in corruption
XV	2	βδέλυγμα ἐν αὐτοῖς	]	in their abomination
XV	4	εἷς ἐκ τοῦ	]	a sixth part of (sic!)
		μου	]	your, cf. dchij ὑμῶν
XVI	2	ἐν διαστροφῇ	]	<
		ἀληθινῶν	]	ἀληθινούς A + kgde
XVI	3	τέλος	]	after this
		οὐκ εἰδότες	]	not being able to understand
		ἀνάστημα	]	resurrection
XVI	4	δι' αὐτόν	]	and on his account, cf. ldaf καὶ δι' αὐτόν and ge

XVI	5	οὐκ — καθαρός	] your holy place will not be
XVII	2	ἐν [1]	] and in, cf. *geafchij* καί ἐν
XVII	4	παραληφθήσεται	] shall be surrounded by
XVII	5	ἔσται	] <
		ὅτι προσθήσει	] and ... shall be placed (shall place A^z)
XVII	6	παραληφθήσεται	] shall be surrounded by (see vs. 4)
XVII	8	κυρίου καί	] < A + *gldeafchij*
		ὅτι	] only
XVII	9	ἐν προνομῇ	] in sufferings
		ὕπαρξις	] rule
XVII	11	οἱ	] <, cf. *ldafchij*
		ἀσελγεῖς	] erring
XVIII	3	βασιλεύς	] βασιλέως A + *gdfhij*
		ἐν ἡλίῳ ἡμέρας	] like (the light) of midday before the sun
XVIII	4	οὗτος	] καὶ οὕτως A + *g*, cf. *dehij* οὕτως
		ἀναλάμψει	] he will ascend
		ἐν τῇ γῇ	] from the earth
XVIII	6	πατρός	] to
XVIII	7	ὑψίστου	] his
		συνέσεως καὶ ἁγιασμοῦ	] wisdom and knowledge
XVIII	8	τοῖς υἱοῖς αὐτοῦ	] to those who will go
XVIII	10	στήσει — κατά	] will hold back the sword which affrighted, cf. *ldafchij* ἀποστήσει ...
XVIII	11	ἐπ' αὐτοῖς	] upon him
XIX	3	μάρτυς [1]	] my witness
		περὶ τοῦ λόγου	] concerning the words
		τοῦ στόματος ὑμῶν	] of his mouth (A^{Mβ}), concerning the words of my mouth (A^α)

Testament Issachar

Title		περὶ ἁπλότητος	] <
I	1	καλέσας τοὺς υἱοὺς αὐτοῦ	] <
		ἠγαπημένοι	] ἠγαπημένου A + *meafchij*
I	2	πέμπτος υἱὸς τῷ Ἰακώβ	] <
I	3	αὐτούς	] from him, cf. *d* αὐτὰ ἐξ αὐτοῦ
I	4	ἐξῆλθε Λεία ἡ μήτηρ μου	] his mother Leah said to Rachel: 'Give (me) the mandrakes!', cf. *d* ἐξῆλθε Λεία ἡ μήτηρ αὐτοῦ καὶ ἐμοῦ καὶ εἶπεν αὐτῇ· Ἵνα τί ἔλαβες τὰ μανδραγόρα τοῦ υἱοῦ μου;
I	5	ταῦτα δὲ ἦσαν	] and the mandrakes are
		ἃ ἐποίει ἡ γῆ Ἀράμ	] which are in the land of Aram, cf. *chij* ἅπερ γίνονται ἐν τῇ γῇ Χαρράν (Χανάαν *hij*)
		ἐν ὕψει	] in the forests
I	6	Ῥαχήλ	] + to her
I	7	ταῦτα	] the mandrakes
I	8	τοῦ υἱοῦ σου	] <
I	10	τί οὖν; ὅτι	] but, cf. *m* οὖν *chij* ὅτι

I	11	τῷ πατρὶ ἡμῶν	]	<, but see Aᵂ my father Laban
I	11	τί	]	Therefore, what
		ὁ δόλος ¹	]	deceits
		καὶ ἡ πανουργία — ὁ δόλος	]	< A + a
		προχωρεῖ	]	<
		εἰ δὲ μή	]	if then it had happened in truth
I	12	εἴ	]	were
		εἰσήχθης	]	were given to him, cf. d + αὐτῷ
I	13	καὶ μεταστήσας—ἐκείνη	]	<
		ἰδεῖν — ἤμην	]	<, but cf. Aᵂᴮ
		τοῦτο	]	+ thus
I	14	καὶ εἶπε ᾽Ραχήλ	]	and Rachel spoke again and said
		ἕνα μανδραγόραν	]	one of these mandrakes
		αὐτόν ... μιᾷ	]	Jacob ... this, cf. d (ἔχε) τὸν ᾽Ιακὼβ (τὴν νύκτα) ταύτην
I	15	καὶ συλλαβοῦσά με ἔτεκε	]	and she bore me to him
II	1	ἄγγελος κυρίου λέγων	]	<
		ὅτι ¹	]	that because of that
		τέξεται	]	bore
II	2	ἀπέδω	]	had ... given
II	4	προσθεῖσα	]	having ... placed upon (sic!)
		ἀπέδοτο	]	she sought
		διὰ τοῦτο	]	and, cf. lmeaf <
II	5	ἱερεῖ	]	to the highpriest
III	1	τῶν πατέρων μου	]	for my father Jacob, cf. ld τοῦ πατρός μου, chij τῷ πατρί μου
		καρπούς	]	everything
III	2	verse 2	]	< (but see the end of this chapter)
III	3-4	οὐδὲ πονηρὸς — ὀφθαλμῶν	]	<
III	5	ἐμαυτῷ	]	<, cf. gm
		καὶ οὐκ ἐνενόουν ἡδονὴν γυναικός	]	and I did not consider marriage at all in those years
		ἀλλὰ — περιεγένετο	]	<
III	6	πάντοτε	]	<
III	6-8	εἴ τι γὰρ — καρδίας	]	because that which I laboured I brought and I did not set apart + Because of this, my father continually blessed me (cf. vs. 2)
IV	1	καρδίας	]	<
IV	2-3	verses 2 and 3	]	<
IV	4	τὰ πνεύματα ... ἰσχύουσι	]	singular
		εἶδεν	]	οἶδεν A + gldef
		ἐπιδέξασθαι	]	choose, cf. gf ἐπιλέξασθαι
		ἵνα μὴ — αὐτοῦ	]	<
IV	5	ἐπελεύσεται	]	is
		οὐ βασκανία — αὐτοῦ	]	<
		οὐδὲ — ἐννοεῖ	]	nor did he consider the avarice for gold

IV	6	ἐν εὐθύτητι ζωῆς	]	in simplicity, cf. *l* ἐν ἀπλότητι ζωῆς and *chij* ἐν ἀπλότητι ψυχῆς
		ἐν ἀπλότητι	]	in uprightness, cf. *chij* ἐν εὐθύτητι καρδίας
		μὴ ἐπιδεχόμενος — κόσμου	]	never having cast his eye to error
		ἵνα μὴ — κυρίου	]	lest he see with crookedness and cast it into his concern
V	1	θεοῦ	]	κυρίου A + *ldm*
V	1-2	καὶ ἐν ἀκακίᾳ — ἐλεᾶτε	]	<
V	3	καθ' ἑκάστην γεωργίαν — προσφέροντες	]	<
V	4	verse 4	]	for in the fruit of your toils the Lord will be blessed
V	5	ἢ τῆς πιότητος — καρποί	]	<
V	6	ὅτι	]	because of which also, cf. *gmeafchij* ὅτι καί
		ἐν εὐλογίαις — εὐλόγησέ με	]	in our blessing declared
V	7	καὶ ὁ Λευὶ — παρὰ κυρίου	]	the primacy of Levi and glorified Judah
		καὶ γὰρ κύριος — βασιλείαν	]	<
V	8	αὐτοῖς οὖν ὑπακούσατε	]	listen to them, cf. *d* ἀκούσατε οὖν αὐτοῖς
		περιπατήσατε	]	stumble not from
		τὰ πειρατήρια	]	the trials (*sic!*)
VI	1	καὶ κολληθήσονται — Βελιάρ	]	<
VI	2	πονηροῖς	]	< A + *lf*
VII	1	ἐπ' ἐμέ	]	in myself, cf. *eafchij* ἐν ἐμοί
		εἰς θάνατον	]	<
VII	2	verse 2	]	I have not been promiscuous
VII	3	οἶνον — ἔπιον	]	and in my recreation wine with greediness (A^Z, deceit A^M *etc.*) I did not drink
		πᾶν — ἐπόθησα	]	<
VII	4	ἐν καρδίᾳ μου	]	in my mouth
		ψεῦδος — μου ²	]	and I did not lie to my neighbour
VII	5	παντὶ ἀνθρώπῳ — ἔλυσα	]	<
		εὐσέβειαν	]	justice
		καὶ ἀλήθειαν	]	and walked with holiness
VII	6-7	verses 6 and 7	]	<
VII	8	τῷ σπηλαίῳ	]	the cave of Machpelah, cf. *dm* + τῷ διπλῷ
		μετὰ τῶν πατέρων αὐτοῦ	]	< A + *i*
VII	9	ἀπέθανε	]	he fell asleep, cf. *chij* ἐκοιμήθη
		πέμπτος	]	< A + *gldmeafchij*
		ἐν γήρει καλῷ	]	in the land of (H)ṙōkałō (*sic!*)

Testament Zebulun VI-X

VI	1	ἐν θαλάσσῃ ἐπιπλέειν	]	and sailed upon the sea, cf. *gldmeafchij* (for word order)
		σύνεσιν — ἐν αὐτῷ	]	wisdom
VI	2	ἐν μέσῳ	]	+ of the ship, cf. *ldm* + αὐτοῦ
VI	3	ἐν αὐτῷ	]	< A + *c*
		διαπορευόμενος	]	and I sailed, cf. *gldmeafchij* + ἤμην
VI	4-6	verses 4, 5 and 6	]	< A + *eafchij*
VI	7	παντὶ ἀνθρώπῳ — ἐξαρκῶν	]	< A + *eafchij*
VII 1-		νῦν ἀναγγελῶ — εἰς	]	< A + *eafchij*
VIII 3		αὐτόν		
VIII	4	ὅτε γάρ	]	and when, cf. *eafchij* ὅτε δέ
		εἰς ἡμᾶς	]	(the evil) which we did to him
		ἐμὲ — ἐσπλαγχνίσθη	]	< A + *eafchij*
VIII	5	καὶ ὑμεῖς — ἀλλήλους	]	τέκνα μου, καὶ ὑμεῖς ἀγαπήσατε ἀλλήλους A + *eaf*, cf. *lchij*
		μὴ λογίζεσθε	]	+ nor preserve
VIII	6	ἑνότητα	]	goodness
		ὁ γὰρ μνησίκακος — ἔχει	]	< A + *eafchij*
IX	1	κατασύρει	]	carry off (in general), cf. *eaf* καταφέρει
IX	2	εὐκαταφρόνητα	]	easily despised by all
IX	4	ὅτι πᾶν — ἔχει	]	for the Lord granted one head to everything which he created
		ἔδωκε	]	because he gave, cf. *ld* + γάρ
		πάντα τὰ μέλη	]	together with all of the limbs, cf. *ef* σὺν πᾶσιν μέλεσιν
IX	5	ἔγνων	]	because I have learned, cf. *dchij* + γάρ
		ἐν ἐσχάταις ἡμέραις — κυρίου, καί	]	< A + *eafchij*
IX	6	καὶ ὀδύναις ψυχῆς	]	< A + *eafchij*
IX	7	κακίαν τοῖς υἱοῖς . . .	]	the evil deeds of the sons . . .
		τὰ πνεύματα	]	a spirit, cf. *d* τὸ πνεῦμα
		ἀπατᾷ	]	πλανᾷ A + *deaf*
IX	8	καὶ ἴασις — πατηθήσεται	]	< A + *eafchij*
		ἐπιστρέψει — αὐτοῦ ²		ἐπιστρέψετε εἰς τὴν γῆν ὑμῶν A + (*eaf*)*chij*
		θεὸν — αὐτῷ	]	the Lord in Jerusalem, cf. *eaf* κύριον ἐν 'Ι. διὰ τὸ ὄνομα αὐτοῦ
IX	9	ἐν πονηρίᾳ λόγων ὑμῶν	]	<
		ἀπορριφήσεσθε	]	you will be cast to the heathen
X	1	ἀπολείπω	]	I desist from this life
X	2	ὡς ἡγούμενος ἐν μέσῳ υἱῶν αὐτοῦ	]	<
		ὅσοι ἐφύλαξαν	]	(you) who will observe, cf. *chij* οἵτινες φυλάξουσιν
		καὶ ἐντολὰς — αὐτῶν	]	<
X	3	ἕως γενεῶν	]	through (or from) the children of Israel

X	4	τέως ἐγώ	]	Now I, cf. *chij* ἐγὼ δὲ νῦν
X	5	τὸν θεὸν — ὑμῶν ²	]	<, cf. *mhij*
X	6	ὕπνῳ καλῷ	]	<

Testament Joseph

Title		περὶ σωφροσύνης	]	concerning envy
I	5	ὁ κύριος ¹	]	ὁ πάντων κύριος A + *gdmef(chj)*
I	6	ὁ σωτήρ	]	the Most High
II	1	ὁ ἀρχιμάγειρος Φαραώ	]	<
II	2	ἐφύλαξε	]	ἐρρύσατο A + *gldeafchj*
II	4	ἐγκαταλίπῃ	]	+ κύριος A + *ldeafchj*
		οὐκ ἐν σκότει ἤ	]	nor does he put them in darkness (one verb!)
II	6	παρακαλεῖ	]	is besought
III	2	δεσπότης ἡμῶν	]	my master
III	3	πατρός μου	]	πατέρων πατρός μου (A^{ZM*L} + *b(g)*), πατρός μου (*rel.* A)
III	5	ἀπεδήμει	]	I went anywhere
III	6	σφόδρα	]	+ καί A + *d*
III	7	τὰ μὲν πρῶτα	]	< A + *gleafchj*
III	8	ἕως οὖν χρόνου	]	for a long time
IV	3	ὁ κύριος	]	< A + *lmeafchj*
IV	4	πάλιν	]	<
		μαθεῖν	]	desiring to learn
		λόγον	]	words
IV	5	συμπείσθητί μοι	]	sleep with me, cf. *gldmeafchj* συγγενοῦ μοι
VI	2	αὐτό	]	the provisions
		μετὰ τοῦ τρυβλίου	]	with a scabbard
		αὐτῆς	]	αὕτη A + *glm(e)af*
		εἰς ἀποπλάνησιν ψυχῆς	]	to lead me astray, cf. *geaf* εἰς ἀποπλάνησιν, *chj* εἰς ἀποπλάνησίν μου
VI	6	δι' ἀγγέλου	]	through his angel, cf. *chj* + αὐτοῦ
VI	7	ἐξαυτῆς ἔφαγον	]	I ate some of the food, cf. *d* ἀπὸ τοῦ βρώματος ... ἔφαγον ..., *m* ἀπὸ τῶν βρωμάτων ... ἔφαγον ...
VII	1	ὅτι	]	ἔτι A + *gleafchj*
		προσέπιπτεν	]	she was sad, cf. *gld(m)eafchj* συνέπιπτεν
VII	2	τοῦ πνεύματός μου	]	of my heart, cf. *m*
VII	3	ἐὰν μή μοι συμπεισθῇς	]	(if) you will not sleep (with me), cf. *(g)leafchj* συγγένῃ(-ς), *dm* συνελθῇς
VII	5	ἡ Σηθων	]	Asit'o, cf. *ef* ἡ Ασιθω and *chj*
VIII	1	*incipit*	]	Now, cf. *dmeafchj* + οὖν
		δακρύων	]	+ to the Lord
VIII	5	μου ²	]	< A + *gl(m)eaf*
IX	1	εὐδόκησον — μου	]	consent to me
IX	1-4	καὶ ἀπαλλάξω — ποσάκις	]	<
IX	5	πάνυ — ὡραία	]	<
		πρὸς ἀπάτησίν μου	]	<

X	1	πόσα κατεργάζεται	]	of what character ... is
X	2-3	verses 2 and 3	]	and you, if you will be of that kind, will be saved by the Lord's hand from pains and from evil and from tribulation
X	4	verse 4	]	Because either by word or by thought a man might transgress
X	5	ἐν τῇ καρδίᾳ μου	]	<
		εἶχον — μου [4]	]	<
X	6	τοὺς ἀδελφούς μου	]	them
XI	1	οὖν ἔχετε — φόβον καί	]	<
XI	2	μετὰ τῶν Ἰσμαηλιτῶν ἠρώτων με	]	with them the Ishmaelites asked me and said to me: 'Are you a slave or a free man?', cf. m + Ἰσμαηλῖται and chj ἐπηρώτων με λέγοντες· Δοῦλος εἶ;
		ὅτι δοῦλος αὐτῶν εἰμι ἐξ οἴκου	]	'I am a slave' (cf. gafchj < αὐτῶν), + because of their violence
XI	3	ἕως θανάτου	]	<
		αὐτῶν [2]	]	<
XI	4	τίς — με	]	and each wanted to give part of his goods so that he might take me instead of his profits
XI	5	εἶναί με	]	to leave me
XI	7	αὐτὸν ἐν ἀργυρίῳ καὶ χρυσίῳ	]	(his) silver and gold
XII	1	κατ' ἐκεῖνον τὸν καιρόν	]	now
		ἐν λαμπήνῃ	]	< A + bg
		μετὰ δόξης πολλῆς	]	<
		καὶ ἐπέβαλεν — αὐτῆς	]	and having looked, she saw me
		ὅτι εἶπον — ἐμοῦ	]	<
XIII	1	ὁ δὲ Πετεφρῆς	]	he
		πεισθείς	]	rejoicing
		Ἑβραίων	]	Χανάαν A + gldmeafchj
		εἰς παῖδας μετεμπολῶν	]	for male servitude for you and for female servitude (sic!)
XIII	2	ἐδέετο λέγων	]	also said
XIII	3	καὶ εἶπεν	]	+ the dealer, cf. dm + ὁ μετάβολος
XIII	4	τοῖς λόγοις	]	the same account (lit. 'words'), cf. gdmea(f)chj + τούτοις
XIII	5	τῷ ἀρχιευνούχῳ	]	to him, cf. l αὐτῷ
		ἄρχων — παλλακάς	]	<
XIII	6	ἀπ' αὐτοῦ	]	from them
		δοῦλος [2]	]	I am a slave, cf. d + εἰμί
XIII	8	καὶ πάλιν λέγει μοι	]	ὁ δὲ εἶπεν A + (g)ldmeaf
XIII	9	ὁ δὲ ἠπίστησε, λέγων	]	εἶπε δὲ πρός με A + gdmeafchj
XIV	1	τυπτομένου μου	]	me, cf. gldmachj accusative
		καὶ ἀποστέλλει — ἀδικήσαντα	]	< (but see vs. 3)

XIV	2	λόγον	]	these words, cf. *l* λόγους
		τυπτόμενος	]	<
		τοῦ παιδός	]	my, cf. *d* μου
XIV	3	πρὸς αὐτόν	]	+ these judgments are wicked (see vs. 1)
		τὸν — παῖδα	]	this one who was stolen like the lawless (see vs. 1)
XIV	4	ἁμαρτίας	]	<
XIV	5	ἔστι	]	+ the custom, cf. (*g*)*dm* + ἔθος, *l* + νόμος
XIV	6	περὶ τοῦ μεταβόλου, καὶ περὶ ἐμοῦ	]	for both the dealer and the youth, cf. *gldmeafchj* which read ὁ παῖς
		εἶναι	]	+ And then Mempʿiu was silent
XV	1	ἀκούσαντες	]	+ in the land of Canaan, cf. *d* + ὄντων αὐτῶν εἰς γῆν Χανάαν
		ὁ πατήρ μου	]	<
		ἐμοῦ	]	his son
XV	2	δοῦλον εἶναι	]	'I am a slave', cf. *eaf* ὅτι δοῦλός εἰμι
		ἐν γῇ	]	from the land
		πενθεῖ	]	+ περί σου A + *g*(*dm*)*eafchj*
XV	3	πάλιν	]	πάνυ A + *gdmeaf*(*chj*)
		καὶ εἶπα — εἰμι	]	<
XV	5	ἠκούσθη	]	they had heard concerning him, cf. *gdmeafchj* ἤκουον
XV	6	Πετεφρῆ	]	+ the second (corrupt for "the third" see XIII 5)
XV	7	προσελθόντες	]	+ before him
		κἀκεῖνος ἀπέλυσεν ἡμᾶς	]	and the dealer paid us (*sic*!)
XVI	2	εὐνοῦχον	]	another eunuch again (see vs. 4)
		εἰς διάπρασιν	]	+ from them
		τοὺς 'Ισμαηλίτας	]	the dealers
		εἰς πρᾶσιν	]	from them for a price, cf. *d* + παρ' αὐτῶν
XVI	3	καὶ μὴ — ἀνεχώρησεν	]	<, cf. *g*
		πειραθεὶς αὐτῶν	]	<
		τοῦ παιδός	]	<
XVI	4	ἡ δὲ — λέγουσα	]	she said (cf. vs. 2)
		χρυσίου ² — ἄγαγε	]	<
XVI	5	ὀγδοήκοντα χρυσίνους	]	sixty drachmae
		ἑκατὸν — ἐμοῦ ²	]	and said: 'I gave eighty drachmae for him'
XVI	6	ἰδών	]	εἰδώς A + *gldeafc*
		ἐσιώπησα	]	+ for his sake
		ἐτάσθη	]	αἰκισθῇ A + *l*(*dm*)*eaf*
XVII	2	καὶ ἐν μακροθυμίᾳ — ἐλαττώματα	]	<
XVII	3	ὁ θεός	]	the Lord
		ἐπὶ ὁμονοίᾳ ἀδελφῶν καὶ	]	<
		εὐδοκιμούσης εἰς ἀγάπην	]	(hearts) which take pleasure in good things, cf. *ac* εὐδοκιμούσης (εὐδοκοῦσιν *c*) εἰς ἀγαθόν

XVII	4	ὡς ἔγνωσαν ὅτι	]	as they know indeed how, cf. (g)eaf ὡς οἴδασιν ὅτι
		τὸ ἀργύριον αὐτοῖς	]	their gold
		καὶ παρεκάλεσα αὐτούς	]	+ Behold, they hear, let them say if I have spoken any lie!
XVII	5	περισσοτέρως	]	<
		ἐκέλευσεν	]	they ordered me, cf. a ἠθέλησαν, c ἤθελον
		ἐκ περισσοῦ	]	<
		καὶ ἐθαύμαζον	]	< A + gldmeafc
XVII	6	πᾶν	]	+ which they sought and
XVII	7	καὶ οἱ υἱοί μου ὡς δοῦλοι αὐτῶν	]	and my slaves their slaves
		ἡ ψυχὴ αὐτῶν ψυχή μου	]	my soul their soul, cf. c
		καὶ πᾶν ἄλγημα — ἀσθένειά μου	]	< (but see immediately below)
		ἡ βουλὴ αὐτῶν βουλή μου	]	and all their pains were pains for me and all our thoughts were one
XVII	8	ἐν ἀλαζονείᾳ —	]	because of my glory, cf. l < ἐν ἀλαζονείᾳ and ἀλλ' — ἐλαχίστων
		ἐλαχίστων		
XVIII	1	ἐν ταῖς ἐντολαῖς κυρίου	]	along the same path
		ὑψώσει — εἰς αἰῶνας	]	El Shaddai will glorify you and exalt you on high
XVIII	2	verse 2	]	<
XVIII	3	διὰ τὴν μακροθυμίαν καί	]	<
		δέδοται	]	they gave me, cf. d δέδωκε
XVIII	4	καίγε ὡραιότητα —	]	and she was beautiful as a flower and more beautiful than the elect ones of Israel and than Levi and Judah and Naphtali. She preserved herself with beauty
		κάλλει		
XIX	1	τέκνα μου	]	<
		ὧν εἶδον ἐνυπνίων	]	ὃ εἶδον ἐνύπνιον A + gl(d)eaf, cf. k
XIX	2	δώδεκα	]	I saw twelve, cf. k εἶδον γὰρ ὡς ὅτι δώδεκα
		καὶ οἱ ἐννέα	]	and of them nine
		διαιρέθησαν καί	]	< A + gdeafc, cf. l
		τῇ γῇ	]	<
		ὁμοίως καὶ οἱ τρεῖς	]	but three were saved. And on the following day they too were scattered. (3) And I saw that the three stags became three lambs and they cried out to the Lord and he brought them forth out of darkness into light and he brought them to a green and watered place. (4) And there they cried out to the Lord until the nine stags were gathered to them and they became like twelve sheep, and after a little they increased and became many flocks. (5) After this I saw and,

behold, twelve bulls which were sucking the one cow which, through the vast amount of her milk, was making a sea. And the twelve flocks and the innumerable herds were drinking from it. (6) And the horns of the fourth bull were elevated up to the heavens and became like a wall for the flocks and another horn flowered between the horns. (7) And I saw a calf which circled it twelve times and became an aid to the bulls altogether

XIX	3 (8)	ὅτι — παρθένος	]	among the horns a virgin
		βυσσίνην	]	many-coloured
		ἄμωμος	]	<
		ἐξ ἀριστερῶν αὐτοῦ	]	from its right side
		ὡς λέων· καί	]	<
		τὰ θηρία	]	+ and creeping things
		εἰς καταπάτησιν	]	<
XIX	4 (9)	οἱ ἄγγελοι — ἡ γῆ	]	the bulls and the cow and the three horns + and rejoiced with it
XIX	5 (10)	ἐν ἐσχάταις ἡμέραις	]	<
XIX	6 (11)	οὖν	]	<
		φυλάξατε — κυρίου καί	]	<
		τὸν Ἰούδαν καὶ τὸν Λευί	]	τὸν Λευὶ καὶ τὸν Ἰούδαν ∾ A + c
		ὁ ἀμνὸς — Ἰσραήλ	]	the salvation of Israel
XIX	7 (12)	ἡ γὰρ βασιλεία — παρασαλεύεται	]	<
XX	1	μετὰ τὴν τελευτήν μου	]	after me
		ἐκδίκησιν ὑμῶν	]	vengeance upon them
		γῆν ἐπαγγελίας	]	τὴν ἐπαγγελίαν A + bk, cf. glefc τὰς ἐπαγγελίας
XX	2	ὅτι — Αἰγυπτίων	]	<
XX	3	Ῥαχήλ	]	+ my mother, cf. c + τῆς μητρός μου
XX	4	ταῦτα εἰπών	]	<
		ὕπνον αἰώνιον	]	<
XX	6	verse 6	]	<

INDEX OF WORDS

This index contains *all words* occurring in the *text*, including the titles of the testaments, and proper names. Moreover, the words of the *readings of family I or II* which were *not* adopted *in the text* (see *Appendix I*) are given.

Because of their frequent occurrence in the text, the following words are *not listed*: 1) articles; 2) καί; 3) personal, possessive, demonstrative, relative and reflexive pronouns (except ὅστις and the nominative of ἐγώ and σύ); 4) ἐν; 5) εἰμι.

The *prepositions* are subdivided according to their constructions with different *casus*; moreover, special preposition-constructions, like διὰ τοῦτο, μετὰ ταῦτα, ἕως εἰς etc., are mentioned separately. *Adverbs*, too, are listed separately, except in those cases when the neuter of an adjective is used adverbially. *Irregular forms of verbs* are mentioned separately, but are found under the heading of the form of the present (so, e.g., ἔφαγον under ἐσθίω). *Figures* are not indicated by the corresponding letters in the Greek alphabet, but are always written in full. When words occur twice or more in the same verse, this is marked by a *figure* indicating the number of occurrences (so, e.g., T.L. III 2³). Words *occurring in the variae lectiones of family I or II* are marked by an *asterisk*.

The *titles* of the *testaments* are *abbreviated* as follows: T.R(euben).; T.S(imeon).; T.L(evi).; T.J(udah).; T. I(ssachar).; T. Z(ebulun).; T.D(an).; T.N(aphtali).; T.G(ad).; T.A(sher).; T.Jos(eph).; T.B(enjamin).

Ἄβελ T.I. V 4; T.B. VII 4
Ἀβελμαούλ T.L. II 3; 5
Ἀβιλά T.L. VI 1
ἀβλαβής T.Z. V 5
Ἀβραάμ T.L. VI 9; VIII 15; IX 12; XV 4; XVIII 6; 14; XIX 5; T.J. XVII 5; XXV 1; T.D. VII 2; T.N. I 10; T.A. VII 7; T.Jos. VI 7; T.B. I 2; X 4; 6
ἄβυσσος T.L. III 9
ἀγαθοποιέω T.B. IV 3; V 2
ἀγαθοποιία T.Jos. XVIII 2
ἀγαθός T.S. III 2; IV 4; 5; 7; T.L. XIII 6; T.I. III 7; 8; T.Z. I 3; VII 2; T.D. I 4; IV 3; T.N. II 4; 9; VIII 5²; T.A. I 8²; 9; III 2; IV 1; 3; 4; 5; V 4; T.Jos. II 7; VII 8; XVIII 1; T.B. III 1; 2²; IV 1²; 2; 3; 5; V 1²; 3; VI 1; 4; 5; XI 1
ἀγαθοσύνη T.J. XVIII 4
ἀγαθότης T.N. tit.; T.A. III 1²; T.B. VIII 1
ἀγαθύνω T.S. V 2
ἀγαθῶς T.Z. VI 5

ἀγαλλιάομαι T.L. XVIII 5; 14; T.N. VI 10
ἀγαλλίασις T.J. XXV 5; T.B. X 6
ἀγαπάω T.R. III 9; T.S. II 6; III 6; IV 4; 6; 7; T.J. XVII 1; XXI 1; T.I. I 1; V 2; VII 6²; T.Z.VIII 5; T.D. I 5; 7; II 1; V 3; VI 8; T.N. I 7; VIII 4; 10; T.G. I 5; III 2; 3; VI 1²; 3; VII 7; T.A. II 3; T.Jos. I 2; 4; VII 6; IX 2; X 2; 5; XI 1; XVII 2; 5; T.B. I 5; III 1; 3; 4; IV 3; 5²
ἀγάπη T.R. VI 9; T.G. IV 2; 6; 7; V 2; T.A. II 4; T.Jos. XVII 3; T.B. III 5; VIII 1; 2
T.J. XXIII 5 *
ἀγαπητός T.S. IV 7; T.L. XVII 3; XVIII 13; T.B. XI 2
ἀγγελία T.N. II 1
ἄγγελος T.R. III 15; V 3; T.S. II 8; T.L. II 6; 9²; III 5; 7²; V 1; 3; 6; 7; IX 6; XVIII 5; XIX 3; T.J. III 10; X 2; XV 5; XXV 2; T.I. II 1; T.D. V 4; VI 2; 5; 6; T.N. VIII 4²; 6; T.A. VI 4; 6; VII 1;

II 3; 4; 5; 7; 8; 9; IV 2; 4; 5;
V 2; VI 6; T.Jos. II 6; III 1; 5;
IV 4; 6; V 1; VI 7; 8; VII 1; 2²;
IX 3; 4; X 3; XI 2; 3²; 4; XII 2;
XIII 1; 3; 4; 9; XIV 1; 2; 5; XV
1; XVI 1; 3; 4; XIX 5; 7; T.B.
II 4; IV 3; VI 7; VII 2²; 4; VIII
3; IX 1; 5; X 1; 8; 11
T.G. VII 4 *; T.Jos. III 3 *
Δέβορρα   T.N. I 9
δέησις   T.S. II 2
δεῖ   T.N. VII 1; T.Jos. XIV 3
δείκνυμι   T.R. IV 4; T.L. IX 6; T.J.
XIII 4; XV 5; T.G. II 3; T.A.
VI 4
δειλιάω   T.S. II 3; T.Jos. II 5
δεῖπνον   T.J. XIII 5; T.N. I 2; 4
δέκα   T.N. VI 6; T.G. II 3; T.Jos.
II 7
δεκαεννέα   T.J. XXVI 2
δεκαοκτώ   T.J. IX 1; 2
δεκατέσσαρες   T.I. I 10
δέκατος   T.Z. I 1
δένδρον   T.L. IX 12
δεξιός   T.S. II 12; T.L. VI 1; T.D.
III 6; T.B. X 6
δέομαι   T.L. V 5; T.J. VII 7; T.Z.
II 6; T.N. VI 8; T.Jos. IV 3; XIII
2²; T.B. III 6
δεσμός   T.Jos. I 6; II 4; IX 1
δεσμοφύλαξ   T.Jos. II 3
δέσποινα   T.Jos. XVI 3
δεσπότης   T.Jos. III 2
δεύτερος   T.R. II 4; III 3; T.S. II 2;
T.L. II 7; III 2; VIII 5; 13; XVII
3; T.J. XXV 1; T.D. III 4; T.N.
I 1; T.B. VII 2
δέχομαι   T.R. IV 9; VI 10; T.J. IX
7; T.D. VI 9
δέω   T.S. IV 3; T.L. XVIII 12
δηλόω   T.S. V 1; T.Jos. XI 3; XVI
1; 3
δημιούργημα   T.N. III 4
δημόσιος   T.J. XXIII 2
διά (δι᾽) + genit.   T.R. II 8; III 4;
6; V 2²; 3²; T.S. III 4; T.L. II 11;
IX 4; 9; XVIII 9; T.J. II 3; VII
7; XII 3; XIX 1; XXI 4; T.I.
III 5; 6; VII 4; T.Z. IV 6; V 4;
T.D. II 4; III 4³; IV 5; VI 9; T.N.
VIII 2; 3; 4; 6; T.G. I 9²; IV 7;
V 8; 10²; T.A. IV 2; 5; VII 3;
T.Jos. IV 1; VI 6; VIII 5; XIV 1;
XVIII 2; T.B. VII 2; X 1; 10

διά (δι᾽) + accus.   T.R. IV 2; T.S.
II 14; T.L. VI 3; XV 4; XVI 4;
T.J. XII 11; XVII 1; 2; XIX 2;
XXIII 1; XXV 4²; T.I. I 10; 15;
II 3²; T.Z. II 3; T.N. III 5; T.G.
II 2; T.A. II 3; VII 7²; T.Jos.
III 4; VII 7²; X 3; 6; XVII 8;
XVIII 3; T.B. VII 4; XI 1; 5
διαβολή   T.Jos. I 7
διαβολικός   T.G. V 1
διάβολος   T.N. III 1; VIII 4; 6;
T.A. III 2
T.G. V 2 *; T.A. I 9 *
διαβούλιον   T.R. IV 9; T.S. IV 8;
T.J. XI 1; XIII 2; 8; XVIII 3;
T.I. IV 5; VI 2; T.D. IV 2; 7;
T.G. V 3; 7; VII 3; T.A. I 3; 5;
8; 9; T.Jos. II 6; T.B. VI 1; 4
διάγω   T.Jos. III 4; IX 3
διαδέχομαι   T.A. V 2
διάδημα   T.L. VIII 10; T.J. XII 4;
XV 3
διαδίδωμι   T.B. XI 1
διαδοχή   T.L. XVIII 8
διάθεσις   T.B. VI 5
διαθήκη   T.R. tit.; I 1; T.S. tit.;
T.L. tit.; T.J. tit.; T.I. tit.; T.Z.
tit.; T.D. tit.; T.N. tit.; I 1; T.G.
tit.; I 1; T.A. tit.; I 1; T.Jos. tit.;
I 1; T.B. tit.; III 8
διαίρεσις   T.J. XXII 1
διαιρέω   T.L. VIII 11; T.Z. IX 2; 3;
5; T.Jos. XIX 2
διεῖλον   T.L. IV 2
δίαιτα   T.Jos. III 5
διάκονος   T.J. XIV 2
διακόσιοι   T.J. IV 1; IX 8; T.B.
VII 4
διακρίνω   T.A. I 5
διάκρισις   T.N. II 8
διαλογισμός   T.J. XIV 3
διαμαρτύρομαι   T.Z. I 7
διαμένω   T.J. XXI 1; T.Z. V 5
διανέμω   T.L. VIII 16
διάνοια   T.R. III 12; IV 6; V 3; 6;
7; VI 1; 2; T.S. III 2; 5; IV 8;
T.D. II 4; T.G. VI 1; T.Jos. X 4;
5; T.B. tit.; III 2²; IV 1; V 1; 3;
VI 5; 7; VII 2; VIII 2;
T.R. V 5 *; T.Jos. X 5 *
διαπορεύω   T.Z. VI 3
διάπρασις   T.G. I 8; T.Jos. XVI 2
διαπτύω   T.I. II 1
διαπωλέω   T.B. II 5

δόξασμα　T.D. V 12

δορκάς　T.J. II 3

δόρκος　T.A. IV 5

δόσις　T.Z. I 3

δουλεία　T.J. XXIII 3; T.Jos. X 3

δουλεύω　T.L. XIII 4; T.J. XVIII 6; T.I. I 10; VI 2; T.N. IV 2; T.A. III 2; VI 5

δοῦλος　T.Z. IV 10; T.G. IV 4; T.Jos. I 5; XI 2; 3²; XIII 6²; 7; 8; XV 2; 3; XVII 7

δουλόω　T.J. XV 2; T.Jos. VII 8; XVIII 3

δράκων　T.A. VII 3

δρᾶσις　T.S. II 12

δράω　T.D. III 4

δρόμος　T.J. II 3

δύναμαι　T.R. V 4; VI 5; T.S. V 5; T.L. XIII 7; XVII 8; T.J. IX 4; XII 6; XVIII 6; XX 4; 5; T.Z. II 5; T.D. IV 2; V 4; T.N. II 10²; V 6; T.G. I 7; T.B. III 4; 5 T.N. III 1 *

δύναμις　T.R. V 1; 2; T.L. III 3; XVI 3; T.J. III 10; XIV 2; XV 3; 6; XXV 2; T.D. III 2; 4²; 5; IV 1; T.N. II 2; 8; V 2; T.Jos. XVIII 4

δυναστεία　T.L. VI 10; T.A. II 8

δυνατός　T.S. II 3; T.J. VI 3; IX 5; T.D. III 4; T.Jos. X 6

δύο　T.R. I 2; T.S. III 4; VII 1; T.L. II 8; IX 1; T.J. III 1; 4²; IV 2; VIII 3; XII 1; XIV 2; XVII 2; XVIII 6; XX 1; T.I. I 7; II 1; 2²; T.Z. I 1; IV 2²; IX 4²; 5; T.D. I 9; T.N. V 6; VII 1; VIII 9; T.G. I 3; T.A. tit.; I 3⁵; 4; 5²; IV 2; V 1; T.Jos. XVI 4; T.B. I 5; III 7; VI 5 T.J. VII 1 *

δυσμαί　T.J. V 2

δυστοκέω　T.L. XI 7

δυσωδία　T.B. VIII 3

δώδεκα　T.L. IX 12; T.J. III 7; T.N. V 4²; 8; T.Jos. XIX 2; T.B. I 4²; IX 2

Δωθάϊμ　T.S. II 9

δωροληψία　T.R. III 6

δῶρον　T.I. V 3; T.Jos. V 4

ἐάν　T.R. IV 11; T.S. III 5; VI 2; T.L. XIII 6; 7; 9; XIV 4; T.J.

XIV 3; 8; XVI 2²; XX 2; XXI 4; T.I. VI 3; T.Z. IV 12; IX 2; 3; T.D. II 1; 3³; III 4; 5; IV 3; 5²; 6; T.N. II 10; VIII 4; T.G. III 2³; IV 3; 4; VI 3²; 4; 6; 7; VII 1; 2; 4; T.A. I 6; 8; VI 5; 6; T.Jos. III 2; 5; VII 3; 5; 8; X 2; XVI 4; XVIII 1; 2; T.B. III 3; IV 4³; V 1; 2; 4; X 11

ἐάω　T.R. III 12; T.S. IV 8; T.I. I 13; T.D. I 9

ἑβδομάς　T.L. XVI 1; XVII 1; 10

ἑβδοματικός　T.L. XVII 11

ἑβδομήκοντα　T.L. VIII 1; XVI 1; XVII 1; T.J. XII 12

ἑβδομηκοντάκις　T.B. VII 4

ἕβδομος　T.R. II 8; III 6; T.L. VIII 10; XVII 7; 8; 11; T.N. I 2; T.G. I 1; T.B. VII 2 T.G. I 2 *

Ἑβραῖος　T.Jos. XII 2; 3; XIII 1; 3

ἐγγαστρίμυθος　T.J. XXIII 1

ἐγγίζω　T.R. VI 10; T.J. XII 8; XXI 5; T.D. V 7; VI 2; T.Jos. VI 5

ἐγγράφω　T.J. XX 4

ἐγγύς　T.L. II 10; VI 1; T.D. VI 11; T.N. IV 5; T.Jos. XX 3; T.B. XII 1

ἐγείρω　T.L. XVIII 2; T.D. IV 6

ἐγκατάκλειστος　T.Jos. XIV 6

ἐγκατάλειμμα　T.S. VI 3

ἐγκαταλείπω　T.Jos. II 4

ἐγκαυχάομαι　T.J. XIV 8

ἔγκειμαι　T.R. III 3; T.G. V 11; T.Jos. VII 1

ἐγκοτέω　T.G. I 8

ἐγκράτεια　T.I. II 1; T.N. VIII 8

ἐγρήγορος　T.R. V 6; 7; T.N. III 5

ἐγχείρημα　T.Jos. IX 5

ἐγχρῄζω　T.S. II 9

ἐγώ　T.R. I 3; 4; 6; III 8; 11; 14; IV 1; T.S. II 2; 9; 11; IV 1; 2; T.L. II 1; V 3; 6; VI 3; 4; 8; IX 1; XVIII 14; XIX 3; T.J. III 1; 9; V 2; VI 5; VII 2; 9; XI 1; XII 3; XIII 1; 3; XV 2; XVI 4; XVII 2; 6; XIX 2; XXV 1²; XXVI 2; T.I. I 2; 9; III 6; VII 1; T.Z. I 3; II 5; III 1; IV 2; V 2; 5; VI 1; X 1; 4; T.D. II 1; T.N. I 6; T.G. I 3; II 3; III 3; V 6; VI 2; T.Jos. I 3; III 3; 8;

ἐτάζω T.Jos. XVI 6
ἐταῖρος T.J. III 5; T.B. II 5
ἕτερος T.J. III 2; IX 6; T.A. IV 4;
  T.Jos. V 1; XVI 4
ἔτι T.L. IX 10; T.J. XII 8; XXV
  3; T.A. I 2; T.Jos. VI 9; VII 3
  T.L. II 8 *; T.Z. VII 4 *; T.N. I
  7 *; T.Jos. VII 1 *
ἕτοιμος T.L. III 2
ἔτος T.R. I 1; 2; 8; 9; T.S. I 1²;
  III 4; VIII 1; T.L. II 2; XI 1; 4;
  7; 8; XII 4; 5⁵; 7; XIX 4; T.J.
  VII 10; IX 1; 2²; XII 1; 12²;
  XXVI 2; T.I. I 10; III 5; VII 1;
  T.Z. I 1²; VI 7; T.D. I 1; T.N. I
  1; V 1; T.G. I 1; VIII 5; T.A. I 1;
  T.Jos. III 4; T.B. I 1; 2; 4; VII
  3; 4²; XII 2; 3
εὐαρέστησις T.I. IV 1
εὐάρεστος T.D. I 3
εὐγενής T.R. IV 7; T.N. I 10;
  T.Jos. XIV 3
εὐδοκέω T.L. XVIII 13; T.Jos. IV
  6; IX 1
εὐδοκία T.B. XI 2
εὐδοκιμέω T.Jos. XVII 3
εὐεργετέω T.Jos. XX 6
εὐθέως T.R. III 15
εὐθής T.A. I 2
εὐθύνω T.S. V 2
εὐθύς T.N. I 12; T.G. IV 3; T.A.
  I 6; 7; T.B. IX 1
εὐθύτης T.I. III 1; IV 6; T.G. VII 7
εὐκαταφρόνητος T.Z. IX 2
εὐλογέω T.R. VI 11; T.S. VI 7;
  T.L. IV 6²; V 7; IX 2; T.J. I 5;
  XVII 5; XXV 2; T.I. III 2; V 4²;
  6; T.Z. V 2; T.N. I 4; II 1; VIII
  2; 4; T.Jos. XI 7; XII 3; XVIII
  1
εὐλογία T.R. VI 10; T.S. IV 5;
  V 6; T.L. IV 4; V 2; VI 6; T.J.
  XVIII 5; XXIV 2; T.I. V 6; T.B.
  VI 5
εὐμορφία T.J. XVII 1
εὔμορφος T.J. XIII 3
εὐνοῦχος T.J. XXIII 4; T.Jos. VI
  2; XII 1; XIII 5; XVI 2; 3; 4; 6
εὐοδόω T.G. VII 1²
  T.J. I 6 *
εὔοσμος T.I. I 5 *
εὐπραγέω T.G. IV 5
εὑρίσκω T.R. IV 8; T.S. V 2; T.L.

VI 1; XIII 5; 6; 8; T.J. XXIV 1;
  T.Z. II 7; IV 6; 8; VII 4; VIII 2;
  T.D. I 9; T.Jos. XV 4
εὐσέβεια T.R. VI 4; T.J. XVIII 5;
  T.I. VII 5
εὐσεβής T.L. XVI 2
εὐσπλαγχνία T.Z. tit.; V 1; VIII 1;
  IX 8; T.A. VII 7; T.B. IV 1
εὔσπλαγχνος T.S. IV 4; T.Z. IX 7
εὐτέλεια T.J. XXIII 5 *
εὐφραίνω T.L. XVIII 5; 13; T.J.
  XIII 8; T.Z. X 2; T.D. V 12
εὐφροσύνη T.S. VI 7; T.L. XVIII
  14; T.J. XV 4; XVI 2
εὐχαριστέω T.G. VII 6
εὐχαριστία T.I. V 3
εὐχή T.J. XIX 2; T.N. I 8; T.G.
  V 9; T.B. X 1
εὔχομαι T.R. IV 4; T.S. II 13; T.L.
  II 4; T.J. I 6; T.G. VII 1; T.Jos.
  III 7; XVIII 2; T.B. I 5
εὐώδημος T.I. I 5
εὐωδία T.L. III 6
ἐφέλκω T.J. V 3; T.Jos. III 8; VIII
  2
ἐφίημι T.I. IV 2
ἐφίπταμαι T.N. VI 4 *
ἐφούδ T.L. VIII 2; 6
Ἐφραθά T.R. III 13
ἐχθραίνω T.G. VI 5
ἐχθρός T.L. XIII 8; T.J. XXIII 3;
  5; T.I. VI 2; T.Z. IX 6; T.D. VI
  2; 3; 4; T.N. IV 2; T.A. VII 2
ἔχω T.R. I 4; IV 2; V 1; VI 4;
  T.S. II 1; IV 4; 9; T.L. III 2;
  IX 10; 12; XIII 2; T.J. VII 6;
  VIII 1; X 3; XIV 2; 7; XIX 1; 2;
  T.I. II 2; VII 7; 9; T.Z. I 3; IV
  11; V 1; 3; VII 3; VIII 1; 6; IX 4;
  T.D. III 4²; 5; V 2; T.N. V 6;
  VIII 5; T.G. VII 6; T.Jos. III 7;
  VII 6; X 5; XI 1; XIII 5; XIX 3;
  T.B. I 3; III 2; 5; IV 2; 5²; V 1;
  VI 5²; 6; 7; VIII 2²
ἕψω T.Z. VI 5
ἕως T.R. IV 1; 3; T.L. IV 4; XVI
  5; T.J. XIII 3; T.Z. I 3; VI 3;
  T.N. IV 2; T.Jos. XI 5; T.B. IX 1
ἕως + genit. T.R. I 8; V 7; T.S.
  VI 2; IX 1; T.L. I 1; IV 4; VIII
  3; XVI 4; XVIII 3; 8; 13; T.J.
  V 6; IX 5; XII 8; XV 4; 5; XXII
  2²; 3²; T.I. V 4; T.Z. IX 9; X 3;

1; T.G. VIII 3; 5; T.A. VIII 1; 2;
T.B. XII 1; 3
θαυμάζω   T.L. II 9; T.Jos. XVII 5
θαυμάσιος   T.S. VI 7
Θαφφού (see also Ταφουέ)   T.J. V 6²
θεάομαι   T.L. II 5
θέλγω   T.R. V 6
θέλημα   T.I. IV 3; T.D. VI 6; T.N.
III 1²; T.B. XI 2
θέλω see ἐθέλω
θεός   T.R. I 6; III 8; 15; IV 6; 10;
V 3; VI 6; 9; T.S. II 8²; 12; III 4;
IV 4; 5; V 2; 3; VI 5; 7; VII 1; 2;
T.L. II 6; III 2; 8; VI 8; IX 3; 6;
XIII 2; 3; 7; XIV 4; 7; XV 2;
XVII 2; T.J. XIII 1; XIV 6;
XV 5; XVI 2²; 3; 4³; XVIII
3; 5; 6²; XIX 1; 3; XXI 4;
XXII 2; XXIII 3; 5; XXIV 4;
T.I. III 7; IV 3; V 1; VII 7; T.Z.
VII 2; VIII 2; IX 8; X 5; T.D.
I 3; 9; V 2; 12; VI 2²; 9; VII 3;
T.N. II 8; 9; III 1; 2; 3; VIII 3;
4; 5; 6; 10; T.G. II 5; IV 2; 7;
V 7; 9; VI 7; T.A. I 2; 3; II 6;
10; III 1; 2; IV 1; 5²; V 3; VII
3; 5; T.Jos. I 4; 6; II 2; 5; III 4;
IV 3; VI 6; 7; VII 7; VIII 5; IX
2; X 5; XI 1; XII 3; XVII 3;
XIX 6; XX 1; T.B. III 1;
4³; 8; IV 4; 5²; 7; VII 3; VIII 2;
IX 2; 4; X 5; 8; 10; XI 4
T.L. XIII 1 *; T.J. XVIII 6 *;
T.D. VI 10 *; T.G. V 4 *
θεοσεβέω   T.Jos. VI 7
θεοσεβής   T.N. I 10
θεραπεύω   T.Jos. VII 2
θεράπων   T.L. IV 2
θερίζω   T.L. XIII 6
θέρος   T.Z. VI 8; T.Jos. XIX 7
θεσμός   T.N. VIII 10
θεωρέω   T.L. XV 3
θήκη   T.S. VIII 2; T.Z. X 6; T.N.
II 8
θηλάζω   T.N. I 12; T.B. I 3
θῆλυς   T.R. III 10; VI 1; T.I. IV 4
θήρ   T.I. VII 7
θήρα   T.Z. V 5; VI 4; 6
θηρεύω   T.Z. V 5
θηρίον   T.J. II 4; T.N. VIII 4; 6;
T.G. I 3; T.Jos. XIX 3; T.B. III
5; V 2
θησαυρός   T.A. I 9

θλίβω   T.I. III 8; T.Z. VII 1²; T.Jos.
XVII 6; XX 1; T.B. V 1
θλῖψις   T.L. V 5; XIII 6; T.Z. IX 6;
T.N. IV 2; T.G. IV 4; T.Jos. II 4;
T.B. III 3²; VII 2
θνήσκω   T.S. I 1; T.B. I 3
θορυβέω   T.Jos. VII 5
θρέμμα   T.G. I 9
θρηνέω   T.Z. IV 5
θρίξ   T.N. II 3; 8
θροέω   T.D. IV 5
θρόνος   T.L. III 8; V 1
θυγάτηρ   T.R. V 5; T.L. XII 4²;
XIV 6; T.J. VIII 2; X 1; 6; XIII
4²; XXI 7; XXIII 2; T.N. I 9;
11; 12; T.Jos. XVIII 3
θυμίαμα   T.L. VIII 10
θυμός   T.J. VII 7; T.D. tit.; I 3;
8; II 1; 2; 4; III 1; 4; 5; IV 1; 2;
3; 6; 7; V 1; VI 8; T.N. II 8
θυμόω   T.J. VII 5; T.D. III 4; 5;
IV 4; 5
θυμώδης   T.D. III 2
T.D. II 2 *
θύρα   T.L. XVIII 10
θυρίς   T.Jos. XIV 1
θυσία   T.R. VI 8; T.L. IX 7; 11; 13;
14; XVI 1; T.J. XVIII 5
θυσιάζω   T.L. XIV 5
θύω   T.L. IX 11; T.Z. IV 9; T.G.
I 6; 7
θωρακίζω   T.J. III 1
θώραξ   T.J. III 5

Ἰακώβ   T.R. I 6; 7; III 13; 15; IV
2; T.S. II 2; 7; 14; V 6; VI 2;
T.L. IV 3; IX 3; XV 4; XVIII
14; XIX 5; T.J. I 6; III 7; IX 3;
XVI 4; XVII 4; XIX 2; XXI 6;
XXII 2; XXIV 1; XXV 1; 5;
T.I. I 2; 8; 9; 11; 15; II 1; 3; 4;
III 7; V 6; 7; T.Z. II 2; 3; IV 5;
8; V 5; T.D. I 9; VII 2; T.N. I
6; II 1; VI 1; 2; 10; VII 3; VIII 2;
T.G. I 2; V 9; T.A. VII 7; T.Jos.
III 3; X 6; XV 1; 5; XVII 5;
XVIII 4; T.B. I 2; III 7²; X 1;
4; 6; XI 5
T.I. I 3 *; T.B. III 6 *
Ἰάμνεια   T.N. VI 1
ἴασις   T.Z. IX 8
ἴβις   T.J. XXI 8
ἴδε   T.J. XVI 3; T.Jos. VII 6

καρπός T.S. IV 6; T.L. II 12; T.I. III 1; V 4; 5; 6; T.N. III 5
καρτερός T.J. VI 3
κατά (κατ', καθ') + *genit.* T.R. II 2; V 3; T.L. XIV 7²; XVIII 10; T.J. XXII 1; T.Z. IV 12; VIII 1; T.D. II 5; IV 3; T.G. IV 4; 5; V 1; 11; VI 5; T.A. VI 2; T.Jos. XIX 3
T.Z. III 5 *
κατά (κατ', καθ') + *accus.* T.S. IX 1; T.L. I 1; VIII 14; IX 2; 8; XIII 1; XVII 2; XIX 2; T.J. I 4; IV 1; X 3; 5; XIII 8; XXVI 4; T.I. III 1; V 3; T.Z. III 6; VI 5; T.N. I 7; 8; II 5; IV 1²; 3; V 1; 2; VII 1; IX 3; T.G. I 9; V 7; 11; VI 2; T.A. III 1; V 4; T.Jos. XII 1; T.B. IV 5; VII 3; X 1; 11
καταβαίνω T.S. IV 3
T.B. IX 4 *
καταγινώσκω T.S. III 6; T.G. V 3; T.B. VI 7
κατάγω T.R. IV 6
καταγωνίζομαι T.R. V 2²
καταδαπανάω T.J. XVIII 4
καταδέχομαι T.L. VI 6
καταδιώκω T.G. I 3
καταδουλόω T.J. XXI 7; T.I. VII 7
καταιγίς T.J. XXI 9
καταισχύνω T.J. XII 5; T.Jos. XVII 1
κατακαλύπτω T.L. X 3
κατάκειμαι T.R. III 13
κατακληρονομέω T.B. X 5
κατακλυσμός T.R. V 6; T.N. III 5; T.B. VII 4
κατακόπτω T.Z. IV 11
κατακυριεύω T.J. XV 5; T.D. III 2; T.N. VIII 6; T.B. III 3
καταλαλέω T.I. III 4; T.G. V 4
καταλαλιά T.G. III 3
καταλαμβάνω T.J. II 3²
καταλείπω T.R. III 14; T.L. XV 4; T.I. VI 1²; T.G. VII 3; T.Jos. IV 5
καταλύω T.L. III 4; IX 5 T.B. III 8 *
καταμένω T.L. IX 5 *
καταμόνας T.Jos. IV 1
καταπαίζω T.L. XIV 8
καταπατέω T.L. VI 9; T.Z. III 3

καταπάτημα T.L. X 4
καταπάτησις T.S. VI 6; T.Z. III 3; T.Jos. XIX 3
καταπαύω T.S. VI 4; T.L. XVIII 7; 9²; T.A. VI 3
καταπίνω T.J. XXI 7
καταπονέω T.L. VI 9 *
καταπτήσσω T.L. IV 1
κατάρα T.L. X 4; XIV 4; XVI 5; T.B. VI 5
καταράομαι T.L. IV 6; T.J. XI 4; T.N. III 5; VIII 6
καταργέω T.B. III 8
κατάσκοπος T.S. IV 3
κατασπαράσσω T.J. II 5
κατασπάω T.J. III 1
κατασύρω T.Z. IX 1
κατάσχεσις T.B. X 4
κατατρέχω
κατέδραμον T.Z. IV 6
καταφεύγω T.S. III 5; T.J. V 5; T.Z. II 6
καταφθείρω T.A. VII 2
καταφιλέω T.R. I 5; T.S. I 2; T.D. VII 1; T.N. I 7; T.B. III 7
καταφρόνησις T.L. XIV 5; 8; T.N. II 9
κάτειμι T.Jos. IX 4
κατέναντι T.D. VI 2; T.A. I 4; V 1
κατεργάζομαι T.Jos. X 1
κατέρχομαι
κατῆλθον T.J. IX 8; T.Z. VIII 4
κατεσθίω T.S. IV 9; T.I. III 5; T.G. I 6
κατευθύνω T.J. XXVI 1
κατευοδόω T.J. I 6
κατηγορέω T.J. XX 5
κατήχησις T.Jos. IV 4
κατισχύω T.R. IV 11²; T.D. V 2; T.Jos. VI 7
κατοικεσία T.N. III 5
κατοικέω T.R. VI 4; T.Z. VIII 2; T.D. V 1; T.N. VIII 3; T.Jos. X 2; 3²; T.B. VI 4; X 11
κατορθόω T.G. III 3
κάτω T.L. III 1
καῦμα T.G. I 4
καύσων T.G. I 4 *
καυχάομαι T.R. III 5; T.J. XIII 2; 3; T.I. I 9
κέδρος T.S. VI 2
κείρω T.J. XII 1

1; 2; 3; XVI 5; XX 4; T.B. I
2; II 1; 2²; 3; X 5; XII 1
T.Jos. XIII 9 *
ἐρρήθην (ἐρρέθην)   T.J. VII 1
ῥηθήσομαι   T.L. XVIII 7
Λεία   T.S. II 2; T.I. I 4; 7; 9; 15;
II 2
T.J. I 3 *
λείπω   T.N. II 3
λειτουργέω   T.L. III 5; T.A. II 2
λειτουργός   T.L. II 10; IV 2
Λευί   T.R. VI 5; 7; 8; 10; T.S. V
4; 5; 6; VII 1; 2; T.L. tit.; I 1;
II 1; 6; V 2; VIII 11; XIX 4;
T.J. V 2; XXI 1; XXV 1; 2;
T.I. V 7; T.D. V 4; 6²; 7; 10;
T.N. V 3; 4; 5; VI 6; 8; VIII 2;
T.G. VIII 1; T.Jos. XIX 6
λευκός   T.L. VIII 2
λέων   T.J. II 4; T.D. V 7; T.G. I 3;
T.Jos. XIX 3; T.B. II 4
λῃστεύω   T.L. XIV 5
T.A. IV 3 *
Λίβανος   T.S. VI 2
λίθος   T.J. III 3; 6; VI 4; VII 5;
IX 5; T.Z. IX 1; T.N. III 3
λιμός   T.J. XII 11; XXIII 3; T.Jos.
I 5
λίτρα   T.J. III 3
λογίζομαι   T.Z. VIII 5; IX 7; T.A.
I 7; T.B. III 6
λογικός   T.L. III 6
λόγιον   T.L. VIII 2
λόγος   T.R. III 5²; T.S. I 1; II 11;
IV 6; T.L. I 1; VI 2; IX 2; XVI
2²; XVIII 2; XIX 3; T.J. I 1; 4;
XII 1; 6; XIII 1; XVI 3; XVII
4; XVIII 5; T.I. I 1; T.Z. IX 9;
T.D. I 1; 2; IV 2; T.N. I 5; II 6;
III 1; VII 4; T.G. I 8; III 1; IV 2;
VI 1; T.Jos. I 7; III 3; 6; IV 1;
4²; X 4; XIII 1; 4; XIV 2; T.B.
I 1; IX 1; XI 4; XII 1
λοιδορία   T.B. VI 4
λοίδορος   T.B. V 4
λοιμός   T.J. XXIII 3
λοιπός   T.R. III 6; T.S. III 6; T.J.
XVI 2; T.N. VIII 9
Λομνί   T.L. XII 1
λούω   T.R. III 11; T.L. VIII 5;
IX 11
λύκος   T.G. I 3; T.B. XI 1; 2
λυπέω   T.S. II 10; IV 3; T.L. II 4;

VI 6; T.J. XVII 4; T.Z. X 1;
T.D. IV 6; T.G. I 7; VII 1; T.Jos.
III 9; T.B. VI 3
λύπη   T.L. XVII 4; T.J. XXIII 1;
XXV 4; T.D. IV 6; T.Jos. VIII 5;
T.B. VI 5
λύσις   T.S. III 4
λυτρόω   T.S. VII 1; T.L. II 10; T.Z.
IX 8; T.Jos. IX 1; XVIII 2
λύτρωσις   T.Jos. VIII 1
λύχνος   T.S. VIII 4
λύω   T.I. VII 5; T.D. I 9; T.Jos. I
6; XV 6

μαγγανεία   T.R. III 4
μάγος   T.R. IV 9
Μαδιναῖος   T.B. X 10
μαίνομαι   T.Jos. VIII 3
μακράν   T.S. VI 2; T.N. IV 5
μακροθυμέω   T.Jos. II 7
μακροθυμία   T.D. II 1; VI 8; T.G.
IV 7; T.Jos. II 7; XVII 2; XVIII
3
μακρόθυμος   T.D. VI 9
μακρός   T.I. IV 3
μάλα   T.Jos. IX 2; 5; XIV 3; T.B.
VIII 3²
μαλακία   T.Jos. XVII 7
μαλακίζομαι   T.R. I 8; T.L. VI 7;
T.G. I 4
μανδραγόρας   T.I. I 2; 3; 8; 14; II
2; 4²
μανθάνω   T.G. V 8; T.Jos. IV 4; VI 7
μαραίνω   T.S. III 3
μαργαρίτης   T.J. XIII 5
μαρτυρέω   T.J. XX 5
μάρτυς   T.L. XIX 3⁵
μαστίζω   T.Jos. VIII 4
μάταιος   T.D. IV 1
μάχαιρα   T.J. V 5; T.Z. I 6; T.Jos.
VI 2; T.B. VII 1; 2
T.L. VI 5 *
μάχη   T.R. III 4; T.J. VI 3; XVI 3;
T.G. VI 5; T.B. VI 4
μάχιμος   T.L. XVII 11
Μαχίρ   T.J. VI 3
μάχομαι   T.Jos. XI 4
μεγαλεῖος   T.L. XI 6
μεγαλοφρονέω   T.R. III 5
μεγαλύνω   T.L. XVIII 3
μεγαλωσύνη   T.L. III 9; XVIII 8
μέγας   T.R. I 7; 10; III 11; T.S.
VI 5; VIII 4; T.L. III 4; VIII 12;

X 2; XVII 2; T.J. IV 1; XIV 5;
T.Z. IV 6; T.D. IV 2; T.N. V 6;
VI 4; T.G. V 1; VI 5; T.Jos. II 7;
X 6; XI 3; XV 2; 5; XX 5
μέθη T.J. XI 2; XII 6; XIV 3;
XVI 2
μεθίστημι T.I. I 13
μεθύσκω T.J. XIV 1
μέθυσος T.J. XIV 8
μεθύω T.R. III 13; T.J. XII 3;
XIV 4
μεῖξις T.L. XIV 6; T.J. XIV 3
μέλλω T.L. I 2; II 10; IX 9; T.J.
XXVI 3; T.Z. IV 10; T.Jos. I 1
μέλος T.I. VII 9; T.Z. IX 4; T.Jos.
XX 6; T.B. XI 3
Μελχά T.L. XI 1
Μεμφία (Μέμφις) T.Jos. III 6; XII
1; XIV 1; 5; XVI 1
μέν T.R. VI 3; T.S. III 3; T.J. X 5;
XV 6; XXI 6²; T.I. V 7; T.D. III
2; 4²; T.A. II 5; 7; T.Jos. III 7;
T.B. X 8
Μεραρί T.L. XI 7²; XII 3
μερίς T.L. II 12; XIV 5; T.J. III 4;
T.I. V 5; T.B. VI 3; IX 2; X 10
μέρος T.J. III 4 *; V 4 *
μεσίτης T.D. VI 2
Μεσοποταμία T.J. IX 1; X 1
μέσος T.L. V 2; XI 5; 8; XIII 8;
T.J. XX 2; T.Z. VI 2; X 2³; T.D.
V 13
μεστός T.N. VI 2
μετά (μετ', μεθ') + genit. T.R. II
4²; 5²; 6; 7; 8; III 1; 6; 10; VI 7;
T.S. V 4; VIII 1; 4; T.L. II 2;
V 3; IX 1; 2; XIII 7; XIV 5;
XVII 2; XVIII 6; T.J. III 1;
IV 1; VII 7²; IX 1²; XVI 2;
XXVI 3; 4; T.I. V 3; VII 7; 8;
T.Z. I 7; II 1; VI 8; X 7; T.D. I
3; III 6; IV 6; 7; T.N. VII 2;
VIII 7; IX 1; T.G. I 4; VIII 5;
T.A. IV 3; 4; VII 3; VIII 2;
T.Jos. II 2; IV 1; VI 2; 7; VIII
2; IX 2; X 1; XI 2; 8; XII 1; 3;
XVI 3; XX 2³; T.B. I 4; X 3
T.B. V 1 *
μετά (μετ', μεθ') + accus. T.R. I 2;
T.L. III 5; 8; VII 1; VIII 1; IX
1; XVIII 1; T.J. IX 1; 5; XII 1²;
T.Z. I 1; T.N. I 3; 4; IV 3; VI 1;
T.G. V 6; VIII 5; T.Jos. VI 4; XV

1; XVII 5; XIX 7; XX 1; T.B. I
4; V 5
T.S. V 4 *; T.L. IX 1 *
μετὰ ταῦτα T.L. II 1; V 7; VI 5;
T.J. X 1; XII 11; XXIV 1;
XXV 1; T.Z. III 8; IV 1; IX 7;
8; T.D. VII 2; T.A. VIII 2
μετὰ τοῦτο T.L. VI 6
μεταβαίνω T.B. IX 4
T.B. IX 5 *
μεταβάλλω T.D. IV 3
μετάβολος T.Jos. XI 5; 6; XII 2;
XIII 1; 2; XIV 6; XV 6
μεταδίδωμι T.I. VII 5; T.Z. VI 6;
7; T.D. VI 9
T.Z. VI 4*
μετακομίζω T.N. IX 1
μεταμελέομαι T.J. XXIII 5
μετανοέω T.R. I 9; IV 4; T.S. II 13;
T.J. XV 4; T.Z. IX 7; T.G. V 6;
VI 3; 6; VII 5; T.A. I 6; T.Jos.
VI 6; T.B. V 4
μετάνοια T.R. II 1; T.J. XIX 2;
T.G. V 7; 8
μεταστρέφω T.A. I 8
μετασχηματίζω T.R. V 6
μετεμπολάω T.Jos. XIII 1
μετέρχομαι
    μετελεύσομαι T.D. VI 6
    μετῆλθον T.Jos. X 2
μετεωρισμός T.I. VII 2; T.B. VI 3
μέτοχος T.B. II 5
μετρέω T.Jos. X 6
μέτρον T.J. IX 8; T.N. II 3
μέχρι T.R. VI 8
μή T.R. I 6; III 8; 10; IV 1²; 11;
V 1; 5; VI 2; 3; T.S. II 7²; V 3;
VII 1; VIII 4; T.L. II 9; V 6;
VII 1; IX 10; X 3²; T.J. III 10;
XII 9; XIII 2²; XIV 1; 5; 8;
XVI 2; 3²; 4; XVII 1; XIX 1;
XXI 1²; 4; XXII 3; T.I. I 7; 9²;
IV 4; 6²; V 1; T.Z. I 5; 7; II 2;
3; 7; III 4; IV 2; 3; 8; 12; VIII 5;
IX 4; 7; X 1; T.D. II 1; IV 3²;
5; 6; VI 5; T.N. III 1; 2; 4²;
VIII 6; T.G. III 1; V 5; VI 3; 4;
5²; 6; VII 1; 2; 4; T.A. III 1;
IV 3; 4; VI 3; VII 1; 4; 5; T.Jos.
III 1; IV 2²; V 2²; VI 9; VII 2;
3; X 6; XI 2; XV 3; 4; 5; XVI
3; 4; 6; XVII 1; T.B. III 6; VI 7
T.L. IX 9 *; T.G. II 5 *

μηδέ T.R. III 10²; IV 1; T.L. IX 10²; T.J. XIII 2; XVI 3; XVII 1; T.Z. IV 8; X 1; T.D. IV 3; T.N. II 9

μηδείς T.J. XXVI 3; T.N. II 9; T.Jos. V 3

Μῆδος T.N. V 8

μηκέτι T.R. III 15; T.G. VI 6

μῆλον T.I. I 5; 7; II 2

μήν T.R. I 7; 8; T.S. II 11; T.N. I 2²; VI 1; T.G. V 11; T.Jos. XI 8

μῆνις T.D. V 2 *

μήποτε T.J. XII 7; T.G. VI 4

μηρός T.N. I 6; 7

μήτε T.R. III 8; T.D. IV 3²; T.Jos. VI 3²
T.L. IX 10 *

μήτηρ T.S. II 2; V 3; T.L. XI 7; T.J. I 3; 5²; X 3; 5; T.I. I 4; II 2; T.D. II 3; T.N. I 9; T.Jos. XX 3; T.B. VII 2

μηχανάομαι T.R. V 3

μιαίνω T.R. I 6; T.L. VII 3; IX 9; XIV 6; XVI 1; 4; T.I. IV 4; T.B. VIII 3²

μιασμός T.L. XVII 8; T.B. VIII 2; 3

μικρός T.G. V 1; T.Jos. XVII 6

μιμέομαι T.A. IV 3; T.B. III 1; IV 1

μιμνήσκομαι (see also μνήσκομαι) T.J. XVIII 5; T.Z. I 5; IX 7; T.Jos. VII 5

μισαδελφία T.B. VII 5; VIII 1

μισέω T.L. XVI 2; XVII 5; T.D. V 1; T.N. VIII 6; T.G. II 1; III 2; VI 5; T.A. IV 3; 5; VI 2; T.Jos. I 4

μισθός T.I. I 2; 15

μῖσος T.D. II 5; T.G. tit.; I 9; II 2; III 1; 3; IV 1; 5; 6; 7; V 1; 2; 3²; 4; VI 1; 2; 3; VII 7

μίτρα T.L. VIII 2

μνᾶ T.Jos. XVI 4

μνεία T.N. VIII 5

μνήμη T.N. VIII 5

μνημονεύω T.G. VII 2

μνημόσυνον T.Jos. VII 5

μνησικακέω T.S. IV 4; T.Z. VIII 4

μνησίκακος T.Z. VIII 6

μνήσκομαι (see also μιμνήσκομαι) T.Jos. III 3
T.Z. I 5 *

μοιχαλίς T.L. XIV 6

μοιχεύω T.A. II 8; T.Jos. IV 6; V 1

μοιχός T.A. IV 3

μολύνω T.A. IV 4

μολυσμός T.S. II 13

μονογενής T.B. IX 2

μονοπρόσωπος T.A. IV 1
T.A. VII 5 *

μονοπροσώπως T.A. V 4; VI 1

μόνος T.L. XIV 7; T.J. III 1; V 3; T.I. IV 3; VII 5; T.Z. III 7; IV 12; V 1; T.D. I 9; T.A. III 1; T.Jos. I 6; VI 5; VII 6; VIII 5; X 3; XVI 4; T.B. V 1

Μοολί T.L. XII 3

μορφή T.B. X 1; 7

μόσχος T.G. II 2

μουσικός T.J. XXIII 2; T.B. XI 3

μοχθέω T.R. IV 1

μόχθος T.J. XVIII 4

μυκτηρίζω T.Jos. II 3

μυστήριον T.L. II 10; T.J. XII 6; XVI 4²; T.Z. I 6; T.G. VI 5

μῶμος T.L. IX 10

μωρός T.L. VII 2

Μωυσῆς T.S. IX 1

ναί T.B. II 3

ναός T.L. V 1; X 3; XV 1; XVIII 6; T.J. XXIII 3; T.Z. IX 8; T.B. IX 2; 3; 4

ναύτης T.N. VI 2

νεανίας T.N. V 4; T.Jos. XII 3

νεανίσκος T.R. IV 6; T.Jos. XIII 4

νεκρός T.J. IX 3; T.G. IV 6

νέμω T.J. II 7; T.Jos. XIX 2

νέος T.R. II 9; III 8; T.L. II 2; VIII 14; IX 10; T.D. V 12; T.Jos. XII 2

νεότης T.R. I 6; II 9; T.J. I 4; XI 1; XIII 2; T.I. I 9

νεφέλη T.L. XVIII 5

Νεφθαλίμ T.J. XXV 2; T.N. tit.; I 1; 5; 6; IX 3

νεφρός T.N. II 8

νεωτερισμός T.R. II 2; III 8
T.R. II 9 *

νήπιος T.J. XXIII 3; T.Jos. X 5

νηστεία T.S. III 4; T.Jos. IV 8; X 1; T.B. I 4

νηστεύω T.A. II 8; IV 3; T.Jos. III 4²; IX 2

νικάω T.S. V 5; T.D. III 4; T.G.

V 4; T.Jos. XIX 3; T.B. III 7;
IV 3
νῖκος   T.D. V 10
νίπτω   T.L. IX 11²
νοέω   T.D. IV 4; T.Jos. III 9; VII 4
νομίζω   T.L. XVI 3; T.J. V 3; XII
10; XIV 8; XIX 4; T.D. IV 4;
T.A. IV 1
νόμος   T.R. III 8; VI 8; T.S. IX 1;
T.L. IX 6; 7; XIII 1; 2; 3; 4;
XIV 4; XVI 2; 3; XIX 1; 2;
T.J. XII 2; XVIII 3; XXVI 1;
T.I. V 1; T.Z. III 4; X 2; T.D.
V 1; VI 9; 10; VII 3; T.N. II 6²;
III 2; VIII 7; T.G. III 1; 2; IV 7
T.A. II 6; VI 3; VII 5; T.Jos.
IV 5; V 1; XI 1; T.B. X 3
νοσέω   T.Z. VI 5
νόσος   T.R. VI 3; T.G. V 9
νότος   T.J. IV 1; V 2
νουθεσία   T.R. III 8
νουθετέω   T.Jos. VI 8; T.B. IV 5
νοῦς   T.R. III 8; IV 6; T.S. II 7;
IV 9; T.J. XIV 1; 2; 3; 8; XX 2;
T.I. IV 4; T.D. IV 4; T.N. II 6;
7; T.G. VI 2; T.B. VIII 3
νυμφεύω   T.J. XIII 3
νυμφικός   T.J. XII 1
νῦν   T.R. I 4; II 1; III 9; IV 3;
T.S. III 1; V 2; VII 1; T.L. IV 1;
VIII 3; X 1; XIII 1; XVI 1;
XVI 1; XIX 1; T.J. XIII 1; XIV
1; XXI 1; T.I. IV 1; V 4; T.Z.
V 1; VII 1; X 1; T.D. II 1; VI 1;
T.G. II 1; III 1; VI 1; T.Jos. VI
6; XII 3
νύξ   T.J. VII 3; X 2; XVIII 6;
T.I. I 8; 13; 14; T.Z. IV 2; 4;
T.G. I 3; T.A. V 2; T.Jos. III 6;
VIII 1
Νῶε   T.B. X 6
νῶτος   T.I. V 3; T.N. V 6

ξενηλατέω   T.L. VI 10
ξένος   T.L. VI 9; 10; XIII 3; T.Z.
VI 4; 5
ξηραίνω   T.L. IV 1
ξηρός   T.Z. II 7
ξίφος   T.D. I 7
ξύλον   T.S. VIII 2; T.L. XVIII 11;
T.Z. VI 2²; IX 1; T.N. III 3;
T.B. IX 3

ὀγδοήκοντα   T.Jos. XVI 5
ὄγδοος   T.R. III 1; 7
ὀγκόω   T.L. VI 9
ὁδηγέω   T.R. II 9; T.J. XIV 1;
XIX 1; T.D. V 4; T.G. V 7;
T.B. VI 1
Ὀδολάμ   T.J. VIII 2
Ὀδολαμίτης   T.J. VIII 1
ὁδός   T.R. I 3; T.S. V 2; T.L. II 3;
T.J. VII 7; XXVI 1; T.Z. IV 6;
T.A. I 3; 5
ὀδυνάω   T.I. VII 5
ὀδύνη   T.L. XVII 5; T.J. XI 4; T.Z.
IX 6
Ὀζιήλ   T.L. XII 2
ὅθεν   T.N. I 8
ὀθόνη   T.Z. VI 2
οἶδα   T.L. XVI 3; T.J. XI 1; XVII
2; 6; T.I. III 7; VI 1; T.Z. V 4;
VII 4; T.D. II 3; V 4; VI 4;
T.N. II 2; 4²; VIII 10; T.G. V 8;
T.A. VII 2; T.Jos. IX 3; X 5;
XIII 2; XV 3; XX 1; T.B. III
2; VI 4; 6
T.J. II 2 *; T.Jos. XVI 6 *
οἰκεῖος   T.R. III 5
οἰκειόω   T.N. VIII 6
οἰκέω   T.B. XII 4; see also οἰκουμένη
οἰκογενής   T.L. VI 9
οἰκοδομέω   T.L. II 3; T.J. VII 9;
T.B. VIII 3
οἰκονόμος   T.Jos. XII 3
οἶκος   T.R. III 13; T.L. X 5; XVII
10; T.J. II 1; XXI 7; T.I. II 5;
T.Z. VI 3; 7; VII 1; T.Jos. II 1;
VIII 4; 5; IX 5; XI 2; 6
T.Jos. VIII 4 *
οἰκουμένη   T.L. XVIII 3
οἰκτιρμός   T.Jos. II 3
οἰκτίρμων   T.J. XIX 3
οἰκτίρω   T.L. XVI 5; T.Z. II 2; T.A.
II 2
οἶκτος   T.Z. II 4
οἰνοποσία   T.J. XIV 7
οἶνος   T.R. I 10; T.L. VIII 5; IX
14; T.J. IX 8; XI 2; XII 3; XIII
6; XIV 1²; 2; 3; 4; 6; 7; XV 4;
XVI 1; 2; 4²; T.I. VII 3; T.Jos.
III 5
οἰνοχοέω   T.J. XI 2; XIII 5
οἶος   T.B. V 5; IX 5²
ὀκτώ   T.L. XII 5; T.J. III 5; T.I.
II 2

T.J. XII 9 *
πολλάκις T.G. VI 5; T.Jos. IX 1
πολλαπλασίων T.Z. VI 6
πολύς T.R. IV 7; 9; T.L. II 8;
XIII 4²; T.J. III 1; VIII 1; XXI
8; XXIII 1; T.Z. I 6; 7; V 5; VI
6; IX 2; T.N. IV 3; VII 1; IX 1;
T.A. II 7; 8; IV 2; T.Jos. II 7;
III 9; XII 1; XVI 3; T.B. V 5
T.Z. I 6 *
πολυτελής T.J. XXVI 3
πονηρεύομαι T.J. X 6; T.A. II 3
πονηρία T.L. X 3; T.J. X 4; 5; XI
5; XVII 2; T.I. IV 6; T.Z. IX 9;
T.D. V 5; 8; T.N. IV 1; T.G. VIII
2; T.A. I 7; 8²; II 3; 4; T.B. III 3²
πονηρός T.R. I 8; IV 9; V 1; VI 6;
T.S. II 14; III 5; IV 9²; V 1; VI 6;
T.L. V 6; XVIII 12; T.J. X 2;
XI 1; XIII 2; XVI 1; T.I. III 3;
VI 2; VII 7; T.Z. IV 12; T.D. I 3;
III 1; VI 8; T.G. VII 6; T.A. I 8;
9; II 2; 5; 7; IV 2; VI 5²; T.Jos.
III 10; V 2; VII 8²; T.B. III 6;
V 1
πόνος T.J. XVIII 4; T.I. V 5;
T.Jos. VII 2
πορεύομαι T.R. I 3; 6; IV 1; T.S.
II 9; IV 5; T.L. IX 2; XIII 1;
XIX 2; T.J. IX 3; XI 3; XIII 2;
XVIII 6; XXIII 5; XXIV 3; T.I.
III 1; 2; 4; IV 1; 6; V 1; T.Z. IV
6; IX 1; T.D. III 6; V 5; T.N. IV
1; T.A. IV 5; V 4; T.Jos. IV 5;
XVIII 1; T.B. X 11
πορισμός T.I. IV 5
πορνεία T.R. I 6; III 3; IV 6; 7;
8; 11; V 3; 5; VI 1; 4; T.S. V
3; 4; T.L. IX 9; T.J. tit.; XII 2;
XIII 3; XIV 2; 3; XV 2; XVIII
2; T.D. V 6; T.Jos. III 8; T.B.
VIII 2; IX 1; X 10
πορνεύω T.S. V 3; T.J. XV 1; 2;
T.I. VII 2; T.A. II 8; T.B. IX 1
πόρνη T.L. XIV 5; 6
πορφύρα T.L. VIII 7
ποσάκις T.Jos. III 1²; IV 1; IX 4
πόσος T.N. II 2; T.Jos. X 1; XVII
1; T.B. III 4
πότε T.N. II 4; T.Jos. IX 2
ποτόν T.R. II 7
πότος T.J. VIII 2
που T.N. V 8 *

πούς T.L. XIX 4; T.J. II 4; III 4;
T.I. VII 9; T.Z. IX 4; T.N. II 1;
V 4; T.G. I 3; VIII 4; T.Jos. VI
8; XX 4; T.B. XII 3
πρᾶγμα T.S. II 3; 14; T.L. VIII 1;
T.N. VIII 10; T.A. II 1; T.Jos.
XVII 6; XX 6
πρᾶξις T.R. III 10; IV 1; V 6; T.S.
II 3; T.I. III 3; V 1; VII 7; T.Z.
IX 7; T.D. III 6; T.N. II 6; III
1; 2; T.G. III 1; T.A. I 3; 6; 8;
9; II 3; 4; III 2; T.Jos. V 2; XI
1; T.B. IX 1
πρᾶος T.D. VI 9
πραότης T.J. XXIV 1
πρᾶσις T.S. IV 2; T.D. I 5; T.Jos.
XVI 2
πράσσω (πράττω) T.R. I 8; III 12;
14; VI 3; T.L. VII 3; XIII 9;
T.J. XIV 3; T.D. III 3²; T.A. I 8
*πρίαμαι T.Z. III 2; T.Jos. XIII 8;
XVI 1; 4
πρίν T.R. I 1
πρό T.R. V 6; T.S. I 1; T.L. I 1;
IX 11; XIV 5; T.J. I 1; VI 3;
T.Jos. XI 1; XIV 5
προαίρεσις T.R. I 9; T.Z. V 2; T.N.
II 6; T.Jos. XVII 3
προαπαντάω T.I. I 3
πρόβατον T.J. XII 1
προδίδωμι T.B. V 5
T.Jos. XI 4 *
προέρχομαι
προῆλθον T.Jos. XIX 3
προκαθίζω T.J. XII 2
προκοπή T.G. IV 5
προκόπτω T.J. XXI 8
προλαμβάνω T.J. II 5
προλέγω
προείρηκα T.S. VI 1
προνομεύω T.J. VII 3
προνομή T.L. XVII 9
πρός + accus. T.R. I 7; III 13; IV
4; V 1; VI 9²; 10; T.S. II 10; 11;
V 5; T.L. I 2²; II 6; 9; III 5; VI
1; VIII 11; IX 1; 3; XI 4; XIX
4; T.J. I 2; II 4; III 5; V 6; VI 2;
VII 1²; VIII 2; IX 7; X 6; XI 2;
XII 1; 4²; 9; 10; 11; XIV 2; 3; 5;
XIX 1; XX 5; XXIII 5; XXVI
2; T.I. I 9; IV 4; VI 3; T.Z. V 1²;
VII 3; 4; T.D. V 2; 4²; 9; 10; 11;
T.N. II 2³; 8⁴; T.G. I 5; IV 4; V 7;

ῥίπτω   T.J. II 7; T.Z. II 7; T.Jos.
VII 3
ῥόδον   T.S. VI 2
ῥομφαία   T.S. V 4; T.L. V 3; VI 5;
XVIII 10; T.J. XXIII 3; T.Z.
IV 11
'Ρουβήμ   T.R. tit.; I 1; 5; III 9;
VII 1; T.S. II 9; 10; T.L. VI 3;
T.J. V 2; IX 6; XIII 3; XXV 2;
T.I. I 3; 4; T.Z. II 7; IV 5; 7;
T.G. I 6
ῥύομαι   T.R. IV 10; T.S. II 8; T.G.
II 5; T.Jos. I 7; IV 3; 8; X 3
T.Jos. II 2 *
ῥυπαρός   T.J. XIV 3
'Ρώθεος   T.N. I 9; 10

σάκκος   T.N. VI 8; T.Jos. IV 3;
XV 2
σαλεύομαι   T.L. III 9²
σανίς   T.N. VI 6
σάρξ   T.S. VI 2; T.J. XVIII 4; XIX
2; 4; XXI 8; XXIV 4; T.Z. IX 7;
T.G. VII 2; T.B. X 8
Σάρρα   T.L. VI 8
σατανᾶς   T.D. III 6; V 6; VI 1;
T.G. IV 7; T.A. VI 4
σβέννυμι   T.L. IV 1
σέβομαι   T.Jos. IV 6
σελήνη   T.L. XIV 3; T.N. III 2; V
1; 2; 3; 4
T.J. XXV 2 *
Σεμεΐ   T.L. XII 1
Σηθων   T.Jos. VII 5
Σηίρ   T.J. IX 3
Σηλώμ   T.J. VIII 3²; X 6; XI 3
Σήμ   T.S. VI 5; T.B. X 6
σημεῖον   T.L. VIII 2; 11
σήμερον   T.R. I 6; T.L. VII 2; T.J.
XXVI 2; T.D. I 4
σιδηροῦς   T.J. IX 4
σίκερα   T.R. I 10
Σίκιμα   T.S. II 9; T.L. II 1; VI 8;
VII 2; T.J. IV 1
Σιλώμ   T.J. VI 2
σιωπάω   T.N. III 1; T.Jos. IV 7;
IX 4; X 6; XVI 6; T.B. V 4
σκάφος   T.Z. VI 1; T.N. VI 9
σκεπάζω   T.Z. I 5; T.B. III 4²; IV 3
σκεπεινός   T.R. III 11
σκεῦος   T.N. II 2; VIII 6
σκηνή   T.J. XXV 2
σκῆπτρον   T.J. XXIV 5; XXV 1;

T.D. I 9; T.N. V 8; VIII 3; T.B.
X 7
σκληρός   T.S. II 4
σκληροτραχηλία   T.S. VI 2
σκοτεινός   T.B. IV 2
σκοτία   T.Jos. X 3
σκοτίζω   T.R. III 8; T.L. XIV 4;
XVIII 9; T.J. II 7; T.G. VI 2
σκότος   T.S. VIII 4; T.L. XVII 6;
XVIII 4; XIX 1; T.N. II 7; 10;
T.G. V 1; 7; T.A. V 2; T.Jos. II
4; VIII 5; IX 1; 2; XX 2; T.B. V 3
σκοτόω   T.D. II 4; T.G. I 3
σκυθρωπός   T.S. IV 1
σκυλεύω   T.L. IV 1; T.J. V 7
σμικρύνω   T.J. XVII 3; T.N. IV 3
Σόδομα   T.L. XIV 6; T.N. III 4;
IV 1; T.A. VII 1; T.B. IX 1
σορός   T.R. VII 2; T.L. XIX 5
σοφία   T.L. XIII 7²; T.Z. VI 1
σοφός   T.L. XIII 7; T.J. XVII 3;
T.N. VIII 10
σπείρω   T.L. XIII 6²
σπέρμα   T.R. VI 12; T.S. VI 3;
T.L. IV 3; 4; VII 1; VIII 3; 11;
15; 16²; IX 9; XV 4; T.J. X 5;
XXII 3; XXIV 1; T.Z. III 4;
T.D. VII 3; T.B. XI 2
σπεύδω   T.N. I 12; T.G. IV 3
σπήλαιον   T.R. VII 2; T.I. VII 8
σπιλόω   T.A. II 7
σπλαγχνίζομαι   T.Z. IV 2; VI 4; VII
1; 2; VIII 1; 3; 4
σπλάγχνον   T.S. II 4; T.L. IV 4; T.Z.
II 2; 4; V 3; 4; VII 3; 4; VIII 2²;
6; T.N. IV 5; VII 4; T.B. III 7
σπλήν   T.N. II 8
σπορά   T.R. II 8
σπουδάζω   T.D. VI 3; T.N. III 1
σπουδαῖος   T.J. I 4
σπουδή   T.L. XIII 7
στάδιον   T.Z. VII 4; T.G. I 3
σταθμός   T.N. II 3
στειρεύω   T.B. I 4
στεναγμός   T.Jos. VII 2; IX 4
στενάζω   T.Jos. VII 1
στερέωμα   T.N. III 4
στερίσκω   T.J. XVIII 4
στέρνον   T.A. I 5; T.Jos. IX 5
στέφανος   T.L. VIII 2; 9; T.B. IV 1
στῆθος   T.J. XX 3; 4
στήριγμα   T.J. XV 3; 6
στηρίζω   T.S. II 7

στολή T.L. VIII 2; 5; T.J. III 6;
T.Jos. V 2; XIX 3
στόμα T.R. I 10; VI 10; T.L. VI 5;
VIII 17; XIII 4; XIX 3; T.J. II
4; V 5; T.D. I 2; T.N. II 6; T.G.
I 7; T.A. IV 4; T.B. XI 3
στόμαχος T.N. II 8
στρέφω T.Z. VII 4
στρῆνος T.B. IX 1
στυγνός T.L. III 1
σύ T.L. II 10; VIII 3; T.J. XXI
6; T.Z. IV 12; T.D. I 6; T.N. VII
3; T.Jos. XI 3
συγγένεια T.Z. VIII 6
συγγίνομαι T.Jos. IV 5 *; VII 3 *
συγγινώσκω T.J. XIX 3
συγκαλύπτω T.N. IV 2; IX 2
συγκαταριθμέω T.N. VII 2
συγκλαίω T.Z. II 6
συγκόπτω T.J. III 4
συγκρύπτω T.A. II 4; T.Jos. XVII 2
συγχαίρω T.B. X 7
σύζυγος T.R. IV 1
συκοφαντέω T.Jos. VIII 4
συκοφαντία T.J. XVI 3; T.G. V 1;
T.Jos. X 3
συλλαμβάνω T.R. III 12; V 6; T.L.
II 1; XI 2; XVII 3; T.J. XII 4;
T.I. I 15; T.B. I 4; VII 2
συμβαίνω T.S. II 13
συμβάλλω T.G. IV 4
συμβιβασμός T.L. XI 6
σύμβιος T.J. XXIII 3
συμβουλεύω T.L. VI 3; T.J. XIII 4
Συμεών T.S. tit.; I 1; II 1; 2; VIII
1; IX 1; T.L. II 2; VI 4; T.J. VI
5; XXV 1; 2; T.Z. II 1; III 2;
IV 2; 11
συμμαχέω T.J. VII 6
σύμμαχος T.J. VI 2; VII 2
συμμίγνυμι T.R. III 2
συμπάθεια T.Z. VII 4
συμπαθέω T.S. III 6; T.B. IV 4
συμπάσχω T.Z. VI 5; VII 3; T.Jos.
XX 6
συμπείθω T.Jos. IV 5; VII 3
συμπίπτω T.J. XI 2; XIII 3; 7;
T.Z. X 1; T.Jos. VII 2; IX 5
T.Jos. VII 1 *
συμποδίζω T.S. II 12
συμπορεύομαι T.J. XXIV 1; T.I.
VII 7; T.Z. VII 4
συμφαίνομαι T.R. V 6

συμφέρω T.G. VII 1; 2; T.Jos. IX 3
σύν T.L. II 1; X 3; T.J. V 5; X 4;
XII 6; T.Z. II 5; T.D. V 8; T.N.
V 3; VI 1; T.Jos. XVIII 3
T.J. V 6 *; T.Jos. I 7 *
συνάγω T.R. I 2; T.L. I 2; T.J. I
2; T.Z. VI 5; T.B. VI 2; IX 2; X
11
συναγωγή T.L. XI 5; T.B. XI 2; 3
συναίρω T.D. IV 7
συναναστρέφω T.D. V 13
συναναφέρω T.Jos. XX 2
συνανέρχομαι
συνανῆλθον T.N. V 7
συναντάω T.L. I 1
συνάπτω T.R. III 7; T.L. XIV 6;
T.J. V 6; VI 2; T.N. II 8; T.Jos.
VIII 1
σύνδουλος T.Jos. I 7
συνδυάζω T.R. VI 2
σύνεγγυς T.D. VII 2; T.G. VIII 3
T.L. II 10 *
συνείδησις T.R. IV 3
σύνειμι T.I. II 3
συνεισέρχομαι T.R. II 8
συνεξαμαρτάνω T.D. V 7
συνεργέω T.R. III 6; T.I. III 7;
T.D. I 7; T.G. IV 7²; T.B. IV 5
T.G. IV 5 *
συνέρχομαι T.R. II 8 *
συνῆλθον T.J. X 5; XII 4; T.N.
I 2; T.Jos. III 1
συνεσθίω T.S. VI 7
σύνεσις T.R. VI 4; T.S. IV 8; T.L.
II 3; IV 5; VIII 2; XIII 2; XVIII
7; T.J. XIV 7²; XX 2; T.Z. VI 1
συνετίζω T.L. IV 5; IX 8; T.B.,
XI 5
συνεχής T.R. VI 3; T.J. XXII 1
συνέχω T.R. IV 3; T.J. III 1;
XVIII 4; T.Jos. I 5; VII 2;
X 4; XIV 3; T.B. VIII 3
συνεχῶς T.R. V 6; T.L. IX 6; T.D.
IV 7; T.G. V 1
συνηγορέω T.Jos. I 7
σύνθρονος T.L. XIII 9
συνίημι T.R. III 8; T.L. VIII 18;
T.D. IV 1; T.N. III 1; T.Jos. VI
2; IX 4
συνολκή T.R. II 5
συνουσία T.R. II 8; V 6; T.I. II 1;
2; T.N. VIII 8; T.Jos. VIII 2
συνταράσσω T.J. XIV 3

συντέλεια T.L. X 2; T.Z. IX 9; T.B. XI 3
συντελέω T.S. VIII 1; T.L. V 4; T.J. XXII 2; T.D. VI 4
συντηρέω T.L. VI 2
συντίθημι T.Z. I 6; T.Jos. VI 9
σύντομος T.Z. IV 6
συντρέχω T.B. IV 5 *
συνέδραμον T.J. II 2; 5
συντρίβω T.N. VI 5; T.A. VII 3
συντρώγω T.Z. IV 2
συντυχία T.R. VI 3
Σύρος T.N. V 8
συσσείω T.J. II 7
συστενάζω T.I. VII 5
σύστασις T.R. II 4
Συχέμ T.L. V 3; VI 4; XII 5
σφακελισμός T.J. XXIII 3
σφενδονέω T.J. VII 5
σφενδονίζω T.J. III 6
σφόδρα T.S. II 3; VIII 4; T.L. VI 9; T.Z. I 3; T.Jos. III 6; T.B. I 5
σφοδρός T.N. VI 4
σχῆμα T.R. V 1; T.J. XII 3; T.Z. IX 8
σχίζω T.L. IV 1; X 3; T.Z. IX 4; T.B. IX 4
σχολάζω T.J. XX 1
σῴζω T.S. VI 5; 7; VII 2; T.L. II 4; 11; T.J. XXIV 6; T.N. VIII 3; T.A. VII 3; T.Jos. XIX 6
σῶμα T.S. II 5; IV 8²; 9; VI 7; T.J. XIV 3; T.Z. II 5; T.D. III 2²; 4; T.N. II 2²; 4; T.A. II 7
T.A. IV 4 *
σωτήρ T.L. X 2; XIV 2; T.D. VI 7; 9; T.G. VIII 1; T.Jos. I 6; T.B. III 8
σωτηρία T.L. XVII 2; T.D. VI 10; T.N. VIII 2; T.G. IV 7; V 7; T.B. III 8; XI 2
σωτήριος T.S. VII 1; T.L. IX 7; T.J. XXII 2; T.D. V 10; T.B. IX 2; X 5
σωφροσύνη T.Jos. tit.; IV 1; 2; VI 7; IX 2; 3; X 2²; 3
σώφρων T.Jos. IV 2; T.B. IV 4

τάλαντον T.J. IX 5; T.Jos. XVIII 3
ταμιεῖον T.S. VIII 3; T.Jos. III 3; IX 2
τάξις T.L. XI 3; T.N. II 8; 9; III 2; 3; 4; 5; VIII 9; 10

ταπεινός T.D. VI 9; T.G. V 3; T.B. IX 5
ταπεινόω T.B. V 5
ταπείνωσις T.R. VI 10; T.J. XIX 2; T.D. V 13; T.G. V 3; T.Jos. X 2; T.B. X 7
ταράσσω T.Z. VIII 6; T.D. IV 2; 7²; T.G. VI 2; T.A. VI 5; T.Jos. VII 5
ταραχή T.S. IV 9; V 1; VI 4; T.L. XIII 6; T.J. XVI 4; T.D. V 2; T.B. VI 5; VII 2
τάριχος T.N. VI 2
τάσσω T.L. III 3; T.N. II 1; III 5
ταῦρος T.N. V 6
Ταφουέ (see also Θαφφού) T.J. III 2
ταχύς T.I. VI 3
τε T.J. II 1; T.G. VI 4; T.B. VIII 1
τειχήρης T.J. V 1
τεῖχος T.L. II 3; T.J. IV 2; V 3; 4; VII 3; IX 4
τέκνιον T.R. I 3; T.S. VII 1
τέκνον T.R. I 4; II 1; III 9; IV 5; V 1; 5; T.S. II 1; 13; III 1; IV 5; 7; V 2; VII 3; T.L. IX 9; X 1; XII 6; XIII 1; 2; 5; XIV 1; XVIII 12; 13; XIX 1; T.J. VIII 3; X 3; XIII 1; 8; XIV 1; 4; 7; XVI 1; XVII 1; XVIII 2; XIX 1; 2; XX 1; XXI 1; XXIII 1; XXVI 1; T.I. I 1; 6; II 1; 3; III 1; IV 1; V 1; VI 1; 3; VII 6; 7; T.Z. I 1; 4; III 1; 2; V 1; 3; VII 2; VIII 1; 5; X 1; T.D. I 4; II 1; 2; III 1; IV 5; V 1; VI 1; 8; 9; T.N. I 5; II 9; III 4; IV 1; VII 3; VIII 1; 2; 4; 5; T.G. II 1; III 1; IV 1; V 2; VI 1; VIII 1; 2; 3; T.A. I 2; III 1; V 1; VI 1; VII 1; 4; T.Jos. I 2; III 7; VII 5; 6; VIII 1; X 1; XIII 5; XVII 1; XVIII 1; XIX 1; 6; T.B. III 1; 7²; IV 1; V 1; VII 1; VIII 1; X 2; 4; 10; XII 1
T.L. XII 6 *
τέλειος T.J. XXIII 5
τελείως T.G. VII 1
τελείωσις T.R. VI 8
τελευτάω T.J. XXV 4
τελευτή T.R. I 2; IV 2; T.L. I 1; T.Jos. XX 1
τελέω T.Jos. IV 7 *
τελίσκομαι T.J. XII 9

τέλος T.L. V 6; VI 11; XIV 1; XVI
3; T.D. VI 5; T.N. I 1; T.G. VIII
2; T.A. I 3; 9; II 1; 4; VI 4;
T.Jos. VIII 2; T.B. IV 1
τέρπω T.D. IV 4; T.Jos. XVII 3;
T.B. VI 3
τέρψις T.D. IV 3
τεσσαράκοντα T.L. XII 5; T.J. XII
12
τεσσαρακοστός T.L. XI 7; T.J. IX
2; T.N. V 1
τέσσαρες T.L. II 9; T.J. III 6; IV
1; IX 5; XVI 1; T.A. VII 2
τέταρτος T.R. II 5; III 4; T.L. III
3; VIII 7; XI 8; XII 4; XVII 5;
T.J. I 3²; XXV 1; T.Z. I 1; T.N.
I 2; T.B. VII 2
τέχνη T.N. II 6; VIII 7
τέως T.Z. X 4
τήκω T.L. IV 1
τηρέω T.R. V 5; T.Z. IV 3; T.D. V
1; T.G. VII 5; T.Jos. VI 6
τίθημι T.R. VII 2; T.S. VIII 2;
T.L. XIX 5; T.Z. IV 3; X 6;
T.Jos. XX 3; T.B. XII 2
T.G. VIII 5 *
τίκτω T.R. V 7; T.L. II 1; XI 2;
7; 8; XII 1; T.J. VIII 3; T.I. I
2; 15; II 1; 2²; T.N. I 6; 9; 11;
12²; T.Jos. III 7; T.B. I 2; 4²
τιμάω T.L. XIII 3; T.G. VI 6;
VIII 1; T.Jos. X 6; XI 1; XIX 6
T.J. I 5 *
τιμή T.Z. III 1; 2; 3; T.Jos. XVI
3; T.B. VI 5
τίμιος T.L. XVII 3
τιμωρέω T.Jos. XIV 1
τιμωρία T.Jos. III 1
τις T.R. IV 2; 7; T.S. III 2; 5;
IV 9; T.L. VII 2; T.J. XIV 3;
XV 2; T.I. III 4; 6; IV 6; T.Z.
I 6; V 3; T.D. II 2; IV 3²; 5;
T.N. V 4; VIII 5; T.G. VII 1; 4;
T.A. IV 3; T.Jos. IV 2; VI 3;
VII 8²; X 3; XII 2; XVIII 2;
T.B. III 6; IV 4³; V 4; 5
τίς T.L. XIV 4; T.J. XII 4; T.I. I
10; 11; T.Z. III 3; IV 8; T.D. II
5; T.N. II 4; T.Jos. VI 4; VII 2;
5; XI 4; XIII 1; 7; XV 2; T.B.
II 1
τοιοῦτος T.J. XIV 4; T.N. IX 1;
T.A. II 9; IV 5

τόξον T.J. III 3; VII 5; IX 3
τόπος T.R. III 11; T.L. XVI 5;
T.D. VI 7; T.Jos. II 6
T.A. I 3 *; T.B. XII 3 *
τοσοῦτος T.Z. VIII 3
τότε T.R. IV 4; V 3; T.S. VI 3;
4²; 5; 6; 7; T.L. II 5; V 3; XI 8;
XVIII 2; 14; T.J. VII 5; IX 7;
XXIV 5; T.I. II 1; III 6; T.D.
IV 4; T.N. VII 2; T.Jos. VII 3;
XV 4; 6; T.B. X 6; 7; 8; 9
τουτέστι T.J. XV 3³
τράπεζα T.L. VIII 16; T.J. XXI 5
τράχηλος T.N. II 8
τρεῖς T.L. VIII 11; T.J. VII 3; IX
5; XII 12; T.Z. IV 4²; T.Jos. XI
8; XIX 2
τρέπω T.J. VI 2 *
τρέχω T.J. II 5; T.B. II 3
  δραμοῦμαι T.J. XXV 5
  ἔδραμον T.J. III 1
τριάκοντα T.R. I 8; T.L. XIX 4;
T.I. III 5; T.G. I 4; II 3
T.Z. I 1 *
τριακοστός T.L. XI 4; T.N. I 1
τριημερίζω T.Jos. III 5
τρικυμία T.N. VI 5
τριπλοῦς T.D. III 4
τρίτος T.R. II 5; III 4; T.L. II 8;
III 3; VIII 6; 14; XI 7; XII 6;
XVII 4; T.J. X 2; XXV 1; T.D.
III 4; T.N. II 3; T.Jos. XIII 5;
T.B. VII 2
τρόμος T.S. IV 8; T.J. III 8
τρόπος T.L. VI 8; T.G. II 2; T.A.
I 3; T.Jos. II 6
τροφή T.B. XI 1
T.B. VI 3 *
τροφός T.N. I 9
τρύβλιον T.Jos. VI 2
τρυφάω T.Jos. IX 2
τρυφερός T.G. I 4
τρυφή T.J. XXV 2; T.Jos. III 4;
T.B. VI 3
Τρωγλοκολπῖται T.Z. IV 6
τύπος T.L. VIII 14; T.Z. III 6
τύπτω T.Jos. II 3; XIII 4; 9; XIV
1; 2
τυφλός T.R. II 9
τυφλόω T.S. II 7; T.J. XI 1; XVIII
3; 6; XIX 4; T.D. II 4; T.G. III 3
τύφλωσις T.L. XIII 7; T.D. II 2
τυφλώττω T.Jos. VII 5